Dr. Gisela Droege

Die Honigbiene von A bis Z

Dr. Gisela Droege

Die Honigbiene von A bis Z

Ein lexikalisches Fachbuch

ID Deutscher Landwirtschaftsverlag Berlin GmbH
Ehrenwirth

Federführung: Dr. GISELA DROEGE, Berlin

Mitautoren: HANS JOACHIM ALBRECHT, Berlin; DIETER BÄHR, Wildau;
  Dr. sc. RUDOLF BÄHRMANN, Jena; ROLF BREMER, Falkensee;
  Dr. LIESELOTTE GERLT-SEIFERT, Berlin; REINHARD HÖHN, Zeesen;
  Prof. Dr. HARTMUT HOFFMANN, Cuxhaven; Dr. HERWIG KETTNER†, Schwedt;
  Dr. habil. STEPHAN SCHEURER, Berlin

Bildnachweis: Titelbild – E. MÜLLER; weitere Fotos von H. J. ALBRECHT, CIBA-GEIGY,
  H. J. FLÜGEL, E. MÜLLER; W. POPP, ST. SCHEURER
Zeichnungen: H. Wunderlich, Berlin

CIP-Titelaufnahme der Deutschen Bibliothek
Die Honigbiene von A bis Z: ein lexikalisches Fachbuch/
Gisela Droege. – Berlin: Dt. Landwirtschaftsverlag.; [München]: Ehrenwirth, 1993
  ISBN 3-331-00640-8
NE: Droege, Gisela

© 1993, DLV Deutscher Landwirtschaftsverlag Berlin GmbH
Thulestraße 7, 13189 Berlin
Das Werk ist einschließlich aller seiner Teile urheberrechtlich geschützt.
Jede Verwertung außerhalb der engen Grenzen des Urheberrechtsgesetzes ist ohne Zustimmung
des Verlages unzulässig und strafbar.
Dies gilt insbesondere für Vervielfältigungen auf fotomechanischem Wege (Fotokopie, Mikrokopie),
Übersetzung, Mikroverfilmung und die Einspeicherung und Verarbeitung in elektronischen Systemen.
Printed in Germany
Satzherstellung: Satzstudio DLV Deutscher Landwirtschaftsverlag Berlin GmbH
Einbandgestaltung: GrafikDesign M+S Hawemann, Berlin
Herstellung: Neue Presse Druckservice GmbH, 94 032 Passau

ISBN 3-331-00640-8
624/00640

Vorwort

Honigbienen haben seit eh und je die Menschen in ihren Bann gezogen. Forscher bemühten sich, den Geheimnissen des Insektenstaates auf die Spur zu kommen, Dichter besangen die Bienen, Märchen und Sagen ranken sich um diese interessanten Lebewesen, über die mehr als über jedes andere Tier geschrieben wurde.

Der Umgang mit Bienen setzt ein relativ hohes Maß an Kenntnissen über die biologischen Besonderheiten und Verhaltensweisen des Bienenvolkes voraus, damit die Bienen unter den gegebenen Verhältnissen ihrer wichtigen Aufgabe in der Natur, der Bestäubung der Wild- und Kulturpflanzen, gerecht werden können und der Imker Honig und weitere Bienenprodukte erhält.

Es gibt zahlreiche Lehrbücher, mit deren Hilfe man sich mit Anatomie, Physiologie und Verhaltensweisen der Bienen vertraut machen kann und Anregungen zur Verbesserung der Bienenweide, Krankheitsvorsorge etc. bekommt.

Schwieriger ist es, schnell eine Antwort auf eine bestimmte Frage zu erhalten. Ein Buchkapitel ist dafür vielleicht zu lang und zu ausführlich, ein Stichwort im Lexikon wegen der dort gebotenen Kürze zu knapp abgehandelt. Das vorliegende Buch soll beides miteinander verknüpfen. Es will den Benutzer in die Lage versetzen, einen Begriff, einen Fachausdruck schnell zu finden. Ein Verweispfeil führt gegebenenfalls zu einem Oberbegriff, der zwar gerafft, aber so erschöpfend wie möglich abgehandelt wird. Hervorhebungen erleichtern das Finden einzelner Teilbereiche. Verweispfeile zu tangierenden Begriffen eröffnen die Möglichkeit, sich weiter und umfassender zu informieren.

Anliegen des Buches ist es, Imkern ebenso wie Personen, die in irgendeiner Weise mit Bienen oder Bienenprodukten zu tun haben, die Möglichkeit zu geben, sich über Begriffe oder Teilbereiche der Imkerei kurz zu informieren bzw. bei Bedarf und Interesse auch genauer mit der Materie zu befassen. Zweifellos ist es nützlich, wenn der Tierarzt, der von Amts wegen mit Bienenkrankheiten vertraut ist, sich auch über die Orientierungsfähigkeit der Bienen, den Wert der Bienenprodukte oder über die Geschichte der Bienenhaltung in seiner Freizeit informieren kann, ohne erst dicke Fachbücher zu wälzen. Ähnliches gilt für Pharmazeuten, die Bienenprodukte verarbeiten, oder Chemiker, die Pflanzenschutzmittel herstellen. Viele Menschen bemühen sich um die Verschönerung ihrer Umwelt, z. B. durch Begrünung von Ödland, Anpflanzen von Hecken und Windschutzstreifen.

Kurzgefaßte Hinweise zu den Standortansprüchen, Wuchsformen und Blühzeiten von über 100 Bienenweidepflanzen können bei der Auswahl hilfreich sein.

Die Autoren waren bemüht, jeweils den neuesten Stand der Bienenwissenschaft in die bearbeiteten Stichworte einfließen zu lassen. Daß das bei der Fülle der vorhandenen Literatur und den in aller Welt ständig wachsenden Erkenntnissen nicht immer erschöpfend geschehen sein mag, möge der Leser gütigst verzeihen.

Gisela Droege

A

Abbaumechanismus ↑ Wirkstoffe von Pflanzenschutz- und Arzneimitteln werden sowohl vom pflanzlichen als auch vom tierischen Organismus chemisch abgebaut. Die Endprodukte können entweder als nichttoxische Stoffe in diesen Organismen verbleiben oder ausgeschieden werden. Oftmals versucht der Organismus toxische Endprodukte durch Speicherung, insbesondere im Fettgewebe, aus dem Stoffwechsel zu entfernen und damit die Giftwirkung zu unterbinden. Die Zwischenprodukte eines Abbaus werden als Metabolite bezeichnet. Sie können giftiger oder ungiftiger als die Ausgangssubstanz sein. Die häufigsten Abbaureaktionen sind Oxydations- und Hydrolysereaktionen.

Abdomen → Hinterleib

Abdrift Verwehung von ↑ Pflanzenschutzmittel beim Ausbringen. Sie ist abhängig von Windrichtung und -geschwindigkeit sowie von der Arbeitshöhe und kann bis zu mehreren hundert Metern betragen.
Zur Vermeidung von Abdriften werden in den meisten Ländern in den Arbeitsvorschriften zur Ausbringung von Pflanzenschutzmitteln Begrenzungen der maximal zulässigen Windgeschwindigkeiten, Sicherheitsabstände und bei Avioapplikation Flughöhen festgelegt.

Abfanggerät Auch Weiselfänger genannt. Es dient dazu, die Weisel bei der Volksdurchsicht vorübergehend abzufangen, damit sie nicht verlorengeht. Es gibt mehrere Varianten.

1. Ein zangenförmiges Gerät aus Absperrgitterblech, mit dem die Weisel auf der Wabe gegriffen und festgehalten wird. Es bleibt bis zum Ende der Durchsicht auf der Trageleiste der Wabe liegen, so daß die Bienen Zutritt zur Weisel haben.

2. Ein längliches gebogenes Glas mit einem Ansaugstutzen. Es wird besonders zum Abfangen der Weisel zum ↑ Zeichnen oder auch bei ihrer Entnahme aus dem Begattungsvolk benutzt.

3. Ein Aufsteckkäfig, in dem die Weisel während der Volksdurchsicht auf einer kleinen Fläche der Wabe festgehalten wird. Die Bienen können durch die Nadelzwischenräume zur Weisel gelangen.

Abhorchgerät Ein dünner Schlauch wird mit einem Ende in das Flugloch der Beute eingeführt, das andere Ende, mit einem Trichter versehen, ans Ohr gehalten. Aus den ↑ Lautäußerungen des Bienenvolkes, vor allem während der Winterruhe, kann der Imker erkennen, ob das Volk in Ordnung ist („zufriedener" Summton).

Abkehrbesen Meist einreihiger Handbesen aus Naturhaar oder Kunstfaser, mit dem Bienen von der Wabe abgekehrt bzw. in die Beute gefegt werden.

Ableger Zur Vermehrung oder Schwarmverhinderung abgezweigter Teil eines Bienenvolkes.
Der **Brutableger** wird aus mehreren Brutwaben eines Volkes mit ansitzenden Bienen und ein bis zwei Futterwaben gebildet, denen nach Möglichkeit noch Bienen von anderen Waben zugefegt werden. Die Brut sollte weitestgehend verdeckelt sein, damit bald Jungbienen schlüpfen.
Oft wird noch die Zugabe einer in Wasser getauchten Wabe empfohlen, damit die Stockbienen das Futter auflösen können. Dies ist angebracht, wenn der Ableger im Flugbereich des Muttervolkes aufgestellt wird und die Flugbienen dorthin zurückfliegen. Dem Brutableger muß innerhalb von 24 Stunden oder nach frühestens einer Woche, nachdem dann alle angesetzten Weiselzellen ausgebrochen wurden, eine Weisel, gegebenenfalls auch eine schlupfreife Weiselzelle zugesetzt werden. Durch eine begattete Weisel wird die Entwicklung schneller vorangetrieben als durch eine unbegattete. Die Anzahl der Brutwaben, die ein Ableger mindestens haben muß, um den kommenden Winter zu überstehen, hängt von dem Datum seiner Bildung ab. Im Mai

können zwei Brutwaben ausreichend sein. Im Juli sollte er mindestens 4 bis 5 Brutwaben haben. Der Ableger muß oftmals gefüttert und je nach Entwicklung auch laufend erweitert werden.

Der **Sammelbrutableger** ist ein Brutableger, dessen Brutwaben von mehreren Völkern stammen. Die Behandlung und Entwicklung des Sammelbrutablegers erfolgt wie beim Brutableger.

Der **Weisel-** oder **Königinnenableger** ist ein Brutableger mit der alten Weisel des Muttervolkes, das dadurch weisellos gemacht wird. Er wird vor allem dann gebildet, wenn in einem Volk bestiftete oder sogar verdeckelte Weiselzellen gefunden wurden. Er dient der Schwarmverhinderung. Bei Bildung des Weiselablegers, ebenso eine Woche später, müssen sämtliche Weiselzellen ausgebrochen werden. Erst danach kann das Muttervolk neu beweiselt werden. Der Weiselableger hat günstigere Startbedingungen als der Brutableger, da er bereits eine legende Weisel hat. Dennoch muß auch er in der Anfangsphase gut gefüttert werden.

Der **Zwischenableger** ist ein Weiselableger, der nur für relativ kurze Zeit, meistens nur für 14 Tage gebildet wird, wenn in einem Volk Schwarmzellen vorhanden sind. Der Zwischenableger wird immer am Stand in der Nähe des Muttervolkes, bei ↑ Magazinen oftmals auf dem Volk über einem Zwischenboden aufgestellt. Die Behandlung erfolgt wie beim Weiselableger. Nach Abklingen der Schwarmstimmung wird der Zwischenableger wieder mit dem Muttervolk vereinigt, nachdem dort alle Weiselzellen entfernt wurden.

Der **Reserveableger** wird gebildet, um spätere Lücken im Volksbestand zu schließen oder der Verstärkung von schwachen Völkern zu dienen. In den meisten Fällen überwintert er und wird dann im Frühjahr eingesetzt.

Die Vorstufe eines Ablegers (ohne Brutwaben) nennt man ↑ Kunstschwarm.

Ablegerkasten Einräumige Bienenwohnung zur Aufnahme eines ↑ Ablegers, für ↑ Oberbehandlung oder ↑ Hinterbehandlung eingerichtet. Die Größe richtet sich nach dem ↑ Rähmchenmaß und der Wabenanzahl (4 bis 10 Waben). Mit den meisten Ablegerkästen kann gewandert werden; sie haben entweder einen ↑ Wandervorsatz oder eine Fluglochnische und ein ↑ Anflugbrett mit Lüftungsschlitzen. Einige sind so gebaut, daß sie in den ↑ Honigraum einer Beute eingeschoben werden können, damit sich der Ableger dort einfliegt und später mit dem Volk im ↑ Brutraum vereinigt werden kann. Es gehen dabei kaum Bienen verloren. Durch entsprechenden Raum zum Einstellen von ↑ Futtergefäßen muß gewährleistet sein, daß der Ableger gefüttert werden kann.

ABPV (*Acute Bee Paralysis* Virus) → Virusparalyse

Abschwefeln Vernichtung von Volksresten, manchmal auch von starken Völkern, meist auf Anweisung des Tierarztes, wenn dadurch die Verbreitung einer Seuche verhindert werden soll oder eine Gesundung durch den Einsatz von Medikamenten oder imkerlichen Maßnahmen nicht mehr möglich zu sein scheint.

Das Flugloch wird durch nasses Papier oder nasse Lappen verschlossen. Dann werden Schwefelfäden in einem ↑ Schwefeltopf angebrannt und dieser auf eine nicht brennbare Unterlage in den Honigraum gestellt. Die Beute wird völlig geschlossen. Es ist ratsam, erst am nächsten Tag das tote Volk auszuräumen.

Absperrgitter Gitter aus etwa 1,5 mm starken Drähten, die in Blechstegen mit einem Zwischenraum von 4,2 mm gehalten werden, oder aus 1 mm Blech bzw. PVC, in das gleiche Zwischenräume gestanzt wurden. Das Absperrgitter trennt den Honigraum vom Brutraum und läßt bei dem Zwischenraum von 4,2 mm die Arbeiterinnen passieren, nicht aber Königin und Drohnen. Es verhindert dadurch die Eiablage der Weisel im Honigraum. Absperrgitter sind in unterschiedlicher Breite im Handel erhältlich.

Abstammung → Verwandtschaft

Abstammungsschema Stammbaum einer Weisel. Wegen der parthenogenetischen Entstehung der Drohnen (aus unbefruchteten Eiern) ist das Abstammungsschema auf der väterlichen Seite um jeweils eine Generation erweitert. Die väterlichen Vorfahren sind, da sie das Erbgut ihrer Mutter verkörpern, durch Halbkreise dargestellt. Genetisch gesehen entsteht die Weisel 1a nicht aus der Paarung der Weisel 2a mit dem Drohn 1b, sondern mit seiner Mutter 4a.

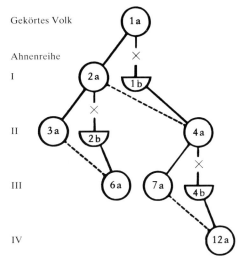

Abstammungsschema

Abstandsregelung Der Abstand von Wabe zu Wabe soll etwa 10 mm betragen (↑ Bauverhalten). Dies wird durch Abstandsbügel, -röllchen, -stifte oder Hoffmannrähmchen erreicht.
Der **Abstandsbügel** ist ein halbkreisförmig gebogenes 7 bzw. 13 mm breites Aluminiumblech. Es werden an der Ober- und Unterleiste der ↑ Rähmchen je 2 Abstandsbügel angebracht. Bei älteren Rähmchen für Querbau sind sie wechselseitig an den Seitenleisten befestigt. Auch an den Beutenfenstern sind sie im allgemeinen an den Seitenleisten angebracht. Die Abstandsbügel bewirken den gleichmäßigen Ausbau der Waben und ihre vollständige Ausnutzung durch das Bienenvolk.
Im Magazin und in Oberbehandlungsbeuten verwendet man häufig **Hoffmannrähmchen**. Um den Abstand der Waben zu gewährleisten, sind die Seitenschenkel im oberen Drittel beidseitig um 5 mm verbreitert. Es gibt auch aufsteckbare Rähmchenleisten-verbreiterungen aus Plastik, so daß jedes Rähmchen zu einem Hoffmannrähmchen umgestaltet werden kann.

Acarapis woodi Endoparasitäre Tracheenmilbe, Erreger der ↑ Acariose.

Acariose Auch Acarapidose, Akarinose, Acarapiose oder Milbenseuche genannt. Eindeutiger ist die Bezeichnung Tracheenmilbenseuche.
Übertragbare Krankheit der adulten Bienen. ↑ Parasitose mit Seuchencharakter, hervorgerufen durch die Innenmilbe *Acarapis woodi*. Die Erkrankung wurde erstmalig 1904 festgestellt. Zu dieser Zeit brachen auf der zu Großbritannien gehörenden Insel Wight sehr viele Bienenvölker zusammen. Flugunfähige, hüpfende Bienen waren besonders auffällig.
Äthiologie, Erreger Die Tracheenmilbe *Acarapis woodi* RENNIE wurde erstmalig 1920 von RENNIE beschrieben und als Erreger der damals als Insel-Wight-Krankheit bezeichneten Bienenseuche erkannt. Die Tracheenmilbe ist nur 0,1 mm groß und deshalb mit bloßem Auge nicht sichtbar. Sie dringt in die Tracheen von Jungbienen ein (↑ Tracheensystem), solange deren schützende Reusenhaare noch weich und elastisch sind. Die Milbenweibchen heften in Abständen von 1 bis 2 Tagen insgesamt 5 bis 10 Eier an die Tracheenwandung. Nach 4 bis 5 Tagen schlüpfen sechsbeinige Milbenlarven, die sich innerhalb weiterer zehn Tage zu achtbeinigen Nymphen entwickeln. Nach weiteren 8 bis 10 Tagen sind sie zu geschlechtsreifen Milben herangewachsen. Der gesamte Entwicklungszyklus dauert etwa 3 Wochen. Die Milben sind außerhalb einer Wirtsbiene ohne Nahrung nur 1 bis 2 Tage lebensfähig.
Pathogenese, klinische Symptome, Krankheitsverlauf Die Milben durchstechen die Tracheenwandungen und saugen Haemolymphe (↑ Blutflüssigkeit). Aus den Stichwunden austretende Haemolymphe verkrustet und verstopft gemeinsam mit den Milben das Lumen der Tracheen. Damit wird der Gasaustausch stark behindert. Da die Tracheen die Flugmuskulatur auf direktem Wege mit Sauerstoff versorgen, führt die Blockade

dieser Luftröhren zur Lähmung der Flugmuskulatur.

Die erkrankten Bienen können nur noch krabbeln oder hüpfen. Da der Entwicklungszyklus der Milbe relativ lange dauert, die Lebensdauer der Sommerbienen aber nur kurz ist, ist die Erkrankung im Sommer kaum zu beobachten. Der Befallsgrad eines Volkes nimmt in Zeiten gedrängten Beieinandersitzens der Bienenvölker stark zu, wie es in der Wintertraube, aber auch bei Trachtlosigkeit vorkommt. Die überwinternden Bienen sind im Frühjahr kaum noch flugfähig, hüpfen beim versuchten ↑ Reinigungsausflug nur hilflos vom Flugbrett und verenden massenhaft auf dem Boden vor der Beute. In langlebigen Winterbienen wurden bis zu 100 Tracheenmilben gefunden. Deshalb ist die (relativ) sichere Diagnose nur an frischtoten Bienen aus der Wintertraube vor dem ersten Reinigungsausflug aussagekräftig.

Diagnostik Die Diagnose wird mikroskopisch gestellt. Zu diesem Zweck werden im Bereich der vordersten Tracheen mittels Rasierklinge dünne ringförmige Segmente aus dem Thorax der Bienen herausgetrennt und als Quetschpräparate bei schwacher Vergrößerung gemustert. Der Parasit hebt sich gelblichbraun in den braunschwarz verschorften Tracheen ab. Er ist von gedrungener Form; besonders auffällig sind lange Schlepphaare am vierten Beinpaar.

Epizootiologie Bei *Acarapis woodi* handelt es sich um einen hochgradig an die Honigbiene adaptierten Parasiten. Er wird durch direkten Kontakt von Biene zu Biene übertragen und durch Schwärme bzw. Ortswechsel befallener Bienenvölker und Ableger verbreitet. Die Tracheenmilbenseuche hat eine nur relativ geringe Tendenz zur Verbreitung und kann mit energischen Behandlungen und Kontrollmaßnahmen zurückgedrängt werden.

Prophylaxe, Behandlung und Bekämpfung Um der Weiterverbreitung der Tracheenmilbe vorzubeugen, unterliegen Bienen aus befallenen Gebieten Beschränkungen im Tierhandel und bei der Wanderung. Bei Erstausbrüchen in milbenfreien Gebieten werden alle Völker des Seuchenbestandes abgetötet und eine ↑ Sperrzone von 3 km Radius festgelegt. In angrenzenden Kontrollzonen werden alljährlich flächendeckende Untersuchungen am Wintertotenfall durchgeführt.

Zur Bekämpfung der Tracheenmilbe haben sich Räuchermittel (Folbex) besonders bewährt. Sie töten die Milben in den Tracheen, nicht aber die Milbeneier. Deshalb sind Wiederholungsbehandlungen in Wochenabständen über die Zeit der Lebensdauer einer ganzen Bienengeneration (7 bis 8 Wochen) notwendig. Neuerdings werden auch systemisch wirkende Präparate erprobt, die die Milben nach Aufnahme von Haemolymphe töten.

Acer L. – Ahorn – *Aceraceae*
– *campestre* L. – Feldahorn, Maßholder
Europa und Westasien. Hoher Strauch oder kleiner, bis 15 m hoch werdender Baum. Die grünlichen Blüten erscheinen im Mai zusammen mit dem Laub in kleinen Doldentrauben. Meist zweihäusig. Beginn der Blühreife nach 10 bis 15 Jahren. Ziemlich anspruchslos, am besten auf sandig-lehmigen Böden gedeihend. Für sonnige und schattige Lagen gleich gut geeignet. Unempfindlich gegen Trockenheit und frosthart. Sehr gut als Heckenpflanze geeignet. Zur Pflanzung in Windschutzstreifen und zur Umpflanzung von Wirtschaftsgebäuden zu empfehlen. Gilt als mäßiger Nektar- und geringer Pollenspender, Honigtauspende ist möglich.

– *negundo* L. – Eschenahorn
Nordamerika. Bis 20 m hoher, schnellwüchsiger, oft mehrstämmiger, breitkroniger Baum. Die auffallenden gelbgrünen Blütenbüschel erscheinen vor dem Laubaustrieb im März/April. Zweihäusig. Männliche Blüten in Büscheln, weibliche in Trauben. Gedeiht auf feuchten und trockenen Böden. Lichtbedürftig. Für schattige Standorte ungeeignet. Auch in Industriegebieten verwendbar. Frosthart. Durch die frühe Blütezeit als Pollenlieferant wertvoll.

– *platanoides* L. – Spitzahorn
Europa, Kaukasus. Bis 30 m hoch werdender dichtkroniger Baum. Die grüngelben, meist zwittrigen Blüten erscheinen im

April/Mai unmittelbar vor dem Laubaustrieb in vielblütigen Doldentrauben. Beginn der Blühreife im freien Stand nach 15 bis 20 Jahren. Verhältnismäßig anspruchsloser Baum, der auch noch auf trockenen Standorten und leichten Böden befriedigend gedeiht und sich als Straßenbaum in Großstädten bewährt hat. Guter Nektar- und mäßiger Pollenlieferant. Der Nektar sammelt sich in großen Tropfen auf dem fleischigen Nektarium und ist den Bienen gut zugänglich. Blatthonigspende möglich.

– *pseudoplatanus* L. – Bergahorn
Europa, Westasien. Auf zusagenden Standorten bis 30 m hoch werdender Baum mit breitgewölbter Krone. Die gelbgrünen Blüten erscheinen im Mai nach Laubaustrieb in hängenden Rispen. Meist getrenntgeschlechtlich. Beginn der Blühreife im freien Stand nach 20 bis 25 Jahren. Beste Entwicklung auf frischen, nährstoffreichen Böden. Empfindlich gegen stauende Nässe. Auf leichten, trockenen Böden unbefriedigendes Wachstum. Liebt freie, offene Lage. Sehr guter Nektar- und mäßiger Pollenspender. Blatthonigspende möglich.

– *saccharinum* L. – Silberahorn
Östliches Nordamerika. Schnellwüchsiger, 20 bis 30 m hoch werdender Baum mit malerisch überhängender Bezweigung und lockerem Kronenaufbau. Im Alter recht windbrüchig. Frosthart. Zweihäusig. Die grünlich bis rötlichen Blüten erscheinen im März bis April, lange vor Laubaustrieb in kleinen Büscheln. Benötigt zum guten Gedeihen Bodenfeuchtigkeit und Licht. Auch für genügend feuchte Sandböden gut geeignet. Guter Nektar- und mäßiger Pollenspender.

Acethylcholin → Honig

Actinidia LINDL. – Strahlengriffel –
Actinidiaceae
– *arguta* (S. et Z.) PLANCH. ex MIQ.
Japan, Korea, China. Etwa bis 8 m hoch werdender Schlinger mit glänzend-dunkelgrünen, breitelliptischen Blättern. Die weißen, duftenden Blüten erscheinen im Juni in Scheindolden. Zweihäusig. Die Griffel der weiblichen Blüten sind strahlig gespreizt. Die im Oktober reifenden stachelbeerähnlichen Früchte sind eßbar, wohlschmeckend und besitzen einen relativ hohen Vitamin-C-Gehalt. Stellt keine besonderen Ansprüche an den Boden, ist frosthart, benötigt jedoch zum Klettern eine Stütze. Besonders für halbschattige Lagen geeignet. Wird von Bienen gut beflogen.

adult erwachsen, geschlechtsreif

Adynamische Phase → Vergiftungsphänologie

Aerosol Gasgemisch, das feinste feste oder flüssige Teilchen (unter 5 µm) enthält.

Aesculus L. Roßkastanie –
Hippocastanaceae
– *hippocastanum* L. – Roßkastanie
Griechenland, Bulgarien. Bis 30 m hoch werdender Baum mit breiter, dichter Krone. Blüten in großen, 20 bis 30 cm langen Rispen im Mai bis Juni. In jeder Rispe kommen männliche, weibliche und zwittrige Blüten vor. Die Kronblätter besitzen einen farbigen Fleck (Saftmal), der sich von Gelb zu Rot verändert. Größte Nektarabsonderung bei jungen, gelbgefleckten Blüten. Benötigt zu einer guten Entwicklung nährstoffreiche, frische Böden. Zur Bepfanzung wenig befahrener Straßen, der Dorfplätze und Dorfanger besonders zu empfehlen. Mäßiger Nektar- und guter Pollenlieferant. Nektar ist hoch konzentriert. Knospen liefern den Bienen Kittharz.
Die etwas kleinere – *carnea* HAYNE – blüht mit hellroten Blüten eine Woche später. Als vegetativ vermehrter Bastard blüht diese Art schon als junger Baum sehr reich, setzt aber kaum Früchte an.
Farbtafel VIII

Afrikanisierte Bienen Bastarde zwischen den 1956 nach Brasilien (São Paulo) eingeführten afrikanischen Honigbienen, *Apis mellifera scutellata* (↑ Bienenrassen), und den in Südamerika seit langer Zeit angesiedelten europäischen Bienenrassen *A. m. mellifera* und *A. m. ligustica*. Obgleich die afrikanisierten Bienen hauptsächlich der afrikanischen Ausgangsform ähneln (starker Schwarmtrieb, rasche Volksentwicklung, Wanderverhalten, genetische Merkmale), besitzen sie Eigenschaften, die keiner der bekannten Honigbienenrassen zukommen, z. B. besonders hohe Aggressivität. Völker anderer Rassen werden ausgeraubt oder deren Weisel verdrängt (Sozialparasitismus). Sie greifen zahlreicher an und stechen häufiger (Mörderbienen) als die europäischen Vergleichsvölker. Auch reagieren sie auf Störungen viel schneller. Die Zeitdauer bis zur Information der Stockgenossinnen über Alarmpheromone (↑ Pheromone) ist mit der Zahl der Angreifer und der Gesamtstichzahl negativ korreliert. Die Honigerträge der afrikanisierten Bienen liegen deutlich über denen der in Südamerika bearbeiteten europäischen Honigbienenrassen. Kennzeichnend ist ferner eine hohe Ausbreitungsgeschwindigkeit von durchschnittlich 200 km pro Jahr, was dazu geführt hat, daß sie weite Gebiete Süd- und Mittelamerikas besiedeln und den Süden der USA erreicht haben.

Neuere Untersuchungen sprechen dafür, daß sich die Gründerpopulationen der importierten afrikanischen Bienen und ihre Nachkommen trotz der starken Vermehrung zu einem erheblichen Teil genetisch nur wenig verändert haben. Möglicherweise sind die Vorteile der Hybriden in den Tropen nicht sonderlich groß. Es kann aber sein, daß die entstandenen Hybriden insbesondere bei der Ausbreitung aus den tropischen und subtropischen Gebieten Süd- und Mittelamerikas nach Norden in den gemäßigten Breiten größere Selektionsvorteile erlangen könnten.

Afterdrohnen Drohnen aus Eiern von eierlegenden Arbeitsbienen.

Afterskorpion Auch Bücherskorpion genannt. Bis 6 mm lang, mit mächtigen scherenförmigen Kiefertastern. Gehört zu den Spinnentieren und lebt vordringlich im ↑ Gemüll. Er ernährt sich von kleinen Wachsmottenlarven, Bienenläusen, Gemüllmilben etc. Afterskorpione sind im Bienenvolk als Nützlinge anzusehen.

Afterweisel → Drohnenmütterchen

Agargel-Test Dient zum Nachweis immunologischer und biochemischer Reaktionen, auch von Pflanzenschutzmittelrückständen in Nahrungsmitteln tierischer Herkunft.

Aggressivität → Verteidigungsverhalten

Ahnenfolge Anzahl der nachweislich züchterisch beeinflußten Folgegenerationen nach der erstmalig erfolgten ↑ Körung eines Bienenvolkes. Wird in den Körunterlagen in arabischen Ziffern zusammen mit der ↑ Zuchtfolge angegeben.

Ahorn → Acer

Ailanthus DESF. – *Simaroubaceae*
– *altissima* SWINLE – Götterbaum
China. Bis 25 m hoher, schnellwachsender Baum oder Großstrauch mit großen, gefiederten Blättern. In der Jugend frostempfindlich. Jungtriebe oft zurückfrierend. Die grünlichweißen Blüten erscheinen im Juni/Juli in 10 bis 20 cm großen Rispen an den Enden der Triebe. Meist zweihäusig, zum Teil kommen auch zwittrige Blüten vor. Lichtbedürftiges, an den Boden anspruchsloses Gehölz. Gedeiht auch gut auf leichten Sandböden. Ziemlich rauchhart. Zur Pflanzung in Grünanlagen, besonders in Großstädten und Industriegebieten zu empfehlen. Guter Nektar- und mäßiger Pollenlieferant.
Farbtafel XXIII

Akarizide Mittel zur Bekämpfung von Milben.

Akazie → Robinia

Akkumulation Anreicherung von ↑ Wirkstoffen im Boden bzw. Organismus bei langjähriger Anwendung von ↑ Pflanzenschutzmitteln oder stetige Aufnahme von kontaminierter Nahrung. Diese Anreicherung erfolgt vorzugsweise im Fettgewebe. Daher sind die Endverbraucher bei Nahrungsketten besonders gefährdet (z. B. Möglichkeit der Vergiftung der Bienenbrut über kontaminierten Honig oder Pollen).

Alarmierung → Pheromone

ALBER, MARYAN A. * 30.12.1898 in Smyrna (Türkei), † 23.12.1980. Studium der Philosophie. Wanderlehrer für Bienenzucht. Zahlreiche Veröffentlichungen aus vielen Themenbereichen der Imkerei in verschiedenen Sprachen, häufig unter dem Pseudonym DRAGOMAN, der Sprachkundige.
Er nahm, zusammen mit den Brüdern RUTTNER, an den Versuchen zur Mehrfachpaarung der Weisel auf der süditalienischen Insel Vulcano teil.

ALBERTI, ADOLF * 10.10.1846, † 23.06.1914 in Dasbach. Lehrer in Dasbach bei Idstein. Erfinder des Blätterstockes und der ALBERTI-Wabenzange für Längsbau.
Werke: „Bienenzucht im Blätterstock" (1901) und „Leitfaden einträglichster Bienenzucht im Breitwaben-Blätterstock".

ALFONSUS, ALOIS * 13.7.1871 in Döbling bei Wien, † 11.5.1927 in Milwaukee (USA). Schriftleiter der österreichischen Bienenzeitung „Bienenvater" und Lehrer an der österreichischen Imkerschule. Gab mehrere Lehrbücher über Bienenhaltung heraus, die große Verbreitung fanden, u. a. „Die Korbbienenzucht in Verbindung mit dem mobilen Aufsatzbetrieb" (1895), „Allgemeines Lehrbuch der Bienenzucht".
Beobachtete sehr exakt die Begattungsflüge und gab die ersten Hinweise auf das Vorhandensein von Drohnensammelplätzen.

Allele Zustandsformen der ↑ Gene, die sich wechselweise am gleichen Genort (Position an einem ↑ Chromosom) homologer, gepaarter Chromosomen befinden.
In einer diploiden Zelle sind an einem Genort der Chromosomen des Zellkerns gleichzeitig immer nur zwei Allele vorhanden.
Das Auftreten mehrerer Allele an einem Genort (multiple Allelie) geht zumeist auf eine sprunghafte Veränderung der Erbanlagen (Mutation) zurück.
Eine Gruppe von Allelen bestimmt das Geschlecht der Honigbiene. 18 verschiedene Sex-Allele sind bekannt.

Allergie Krankhafte Reaktion des Organismus auf einen Reizstoff. Voraussetzung ist, daß der betreffende Reiz (Antigen, Allergen) einmal erfahren und Antikörper gebildet wurden. Bei erneutem Antigen-Antikörper-Kontakt kommt es beim Allergiker zu einer Überschußreaktion.
In der Imkerei gibt es mehrere allergieauslösende Stoffe. Vor allem ↑ Propolis, das sowohl bei Berührung, als auch bei Einnahme Allergie auslösen kann (verantwortlich wahrscheinlich ein Zimtester), weiter Bienengift (Allergene sind vor allem Phospholipase A., aber auch die Polypeptide des Giftes). Beim Pollen (Heuschnupfen) sind die Glykoproteine auf der Pollenoberfläche für die Reaktion verantwortlich, die Antikörper sind Immunglobuline, die aus den Gewebsmastzellen hochaktive Substanzen (Histamine) freisetzen, wie dies bei Bienengift der Fall ist.
Auf Honig und Wachs wird seltener allergisch reagiert und dann auf die geringen Beimengungen von Pollen und/oder Propolis.
Allergieauslösend können auch die Stockluft und der Giftgeruch sein.
Die krankhafte Antigen-Antikörper-Reaktion kann über örtliche Erscheinungen, wie Juckreiz, Brennen, Rötung, Schwellung, hinausgehen und Kopfschmerzen, Schweißausbruch, Schwindel, Erbrechen, Nesselsucht verursachen. Im Extremfall (selten) kann es nach starkem Blutdruckabfall, Herzjagen und Atemnot zum Tod durch anaphylaktischen Schock kommen.
Eine Allergie kann sich allmählich entwickeln, aber auch nach jahrzehntelangem problemlosem Umgang mit Bienen plötzlich auftreten.
Zu verhindern ist eine Allergie nur durch Vermeiden des auslösenden Reizes. Manche Ärzte empfehlen eine Desensibilisierung durch langandauernde Verabreichung des auslösenden Stoffes in kleinsten, aber ansteigenden Dosen. Gänzliche Heilung gibt es dabei nicht.
Bei schweren Allergien müssen die Betroffenen für den Notfall stets Medikamente bei sich führen. Verabreicht werden z. B. Adrenalin, Antihistamine, Cortisonderivate, Kalziuminjektionen u. a.

Alnus MILL. – Erle – *Betulaceae*
– *glutinosa* GAERTN. – Roterle, Schwarzerle
Europa bis Kaukasus, Sibirien. Baum bis 25 m mit lockerer länglicher Krone. Blüten einhäusig. Männliche Kätzchen zu mehreren vereint, hängend an den Enden kurzer Triebe. Blütezeit Februar/März. Im freien Stand schon mit 12 bis 20 Jahren zur Blüte kommend. Verträgt hohes Maß an Bodenfeuchtigkeit. Hat sich jedoch auch als Pioniergehölz auf trockenen Böden, besonders auf Halden bewährt. Besonders zur Uferbepflanzung und für Windschutzhecken zu empfehlen. Bietet den Bienen Pollen und Kittharz. Durch frühe Blütezeit wertvoll. Honigtauspende möglich.

– *incana* MOENCH – Weißerle, Grauerle
Etwas kleiner, wurzelbruttreibend. Sie ist für nasse Böden weniger geeignet, besonders für trockene und steinige Böden. Kalkliebend und lichtbedürftig. Zur Bepflanzung von Hanglagen und Böschungen zu empfehlen.

Alter der Bienen → fossile Bienen

Ambrosia Das Wort hat verschiedene Bedeutung. Im Altertum hieß so die als haltbarer Reiseproviant geschätzte Bienenwabe samt ↑ Bienenbrot und Honig.
Ambrosia heißt auch die von bestimmten Borkenkäfern und Ameisen gezüchtete Pilznahrung. Und schließlich wähnte man, daß die Speise der Götter aus Nektar und Ambrosia bestehe (ambra = Wohlgeruch, syos = Speise der Engel). Vermutlich ist damit die Sage in Verbindung zu bringen, nach der Zeus als Neugeborener auf Geheiß der Nymphe Melitta von Bienen mit Honig versorgt wurde und die Ziege Amalthea die Milch spendete.

AMBROSIUS (bürgerlicher Name VALERIUS AURELIUS * um 339 in Trier a. d. Mosel, † 4.4.397. Jurastudium. 370 als Statthalter von Oberitalien eingesetzt und gegen seinen Willen am 7.12.374 zum Bischof von Mailand geweiht. Schutzheiliger der Imker. Sein Namensfest (7.12.) wird z. T. heute noch gefeiert.
Bedeutender Kirchenlehrer, -schriftsteller, Komponist von Kirchenliedern. Nach der Legende ließ sich ein Bienenschwarm auf dem Gesicht des schlafenden Kindes nieder und fütterte es mit Honig. Ambrosius wird stets mit seinem Attribut, dem Bienenkorb, dargestellt, der als Sinnbild der Gelehrsamkeit und der Kraft des Wortes gilt (fließende Rede wurde mit Honigseim verglichen). Ehrentitel „doctor mellifluus" = honigfließender Gelehrter. Der Name AMBROSIUS deutet auf die Götterspeise ↑ Ambrosia hin.

Ameisen → Waldameisen

Ameisensäure Organische Säure, die in verschiedenen Anwendungsformen als ↑ Tierarzneimittel gegen ↑ Varroatose angewendet wird (z. B. Illertisser Milbenplatte 60 % oder Ameisensäure 85 %ig zur freien Verdampfung).

Amerikanische Faulbrut → Faulbrut, Bösartige

Amitraz Wirkstoff gegen ektoparasitäre Milben. Zur Bekämpfung der ↑ Varroatose eingesetzt als Varreszenz- bzw. Amitraz-Räucherstreifen und Anti-Varroa-Schering. Wegen der Rückstandsbildung in zahlreichen Ländern nicht zugelassen.

Ammenbienen → Arbeitsteilung

Amöbenseuche Auch Amöbiose oder Malphighamöbiose genannt. Ansteckende Erkrankung der erwachsenen Bienen, hervorgerufen durch Einzellerparasiten, Amöben, die sich in den Harnkanälchen (↑ Malpighischen Gefäßen) festsetzen und dort eine Epithelschädigung bewirken. Die Erkrankung tritt meistens als ↑ Mischinfektion mit ↑ Nosematose auf und trägt seuchenhaften Charakter.
Ätiologie, Erreger Der Erreger der Seuche ist ein parasitärer Einzeller (Protozoon) aus der Gruppe der Amöben (Wechseltierchen), *Malpighamoeba mellificae* PRELL. Die systematische Stellung des Erregers ist noch unsicher. Bisweilen wird bezweifelt, ob die Bienenamöbe überhaupt ein echtes geißelloses Amöbenstadium hat, das ihre

Zuordnung zu den Rhizopoden (Wurzelfüßlern) rechtfertigt. Der Erreger bildet recht widerstandsfähige Dauerformen, sogenannte Zysten, Schutzzysten, die ihn ungünstige Lebensbedingungen überdauern lassen oder auch, als Vermehrungszysten ausgeschieden, der Weiterverbreitung dienen. Die Zysten sind als kugelförmig bis leicht ovale durchsichtige Gebilde mit deutlich markierter Hülle und lichtbrechendem Inhalt leicht zu erkennen. Sie sind etwa 5 bis 7 µm groß und in den Harnkanälchen erkrankter Bienen massenhaft nachweisbar. Sie werden mit dem Harn-Kotgemisch ausgeschieden und bei der Ansteckung von anderen Bienen aufgenommen. Im Darm, wahrscheinlich erst in der Kotblase, keimen die Zysten zu den vegetativen Formen, den sogenannten Kriech- oder Schwimmamöben aus, die begeißelt sind und von hier in die Malpighischen Gefäße eindringen. Dort verankern sie sich mit Scheinfüßchen in der Gefäßwand und vermehren sich über Zellteilung, bis es nach einer Entwicklungszeit von 3 bis 4 Wochen erneut zur Zystenbildung kommt.

Pathogenese, klinische Symptome, Krankheitsverlauf Es scheint, daß die Pseudopodien (Scheinfüßchen) des Erregers nicht in die Zelle, sondern nur zwischen die Zellen dringen. Trotzdem schwellen die Harnkanälchen infolge des Amöbenbefalls an, verfärben sich milchigweiß und degenerieren. Infolgedessen kommt es zu einer Funktionsstörung des Organs (verminderte Wasserresorption). Das führt zur Überlastung der Kotblase und damit zu Durchfallerscheinungen. Die Bienen krabbeln wie bei ↑ Ruhr oder ↑ Nosematose mit aufgeblähtem Hinterleib herum. Charakteristisch für die Krankheit ist, daß die Bienen beim Öffnen des Stockes abfliegen und dabei einen dünnflüssigen grünlichgrauen bis schwefelgelben Kot abspritzen. Schwefelgelbe Kot-tropfen, die Stecknadelköpfen ähnlich sehen, sind auch im Stockinneren und in den Fluglochnischen zu finden.

Der Krankheitsverlauf ist von Witterungseinflüssen abhängig. Kühle, regenreiche Sommer- und Herbstmonate, gefolgt von einem milden aber langen Winter, führen häufig zu einem seuchenhaften Auftreten der Amöbiose im Frühjahr. Bedingt durch den relativ langen Entwicklungszyklus des Erregers und die massenhafte Nachzucht von kurzlebigen Sommerbienen in der Hauptbrutsaison, kommt es ab Juni meistens zu einer Selbstheilung im Sinne einer klinischen Gesundung der Völker.

Diagnostik Die Diagnose wird durch mikroskopische Untersuchung der Malpighischen Gefäße im Quetschpräparat gestellt. Bei 200facher Vergrößerung findet man im positiven Falle, daß diese Organe dicht mit kugeligen, stark lichtbrechenden und granulierten Zysten angefüllt sind. Die Untersuchung ist nur an frisch getöteten Bienen erfolgversprechend.

Epizootiologie Die Amöbenseuche ist eine typische ↑ Faktorenseuche. Das seuchenhafte Auftreten ist sehr vom Witterungsverlauf abhängig. Sehr häufig ist die Erkrankung mit ↑ Nosematose vergesellschaftet und tritt besonders Ende des Winters und im Frühjahr auf. Der klinisch unauffällige Befall von Bienen mit Amöben ist sicher weit höher als allgemein angenommen wird. Deshalb ist auch fraglich, ob man überhaupt von Ansteckung als dem Beginn des seuchenhaften Prozesses sprechen kann. *Malpighamoeba mellificae* kann auch mit dem *Bee Virus x* vergesellschaftet sein; in derartigen Fällen treten ebenfalls Verluste an Bienenvölkern ein.

Prophylaxe, Behandlung und Bekämpfung Die Maßnahmen zur Prophylaxe und Bekämpfung der Amöbenseuche folgen imkerlich den Prinzipien der Beherrschung der Nosematose. Es ist nicht anzuraten, erkrankte Völker zu verstärken oder auf dem Stand zu belassen. Wo die Erkrankung klinisch schwer in Erscheinung tritt und die Bruttätigkeit nur zögernd in Gang kommt, sind rigorose Maßnahmen (Abschwefeln der betroffenen Völker und Desinfektion der Beuten und Rähmchen mit Peressigsäure) angezeigt. Ein Mittel zur Chemotherapie der Amöbiose oder Unterstützung des Sanierungsprozesses gibt es bisher nicht.

Amorpha L. – *Leguminosae*
– *fruticosa* L. – Bastardindigo
Mittlere USA. 2 bis 3 m hoch werdender, starkwüchsiger Strauch von steifem Wuchs.

Junge Triebe frieren häufig zurück, treiben aber von unten immer wieder aus. Die violettblauen Blüten erscheinen in bis 15 cm langen, schmalen, aufrechten Trauben, die zu mehreren an den Zweigenden gehäuft stehen. Blütezeit Juli/August. Sehr anspruchsloses Gehölz. Es ist für leichte Böden und trockene Standorte noch geeignet, jedoch lichtbedürftig. Diese Sträucher sollten besonders zur Bepflanzung von Böschungen und Hängen verwendet werden. Mäßiger Nektar- und Pollenlieferant.

Analytik Hier Verfahren zur Identifizierung von Rückständen von Pflanzenschutz- und Tierarzneimitteln, von anatomischen Veränderungen, von Erregern der Bienenkrankheiten in Bienen und Bienenprodukten. Dazu werden chemische und chemisch-physikalische Verfahren, biochemische und biologische Labormethoden angewendet.

Anaphylaktischer Schock → Allergie

Anästhesiephase → Vergiftungsphänologie

Anblasen → Weiselaufzucht

Anbrüter Weiselloses Volk oder abgesperrter Volksteil ohne Weisel zum Anpflegen von Weiselzellen als Einleitung der ↑ Weiselaufzucht. Die Bienen müssen in Nachschaffungsstimmung (pflegewillig) sein. Ein Anbrütekasten hat meist drei Waben im Standmaß.
Er muß mit Honig, Pollen und Wasser sowie mit vielen Jungbienen (Ammenbienen) versehen sein. Sowie sich die Bienen weisellos fühlen, werden die ↑ Zuchtlatten mit belarvten Weiselbechern eingehängt. Die angepflegten Weiselzellen kommen am nächsten Tag zur Weiterpflege in ein ↑ Pflegevolk.

Andrena → Apoidea

Anfangsstreifen → Leitwachs

Anflugbrett → Flugbrett

Anomalie → Mißbildung

Anstecktisch Leichte Holzplatte in Beutenbreite mit einer dreiseitigen Randbegrenzung, die bei ↑ Hinterbehandlungsbeuten mit seitlich zu öffnender Tür an der Beute befestigt wird und als Arbeitstisch zum Absetzen der Waben und zum Hineinfegen der Bienen in die Beute benutzt werden kann.

Anstrich der Beuten Die Beute sollte vom Hersteller zunächst ringsherum mit Halböl oder Firnis behandelt sein. Der Imker wird je nach Verwendung der Beute den weiteren Anstrich vornehmen, wobei vor allem die der Witterung ausgesetzten Seiten zu schützen sind. Zu empfehlen ist ein möglichst zweimaliger Grundanstrich sowie ein Deckanstrich, bei dem Öl-, Alkydharz- oder Latexfarben verwendet werden können. (Die Anstrichmittel dürfen selbstverständlich keine insektizide Wirkung haben.) Es ist nicht zweckmäßig, die gesamte Beutenfront mit einer hellen Farbe zu streichen, da die Bienen während des ↑ Reinigungsausfluges dort verstärkt ihren Kot absetzen.
Als Orientierungshilfe für die Bienen zur Unterscheidung der einzelnen Beuten genügt es, die Fluglochnische und das Anflugbrett mit unterschiedlichen Farben zu streichen. Gelb, Blau und Weiß werden von den Bienen gut unterschieden, Rot wird als schwarz gesehen. Bei Aufstellung der Beuten im Verband müssen die Farben der jeweils benachbarten Beuten unterschiedlich sein.

Antennen → Fühler

Antibiotika Substanzen, die von Mikroorganismen gebildet werden und eine hemmende oder auch tötende Wirkung auf andere Mikroorganismen ausüben. Bekannt ist das Penicillin, ein Stoffwechselprodukt des Schimmelpilzes *Penicillium notatum*, das eine Vielzahl von Infektionserregern hemmt. Mit seiner Entdeckung durch Sir ALEXANDER FLEMING 1928/29 wurde die Ära der Heilbehandlung von Infektionen unter Anwendung von Antibiotika eingeleitet. Ähnlich bekannt ist das Streptomycin, das vom Strahlenpilz *Streptomyces griseus* gebildet wird und erstmalig 1943 von

SELMAN ABRAHAM WAKSMAN als das erste gegen Tuberkulose wirksame Antibiotikum isoliert werden konnte.

Anwender → Pflanzenschutzmittel

Anwendungsvorschriften → Pflanzenschutzmittel

Anzeigepflicht Gesetzlich vorgeschriebene Verpflichtung des Imkers, ↑ Bienensachverständigen oder Tierarztes, schon den Verdacht auf das Vorliegen einer anzeigepflichtigen Tierseuche dem zuständigen Amtstierarzt anzuzeigen (§§ 9 und 10 des Tierseuchengesetzes sowie Bienenseuchenverordnung vom 6.12.1988). Neben den anzeigepflichtigen Seuchen (z. B. Bösartige und Gutartige ↑ Faulbrut, ↑ Acariose) gibt es den Begriff der „meldepflichtigen Tierkrankheiten" (Verordnung vom 9.8.1983, BGBl I, Seite 1095). Sie werden in der Regel nicht staatlich bekämpft, wie dies bei den anzeigepflichtigen Seuchen der Fall ist. Über ihr Auftreten soll aber ein ständiger Überblick vorhanden sein. Bienenkrankheiten sind in der Liste der meldepflichtigen Tierkrankheiten nicht aufgeführt.

Apfelbaum → Malus

Apfelbeere → Aronia

Apfelrose → Rosa

Aphizide Mittel gegen Blattläuse, meist systemische Insektizide.

Apilarnil Rumänisches Diätetikum aus Drohnenlarven, die einen Tag vor der Verdeckelung entnommen und zu einer homogenen Masse zerrieben werden. Soll reich an biologisch wirksamen Substanzen sein und eine gute Wirkung bei Schwächezuständen sowie physischen und psychischen Entwicklungsstörungen haben (↑ Apitherapie).

APIMONDIA Abkürzung von „Federation d'Apiculture mondiale". Versteht sich als internationaler Verband der Bienenzüchtervereinigungen (z. Z. etwa 80 nationale Vereinigungen aus 75 Ländern). Vertritt damit etwa 5 Mio Imker, die rund 50 Mio Bienenvölker betreuen. Wurde 1949 während des XIII. Internationalen ↑ Bienenzüchterkongresses in Amsterdam gegründet. Das Generalsekretariat hat seinen Sitz in Rom. Die Generalversammlung (je Mitgliedsland ein Delegierter, alle Präsidenten vorhergegangener Kongresse sowie gewählte hervorragende Imker und Bienenwissenschaftler) tagt alle 2 Jahre anläßlich der Kongresse. Dazwischen ist der Exekutivrat tätig (Präsident, Generalsekretär, 2 Vizepräsidenten, 12 für 4 Jahre gewählte Mitglieder einschließlich der Präsidenten der Ständigen Kommissionen sowie der Dekan der Ehrenmitglieder der APIMONDIA). Es gibt 7 Ständige Kommissionen, die bei Bedarf auch zwischenzeitlich anstehende Probleme auf Internationalen Symposien beraten, und zwar: Bienenwirtschaft, -biologie, -pathologie, -technologie und Imkereigeräte, Nektarflora und Bestäubung, Bienenzucht in Entwicklungsländern, Apitherapie. Die APIMONDIA pflegt enge Beziehungen zu internationalen Organisationen und Institutionen, u. a. FAO (Weltzentrale für Ernährung und Landwirtschaft der UNO, UNCTAD/GATT (Internationales Handelszentrum), ↑ O.I.E. (Internationales Tierseuchenamt). Ein eigener Verlag (Sitz Bukarest) gibt die Kongreßmaterialien in 5 Sprachen, die Zeitschrift „Apiacta" und spezielle Dokumentationen heraus. Ebenfalls in Bukarest etabliert sich die Weltakademie der Bienenwissenschaften (1984 gegründet) und hat das Apitherapiezentrum am Institut für Imkertechnologie und -wirtschaft der APIMONDIA seinen Sitz. Seit 1982 wird in Mechelen (Belgien) ein Internationales Museum für Bienenzucht aufgebaut.

Apis cerana → Bienenarten

Apis-Club → International Bee Research Association

Apis dorsata → Bienenarten

Apis florea → Bienenarten

Apis mellifera → Bienenarten

Apitherapie Anwendung von Bienenprodukten wie ↑ Honig, ↑ Pollen, ↑ Propolis, ↑ Bienenwachs, ↑ Bienengift, ↑ Weiselfuttersaft und Drohnenmaden (↑ Apilarnil) zur Verhütung und Heilung bzw. Besserung von Krankheiten bei Mensch und Haustier. Bienenprodukte werden auch vielfältig in Kosmetika verarbeitet.

Die ↑ APIMONDIA hat seit 1985 eine Ständige Kommission Apitherapie (vorher Arbeitsgruppe), die eigene Symposien veranstaltet und auf den Kongressen über die jeweils neuesten Erkenntnisse von Medizinern, Chemikern und Imkern berichtet und diskutiert. Seit 1975 besteht in Rumänien ein Apitherapiezentrum der APIMONDIA, das in Zusammenarbeit mit der Akademie der medizinischen Wissenschaften und Universitätskliniken Bienenprodukte untersucht, Arzneimittel aus Bienenprodukten entwickelt und ärztlich auf Heil- und Prophylaxewirkung an bestimmten Patientengruppen testet. Zur Erhaltung der Gesundheit werden in Sanatorien und Heilbädern einiger osteuropäischer Länder Bienenprodukte angewendet, zum Teil auch in Kombination, wie Honig und Pollen, Pollen und Weiselfuttersaft u. a.

Bienenprodukte können nicht als Heilmittel eingestuft werden, weil die Inhaltsstoffe stets aufgrund verschiedener Faktoren (Biene, Trachtpflanze, Klima, geographische Lage, Jahreszeit) in weiten Grenzen schwanken, und weil es kaum möglich ist, für den geforderten doppelten Blindversuch entsprechende Placebos zu finden. Die Bienenprodukte können vorerst nur als Hausmittel bezeichnet werden.

Alle Mittel der Apitherapie können ↑ Allergien auslösen. Bei Selbstbehandlung ist deshalb vorsichtig zu verfahren.

Apoidea (Honigbienen, Wildbienen). Überfamilie der ↑ Hautflügler. 0,2 bis 3,8 cm große Insekten, von denen es insgesamt ca. 20000, in Mitteleuropa ungefähr 560 Arten gibt. Sie sind oft stark behaart, der Metatarsus der Hinterbeine (↑ Beine) ist mehr oder weniger auffällig verbreitet und auf der Innenseite mit Haarreihen oder Borsten besetzt. Die weiblichen Tiere besitzen einen Wehrstachel, der bei einigen Bienengruppen, wie den Meliponen (stachellose Bienen), reduziert sein kann. Imagines und Larven ernähren sich im allgemeinen von Nektar und Pollen. Schenkelbienen (*Melittidae*) der Gattung *Macropis* können aber auch mit Haarpolstern der Extremitäten Öl aus Drüsenhaaren der Staubgefäße von Lysimachia-Arten (Pfennigkraut, Gilbweiderich u. a.) auspressen und verwenden es mit Pollen vermischt als Brutnahrung.

Die meisten Arten leben **solitär,** und die einzelnen Weibchen legen voneinander getrennt Nester mit einzelnen oder auch mehreren Zellen an. Sie werden zuweilen mit Pflanzenmaterial, beispielsweise mit Blattstücken (Blattschneiderbienen, *Megachilidae*) oder mit abgeschabter Pflanzenwolle (Wollbiene, Gattung *Anthidium*) ausgekleidet. Hohlräume für die Nester in Pflanzenstengeln schafft sich die Holzbiene (Gattung *Xylocopa*) mit ihren kräftigen Mandibeln. In Lehmwänden brüten u. a. Mörtelbienen (Gattung *Chalicodoma*), aber auch Furchenbienen (*Halictidae*). Die Weibchen versorgen die Zellen mit Nahrung, legen ein Ei in jede Zelle und verschließen sie (Brutfürsorge). Manche Arten bzw. Gattungen leben in **Sozialgemeinschaften** z. B. *Halictus* (Furchenbiene), *Bombus* (Hummeln), stachellose Bienen (*Melipona* und *Trigona*) sowie die Honigbiene (*Apis*). Ihre Nester befinden sich im Boden (Furchenbienen, Hummeln), in Baumhöhlen und Felsspalten (z. B. Honigbienen). In der Regel lassen sich bei ihnen drei verschiedene Morphen voneinander unterscheiden, Arbeiterinnen, Königinnen (Weiseln) und Männchen (Drohnen).

Bei den meisten der in Mitteleuropa heimischen soziallebenden Bienen gehen im Herbst alle Nestinsassen bis auf ein begattetes Weibchen zugrunde. Die überwinternden Weibchen bauen dann im Frühjahr eine neue Sozialgemeinschaft auf.

Eine Ausnahme bildet die Honigbiene. Bei ihr bleibt die Sozialgemeinschaft während des ganzen Jahres erhalten, wenngleich Drohnen nur im Sommerhalbjahr vorhanden sind.

Während Nektar immer in der Honigblase,

Verwandtschaftsbeziehungen der Honigbienen

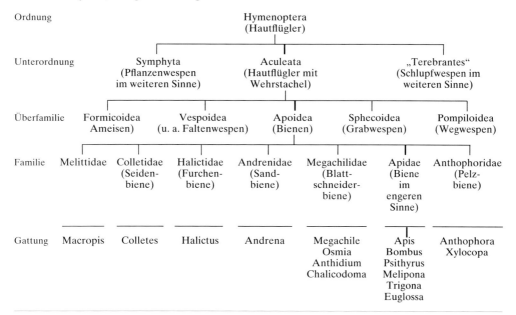

einem erweiterungsfähigen Abschnitt des Vorderdarmes, transportiert wird, tragen manchen Arten der *Apoidea* Pollen entweder auch in der Honigblase mit Nektar vermischt zu den Brutzellen (Seidenbiene, *Colletidae*) oder, was viel häufiger geschieht, der Blütenstaub wird während der Nahrungssuche in besonderen dafür vorhandenen Sammeleinrichtungen angereichert, die aus Polstern oder einzelnen Gruppen von Sammelhaaren bestehen.

Sie befinden sich mitunter an der Ventralseite des Hinterleibes = Bauchsammler (z. B. Mauerbiene, Gattung *Osmia*, Blattschneiderbiene, Gattung *Megachile*), bei einer größeren Artenzahl aber an den Hinterbeinen = Beinsammler, und zwar hier entweder am Schenkel = Schenkelsammler (z. B. Sandbiene, Gattung *Andrena*), an der Schiene = Schienensammler (Pelzbienen, Gattung *Anthophora*) oder in sogenannten Körbchen der Tibia = Schienenkörbchensammler (Hummeln und Honigbienen).

Bei den Männchen fehlen Sammeleinrichtungen, mit Ausnahme der in den tropischen und subtropischen Gebieten Süd- und Mittelamerikas vorkommenden Prachtbienen (*Euglossinae*), die oft metallisch gefärbt sind und deren Männchen duftstoffhaltige, ölige Flüssigkeiten aus Duftdrüsen von Orchideen und anderen Pflanzenarten (Parfümblumen) sammeln und in komplizierten Vorrichtungen der Hintertibien, aber auch der Vorderbeine transportieren.

Nahezu 1/3 sämtlicher Bienenarten, in Mitteleuropa etwa 1/4, stellen Kuckucksbienen und damit Brutschmarotzer dar, deren Weibchen keine Sammeleinrichtungen und nur eine geringfügige Körperbehaarung besitzen, selbst keine Nester anlegen, demzufolge auch keine Nahrung für ihre Nachkommen sammeln, sondern ihre Eier an den Futtervorrat in den Nestern anderer Arten ablegen. Solche Brutschmarotzer treten in mehreren Bienenfamilien auf und parasitieren bei solchen Arten, mit denen sie offensichtlich stammesgeschichtlich verhältnismäßig nahe verwandt sind, wie die Schmarotzerhummeln der Gattung *Psithyrus* bei den echten Hummeln (Gattung *Bombus*).

Die Verwandtschaftsbeziehungen der Honigbienen, Gattung *Apis*, zu einigen anderen systematischen Gruppen der *Apoidea* sind vereinfacht in der Tabelle dargestellt.

Applikation Anwendungsweise von Pflanzenschutzmitteln. Man unterscheidet zwischen Sprüh-, Spritz-, Bandspritz- und Flugzeugapplikation.

Aprikose → Prunus

Aralia L. – Aralie – *Araliaceae*
– *elata* (Miq.) Seem.
Amurgebiet, Korea, Japan. Bis 4 m hoch werdender, wenig verzweigter Strauch mit bis 80 cm langen, doppelt gefiederten und mit Stacheln besetzten Blättern. Die kleinen, weißen Blüten erscheinen im August in großen endständigen Dolden. Ein sehr dekoratives Solitärgehölz für spätfrostgeschützte Lagen und humose Böden. Wird stark von Bienen beflogen.
Ein ebenso gutes Bienenweidegehölz ist A. *chinensis* L. mit schirmartigen Blütenständen von August bis September.

Arbeiterin Weibliche Morphe, die trotz vorhandener, wenn auch reduzierter weiblicher ↑ Geschlechtsorgane nicht begattungsfähig und daher normalerweise auch nicht in der Lage ist, befruchtete Eier zu produzieren. Wohl aber besitzen Arbeiterinnen die Fähigkeit, unbefruchtete Eier abzulegen (↑ Drohnenmütterchen), die meist unregelmäßig am Zellboden oder im Bereich der unteren Zellwand festgeheftet werden. Oftmals findet man mehrere Arbeiterinneneier in einer Zelle. Typisch für die Arbeiterinnen ist ihr Pflegeverhalten gegenüber der Brut und der Weisel.
Eine Arbeitsbiene erreicht, je nach Rassezugehörigkeit, eine durchschnittliche Größe von 12 bis 14 mm bei einer Masse von 0,06 bis 0,18 g (abhängig vom Füllungszustand des Darmes). Das Durchschnittsgewicht liegt bei 0,1 g. Der ↑ Hinterleib ist im Vergleich zu dem der ↑ Weisel relativ kurz und ragt nur wenig über die Spitzen der zusammengelegten Flügel hinaus.
Abgesehen von der dichten Thoraxbehaarung, die auch Drohnen und Weiseln zukommt, sind für die Arbeitsbienen die Filzoder Tomentbinden (↑ Behaarung) auf den Hinterleibsringen charakteristisch.
Typisch sind ferner die Sammeleinrichtungen an den Hinterbeinen (↑ Beine) und der Bau der ↑ Mundwerkzeuge, insbesondere der des Saugrüssels. Zahlreiche weitere Körpermerkmale zeigen eine kastenspezifische Ausbildung (↑ Kastendetermination). Dazu gehören u. a. Bau und Größe der Komplexaugen, Kopf- und Mandibelform, Extremitäten und Wehrstachel, Drüsensystem, Pheromonproduktion, Entwicklung und Lebensdauer.
Die Zahl der Arbeiterinnen beträgt in einem mittelstarken Bienenvolk während des Frühsommers 30000 bis 40000, kann aber auch auf das Doppelte ansteigen. Die Arbeitsbienen haben mit Ausnahme der Eiablage sämtliche Tätigkeiten auszuführen, die für die Erhaltung, Vergrößerung und Vermehrung der Sozialgemeinschaft zu leisten sind (↑ Arbeitsteilung).
Ihre Lebensdauer beläuft sich je nach der Beanspruchung während der Flugbienenphase im Sommerhalbjahr (Sommerbienen) auf durchschnittlich 20 bis 40 Tage. Arbeiterinnen, die den Winter ohne Schäden überstehen (Winterbienen), können 220 bis 280 oder in seltenen Fällen auch 300 Tage alt werden
(↑ Saisonvariabilität).

Arbeiterinnenzellen → Wabe

Arbeitsbienen → Arbeiterin

Arbeitsgemeinschaft der Institute für Bienenforschung Wurde 1949 in Marburg/Lahn gegründet. Auf der jährlich einmal stattfindenden Arbeitstagung, wechselnd in einem der Institute, werden Teilergebnisse laufender Forschungsvorhaben diskutiert und wichtige neue Aufgaben in enger Verbindung zur Praxis und mit dem Deutschen Imkerbund (↑ Imkerorganisationen) beraten und geplant.

Arbeitsschutz Er ist in verschiedenen Bereichen wichtig.
– Beim Umgang mit den Bienenvölkern: ↑ Imkerschutzkleidung, Gebrauch von Rauch oder Wasser zur ↑ Besänftigung der Bienen, Ordnung und Sauberkeit, sachgemäßes Arbeiten zur Vermeidung von Aufregung bei den Bienen, schnelle Beseitigung eines Stachels.

– Bei der Honiggewinnung: Bienenfreier sauberer Schleuderraum, genügend Wasser zur Beseitigung von Honig auf Fußboden und Werkzeug, richtige Führung der Entdeckelungsgabel oder des Entdeckelungsmessers vom Körper weg, kein Berühren der elektrischen Anlagen mit nassen Händen, Abdecken der ↑ Honigschleuder, kein Eingreifen in die noch rotierenden Waben.

– Für die Wanderung: ↑ Imkerschutzkleidung auch für den Kraftfahrer, Wandern außerhalb der Bienenflugzeiten, bienendichte Beuten, verkehrssichere Fahrzeuge, sorgfältige Wahl des Wanderplatzes (keine Gefährdung durch die Bienen), Warntafel am Wanderplatz, Mitführen eines Sanitätskastens, fester Sitz der Treppe am ↑ Wanderwagen.

– Bei der Bekämpfung von Bienenkrankheiten und Schädlingen: Sorgfältige Kennzeichnung und Aufbewahrung aller Medikamente und Chemikalien, Einhaltung der Gebrauchsvorschriften, bei Anwendung von Ameisensäure Schutzbrille, Gummihandschuhe, -stiefel, -schürze, bei Räuchermitteln gute Durchlüftung des Bienenhauses oder Wanderwagens, eventuell Schutzmaske, nicht essen und rauchen bei diesen Arbeiten, sorgfältiges Waschen der Hände.

– Bei Instandsetzungsarbeiten: Sauberkeit und Ordnung am Arbeitsplatz, technisch einwandfreier Zustand von Werkzeug und Maschinen, vorschriftsmäßige Bedienung derselben, Schutzmaske bei Arbeiten mit Nitrofarben, Reparaturen an Elektroanlagen nur vom Fachmann, Schutz der Augen und Hände bei Glasarbeiten.

– Bei der Benutzung von Kraftfahrzeugen: Verkehrstechnisch einwandfreier Zustand der Kraftfahrzeuge, nicht fahren unter Einwirkung von Alkohol, Beachten und Einhalten der Verkehrsbestimmungen, beim Ankuppeln von Wanderwagen nicht zwischen Zugfahrzeug und Hänger treten.

Arbeitsteilung Während sich die Weisel lediglich der Eiablage widmet, obliegt den Arbeitsbienen die Gesamtheit aller übrigen Tätigkeiten, die für die Existenz der Sozialgemeinschaft des Bienenvolkes erforderlich sind. Im Bienenvolk herrscht eine wohl organisierte Arbeitsteilung. Ungefähr 2/3 der Arbeiterinnen verrichten in den ersten drei Wochen ihres Imaginallebens die erforderlichen Arbeiten im Bienenstock (Stockbienen), 1/3 sorgt ab einem Alter von ca. 20 Tagen für die Beschaffung der Nahrung, der ↑ Propolis und des Wassers, das insbesondere für die Brutaufzucht, aber auch für die Aufrechterhaltung der im Brutnest notwendigen Luftfeuchte und die ↑ Thermoregulation benötigt wird (Sammel-, Flug- oder Trachtbienen).

In ihren ersten Lebenstagen fehlt den Arbeitsbienen noch ein phototaktisches Verhalten; sie putzen leere Zellen und überziehen deren Wände mit dem sterilisierenden Sekret ihrer Mandibeldrüsen, bevor die Zellen wieder Verwendung finden. Die Jungbienen halten sich während dieser Zeit vor allem im Bereich des Brutnestes auf und wärmen die Brut, wobei verdeckelte Brut der offenen, verdeckelte Drohnenbrut der verdeckelten Arbeiterinnenbrut vorgezogen wird. Die unterschiedliche Attraktivität, die für die Arbeitsbienen von den genannten Gruppen der Brutzellen ausgeht, hängt offensichtlich von Brutpheromonen (↑ Pheromone) ab, die beispielsweise von Drohnenpuppen reichlicher abgeschieden werden als von den Puppen der Arbeiterinnen. Am intensivsten ist die Abgabe von Brutpheromonen bei Weiselpuppen, woraus sich erklären läßt, warum die Belagerung und damit auch die Pflege der Weiselzellen vor anderen Brutzellen den Vorrang hat. Von den Weiselzellen gehen allerdings zusätzlich auch noch mechanische Reize auf die Arbeitsbienen aus, die deren Pflegeverhalten verstärken.

Vom 4. bis zum 10. Lebenstag sind normalerweise die ↑ Hypopharynxdrüsen (Futtersaftdrüsen) der Arbeiterinnen entwickelt, und damit haben sie das **Ammenbienenstadium** erreicht, in dem sie junge Brut mit ↑ Futtersaft versorgen. Während dieser Zeit verlassen die Arbeitsbienen auch schon zeitweise den Stock, um sich einzufliegen, d. h., um die Umgebung ihrer Behausung kennenzulernen. Bereits um den 5. Lebenstag erfolgen die ersten Orientierungsflüge, die weiter vom Stock wegführen können. Sie nehmen jedoch nicht mehr als 15 bis 20 Min. Zeit in Anspruch. Dabei entleeren die Bienen ihre Kotblase.

Zwischen dem 11. und 18. Imaginaltag befinden sich die Arbeiterinnen gewöhnlich im **Baubienenalter**. Jetzt sind die ↑ Wachsdrüsen entwickelt, und es wird Wachs produziert und verarbeitet. Die Baubienen füttern zwar keine Brut mehr, kümmern sich aber neben der Bautätigkeit auch um die Bevorratung des Bienenstockes, nehmen den Sammlerinnen Nektar ab und speichern ihn in den Wabenzellen, auch Pollen wird gespeichert und bearbeitet. Die älter werdenden Stockbienen entfernen sich damit häufiger vom Zentrum des Brutnestes und gewinnen über die Begegnung mit Sammlerinnen, deren Tänzen sie folgen, zugleich erste Eindrücke von Tätigkeiten, die über die eigentlichen Stockarbeiten hinausführen, Kontakte zur Außenwelt werden vermittelt.

Ein Teil der Arbeiterinnen führt vor dem Einsetzen der **Flugbienenphase** zwischen dem 18. und 20./21. Lebenstag **Wächterdienste** durch. In dieser Zeit hat die Gift- und Alarmpheromonproduktion (↑Pheromone) ihren Höhepunkt erreicht. Die Wachbienen stehen zum Teil am Flugloch, den Kopf nach außen gerichtet. Nähern sich Fremdlinge dem Flugloch, erheben die Wächter ihre Vorderbeine. Nach der Kontrolle mit den Fühlern werden die fremden Ankömmlinge attackiert, mit den Mandibeln gepackt oder auch mit dem Stachel bedroht. Selten greifen mehr als 2 bis 3 Wächterbienen ein fremdes Insekt an, das sich anschickt, in den Stock einzudringen.

Farbtafel I

Während bei verschiedenen Tätigkeiten, wie der Brutpflege, dem Weiterreichen der Nahrung usw., eine verhältnismäßig große Anzahl von Bienen beschäftigt wird, sind für die Ausführung anderer Arbeiten ausgesprochene Spezialisten verantwortlich. Ca. 1 bis 2 % der Stockbienen entfernen beispielsweise tote Larven oder andere abgestorbene Organismen aus dem Stock, wozu sie wahrscheinlich durch chemische Signale stimuliert werden, die bei der eintretenden Verwesung entstehen. Spezialisten finden sich auch unter den Sammelbienen, die zwar Pollen und/oder Nektar, aber eventuell auch nur Wasser, das im Stock nicht gespeichert wird, oder auch nur ↑ Propolis eintragen können. Propolis, in den Körbchen der Hinterschienen (↑ Beine) transportiert, wird von den Sammlerinnen nach Rückkehr in die Beute direkt verarbeitet, so daß sich die Propolis-Sammlerinnen über den Bedarf an dieser Substanz im Stock auch an Ort und Stelle informieren können. Daneben sind andere Flugbienen (ca. 5 %) als Suchbienen tätig, die damit beschäftigt sind, neue Nahrungsquellen aufzuspüren.

Die einzelnen Tätigkeiten der Arbeiterinnen sind zum Teil eng miteinander verknüpft. So nimmt z. B. die Säuberungsintensität mit steigendem Nektareintrag zu. Sämtliche Altersstadien der erwachsenen Bienen beteiligen sich an der ↑ Thermoregulation.

Hervorzuheben ist, daß die Stockbienen 40 % der Zeit damit verbringen, auf den Brutzellen zu sitzen und zu rasten, wobei zugleich Brut gewärmt wird. 30 % ihrer Zeit gehört den Patrouillegängen im Stock, die dazu dienen, Informationen über erforderliche Tätigkeiten einzuholen. 1/4 bis 1/3 der Zeit dient den eigentlichen Arbeiten.

Die verschiedenen Tätigkeiten der Arbeitsbienen hängen nicht in erster Linie von ihrem Alter, sondern von den Bedürfnissen des Volkes ab, was nicht nur für die Arbeiten der Stockbienen, sondern insbesondere für die Aktivität der Sammlerinnen (Angebot und Nachfrage) zutrifft (↑ Sammelstrategie).

Die ↑ Lebensdauer der Bienen verlängert sich in dem Maße, in dem sie ihre Stockbienenphase ausdehnen können. Ist es erforderlich, beteiligen sich auch Stockbienen an Sammelflügen bzw. Flugbienen noch einmal an der Brutpflege oder Bautätigkeit. Grundlage für die Arbeitsteilung ist die hormonell gesteuerte Drüsenentwicklung in den aufeinanderfolgenden und durch unterschiedliche Tätigkeitsphasen ausgezeichneten Lebensabschnitten der Arbeiterinnen, die zur Arbeitsteilung führen.

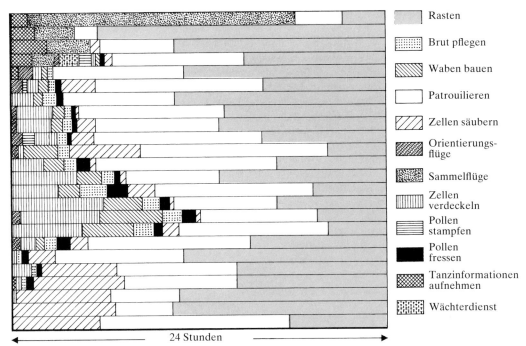

Die ersten 24 Tage im Leben einer Arbeitsbiene (nach LINDAUER)

Diese einzelnen Lebensabschnitte sind mit einem verschieden hohen Juvenilhormonanteil (↑ Hormone) in der Leibeshöhlenflüssigkeit der Bienen gekoppelt. Von der Stockbienen- zur Flugbienenphase erfolgt ein Anstieg des Juvenilhormontiters, und zwar infolge einer gesteigerten Syntheserate des Hormons in den Corpora allata (↑ Hormone). Sie ist bei frisch geschlüpften, wie 7 bis 9 Tage alten, aber auch bei 14- bis 15tägigen Arbeitsbienen vom Randbereich des Brutnestes noch verhältnismäßig gering. Um den 20./21. Lebenstag, also mit dem Einsetzen der Sammelbienenzeit, steigt der Hormontiter in der Leibeshöhlen- bzw. Blutflüssigkeit stark an.

Auch die Flexibilität der altersabhängigen Arbeitsteilung wird durch das Juvenilhormon reguliert, da die Syntheserate des Hormons wiederum von Umwelteinflüssen abhängig ist.

Die relative Labilität der Arbeitsteilung und ihre perfekte Funktionsweise kommen dadurch zustande, daß die Bienen immer dann auf notwendige Arbeiten aufmerksam werden, wenn die Zahl der Beschäftigten auf den einzelnen Tätigkeitsfeldern für den möglichst optimalen Fortbestand bzw. die Entwicklung der Sozialgemeinschaft zu gering geworden ist. Aufgabenmosaik und Tätigkeitsmuster entsprechen einander.

Dies besagt, daß die einzelnen, zum Teil auf Drüsenentwicklungen beruhenden Tätigkeiten der Bienen dennoch keine starren Entwicklungsschritte im Lebenslauf der Einzelindividuen darstellen, sondern an den sich unablässig wandelnden Erfordernissen überprüft und über physiologische Stimuli gegebenenfalls auch verändert werden können.

ARISTOTELES 384 bis 322 v. Chr. Griechischer Philosoph in Athen, Schüler von PLATO, Lehrer ALEXANDER's d. Gr., Leibarzt des mazedonischen Königs AMYNTAS, gewissenhafter Naturwissenschaftler.
Legte in der „Tierkunde" u. a. die damaligen Kenntnisse über die Bienen nieder. Verwendete einen Beobachtungsstock aus Glas (Marienglas), wußte von der Blütenstetigkeit der Bienen, von Drohnenmütterchen, den Geschlechtsverhältnissen im Bienenvolk und empfahl Anbau von Luzerne zur Bienenweideverbesserung.

Armbruster, **Ludwig** *7.9.1886 in Markdorf/Baden, † 4.6.1973 in Lindau a. Bodensee. Studierte Theologie, Mathematik und Naturwissenschaften. 1913 Staatsexamen für den höheren Schuldienst und Dissertation über „Chromosomenverhältnisse bei der Spermatogenese solitärer Apiden". Professur an der Landwirtschaftlichen Hochschule Berlin. Baute das Institut für Bienenkunde in Berlin-Dahlem auf und wurde 1923 dessen Direktor. 1929 Präsident des Internationalen Imkerkongresses des Apis-Club (↑ International Bee Research Association). 1934 zwangspensioniert. Über 400 Veröffentlichungen zur Kulturgeschichte der Imkerei, Imkereibetriebsformen, Züchtungsfragen, Pollenanalyse. Gründete 1919 das „Archiv für Bienenkunde" (↑ Schrifttum), das 1943 verboten wurde. Es erschien dann von 1948 bis 1965 vorwiegend als Referateorgan.

Arnhartsche Drüse → Pheromone

Aronia MEDIK. – Rosaceae
– *melanocarpa* ELL. – Apfelbeere
Nordamerika. Kleiner Strauch, dichter und breiter Wuchs, bis 2 m hoch, reinweiße Blüten in einer Doldentraube im Mai/Juni, seltenes Fruchtgehölz, anspruchslos an Standort und Boden, verträgt sowohl Sonne als auch Schatten und leicht salzhaltige Böden, gut geeignet als Hecke, Windschutz- und Vogelschutzgehölz. Mäßiger Nektar- und mäßiger Pollenlieferant.

Arsen Chemisches Element. Bei Verfeuerung von Steinkohlen und jüngeren Braunkohlen wird Arsentrioxid in Aerosolform frei, ebenso bei der Verhüttung von Buntmetallen. Honigbienen sind gegenüber arsenhaltigen Schadstoffen sehr empfindlich. Primär wird das Mitteldarmepithel geschädigt. Die Folge ist ein Anschwellen des Hinterleibes, starke Vergrößerung der Kotblase und eine Blockade der Enzymgruppierungen, die zum Tode führt.

Asclepias – Seidenpflanze – Asclepiadaceae
– *syriaca* L.
Nordamerika. Staude mit unterirdischen Trieben kriechend, bis 150 cm hoch, die länglich-eiförmigen Blätter sind unterseits filzig behaart. Grünlichrote Blüten in aufrechten Blütendolden, Blütezeit Juni bis August. Angebaut als Zierpflanze. Sehr guter Nektar- und guter Pollenlieferant.

Atemgift → Gifte

Atemorgane → Tracheensystem

Atmung → Tracheensystem

Auffütterung → Fütterung

Aufstellen der Völker → Standort

Aufzuchtverfahren → Weiselaufzucht

Augen → Sinnesorgane

Ausbildung In prähistorischer Zeit wurden imkerliche Kenntnisse innerhalb der Geheimbünde der Imker vermittelt. Bei den Zeidlern (↑ Zeidlerei) wurden bereits Prüfungen und der Nachweis langjähriger Imkertätigkeit verlangt, bevor die Aufnahme in die Zunft möglich war. In den Statuten der ersten ↑ Imkerorganisation bestand die Verpflichtung zur Weitergabe der Fachkenntnisse. 1769 wurde von Adam Gottlieb ↑ Schirach der erste Lehrgang durchgeführt. Zeitgleich gründete Kaiserin Maria Theresia die erste Imkerschule (wahrscheinlich der Welt) in Wien (Leiter Anton ↑ Janscha). 1827 gründete ↑ Prokopowitsch eine russische Imkerschule. Ende des 19. Jahrhunderts gab es Schulen z. B. in Nassau, Hannover, Baden. Größere Bedeutung erlangte aber erst die 1907 geschaffene Imkerschule in Preetz – später Bad Segeberg, der bald weitere folgten.
In manchen Ländern ist die Imkerei Lehrberuf mit der Möglichkeit der späteren Ausbildung zum Imkermeister bzw. Tierwirtschaftsmeister „Bienenhaltung".
Daneben kann jeder sich in Kursen und Vortragsreihen, die von den Imkerorganisationen angeboten werden, aus- und weiterbilden, ebenso für die Tätigkeit als Zuchtberater, ↑ Bienensachverständiger etc. In einigen Ländern erfolgt die Imkerausbildung auf höherer Ebene an landwirt-

schaftlichen Akademien oder Hochschulen, Landesimkerschulen, ↑ Lehr- und Forschungsanstalten für Bienenkunde, in Warschau seit 1945 am Imkertechnikum, dem einzigen dieser Art in Europa. In der ehemaligen Sowjetunion konnte man sich in 6jährigem Fernstudium zum Bienenspezialisten mit Diplom ausbilden lassen. In der Schweiz gibt es Bienenzuchtberater und Bieneninspektoren, in Österreich Wanderlehrer, in Deutschland Lehrbeauftragte der Landesverbände.

In letzter Zeit werden 8- bis 10jährige Kinder in kleineren Arbeitsgemeinschaften an Lehrbienenstände oder den Stand eines Imkers herangeführt und mit Bienen vertraut gemacht. Nach der Schulzeit ruht das Interesse an Bienen oft erst einige Jahre, bevor die jungen Menschen dann selbst zu imkern beginnen.

Ausflugsrichtung Himmelsrichtung, in die die Bienen aus der ↑ Beute fliegen (Lage des Flugloches). In unseren Breitengraden wird Südosten bevorzugt. Wenn die Beuten Morgensonne bekommen, fliegen die Bienen zeitig aus. Den ↑ Wanderwagen mit beidseitigem Ausflug wird der Imker so stellen, daß keine Seite in der Hauptwindrichtung liegt und möglichst beide Beutenfronten Sonne bekommen, also etwa NO und SW. Bei genügend Windschutz und guter Sonneneinstrahlung spielt die Ausflugsrichtung kaum eine Rolle.

Ausfressen (der Weisel) Soll einem Volk oder einem Begattungsvölkchen eine Weisel zugesetzt werden, so wird die Öffnung im Zusetzkäfig, Versandkäfig oder der Zulauf ins EWK mit einem Klümpchen Futterteig verschlossen. In der Zeit, in der die Bienen den Futterteig fressen, nimmt die Weisel den Stockgeruch an, wird auch schon mit den Fühlern betastet und gefüttert. Ist die Öffnung ausgefressen, wird die nun frei gewordene Weisel normalerweise akzeptiert.

Ausgleichen Völker eines Standes auf annähernd gleiche Stärke bringen. Das kann im Spätsommer vor der ↑ Einwinterung, vor allem aber im Frühjahr geschehen. Während der Imker vor der Einfütterung dem starken Volk eine verdeckelte Brutwabe ohne Bienen entnimmt und sie dem schwächeren zuhängt, wird er im Frühjahr das schwache Volk bzw. das Reservevolk auflösen oder schwächen und dem mittelstarken Volk 1 bis 2 Brutwaben mit ansitzenden Bienen zuhängen. Das Ausgleichen ist umstritten und schwierig, da das Aussehen eines Volkes trügen kann, wenn nicht laufend genügend Bienennachschub vorhanden ist. Daher ist auch ein Ausgleichen durch Verstellen des schwachen Volkes auf den Standort des starken Volkes und damit das Zuschalten von dessen Flugbienen bei der kurzen Lebenszeit der Bienen nur von kurzer Dauer und ziemlich zwecklos.

Auslese → Selektion

Außenfütterung → Fütterung

Außenskelett → Chitinpanzer

Ausstellungen Erste bienenkundliche Ausstellungen waren Teil der großen Weltausstellungen (beginnend mit der zweiten 1855 in Paris). Später erfolgte das anläßlich der ↑ Wanderversammlungen und bei nationalen und internationalen ?? Bienenzüchterkongressen sowie bei nationalen Ausstellungen.

Das wahrscheinlich älteste Bienenmuseum der Welt wurde 1900 in Wien gegründet (heute in Orth), das erste deutsche 1907 von ↑ GERSTUNG und ↑ LUDWIG in Weimar.

In allen Ländern mit bienenkundlicher Tradition gibt es selbständige Bienenmuseen bzw. -abteilungen an Heimat-, Naturkunde-, Naturhistorischen- und Bauernmuseen. Historische Beuten (Skansen) haben außerdem ihren Platz in Freilichtmuseen, beispielsweise in Swarzedz (Polen). Viele Museumsabteilungen gehören zu bienenkundlichen ↑ Lehr- und Forschungsanstalten. Soweit es sich nicht ausschließlich um spezielle Teilbereiche handelt (Wachsbildnerei, Kunstwerke), wird neben dem Historischen auch der neueste Stand der Imkerei dargestellt, und es werden Kenntnisse zu allen Bereichen der Bienenkunde vermittelt. Umgekehrt finden bei aktuellen Ausstellungen (z. B. ↑ APIMONDIA-Kongressen) Leihgaben der Museen ihren Platz, um die für das betreffende Land typischen historischen Imkereiformen zu zeigen.

In zahlreichen Museen gibt es Zusammenstellungen von ↑ Briefmarken, Münzen, Wappen mit Bienenmotiven, ebenso Bienen als Motiv in der Malerei (↑ Darstellung der Bienen), Musik, Literatur, im Volkskünstlerischen (bemalte ↑ Bienenstockstirnbretter), in Brauchtum, Sage und Märchen.

1981 avancierte das belgische Bienenmuseum in Kalmthout zum Internationalen Bienenmuseum der ↑ APIMONDIA. Es wird im Schloß Tivoli in Mechelen (nahe Brüssel) weiter ausgebaut.

Auswinterung Sie hat im Sprachgebrauch der Imker zweierlei Bedeutung:

1. ist damit der prozentuale Anteil der ausgewinterten Völker gegenüber den eingewinterten und ihr Entwicklungsstand gemeint. Er wird als gut bezeichnet, wenn die Winterverluste unter 5 % liegen, die Völker eine relativ gute Stärke aufweisen und gesund erscheinen.

2. wird mit Auswinterung die Tätigkeit des Imkers nach Beendigung der Winterruhe der Bienenvölker bezeichnet. Dazu gehören die ↑ Fluglochbeobachtung, um erste Anhaltspunkte für den Zustand der Völker zu bekommen, das Ziehen der ↑ Bodeneinlage bzw. Reinigung des Bodenbrettes von Gemüll, Aufstellung der ↑ Tränke und eventuell Reizfuttergabe. Wenn die Außentemperaturen es zulassen, Futterkontrolle und Nachschau, ob Brut im Volke ist. Entfernung verschimmelter Waben, gegebenenfalls ↑ Einengen. Bei Futtermangel geeignete ↑ Fütterung. Bei Anzeichen von ↑ Nosematose entsprechende Behandlung.

Ausziehvorrichtung Metallrahmen, in den die Waben des Brut- oder Honigraumes einer ↑ Hinterbehandlungsbeute eingehängt sind. Er gleitet in Schienen an den Seitenwänden der Beute und kann wie eine Schublade herausgezogen werden, um von oben an die Waben heranzukommen (↑ Oberbehandlung). Damit keine Bienen nach unten fallen können, wird meist ein ↑ Anstecktisch bzw. Ansteckkasten verwendet.

B

Bacillen Aerobe Sporenbildner. Mikroorganismen, die in der Lage sind, unter aeroben Verhältnissen (in Anwesenheit von Sauerstoff) äußerst widerstandsfähige Dauerformen, Sporen, zu bilden. Die Sporen überleben vielfältige chemische Einwirkungen und auch kurzfristige Kochprozesse, was bei der ↑ Desinfektion zu beachten ist. Von besonderer Bedeutung für die Imkerei sind die Erreger der ↑ Faulbrut, *Bacillus alvei* und *Bacillus larvae*.

Bacillus alvei Sporenbildner, hauptsächlichster Erreger der Gutartigen ↑ Faulbrut.

Bacillus larvae Sporenbildner, Erreger der Bösartigen ↑ Faulbrut.

Bakterizide Natürliche oder künstliche Stoffe, die Bakterien töten.

Bannbeute → Beute

Bannwabe
1. Wabe mit offener Brut, die man früher Schwärmen in die neue Behausung hängte, um sie am Ausziehen zu hindern. Die Anwesenheit offener Brut löst bei den Bienen über einen natürlichen Regelkreis die Brutpflege aus, unabhängig davon, ob die Brut schon von der eigenen Königin stammt oder nicht. Brut wird von den Bienen im Normalfall nicht verlassen.

2. Neuerdings wird die Bannwabe für imkerliche Maßnahmen zur Bekämpfung der ↑ Varroatose gebraucht. Die Weisel wird dreimal je 9 Tage hinter Absperrgitter auf jeweils nur eine Wabe „verbannt". Da die übrige Brut in der Zwischenzeit schlüpft, konzentrieren sich die Varroa-Milben, die eine ausgeprägte Präferenz für Bienenbrut haben, auf diese einzige Brutwabe. Die milbenverseuchten Bannwaben/Fangwaben

werden im verdeckelten Zustand aus den Völkern entfernt und eingeschmolzen. Die Methode ist wegen des dadurch eintretenden 4wöchigen totalen Brutausfalls umstritten.

Bärenfang Honiglikör, heiß (als Honiggrog) oder kalt getrunken. Honig und hochprozentiger Alkohol werden 1:1 vermischt, gegebenenfalls mit einem weiteren Teil Wasser (abgekocht) verdünnt.

Bärenklau → Heracleum

Barrierebehandlung Randbehandlung z. B. großer Rapsflächen. Dieser Vegetationsstreifen soll das Durch- bzw. Einwandern von Schaderregern auf die Hauptfläche verhindern und damit die Bestäubungsinsekten vor Vergiftung durch Pflanzenschutzmittel schützen.

Bartblume → Caryopteris

Bastard → Kreuzung

Batik → Bienenwachs

Baubiene → Arbeitsteilung

Bauchmark → Nervensystem

Bauerneuerung → Wabenerneuerung

Baumhasel → Corylus

Baumwürger → Celastrus

Baurahmen Ein leeres Rähmchen, meist mit einem Mittelwandanfangsstreifen am oberen Rähmchenschenkel versehen, an dem die Bienen frei bauen können. An der Art des Ausbaues (Drohnenbau, Weiselnäpfe, mehrere Bauanfänge etc.) kann der Imker u. a. beginnende Schwarmstimmung erkennen (Stimmungsbarometer). Der Baurahmen dient weiter der Wachsgewinnung und spielt bei der biologischen Bekämpfung der ↑ Varroatose neuerdings eine wichtige Rolle. Das Rähmchen kann auch durch eine Längsleiste geteilt werden. Dann wird im oberen Teil eine Mittelwand eingezogen, die als Wabe ausgebaut wird, während nur der untere Teil als Baurahmen Verwendung findet.
Farbtafel I

Baurahmenfenster Beutenfenster des Brutraumes mit auf 35 mm verbreitertem Rahmen, so daß die Bienen unmittelbar hinter der Scheibe Drohnenbau errichten können. Wird in gleicher Weise wie der ↑ Baurahmen genutzt.

Bautraube → Bienentraube

Bautrieb Er äußert sich in der Bautätigkeit (↑ Bauverhalten), die einer saisonalen Rhythmik unterliegt. Der Bautrieb erwacht im Frühjahr bei steigenden Tagestemperaturen (≥ 15 °C) und nicht zu kühlen Nächten, wenn Nektartracht vorhanden ist und die Entwicklung der Völker spürbar zunimmt, womit sich ein Bedarf an neuen Waben einstellt. Die Bautätigkeit wiederum wirkt positiv auf die Volksentwicklung und führt zur Verzögerung des Schwarmtriebes. Bei guter Tracht können in einer Nacht 1 bis 2 Mittelwände ausgezogen werden. Besonders stark ausgeprägt ist der Bautrieb bei Schwarmbienen, die in Abhängigkeit von der Schwarmgröße und den herrschenden Trachtbedingungen in wenigen Tagen einen vollständigen Wabenbau zu errichten vermögen. Für den Bau einer Wabe sind mindestens 500 Baubienen gleichzeitig erforderlich. Bei sorgfältiger Kontrolle kann der ↑ Baurahmen zur Nutzung des Bautriebes gute Dienste leisten und als „Stimmungsbarometer" des Volkes Informationen über dessen Entwicklung liefern.

Bauverhalten Es wird nur ausgelöst, wenn eine Weisel oder wenigstens eine Afterweisel vorhanden ist; außerdem müssen mindestens 50 Arbeitsbienen bei einer Umgebungstemperatur von 35 °C die Bautraube bilden. Normalerweise besteht die Bautraube aus einem lockeren Gefüge kettenförmig zusammenhängender Bienen, zwischen denen die Baubienen tätig sind, indem sie Wachsplättchen abscheiden, sie mit den Mandibeln kneten, benagen und der entstehenden ↑ Wabe anfügen.

Während der Bearbeitung der Wachsplättchen mit den Mandibeln formen Baubienen aus den Wachsschüppchen (↑ Wachsdrüsen) die dünnwandigen Wabenzellen. Sie fügen dem Wachs Labialdrüsensekret hinzu, wodurch sich die Geschmeidigkeit des Wachses erhöht. Als Lösungsmittel dient das Mandibeldrüsensekret. Im Zuge der Bautätigkeit werden die Wachsstrukturen mit den Mandibeln geglättet und die Wandstärke der Zellanfänge ständig überprüft. Bei diesen Kontrollen spielen die ↑ Sinnesorgane an den Fühlern eine wichtige Rolle.

Zum Bauverhalten gehört ferner, daß jede Arbeiterin für sich allein tätig ist und ihren Arbeitsplatz mehrmals wechselt. Ein Weiterreichen von Baumaterial findet nicht statt. Die Anfänge des Wabenbaues befinden sich gewöhnlich an der Decke der Bienenwohnung bzw. an den oberen Leisten der für den Wabenbau vorgesehenen Rähmchen. Der Wabenbau wird dann nach unten und zu den Seiten hin ausgeführt. Auf anfängliche an die Unterlage angesetzte Wachspünktchen folgen bald kielförmige Wachsleisten, die durch angedeutete Zickzacklinien die Mittelwand der künftigen Wabe erkennen lassen. Immer wird dieses Muster als Einheit, nie werden einzelne Zellen nacheinander konstruiert. Die Wabenzellwände werden durch die Bearbeitung mit den Mandibeln auf eine Stärke von 72 µm (Arbeiterinnenzellen) bzw. 95 µm (Drohnenzellen) gebracht. Zur Ausrichtung und Parallelanordnung der Waben nutzen die Baubienen das natürliche Magnetfeld, dessen Feldlinien sie wahrnehmen (↑ Magnetorgan). Die lotrechte Wabenstellung sowie den Anstellwinkel der Wabenzellen kontrollieren die Baubienen über ihre Körperstellung durch die Lage des Kopfes auf den mit Sinnespolstern versehenen Chitinzapfen am Vorderrand des Brustabschnittes, auf denen der Kopf ruht. Er bildet bei der unterschiedlichen Neigung des Körpers ein Pendellot, womit die Biene ihre eigene Körperneigung und die Stellung des Wabenbaues bzw. die Neigung der Zellwände zu registrieren und zu beurteilen vermag. Der Wabenabstand beträgt unter natürlichen Bedingungen bei Brutwaben 12 mm, bei Honigwaben 6 mm. Der Raum zwischen zwei Waben wird als Wabengasse bezeichnet.

Zum Bauverhalten gehören auch Kleinarbeiten, bei denen Wachsbrücken hergestellt, Zellen verdeckelt, Wachsteile abgetragen und an anderen Stellen dem Wabenbau wieder angefügt werden. Die einzelnen Bienen arbeiten auch hierbei unabhängig voneinander, mehrere Tätigkeiten können in beliebiger Reihenfolge, an verschiedenen Stellen des Wabenbaues und bei häufigem Wechsel des Arbeitsplatzes ausgeführt werden.

Farbtafel I

Befruchtung Vereinigung von männlichen und weiblichen Geschlechtszellen. Die Samenzelle dringt aktiv durch eine Mikropyle (Öffnung) in das Ei ein, und es erfolgt eine Verschmelzung der beiden Zellkerne (Kernverschmelzung). Dadurch entsteht ein befruchtetes, diploides Ei (Zygote). Die Befruchtung kann innerhalb (Säugetiere) oder außerhalb des weiblichen Organismus stattfinden. Beim Bienenei erfolgt die Kernverschmelzung erst Stunden nach der Eiablage. Erfolgt innerhalb einer bestimmten Zeit keine Befruchtung des Eies, geht dies bei vielen Lebewesen zugrunde. Bei den Bienen entwickelt sich in der Regel aus dem unbefruchteten Ei ein Drohn.

Begattung → Paarung

Begattungskästchen Kästchen unterschiedlicher Form und Größe, das mit 150 bis 200 g Bienen und einer unbegatteten Weisel versehen zur Begattung der Weisel aufgestellt wird.

Einwabenbegattungskästchen (EWK) gibt es in den Größen 1/3 Normalmaß und 1/2 ZANDERmaß. Sie haben beiderseits eine Glasscheibe, so daß der Imker den von einem Mittelwandstreifen ausgehenden Wabenbau und die Eiablage der begatteten Weisel beobachten kann, ohne das Begattungskästchen zu öffnen. Über der Wabe befindet sich im EWK eine Futterkammer, die 400 bis 500 g Futterteig aufnimmt, und daneben die Zusetzkammer, in der die unbegattete Weisel in einem Käfig mit Futterteigverschluß zugesetzt wird. Eine runde drehbare Blech- oder Plastikscheibe mit verschieden großen Öffnungsschlitzen ist vor dem Flugloch an der Schmalseite angebracht. Je nach Drehung kann das Flugloch ganz verschlossen oder nur den Arbeitsbienen bzw. auch der Weisel der Ausflug freigegeben werden. Ein herausziehbares Lüftungsgitter am Boden des EWK verhindert ein Verbrausen des Begattungsvölkchens beim Transport. Auf der ↑ Belegeinrichtung werden je zwei EWK mit entgegengesetzter Ausflugsrichtung in einem ↑ Schutzhäuschen untergebracht. Nachteile des EWK: Es steht nur eine kleine Wabenfläche zur Verfügung, und es fehlt die bienentypische Wabengasse. Brutstop bei längerem Aufenthalt der begatteten Weisel im EWK kann die Folge sein.

Mehrwabenbegattungskästchen gibt es mit 2 oder 3 Waben. Sie haben im wesentlichen dieselben Einrichtungen wie das EWK. Sofern keine Glas- oder Plastikscheiben an den Seiten sind, muß das Mehr-WK zur Einsicht geöffnet werden. Die Kontrolle der Drohnenfreiheit ist schwieriger. Es gibt auch Mehrwabenbegattungskästchen aus Plastik, die in Einzelanfertigung in unterschiedlicher Größe und Ausgestaltung hergestellt werden.
Farbtafel XV

Begattungsschlauch → Geschlechtsorgane, männlich

Begattungsvölkchen Eine der Größe des ↑ Begattungskästchens angepaßte Bienenmenge aus vorwiegend jüngeren Bienen, die die Jungweisel ernähren, zur Begattung vorbereiten und bei der Anlage des ersten Brutnestes unterstützen.
Wird die Jungweisel zur Begattung auf eine ↑ Belegeinrichtung geschickt, muß das Begattungsvölkchen durchgesiebt und drohnenfrei sein. Im Begattungsvölkchen können während der Saison hintereinander mehrere Weiseln in Eiablage gehen. Das Begattungsvölkchen wird in der Zuchtsaison gebildet und spätestens an ihrem Ende aufgelöst.

Begattungszeichen → Paarung

Begleitbienen Jungbienen, die beim Versenden einer Weisel im ↑ Versandkäfig die Weisel pflegen.

Behaarung Alle drei Körperabschnitte der Honigbiene, Kopf, Brustabschnitt und Hinterleib, tragen eine charakteristische Behaarung. Besonders dicht stehen die gelb, grau, braun oder schwarzbraun gefärbten Haare im Bereich des Brustabschnittes. Die Behaarung wirkt wie ein Staubfänger, der beim Blütenbesuch Pollen aufnimmt und festhält. Auf diese Weise wird durch die Sammelbienen eine wirkungsvolle Blütenbestäubung ermöglicht und Blütenstaub auch in den Stock transportiert, wenngleich dies auch auf effektivere Art und Weise mit den Hinterbeinen geschieht (↑ Beine).
Am Hinterleib befinden sich zwei Gruppen verschiedener Haartypen, nämlich aufrecht stehende Haare, die das Überhaar bilden, und ein dem ↑ Chitinpanzer eng anliegender Haarfilz, das Unterhaar (Tomentbinden). Die Länge des auf den Hinterleibstergiten (↑ Hinterleib) befindlichen Überhaares schwankt je nach Bienenrasse zwischen 0,16 mm und 0,70 mm. Die Einzelhaare können fieder- oder stichelförmig gestaltet sein.
Zwischen beiden Formen sind verschiedene Übergänge bekannt. Fiederhaar findet man am ganzen Bienenkörper. Die Fiederung kommt einer effektiven Pollenaufnahme beim Blütenbesuch entgegen. Auch das Unterhaar kann mit Fiedern, Haken oder Zähnchen versehen sein. Die Behaarung des Abdomens der Arbeiterin fällt vor allem durch die vom Unterhaar gebildeten Filzbinden und das rassenspezifisch unterschiedlich lange Überhaar der hinteren Tergite auf. Behaart sind auch Teile des ↑ Stachelapparates und der äußeren männlichen ↑ Geschlechtsorgane.
Beträchtliche Unterschiede bestehen in der Behaarung zwischen Arbeiterinnen, Drohnen und Weiseln. Letztere besitzen ein verhältnismäßig schwach behaartes Abdomen, das bei flüchtiger Betrachtung nahezu kahl erscheint. Die spärliche Behaarung ist auf die relativ geringfügig vorhandenen polyploiden Zellen (↑ Endomitose) in der Epidermis der Weisel zurückzuführen. Im Un-

terschied dazu sind hochpolyploide Zellen der Epidermis bei Arbeitsbienen häufig und führen zur Bildung der oft deutlich verzweigten Haare. Für Drohnen ist eine besonders dichte Thoraxbehaarung charakteristisch.

Die stets reichliche Behaarung des Bienenkopfes tritt nur unterhalb der Fühler etwas zurück. Selbst zwischen den einzelnen Facetten der Komplexaugen (↑ Sinnesorgane) befinden sich feine Haare. Sinneshaare auf ↑ Fühlern und Mundwerkzeugen der erwachsenen Bienen lassen sich aus einfachen Haarformen ableiten. Der Haarbesatz von Zunge bzw. Rüssel (↑ Mundwerkzeuge) ist bei der Wasser- und Nektaraufnahme von funktioneller Bedeutung. Er dient der Oberflächenvergrößerung dieser Organe, und die Kapillarwirkung des Haarbesatzes unterstützt den Saugakt. Andererseits werden durch die Behaarung der Mundteile Schmutzpartikel zurückgehalten, die sonst leicht in den ↑ Darmkanal gelangen könnten.

Hochspezialisierte Haarformen befinden sich auch an ↑ Flügeln und Beinen. Das 3. Beinpaar verfügt über Haarbildungen, die ganz im Dienste der Pollensammeltätigkeit stehen (↑ Beine).

Bei Drohnen treten an den Fußgliedern des dritten Beinpaares spezialisierte Haare auf. Sie bilden einen Haftapparat, der bei der ↑ Paarung eine Rolle spielt (↑ Beine).

Folgende charakteristische Unterschiede sind in der Behaarung zwischen den Bienenrassen vorhanden: Dichtes Fiederhaar tritt vor allem bei den nördlich, Stichelhaar bei den südlich verbreiteten Bienenrassen auf. Bei mehreren Rassen, wie der Carnica, Cypria und Caucasica u. a., sind die Filzbinden besonders markant gegen die dunkle Chitincuticula (↑ Chitinpanzer) abgesetzt. Rassenunterschiede werden auch in der Anordnung der Einzelhaare innerhalb der Fersenbürsten der Arbeiterinnen und in der Haarfärbung deutlich. Haarfärbung und die Länge des Überhaares auf der vorletzten Rückenschuppe (Tergit) des Hinterleibes der Arbeiterinnen spielen bei der Zuchtauslese (↑ Körung) eine wichtige Rolle. Die epidermalen Bildungszellen dieses Überhaares sind bei den langhaarigen im Unterschied zu den kurzhaarigen Bienenrassen wiederum hochpolyploid.

Bisweilen treten krankhafte Abnutzungserscheinungen des Haarkleides auf und führen zur sogenannten ↑ Schwarzsucht, einer Krankheit, von der es auch eine erbliche Form gibt.

Behandlung Die Art und Weise, wie der Imker mit den Bienen und dem Bienenvolk umgeht. Es gibt Ober- und Hinterbehandlung, je nachdem, ob der Imker von oben oder von hinten an das Volk und seinen Wabenbau herangeht. Dabei muß ruhig und besonnen vorgegangen werden. Die medikamentöse Behandlung des Bienenvolkes ist abhängig vom Erreger und den Anwendungsvorschriften des Medikamentes.

Beine Die Honigbiene besitzt wie alle Insekten drei Beinpaare, und zwar Vorder-, Mittel- und Hinterbeine. Jedes Beinpaar ist an einem der drei Thorakalsegmente (↑ Brustabschnitt) befestigt. Bereits während der Embryonalentwicklung lassen sich die Beinanlagen als knospenförmige Erhebungen an den Thoraxsegmenten erkennen, verschwinden dann aber im Verlauf der weiteren Entwicklung äußerlich wieder.

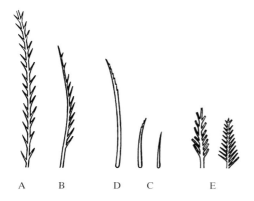

Haarformen (nach ZANDER)
A zweiseitig gefiedertes Haar
B einseitig gefiedertes Haar
C kurzes Stichelhaar
D langes Stichelhaar
E Unterhaar

Beine 31

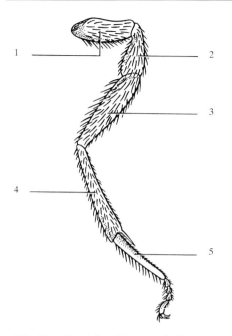

Mittelbein der Arbeitsbiene (nach ZANDER)
1   Coxa   4   Tibia
2   Trochanter   5   Tarsus
3   Femur

Erst beim Übergang zur Puppenphase treten die Beine als gegliederte Anhänge des Brustabschnittes deutlicher in Erscheinung und nehmen bald ihre endgültige Gestalt an. Jedes einzelne Bein besteht aus Coxa (Hüftglied), Trochanter (Schenkelring), Femur (Schenkel), Tibia (Schiene), Tarsus (Fuß) und Praetarsus (Krallenglied). Über die Coxa ist das Bein mit dem Brustabschnitt verbunden. Der auf den ringförmigen Trochanter folgende Femur ist langgestreckt. Die Tibia trägt einen auffälligen Endsporn. Das erste Tarsal(Fersen)-glied (Metatarsus) ist verhältnismäßig groß. Der mit einem Krallenpaar ausgestattete Praetarsus zeigt einen recht komplizierten Bau. An jeder der beiden Krallen befinden sich zwei Zähnchen, mit denen die Biene in Unebenheiten der Lauffläche eingreifen und sich auch an senkrechten Wänden fortbewegen kann. Unterstützt wird hier die Laufbewegung durch das zwischen den Krallen gelegene Haftläppchen (Arolium), ein feinhäutiges Chitinsäckchen, in das Körperhöhlenflüssigkeit eindringt und das von außen durch Chitinleisten gestützt wird. Drückt die Biene den Praetarsus an eine Unterlage, wird das Haftläppchen ausgebreitet und ermöglicht ein Haften des Beines an der Lauffläche.

Die einzelnen Beinglieder sind durch Membranen und Gelenke miteinander verbunden. Da es sich bei den Gelenken in der Mehrzahl um Scharniergelenke handelt, ist die Bewegung der Glieder gegeneinander jeweils nur in einer Ebene möglich. Zwischen Trochanter und Femur befindet sich allerdings ein Drehgelenk. Das über Chitinmembranen verhältnismäßig locker mit dem Thorax verbundene erste Beinpaar bewegt sich um die Hüftglieder vor- und rückwärts. Beim zweiten und dritten Beinpaar ist die Vorwärtsbewegung mit einer Drehung der Beine zur Seite und die Rückwärtsbewegung mit einer solchen nach innen verbunden.

Ein stabiles Gleichgewicht wird dadurch erreicht, daß die Biene ihre Beine beim Laufen im Drehpunktsystem folgendermaßen aufsetzt:

rechts	links		rechts	links	
•	-		-	•	1. Beinpaar
-	•	oder	•	-	2. Beinpaar
•	-		-	•	3. Beinpaar

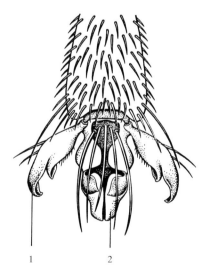

Krallenglied vergrößert, Dorsalansicht (nach SNODGRASS)
1   Kralle   2   Haftläppchen

32 Beine

Während die Beine von der Coxa bis zur Tibia für die Beweglichkeit der einzelnen Glieder mit ↑ Muskulatur ausgestattet sind, fehlen Muskeln im Tarsus und im Praetarsus. Der Tarsus wird von Muskeln in der Tibia bewegt, und vom Femur zieht eine Chitinsehne als Krallensehne bis zur Krallenbasis. Sie dient der Bewegung der Krallen. Die Beine sind aber nicht nur für die Fortbewegung da, sie üben auch noch andere Funktionen aus. Einzelne Beinglieder stehen im Dienste des Pollensammelns, wozu insbesondere das dritte Beinpaar in spezifischer Weise geformt und beborstet ist. Außerdem vermag die Biene mit den behaarten Beinen ihren Körper von anhaftendem Staub zu befreien.

Des weiteren befindet sich am vorderen Beinpaar ein Putzapparat zur Säuberung der Fühler, und Drohnen besitzen am hinteren Beinpaar noch eine aus Börstchen bestehende Haftvorrichtung.

Die bei allen drei Morphen der Biene vorhandene **Putzeinrichtung** für die Fühler am Vorderbeinpaar (Putzbein) besteht aus einer halbkreisförmigen Putzscharte am oberen Teil des Metatarsus (Fersenglied), die mit feinen, steifen Chitinbörstchen besetzt ist, und dem verbreiterten Schienensporn, der die Putzscharte beim Anwinkeln der Tibia und des Fersengliedes verschließen kann. Die Fühler werden beim Hindurchziehen durch diese so entstandene Höhlung von Staub befreit.

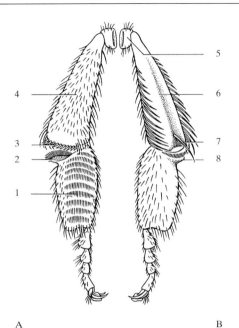

Hinterbein der Arbeitsbiene
(nach BUTTEL-REEPEN)

A Innenseite B Außenseite

1 Fersenbürste   5 Femuransatz
2 Pollenschieber 6 Körbchen
3 Pollenkamm   7 Einzelborste
4 Tibia   8 Pollenkneter

Der **Pollensammelapparat** am dritten Beinpaar der Arbeiterinnen ist folgendermaßen zusammengesetzt: An der Innenseite des Fersengliedes sind Chitinborsten in übereinanderliegenden Reihen angeordnet. Im distalen Bereich bringt die Stellung dieser Borsten Rassenunterschiede zum Ausdruck. Bei unserer einheimischen Honigbiene sind 10 solcher Borstenreihen gut voneinander zu unterscheiden, die als Bürsten fungieren (Fersenbürsten). Die von den Vorder- und Mittelbeinen zum hinteren Beinpaar transportierten Pollen werden von ihnen aufgenommen und durch Aneinanderreiben der Metatarsen in die sogenannten Körbchen auf der Außenseite der Tibien befördert. Sie sind glatt und im unteren Abschnitt muldenförmig vertieft. Neben wenigen Härchen steht lediglich eine größere Einzelborste auf der glatten Fläche dieses Schienabschnittes, der am Rand von einwärts gebogenen Haaren umgrenzt

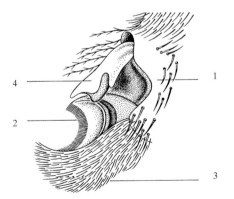

Putzeinrichtung (nach MORSE/HOOPER)
1 Tibia   4 Putzsporn
2 Putzscharte
3 proximaler Teil des Fersengliedes

Wächterbienen am Flugloch

Baurahmen

Baubienen in einer Baukette hängend

Schwarmwolke, bevor sie sich zur Schwarmtraube formiert

Königin mit Begattungszeichen, eine Paarung wurde vollzogen

Auf der Schwarmtraube betätigen sich die Wohnungsmakler

Weidenpollen – wichtigste Bienennahrung im Frühjahr

Bestäubung der Apfelblüte ist gesichert

Wenn die Kirschbäume blühen

Raps (Brassica napus) bringt hohe Erträge

Brutzellen, die gerade verdeckelt werden

Fühlerkontakt mit der Außenwelt

Der Deckel ist schon ab

Schlüpfen macht hungrig

Großer Wanderwagen mit Normbeuten

Magazine in einer Obstanlage

Typische Lagd

Das Pollenhöschen ist offenbar noch nicht groß genug. Erneuter Blütenanflug

Euodia hupehensis, der Super-Bienenbaum

Aesculus hippocastanum und Aesculus carnea, weiß- und rotblühende Kastanien

Rotblühende Robinia pseudoacacia 'Casque Rouge'

Ein Teppich aus Potentilla 'Jolina' ist eine vorzügliche Bienenweide

Beine

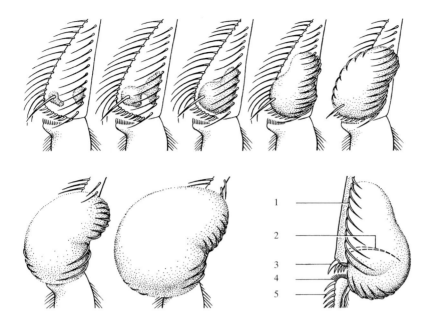

Bildung des Pollenhöschens an der Außenseite der Tibia (nach ZANDER/WEISS)
1 Sammelhaare am Rand des Körbchen
2 Einzelhaar im Körbchen
3 Pollenkamm
4 Pollenschieber
5 Bürstchen

wird. An der Außenseite des unteren Schienenrandes befindet sich eine Reihe steifer Chitinborsten, die den Pollenkamm bilden. Ihm gegenüber liegt an der Oberkante des Fersengliedes der Pollenschieber, der eine Verbreiterung der Kante darstellt. Durch das Zusammenwirken beider wird der Pollen aus den Fersenbürsten in die Körbchen gedrückt, bleibt zuerst im Bereich der Einzelborste haften und bildet durch Nachschub von Pollenklümpchen nach und nach ein sich vergrößerndes Pollenpaket, das schließlich über den Schienenrand hinausragt; der Imker spricht dann auch von ↑ Pollenhöschen. Hervorgehoben sei die Bedeutung der Einzelborste auf der Körbcheninnenfläche für die Größe der Pollenladungen. Fehlt diese Borste, bleiben die Pollenhöschen klein, erreichen also nie ihren optimalen Umfang.

Das Fersenglied des dritten Beinpaares wird von den Arbeiterinnen außerdem zum Aufnehmen der während der Wachssekretion (↑ Wachsdrüsen) zwischen den Abdominalsterniten (↑ Hinterleib) hervortretenden Wachsplättchen benutzt. Sie werden über die beiden vorderen Beinpaare zu den Mandibeln (↑ Mundwerkzeuge) gereicht und mit ihnen bearbeitet.

Bei Weiseln ist das Fersenglied des dritten Beinpaares stärker gestreckt als bei den Arbeitsbienen, bei Drohnen trägt es einen Haftapparat zum Festhalten der Weisel während der ↑ Paarung.

Ist der Querschnitt des Fersengliedes bei den

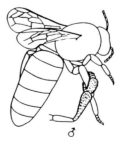

Weisel von Apis florea, über deren rechte Hintertibia der klammerförmige Metatarsus des hinteren rechten Beines eines Drohnen geschoben ist (nach RUTTNER)

Belegeinrichtung

weiblichen Morphen annähernd linsenförmig, bildet er bei Drohnen ein Dreieck. Eine der drei Flächen ist relativ weichhäutig und außerdem mit spezialisierten Fiederhaaren besetzt. Dadurch kann diese Fläche schon bei geringem Druck gut am Abdomen der Weisel haften. Diese Haftwirkung wird durch die mit Häkchen versehenen Haare beim Umgreifen des Hinterleibes der Weisel noch erhöht. Bei der Zwergbiene, *Apis florea*, ist das Fersenglied des dritten männlichen Beinpaares durch Spaltung sogar zu einem Klammerorgan entwickelt, mit dem bei der Kopulation wahrscheinlich die Weisel an den Hinterbeinen festgehalten wird.

Belegeinrichtung Belegstelle, Belegstation, Belegstand. Anerkannter Platz zum Aufstellen von ↑ Begattungsvölkchen und einer ausgewählten ↑ Drohnenvolkssippe zum Zweck der ↑ Paarung (Belegung). Für 100 gleichzeitig zu begattende Weiseln werden mindestens 5 gut gepflegte Drohnenvölker (in Österreich 8) gefordert, um genügend paarungsreife Drohnen zu garantieren. Um vor dem Zuflug fremder Drohnen weitgehend geschützt zu sein, müssen Landbelegstellen, in deren Zentrum sich die Drohnenvolkssippe befindet, einen bienenfreien Radius von 5 bis 6 km haben, Linienbelegstationen einen solchen von 6 km; Inselbelegstationen sollen mindestens 2,5 km vom Festland entfernt liegen. Um die Sicherheit der Belegeinrichtungen zu erhöhen, wird über den bienenfreien Radius hinaus bis zu 10 km ein Reinzuchtgürtel eingerichtet, in dem Bienenvölker stehen dürfen, die auf die Zuchtlinie der Drohnenvölker der Belegeinrichtung umgeweiselt sind. Das gilt auch für die Trachtnutzung dieses Gebietes durch Wanderimker. Neuerdings gibt es Bestrebungen, die Belegeinrichtung ausschließlich durch eine drohnenreine Schutzzone von 7,5 km zu sichern, in der ausschließlich das Vatertiermaterial der Belegeinrichtung fliegt. Belegstände sind nur unvollkommen geschützt und dienen der breiten Landeszucht.

Belegeinrichtungskomplex Umfaßt die Belegeinrichtungen eines Gebietes, die auf der Grundlage des Zuchtprogramms der fünf neuen Bundesländer züchterisch zusammenarbeiten.

Belegstand → Belegeinrichtung

Belegstation → Belegeinrichtung

Belegstelle → Belegeinrichtung

Belegung Natürliche ↑ Paarung oder künstliche ↑ Besamung einer Weisel.

Beobachtungsstock Beute mit meist 2 oder 3 Waben, bei der mindestens eine Seite aus Glas ausgeführt ist, so daß die Bienen bei ihrer Tätigkeit auf den Waben beobachtet werden können. Isolierte Türen vor den Glasscheiben schützen die Bienen außerhalb der Beobachtungszeit vor Licht und vor Wärmeverlusten.

Beobachtungswesen, imkerliches Meist von einer Imkerorganisation aufgebautes System zur Ermittlung der Umwelteinflüsse auf die Entwicklung der Bienenvölker eines bestimmten Bereiches. Daraus können Schlußfolgerungen für die Betriebsweise gezogen werden. Beobachtungsstationen sind u. a. mit einer ↑ Stockwaage ausgerüstet, auf der ständig ein mittelstarkes Bienenvolk steht, das für den gesamten Stand des Imkers repräsentativ ist. Im Sommerhalbjahr wird vom Beobachter täglich (bei Wanderungen im Abstand von 8 bis 10 Tagen) die Masseveränderung des Waagstockes abgelesen. Alles, was der Imker in die Beute hineingibt oder aus ihr herausnimmt, muß er gewichtsmäßig extra erfassen, um die reine Masseveränderung des Waagstockes errechnen zu können. Mit Hilfe eines Maximum-Minimum-Thermometers wird weiter die Durchschnittstemperatur bestimmt und außerdem mit einem Regenmesser die tägliche Niederschlagsmenge festgestellt. Anhand der Blühtermine von verschiedenen Bienenweidepflanzen wird die phänologische Entwicklung beurteilt. Auf Formularen und durch ein Meldesystem werden die Ergebnisse der Beobachtungen festgehalten, an eine Zentrale mitgeteilt und dort ausgewertet. Der Waagstockbeobachter kann aus den Beobachtungswerten für seine territoriale Gegebenheit wertvolle Hinweise für seine Betriebsweise gewinnen und sie auch den Imkern seiner Umgebung vermitteln.

Ein besonderer Teil des Beobachtungswesens ist die Prognose der ↑ Honigtauwaldtracht. Sie wurde in der ehemaligen DDR von 1968 bis 1989 von Ende Mai bis Mitte Juli zweimal wöchentlich über Rundfunk bekanntgemacht. Grundlage dafür waren die von Waldtrachtbeobachtern aus den verschiedenen Regionen des Landes an eine Zentrale gesandten Proben von ↑ Lachniden sowie Kurzberichten über den Entwicklungsverlauf der ↑ Honigtaulieferanten. Unter Berücksichtigung des jeweiligen Entwicklungsstadiums der Lachnidenkolonien in den verschiedenen Waldgebieten, der Nachkommenquote, der Flügelentwicklung bei den Nymphen, der Entwicklung der Lachnidenfeinde und unter Einbeziehung der mittelfristigen Wetterprognose des meteorologischen Dienstes wurde der auf Tage genaue voraussichtliche Termin des Beginns bzw. des Endes der Honigtauwaldtracht ermittelt. Wanderimker erhielten Hinweise zum günstigsten Termin des An- und Abwanderns.

Berberis L. – Sauerdorn – *Berberidaceae*
– *stenophylla* LDL.
Immergrüner 1 bis 2 m hoher Strauch mit zierlich überhängenden Zweigen. Die goldgelben Blüten erscheinen in kleinen Büscheln dichtgedrängt entlang der vorjährigen Triebe im Mai. Benötigt geschützten Standort, da nicht ganz frosthart. Winterschutz mit Nadelholzreisig ist ratsam. Für sonnigen und halbschattigen Standort geeignet. Schönste immergrüne Blütenberberitze für Gärten und Grünanlagen. Wird von Bienen stark beflogen.

– *thunbergii* – in verschiedenen Sorten, ist für Hecken- und Gruppenpflanzungen geeignet. Verlangt sonnigen Standort, gedeiht auf jedem Boden, wenn genügend Bodenfeuchtigkeit vorhanden ist. Wird nicht vom Getreideschwarzrost befallen. Mittelguter Nektar- und Pollenspender.

BERLEPSCH, AUGUST Baron VON * 28.6.1815 in Seebach bei Langensalza, † 17.9.1877 in München.
Studierte Jurisprudenz, Philosophie und Theologie. Übernahm nach kurzer Zeit im Staatsdienst 1841 das väterliche Anwesen in Seebach (Viehzucht, Obstbau, Bienenhaltung), das er 1858 seinem Bruder übergab und sich ganz der Imkerei widmete. Seit 1868 linksseitig gelähmt.
Erfinder des Rähmchens (1853) als Weiterentwicklung des Stäbchens von ↑ DZIERZON. Ging vom Strohkorb zur dreietagigen ↑ Ständerbeute über. Sein 28fächeriger Pavillon wurde zum Urbild des Bienenhauses. Trat den wissenschaftlichen und praktischen Beweis für die parthenogenetische Entstehung der Drohnen an.
Rege schriftstellerische Tätigkeit, u. a. „Apistische Briefe" in der „Nördlinger Bienenzeitung" und mehrere Lehrbücher. Hauptwerk „Die Biene und ihre Zucht mit beweglichen Waben in Gegenden ohne Spätsommertracht". Forderte die Einrichtung von Lehrbienenständen, Imkerkursen, staatlichen Imkerschulen nach dem Leitsatz: „Vor allem lernt Theorie, sonst bleibt ihr praktische Stümper euer Leben lang."
Propagierte Wanderung mit Bienen und Ausarbeitung eines Gesetzes zum Schutz der Bienen.

BERNER, ULRICH * 13.9.1888 in Schönerlinde bei Berlin, † 14.1.1971 in Sindelfingen.
Studienrat in Mecklenburg. Promovierte 1916 mit einem Thema über die volkswirtschaftliche Bedeutung der Bienenzucht. Spezialgebiet Bienenweide, Trachtverbesserung.

Bernsteinbienen → fossile Bienen

Beruhigung → Besänftigung

Besamung, künstliche, instrumentelle Einzige Möglichkeit der kontrollierten Verpaarung mit Drohnen bekannter Herkunft. Unentbehrliches Hilfsmittel in der Züchtungsarbeit und Vererbungsforschung bei Bienen.
Technische Voraussetzungen Der Raum, in

dem besamt werden soll, ebenso der Arbeitsplatz, muß höchsten hygienischen Anforderungen gerecht werden (Desinfektion und Sterilisation der Geräte).

Das Besamungsgerät besteht aus einer Grundplatte mit 2 Stativsäulen, an denen die Häckchen zum Öffnen der Stachelkammer der Weisel beweglich angebracht sind; vom Betrachter aus links der Ventralhaken, der die Bauchschuppe zur Seite zieht, rechts der Dorsalhaken, als Löffelchen mit leicht gebogenem Ansatz geformt, um damit unter den Stachelapparat zu greifen, neuerdings mit einem Loch versehen oder als Klemmspange ausgebildet, um den Stachel zu fixieren.

Zwischen den Stativsäulen mit den Häckchen ist der Königinnenhalter geneigt angebracht, der ein konisch verjüngtes Röhrchen hält, in dem die Königin mit dem Kopf nach unten steckt. Der Hinterleib ragt zu einem Teil heraus. Von unten wird über einen dünnen Schlauch CO_2 eingeleitet, das durch eine zwischengeschaltete Waschflasche mit destilliertem Wasser gefiltert wird. Die aufsteigenden Gasbläschen sind Anhaltspunkt für die Stärke des Gasstromes. Dieser kommt aus einer Hochdruckflasche mit Reduzierventil und Manometer. Gelegentlich werden auch Kohlensäurepatronen für Heimsprudler verwendet, der Druckausgleich findet dann über eine Fußballblase statt.

Über dem Königinnenhalter ist in gleichem Neigungswinkel von 60 bis 75° die Besamungsspritze in einer Halterung mit Schlitten auf der verlängerten rechten Stativsäule befestigt.

Membranspritzen mit Druckstempel fassen nur die Spermamenge für eine Weisel. Neuerdings werden Kolbenspritzen mit größerem Fassungsvermögen und Dosiereinrichtung verwendet, mit denen mehrere Weiseln nacheinander besamt werden können. An der Besamungsspritze ist vorn eine Kanüle (Spritzenspitze) aus Glas oder Kunststoff angebracht, mit einem äußeren Durchmesser von 0,3 mm und einem inneren von 0,18 mm. Die Kanüle ist abnehmbar und kann auch zur ↑ Spermaaufbewahrung und zum Spermatransport dienen.

Die künstliche Besamung wird gewöhnlich unter einem Stereomikroskop mit entsprechender Beleuchtung bei 10- bis 20facher Vergrößerung vorgenommen.

Besamungsvorgang Für die Spermagewinnung werden gut gepflegte, geschlechtsreife Drohnen durch Druck auf den Thorax und Massage des Hinterleibes zum ↑ Stülpen veranlaßt und mit der Besamungsspritze (Spritzenspitze) das Sperma, das als cremefarbener Tropfen auf dem weißen, schnell erhärtenden Schleim aufsitzt, abgesaugt. Die zu besamende Weisel wird in das Halteröhrchen gebracht. Das eingeleitete CO_2 betäubt sie. Mit Hilfe der Häckchen wird die Stachelkammer geöffnet und die Besamungsspritze bis in den unpaaren Eileiter eingeführt. Die Scheidenklappe (↑ Geschlechtsorgane, weiblich) muß dabei mit der Spritzenspitze oder mit einer Sonde zur Seite gedrückt werden. Nach der Besamung wird die Weisel, noch betäubt, sicherheitshalber unter Zuckerteigverschluß, in ihr Völkchen zurückgegeben. Für eine Besamung ist das Sperma von 8 bis 10 Drohnen erforderlich (8 bis 10 µl). Da das CO_2 nicht nur die Weisel narkotisiert, sondern auch eine schnellere Eiablage provoziert, wird die Weisel ein weiteres Mal 3 bis 4 Minuten einer CO_2-Narkose ausgesetzt, entweder am Vortag oder 24 Stunden nach der Besamung.

Besamungsergebnis Prozentualer Anteil der Weiseln mit weiblichen Nachkommen, bezogen auf die Gesamtanzahl künstlich besamter Weiseln. Kann bis zu 90 % betragen. Bei natürlicher Paarung ist das Begattungsergebnis stark witterungsabhängig und liegt bei etwa 75 %. In schlechten Jahren auch nur bei 50 %.

Besänftigung der Bienen Zur Beruhigung und zum Vertreiben der Bienen dient vor allem Rauch, der die Bienen veranlaßt, die Honigblase zu füllen für den Fall, daß sie die Behausung verlassen müssen. Satte Bienen sind weniger aggressiv.

Auch ein feiner Sprühschleier aus Wasser dient der Besänftigung. Die Flugfähigkeit wird dadurch beschränkt. Eine gewöhnliche Blumenspritze eignet sich dafür. Der **Wasserzerstäuber** wird vor allem bei Weiselaufzuchtarbeiten verwendet, da Wasser im Unterschied zu Rauch geruchlos ist. Die Schwarmspritze ist auch ein Wasserzerstäuber. Die wichtigsten raucherzeugenden Geräte für den Imker sind Imkerpfeife und Schmoker.

DATHEpfeife: Nach seinem Erfinder GUSTAV ↑ DATHE (oder dessen Sohn) benannte Imkerpfeife, die von unten angezündet wird. Ein über den Tabaktopf führendes Rohr reißt den Rauch durch den vom Imker ausgeblasenen Luftstrom mit und pustet ihn in die Beute. Ein Kugelventil vor dem Tabaktopf verhindert, daß der Rauch vom Imker eingesogen werden kann. Neuere Ausführungen haben am Tabaktopf eine Öse mit einem Riemen oder Band, das über den Kopf gestreift wird, und einen Gummischlauch, der das Kugelventil mit dem Mundstück verbindet, so daß die Pfeife nicht mehr mit den Zähnen getragen zu werden braucht.

Der **Schmoker** oder Smoker hat einen größeren Rauchmaterialbehälter als die Imkerpfeife. Er wird nach Abheben des Kopfes von oben angezündet. Ein Sieb unterhalb des Ausstoßtrichters verhindert den Funkenflug. Der Luftzug geht von unten durch den Rauchmaterialbehälter. Er kann durch einen Blasebalg oder einen Ventilator erzeugt werden, der durch eine aufzuziehende Feder oder durch eine Batterie angetrieben wird. Der Schmoker hat gegenüber der Imkerpfeife den Vorteil, daß er abgestellt werden kann, so daß der Rauch den Imker nicht belästigt.

Als **Rauchmaterial** eignen sich Rippentabak, Räuchertee, morsches Holz von Weide und anderen Laubbäumen, getrockneter Rainfarn, Wellpappe, auch spezielle Räucherbriketts etc. Das Rauchmaterial soll nicht brennen, sondern lange glimmen und einen milden Rauch erzeugen, der den Imker nicht zu sehr belästigt, bei den Bienen aber seinen Zweck erfüllt. Rauch soll sparsam verwendet werden.

Besatzdichte
1. Anzahl der Bienenvölker je ha, die für die ausreichende Bestäubung einer Kultur empfohlen bzw. vom Anbaubetrieb gefordert und für die gegebenenfalls auch eine Bestäubungsgebühr bezahlt wird. In der Regel 2 bis 4, bei Luzerne 8 Völker je ha.

2. Anzahl der Bienenvölker pro ha, die nach Trachtwert der Pflanzenart eine ausreichende Ernährungsgrundlage für die Bienenvölker bzw. einen angemessenen Honigertrag erwarten lassen.

Besenheide → Calluna

Besiedeln Bevölkern eines ↑ Begattungskästchens mit Jungbienen und Weisel. Für Einwabenkästchen (EWK) mit einer 1/3 Normalmaßwabe ca. 125 g bzw. 1250 Bienen.

Besiedelungsgerät Dient dem Einfüllen von Bienen (Besiedeln) in ↑ Begattungskästchen. Die meisten Imker verwenden eine Schöpfkelle oder einen vierkantigen Behälter entsprechender Größe. Im Handel erhältlich sind Geräte aus Plastik oder Holz mit einem viereckigen Trichter, der auf einen Stutzen paßt und auf die Unterseite des EWK nach Entnahme von dessen Lüftungsschieber gesteckt wird. Die von der Wabe abgefegten Bienen fallen in den Trichter und werden durch das Gewicht eines leichten Schiebers sanft durch ein im Stutzen befindliches Absperrgitter gesiebt, um Drohnenfreiheit zu garantieren.

Bestäubung Bei Samenpflanzen die Übertragung der männlichen Geschlechtszellen (↑ Pollen) auf die weiblichen Blütenorgane der gleichen (Selbstbestäubung) oder einer anderen Blüte der gleichen Art (Fremdbestäubung). Die Fremdbestäubung wird überwiegend von Insekten vollzogen. Honigbienen spielen, speziell im Frühjahr, wenn andere Insekten noch fehlen, eine überragende Rolle, weil sie als Volk überwintern und viele Bienen Pollen und Nektar in großen Mengen sammeln müssen, um die Brut ernähren und Honigvorräte anlegen zu können. Das Haarkleid (↑ Behaarung) ist für den Pollentransport hervorragend geeignet. Der Zwang zu ökonomischer Sammeltätigkeit führte zu Blütenstetigkeit, einem hervorragenden Gedächtnis für Blütenmechanismen, periodische

Blühzeiten usw. und zu der Fähigkeit, sich durch Tänze über Lage, Ausmaß und Entfernung der Tracht zu verständigen (↑ Sammelstrategie). Hinzu kommt, daß der Imker die Bienenvölker an eine ↑ Tracht heranbringen kann (↑ Wanderung).

Auch bei selbstfertilen Pflanzen (selbstbestäubend) entwickeln sich häufig bei Bieneneinsatz größere, schwerere, wohlgeformtere Früchte mit höherem Gehalt an wertvollen Inhaltsstoffen.

Der Bestäubungsnutzen der Honigbienen wurde früher 10mal so hoch eingeschätzt wie der Wert des geernteten Honigs. Nach neueren Berechnungen in den USA liegt dieser Wert bei großen Monokulturen wesentlich höher. Bei Kulturen, bei denen die Erträge durch Bienenbestäubung um ein Vielfaches steigen, werden in manchen Ländern je Volk bzw. je ha Bestäubungsgebühren an den anwandernden Imker gezahlt.

Farbtafel XXXII

Bestäubungsgebühr → Trachtenfließband

Bestiften Ablage des Eies in die Wabenzelle; Stift als imkersprachlicher Ausdruck für Ei gebraucht.

Betriebsweise Völkerführung in Abhängigkeit von Tracht und Witterung sowie den materiellen Gegebenheiten, den zeitlichen und körperlichen Möglichkeiten des Imkers. Jeder Imker hat seine eigene Betriebsweise, die sich aber meistens an eine gerade stark propagierte oder schon längere Zeit von verschiedenen Imkern erfolgreich praktizierte anlehnt. Die Schwarmimkerei steht der schwarmlosen Betriebsweise gegenüber (↑Schwarmverhinderung). In Hinter- und Oberbehandlungsbeuten unterscheidet sie sich gravierend von der ↑ Magazinbetriebsweise, weil hier nicht mit einzelnen Waben (Einengen, Erweitern, Umhängen) geimkert wird, sondern jeweils ganze Zargen bewegt werden. Die ↑ Zweivolkbetriebsweise arbeitet vorübergehend mit 2 Völkern in einer Beute, die entweder im Herbst oder im Frühjahr vereinigt werden. Auch die ↑ Doppelraumüberwinterung stellt eine andere Betriebsweise dar als die Einraumüberwinterung. Einige Betriebsweisen sind nach bekannten Imkern benannt, wie z. B. die von ↑ KUNTZSCH (↑ Oberüberwinterung).

Betrillern → Waldameisen

Bettlacher Krankheit Durch übermäßigen Verzehr von Pollen verschiedener *Ranunculaceae* (Hahnenfußgewächse) hervorgerufene Verstopfung bei erwachsenen Bienen. Die Erkrankung ist der ↑ Maikrankheit wesensgleich, wird aber durch den Giftstoff Anemonol hervorgerufen.

Betula L. – Birke – *Betulaceae*
– *pendula* ROTH. – Weißbirke
Europa, Asien. Bekannter, bis 20 m hoch werdender Baum mit lockerer Krone. Blüten in Kätzchen. Meist einhäusig. Männliche Kätzchen bräunlich, zu 1 bis 3 hängend. Weibliche Kätzchen grün, erst aufrecht, später hängend. Blütezeit April. Blühreife tritt im freien Stand mit 10 bis 15 Jahren ein. Lichtbedürftig, sonst anspruchslos. Gedeiht auch auf ärmsten Böden. Mäßiger Pollenspender. Außerdem liefert die Birke den Bienen Kittharz. Im Sommer gelegentlich Honigtauquelle. Die Sorte 'Tristis' mit stark hängenden Ästen.

Beute Bienenwohnung aus Stroh, Holz oder Plastik, früher auch Stein oder Ton, unterschiedlich in Form, Größe und Bauart. Sie ist einfachwandig oder zum Schutz gegen Kälte auch doppelwandig mit einer dazwischen liegenden Isolierschicht gebaut. Die Waben können sich im ↑ Querbau oder ↑ Längsbau befinden.

Eine der ältesten Beuten ist die **Klotzbeute.** Sie ist ursprünglich der mit einem Bienenvolk besetzte Stammteil eines Beutenbaumes (↑ Zeidlerei). Später wurde sie aus einem hohlen Baumstamm gearbeitet, im Mittelalter vielfach mit Gesichtern oder Figuren bemalt (Bannbeuten).

Das Wabenwerk in ihnen ist in unterschiedlicher Richtung zum Flugloch an den Wandungen angebaut (↑ Stabilbau). Ein abnehmbares Brett an der Rückseite gestattet eine Kontrolle des Volkes und das Ausschneiden von Honigkränzen. Klotzbeuten wurden stehend oder liegend verwendet.

Figurenbeuten sind aus Holz gefertigte Bienenwohnungen in Menschen- oder Tiergestalt. Das Flugloch befand sich meist in der Mundöffnung oder dem Nabel. Wie bei der Klotzbeute erlaubt das ↑ Verschlußbrett die Bearbeitung des Volkes. Bei jüngeren Figurenbeuten sind schon Rähmchen in die Figur eingehängt, z. T. ist ein mit Rähmchen ausgestatteter Holzkasten zusätzlich wie ein Rucksack auf dem Rücken angebracht. Farbtafel XVI

Geflochtene Bienenwohnungen (Körbe) sind jahrhundertelang in Gebrauch gewesen. Sie werden z. T. heute noch, modifiziert für Mobilbau (aufgesetzter Honigraum mit beweglichen Waben) verwendet.

Trogbeuten sind vielfach im Ausland gebräuchlich. Meist sind 2 Völker in einer Beute untergebracht. Zwischen ihnen werden durch senkrechte Absperrgitter die Honigwaben vom Brutraum abgetrennt. Es werden aber auch aufsetzbare niedrige Honigräume verwendet, die unter den Deckel der Trogbeute passen. Lagerbeuten haben ↑ Breitwaben, Ständerbeuten ↑ Hochwaben.

Bei **Oberbehandlungsbeuten** werden die Waben von oben aus der Beute genommen, der ↑ Honigraum im gleichen oder halben Rähmchenmaß wird als Kasten auf den ↑ Brutraum gesetzt.

Hinterbehandlungsbeuten haben an der Rückseite eine Tür. Brut- und Honigraum sind in einer Hülle untergebracht, manchmal bestehen sie auch aus mehr als zwei Räumen des gleichen Rähmchenmaßes. Matten und Fenster schließen die von Bienen besetzten Waben zur Tür ab.

Magazine sind Oberbehandlungsbeuten, die aus 2 oder mehreren ↑ Zargen, meist gleichgroßen Einzeletagen (die manchmal auch als Magazine bezeichnet werden), einem Unterboden und einem Deckel bestehen. Magazine sind weltweit verbreitet, sie werden auch aus Kunststoffen, meist Duroplasten, hergestellt.

Beutencontainer ↑ Wanderwagen ohne Fahrgestell, der zur Wanderung auf die Ladefläche eines Lkw oder auf ein herausziehbares Fahrgestell aufgesattelt wird. Verbilligt gegenüber dem Wanderwagen die Bienenhaltung, da das Fahrgestell für mehrere Beutencontainer genutzt werden kann. In der Praxis wenig verbreitet, da die Aufsattelung im Gelände nicht immer ganz einfach zu bewältigen ist.

Beutenfenster → Fenster

Beutenfront Vorderansicht einer Beutenreihe oder eines Beutenstapels. Ist meist bunt bemalt oder mit ↑ Leitzeichen versehen, um den Bienen das Auffinden ihres jeweiligen Volkes zu erleichtern.

Beutenpalette Mehrere ↑ Beuten, auch ↑ Magazine, auf einem gemeinsamen Untergestell befestigt, mit einzelner oder gemeinsamer Bedachung. Die Beutenpalette wird bei der Wanderung mit Kran oder Hublader auf- bzw. abgeladen. Zum Transport sind Lkw oder Hänger notwendig. Die Füße des Untergestells können in der Höhe verstellbar sein. Bei Magazinen werden teilweise auch Flachpaletten verwendet.

Bewegungssehen → Sinnesorgane

Beweiseln → Einweiseln

Bien Alte Bezeichnung für das Bienenvolk als einheitliches Ganzes. Von ↑ MEHRING 1869 als Einwesensystem dargestellt, von ↑ GERSTUNG im Sinne von organismischer Einheit verwendet.

Biene (sprachlich) Der Begriff geht auf den alten Wortstamm *bin*, mittelhochdeutsch *bîe, bine*, in der Volkssprache auch *beie*, althochdeutsch *pîa, bini* und angelsächsisch *beo* zurück. Wahrscheinlich schon im Indogermanischen bekannt.

Bienenarten (Honigbienen): Sie bilden innerhalb der Familie der Bienenartigen (*Apidae*) eine einheitliche Verwandtschaftsgruppe, die als systematische Kategorie der *Apini* nur die Gattung *Apis* mit 4 Arten umfaßt. Abgesehen von gattungsspezifischen Körpermerkmalen, wie dem Flügelgeäderverlauf, dem Bau des Hinter-

leibes und des Begattungsschlauches (↑ Geschlechtsorgane), zeichnet sich die Gattung *Apis* insbesondere noch durch folgende Eigenschaften und Verhaltensweisen aus:
- Vertikale Wachswaben, die aus hexagonalen, bilateral gelegenen Zellen bestehen;
- Fehlen einer spezifischen Nesthülle, wie sie bei vielen Apiden-Arten z. B. den stachellosen Bienen (↑ *Apoidea*) vorkommt;
- die Tendenz, die Wabenzellen mehrmals und zu unterschiedlichen Zwecken zu nutzen;
- Bildung einer Bienentraube;
- kontinuierliche Fütterung der Larven;
- Tanzsprache;
- Nutzung der Verdunstungskälte des eingetragenen und zum Zwecke der ↑ Thermoregulation versprühten Wassers;
- Speicherung von Nahrung.

Apis florea F. (Zwergbiene) Kleinste der Apis-Arten. Die Länge des Vorderflügels schwankt bei Arbeiterinnen zwischen 6,0 und 6,9 mm. Artspezifisch sind u. a. der Bau des Begattungsschlauches und des Metatarsus am dritten Beinpaar der Drohnen (↑ Beine). Zwischen den drei Morphen bestehen erhebliche Größendifferenzen. Das Verbreitungsgebiet von *A. florea* erstreckt sich von Südostasien über Indien bis zum Persischen Golf. Neuerdings wurde die Zwergbiene auch im Sudan nachgewiesen. Sie ist offensichtlich dorthin verschleppt worden. Von dieser Honigbienenart wird lediglich eine einzige Wabe, häufig am Zweig eines Baumes, errichtet. Die Wabe kann aber auch unter Dachvorsprüngen von Gebäuden angelegt werden. Die obersten Wabenzellen enthalten in der Regel Honig. Es können 500 bis 1000 g und mehr gespeichert werden. Auf der an einem Zweig hängenden Wabe befindet sich eine „Tanzfläche". Die Informationstänze werden in der Hauptsache auf dieser horizontal gelegenen Fläche ausgeführt (↑ Bienentänze). Die Bienen können aber auch auf der Vertikalen tanzen. Sie sind allerdings nicht in der Lage, die Schwerkraft für die Tanzsprache und damit für die Orientierung zu nutzen. Wabengröße: 130 mm × 130 mm bis 270 mm × 360 mm (Südiran). Eine Brutfläche von 600 cm^2 auf beiden Wabenseiten umfaßt > 14000 Zellen. Die Populationen bilden leicht Wanderschwärme(↑Schwarm), wobei Vorräte und sogar Wachs mitgenommen werden. Die Volksstärke beläuft sich im Durchschnitt auf 4000 bis 6000 Arbeitsbienen/Volk. Als Alarmpheromone (↑ Pheromone) sind Isopenthylacetat sowie 2-Decen-1yl-acetat vorhanden.

Möglicherweise gibt es mehr als eine Zwergbienenart. Neuere Untersuchungsergebnisse sprechen dafür, daß zumindest zwei Arten existieren dürften, die sich anhand verschiedener Merkmale recht gut voneinander unterscheiden lassen. Sie werden als *Micrapis florea* und *M. andreniformis* bezeichnet.
Farbtafel XX

Apis dorsata F. (Riesenbiene) Größte Apis-Art. Die Vorderflügellänge der Arbeitsbienen beträgt 12,5 bis 14,8 mm. Der Begattungsschlauch ist wiederum artspezifisch geformt. Am Metatarsus des dritten Beinpaares der Drohnen befinden sich arttypische Haarformen. Im Unterschied zu *Apis florea* sind die Größendifferenzen zwischen den drei Morphen relativ gering. Das Verbreitungsgebiet erstreckt sich von der indomalayischen Region über Südost- und Südasien bis zum Indus. *A. dorsata* fehlt an den Xerothermküsten des Persischen Golfes. Wie bei der Zwergbiene baut das Volk der Riesenbiene auch nur eine einzige Wabe, oft im Geäst hoher Bäume, manchmal aber auch unter Felsvorsprüngen. *A. dorsata* kommt bis in hohe Gebirgslagen vor, wo die Nachttemperaturen < 0 °C absinken. Wabengröße: 0,1 bis 1 m^2. Der verdickte Honigteil befindet sich, wie bei *A. florea*, im oberen Wabenbereich. Starke Völker vermögen 10 bis 15 kg Honig zu speichern. Eine Wabe enthält im Durchschnitt 23000 bis 24000 Zellen. Der Schmelzpunkt des Wachses (Ghedda-Wachs) liegt unter dem des Wachses von *A. mellifera*. Bei der Nestverteidigung wird die Riesenbiene sehr aggressiv. Eine Einzelbiene kann durch spezifische Laufbewegungen sehr schnell bis zu 5000 Arbeiterin-

nen alarmieren. Häufig treten Wanderschwärme auf. Die Wanderungen, ausgelöst durch Trachtmangel, Überhitzung oder Störungen, können bei kurzen Zwischenaufenthalten in 4 bis 6 Wochen über Entfernungen von 200 km ausgedehnt werden. Dieses Migrationsverhalten wird durch die Langlebigkeit der Bienen unterstützt. Die Tänze ähneln denen von *A. mellifera*. Auch nachts lassen sich die Bienentänze beobachten. Bei der Richtungsangabe der Trachtquelle wird dann der Sonnenstand – die Sonne befindet sich ja unter dem Horizont – extrapoliert. Nach dem Mond erfolgt keine Orientierung. Möglicherweise handelt es sich bei der Riesenbiene um eine Artengruppe, die bei genaueren Untersuchungen eine Aufspaltung in zwei oder drei gesonderte Arten rechtfertigen dürfte.
Farbtafel XXI

Apis cerana F. (indische Honigbiene) Synonym *A. indica* F. Die Vorderflügellänge der Arbeiterin beträgt im Durchschnitt 7,3 bis 9,0 mm, die Häkchenzahl an der Vorderkante des Hinterflügels (↑ Flügel) im Mittel 18,3. Der Begattungsschlauch hat entfernt Ähnlichkeit mit dem von *A. mellifera*. Es fehlen aber die beiden Chitinplattenpaare am Zwiebelstück (↑ Geschlechtsorgane). Das Verbreitungsgebiet umfaßt weite Teile Asiens und reicht im Westen bis Afghanistan, im Norden bis zum 46. Breitengrad, im Osten bis Wladiwostok. *A. cerana* findet sich auch auf Honshu, fehlt aber z. B. im Südosten auf den Molukken. Ihre Temperaturtoleranz ähnelt derjenigen von *A. mellifera*. Wildvölker errichten 6 bis 8 Waben in Baumhöhlen oder Felsspalten. Die Unterschiede im Zelldurchmesser zwischen Drohnen- und Arbeiterinnenzellen sind geringer als bei *A. mellifera*. In den Drohnenzelldeckeln befinden sich tunnelartige Poren, die vermutlich durch ein von den Streckmaden (↑ Entwicklung) abgeschiedenes Sekret entstehen und das an dieser Stelle erfolgende Abnagen des Wachses durch die Arbeiterinnen beim Schlupf der fertig entwickelten Drohnen erleichtern. Ausgeprägt ist ein Gruppenverteidigungsverhalten (↑ Verteidigungsverhalten) gegenüber Feinden, die versuchen, in die Bienenwohnung einzudringen. Es wird dabei häufiger mit den Mandibeln gebissen als vom Wehrstachel Gebrauch gemacht. In Übereinstimmung damit läßt sich die relativ schwache Ausprägung der Widerhaken an den Stechborsten des Stachels erklären (↑ Stachelapparat). Bei Angriffen von Räubern können die Bienen ihren Feinden durch ausgeprägte Zickzackflüge entgehen.
Während des Schwänzeltanzes, der auf den senkrecht hängenden Waben ausgeführt wird, transponieren die Tänzerinnen, wie bei unserer heimischen Honigbiene, den Winkel zwischen Stock-Sonne und Stock-Tracht unter Ausnutzung der Schwerkraft auf die vertikale Wabenfläche. Rund- und Schwänzeltanz sind mit ↑ Lautäußerungen verbunden. Die vor dem Flugloch fächelnden Arbeitsbienen stehen mit dem Hinterleib zur Fluglochöffnung, während die Arbeiterinnen von *A. mellifera* dabei den Kopf zum Flugloch richten.
Der Paarungsflug der Drohnen dauert in der Regel täglich nur eine Stunde und erfolgt z. B. in Pakistan zwischen 16.15 und 17.15 Uhr. In Peking fliegen die Drohnen allerdings eine Stunde länger. Die Spermienproduktion ist verhältnismäßig gering (~1 Mio Spermien/Drohn, bei *A. mellifera* sind es 10 Mio/Drohn). Wie auch bei den anderen tropischen Apis-Arten werden Wanderschwärme gebildet.
Farbtafel XXII

Apis mellifera L. (heimische Honigbiene) Synonym *A. mellifica* L. (↑ LINNÉ).
Vorderflügellänge im Durchschnitt: 7,6 bis 9,7 mm. Das Zwiebelstück des Begattungsschlauches wird von zwei Paar Chitinplatten flankiert (↑ Geschlechtsorgane). Die Färbung der Arbeitsbienen und Drohnen ist je nach Herkunft sehr variabel. Die durchschnittliche Häkchenzahl am Vorderrand des Hinterflügels beträgt 21,3. *A. mellifera* lebt unter natürlichen Bedingungen wie *A. cerana* auch in Baumhöhlen oder Felsspalten. Sie besiedelte ursprünglich Europa, Teile Asiens sowie Afrika, und zwar von den kaltgemäßigten bis in die tropischen Klimagebiete. Heute ist *A. mellifera* durch den

Menschen über sämtliche Kontinente verbreitet. Auf der Grundlage einer hohen genetischen Variabilität haben sich unter dem unterschiedlichen Einfluß ökologischer Faktorenwirkungen verschiedene Entwicklungstypen herausgebildet, die eine Vielzahl von Anpassungsstrategien zum Ausdruck bringen.

So gibt es auch alle Übergänge von relativ langlebigen Völkern mit einer verhältnismäßig geringen Reproduktionsrate bis zu ausgesprochen kurzlebigen mit hoher Weiselproduktion. Infolge der weiten Verbreitung von *A. mellifera* sind zahlreiche geographische ↑ Bienenrassen entstanden, von denen aber nur wenige lange und kalte Winter ertragen. Voraussetzung für eine erfolgreiche Überwinterungsfähigkeit sind die folgenden Eigenschaften bzw. Verhaltensweisen der *Mellifera*-Völker:

– Mindestvolksstärke von 12000 bis 20000 Bienen;
– relativ große Einzelbienen, die bei der Traubenbildung eine möglichst effektive ↑ Thermoregulation gewährleisten;
– ein relativ dichtes Haarkleid der Bienen für die Luftisolierung während der Winterruhe in der Bienentraube;
– günstig wirken auch Leerwaben als schlechte Wärmeleiter unter Ausnutzung der isolierenden Eigenschaften von Luft;
– Saisonvariabilität der Arbeitsbienen (Ausbildung von Winterbienen);
– frühes Schwärmen;
– das Anlegen relativ großer Honigvorräte;
– die Brutpause während der kalten Jahreszeit;
– Nosemaresistenz.

Bienenbart Vor dem Flugloch, meist unterhalb der Flugklappe in einer Traube zusammenhängende Bienen, die in der ↑ Beute bei hohen Außentemperaturen keinen Platz mehr finden und infolge Trachtmangels keine Beschäftigung haben.
Bienenbärte kommen vor allem bei nicht mehr erweiterungsfähigen Zweiraumbeuten ab Ende der Rapstracht bis zur ↑ Einfütterung vor. Sie sind besonders bei Wanderungen unangenehm, da es schwierig ist, den Bienenbart in die Fluglochnische zu bekommen (↑ Thermoregulation).

Bienenbrot Der in den Wabenzellen eingelagerte, festgestampfte ↑ Pollen, der mit einer Honigschicht überzogen worden ist. Gärungsvorgänge im Pollen vermindern seine Keimfähigkeit und führen zu einer Milchsäureproduktion, die zur Konservierung des Bienenbrotes beiträgt. Die dem Pollen von den Arbeitsbienen zugesetzten sauren Sekrete der Mandibel- und Hypopharynxdrüsen (↑ Drüsen) haben chemische Veränderungen der Polleninhaltsstoffe zur Folge, wodurch sich der Nährwert des Pollens erhöht.

Bienenflucht Kleine Öffnung zum Entweichen der Bienen aus dem ↑ Honigraum, nachdem durch Abdecken des ↑ Absperrgitters die Verbindung zum Volk mit der Weisel unterbrochen wurde. Kann bei ↑ Hinterbehandlungsbeuten im Verschluß des Honigraumfluglochs oder daneben angebracht sein. Ein eingestecktes Glasrohr verhindert, daß die Bienen von außen diesen Eingang finden. Bei Magazinen wird vielfach ein Zwischenboden mit einer Bienenflucht unter die Honigraumzargen eingelegt. 12 bis 24 Stunden nach Unterbrechung der Verbindung zum ↑ Brutraum ist der Honigraum bienenleer, sofern sich keine Brutwaben im Honigraum befinden. Auch der Schlitz am Fenster des Bienenhauses oder Wanderwagens wird als Bienenflucht bezeichnet. Dabei kann in etwa

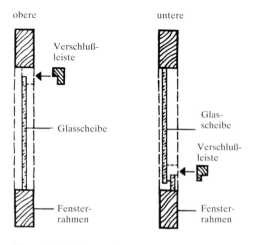

Bienenflucht (Querschnitt)

10 mm Abstand ein etwa 20 bis 30 mm hoher Glasstreifen im Fenster innen vorgesetzt werden.
Der Zwischenraum zwischen den beiden Fensterscheiben wird bei Bedarf mit einem Keil oder mit weichem Material verstopft, damit keine Räuberei durch von außen eindringende Bienen entsteht.

Bienenforschung → Lehr- und Forschungsanstalten

Bienengefährdung → Pflanzenschutzmittel

Bienengefährliche Mittel → Pflanzenschutzmittel

Bienengesundheitsbescheinigung → Seuchenfreiheitsbescheinigung

Bienengift Es wird in der ↑ Giftdrüse produziert und dient der Verteidigung des Volkes (↑ Verteidigungsverhalten).
Die **Giftgewinnung** erfolgt heutzutage meist mit Hilfe des Elektroschocks. Zu diesem Zweck wird vor das Flugloch ein Rahmen gelegt, der mit 0,5 mm starken Metalldrähten im Abstand von 3 bis 4 mm bespannt ist. Darunter liegt eine Glasplatte. Die Drähte stehen zeitweilig unter Spannung, oder es werden kurze Stromstöße (etwa 12 Volt) in bestimmten Intervallen hindurchgeschickt (wird sehr unterschiedlich gehandhabt).
Berührt die Biene die spannungsgeladenen Drähte, so spritzt sie das Gift ab, das auf der Glasplatte schnell zu einem weißgrauen Belag antrocknet. Diese Schicht wird später in einem geschlossenen sauberen Raum mit einer Rasierklinge abgekratzt (Atemschutzmaske tragen). Das Rohgift wird an einen pharmazeutischen Betrieb geliefert, der es zu Salben, Liniment, Puder oder Trockenampullen verarbeitet. 0,3 mg flüssiges Gift ergeben 0,1 mg Trockengift.
Bienenvölker, die zur Giftproduktion herangezogen werden, bringen geringfügig weniger Honig und Wachs und werden aggressiver. Deshalb darf die Bienengiftgewinnung nicht in der Nähe von Wohnsiedlungen erfolgen.
Medizinische Bedeutung Bienenstiche sind unangenehm. Während der Schmerz meist schnell nachläßt, kann die Schwellung sehr störend sein. Alle Mittel, die die Stichstelle kühl und feucht halten, sind für die Behandlung geeignet.
Für den Menschen sind die geringen Giftmengen bei einem Bienenstich (0,1–0,3 mg) außer bei Vorliegen einer ↑ Allergie nicht gefährlich, sondern eher heilsam. Schon im Altertum wußte man um die Heilwirkung des Bienengiftes bei Muskel-, Nerven- und Gelenkerkrankungen und zwang die Bienen, in die schmerzenden Körperstellen zu stechen.
Wirkung Bei einem Stich in die Haut eines Warmblüters bewirken zwei Polypeptide, das MCD-Peptid (Mast Cell Degranulating) und das Melittin, daß sich die Hüllen der Gewebsmastzellen an der Stichstelle auflösen und entzündungsfördernde Substanzen, vor allem Histamin, freisetzen. Das führt mit Unterstützung durch Phospholipase A und Hyaluronidase zu Rötung, Schwellung, Erwärmung, Gefäßerweiterung, Blutdrucksenkung, Zunahme der Gewebedurchlässigkeit und offenbar Anregung der Cortisonbildung im Körper. Bienengift wird deshalb vor allem bei Erkrankungen des rheumatischen Formenkreises angewendet, Hexenschuß, Ischias, Neuralgien, ebenso bei Spondylarthrose mit neurologischen Komplikationen. In Bulgarien wird in besonderen Fällen Bienengift in die biologisch aktiven Akupunkturpunkte gespritzt.
Gute Erfahrungen gibt es bei Iontophorese mit einer Bienengiftlösung und auch bei Ultraschall-Phonophorese.

Bienenhaltung Pflege und Nutzung der Honigbienen sozusagen als Haustiere. Sie kann als Standimkerei oder Wanderimkerei betrieben werden. Bei der Standimkerei haben die Bienenvölker ihren festen Standort und nutzen die Tracht in ihrem Flugbereich.
Bei der Wanderimkerei werden die Bienenvölker nur über Winter und eventuell noch zur Nutzung einer Tracht an einem bestimmten Standort aufgestellt, während sie in der übrigen Zeit zur Nutzung verschiedener Trachten zu jeweils anderen Standorten verlegt werden (↑ Wanderung).

Bienenhaus Häufig Holzbau mit Sattel- oder Pultdach, in dem die Beuten meist einseitig in einer oder mehreren Reihen als Beutenstapel sowie oftmals auch sämtliches Imkereizubehör untergebracht sind. Bienenhäuser sind in erster Linie im deutschsprachigen Raum gebräuchlich. Neuartige Bienenhäuser können segmentartig erweitert werden. Vielfach schließt sich einseitig noch ein Arbeits- und/oder Schleuderraum an. Ein vorgezogenes Dach sowie Seitenblenden schützen die ↑ Beutenfront vor Regen und Wind. Die Fenster sind an der Beutenfront oder an der Rückseite, am günstigsten aber im Dach eingebaut. Sie sind vielfach mit einem Schlitz versehen, durch den die Bienen entweichen können (↑ Bienenflucht). Hinterbehandlungsbeuten stehen auf einer Beutenbank, die eine Höhe von mindestens 40 cm aufweist. Das Bienenhaus in Wohnhausnähe ist vielfach mit Elektroanschluß versehen. Ein Bienenhaus auf Rädern mit zweiseitiger Beutenfront stellt der ↑ Wanderwagen dar.
Farbtafel IX

Bienenhonig → Honig

Bienenjahr Vom Imker wird der Beginn des Bienenjahres dann angegeben, wenn er beginnt, das Wintervolk aufzubauen, das ihm die Gewähr dafür gibt, daß er im kommenden Jahr wieder eine Honigernte erzielen kann. Daher gibt es für den Beginn des Bienenjahres kein einheitliches Datum. Die einen geben den Juli an, wenn sie nach Trachtschluß an ihrem Standort mit der Reizfütterung beginnen, die anderen erst den August (Ende der Rotkleetracht) oder September (Heideimker), wenn sie abgeschleudert haben und die Völker für den Winter auffüttern. Daran schließen sich erst alle imkerlichen Maßnahmen an, die die volle Entfaltung und Nutzung des Bienenvolkes in der letzten Hälfte des Bienenjahres (Frühjahr und Sommer) ermöglichen.

Bienenkorb → Darstellung der Bienen, → Bienenwohnungen

Bienenkrankheiten Umfassender Begriff für pathologische Zustände im Bienenvolk. Nach den Ursachen unterscheidet man Bienenkrankheiten infektiöser und nichtinfektiöser Natur sowie zwischen Krankheiten der Brut und der erwachsenen Bienen. Vorbeuge und Bekämpfung von Bienenkrankheiten werden vom Veterinärwesen organisiert und unter Mithilfe von ↑ Bienen(seuchen)sachverständigen aus den Reihen der Imker realisiert.

Bienenlaus (*Braula*) Eine durch parasitäre Lebensweise flügellos gewordene Fliege. Das hellbraune, längsovale Tier (1,5:0,9 mm) ist mit bloßem Auge gut erkennbar. Befällt alle drei Bienenwesen. Die Bienenlaus ernährt sich von dem Futter, das sich die Bienen beim gegenseitigen Füttern reichen, kann sie auch veranlassen, die Zunge auszustrecken. Bei starkem Befall der Königin wird diese erheblich beunruhigt, so daß sie in der Legetätigkeit nachläßt.
Die Bienenlaus überwintert im Bienenvolk und beginnt im Frühjahr mit der Eiablage. Sie legt ihre Eier auf die Oberseite der Honigzelldeckel oder auf die Zellwände leerer oder gefüllter Honigzellen. Die Larven legen hauptsächlich in den Honigzelldeckeln Fraßgänge an, worin sie sich weiter entwickeln. Sie ernähren sich von dem mit Pollen durchsetzten Wachs der Zelldeckel. Die Fraßgänge sind als feine weiße Linien auf den Waben zu erkennen. Von der Königin lassen sich die Bienenläuse leicht mit einem honigfeuchten Wattestäbchen abtupfen.
Zur Behandlung eines Bienenvolkes wird das Einstreuen von reinem Naphthalin (etwa ein Teelöffel voll) empfohlen. Die betäubten Bienenläuse fallen auf einen untergeschobenen Bogen Papier, der am nächsten Morgen herausgenommen und verbrannt wird.
Durch wiederholtes Entdeckeln der Honigwaben wird der Ausbreitung der Bienenlaus vorgebeugt.
Farbtafel XII

Bienenmuseen → Ausstellungen

Bienenphysik Beschäftigt sich mit Temperatur- und Feuchtigkeitsverhältnissen sowie der Luftzirkulation in der von Bienen besetzten Beute und auch der Schwarmtraube. Daraus lassen sich Rückschlüsse für den Beutenbau ziehen.

Bienenprodukte Dazu zählen ↑ Honig, ↑ Bienenwachs, ↑ Pollen, ↑ Propolis, ↑ Bienengift, ↑ Weiselfuttersaft.

Bienenrassen Geographische Rassen von *Apis mellifera*, die sich nach RUTTNER auf der Grundlage einer Hauptkomponentenanalyse drei Gruppen zuordnen lassen:

Rassengruppe des Nahen Ostens Das genetische Zentrum liegt in Kleinasien. *A. m. syriaca* enthält die kleinsten, *A. m. caucasica* die größten Formen dieser Rassengruppe. Die Größenunterschiede kommen insbesondere bei den Drohnen zum Ausdruck. Die *Caucasica*-Drohnen sind noch größer als die ebenfalls relativ großen *Carnica*- und *Mellifera*-Drohnen. Die *Caucasica* stellt eine sanftmütige und schwarmträge Rasse mit guter Überwinterungsfähigkeit bei reichlicher Verwendung von Propolis dar. „Naßverdeckelung" der Honigzellen (der in den Wabenzellen gespeicherte Honig stößt direkt an die Zelldeckel) ist rassetypisch. Die *Caucasica* beginnt im Frühjahr langsam und relativ spät zu brüten. Sie ist eine begehrte Wirtschaftsrasse. Starke Schwarmneigung zeigt *A. m. meda*, die von der Grenze zwischen Iran und Aserbaidshan bis ins iranische Hochland verbreitet, aber auch im Irak und Südostanatolien zu finden ist. Sie verträgt lange Winter und verbraucht, ähnlich wie die *Caucasica*, viel Propolis. Im äußeren Erscheinungsbild steht sie der Italienerbiene nahe. *A. m. anatolica* ist an das rauhe Klima des anatolischen Hochlandes angepaßt.
Um Inselrassen handelt es sich bei *A. m. cypria* (Cypern) und *A. m. adami* (Kreta, Ionische Inseln). Die *Cypria* hat sich in England als überwinterungsfähig erwiesen. Kälteempfindlich hingegen sind *A. m. syriaca* und *A. m. armeniaca*, beide sind leicht reizbar. Letztere neigt dazu, ↑ Fleischvölker zu bilden.

Rassengruppe des tropischen Afrika Für sie sind die folgenden Merkmale charakteristisch: Rasche Volksentwicklung, geringe Verteidigungsbereitschaft des Stockes, hohe Schwarmzahl, auch Bildung von Wanderschwärmen. Die Bienen sind unter tropischen Klimabedingungen einer Vielzahl von Feinden ausgesetzt. Sämtliche Rassen südlich der Sahara zeichnen sich durch eine intensive gelbe Pigmentierung aus. *A. m. lamarckii* (synonym: *fasciata*, ägyptische Biene) wird mindestens seit dem Jahre 2600 v. Chr. in Ägypten gehalten. Sie besitzt nur eine geringe Neigung zur Traubenbildung, ist daher im Norden auch nicht überwinterungsfähig, gehört zu den kleinen Bienenrassen und verwendet im Unterschied zu ihren Nachbarn, *A. m. syriaca* im Osten und *A. m. intermissa* im Westen, kein Kittharz. *A. m. lamarckii* bildet im Sommer starke Völker als Ausdruck einer Überlebensstrategie, mit der sie sich gegenüber dem Feinddruck räuberischer Hornissen zu behaupten vermag.
Die Zahl der Weiselzellen ist sehr groß (50 bis 260). Vor den Paarungsflügen leben in den Völkern viele Jungweiseln ungestört nebeneinander. Nach Entweisung beginnen Arbeitsbienen sehr bald mit der Eiablage. Wanderschwärme fehlen.
Weit verbreitet zwischen Yemen und Tschad ist *A. m. yemenitica*, eine in der Färbung sehr variable Rasse. In ihren Völkern wurden immer nur wenige (10 bis 15) Schwarmzellen beobachtet. Wanderschwärme können gebildet werden.
An der Ostküste des tropischen Afrika, von Kenia bis Mocambique, kommt *A. m. litorea* vor, eine kleine Biene, die sich außer ihrer geographischen Verbreitung durch geringe Größe von der Savannenbiene, *A. m. scutellata*, unterscheiden läßt. *A. m. scutellata* ist von Äthiopien im Norden bis zur Kapregion in Dornstrauchsavannen anzutreffen. Die Bienen sind relativ groß, die Drohnen vollständig schwarz. *A. m. adansonii* ist wahrscheinlich die afrikanische Bienenrasse mit dem größten Verbreitungsgebiet. Sie kommt von Senegal, Mali, Niger im Norden bis nach Zaire im Süden vor. Die gelb gefärbten, verhältnismäßig kleinen Bienen leben hauptsächlich in offenen Landschaften bzw. in Galeriewäldern längs der Flüsse. Bekannt sind aggressive, aber auch weniger aggressive Populatio-

nen, mit denen in weiten Teilen ihres Verbreitungsgebietes eine traditionelle Bienenhaltung betrieben wird.

Im Regenwaldgebiet des ostafrikanischen Berglandes siedelt in kühlen und nebelreichen Höhen von 2000 bis 3000 m *A. m. monticola*, eine dunkle Biene von mittlerer Größe mit relativ langem Überhaar. Zahlreiche voneinander auch isolierte Populationen treten auf.

Ebenfalls schwarz gefärbt ist die madagassische Honigbiene, *A. m. unicolor*, von der es eine Flachland- und eine Berglandform gibt. Letztere lebt stationär und ist sanftmütig, während die Flachlandform Wanderschwärme bildet. Neben Madagaskar ist auch Mauritius von *A. m. unicolor* besiedelt.

Die im Süden Afrikas beheimatete *A. m. capensis* (Kapbiene) weist mehrere biologische Besonderheiten auf. Bei ihr können sich aus Arbeiterinneneiern weibliche Individuen entwickeln (Thelytokie: das Entstehen diploider weiblicher Nachkommen aus unbefruchteten Eiern). Aus diesen Arbeiterinnenlarven werden im Bedarfsfall Weiseln zur Entwicklung gebracht, die dann wieder ein normales Volk aufbauen. Die eierlegenden Arbeiterinnen der Kapbiene sind in der Lage, Weiselsubstanz (9-Oxo-decensäure) zu produzieren und werden von den anderen Stockbienen auch wie Weiseln behandelt, gefüttert und ständig von Begleitbienen umgeben. Die Zusammensetzung der Mandibeldrüsensekrete bei Arbeiterinnen hängt davon ab, ob das Volk weiselrichtig ist oder nicht. Beginnt im weisellosen Volk eine Arbeiterin mit der Eiablage, wird die Eierstockentwicklung bei den anderen Arbeiterinnen gestoppt. Die Arbeitsbienen besitzen eine Samenblase (Durchmesser: 0,3 bis 0,8 mm) und in jedem Eierstock 15 bis 25 Ovariolen, während bei den Arbeitsbienen anderer Bienenrassen nur 3 bis 10 Ovariolen vorhanden sind. Einige Merkmalsunterschiede zwischen Arbeitsbienen von *A. m. mellifera* und *A. m. capensis* sind in der Tabelle aufgeführt.

Mediterrane Rassengruppe In Nordafrika verbreitet sind *A. m. sahariensis*, und zwar zwischen Atlas und Sahara; kleine, gelbe, wenig winterfeste, zudem leicht wabenflüchtige Bienen, und *A. m. intermissa*, die Tellbiene, eine große Biene von schwarzglänzender Färbung, die zwischen Atlas und Mittelmeer bzw. Atlantikküste vorkommt. Die Brut der letzteren wird in den Frühlings- und Herbstwochen angelegt. Eine Unterbrechung erfährt die Bruttätigkeit während der sommerlichen Trockenperiode. Die Schwarmfreudigkeit der Tellbiene ist groß. Die Bildung zahlreicher Nachschwärme gehört zur Fortpflanzungsstrategie dieser Bienenrasse, deren Vitalität besonders groß ist. Selbst ein bis auf wenige hundert Bienen abgeschwärmtes Volk vermag sich vollständig zu regenerieren. Rassespezifisch ist ferner ein ausgeprägtes Verteidigungsverhalten und eine hohe Sensibilität der Bienen bei Störungen.

Der Tellbiene im Verhalten sehr ähnlich ist *A. m. iberica*, eine geographische Rasse der Honigbiene, die die Iberische Halbinsel besiedelt.

Nach Norden schließt sich *A. m. mellifera* an, die in Mitteleuropa auch als dunkle deutsche Biene bekannt ist. Ihr Verbreitungsgebiet reicht von Südfrankreich über Mittel- und Osteuropa hinweg bis nach Baschkirien. In Norwegen kommt sie bis zum 65. Breitengrad vor.

Der Vorstoß nach Norden wurde im Verlauf der Ausdehnung ihres Verbreitungsgebietes weniger durch die Länge und Härte der nordischen Winter als vielmehr durch den Mangel an natürlichen Nistgelegenheiten begrenzt. Die Arbeitsbienen besitzen schmale Filzbinden und langes Überhaar. Die *Mellifera* ist Spätbrüter und schwarmfreudig. Der jährliche Entwicklungsrhyth-

Merkmalsunterschiede von A. m. mellifera und A. m. capensis (nach ENGELS*)*

Merkmal	A. m. capensis	A. m. mellifera
Entwicklungsdauer (Tage)	19	21
Ovariolenzahl/Ovar	10 – 25	3 – 10
⌀ der Samenblase (mm)	0,4 – 0,9	0,0 – 0,1
Max. Eizahl/Tag	50 – 200	5 – 15
Dauer der Reproduktionsphase	2 – 5 Mon.	≤ 10 Tage

mus kann vor allem als Anpassung an die Heidetracht gedeutet werden. *A. m. mellifera* ist eine weit verbreitete Wirtschaftsrasse, heutzutage allerdings meist mit anderen Rassen verbastardiert.

Nahe miteinander verwandt sind die Bienenrassen, die zentralmediterran und in Osteuropa auftreten. Das Gesamtverbreitungsgebiet dieser Verwandtschaftsgruppe reicht von Italien über den Balkan bis zur Westägäis und darüber hinaus bis in die ukrainische Steppe. Die weltweit wirtschaftlich genutzte *A. m. ligustica* (Italienerbiene), die in ihrem Vorkommen ursprünglich auf Italien begrenzt war, brütet während des Sommerhalbjahres kontinuierlich, bildet starke Völker, bringt reiche Erträge und schwärmt wenig. Sie ist ferner durch Sanftmut gekennzeichnet sowie durch eine große Anpassungsfähigkeit an sehr unterschiedliche ökologische Bedingungen. Diese Eigenschaften erklären ihre weite Verbreitung als Wirtschaftsbiene. Sanftmütig ist auch die in Sizilien heimische *A. m. sicula*, eine dunkle Biene, die sich durch starken Kittharzgebrauch und eine große Zahl von Weiselzellen pro Volk (64 bis 430) auszeichnet. Schwärme ziehen erst aus, wenn mehrere Jungweiseln geschlüpft sind (kein Verhaltensmerkmal europäischer Bienen!).

Eine pontisch-mediterrane Bienenrasse stellt *A. m. macedonica* dar. Sie lebt in Südosteuropa. Diskriminanzanalytisch von ihr trennen läßt sich *A. m. cecropia* aus der Südhälfte Griechenlands.

Als eine wirtschaftlich besonders wertvolle Biene hat sich *A. m. carnica* erwiesen, die von den Karawanken bis zu den Karpaten verbreitet ist. Im Verhalten ähnelt sie der *A. m. caucasica*, läßt sich aber von ihr durch den Verlauf des Flügelgeäders recht gut unterscheiden. Ihre Anpassungsfähigkeit an sehr unterschiedliche ökologische Bedingungen ist groß. So kann sie sowohl in trockenen Steppengebieten als auch in humiden Waldregionen existieren, übersteht lange, kalte Winter und paßt sich schnell dem Jahreszeitenwechsel, aber auch dem Trachtangebotswechsel an. Die *Carnica* ist sanftmütig und verwendet relativ wenig Propolis.

Bienenrecht Gesamtheit der auf Imker, Bienenhaltung und Honig anwendbaren Rechtsvorschriften. Der Begriff ist eigentlich falsch, weil Tiere keinen Rechtsanspruch haben. Wegen der Schwierigkeit, sie als Haustier einzuordnen, nimmt die Biene eine Sonderstellung ein. Als Eigentum des Halters ist sie kein Wildtier. Wegen ihres ökonomischen Nutzens wird sie der Landwirtschaft zugeordnet, ist aber nach der Rechtslage kein Haustier, weil der Halter keine ausreichende Verfügungsmacht über sie hat.

Erste Rechtsvorschriften zur Bienenhaltung findet man bereits in der Gesetzessammlung von SOLON (600 v. Chr.). Bei den Zeidlern (↑ Zeidlerei) gab es im Mittelalter strenge Rechte und Pflichten. Zuwiderhandlungen wurden drakonisch bestraft. Es bestand eigene Gerichtsbarkeit.

Grundsätzlich kann jeder Bürger auf seinem Grundstück (bei Pachtland mit Genehmigung des Pächters) Bienen halten, soweit dies ortsüblich ist, die Größe des Bienenstandes dem Grundstück sowie der bewohnten Umgebung angepaßt ist und nicht von weisungsberechtigten Stellen aus bestimmten Gründen Einschränkungen gemacht werden müssen (in der Nähe von Krankenhäusern, Kindereinrichtungen, Schwimmbädern etc.). Nicht ratsam ist die Bienenhaltung in der Nähe von Süßwarenfabriken, Bäckereien, Wäschereien, Autolackierereien etc. Verboten bzw. durch Auflagen eingeschränkt ist Bienenhaltung im Umkreis von ↑ Belegeinrichtungen und in Grenzgebieten.

Dem Recht, Bienen zu halten, steht das **Recht des Nachbarn** gegenüber, in seiner Lebensqualität nicht wesentlich beeinträchtigt zu werden. Gelegentliche Bienenstiche gelten als unwesentliche Beeinträchtigung, zumal sie auch von Wildinsekten ertragen werden müssen (Duldungspflicht). Wesentliche Beeinträchtigungen muß der Imker durch entsprechende betriebswirtschaftliche und bauliche Maßnahmen weitgehend zu mindern suchen (hohe Hecke, sachgemäße Behandlung, Flugrichtung der Bienen in Richtung zum eigenen Grundstück, sachgemäße Tränke etc.). Wichtigster Grundsatz ist die Verpflichtung zur gegenseitigen Rücksichtnahme. Das gilt auch für Imker untereinander. Tritt ↑ Räuberei auf, so sind beide Imker verpflichtet, ihr Einhalt zu gebieten, ohne dem anderen dabei Schaden zuzufügen.

Besondere Rechte und Pflichten des Imkers regelt das **Schwarmrecht**. Der Imker hat das Recht, zum Einfangen eines Bienenschwarmes aus eigenem Völkerbestand, wenn er ihn ohne schuldhaftes Säumen verfolgt, ohne Erlaubnis fremde Grundstücke zu betreten. Er ist aber selbstverständlich für jeden angerichteten Schaden ersatzpflichtig. Der Eigentümer eines Schwarmes hat nicht nur das Recht, sondern auch die Pflicht, einen Schwarm abzunehmen, wenn von ihm Gefahren ausgehen können.

Ein nicht mehr verfolgter Schwarm wird herrenlos. Er kann dann von jedem gefangen werden, der ein Recht hat, das betreffende Grundstück, wo der Schwarm ansitzt, zu betreten.

Das zeitweilige Verlegen der Bienen (Wanderung) in lukrative ↑ Trachten bzw. zur Bestäubung entomophiler Kulturen ist im **Wanderrecht** niedergelegt. Danach bedarf die Verlegung der Genehmigung des Grundstückseigentümers des beabsichtigten Wanderstandortes, einer Seuchenfreiheitsbescheinigung (Gesundheitszeugnis) und der Wandergenehmigung der betreffenden Imkerorganisation. Die Ein- und Durchfuhr von Bienen ist besonderen seuchenhygienischen Bestimmungen unterworfen.

Der Imker ist gehalten bzw. verpflichtet, ↑ Arbeits- und Gesundheitsschutzanordnungen zu beachten, d. h. ↑ Imkerschutzkleidung zu tragen und für Hilfskräfte oder Besucher (Schulklassen) bereitzuhalten. ↑ Brandschutz ist insbesondere bei Waldwanderstandplätzen, beim Hantieren mit Wachs u. a. geboten.

Um Völkerverlusten durch Bienenkrankheiten und -seuchen vorzubeugen, sind die Bienen in **Tierseuchenverordnungen** und -gesetzen mit entsprechenden Weisungen eingebunden. Für bestimmte Krankheiten besteht ↑ Anzeigepflicht. Tierärzten und ↑ Bienensachverständigen ist bei angewiesenen Behandlungen der Bienen Folge zu leisten. Das Aufstellen leerer, offener Bienenwohnungen ist in den meisten Ländern wegen der möglichen Verschleppung von Bienenkrankheiten verboten.

Richten die Bienen eines Imkers Schaden an, so ist er schadensersatzpflichtig (**Gefährdungshaftung**). Gewöhnlich ist er als Mitglied eines Imkervereins zugleich haftpflichtversichert.

Zum Schutz der Bienen, insbesondere vor bienengefährlichen Pflanzenschutzmitteln und -maßnahmen sowie vor bienengefährlichen Industrieabgasen wurden **Bienenschutzverordnungen** erlassen. Bienengefährliche Mittel dürfen nicht in blühenden Kulturen (auch nicht auf blühende Wildpflanzen) ausgebracht werden bzw. in Notfällen nur nachts und mit besonderen Vorsichtsmaßnahmen.

Bei Bienenvergiftungen ist unverzüglich der Schadensbeweis zu sichern. Den Schadensersatzanspruch regeln entsprechende Rechtsvorschriften.

Um die Pollenernährung der Bienen im Frühjahr zu sichern, wurden kätzchentragende Weiden unter **Naturschutz** gestellt.

In **Honigverordnungen** sind die Grenzwerte bzw. Mindestforderungen für wichtige Inhaltsstoffe des Honigs angegeben (Honigstandard). In einigen Ländern besteht Kennzeichnungspflicht des Honigs. Danach muß jeder in einer Verpackung angebotene Honig mit dem Namen des Imkers, dem Jahr der Erzeugung und dem Nettogewicht versehen sein.

In der Schweiz muß ausländischer Honig gekennzeichnet sein. Im Einheitsglas des Deutschen Imkerbundes mit Gewährverschluß darf ausschließlich nur deutscher Honig angeboten werden.

Bienenschaden Verluste an Bienenvölkern oder Teilen davon (Flugbienen, Brut etc.) können durch bienengefährliche ↑ Pestizide bzw. Luftschadstoffe verursacht werden (↑ Bienenschutz).

Bienenschutz Zum Schutz der Bienen vor Vergiftung durch ↑ Pflanzenschutzmittel, Luftschadstoffen etc. sind in zahlreichen Ländern entsprechende Gesetze und Verordnungen (↑ Bienenrecht) erlassen worden. In den Imkerverbänden nehmen ehrenamtliche Bienenschutzbeauftragte organisatorische und vorbeugende Aufgaben zum Schutz der Bienen wahr und treten als Sachverständige bei der Regulierung von Bienenschäden auf. Der Bienenschutz ist Bestandteil sowohl des integrierten Pflanzenschutzes als auch des Umweltschutzes.

Bienenseuchen Erkrankungen mit Massencharakter und der Tendenz der Ausbreitung, im eigentlichen Sinne aber nur solche, die infektiös sind, also von Mikroorganismen (Pilzen, Bakterien und Viren) hervorgerufen werden. Auch ↑ Parasitosen mit Massencharakter und der Tendenz der Ausbreitung, wie ↑ Nosematose, ↑ Acariose und ↑ Varroatose werden gemeinhin – aber fälschlich – als Seuchen bezeichnet. Seuchen, deren Auftreten, Schwere des klinischen Verlaufes und Ausmaß, wesentlich von Umweltfaktoren beeinflußt werden, bezeichnet man als ↑ Faktorenseuchen. Bei den Bienenseuchen ist zwischen Seuchen der Brut (z. B. ↑ Faulbrut und ↑ Kalkbrut) und solchen der adulten (erwachsenen) Bienen (z. B. ↑ Nosematose, ↑ Virusparalyse und ↑ Acariose) zu unterscheiden. Entsprechend den Rechtsvorschriften zur Verhütung und Bekämpfung von Tierseuchen und Parasitosen besteht für verschiedene Bienenseuchen (Gut- und Bösartige ↑ Faulbrut, ↑ Acariose, ↑ Varroatose) ↑ Anzeigepflicht. Schon der Verdacht auf eine anzeigepflichtige Seuche ist unverzüglich anzuzeigen. Die Seuchenbekämpfung wird vom staatlichen Veterinärwesen durchgeführt. Die von den Veterinärbehörden angeordneten Maßnahmen sind vom Bienenhalter zu unterstützen und uneingeschränkt zu befolgen.

Bienensachverständige (BSV) Erfahrene Imker mit zusätzlicher Spezialausbildung, die das staatliche Veterinärwesen in den praktischen Belangen der Untersuchung und Bekämpfung von Bienenkrankheiten unterstützen. Dazu gehören vorbeugende Untersuchungen, Entnahme von diagnostischem Material aus Bienenvölkern, Heilbehandlungen, Überwachung oder praktische Durchführung der angewiesenen Abtötung von Bienenvölkern, Überprüfung von Desinfektions- und Sperrmaßnahmen, Nach- und Verfolgsuntersuchungen etc. Die BSV arbeiten ehrenamtlich. Sie haben ihre Tradition in den früheren „Seuchenwarten" der Vereine, nennen sich auch Bienenseuchensachverständige (BSS), „Fachwarte für Bienengesundheit und -hygiene", „Bieneninspektoren". Ihr Status ist in den einzelnen Ländern nicht einheitlich, und damit ist auch ihre finanzielle Unterstützung und Aufwandsentschädigung unterschiedlich geregelt. In manchen Ländern werden sie durch die untere Verwaltungsbehörde amtlich bestellt und arbeiten im Auftrag der Veterinärämter, in anderen Ländern ist ihre Tätigkeit nicht an Weisungen der Veterinärbehörde gebunden, und ihre Ernennung erfolgt durch die Landesverbände.

Bienenspanne (*bee space*) → LANGSTROTH

Bienensprache → Bienentänze

Bienensterben → Tilia

Bienenstich → Bienengift

Bienenstockstirnbretter, bemalte Es handelt sich um eine einzigartige über fast zwei Jahrhunderte (Blütezeit 18./19. Jahrhundert) gepflegte Tradition in Slowenien, Kärnten und der südöstlichen Steiermark. Die dort gebräuchlichen Beuten sind oder waren Tunnelstöcke, aus Holzbrettern gefügt. Die Stirnbretter, ca. 12 bis 15 cm hoch und ca. 35 cm breit mit Fluglocheinschnitt wurden mit volkstümlicher Malerei versehen, z. T. von den Imkern selbst, häufig aber von Bauernmalern, die auch Bildstöcke, Möbel und Fassaden verzierten. Die Motive waren unterschiedlich und entsprachen der Zeit und lokalen Maltraditionen. Bei den erhalten gebliebenen Stirnbrettchen wurden etwa 600 verschiedene Motive gefunden. Die Bemalung der Stirnbretter hatte zweifellos mehrere Gründe:
– die Beuten zu kennzeichnen (es wurde damit gewandert);
– Wohlhabenheit zu dokumentieren;
– spätbarockem Schmuckbedürfnis zu entsprechen;

50 Bienentänze

- die Bienen vor bösen Geistern und wilden Tieren zu bewahren und sie dem Schutz von Heiligen anzuvertrauen;
- in einem Beutenstapel die Beuten zu unterscheiden;
- vielleicht auch, um den Bienen die Orientierung zu erleichtern.

Dargestellt sind Erzählungen und Gleichnisse aus der Bibel, Geschichten von Heiligen, Szenen aus Märchen, Tätigkeiten der verschiedenen Handwerker, festliches Geschehen (Geburt, Taufe, Hochzeit), Tier- und Jagdgeschichten, aber auch „verkehrte Welt", Spöttereien, Vertreibung des Teufels und vieles mehr.

Die Malereien sind so ausgeführt, daß sie auch aus der Entfernung, trotz lebhaften Bienenfluges, gut erkennbar sind. Die Flugfront solcher Bienenhäuser, als Ganzes heute leider nur noch selten zu finden, bestechen durch ihre bunte Vielfalt.

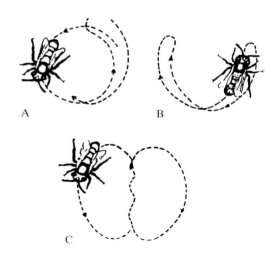

Verschiedene Tanzformen (nach LINDAUER)
A Rundtanz ohne Richtungs- und Entfernungsweisung
B Sicheltanz mit Ansätzen zur Richtungsweisung
C Schwänzeltanz

Bienentänze Sie stellen ein Informationssystem von rhythmischen Bewegungen der Sammelbienen auf der Wabe nach erfolgreicher Nahrungssuche dar, das eine möglichst schnelle und rationale Ausbeutung der aufgefundenen Tracht durch weitere Arbeiterinnen ermöglicht. Da die rhythmischen Bewegungen mehrmals wiederholt werden, spricht man von Tänzen. Mehrere Tanzformen lassen sich voneinander unterscheiden: Rund-, Sichel-, Schwänzeltanz, hinzu kommt noch der Vibrationstanz.

Rundtänze werden dann aufgeführt, wenn sich die Tracht in nächster Nähe des Stockes befindet (< 80 m). Dabei beschreiben die Tänzerinnen bei rascher Bewegung auf der Wabe einen Kreis von ca. 19 mm Durchmesser, laufen rechts, dann links herum und wiederholen diese Bewegungen immer wieder. Die umstehenden Arbeitsbienen werden dadurch aufmerksam und entnehmen dem Tanz, daß es in der unmittelbaren Umgebung der Bienenwohnung Nahrung gibt. Über die Qualität der Nahrung geben Spuren von Blütenduft Auskunft, die der Tänzerin anhaften, außerdem verteilt sie an die Arbeiterinnen in ihrer Nähe Nektarproben. Die Zahl der Rundtanzwendungen pro Zeiteinheit ist mit dem Energiegehalt der aufgenommenen Nahrung positiv und mit dem für Flug und Blütenausbeute aufgewendeten Energieeinsatz negativ korreliert. Die Wahrscheinlichkeit dafür, daß nach Blütenbesuchen überhaupt Rundtänze stattfinden, ist ebenfalls mit dem Energiegewinn bzw. dem Energieverlust während des Sammelfluges korreliert. Bei hohen energetischen Aufwendungen unterbleibt der Rundtanz nach Rückkehr in den Stock.

Liegt das Flugziel der Sammlerinnen in größerer Entfernung (> 80 m), machen die heimgekehrten Flugbienen durch **Schwänzeltänze** auf die Tracht aufmerksam. Dabei bewegen sie sich auf der Wabe in Achterschleifen. Die zwischen den beiden Halbkreisfiguren liegende sogenannte Schwänzelstrecke gibt Auskunft über die Richtung, in der die Tracht zu suchen ist. Das Tanztempo signalisiert die Entfernung, und die Anzahl der Schwänzelbewegungen pro Zeiteinheit gibt Auskunft über die Qualität der Futterquelle.

Bei der Richtungsangabe bedient sich die tanzende Biene des Winkels, der sich vom Stock aus gesehen zwischen Sonne und Tracht befindet. Die im Stock auf einer der senkrecht hängenden Waben ausgeführten

Schwänzeltänze werden unter Nutzung der Schwerkraftwirkung so orientiert, daß die Schwänzelstrecke in dem Maße von der Lotrechten abweicht, wie die Richtung zur Futterquelle (vom Stock aus) von der Richtung zur Sonne. Dabei symbolisiert die Lotrechte die Richtung zur Sonne. Die Schwänzelstrecken (Tanzrichtungen) verlaufen nun nach links oder nach rechts von der Lotrechten, je nachdem, ob die Flugbahn zur Trachtquelle links oder rechts von der Sonne liegt. Schwänzellauf auf der Wabe nach oben heißt: Flugziel liegt in Richtung zur Sonne, Schwänzellauf nach unten, Flugziel befindet sich in entgegengesetzter Richtung. Die Richtung der Schwänzelläufe ändert sich im Verlauf des Tages entsprechend der Azimutwinkelgeschwindigkeit der Sonne (Azimut = Projektion der Sonnenstellung auf den Horizontkreis der Erde) entgegen dem Uhrzeigersinn.

Je länger der Flugweg zur Futterquelle ist, umso langsamer tanzen die heimgekehrten Sammlerinnen. Bei einer Trachtentfernung von 100 m lassen sich pro 15 Sek. 10 Schwänzelläufe beobachten, bei 1000 m sind es nur noch 3, und bei 10000 m ist es sogar nur noch 1 Schwänzellauf, der den nachfolgenden Bienen anzeigt, in welcher Entfernung die Trachtquelle zu suchen ist. Die Entfernungsweisung erfolgt allerdings nicht nach dem Zeit-, sondern nach dem Energieaufwand für den Flug. Das aber bedeutet z. B., daß bei Gegenwind eine größere Entfernung gemeldet wird als in Wirklichkeit zurückzulegen ist. Umgekehrt ist bei Rückenwind die Streckenangabe kürzer als die tatsächliche Entfernung. Die Ermittlung des Energieaufwandes orientiert sich am Honigverbrauch, der während des Fluges aus dem in der Honigblase mitgeführten Proviant erfolgt. Durch den Flüssigkeitsschwund tritt ein Spannungsabfall in der Honigblasenwand ein, den die Flugbiene zu registrieren vermag und an dem sie den Energieverbrauch messen kann. Legen

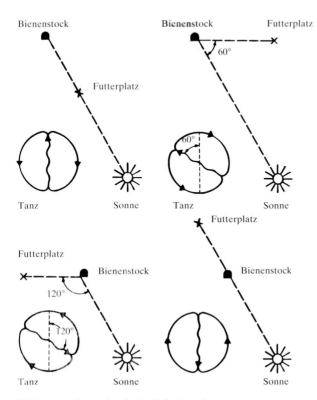

Richtungsweisung durch den Schwänzeltanz

die Flugbienen den Weg zur Tracht tagelang auf derselben Flugbahn zurück, überschätzen sie zunehmend die Länge des Flugweges, und sie tanzen entsprechend langsamer. Nach 5 Tagen erreicht dann das Tanztempo aber einen stationären Wert.

Wenn Sammelbienen beim Schwänzeltanz die Richtung zur Tracht ins Schwerefeld transponieren, ergeben sich im diurnalen Rhythmus regelmäßig „Fehler". Vormittags laufen die Tanzwinkel der Sonnenwanderung voraus, nachmittags bleiben sie hinter ihr zurück. Diese Anomalien wurden von Karl von ↑ FRISCH, dem Entdecker der Tanzsprache der Bienen, als Mißweisung bezeichnet. Es hat sich aber gezeigt, daß diese vermeintlichen Mißweisungen, durch die tagesperiodischen Schwankungen des Erdmagnetfeldes hervorgerufen, von den Bienen richtig verrechnet werden und die durch die Schwänzeltänze der Sammlerinnen aufmerksam gemachten Stockgenossinnen die mitgeteilte Tracht zielsicherer finden.

Bei den einzelnen ↑ Bienenrassen zeigt die Zahl der Schwänzelläufe pro Zeiteinheit trotz gleicher Tracht Unterschiede, so daß man von Dialekten der Bienensprache sprechen kann.

Bei Tanzbienen liegt die Thoraxtemperatur deutlich über der Umgebungstemperatur (36,4 bis 43,4 °C). Auch bei den Stockbienen, die den Tänzerinnen nachfolgen, erhöht sich die Temperatur im Brustabschnitt. Die Höhe der Thoraxtemperatur ist mit der Zuckerkonzentration des Sammelgutes positiv korreliert. Die Temperaturerhöhung während der Tänze könnte mit der Geräuschproduktion (↑ Lautäußerungen) im Zusammenhang stehen, die während des Schwänzellaufes erfolgt und die in Abhängigkeit von der Qualität des eingetragenen Nektars ebenfalls Intensitätsunterschiede erkennen läßt.

Zwischen Rund- und Schwänzeltanz gibt es eine Übergangsform, den **Sicheltanz**, bei dem die Tanzfigur einer Sichel ähnelt. Die Öffnung der Sichel entspricht der Richtung des Schwänzellaufes beim Schwänzeltanz; es ist auch damit eine Richtungsweisung verbunden.

Die Tänze der asiatischen Honigbienenarten (↑ Bienenarten) sind nicht weniger kompliziert als diejenigen von *Apis mellifera*. Bei *A. cerana* ist der Tanzrhythmus für jede Entfernungsangabe langsamer als bei *A. mellifera*. *A. florea* vermag die Schwerkraft für die Tanzinformation nicht zu nutzen. Die *Florea*-Sammlerinnen tanzen dennoch nicht nur auf dem horizontal gelegenen Teil der Wabe, sondern auch auf den vertikalen Wabenflächen. Immer zeigt die Schwänzelstrecke in Trachtrichtung, außerdem wird das blaue Himmelslicht zur Orientierung genutzt (↑ Orientierung). Die Sammlerinnen von *A. dorsata*, der Riesen-

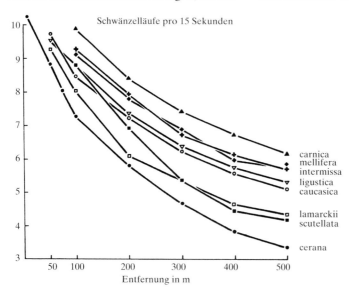

Dialekte der Bienensprache. Sie kommen in den Differenzen des Tanzrhythmus zum Ausdruck (nach v. FRISCH).

biene, tanzen nicht nur am Tage, sondern auch nachts. Sie richten sich aber dann nicht nach der Stellung des Mondes, um die Richtung zur Trachtquelle anzugeben, sondern die Richtungsangaben erfolgen unter Einbeziehung des Standes der untergegangenen Sonne, deren Stellung unter dem Horizont offensichtlich verrechnet und bei der Richtungsweisung einkalkuliert werden kann.

Der **Vibrationstanz** besteht aus schnellen dorsoventralen Schüttelbewegungen des Bienenkörpers, die bei allen Altersstadien der Imagines beobachtet werden können. Diese Tanzform regt die übrigen Stockinsassen wahrscheinlich zu sehr verschiedenen Verhaltensweisen an. Sie löst beispielsweise erhöhte Beweglichkeit unter den Stockbienen aus und führt dadurch zu häufigeren Kontakten der Bienen untereinander. Der Umfang der Vibrationstänze nimmt mit steigenden Sammelerfolgen, aber auch bei einer erforderlichen Erhöhung des Nektareintrages und bei der Schwarmvorbereitung laufend zu.

Ebenso steigt die Zahl der Bienen an, die Vibrationstänze ausführen, wenn Räuberei herrscht. In all diesen Fällen scheinen die Vibrationstänze die durch veränderte Umweltbedingungen oder Änderungen in der Volksentwicklung notwendigen Umstellungen im Verhalten der Bienen zu koordinieren.

Die Bienensprache, die in den Bienentänzen ihren Ausdruck findet, ist ein genetisch fixiertes, starres Code-System, das nicht durch Überlieferung weitergegeben wird und dem auch eine Syntax fehlt, das aber exakte Informationen übermittelt, die im Bedarfsfall sehr rasch viele Bienen erreichen und einen höchst effektiven Einsatz der Arbeiterinnen bei der Ausbeutung von Nektarquellen oder der Wohnungssuche (↑ Schwarm) sowie während der Stockarbeiten ermöglicht.

Bienentee Durchgeseihter Aufguß von Kräutern, um das Zuckerwasser zu aromatisieren und damit für die Bienen attraktiver zu machen. ↑ SKLENAR empfahl Zitronenmelisse, weiße Schafgarbe, Kamille, Wermut, Poleiminze, POPA (Rumänien) auch Johanniskraut und Ringelblume. Auch Thymian und Salbei sind möglich. Ein Kräuteraufguß kann auch als Sprühmittel angewendet werden, um zwei Völkern oder Volksteilen, die vereinigt werden sollen, die gleiche Duftnote zu geben. Es sollen dadurch weniger Bienenverluste entstehen.

Bienentränke → Tränke

Bienentraube Sie besteht aus einer hoch organisierten Gruppe von Bienen, die als Sozialverband in der Lage ist, physikalische Faktoren, wie Temperatur, Durchlüftung, Feuchtegehalt, mit Hilfe einer spezifischen Strukturierung und durch Bewegungsvorgänge im Inneren der Traube zu regulieren. Der äußere Mantel der Traube setzt sich aus mehreren Lagen von Hüllbienen zusammen, die bei niedriger Umgebungstemperatur zum Zweck der Wärmespeicherung fester zusammengeschlossen sind als die Bienen im Traubeninneren. Im Zentrum der Bienentraube befindet sich die Weisel. Formieren kann sich eine Traube aber auch ohne Weisel, vorausgesetzt sie besteht mindestens aus 75 Bienen, die sich dann auf der Grundlage olfaktorischer Reize zusammenschließen. Typische Ausbildungsformen sind die Wintertraube, Schwarmtraube und Bautraube.

Wintertraube Sinken die durchschnittlichen Außentemperaturen unter 14 °C, beginnen sich die Bienen in der Beute gruppenweise zusammenzuschließen. Bei einem weiteren Temperaturrückgang entsteht dann eine einheitliche Wintertraube. Die Traubenbildung dient in erster Linie der ↑ Thermoregulation. Die Oberflächentemperatur des Traubenmantels sinkt nicht unter 7 bis 8 °C. Bei niedrigeren Temperaturen würden die Bienen als wechselwarme Organismen ihre Bewegungsfähigkeit einbüßen. Nimmt die Umgebungstemperatur weiter ab (<7 °C), schließt sich die Traube fester zusammen. An der Traubentemperatur ändert sich nichts. Sie beläuft sich während der brutlosen Zeit im Inneren des überwinternden Bienenvolkes (↑ Überwinterung) auf 20 bis 30 °C, liegt aber meistens 30 °C näher als 20 °C. Mit Brutbeginn, ausgangs des Winters, erhöht sich die Traubentemperatur rasch auf 33 bis 35 °C. Durch Aufheizung vor allem innerhalb der Bienentraube wird zugleich auch die Feuchteregulation erleichtert. Der CO_2-Gehalt der Wintertraube ist verhältnismäßig hoch und steigt mit sinkender Temperatur an. Eine zunehmende Konzentration des CO_2-Gehaltes in der Beutenluft vermindert die Bereitschaft der Bienen zur Nahrungsaufnahme, so daß auch die Ansammlung der Exkremente in der Kotblase (↑ Darmkanal) nur langsam ansteigt, wodurch die Überwinterung begünstigt wird.

Schwarmtraube Läßt sich ein Schwarm im Freien nieder, bilden die Bienen schnell eine Traube, die eine Zeitlang ihre Position nicht verändert. Die meisten Schwärme bestehen aus 5000 bis 30000 Bienen. Bei einem Zusammenschluß einer so großen Anzahl von Bienen ist eine ↑ Thermoregulation ohne weiteres auch im Freiland möglich.

Bautraube Werden in einem Bienenvolk ↑ Waben gebaut, bilden die Baubienen eine Traube, indem sie sich mit nach oben gerichteten Köpfen aneinander hängen.

Bienentyphus → Paratyphus

Bienenungefährliche Mittel → Pflanzenschutzmittel

Bienenvergiftung Eine krankhafte Veränderung der Bienenvölker, die durch Einwirkung von Schadstoffen verursacht wird. Bei Verdacht auf einen Vergiftungsschaden bedarf es der amtlichen Feststellung des Schadereignisses. Andere Ursachen, wie Haltungsfehler, erregerbedingte Erkrankungen, Witterungseinflüsse etc., werden abgegrenzt.
Primär sind die Sammelbienen betroffen. Bei Atemgiften und schnell wirkenden Kontaktgiften erreichen die Flugbienen nicht mehr den Stock. Bei Fraßgiften besteht die Gefahr, daß kontaminierter Nektar, Honigtau oder Pollen eingetragen und so auch Stockbienen und Brut vergiftet werden. Bei teilgeschädigten Bienenvölkern (Flugbienenverlust) übernehmen bei noch intaktem Regulationsvermögen des Volkes jüngere Bienen die Aufgaben der älteren. Bautätigkeit und Brutpflege werden eingeschränkt. Die verbleibenden Bienen sind häufig überfordert und sterben vorzeitig (Sekundärschaden). Dazu gehören auch ein dadurch bedingter Verlust der Weisel und Ertragsausfälle. Das Ausmaß des Sekundärschadens kann erst 4 bis 6 Wochen nach dem Schadgeschehen exakt ermittelt werden. Bei Bienenschäden hat der Besitzer der geschädigten Völker gegenüber dem Schadverursacher (Anwender des Pflanzenschutzmittels) Anspruch auf Entschädigung. Der Geschädigte ist materiell so zu stellen, als wäre das Schadereignis nicht eingetreten.

Bienenvolk Familienverband der Honigbiene *Apis mellifera* L., bestehend aus einer ↑ Weisel, ↑ Arbeiterinnen und ↑ Drohnen, letztere nur im Sommer anzutreffen.

Bienenwabe → Wabe

Bienenwachs Körpereigenes Produkt der Bienen, das in den ↑ Wachsdrüsen produziert wird und aus dem die Bienen ihre ↑ Waben bauen (↑ Bauverhalten). 1 g Wachs resultiert aus etwa 1250 Wachsschüppchen. Ein Bienenvolk kann im Jahr etwa 500 g Wachs produzieren (in weiten Grenzen schwankend).

Zusammensetzung, Eigenschaften Bienenwachs ist ein Gemisch aus Estern hochmolekularer Säuren mit hochmolekularen Alkoholen, freien Säuren und Kohlenwasserstoffen. Es soll mehr als 300 Bestandteile haben, die meisten davon in kleinsten Mengen, darunter auch etwa 48 leicht flüchtige Komponenten. Wichtigste Bestandteile sind Myricin (Palmitinsäureester des Myricylalkohols), Cerin (Cerotinsäure), Paraffine (feste Kohlenwasserstoffe), Melissinsäure.
Bienenwachs ist als Jungfernwachs weiß, später gelb bis gelbbraun. Frischer Bruch ist feinkörnig, stumpf, kristallinisch. Dichte 0,95 bis 0,97 g/ml. Bei 30 bis 35 °C wird es plastisch verarbeitbar, bei 46 bis 48 °C verliert es seine feste Struktur, bei 61 bis 65 °C schmilzt es (je nach Anteil an ↑ Propolis), bei 250 °C verdampft, bei 295 °C entflammt es. Beim Abkühlen erstarrt Bienenwachs bei 58 °C. Frisch abgeschiedene Wachs-

schüppchen lösen sich in Terpentin, älteres Wachs in Ether, Chloroform u. a.

Gewinnung Frisch gebautes Wachs (Wachsbrücken, Baurahmenwachs, Entdeckelungswachs) wird gewöhnlich in den ↑ Sonnenwachsschmelzer gegeben. Ausgebaute und mehrfach mit Brut belegte Waben sollen erst in Regenwasser eingeweicht werden, damit sich die Nymphenhäutchen (↑ Nymphe) voll Wasser (anstatt flüssigem Wachs) saugen. Danach erfolgt das Erhitzen des Wachses mit Hilfe von heißem, weichem Wasser (verseift leicht bei hartem Wasser) oder Dampf und das Auspressen (früher von Hand mit der Knüppelwachspresse, heute mit im Handel erhältlichen Dampfwachsschmelzern). Zurück bleiben die Trester, die aber noch viel Wachs enthalten. Rationeller ist es, die Altwaben an wachsverarbeitende Betriebe zu verkaufen oder als Gegenwert fertige Mittelwände einzutauschen. Auf Ausstellungen sind musterhafte Wachsböden sehr gefragt. Das heiße Wachs wird in einen konischen Behälter (kein Eisen) gegossen und muß ganz langsam erstarren, damit es keine Risse gibt.

Nach dem Entfernen der Bodenschicht (Schmutzteilchen) wird noch 1- bis 2mal umgeschmolzen, bis das Wachs seine typische Farbe und Konsistenz hat.

Medizinische Bedeutung Bienenwachs wird seit Jahrhunderten in Salben und Kosmetika verwendet, weil es nicht nur Wasser, sondern vor allem ätherische Öle bindet (Duftkegel der Ägypterinnen). Gute Deodorante enthalten bis zu 35 % Bienenwachs.

Bienenwachs kühlt nur sehr langsam aus. Warme Wachsplatten, auf kranke Körperstellen gelegt, schmiegen sich gut an, fördern die Durchblutung und tragen zur Heilung bei, insbesondere, wenn heilungsfördernde Substanzen, Kräuterauszüge etc. in die erwärmte Haut eindringen können. Wachs selbst enthält Vitamin A. Durch den Gehalt an ↑ Propolis wird Bienenwachs auch als bakteriostatisches Wundpflaster verwendet. Kaubonbons aus Bienenwachs reinigen die Mundhöhle, festigen das Zahnfleisch und regen Speichel- und Magensaftproduktion an. Dabei kommen antimikrobielle Substanzen des Wachses (Chrysin) besonders zur Wirkung.

Verwendung Bienenwachs wurde schon vor Jahrtausenden als plastische Substanz mit vielen verwertbaren Eigenschaften geschätzt (schriftliche Erwähnung schon 5000 v. Chr.). Es diente zum Versiegeln von Wein- und Ölbehältern, zum Imprägnieren und Dichten von Schiffen, Segeln und Tauwerk, aber auch von Pfahlbauten, zur Papierherstellung (China, Ägypten), zum Modellieren von Totenmasken und für den Metallguß, als Siegel und für Schreibzwecke (Schreibtäfelchen), als Bettungsgrund für Mosaikfußböden (Pompeji). Wachsgetränkte Binden waren für die Mumifizierung in Ägypten unentbehrlich. Wachs erhöhte die Leuchtkraft der Farben, diente als Unterlage für die Vergoldung von Holz. Früchte wurden zur besseren Haltbarkeit mit Wachs überzogen. Auch heute noch ist Bienenwachs in einigen Industriezweigen durch keinen anderen Stoff zu ersetzen. Eine ganz wichtige Rolle spielte Bienenwachs in der Wachsbildnerei (Ceroplastik). Blumen, Früchte, Tiere wurden täuschend ähnlich geformt und durften anstelle der lebenden Objekte als Opfergaben dargebracht werden. Aus Wachs geformte Gliedmaßen oder Organe sind als Votivgaben in Wallfahrtskirchen auch heute noch üblich. Die Wachsfiguren der Madame Tussaud wurden zuerst in Bienenwachs modelliert, heute werden andere Wachse dafür verwendet. Das kunstvolle Färben von Textilien (Batik) erfolgte ursprünglich mit Bienenwachs, ebenfalls die Heißwachsmalerei (Enkaustik).

Nach der Erfindung der ↑ Kerze stieg der Wachsbedarf sprunghaft an. In der vorreformatorischen Zeit durften in den Kirchen und Klöstern nur Kerzen aus Bienenwachs gebrannt werden (Symbol der Jungfräulichkeit und der sich verzehrenden Liebe).

Farbtafel XVIII

Bienenwachskerze → Kerze

Bienenweide Gesamtheit aller Pflanzen, von denen Honigbienen ihre Nahrung sammeln. Sind sie in ausreichender Menge für die Entwicklung der Bienenvölker bzw. für eine lohnende Honigernte vorhanden, spricht man von ↑ Tracht.

56 Bienenwesen

Bienenwesen Der Begriff bezieht sich auf alle drei Morphen, die beiden weiblichen, Arbeiterinnen und Weiseln, sowie das männliche Geschlecht, die Drohnen.

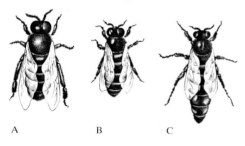

Die drei Bienenwesen
1 Drohn
2 Arbeitsbiene
3 Königin

Bienenwohnung (↑ Beuten)
Steinbeuten Eine Form der Trogbeute. Man findet sie z. T. heute noch in Dalmatien. Die Bienenhaltung dort wurde schon von ↑ VERGIL erwähnt. Auf gewachsenem, geglättetem Fels werden Steinplatten als Wände gestellt und seitlich durch Natursteine gehalten. Die Rückwand ist wie die Tür aus Holz oder aus natürlichem Felsen. Eine Steinplatte deckt die Beute ab. Bei Einrichtung mit ↑ Mobilbau sind 5 cm tiefer Auflagen für die Rähmchen und Abdeckbrettchen eingearbeitet.
In Spanien wurden Steinwände mit Nischen für die Bienenvölker aufgestellt. In England wurden die Nischen in die Hausmauern gearbeitet.
Lehm- und Tonbeuten In Ägypten formte man aus mit Nilschlamm bestrichenen geflochtenen Matten Röhren und ließ sie in der Sonne trocknen. Die Bienen bauten darin hintereinander kreisrunde Waben (↑ Darstellung der Bienen, Schmuckstück aus Kreta). Die Röhren wurden beidseitig mit Holzscheiben verschlossen, deren eine das Flugloch enthielt. Der Imker schnitt jeweils die letzten Waben mit Honig aus, drehte die Röhre um und tauschte die Holzdeckel. Der leere Raum hinter dem Flugloch wurde von den Bienen zügig ausgebaut und mit Brut belegt sowie in die älteren Waben in Fluglochferne der Honig deponiert. Auf diese Weise wurde für regelmäßige Bauerneuerung gesorgt. Diese Röhrenbeuten ließen sich gut stapeln, auch auf Schiffen, mit denen man die Bienen zur Nutzung der Tracht den Nil auf- und abwärts fuhr. Röhrenbeuten wurden auch als Tunnelstöcke bezeichnet.
In Griechenland dienten Töpfe und Tröge aus Ton als Bienenwohnung. Die Behandlung erfolgte von oben. Aststücke waren Leithilfen für den Wabenbau. Die sich nach unten verjüngende konische Form hindert die Bienen daran, die Waben seitlich festzubauen. Konische Tonröhren gab es schon in der minoischen Epoche (3500 v. Chr.).
Geflochtene Beuten Vielfältig in Form und Material sind die Körbe, die zum Symbol der Imkerei wurden, auch zum religiösen Attribut (↑ Darstellung der Bienen). Das Material waren Ruten aller Art, Stroh, Schilf, Rinde (Korkbaum), später auch Stroh im Holzrahmen. Leichte geflochtene Röhren werden z. T. heute noch in tropischen Gebieten waagerecht in die Bäume gehängt, um die Bienen vor Feinden zu schützen. Die ersten ↑ Magazine, bei denen zunächst nur die Schichtenbeweglichkeit angestrebt wurde, um den unterschiedlichen Raumbedürfnissen der Völker zu entsprechen, waren aus Strohringen oder Halbkörben zusammengesetzt. Erst später baute man die Magazine aus Holz.
Die Körbe hatten verschiedene Formen. Sie waren spitzzulaufend, glockenförmig,

Röhrenbeuten aus Ton

mit rundem oder rechteckigem Grundriß, liegend (Walze) oder stehend. Die stärkste Verbreitung fand der Stülper (↑ Korbimkerei), weil der Imker (durch Umdrehen des Korbes) von unten den Zustand des Volkes leicht beurteilen konnte (Schwarmzellen hängen unten).
Holzbeuten Heutzutage werden die Beuten überwiegend aus Holz gefertigt, vor allem als ↑ Magazine.

Bienenwolf (*Philanthus triangulum* F.) Eine Grabwespe, die ihren Lebensraum auf lockeren, sandigen Böden findet. Bei massenhaftem Auftreten kann sie an den Bienenvölkern erheblichen Schaden anrichten. Das auffällig schwarz-gelb gefärbte Weibchen fängt die Bienen beim Anflug oder auf den Blüten, lähmt sie durch einen Stich und bringt sie in die Brutkammern, die am Ende weitverzweigter Gänge im sandigen Boden angelegt werden. In jeder Brutkammer werden 3 bis 4 Bienen als Nahrung für die Bienenwolflarve deponiert. Das Bienenwolfweibchen ernährt sich von Honigblaseninhalt und Körperflüssigkeit weiterer Bienen. Zur Vermeidung von größeren Schäden ist ein Abwandern mit den Bienenvölkern während der Hauptflugzeit der Bienenwolfweibchen (Juni bis September) zu empfehlen. Die Männchen werden den Bienen nicht gefährlich.

Bienenzeitungen → Schrifttum

Bienenzüchterkongresse, internationale
Der erste internationale Bienenzüchterkongreß fand in Verbindung mit der Weltausstellung 1897 in Brüssel statt. Die weiteren dann 1900 in Paris, 1902 in Hertogenbosch (Holland), 1910 in Brüssel, 1911 in Turin, 1922 in Marseille, 1924 in Quebec (Kanada), 1928 in Turin, 1932 in Paris, 1935 in Brüssel, 1937 in Paris, 1939 in Zürich. Seit Gründung der ↑ APIMONDIA 1949 richtet diese die Kongresse aus, seit den 70er Jahren abwechselnd innerhalb und außerhalb Europas. 1951 Leamington (England), 1954 Kopenhagen, 1956 Wien, 1958 Rom, 1961 Madrid, 1963 Prag, 1965 Bukarest, 1967 Maryland (USA), 1969 München, 1971 Moskau, 1973 Buenos Aires (Argentinien), 1975 Grenoble, 1977 Adelaide (Australien), 1979 Athen, 1981 Acapulco (Mexiko), 1983 Budapest, 1985 Nagoya (Japan), 1987 Warschau, 1989 Rio de Janeiro. Die APIMONDIA-Kongresse sind stets mit einer umfangreichen Ausstellung (Messe) verbunden, meist auch mit der Darstellung der imkerlichen Besonderheiten des Gastgeberlandes. In Vorbereitung der Kongresse werden Wettbewerbe ausgeschrieben. Die besten Bücher, Zeitschriften, Filme, Fotos, Diapositive, die schönsten und aussagekräftigsten Ausstellungsstände sowie die bedeutendsten technischen Neuerungen werden mit Medaillen und Urkunden ausgezeichnet. Exkursionen zu Bienenständen sowie Lehr- und Forschungsinstituten für Bienenzucht gehören ebenso dazu wie Besichtigungen von Sehenswürdigkeiten des Kongreßlandes und Folkloreveranstaltungen.

Biozide Schadstoffe, die geeignet sind, pflanzliche und tierische Organismen zu schädigen. Im engeren Sinn alle ↑ Pestizide.

Birke → Betula

Birnbaum → Pyrus

Blasenbaum → Koelreuteria

Blasenspiere → Physocarpus

Blätterbeute → Beute

Blätterstockstellung → Längsbau

Blatthonig Honig, den die Bienen vorwiegend aus ↑ Honigtau von Laubbäumen bereiten.

Blattläuse → Honigtauerzeuger

Blattschneiderbiene → Apoidea

Blender → Kreuzung

Blindwabe ↑ Rähmchen im Standmaß, das beiderseits mit Sperrholz oder ähnlichem benagelt ist. Die Blindwabe kann auch mehrere Rähmchenbreiten ausmachen. Sie wird besonders in ↑ Beuten mit Waben in Blätterstockstellung zum Abschluß der von den Bienen besetzten Waben und zum Ausfüllen des Leerraumes benutzt.

Blütenstaub → Pollen

Blütenstetigkeit → Sammelstrategie

Blutflüssigkeit (Haemolymphe) Sie stellt eine farblose bis schwach gelbliche Grundsubstanz dar, in der sich eine wechselnde Anzahl von Blutzellen (Haemozyten) befindet. Die Blutflüssigkeit zirkuliert frei in der ↑ Leibeshöhle der Biene und umspült dabei die inneren Organe. Eine Arbeitsbiene enthält ca. 15 bis 20 mm^3 Blut. In einem mm^3 befinden sich bei frisch geschlüpften Arbeiterinnen ungefähr 11000, bei Ammenbienen 18000 und bei Winterbienen (↑ Saisonvariabilität) im Durchschnitt 21000 Haemozyten, die sich mehreren Zelltypen zuordnen lassen. Zu nennen wären die relativ kleinen 2 bis 7 μm großen Proleukozyten, Neutrophile, Eosinophile, Basophile und Leukozyten, ferner Pyknozyten, die mit 12 bis 18 μm Länge und 7,5 bis 12 μm Breite verhältnismäßig groß sind. Pyknozyten fehlen den Puppen, mitunter auch den Bienenlarven und älteren Imagines; stets sind sie aber bei jungen erwachsenen Bienen anzutreffen. Ein weiterer Zelltyp, der der Hyalinozyten, 7 bis 11 μm lang und 3,5 bis 7 μm breit, kommt vor allem bei den Imagines vor, während er bei den Jugendstadien der Honigbiene seltener zu finden ist.

Einige der angeführten Zelltypen können sich in andere umwandeln. Proleukozyten können als junge Haemozyten betrachtet werden und sind schon in frühen Entwicklungsstadien der Honigbiene vorhanden, während z. B. Hyalinozyten charakteristisch für den letzten Lebensabschnitt der Bienen sind. Sämtliche Zelltypen gehen letztlich auf zwei Grundtypen, die ↑ Oenozyten und Pericardialzellen (↑ Leibeshöhle) zurück. Durch mitotische Zellteilungen entstehen aus den Oenozyten die Proleucozyten, während Pericardialzellen die Ausgangsbasis für die neutrophilen Haemozyten darstellen.

Die Blutflüssigkeit der Drohnen und Weiseln enthält ebenfalls die von Arbeitsbienen bekannten Blutzelltypen. Unterschiede bestehen allerdings in der prozentualen Zusammensetzung, außerdem sind weniger Haemozyten als bei Arbeiterinnen vorhanden.

Die Hauptaufgabe der Haemolymphe besteht im Transport der Nährstoffe vom Darm (↑ Darmkanal) zu den verschiedenen Organen, im Hormontransport und im Abtransport von Stoffwechselprodukten. Bemerkenswert hoch ist der Zuckergehalt des Bienenblutes. Er beläuft sich bei Arbeitsbienen auf durchschnittlich 2,0 %, bei Drohnen auf 1,2 %. Beim Sammelflug kann der Blutzuckergehalt der Arbeiterinnen aber auch Werte bis zu 4,4 % erreichen. Hervorzuheben sind folgende Zuckerarten im Bienenblut: Glucose, Fructose und Trehalose. Bekannt sind positive Korrelationen zwischen dem Gehalt an Haemolymphglucose bei Arbeiterinnen und dem Honigertrag eines Volkes sowie dem Fructosegehalt des Blutes und dem Umfang an gespeichertem Honig. Der Blutzuckergehalt kann demzufolge einen Gradmesser der Honigproduktion eines Volkes darstellen.

Auch der Blutzuckerspiegel unbegatteter Weiseln ist verhältnismäßig hoch, er sinkt aber nach den Begattungsflügen deutlich ab. Beim Schlupf der adulten Bienen läßt sich noch kein Blutzucker nachweisen, er tritt erst einige Stunden danach auf.

Für die Zirkulation der Blutflüssigkeit ist hauptsächlich der dorsal im Bienenkörper gelegene pulsatorische ↑ Herzschlauch verantwortlich, hinzu kommt die ebenfalls pulsatorische Tätigkeit der in der ↑ Leibeshöhle ausgespannten Diaphragmen. Im Herzschlauch fließt das Blut von hinten nach vorn, gelangt in den Kopf und strömt ventral zurück in die hinteren Körperbereiche. Vom ↑ Brustabschnitt aus dringt die Haemolymphe auch in die Beine und die Flügeladern ein. Weitere für die Bewegung des Blutes wirksame akzessorische Organe befinden sich im Kopf und im Brustabschnitt, z. B. ein dünnwandiges Gefäß an der Stirnseite der Kopfkapsel, das Fortsätze in die Fühler entsendet. Es wird durch die

Pharynxmuskulatur (↑ Darmkanal) in Bewegungen versetzt. Ein akzessorisches Thorakalorgan liegt im Bereich des Schildchens (↑ Brustabschnitt), ist muskulös und treibt die Blutflüssigkeit durch Pulsationen von der Flügelbasis zu den thorakalen Luftsäcken (↑ Tracheensystem) und von hier weiter in den Hinterleib.

Blutkreislauf → Blutflüssigkeit

Bocksdorn → Lycium

Bodeneinlage Auch als Windel bezeichnet. Einlage aus Plastik, Pappe, Ölpapier oder Hartfaser, die auf das Bodenbrett der Beute geschoben wird. Sie nimmt das ↑ Gemüll des Bienenvolkes vor allem während der Winterruhe auf. Die Gemüllreihen zeigen an, wieviel Wabengassen das Volk belagert und ob es im wesentlichen gesund ist. Wird die Bodeneinlage eingefettet und mit einem Drahtgitter (3 bis 4 mm Maschenweite) bedeckt, dient sie der Einschätzung der ↑ Varroatose und der Wirksamkeit der verwendeten Tierarzneimittel. Beim Einschieben der Windel muß darauf geachtet werden, daß bei evtl. Verwerfung das Flugloch frei bleibt.

Bogenschnitt → Weiselaufzucht

Bonsels, Waldemar * 21.2.1881 in Ahrensburg bei Hamburg, † 31.7.1952 in Ambach am Starnberger See.
Sohn eines Arztes, unternahm in jungen Jahren Weltreisen, schrieb Reisebücher, Romane und Erzählungen. Bekannt wurde er durch romantisierende Tier- und Naturgeschichten, herausragend „Die Biene Maja und ihre Abenteuer". Dieser Roman (besser Märchen) für Kinder kam 1912 heraus und wurde in 32 Sprachen übersetzt.

Borago L. – *Boraginaceae*
– *officinalis* L. – Borretsch
Mittelmeergebiet. Einjährig mit verzweigten Wurzeln, dicht mit rauhen Haaren besetzte Stengel von 30 bis 80 cm Höhe, die elliptisch-eiförmigen Blätter sind wellig und beiderseits behaart, die himmelblauen Blüten stehen in lockerer Traube, Blütezeit Mai bis September. Angebaut als Küchengewürz. Sehr guter Nektar- und mäßiger Pollenlieferant.

Borchert, Alfred * 12.9.1886, † 5.6.1976. Studium der Veterinärmedizin. Promotion und Habilitation mit bienenpathologischen Themen. Entwickelte Methoden zur zweifelsfreien Diagnose der Bienenkrankheiten (Acariose, Nosematose, Faulbrut) sowie zur Heilbehandlung (Acariose mit dem Senfölmittel Mito A_2). Propagierte bienenwirtschaftliche Maßnahmen zur Stärkung der Widerstandskraft der Bienenvölker und setzte die Entkeimung des Wachses für Mittelwände durch. War beteiligt an der Erarbeitung der Verordnung zum Schutz der Bienen (1951 in Kraft getreten).

Borretsch → Borago

Borsten Sonderformen der Haare (↑ Behaarung), die als cuticulare Bildungen (↑ Chitinpanzer) an sämtlichen Teilen des Bienenkörpers auftreten. Besonders vielseitig geformte Borsten befinden sich im Bereich des Sammelapparates am dritten Beinpaar (↑ Beine) der Arbeiterinnen, der Putzvorrichtung für die Fühler am ersten Beinpaar sowie als Sinnesborsten am Kopf, dem Nacken- und Petiolusorgan (↑ Sinnesorgane). Von auffälliger Größe sind die als Schienensporne ausgebildeten Borsten auch am zweiten Beinpaar.

BRA → International Bee Research Association

Brandschutz Der Imker muß in seiner Tätigkeit auf vielfältige Weise darauf achten, daß keine Brände entstehen.
– Bei der Imkerpfeife oder dem ↑ Schmoker muß ein Metallsieb über dem Brenngut vorhanden sein, um Funkenflug zu vermeiden. Die glühende Asche muß mit Erde bedeckt oder mit Wasser gelöscht werden. Brennende Rauchgeräte dürfen nur auf festem Untergrund abgestellt werden, damit sie nicht umfallen.

– Im Bienenhaus oder Wanderwagen sollten Spaten und Feuerlöscher, möglichst auch Wasser vorhanden sein, um entstehende Brände bekämpfen zu können. Beim Standort im Wald ist in trockenen Sommermonaten das Ziehen eines Brandstreifens um den Bienenstand notwendig.

– Beim Abbrennen von Räuchermitteln gegen Bienenkrankheiten oder Bienenschädlinge ist ein nicht brennbares Gefäß (z. B. ↑ Schwefeltopf) zu verwenden und eine nicht brennbare Unterlage unter den Papierstreifen oder das Gefäß zu stellen. Der Imker darf nicht eher vom Stand weggehen, bis er Gewißheit hat, daß die Flamme verlöscht ist.

– Das Füllen der Lötlampe und ihr Abbrennen soll nur im Freien erfolgen, wo in der Umgebung nichts brennen kann. Bei Arbeiten mit der Lötlampe oder dem Propangas-Abflammgerät ist darauf zu achten, daß die Flamme nicht auf leicht brennbare Materialien gerichtet wird und das Abgeflammte nicht weiter kohlt.

– Beim Wachskochen das Gerät oder den Kessel nie verlassen, immer im Auge behalten. Aufpassen, daß der Kessel nicht überkocht. Niemals Wasser hineingießen!

– Elektrogeräte und -anlagen müssen immer sauber gehalten werden, bei Defekt sollte die Reparatur stets dem Fachmann überlassen sein. Heizgeräte und Strahler von leicht brennbarem Material fernhalten, nicht unbeaufsichtigt lassen. Fehlende Schutzgläser von Leuchten umgehend ersetzen.

Brassica L. – Kohl – *Cruciferae*
– *napus* L. *var. napus* – Raps
Ein- bis zweijährig, bläulich bereifte Rosettenblätter und stengelumfassende, meist behaarte Blätter, gelbe offene Blüten, Blütezeit April bis September, angebaut als Futter- und Speisehackfrucht. Sehr guter Nektar- und sehr guter Pollenlieferant.
Farbtafel IV

Breitwabe Die horizontalen Rähmchenschenkel sind länger als die vertikalen. Breitwaben sind in den unterschiedlichsten ↑ Rähmchenmaßen am häufigsten in der Welt verbreitet.

Briefmarken Mindestens 130 Postwertzeichen mit imkerlichen Motiven wurden bisher von den Postverwaltungen in 70 Ländern der Erde herausgegeben, mit dem Zweck, die Bedeutung der Biene und der Imkerei herauszustellen, Imkerpersönlichkeiten zu ehren (↑ DZIERZON, ↑ ARISTOTELES, ↑ VERGIL), auf die geschichtliche Bedeutung hinzuweisen (spanische Felszeichnung). Motive sind Biene auf Blüte, einzeln oder zu mehreren auf Waben, Bienenstände in der Tracht, auch Schädlinge (Totenkopfschwärmer, Bienenfresser) und Nützlinge (Rote Waldameise) etc.
Im übertragenen Sinne dienen Biene, Wabe und Bienenkorb als Sinnbild für Ordnung, Fleiß und Sparsamkeit. Anläßlich von Kongressen der ↑ APIMONDIA werden meist Emissionen mit Bienenmotiven, Sonderstempel, Ersttagsbriefe, Ganzsachen u. a. herausgegeben.

Brombeere → Rubus

Brompropylat Wirkstoff mit akariziden Eigenschaften. Wird in Pflanzenschutzmitteln verwendet sowie zur Bekämpfung der ↑ Varroatose und der ↑ Acariose. Bienenungefährlich.

Brustabschnitt (Thorax) Zweiter Abschnitt des Bienenkörpers, der zwischen ↑ Kopf und ↑ Hinterleib liegt. Er besteht aus drei Segmenten (↑ Chitinpanzer), dem Pro-, Meso- und Metathorax. Im Unterschied zu vielen anderen Insekten tritt bei den Bienen und verwandten ↑ Hautflüglern ein viertes Segment zum Brustabschnitt hinzu. Es handelt sich dabei um das erste Hinterleibssegment, das dem Brustabschnitt als Propodeum eng angeschlossen ist und mit ihm eine Einheit bildet. Während der Larvalentwicklung besteht der Thorax lediglich aus drei Segmenten. Erst im Verlauf der ↑ Metamorphose kommt es zur festen Verbindung des Propodeums mit dem Metathorakalsegment, und es formt sich auf diese Weise der imaginale Brustabschnitt. Die einzelnen Thoraxsegmente bestehen

Brustabschnitt

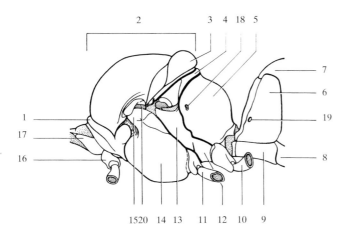

Seitenansicht des Brustabschnittes einer Arbeitsbiene (nach SNODGRASS)
1, 2 und 4 erstes, zweites und drittes Thorakaltergit,
3 Scutellum,
5, 6 und 7 erstes, zweites und drittes Hinterleibstergit,
8 und 9 drittes und zweites Hinterleibssternit,
10, 11 und 16 Hinterbein-, Mittelbein- und Vorderbeinansatz,
12 metathorakales Pleuralsternit,
13 metathorakales Pleuralsklerit,
14 mesothorakales Pleuralsternit,
15 mesothorakales Pleuralsklerit,
17 Pleuralsklerit des ersten Thorakalsegmentes,
18 und 19 Stigmen,
20 Flügelansätze

nicht nur aus Tergit (Rückenschuppe) und Sternit (Bauchschuppe), wie dies beim ↑ Hinterleib der Fall ist. Zwischen beide Chitinteile schieben sich noch sklerotisierte Seitenplatten, die Pleuralsklerite, die weit auf die Ventralseite reichen. Diese Pleuralplatten sind in jedem der drei Thoraxsegmente unterschiedlich gestaltet. Die Bewegungsmöglichkeit aller festen Chitinteile über Chitinmembranen ist im Thorax gering. Infolgedessen erhöht sich seine Festigkeit, was für die Funktionsfähigkeit der Bewegungsorgane von Bedeutung ist. Im Gegensatz zum Bau des Hinterleibes sind die Segmente des Brustabschnittes recht unterschiedlich gestaltet. Durch besondere Größe zeichnet sich das zweite Segment aus. Sein Tergit überwölbt fast den gesamten Thorax. Es endet hinten in einem Wulst, dem Schildchen. Auch ventral nimmt das zweite Segment mit seinem konvex geformten Sternit einen relativ breiten Raum ein. Demgegenüber ist das erste Segment verhältnismäßig klein. Im hinteren tergalen Bereich bildet es einen Fortsatz aus, der das erste Bruststigma (↑ Tracheensystem) überdeckt. Erst wenn man den Brustabschnitt dehnt, wird es sichtbar. Das Sternit dieses vordersten Thoraxsegmentes liegt ventral zwischen den ersten Pleuren. Von hier ziehen in der zwischen Kopf und Brust gelegenen Chitinmembran paarige, stiftchenförmige Chitinfortsätze zum Hinterhauptsloch und stellen damit eine cuticulare Verbindung zwischen beiden Körperabschnitten her. Der dorsale Teil des dritten Thoraxsegmentes befindet sich als schmaler Halbring hinter dem Schildchen. Den größten Umfang dieses Segmentes nimmt wiederum der Pleuralteil ein. Der rückwärtige Abschnitt des Thorax wird dorsal durch das verhältnismäßig große, deutlich gewölbte Tergit des ersten Abdominalsegmentes, des Propodeums, gebildet, auf dem sich ein gut sichtbares Stigma erkennen läßt. Das erste abdominale Sternit ist sehr klein und wird bei seitlicher Betrachtung durch die Ansätze des dritten Beinpaares verdeckt. Die festen Verbindungen der Thorakalsklerite, besonders verdickter Bezirke der Chitincuticula, stellen nach außen z. T. rinnenförmige Vertiefungen dar, die bei Lupenvergrößerung gut zu sehen sind. Von hier aus ragen stellenweise Chitinskelettleisten ins Innere des Brustabschnittes. Dieses Innenskelett verstärkt die Stabilität des gesamten Körperabschnittes und formt darüber hinaus Ansatzflächen für die Muskulatur. An jedem der drei Thoraxsegmente befindet sich ein Beinpaar. Das erste ist weit nach vorn verlagert und durch einen großen Zwischenraum von den beiden folgenden Beinpaaren getrennt. Das zweite Beinpaar sitzt am Hinterrand des zweiten Segmentes an, das dritte unmittelbar dahinter am schmalen dritten Thorakalsegment. Im Unterschied zum ersten Beinpaar, dessen Tarsen nach vorn zeigen, sind zumindest die Fußabschnitte der beiden anderen Beinpaare nach hinten gerichtet. Die beiden Flügelpaare sind über kompliziert gebaute Gelenkhöcker und -gruben zwischen den Tergiten und Pleuralteilen am zweiten bzw. dritten Thoraxsegment befestigt (↑ Flügel).

Brut Sie umfaßt die juvenilen Entwicklungsstadien: Ei (↑ Eizelle), ↑ Larve und ↑ Puppe.

Brutableger → Ableger

Bruteinschränkung Natürlicher Rückgang des Brutumfanges als Reaktion des Bienenvolkes auf negative Umweltverhältnisse (mangelnde Tracht, ungünstige Witterung) oder betriebswirtschaftliche Maßnahme des Imkers durch Verringerung der von der Weisel täglich abgelegten Eier. Es kann zu einem völligen Stopp der Eiablage kommen. Die Völker reagieren je nach ↑ Bienenrasse in unterschiedlichem Maße. Eine natürliche Bruteinschränkung findet in unserer Klimazone bei jedem Volk ab Juli/August in Vorbereitung auf die Winterpause statt. Der Imker kann eine Bruteinschränkung bewirken, wenn er die Weisel auf eine oder wenige Waben absperrt. Dies wird von manchen Imkern kurz vor Beginn einer Tracht durchgeführt, damit sich die Arbeitsbienen voll auf die Sammeltätigkeit konzentrieren können und wenig Energie für die Brutaufzucht benötigen. Eine weitere betriebswirtschaftliche Maßnahme ist der Einsatz einer ↑ Bannwabe und Brutfreimachung des Volkes zur Bekämpfung der ↑ Varroatose.

Brüter → Fleischvolk. Gegensatz ↑ Hüngler

Brutkrankheiten Infektiöse und nichtinfektiöse Krankheiten der Bienenbrut. Nichtinfektiöser Natur ist nur die verkühlte Brut, alle übrigen Brutkrankheiten werden von fakultativ (bedingt) oder obligat (unbedingt) pathogenen (krankmachenden) Erregern hervorgerufen (↑ Kalkbrut, ↑ Steinbrut, ↑ Sackbrut, ↑ Faulbrut). Da die Varroa-Milben vorzugsweise an der Bienenbrut saugen, wird die ↑ Varroatose auch zu den Brutkrankheiten gezählt und Brutmilbenkrankheit genannt.

Brutnest Sämtliche Waben bzw. Wabenbereiche, in denen sich ↑ Brut befindet, gehören dazu. Die Anlage des Brutnestes erfolgt in der Regel vom Zentrum des Wabenbaues aus. Mit dem Wachstum des Brutnestes vergrößern sich auch die Brutflächen auf den einzelnen Brutwaben. Sind diese Brutflächen mehr oder weniger geschlossen, bezeichnet man sie als Bruttafeln.
Die Brut wird von einem Pollenkranz umgeben, dem sich nach außen ein Honigkranz anschließt. Die Anordnung von Brut, Pollen und Honig richtet sich u. a. auch nach der Beutenform. In ↑ Ständerbeuten werden Pollen und Honig über der Brut, in ↑ Lagerbeuten z. T. über, in größerem Umfang aber dahinter abgelagert. Normalerweise wird von einer gesunden, legetüchtigen Weisel ein geschlossenes Brutnest angelegt, d. h., daß nahezu sämtliche Zellen im Brutbereich bestiftet werden und sich eine kontinuierliche Larval- und Puppenentwicklung anschließt.
Ein lückenhaftes Brutnest deutet auf abnormes Legeverhalten der Weisel, auf Inzuchtschäden (diploide ↑ Drohnen) oder krankhafte Entwicklungsstörungen hin, auch auf Bruteinschränkung am Ende der Brutperiode oder zeitweilig verhonigtes Brutnest. Farbtafel V

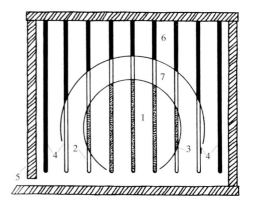

Schematische Darstellung der Nestordnung im Brutraum bei Querbau (nach ZANDER/WEISS)
1   Brutnest 5   Flugloch
2 – 3 Brutwaben 6   Honig
4   Deckwaben 7   Pollen

Brutnestordnung → Brutnest

Brutnesttemperatur → Thermoregulation

Brutpflege Sie beginnt mit der Thermo- und Feuchteregulation der bestifteten Zellen und findet ihre Fortführung in einer reichlichen Futterversorgung der Larven, insbesondere in den ersten drei Larvaltagen. Normalerweise wird in den Brutzellen soviel Futtersaft abgelagert, daß die jungen Larven seitlich liegend auf der Nahrung schwimmen. Bis zum Verdeckeln der Zelle erhält eine Arbeiterinnenlarve pro Stunde im groben Durchschnitt 3- bis 20mal Nahrung. Drohnenlarven werden 5- bis 14mal, Weisellarven bis zu 25mal stündlich gefüttert. Während der Fütterung halten sich die Pflegebienen bei älteren Larven länger auf als bei jüngeren. Die in Abhängigkeit vom Larvenalter unterschiedlich langen Fütterungszeiten liegen zwischen 30 Sek. und 3 Min. pro Einzelfütterung. Die Anzahl der einer Brutzelle bis zur Verdeckelung gewidmeten Inspektionen ist erheblich größer als die der Fütterungen. Die Bienen kontrollieren nahezu ständig und mit zunehmendem Larvenalter in immer kürzeren Zeitabständen jede einzelne Brutzelle. Geschädigte oder abgestorbene Larven werden aus den Zellen entfernt. Der bei der Aufzucht einer Larve erforderliche Zeitaufwand beträgt für Inspektionen ca. 72 Min., für die Fütterungen ca. 110 Min. 657 Bienenbesuche wurden während der Puppenruhe an der verdeckelten Brutzelle gezählt, die insgesamt 6 Stunden und ca. 20 Min. dauerten.
Zur Brutpflege gehört auch die kontinuierliche Regulation des Kleinklimas im Brutbereich, wobei fortwährend eine Temperatur von 34 bis 35 °C aufrechterhalten wird. An der ↑ Thermoregulation im Brutnest beteiligen sich alle Altersstadien der Arbeiterinnen.

Brutraum Teil der ↑ Beute nahe dem Flugloch, in dem sich die Weisel aufhält und Brut gepflegt wird. In den meisten Beuten befindet sich der Brutraum unter dem ↑ Honigraum. Im Brutraum werden auch die Pollenvorräte angelegt.

Brutschrank Gut isolierter Schrank mit elektrisch betriebener Heizquelle und Thermostat zum Ausbrüten verdeckelter Weiselzellen. Der Brutschrank soll dabei eine Temperatur von 34,5 °C und eine relative Luftfeuchtigkeit von 60 bis 65 % haben. Die Luftfeuchtigkeit wird gegebenenfalls durch hineingestellte Wasserbehälter erreicht.
1 bis 2 Tage vor dem Schlupf sollten den verschulten Weiselzellen je 2 bis 3 Bienen als Schlupfhilfe und zum Füttern der Weisel in den Käfig beigegeben werden. Sie müssen täglich mit etwas Honig gefüttert werden. Im Brutschrank können auch Weiseln (mit Begleitbienen, Futter und Wasser) vor und nach der künstlichen ↑ Besamung gehalten werden, ebenso wie schlüpfreife Brutwaben in Wabentaschen, um ohne Störung des Bienenvolkes altersmäßig genau definierte Jungbienen oder Drohnen zur Verfügung zu haben.

Brutstopp Das Einschränken oder völlige Unterbrechen der Bruttätigkeit, bedingt durch Trachtmangel, Verminderung des Bienenfluges infolge schlechter Witterung oder als Begleiterscheinung der Schwarmvorbereitung. Er kann auch durch imkerliche Eingriffe herbeigeführt werden (Absperren der Weisel auf wenige Waben, Zwischen- oder Weiselableger). Bei unsachgemäßer Auslösung eines Brutstopps wird die natürliche Leistungsfähigkeit eines Bienenvolkes vermindert.

Brutwaben Sie dienen der Brutaufzucht. Durch die nach dem Imaginalschlupf der Bienen in den Wabenzellen verbleibenden Larven- und Puppenhäute sowie Kotreste nehmen sie im Verlaufe der Zeit zunächst eine bräunliche, später eine dunkle schwarzbraune Färbung an. Mit fortlaufender Bebrütung erhöht sich durch die genannten Ablagerungen das Gewicht der Brutwaben und durch die Verengung des Zellinnenraumes werden auch die sich in diesen Zellen entwickelnden Bienen immer kleiner (↑ Wabenerneuerung).
Eine Leerwabe von einer Größe von 10 cm^2 wiegt nach ZANDER-WEISS (1964) unbebrütet etwa 8 g, 1 × bebrütet 11,7 g, 3 × bebrütet 20,7 g, 10 × bebrütet 52,4 g. Brutwaben

haben in Abhängigkeit von der Jahreszeit meist noch einen Pollen- und Honigkranz (↑ Wabe).

Brutzeit Sie reicht je nach den herrschenden Umgebungstemperaturen vom Februar bis zum Oktober. Bei frühbrütenden Carnica-Völkern z. B. kann die Eiablage, milde Witterung vorausgesetzt, schon im Januar beginnen. Andere ↑ Bienenrassen, wie die dunkle deutsche Biene, *Apis mellifera mellifera*, beginnen relativ spät zu brüten, dehnen die Brutzeit aber dann u. U. länger aus als Frühbrüter. Daraus geht hervor, daß der Brutrhythmus nicht nur witterungs- oder temperaturabhängig ist, sondern daß ihm auch rassenspezifische Besonderheiten zugrunde liegen. Eine bemerkenswerte Flexibilität des Brutrhythmus ist von der Italienerbiene (*Apis mellifera ligustica*) bekannt. Erhebliche Schwankungen im Brutrhythmus können aber auch unabhängig von der Rassezugehörigkeit der Völker und ebenfalls unabhängig vom Standort auftreten. Im Verlauf des Sommers wird der Brutrhythmus nicht zuletzt durch das Trachtangebot sowie die Volksstärke mitbestimmt.

Buchsbaum → Buxus

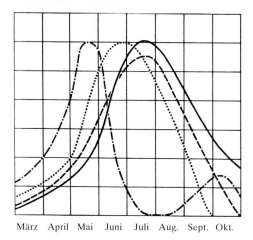

März April Mai Juni Juli Aug. Sept. Okt.

Unterschiede im saisonalen Brutrhythmus vier verschiedener Rassen von Apis mellifera. Bemerkenswert ist die zweigipflige Kurve bei A. m. intermissa (nach RUTTNER)
– · – · –   Intermissa
·········   Carnica
———   Ligustica
– – – –   Mellifera

Buchweizen → Fagopyrum

Buckelbrut Werden unbefruchtete Eier in Arbeiterinnenzellen abgelegt und entwickeln sich die daraus hervorgehenden Drohnenlarven in den für sie zu kleinen Zellen, verlängern die Pflegebienen während der Streckmadenzeit die Zellwände, so daß die Zellen nach der Verdeckung buckelförmig überhöht sind.
Buckelbrut entsteht, wenn nach Verlust der Weisel oder mangelndem Pheromonumlauf ↑ Drohnenmütterchen am Werk sind bzw. wenn die Weisel unbefruchtete Eier in Arbeiterinnenzellen legt (drohnenbrütig). Gründe dafür sind:
– Die Weisel ist unbegattet geblieben (mangelnder Drohnenflug, organische Schäden, verzögerte Geschlechtsreife, Aufzuchtfehler).
– Die Weisel ist unzureichend besamt worden.
– Die Weisel beginnt nach erfolgten Paarungsflügen zunächst mit der Ablage unbesamter Eier. Sehr bald danach wird aber ein normales Brutnest angelegt.
– Der Samenvorrat der Weisel ist erschöpft (fehlbrütig, greisenbrütig).
– Die Spermien in der Samenblase sind geschädigt (Infektion, ↑ Ringelsamigkeit etc.).

BUSCH, WILHELM * 15.4.1832 in Wiedensahl bei Hannover, † 9.1.1908 in Wiedensahl.
Humoristischer Dichter und Zeichner. Lernte bei seinem Onkel GEORG ↑ KLEINE die Bienenhaltung kennen. Veröffentlichte in den „Fliegenden Blättern" erst die kleine Bildergeschichte „Die kleinen Honigdiebe". Zu den zahlreichen weiteren gehören auch die 1869 entstandenen vergnüglichen und moralisierenden Erlebnisse mit den Bienen von Imker Dralle in „Schnurrdiburr oder die Bienen".

Büschelschön → Phacelia

BUTTEL-REEPEN, HUGO VON * 11.2.1860 in Oldenburg, † 7.11.1933.
War schon als Knabe sehr bieneninteressiert. Studierte nach zwei Weltreisen Naturwissenschaften. Rege schriftstellerische

Tätigkeit (Mitarbeit an Meyers Konversationslexikon). War zeitweise Leiter des naturhistorischen Museums in Oldenburg und Leiter der Oldenburger Imkerschule. Sehr bemüht um Förderung der Imkerei. Gewann zahlreiche wichtige Erkenntnisse, u. a. zur Lernfähigkeit der Bienen, zum Fortpflanzungsgeschehen, zum Geruchs-, Farben- und Formensinn der Bienen. Er schrieb Beiträge zur Systematik sowie zur geographischen und geschichtlichen Verbreitung der Honigbiene und verwandter Arten und mehrere Bücher. Hauptwerk: „Leben und Wesen der Bienen".

Buxus L. – *Buxaceae*
– *sempervirens* L. – Buchsbaum
Südeuropa, Westasien, Kaukasus, Nordafrika. Aufrechtwachsend, bei uns meist nur 2 bis 3 m hoher immergrüner Strauch, in der Heimat 6 bis 15 m hoch werdender Baum. Blüten hellgelb, unscheinbar, in achselständigen Büscheln im April bis Mai, angenehm duftend. Anspruchslos an den Boden, gedeiht bei genügender Bodenfeuchtigkeit auch in tiefstem Schatten. Sehr rauchhart. Sollte bevorzugt als Unterholz verwendet werden, besonders in Stadt- und Industriegebieten. Als Bienenweide kommen nur freiwachsende, ungeschnittene Pflanzen in Betracht. Wird von Bienen stark beflogen. Gilt als guter Pollen- und geringer Nektarspender.
Farbtafel XXXI

C

Calluna SALISB. – *Ericaceae*
– *vulgaris* HULL. – Besenheide
Von der bekannten Besenheide sind Sorten in Kultur, von denen nur die ungefüllten oder wenig gefüllten als Bienenweide Bedeutung haben. Weiß- und violettblühende Sorten. Höhe 50 bis 70 cm. Alle *Calluna* verlangen kalkfreien, mit Heideerde oder Torf verbesserten, sauren Sandboden in sonniger Lage. Blütezeit von Juli bis Oktober. Gute Nektar- und Pollenspender.

Caltha L. – Dotterblume – *Ranunculaceae*
– *palustris* L. – Sumpfdotterblume
Staude mit kräftigem Wurzelstock, 15 bis 50 cm hoch, die goldgelben Schalenblüten erscheinen von März bis Mai. Häufig auf nassen Wiesen, an Gräben, Ufern, Quellfluren, in Bruch- und Auewäldern. Mäßiger Nektar- und mäßiger Pollenlieferant.

Caput → Kopf

Caragane LAM. – *Leguminosae*
– *arborescens* LAM. – Erbsenstrauch
Sibirien, Mandschurei. 4 bis 6 m hoher, straff aufrecht wachsender Strauch. Die gelben Blüten erscheinen im Mai und sitzen einzeln oder in kleinen Büscheln. Anspruchslos an den Boden, widerstandsfähig gegen Trockenheit, frosthart, jedoch lichtbedürftig. Eignet sich zur Bepflanzung trockener Böschungen und als Deckstrauch. Mittelguter Nektar- und geringer Pollenspender.

Carbamate Wirkstoffe der allgemeinen Formel RO-CO-NR'R". Es gibt Carbamate mit insektiziden und mit herbiziden Eigenschaften.

Carnica → Bienenrassen

Caryopteris BUNGE – *Verbenaceae*
– *clandonensis* SIMMONDS – Bartblume
Etwa 1 m hoch werdender, straff aufrecht wachsender Strauch. Die violettblauen Blüten (-*incana* 'Heavenly Blue' mit intensiv gefärbten tiefblauen Blüten) erscheinen büschelweise in den Blattachseln der jungen Triebe im August bis September. Überreich blühend. Frostempfindliches Gehölz, das bei uns Winterschutz benötigt. Am geeignetsten sind geschützte, sonnige Lagen und durchlässiger Boden. Durch die späte Blütezeit eine sehr wertvolle Bienenweide.

Castanea MILL. – Kastanie – *Fagaceae*
– *sativa* MILL. – Edelkastanie, Eßkastanie
Südeuropa, Westasien, Nordafrika. Bis 30 m hoher Baum mit breitausladender Krone. Die Edelkastanie ist einhäusig. Die gelblichen männlichen Blüten stehen in zunächst aufrechten, dann überhängenden Kätzchen. Die grünlichen weiblichen Kätz-

chen sind unregelmäßig lang und stehen meist an der Basis der männlichen Kätzchen. Die männlichen Blüten scheiden große Mengen Nektar aus, so daß die ganzen Blütenstände klebrig erscheinen. Blütezeit Juni/Juli. Bevorzugt kalkfreien, frischen, tiefgründigen Boden. Beste Entwicklung in sonniger Lage. Bei uns genügend frosthart, nur in Extremwintern kommt es in ungünstigen Lagen zu Schäden. Sollte in Parkanlagen mehr angepflanzt werden. Edelkastanien werden von Bienen stark beflogen, guter Nektar- und Pollenspender. Honigtauspende ist möglich.
Farbtafel XXXII

Catalpa SCOP. – *Bignoniaceae*
– *bignonioides* WALT. – Trompetenbaum
Östliche USA. Bis 15 m hoher Baum mit kurzem Stamm, breiter Krone und auffallend großen herzförmigen Blättern. Die Blüten erscheinen im Juni/Juli in großen, bis 25 cm langen Rispen, sie sind weiß mit gelbgestreiftem und purpurgetupftem Schlund. Benötigt windgeschützte Lage und nicht zu trockene Böden. Rauchhart. In der Jugend frostempfindlich. Unausgereifte Langtriebe frieren häufig zurück. Sehr dekorativer Baum zur Einzelstellung in Grünanlagen und großen Gärten. Guter Nektar- und mäßiger Pollenspender.
Farbtafel XXXI

– *speciosa* WARDER
Mittlere USA. Hoher Baum mit schlanker, kegelförmiger Krone. Blüten in bis 15 cm langen aufrechten Rispen, duftend. Blütenkrone weiß, bis 5 cm breit mit 2 gelben Streifen und nur ganz kleinen purpurnen Flecken. Blütezeit im Juni, etwa 2 bis 3 Wochen vor *C. bignonioides*. Bevorzugt frische, sandige Böden. Schöner Solitärbaum in Parks und Grünanlagen. Nur für spätfrostgeschützte Lagen. Guter Nektar- und mäßiger Pollenspender.

CBPV (Chronic Bee Paralysis Virus) → Virusparalyse

Celastrus L. – Baumwürger – *Celastraceae*
– *orbiculatus* THUNB.
China, Korea, Japan. Ein sehr stark wachsendes, bis 12 m hoch schlingendes Klettergehölz. Blüten meist zweihäusig, im Juni, unscheinbar, grünlichgelb. Die prächtig tiefgelben Früchte mit leuchtend orangerotem Samenmantel zieren bis tief in den Winter hinein. Abgeschnittene Zweige sind mit ihren farbenprächtigen Früchten monatelang eine exotisch anmutende Zierde für jeden Raum. Anspruchslos an den Boden, gedeiht in sonniger wie schattiger Lage. Vor allem zur Pflanzung an Klettergerüsten geeignet. Die Blüten werden von Bienen stark beflogen.

Cerebralganglion → Nervensystem

Ceroplastik → Bienenwachs

Chaenomeles LINDL. – *Rosaceae*
– *japonica* LDL. – Scheinquitte
Japan. Etwa 1 m hoch werdender, breit aufrecht wachsender, sperriger und dorniger Strauch. Die ziegelroten Blüten erscheinen von April bis Mai einzeln oder büschelweise am alten Holz. Die Sträucher lieben sonnige Lage und nicht zu trockenen Boden, sonst anspruchslos. Frosthart. Rauchempfindlich. Kann für niedrige Hecken und auch zur flächigen Pflanzung verwendet werden. Nicht für Industriegebiete. Mittelguter Nektar- und Pollenspender.

– *speciosa* NAKAI
China, Japan. Etwa 2 m hoch werdender, sperriger und dorniger Strauch. Die scharlachroten Blüten erscheinen je nach Witterung von Anfang April bis Mai. Für sonnige Lage und nicht zu trockenen Boden. Sorten in verschiedenen Rottönen und auch Reinweiß. Für Gehölzgruppen und Randpflanzungen geeignet. Auch für geschnittene, halbhohe Hecken zu empfehlen, ohne daß der jährliche Flor wesentlich nachläßt, da die Blüten nur an der Basis des vorjährigen Holzes sitzen. Läßt sich auch am Spalier hochziehen. Alle ungefüllten Sorten eignen sich als Bienenweidepflanzen.
Die Sorte 'Fusion', eine Neuheit, hat bogig übereneigende Zweige. Die gelben Früchte sind groß, länglich-birnenförmig, mit hohem Fruchtsäure- und Askorbinsäuregehalt (Vitamin C). Zur häuslichen Verarbei-

tung zu Säften und Gelee gut geeignet.

Chemorezeptoren → Sinnesorgane

Chemotherapeutikum Synthetisches Arzneimittel gegen erregerbedingte Erkrankungen.

Chitincuticula → Chitinpanzer

Chitinpanzer (Chitincuticula, Cuticula) Er besitzt Stütz- und Schutzfunktion. Chitin ist eine Gerüstsubstanz, die chemisch der Zellulose nahesteht. Sie besteht aus N-Azetylglukosamin. Auf seiner Innenseite bietet der Chitinpanzer zahlreichen Muskeln Ansatzflächen, nach außen ist er glatt, wasserabweisend und bei der Honigbiene reichlich mit verschieden geformten und gefärbten Haaren besetzt. Der Chitinpanzer ist ein Produkt der Epidermiszellen (↑ Epidermis). Sie bilden eine einzellige Schicht, die den ganzen Bienenkörper umgibt. Die von den Epidermiszellen nach außen abgeschiedene Chitincuticula zeigt je nach Körperabschnitt und Entwicklungsstadium in ihrer Stärke, Struktur und Zusammensetzung deutliche Unterschiede. Sie besteht aber immer aus drei Schichten, einer Endo-, Exo- und Epicuticula. Letztere stellt eine dünne Lage aus Lipoproteinen dar, die mit Chinonen gegerbt sind. Außerdem ist sie von einer hydrophoben Wachsschicht überzogen, die dafür sorgt, daß der Bienenkörper nicht benetzt wird. In der Epicuticula ist kein Chitin enthalten. Die festen, plattenförmigen Bestandteile des Chitinpanzers werden in erster Linie von der Exocuticula gebildet, während die biegsamen Membranen innerhalb der Chitincuticula hauptsächlich auf die Endocuticula zurückgehen. Die für die Exocuticula charakteristische Sklerotisierung beruht wiederum auf einem Gerbungsvorgang der Proteine mit Phenolderivaten. Auf diese Weise wird die besondere Stabilität des Chitinpanzers erzeugt. Die dazu führenden chemischen Prozesse erfolgen während der Puppenruhe (↑ Puppe). Die Festigkeit des Chitinpanzers verändert sich mit dem Alter der Biene, zeigt aber auch bei den einzelnen geographischen Rassen deutliche Differenzen. Bei nördlichen Honigbienenrassen ist er in der Regel stärker sklerotisiert als bei südlich verbreiteten Formen. Der Chitinpanzer entsendet an verschiedenen Stellen Fortsätze (Apodeme) ins Körperinnere, wodurch die Stabilität des Bienenkörpers noch zusätzlich erhöht wird.
Während die einheitliche Larvalcuticula dünn und biegsam bleibt, sind an der Puppencuticula bereits deutliche Unterschiede zwischen Endo- und Exocuticula zu erkennen, vor allem die zunehmende Mächtigkeit der Endocuticula während dieses Entwicklungsabschnittes sei hervorgehoben. Den einheitlichen Larvalsegmenten steht die sich im Verlauf der Puppenphase ausbildende sekundäre Segmentierung des adulten Bienenkörpers gegenüber. Die Begrenzung der sichtbaren Segmente entspricht nicht mehr der einfachen larvalen Gliederung. Lediglich im Hinterleib bleiben die einzelnen Segmente noch über gut ausgebildete Membranen beweglich miteinander verbunden.

Chlorkohlenwasserstoffe Hier eine Verbindungsklasse chlorierter Kohlenwasserstoffverbindungen mit insektiziden und herbiziden Eigenschaften. Die Insektizide sind meist bienengefährlich.

CHRIST, JOHANN LUDWIG * 18.10.1739 in Oehringen (Württemberg), † 18.11.1813 in Kronberg.
Theologe. Förderte Landwirtschaft, Obstbau und Bienenzucht durch zahlreiche Schriften. Entwickelte erst ein ↑ Magazin aus Stroh, später mit 3 bis 4 Zargen aus Holz. Als Decke diente ein Stäbchenrost (festgenagelt). Die volle obere Zarge wurde mit Hilfe einer Darmsaite abgetrennt, eine leere Zarge unter das Volk gesetzt, so daß sofort nach unten weitergebaut werden konnte. CHRIST baute Beobachtungsstöcke aus Glas und Glasfenster für die Magazine. Beschrieb als erster das Wachsschwitzen und die Verwendung der Wachsschuppen für den Wabenbau. Bildete Ableger mit einem Eiwabenstück etwa zur gleichen Zeit, wie ↑ SCHIRACH dies mit jüngsten Larven tat. Fütterte die Bienen im Bedarfsfall mit Birnen- und Gerstensaft. Entdeckte als erster,

daß Honigtau von Blattläusen abgesondert wird und wurde wegen dieser Behauptung heftig angefeindet. Hauptwerke: „Anweisung zur nützlichen und angenehmsten Bienenzucht für alle Gegenden" (1780) und „Bienenkatechismus für das Landvolk" (1794). Die Universität Marburg verlieh ihm am 3. 9. 1811 die Doktorwürde.

Christdorn → Gleditsia

Chromosomen Stoffliche Träger der Erbsubstanz, die aus dem mit basischen Farbstoffen stark färbbaren Chromatin bestehen, das sich zu ca. 40 % aus Desoxyribonukleinsäure (DNS), zu 40 % aus basischen Chromoproteinen (Histonen) und zu ca. 20 % aus nicht basischen Eiweißen zusammensetzt. Hinzu kommt ein geringer Anteil an Ribonukleinsäure (RNS). Normalerweise handelt es sich bei den Chromosomen um paarige, faden- oder stäbchenförmige Strukturen in den Kernen von Tier- und Pflanzenzellen. Die beiden Partner eines Chromosomenpaares sind im Aussehen fast immer identisch. Sie werden als Homologe bezeichnet, die im Ruhezustand, zwischen den Kernteilungsprozessen, eine Doppelspirale (Doppelhelix) bilden. Damit ist jede Erbanlage zweimal vorhanden, die als ↑ Gen den funktionellen DNS-Abschnitt darstellt. Von beiden Homologen, den haploiden Chromosomen, stammt jeweils eines vom Vater und eines von der Mutter. Sie gehen aus den haploiden Keimzellen der Eltern hervor. Nach der Verschmelzung von Ei- und Samenzelle bilden die Chromosomen paarige Strukturen (diploide Chromosomen).
Jede Organismenart besitzt eine charakteristische Anzahl von Chromosomenpaaren, die normalerweise in allen Körperzellen gleich groß ist. Da die genetische Information in doppelter Aufzeichnung vorliegt, ist nicht nur immer wieder eine exakte Verdopplung möglich, sondern es können auch an einem der beiden DNS-Stränge auftretende Schäden repariert werden. Die einzelnen Erbanlagen können in verschiedenen Zustandsformen (↑ Allele) vorhanden sein.
Bei den vier Honigbienenarten besteht der haploide Satz aus 16, der diploide aus 32 Chromosomen. Gelegentlich kann es aber auch zur Vergrößerung der Chromosomenzahl kommen (↑ Endomitose).

Cichorium L. – Wegwarte – *Compositae*
– *intybus* L. – Zichorie
Staude mit blauen Blüten in großen Körben, Blütezeit Juli/August, 30 bis 120 cm hoch. Sehr häufig an Wegrändern und Bahndämmen, auf Schutthalden und anderen Plätzen mit stickstoffhaltigen Böden. Guter Nektar- und guter Pollenlieferant.

Cinarinen → Lachniden

Cirsium MILL. – Kratzdistel – *Compositae*
– *oleraceum* L. SCOP – Kohldistel
Staude mit knotigem Wurzelstock. Die gelblichweißen Röhrenblüten werden am oberen Ende der bis zu 150 cm hoch werdenden Stengel von weichstacheligen Hochblättern umgeben. Blütezeit Juli bis September. Sehr häufig auf nassen Wiesen und Flachmooren, an Gräben, Bachufern, in Auewäldern, liebt stickstoffreichen und feuchten Lehmboden. Guter Nektar- und mäßiger Pollenlieferant.
Farbtafel XXIV

Clematis L. – Waldrebe – *Ranunculaceae*
– *vitalba* L. – Gemeine Waldrebe
Europa bis Kaukasus. Schnellwachsender, bis 12 cm hoch werdender Kletterstrauch. Blüten 2 cm breit, weiß, in großen, lockeren Rispen von Juli bis September. Auch die lange haftenden, fedrigen Fruchtstände sind sehr dekorativ. Anspruchslos an Boden und Lage, benötigt jedoch viel Platz, um sich über Gerüsten, Zäunen oder anderen Gehölzen auszubreiten.
Wird gut von Bienen beflogen, Nektar- und Pollenlieferant. Auch andere Clematisarten und -sorten, besonders die spätblühenden, haben als Bienenweide Bedeutung.

Clethra L. – Scheineller – *Clethraceae*
– *alnifolia* L.
Östliche USA. 2 bis 3 m hoher, sommergrüner, aufrechtwachsender Strauch. Blüten klein, weiß, in 5 bis 15 cm langen aufrechtstehenden Trauben von Juli bis September, stark duftend. Bevorzugt halbschattige

Lage und frischen, feuchten, humosen Boden. Für Uferzonen besonders geeignet. Wird intensiv von Bienen beflogen.

Colutea L. – *Leguminosae*
– arborescens L. – Blasenstrauch
Südeuropa, Nordamerika. Der Strauch wächst aufrecht und wird etwa 3 m hoch. Die gelben Schmetterlingsblüten erscheinen in kleinen Trauben von Mai bis Juli, vereinzelt auch bis September. Bevorzugt durchlässigen Boden und sonnige Lage, sonst anspruchslos. Besonders zur Pflanzung auf trockenen und steinigen Böden, an Böschungen und dergleichen geeignet. Frosthart. Mäßiger Nektar- und Pollenspender.

Cordovan → Mutation, → Erbgang

Cornus L. – *Cornaceae*
– mas L. – Kornelkirsche, Herlitze
Mittel- und Südeuropa, Westasien. 4 bis 6 m, seltener bis 8 m hoher, breit aufrechtwachsender Strauch mit gutem Regenerationsvermögen. Langsamwachsend. Die kleinen, gelben Blüten erscheinen zeitig im Februar/April in seitenständigen, kugeligen Döldchen. Das reichlich nektarabsondernde ringförmige Nektarium liegt zwischen Griffel und Staubblattkreis.
Bevorzugt frische, nährstoffreiche und humose Böden in sonniger oder halbschattiger Lage. Als einer der ersten Pollen- und Nektarspender im Frühjahr sehr wertvoll.

– alba L. – Tatarischer Hartriegel
Eignet sich als mittelguter Nektar- und geringer Pollenspender zur Bepflanzung von Bach- und Teichufern.

Corpora allata → Hormone

Corpora cardiaca → Hormone

Corpora pedunculata → Nervensystem

Corylus L. – *Betulaceae*
– avellana L. – Haselnuß
Europa bis Westasien. Bis 5 m hoher Strauch mit schlanken Zweigen und gutem Stockausschlagsvermögen.
Einhäusig, männliche Kätzchen zu 2 bis 4, bräunlichgelb, Blütezeit Februar bis April. Die Blühreife setzt nach etwa 10 Jahren ein. Bevorzugt nährstoffhaltige, frische Böden. Schattenverträglich. Als früher Pollenspender für Bienen von Wert.

– colurna L. – Baumhasel, Türkische Hasel
Südosteuropa, Westasien. Bis über 20 m hoher, frostharter Baum mit pyramidaler Krone. Einhäusig. Mit bis 12 cm langen, pollenspendenden Kätzchen. Blütezeit Februar bis April. Wird mit etwa 15 Jahren blühreif. Schöner kleinkroniger Baum für nährstoffreiche, frische Böden. Zur Pflanzung an wenig befahrenen Straßen gut geeignet. Sollte vor allem in Windschutzpflanzungen eingesprengt werden. In Industriegebieten wegen seiner Rauchempfindlichkeit ungeeignet.

Cotoneaster EHRH. – Zwergmispel – *Rosacea*
– dammeri SCHNEID.
Mittelchina. Immergrünes, kriechendes Gehölz mit dunkelgrünen, ledrigen, glänzenden, 2 bis 3 cm langen, elliptischen Blättern. Die auffälligen, kleinen, weißen Blüten erscheinen im Mai. Früchte hellrot, kugelig, den ganzen Winter über haftend. Ausgezeichneter Bodendecker. Benötigt im Winter leichten Schutz, sonst anspruchslos. Wird von Bienen gut beflogen. Die Sorte 'Coral Beauty' mit am Boden aufliegender Verzweigung ist zur Bepflanzung von Mauerkronen und Kübeln geeignet. Wächst an den Wandungen nach unten.

– divaricatus REHD. u. WILS. ist für Gruppenpflanzung und zur Vorpflanzung vor hohen Sträuchern zu empfehlen. Guter Nektar- und Pollenspender.

– horizontalis
West- und Zentralchina. Niedriger, bis 50 cm hoher, breitwachsender Strauch mit fischgrätenähnlicher Bezweigung. Blüten klein, weiß, rötlich überlaufen, im Mai bis Juni. Für sonnige oder halbschattige Standorte, auch auf trockenen Böden. Für kleine Gärten besonders gut geeignet. Schöner Fruchtschmuck und intensive Herbstfärbung. Guter Nektar- und Pollenspender.
– lucidus SCHLECHT. – Heckenzwergmispel

Altaigebiet. Sehr winterhart, breitbuschig wachsender, bis 2 m hoher Strauch mit glänzend grünen Blättern. Die kleinen, unscheinbaren, rötlichweißen Blüten erscheinen stark folgernd von Mitte Mai bis Anfang Juni zu mehreren in kleinen Trugdolden. Früchte schwarz. Prächtige orangerote Herbstfärbung. Guter Deckstrauch und ausgezeichneter Heckenstrauch. Auch in der geschnittenen Hecke reich blühend! Für sonnige und schattige Lagen gleichermaßen geeignet.

– *praecox* VILMORIN-ANDRIEUX
China. Bis 50 cm hoher, kräftig und dicht wachsender Strauch mit kriechenden Zweigen. Frosthart. Blüten dunkelrosa, verhältnismäßig groß, einzeln oder zu 2 und 3 sitzend, im Mai. Für sonnige oder halbschattige Standorte, auch für trockene Böden. Schöner Fruchtschmuckstrauch für kleine Gärten und zur Gruppenpflanzung in Grünanlagen. Guter Nektar- und Pollenspender.

Crossing over → MENDEL'sche Regeln

Crowding effect → Lachniden

Cubitalindex → Körung

Cuticula → Chitinpanzer

Cydonia MILL. – Quitte – *Rosaceae*
– *oblonga* MILL. – Quitte
Vorderasien. Strauch mit sparrigem Wuchs, 3 bis 6 m hoch, weiße bis rosafarbene Blüten, einzeln an Kurz- und Langtrieben, im Mai/Juni, Standort sonnig und warm, nährstoffreicher Boden mit guter Durchlüftung, Humus und ausreichender Feuchtigkeit. Mäßiger Nektar- und mäßiger Pollenlieferant.

D

DADANT, CHARLES * 22.5.1817 in Vaux sous Aubigny (Frankreich), † 16.7.1902 in Hamilton (USA).
Wanderte 1863 nach Amerika aus, um dort Weinbau zu betreiben, wurde Großbienenzüchter. Entwickelte aus dem QUINBYstock (verbesserter LANGSTROTHkasten) das DADANT-Magazin mit eigenem ↑ Rähmchenmaß. Produzierte lange Zeit die besten Mittelwände der Welt für den Wabenhonigverkauf, überzeugte die Imker aber auch von dem rentabler zu produzierenden Schleuderhonig. Züchtete die Italienerbiene und holte die Originalweiseln persönlich über den Ozean. Verbreitete in zahlreichen Beiträgen in französischen, englischen und italienischen Imker-Zeitschriften und -büchern rationelle Betriebsweisen und gab ↑ LANGSTROTH's Buch „The hive and the honeybee" neu heraus.

DADANTmaß In Nordamerika von CHARLES DADANT entwickelt (↑ Rähmchenmaße). Man unterscheidet DADANT-Blatt 435 × 300 mm und das modifizierte DADANTmaß 448 × 285 mm. Für reiche Trachtgebiete geeignet. Im Honigraum werden vielfach halbhohe Rähmchen verwendet.

Daphne L. – *Thymelaeaceae*
– *mezereum* L. – Seidelbast
Europa, Kaukasus bis Altai. Aufrechtwachsender, spärlich verzweigter, etwa 1 m hoch werdender Strauch. Die stark duftenden, roten, glöckchenförmigen Blüten erscheinen lange vor dem Laubaustrieb im Februar bis April entlang der Triebe. Die auffallenden, leuchtend roten, erbsengroßen Früchte reifen im Juni bis Juli und sind stark giftig, wie auch alle anderen Teile der Pflanze. Bevorzugt kalk- und nährstoffreiche Böden und halbschattige Lage. Empfindlich gegen Trockenheit. Mäßiger Nektar- und Pollenspender. Die Sorte 'Alba' mit weißen Blüten und gelben Früchten.

Darmabschnitte → Darmkanal

Darmfauna → Darmkanal

Darmflora → Darmkanal

Darmkanal Er ist in Vorder-, Mittel- und Enddarm gegliedert. Vorder- und Enddarm sind im Unterschied zum Mitteldarm (Ventriculus), in dem die hauptsächlichen Verdauungsprozesse vor sich gehen, mit einer Chitincuticula (↑ Chitinpanzer) ausgekleidet. Diese beiden Darmabschnitte dienen vor allem dem Transport der Nahrung bzw. der Nahrungsreste.

Während des Larvallebens der Honigbiene stellen Vorder- und Enddarm verhältnismäßig kurze Abschnitte dar. Der lange schlauchförmige Mitteldarm der ↑ Larve bleibt an seinem Ausgang zunächst noch verschlossen. Der Enddarm ist zu dieser Zeit noch funktionslos. Ebenso sind auch die Mündungen der 4 larvalen Exkretionskanälchen, der ↑ Malpighischen Gefäße, noch verschlossen. Nach Beendigung des ersten Larvenstadiums werden von den Mitteldarmzellen zarte Membranen in das Darmlumen abgeschieden, deren Grundsubstanz aus Mucopolysacchariden und Proteinen mit eingelagerten chitinigen Mikrofibrillen besteht, die **peritrophischen Membranen**. Sie umschließen röhrenförmig die im Darmlumen befindliche Nahrung und sind für Nährstoffe wie auch für Enzyme durchlässig. Am Ende des fünften Larvalstadiums bricht der Mitteldarm in den Enddarm durch. Die bis dahin im Mitteldarm angestauten Nahrungsreste bzw. die unverdaulichen Substanzen werden nun in den Enddarm befördert, ebenso die Exkrete aus den sich öffnenden Malpighischen Gefäßen. Kot und Exkrete werden noch während der Streckmadenzeit, also vor der Verpuppung, ausgeschieden.

Der Darmkanal der erwachsenen Honigbiene ist stärker differenziert als derjenige der Larve. Am Vorderdarm lassen sich Pharynx (Schlund), im Anschluß an die Mundöffnung, und Oesophagus (Speiseröhre) voneinander unterscheiden. Der Oesophagus geht in die Honigblase über. Der Enddarm besteht aus zwei gänzlich voneinander verschiedenen Abschnitten, dem Duodenum (Dünndarm) und dem Rectum (Kotblase). Der mit Schlundmuskulatur ausgestattete Pharynx wirkt wie eine Saugpumpe.

Die im Vorderteil des ↑ Hinterleibes gelegene, stark dehnbare **Honigblase** ist als Bestandteil des Vorderdarmes innen mit einer ringförmig gefalteten Chitinauskleidung versehen, außen wird die Honigblase von

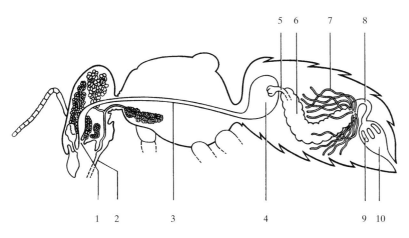

Darmkanal der erwachsenen Honigbiene (nach CHAUVIN)

1 Mundöffnung
2 Zunge
3 Speiseröhre
4 Honigblase
5 Proventriculus
6 Mitteldarm
7 Malpighische Gefäße
8 Dünndarm
9 Rectalpapillen in der Kotblasenwand
10 Kotblase

Darmkanal

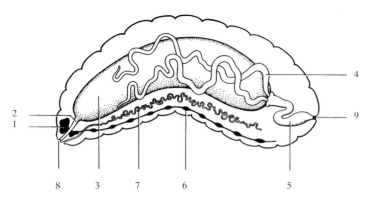

Darmkanal der Bienenlarve (nach MICHENER)
1 Gehirn
2 Vorderdarm
3 Mitteldarm
4 Malpighische Gefäße
5 Enddarm
6 Ganglienkette
7 Speicheldrüse
8 Mundöffnung
9 After

Ring- und Längsmuskulatur umschlossen. Sie kann 50 bis 60 mm^3, im Ausnahmefall auch 70 mm^3 Flüssigkeit fassen. Der Nahrungsübertritt aus der Honigblase in den Mitteldarm wird durch einen komplizierten Verschlußmechanismus, den **Ventiltrichter** (Proventriculus) mit anschließendem Ventilschlauch, geregelt. Die von vier dreieckigen, bewimperten Lippen umgebene doppelspaltförmige Öffnung des Ventiltrichters filtert Partikel in der Größenordnung von 0,5 bis 100 µm, die in den Ventiltrichter gelangen, aus der Flüssigkeit heraus. Sie werden an den Ventiltrichterlippen zurückgehalten und mit der Nahrung über den Ventilschlauch in den verdauenden Darmteil, den Mitteldarm, weiterbefördert. Der Ventilschlauch, der in den Mitteldarm hineinragt, verhindert ein Zurückfließen der Nahrung in die Honigblase dadurch, daß er sich der Innenwand des Mitteldarmes anlegt. Außerdem wird sein Lumen durch den Inhalt des Mitteldarmes zusammengedrückt (Sicherheitsventil).

Der bei gesunden Honigbienen glasigbräunliche und U-förmig gebogene **Mitteldarm** ist besonders im vorderen Abschnitt durch äußerlich sichtbare Ringfalten ausgezeichnet, die der Oberflächenvergrößerung dienen. Zwischen den langgestreckten Epithelzellen des Mitteldarmes befinden sich in kurzen Abständen kleine Zellgruppen, die Regenerationskrypten. Aus ihnen entwickeln sich fortlaufend neue Mitteldarmzellen, die an die Stelle älterer, verbrauchter Zellen rücken. Außen sind diese Darmzellen von einer Basalmembran umgeben, der Ring- und Längsmuskelstränge aufliegen. Die Sekretionsvorgänge erfolgen hauptsächlich im vorderen, die Resorption der Nahrung findet vor allem im hinteren Teil des Mitteldarmes statt. Resorbierte ↑ Nährstoffe können zeitweilig in den Mitteldarmzellen gespeichert werden. Außerdem treten als Speicherprodukte im Ventriculusepithel Kalkeinlagerungen und bei älteren Bienen im Bereich des Proventriculus (Ventiltrichter) Glykogen auf.

Die über einen Stäbchensaum der Mitteldarmzellen in das Darmlumen abgesonderten peritrophischen Membranen lösen sich in steter Folge vom Darmepithel und bilden dadurch übereinanderliegende Hüllen, die den Nahrungsbrei umschließen. Saure Mucopolysaccharide, besonders reichlich bei Jungbienen vorhanden, schützen die peritrophischen Membranen vor dem Angriff der im Darmlumen befindlichen Enzyme. Die peritrophischen Membranen enthalten selbst auch Mucopolysaccharide in neutraler Form sowie Proteine. Nur bei Winterbienen treten auch Spuren von Lipiden in den peritrophischen Membranen auf.

Beträgt das Mitteldarmlumen der frisch geschlüpften Arbeitsbiene ungefähr 7 mm^3, kann es sich bis zur Ammenbienenzeit auf das Dreifache erweitern, geht aber in der Flugbienenphase wieder auf ca. 9 mm^3 zurück. Der Mitteldarm schlüpfender Bienen enthält eine grünliche Substanz von wässriger Beschaffenheit, das Meconium. Aber schon nach dem Ablauf eines Tages füllt sich infolge der Nahrungsaufnahme das Mitteldarmlumen mit Pollenkörnern. Während der Stockbienenzeit enthält der

Mitteldarm in unterschiedlichem Umfang Pollen, erst im letzten Lebensabschnitt der Arbeitsbiene, in der Flugbienenphase, ist der Mitteldarm weitgehend pollenfrei. Die Darmpassage der Nahrung läuft verhältnismäßig schnell ab. 60 Min. nach Pollenaufnahme erscheinen bereits Pollenkörner in der Mitte des Ventriculus, nach weiteren 60 Min. befinden sich schon Pollenreste im Dünndarm. Bemerkenswert ist der Mikrobenbesatz des Mitteldarmes. Mindestens 13 Bakterienarten sind aus dem Mitteldarm bekannt; hinzu kommen noch Pilze als Bestandteil der **Darmflora.**

Eine als Schließmechanismus ausgebildete Ringfalte stellt den Übergang vom Mittel- zum **Dünndarm** dar. Sie trennt vom Nahrungsbrei, der in die peritrophischen Membranen eingehüllt ist, regelmäßig einzelne Portionen ab, die danach in den Dünndarm und weiter in die Kotblase gelangen. Der Anfangsteil des Dünndarmes wird als Pylorus bezeichnet. Bei der erwachsenen Biene münden an dieser Stelle die ungefähr

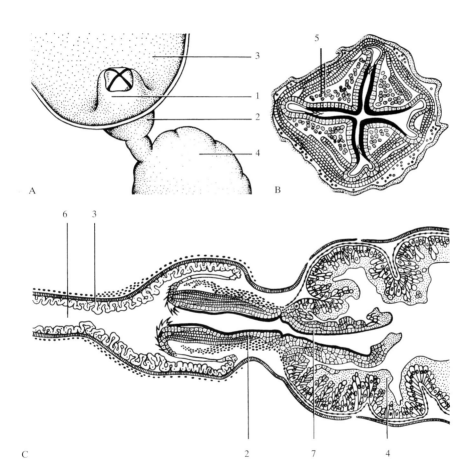

Proventriculus (nach SNODGRASS)
A Ventiltrichter des Proventriculus am Grund der Honigblase
B Aufsicht auf die dreieckigen Ventiltrichterklappen
C Längsschnitt durch den Proventriculus

1 Ventiltrichter   5 Ventiltrichterklappe
2 Proventriculus   6 Oesophagus
3 Honigblasenwand   7 Ventilschlauch
4 Mitteldarm

Darmprobe

100 ↑ Malpighischen Gefäße in das Darmlumen. Sechs Längsfalten kennzeichnen den aus regelmäßigen prismatischen Zellen bestehenden Dünndarm. In den vorderen Pyloruszellen (Valvula pylorica) können Speicherprodukte wie Glykogen, Amyloid und kristallförmige Stoffwechselreste unbekannter Zusammensetzung lagern. Am Pylorus der Arbeiterinnen siedeln sich nicht selten 5 bis 30 μm große Flagellaten (Geißeltierchen) an, die dicht gedrängt das Darmepithel überziehen. Sie gehören zur **Darmfauna**. Bisweilen entstehen sogenannte Flagellatenschorfe, die als bräunliche Flecke durch das Darmepithel hindurch zu erkennen sind. Beziehungen zwischen Flagellatenansammlungen und Pollenaufnahme der Bienen sind nicht ausgeschlossen, denn in den Herbstmonaten findet man bei Winterbienen, die sich durch reichliche Pollenaufnahme auf die ↑ Überwinterung vorbereiten, oft viele Pylorusflagellaten. Auch bei Drohnen und Weiseln kommen Pylorusflagellaten vor.

Die aus unregelmäßig geformten Epithelzellen bestehende **Kotblase** liegt im hinteren Teil des Abdomens. Sie ist außerordentlich dehnungsfähig. Bei frisch geschlüpften Jungbienen enthält dieser letzte Darmabschnitt zunächst eine klare Flüssigkeit, die vom zweiten Lebenstage an in zunehmendem Maße durch Pollenschalen, aber auch unverdaute Pollenkörner verdrängt wird. Die Arbeitsbienen entleeren ihre Kotblase nicht vor dem ersten Ausflug. In diesem Enddarmteil wird während der Wintermonate der Kot gespeichert. Im vorderen Abschnitt der Kotblasenwand befinden sich sechs Längsstrukturen, die Rectalpapillen. Sie bestehen aus einem breiten Innen- und einem schmalen Außenepithel. Zwischen beiden liegt ein Hohlraum. Wasser und lösliche Substanzen gelangen über die Rectalpapillen in die ↑ Blutflüssigkeit. Die Rectalpapillen stellen außerdem Fermentationskammern dar und geben z. B. Katalase in das Kotblasenlumen ab, ein Enzym, das einer schnellen Zersetzung des Kotblaseninhaltes entgegenwirkt. Für die Abgabe der Katalase spielt der Füllungszustand der Kotblase eine Rolle. Ihre Innenwand ist bisweilen dicht mit Bakterien und Flagellaten besetzt. Bakterien überziehen vor allem das Innenepithel der Rectalpapillen und formen hier hauptsächlich während der Überwinterung dichte Beläge. Gelegentlich findet man aus konzentrischen Ringen aufgebaute Kotblasensteine (Coprolithen) in der Kotblase.

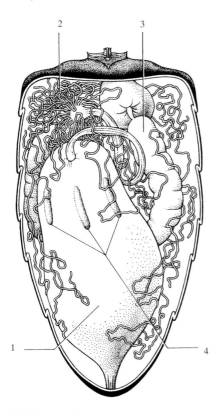

Kotblase im Hinterleib einer Arbeitsbiene (nach SNODGRASS)
1 Kotblase
2 Malpighische Gefäße
3 Mitteldarm
4 Rectalpapillen

Darmprobe Test im Rahmen der Diagnostik der ↑ Nosematose.

Darmseuche → Nosematose

Darstellung der Bienen Die Felszeichnungen in Spanien in den Höhlen bei Bicorp sind zweifellos die ältesten Bienendarstellungen in Europa. Ihr Alter wird auf 8000 bis 12000 Jahre datiert. Sie dienten vornehmlich dem Jagdzauber. Noch älter scheinen Zeichnun-

Darstellung der Bienen 75

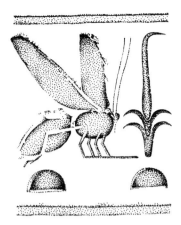

Biene und Schilfrohr als Hierolyphe für den Herrscher von Ober- und Unterägypten

gen zu sein, die in Indien gefunden wurden. Mindestens ebenso alt sind offenbar Felszeichnungen in Südafrika. Darstellungen der Bienenhaltung in Gräbern der Edlen im Alten Ägypten dokumentieren die damals schon hohe Entwicklung der Imkerei. Farbtafel XVII
Biene und Bienenkorb als Symbol für Fleiß und Ordnung fanden vielfach Platz auf Hauszeichen und Wappen, Münzen und Medaillen. Das italienische Adelsgeschlecht der BARBERINI führte z. B. 3 Bienen in seinem Wappen, das an zahlreichen Prunkbauten Roms, die vor allem Papst URBAN VIII. in Auftrag gab, zu sehen ist.
Wahrzeichen des überwiegend von Mormonen bewohnten US-Bundesstaates Utah ist der Bienenkorb.
Bienen gehörten zu den Symboltieren der Fruchtbarkeitsgöttin von Ephesus. Eine Silbermünze der Stadt Ephesus (3. Jh. v. Chr.) ziert eine Biene, ebenso das Wappen der Stadt. Die Priesterinnen des Tempels von Ephesos hießen Melissai (Bienen).
PYTHIA, die Priesterin des Orakels von Delphi, wurde auch „Biene von Delphi" genannt. Sie war sozusagen der Mund des Gottes APOLL, dem Beschützer der Bienen. Der Bienenkorb galt als Symbol der Beredsamkeit und wurde zum Attribut u. a. des Kirchenvaters ↑ AMBROSIUS.
Bienen waren aber auch Symbol der Keuschheit. MATTHIAS GRÜNEWALD, PETER PAUL RUBENS u. a. plazierten deshalb bei der Darstellung der Gottesmutter MARIA im Hintergrund Bienenkörbe in der Landschaft.
Häufig findet man bildliche Darstellungen von Bienen oder Bienenkörben in Schnitzwerk oder Reliefs in oder an Kirchen oder anderen Bauwerken, in mehreren Kirchen auch Putten mit einem Bienenkorb. Zu erwähnen sind in diesem Zusammenhang auch die zahlreichen ↑ Briefmarken mit Bienendarstellungen und Motiven aus der Imkerei. Farbtafel XIX
Das ↑ Bienenwachs war Symbol der Jungfräulichkeit. Bienenwachskerzen spielten deshalb in den Kirchen eine wichtige Rolle. Der indische Gott VISHNU wird als blaue Biene dargestellt, die im Kelch einer Lotosblume ruht. In der Verkörperung als KRISHNA schwebt eine blaue Biene über seinem Kopf.
Der Gott der Liebe, KAMA, wird mit einem Bogen dargestellt, dessen Sehne aneinanderhängende Bienen bilden. Die Bienen werden zu Boten der Liebe.
Als Symbol für ein geregeltes Staatswesen wurde die Biene schon im Alten Ägypten zur Hieroglyphe für den Pharao. SNOFRU, der Vater CHEOPS, führte schon 2550 v. Chr. als Königstitel „Herr der Biene". Die beiden Zeichen Binse und Biene (König von Ober- und Unterägypten) wurden stets in nächster Nähe der Kartusche mit dem Namen des Pharao gesetzt.
Der Bienenvorhang des Pharao ECHNATON 1350 v. Chr. dürfte ebenso den geordneten Staat symbolisiert haben, wie sehr viel später die 300 goldenen Bienen, die man im Grab des Frankenkönigs CHILDRICH I. (436–481) fand.
NAPOLEON übernahm diesen „Kult", ließ Krönungsornat, Teppiche, Vorhänge und vieles mehr mit stilisierten Bienen besticken.
Die reizende Idylle von THEOKRIT (Amor als Honigdieb) haben LUCAS CRANACH d. Ä. und ALBRECHT ↑ DÜRER aufgegriffen und jeder auf seine Art meisterhaft dargestellt. PIETER BREUGHEL d. Ä. (1525–1569) hinterließ eine vielbeachtete Federzeichnung von der Imkerei des 16. Jahrhunderts.
Schließlich dienten Bienen auch feinziseliert als Schmuck. Das älteste bekannte

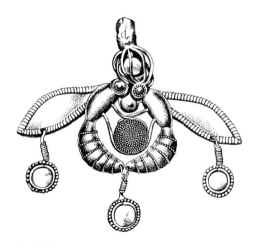
Goldanhänger von Mali (Kreta)

Schmuckstück dieser Art ist der Goldanhänger von Mali, der auf Kreta gefunden wurde. Zwei Königinnen, die zwischen sich mit ihren Beinen eine runde Bienenwabe halten.

In neuerer Zeit wurden den Bienen gelegentlich Denkmale als Symbol für Fleiß, Freundschaft und Frieden gesetzt, u. a. in Gifa, Japan (1960), und in Warschau (1987).

Im weiteren Sinne könnte man auch die Umsetzung der von Bienen erzeugten Töne in Musik zur Darstellung zählen. IGOR STRAWINSKY nannte sein Scherzo fantastiqué op. 3 den Bienenflug; ebenso LUIGI BOCCHERINI den 1. Satz aus dem B-Dur-Konzert für Violoncello.

Bei APIMONDIA-Kongressen erklingen gern spezielle „Bienenmusiken" zur Eröffnung, als Pausenzeichen und ähnlichem.

Weltberühmt wurde der „Hummelflug" aus der Oper „Das Märchen vom Zaren Saltan" von NIKOLAI RIMSKY-KORSAKOW.

DARWIN, CHARLES * 12.2.1809 in Shrewsbury (Schottland), † 19.4.1882 in Down/Kent. Englischer Gelehrter. Schrieb als erster in seinem Hauptwerk „Über die Entstehung der Arten" (1859) über den Zellenbau-Instinkt der Honigbiene. Bestätigte die bis dahin unbeachtete und verlachte Erkenntnis ↑ SPRENGEL's, daß die Bienen eine hervorragende Rolle bei der Blütenbestäubung spielen (Bienen galten bis dahin als Nektardiebe, was angeblich zu Ertragseinbußen führe).

DATHE, GUSTAV * 15.5.1813 in Königshofen bei Eisenberg, † 24.8.1880 in Eystrup/Hannover. Gab aus gesundheitlichen Gründen den Lehrerberuf auf und wurde Berufsimker. Vereinfachte die Herstellung der Rähmchen unter Zuhilfenahme von Schneideform und Nagelvorrichtung (vorher gezapft), versah sie mit Abstandsstiften, erfand die ↑ Wabenzange. Imkerte im ↑ Dreietager DATHEstock. Sein ↑ Rähmchenmaß wurde auf der Wanderversammlung 1880 in Köln zum Normalmaß erklärt. Er oder sein Sohn RUDOLF entwickelte die Imkerpfeife für Nichtraucher. DATHE faßte das Bienenvolk schon als Gesamtwesen auf. Hauptwerk: „Lehrbuch der Bienenzucht".

Dathepfeife → Besänftigung

Deckbrettchen Holzbrettchen unterschiedlicher Breite zur Abdeckung des ↑ Brutraumes. In ↑ Magazinen normalerweise nicht anzutreffen.

Defoliant Mittel zur Beschleunigung des Reifeprozesses und zur Entblätterung von Kulturpflanzen (z. B. Rotkleevermehrungsbestände). Meist bienengefährlich.

Demuthaltung Spezifische Körperhaltung bei Honigbienenarbeiterinnen, die sich verflogen haben und am Flugloch eines fremden Volkes gelandet sind. Sie pressen dann die Beine eng an den Körper, dabei senken sie die Fühler, krümmen ihren Hinterleib nach unten und verharren eine Weile reglos in dieser Stellung. Den auf sie zukommenden Wächterbienen des fremden Volkes wird Nektar aus der Honigblase angeboten. Durch die Demuthaltung und das Futterdargebot beschwichtigen sie die Wachbienen und erhöhen dadurch ihre Chance, in den Stock eingelassen zu werden.

Desensibilisierung → Allergie

Desinfektion Entseuchung, Abtötung von ansteckenden Keimen, im erweiterten

Sinne Keimfreimachung. Zielt auf Verhinderung der Verbreitung von Infektionskrankheiten durch Vernichtung ihrer Erreger in der Umwelt und infizierten Materialien ab. Desinfektion erfolgt mit physikalischen Methoden (Verbrennen, Abflammen, Auskochen, Heißluft- oder Dampfsterilisation) oder chemischen Mitteln (↑ Desinfektionsmittel). Desinfektion wird in der Regel mit Reinigung gekoppelt, die der Desinfektion vorausgeht. Bei der Bekämpfung gefährlicher Erreger, besonders solcher, die krankmachend für den Menschen sind, hat der Reinigung und Desinfektion eine Vordesinfektion vorauszugehen (↑ Steinbrut).

Nach Abschluß der Reinigung, die bei der Bekämpfung anzeigepflichtiger Bienenseuchen vom Kreistierarzt abgenommen wird, erfolgt die Desinfektion. Die dabei anzuwendenden Desinfektionsmittel sind, je nach Erreger der Bienenseuche, in den tierseuchengesetzlichen Bestimmungen vorgeschrieben.

Allgemein gilt: Nach dem Trocknen wird mit 1 %iger Wofasteril-Lösung bzw. mit einem vom Kreistierarzt bestimmten Desinfektionsmittel in der erforderlichen Konzentration desinfiziert.

Bei der Faulbrutbekämpfung ist eine Hitzedesinfektion unbedingt notwendig, da die Sporen der Bösartigen ↑ Faulbrut in Wachs und Kittharz jahrzehntelang infektiös bleiben. Mittels Breitbrenner werden alle Holzoberflächen so lange wärmebestrahlt, bis sie leicht bräunlich werden (Brandgefahr!). Nicht auf diese Weise desinfizierbare Materialien wie Kleidung, Wärmekissen u. ä. werden mindestens 30 Min. in Waschlauge gekocht. Bei der Sanierung von Bienenseuchen müssen sie zuvor 5 Stunden in 5 %ige Formaldehyd-Lösung eingelegt werden.

Die Desinfektion von Waben ist nur bei hellen, gutausgebauten Waben sinnvoll. Sie kann mit 2 ml Wofasteril in 100 ml benzinvergälltem Ethanol mittels Haarlackzerstäuber erfolgen (nur im Freien!). Bei ↑ Nosematose und ↑ Amöbiose ist das Bedampfen mit 2 ml/l Rauminhalt 60- oder 80 %iger technisch reiner Essigsäure möglich; danach über mehrere Tage lüften. Bei ↑ Faulbrut ist eine Wabendesinfektion verboten. Das Ausbauenlassen von (seuchenfreien) Mittelwänden ist bei bester Pflege der Bienenvölker stets vorzuziehen.

Desinfektionsmittel Chemikalien zum Abtöten von Krankheitserregern in der Umwelt. Als Desinfektionsmittel werden verwendet: Laugen (Natronlauge, Kalilauge), Säuren (Schwefelsäure, Ameisensäure, Essigsäure, Milchsäure, Salicyl- und Benzoesäure), Aldehyde (Formaldehyd/Formalin, Glutaraldehyd), Alkohole (Propanol/Optal, Ethanol, Glycol), Oxidationsmittel (Peressigsäure, Kaliumpermanganat, Wasserstoffperoxid), Halogene (Methylbromid, Chlor, Chlorkalk, Chloramine), Schwermetallverbindungen (aktive Silberverbindungen, Quecksilbersalze/Thiomersal, Merthiolat), Acridinderivate (Rivanol, Ethacridin), Chinolinderivate, Nitrofuranderivate, Phenolderivate (Karbol, Phenol, Kresole) und Chlorphenole (Chlorkresol, Chlorhexidin). Es gibt kein Desinfektionsmittel, das sich für alle Zwecke eignet. Seine Wirkung auf die fraglichen Mikroorganismen und die zu desinfizierenden Gegenstände muß vorab eingeschätzt werden, und die vorgeschriebenen Konzentrationen sind exakt einzuhalten. Für Desinfektionsmaßnahmen in der Imkerei eignen sich insbesondere Quecksilberverbindungen und Phenolderivate nicht, weil sie giftig und die letztgenannten auch starke Repellents (Abschreckmittel) für Bienen sind (↑ Karbol). Ihr penetranter Geruch führt außerdem zu Qualitätsbeeinträchtigungen von Wachs und Honig.

Desoxyribonucleinsäure → Chromosomen

Deutscher Imkerbund → Imkerorganisationen

Diamantene Regel Bezeichnung für ein von ↑ DZIERZON und v. ↑ BERLEPSCH bereits angewandtes Verfahren der Bruteinschränkung zur Haupttrachtzeit, das heute unter diesem Namen kaum noch bekannt ist. Dabei wird die Weisel kurz vor der Haupttracht dem Volk entnommen (Königinnenableger, Zwischenableger) oder auf einer bzw. wenigen Waben abgesperrt (Wabentasche, Bannwabe, Weiselabteil), so daß kaum Brut zu füttern ist und sich die Masse des Volkes dem Anlegen von Honigvorräten widmen kann.

Diaphragma → Leibeshöhle

DIB (Deutscher Imkerbund) → Imkerorganisationen

Dickwaben Meist halbhohe Waben mit 35 bis 40 mm Rähmchenholzbreite. Nur im Honigraum und ohne Absperrgitter verwendbar. Dickwaben werden von der Weisel nur ganz selten bestiftet.

Dictamnus L. – Diptam – *Rutaceae*
– *albus* L.
Europa, Ostasien, Himalaja. Staude mit holzigem starkem Wurzelstock, aufrechten Stengeln, 50 bis 100 cm hoch. Unpaarig gefiederte Blätter mit drüsigen Nerven, rosa Blüten in lockerer Traube, Blütezeit Mai/Juni. Wildwachsend unter Naturschutz, angepflanzt als Zierpflanze. Guter Nektar- und guter Pollenlieferant.

diploide Drohnen → Geschlechtsbestimmung → Drohnen

Dipsacus L. – Karde – *Dipsacaceae*
– *sylvestris* HUDS. – Wilde Karde
Zweijährig, mit stachligen und bis 200 cm hoch werdenden Stengeln. Die violetten Blüten stehen in großen Köpfchen, Blütezeit Juli/August. Häufig an Wegrändern, Böschungen, auf Schuttplätzen, an Waldrändern, in Gebüschen, liebt steinigen und stickstoffhaltigen Boden. Guter Nektar- und mäßiger Pollenlieferant.

Diptam → Dictamnus

DNS (Desoxyribonukleinsäure) → Chromosomen

Dominanter Erbgang → MENDEL'sche Regeln

Doppelboden Ein zweiter herausziehbarer Boden, der in älteren Beuten noch anzutreffen ist. Die Bienen gelangen durch das Flugloch in den Zwischenraum zwischen unterem und oberem Boden und dann durch das Innenflugloch im oberen Boden in den ↑ Brutraum. Sie sind dadurch im Winter gegen Wind und Kälte geschützt. Der Doppelboden hat sich nicht bewährt (zu schwer und Brutstätte für Wachsmotten).

Doppelhelix → Chromosomen

Doppelraumüberwinterung Betriebsweise, bei der das Volk in zwei Räumen überwintert. Spätestens ab Ende der Tracht, von einigen Imkern schon ab Ende Juni, werden ↑ Absperrgitter und Deckbrettchen zwischen Brut- und Honigraum entnommen und entweder der Abstand zwischen den Waben beider Räume verkleinert oder durch Einlegen oder Schaffung von Wachsbrücken die Verbindung zwischen beiden Räumen hergestellt, damit die Weisel Platz zum Stiften hat und ein starkes Wintervolk entsteht. Im Frühjahr wird vor Beginn der Tracht wieder die Trennung zwischen beiden Räumen durch Einlegen von Absperrgitter und Deckbrettchen vollzogen und dabei das Brückenwachs entnommen.

Dosis letalis Tödliche Menge eines Giftes für einen Organismus. Dosis letalis media → LD_{50}.

Dost → Origanum

Drahten → Rähmchen

Dreietager Von G. DATHE (1813–1880) als Ständerbeute aus dem stehenden ↑ Normalmaß entwickelt, wobei der Brutraum entweder aus einer oder auch aus zwei Etagen von Normalmaß-Halbrähmchen gebildet werden konnte. Der Honigraum war entsprechend zwei- bzw. einetagig bei gleicher Rähmchengröße. Dieser Dreietager ist heute eine kaum noch gebräuchliche ↑ Hinterbehandlungsbeute. Die gleiche Bezeichnung kann aber auf die in neuerer Zeit entwickelten Hinterbehandlungsbeuten im liegenden Normalmaß angewandt werden, bei denen zwei Etagen normalerweise den Brutraum bilden und die dritte als Honigraum verwendet wird. Nutzt man nur einen

Raum als Brutraum und den zweiten als Honigraum, dann kann darüber im dritten Raum noch ein Ableger untergebracht werden (Dreiraumbeute).

Dreilinienkombination Zuchtverfahren, an dem drei nicht verwandte Inzuchtlinien beteiligt sind, um einen Heterosiseffekt (↑ Kreuzung) zu erreichen. Weiseln der Linie A werden mit Drohnen der Linie B, die daraus entstandenen Hybrid-Weiseln AB mit den Drohnen der Linie C gepaart. Um einen Heterosiseffekt zu erzielen, muß eine vorherige Passerprüfung (↑ Kreuzung) erfolgen.

Dreiraumbeute → Dreietager

Dreiwabenkästchen → Begattungskästchen

Drohn → Drohnen

Drohnen Sie stellen das männliche Geschlecht im Bienenvolk dar, fallen durch ihre Größe (ca. 15 bis 19 mm lang), das abgerundete Hinterleibsende und die großen Komplexaugen an den Kopfseiten sowie durch ihre verhältnismäßig langen Flügel auf, die den Hinterleib deutlich überragen. Ihr Gewicht beträgt durchschnittlich 0,29 g. Im Unterschied zu den weiblichen Morphen haben sie 13 Fühlerglieder, während bei Arbeitsbienen und Weiseln nur 12 vorhanden sind. An den Metatarsen der Hinterbeine (↑ Beine) tragen sie besondere Haarpolster zum Festhalten der Weisel bei der Kopulation. Die Mundwerkzeuge sind im Vergleich zu denen der weiblichen Tiere deutlich reduziert. Die Entwicklungsdauer der Drohnen beträgt 24 Tage, kann aber bei Randlage der Zellen auch 25 Tage in Anspruch nehmen, wenn die Aufzuchttemperatur 1 bis 2 °C unter dem optimalen Wert von 35 °C liegt. Kommen die Drohnen nicht zur Paarung, beträgt ihre durchschnittliche Lebensdauer 30 bis 40 Tage, mitunter dehnt sie sich aber auch auf mehrere Monate aus. Sie ist nicht nur von der Qualität der Aufzuchtbedingungen, sondern auch von der geographischen Lage und der Jahreszeit abhängig. Die Geschlechtsreife tritt zwischen dem 8. und 12. Imaginaltag ein. Ein Drohn produziert 8 bis 11 Mio Spermien. Bei einer Lebensdauer von 21 Tagen wurden 25 Flüge, bei einer solchen von 40 Tagen 62 Ausflüge einzelner Drohnen beobachtet. Sie fliegen in der Regel nachmittags aus. Den täglichen Flügen, die zwischen dem 5. und 7. Lebenstag mit kurzen 1 bis 6 Min. dauernden Orientierungsflügen beginnen, liegt ein tageszeitlicher Rhythmus zugrunde. Die Dauer der Ausflüge kann unterschiedlich lang sein. Bei fluggewohnten Drohnen beläuft sie sich im Durchschnitt auf 33 ± 22,5 Min. Im Sommer dauert ein Flug länger (⌀ 36 Min.) als im Frühjahr (⌀ 26 Min.). Bei Windstärken von 25 km/h fliegen die Drohnen zwar noch aus, ihre Flugtätigkeit wird aber schon bei 8 bis 16 km/h beeinträchtigt. Verwehrt ihnen schlechtes Wetter den Ausflug, verlassen die Drohnen den Stock am darauffolgenden Tage bei gutem Flugwetter früher als gewöhnlich. Die Orientierung während des Fluges richtet sich nach Geländemarken, dem Sonnenstand und dem Magnetfeld der Erde. Drohnen eines Bienenvolkes innerhalb des Heimatbienenstandes verfliegen sich relativ häufig. Weisellose Völker sind eher geneigt, stockfremde Drohnen aufzunehmen als weiselrichtige.

Die biologische Bedeutung der Drohnen besteht in der Begattung der Weiseln. In der Beute können sie gelegentlich beim Wärmen der Brut mitwirken, denn junge Tiere halten sich hauptsächlich im Brutnest auf; ältere findet man hingegen häufiger an der Peripherie des Brutnestes. Der Aufenthaltsort der Drohnen in der Beute wird durch den Kontakt zu den Arbeitsbienen mitbestimmt, von denen sie in den ersten drei Lebenstagen gefüttert werden. Danach ernähren sie sich selbst vom Honig aus den Wabenzellen. Jeweils vor Beginn ihrer täglichen Ausflüge nehmen sie den meisten Honig auf. Obwohl sie nicht nur bei Arbeitsbienen, sondern auch bei ihresgleichen um Futter betteln, findet zwischen ihnen keine Weitergabe des Nektars statt, wie sie bei Arbeitsbienen erfolgt.

Die Hauptmenge der Drohnenbrut ist in der Regel drei Wochen vor dem Anblasen der ersten Weiselzellen vorhanden, so daß die meisten Drohnen im Frühsommer er-

Drohnen

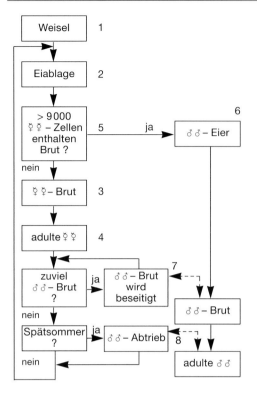

Regelkreisschema zur Erläuterung der für die Drohnenaufzucht verantwortlichen Faktoren. Die > 9000 ♀♀ (Kasten 5) stellen die potentiellen Pflegebienen der sich entwickelnden Drohnen dar (nach ROWLAND/MCLELLAN)

scheinen. Durchschnittlich sind es 1700 bis 2100 Drohnen je Volk, es können aber auch mehr oder merklich weniger sein. Die Anzahl der im Volk aufgezogenen männlichen Tiere hängt vom Alter und der Fruchtbarkeit der Weisel ab, weiter von der Volksstärke, der gespeicherten Nahrung, der Jahreszeit und den genetischen Voraussetzungen. Werden im Volk Weiselzellen gepflegt, kommt es vor, daß Arbeiterinnenzellen zu Drohnenzellen umgebaut werden. Die Tendenz zur Errichtung von Drohnenbau und die Aufzucht der Drohnen wird offensichtlich durch unterschiedliche Mechanismen kontrolliert. Im allgemeinen entwickeln sich nur 50 bis 56 % der abgelegten Drohneneier bis zur Imago. Die Arbeiterinnen regulieren die Aufzucht, indem sie nicht nur die Brut pflegen, sondern gegebenenfalls auch drastisch reduzieren.

Eier, Larven und Puppen können zugrunde gehen oder auch von den Arbeitsbienen aufgefressen werden. Im Spätsommer ist die Überlebensrate der Drohnenbrut bei Weisellosigkeit größer als in weiselrichtigen Völkern.

Gegen Ende der Trachtzeit werden die Drohnen meist allmählich beseitigt (↑ Drohnenabtrieb). Auslöser dafür sind die zurückgehende Tagestemperatur, das Verhältnis von gedeckelter zu ungedeckelter Brut, die Sammelaktivität der Flugbienen sowie genetische Faktoren.

Drohnen entstehen normalerweise aus unbefruchteten Eiern (parthenogenetisch), wobei es im Prinzip belanglos bleibt, ob diese Eier von begatteten oder unbegatteten Weiseln bzw. von Arbeiterinnen abgelegt worden sind. Da die Keimzellen, aus denen die Drohnen hervorgehen, haploid sind, kann es bei ihnen keine rezessiven Gene geben (↑ Geschlechtsbestimmung), demzufolge ist auch ein „verdeckter" Erbgang ausgeschlossen. Im Verlauf der Individualentwicklung der Drohnen verdoppeln oder vervielfachen sich die Chromosomen allerdings in verschiedenen Organen, so daß es hier innerhalb der Zellkerne schließlich zur Diploidie oder gar Polyploidie (↑ Endomitose) kommt.

Neben den haploiden gibt es auch **diploide Drohnen**. Sie entstehen einerseits dann, wenn in den Keimzellen der Weisel während der ersten Zellteilungsschritte die Reduktionsteilung unterbleibt, d. h. die Sonderung der beiden Homologen (↑ Chromosomen), und bereits am Anfang der Keimesentwicklung ein diploider Chromosomensatz vorliegt, andererseits, wenn bei befruchteten Eiern von beiden Partnern gleiche Sexallele beigesteuert werden (↑ Geschlechtsbestimmung). Beides tritt bei Inzucht auf. Die sich entwickelnden diploiden Drohnenlarven werden allerdings schon wenige Stunden nach dem Verlassen der Eihülle von den Arbeitsbienen gefressen. Ein von diesen Larven abgegebenes ↑ Pheromon veranlaßt die Pflegebienen zu diesem Verhalten, und es kommt zu den bei Inzucht bekannten Brutlücken. Werden diese Larven jedoch außerhalb des Bienenvolkes aufgezogen, entwickeln sich lebens-

Bienenhaus

Beutenfront eines Normbeutenstapels

Einfache Kippvorrichtung für Magazine

Honigtau glänzt auf den Fichtenzweigen

Braune Stark Glänzende Kiefernrindenlaus (Cinara escherichi)

Große Schwarzbraune Tannenrindenlaus (Cinara confinis)

Stark Bemehlte Fichtenrindenlaus (Cinara costata)

XI

Frischgehäutete Cinara pini

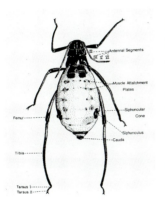 

Lachnide, schematischer Aufbau *Stammutter und V_1 von Cinara pilicornis*

Quirlschildläuse

Kalkbrutmumien

Eingefallene Zelldeckel – Faulbrutverdacht!

Kruste der Sackbrut in Form eines Schiffchens

Streichholzprobe

Bienenlaus

XIII

Stattliche Weisel bei der Zellinspektion (grünes Zeichen 1989)

Jüngste Larven werden in Weiselbecher umgebettet

Zuchträhmchen mit 3 Zuchtlatten und teilweise ausgezogenen Weiselzellen

Zeichnen der Weisel mit Hilfe des Zeichennetzes

Sorgfältig werden die Weiselmaden in den noch offenen Zellen versorgt

Nachschaffungszellen auf der Wabe

Schön „gehämmerte" verdeckelte Weiselzellen am unteren Wabenrand

Einwabenbegattungskästchen (EWK)

Schutzhäuschen für EWK auf Belegeinrichtung

Zusetzkäfig (nach WOHLGEMUTH)

Schwarmfangkasten

XVI

Klotzbeuten in Südfrankreich

Polnische Bannbeute

Beute in Menschengestalt (Figurenbeute)

Drohnen, diploide   81

fähige Drohnen, die diploide Spermien erzeugen. Diese Spermien sind nahezu doppelt so groß wie die der haploiden Drohnen und enthalten auch die doppelte Menge an Desoxyribonukleinsäure (↑ Gene). Diploide Drohnen sind insgesamt größer und auch schwerer als haploide. Die Größe ihrer Hoden jedoch entspricht nur 1/10 der Hodengröße normaler haploider Drohnen. Auch die Facettenanzahl der Komplexaugen ist kleiner; ein weniger gutes optisches Orientierungsvermögen dürfte die Folge sein. Gestützt wird diese Annahme durch die Tatsache, daß sich diploide Drohnen offensichtlich stärker verfliegen. Sie unternehmen, ähnlich wie die haploiden, zwei bis drei Ausflüge am Tag; die Flüge dauern aber länger, und die Verweildauer zwischen den Flügen im Stock ist kürzer.

Drohnenabtrieb Bei abnehmendem Nektareintrag im Spätsommer bzw. im Herbst werden die Drohnen aus dem Bienenvolk vertrieben, und zwar zuerst die älteren Drohnen; später spielt dann das Alter offensichtlich keine Rolle mehr. Die Arbeitsbienen drängen und zerren die Drohnen von den Waben zur Beutenwand und auf den Boden; danach werden sie schließlich aus der Beute hinausgetrieben. Die in unterschiedlichem Maße ausgeprägten Aggressionshandlungen der Arbeiterinnen bezeichnet man auch als „zergeln" – nach zergen, soviel wie reizen, plagen. Nur selten werden die Drohnen abgestochen, deshalb ist auch der Begriff Drohnenschlacht, bekannt aus der älteren Bienenliteratur, nicht gerechtfertigt. Einzelne Arbeiterinnen können sich auf Drohnen spezialisieren. Die Prozedur des Drohnenabtriebs zieht sich gewöhnlich über mehrere Wochen hin.
Farbtafel XXVIII

Drohnenaufzucht Jedes Bienenvolk legt in seiner aufsteigenden Entwicklungsphase Drohnenbrut an und pflegt eine unterschiedliche Anzahl von ↑ Drohnen.
Für den Züchter ist die rechtzeitige Drohnenaufzucht genauso wichtig wie die Weiselaufzucht. Da Drohnen eine längere Entwicklungszeit vom Ei bis zur Paarungsreife haben als Königinnen (etwa 40 Tage), muß mit der Drohnenaufzucht etwa 3 Wochen vor der Weiselaufzucht begonnen werden bzw. 6 Wochen vor der Anlieferung der Weiseln auf der Belegeinrichtung. Da ein Drohnenvolk nicht mehr als 1000 bis höchstens 2000 Drohnen gut pflegen kann, werden für je 100 gleichzeitig zu begattende Weiseln mindestens 5 Drohnenvölker gefordert (↑ Belegeinrichtung).
Wegen der relativ kurzen Lebenszeit der Drohnen muß auch kontinuierlich für Drohnennachschub gesorgt werden. Völker, die Drohnen pflegen sollen, müssen ständig ein gutes Trachtangebot haben oder gefüttert werden, vor allem gut mit Pollen versorgt sein, viel offene Brut aufweisen und sie dürfen nicht in Schwarmstimmung kommen.
Es gehört großes imkerliches Können dazu, auf Belegeinrichtungen die nötige Menge reifer, vitaler Drohnen der geforderten Herkunft bereitzustellen. Für frühe Zuchten erhalten starke Völker bereits 1 bis 2 ausgebaute Drohnenwaben in den Wintersitz. Im Frühjahr werden die Völker eng gehalten, gefüttert, eventuell weisellos gemacht und mit Brutwaben verstärkt. Weisellose Völker, solche mit älteren Königinnen und vitale Völker pflegen Drohnen besser als weiselrichtige, mit jungen Weiseln versehene und Inzuchtvölker. Wegen der Gefahr des leichten Verfliegens der Drohnen und zur besseren Altersbestimmung, speziell für die künstliche ↑ Besamung, schlüpfen und verbleiben die Drohnen in Wabentaschen, im Honigraum über Absperrgitter, oder sie können in einen ↑ Fluglochvorsatz ausweichen, wo sie mehr Bewegungsfreiheit finden.

Drohnenbau → Wabe

drohnenbrütig Ist ein Volk, wenn es eine unbegattete Weisel besitzt, die ein Brutnest anlegt. Unabhängig davon, ob die Eier in Arbeiterinnen- oder Drohnenzellen abgelegt werden, entstehen dann nur Drohnen. Die sich in Arbeiterinnenzellen entwickelnden Drohnen werden zu ↑ Buckelbrut.

Drohnen, diploide → Geschlechtsbestimmung

Drohnen, haploide → Geschlechtsbestimmung

Drohnenkugeln → Paarung

Drohnenlarven → Larven

Drohnenmütterchen Bezeichnung für eierlegende Arbeitsbienen, auch Afterweiseln genannt. Sie können gelegentlich in weiselrichtigen Völkern hinter bzw. über dem Absperrgitter, also in größerer Entfernung von der Weisel, auftreten, entstehen aber vor allem bei Weisellosigkeit. Durch Ausbleiben der Weiselpheromone (↑ Pheromone) entwickeln sich die Eierstöcke bei Arbeitsbienen, und sie beginnen Eier zu legen, wobei häufig mehrere Eier in einer Zelle und hier auch nicht regelmäßig, sondern in unregelmäßiger Stellung am Zellboden und an den unteren Teilen der Zellwände beobachtet werden können.

Drohnensammelplatz → Paarung

Drohnenschlacht → Drohnenabtrieb

Drohnenvolksippe Mehrere Bienenvölker mit Geschwisterweiseln aus einem gekörten ↑ Vatervolk 4a (↑ Abstammungsschema). Die von den Drohnenvölkern gut gepflegten Drohnen sollen auf einer ↑ Belegeinrichtung die Paarung der aufgestellten Weiseln sichern.

Drohnenzellen → Wabe

Dröhnrich Alte Bezeichnung für Drohnenvolk, ↑ Vatervolk.

Drüsen Organe, Zellgruppen oder auch nur Einzelzellen, die spezifische Substanzen (Sekrete) produzieren und abgeben (sezernieren). Man unterscheidet zwischen exokrinen Drüsen, die ihre Sekrete über Kanälchen an eine Oberfläche, z. B. die Chitincuticula oder den Hohlraum des Darmkanals entlassen, und endokrinen Drüsen, die Hormone produzieren. Sie werden in die ↑ Blutflüssigkeit abgegeben.

Exokrine Drüsen Dazu gehören die ↑ Dufoursche Drüse, die als schlauchförmiges Organ an der Basis des Stachelapparates mündet, die paarigen ↑ Hypopharynxdrüsen im Kopf der Arbeitsbiene vor und über dem Gehirn, in denen der ↑ Futtersaft produziert wird, die ↑ Giftdrüse, die an der Stachelbasis mündet und in der das Bienengift entsteht. Felder von Drüsenzellen am Stachelapparat, die auf den Flächen der quadratischen Platten (↑ Stachelapparat) münden, stellen die Koshevnikovsche Drüse dar, die der Pheromonproduktion dient. Das gleiche trifft auf die sogenannten Tergittaschendrüsen zu, die am Vorderrand des 4. bis 6. Abdominaltergits liegen.

Bei allen drei Morphen kommen paarige ↑ Labialdrüsen vor. Sie bestehen aus einem relativ kleinen Kopf- und einem größeren Brustanteil. Bei Drohnen ist nur der thorakale Teil der Labialdrüse ausgebildet. Die Mündung der Labialdrüsen liegt an der Basis des Labiums (↑ Mundwerkzeuge). Die ↑ Mandibeldrüsen stellen sackförmige Organe an der Mandibelbasis dar. Weiseln besitzen die größten, Drohnen die kleinsten Mandibeldrüsen. Bei den ↑ Nassanoffdrüsen (Duftdrüsen) handelt es sich um ein aus mehreren hundert Zellen bestehendes Drüsenorgan am Vorderrand des 7. Abdominaltergits (↑ Hinterleib) der Arbeitsbienen. Rectaldrüsen bzw. Rectalpapillen liegen als 6 längliche Gebilde in der Kotblasenwand (↑ Darmkanal). Spinndrüsen kommen als modifizierte Labialdrüse bei Bienenlarven vor und produzieren am Ende der Larvalperiode das für die Herstellung des Puppenkokons erforderliche Spinnsekret. Die Tarsaldrüsen (Arnhardtdrüsen) im letzten Tarsalglied (↑ Beine) geben ↑ Pheromone ab, z. B. zur Markierung des Nesteinganges. Die paarigen ↑ Wachsdrüsen bestehen aus Zellkomplexen unter den Wachsspiegeln (↑ Hinterleib) des 3. bis 6. Abdominalsternits. Hinzu kommen die bei allen drei Morphen vorhandenen Keimdrüsen (↑ Geschlechtsorgane), die sich im Hinterleib befinden.

Endokrine Drüsen Die Corpora allata, paarig hinter dem Gehirn, liegen als kugelförmige Körperchen dem Vorderdarm an und produzieren während der Jugendentwicklung

Durchlenzung 83

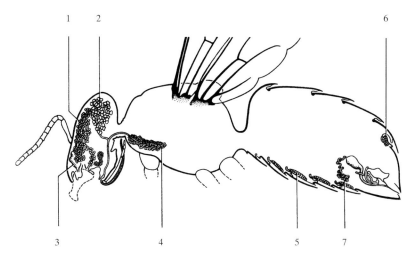

Lage der Drüsen im Körper der Arbeitsbienen (nach RIBBANDS)
1 Hypopharynxdrüsen
2 Kopfanteil der Labialdrüsen
3 Mandibeldrüse
4 Brustanteil der Labialdrüsen
5 Wachsdrüsen
6 Nassanoffsche Drüse
7 Giftdrüse

das Juvenilhormon (↑ Hormone). Die Corpora cardiaca, ebenfalls paarig, mit den Corpora allata verbunden, stellen Speicherorgane für die in den neurosekretorischen Zellen des Gehirns produzierten Neurosekrete (↑ Hormone) dar, die über Nervenbahnen auf die Corpora allata und die im ↑ Brustabschnitt gelegene Prothoraxdrüse wirken. In ihr wird Ecdyson (Häutungshormon) produziert, das nur während der Jugendentwicklung vorhanden ist. Bei erwachsenen Bienen steuern die Hormone der Corpora allata und Corpora cardiaca offensichtlich nicht nur die Eiproduktion, sondern auch den Wasserhaushalt innerhalb des Organismus.

Dufoursche Drüse Eine schlauchförmige, an der Basis des ↑ Stachelapparates mündende Drüse, die neben der Giftblase (↑ Giftdrüse) liegt. Da ihr Sekret im Unterschied zum sauren Bienengift alkalisch reagiert, wird die Dufoursche Drüse auch als alkalische Drüse bezeichnet. Das Sekret dient möglicherweise als Gleitmittel für die beweglichen Teile des Wehrstachels, darüber hinaus könnte es beim Anheften der von der Weisel am Zellboden abgelegten Eier Verwendung finden.

Duftdrüse → Nassanoffsche Drüse

Duftlenkung Methode, mit Hilfe von aromatisiertem Zuckerwasser die Bienen auf bestimmte, für Bienen wenig attraktive Blüten zu locken, damit sie diese bestäuben. Vor allem für Versuchszwecke und in Gewächshäusern angewendet, weniger in der Praxis.

Duftmarkierung → Sammelverhalten

Duftschuppen → Geschlechtsorgane, männlich

Dünndarm → Darmkanal

Dünnschichtchromatographie Analysenmethode zur Auftrennung und qualitativen, semiquantitativen oder quantitativen Bestimmung kleinster Substanzmengen, z. B. Rückstände von ↑ Pflanzenschutzmitteln in vergifteten Bienen, Honig und Pollen.

Durchgangskäfig → Schlüpfkäfig

Durchlenzung Tätigkeit und Geschick des Imkers, seine Völker möglichst stark und ohne Verluste durch die Frühjahrsperiode zu bekommen. Dabei achtet er zunächst auf

Warmhaltung und trockene ↑ Verpackung der Völker, stellt eine ↑ Tränke auf und hält die Fluglöcher relativ klein. Bei genügender Außenwärme (>15 °C) kontrolliert er die Völker auf Bruttätigkeit und Futtervorrat, reißt Futterwaben nahe dem Brutnest auf und reizt die Völker eventuell auch mit ↑ Futterteig oder Flüssigfutter (Zuckerlösung 1:1). Alle überflüssigen Waben, die in absehbarer Zeit von den Bienen nicht belagert werden, nimmt er heraus. Dort, wo es wegen Pollenmangel angebracht ist, stellt der Imker ein ↑ Höselhäuschen auf und reicht ↑ Pollenersatzmittel (Sojamehl). Wenn die Möglichkeit besteht, sollte die Weidentracht angewandert und genutzt werden.

Bei einem Überangebot von Pollen im Laufe des April muß der Imker darauf achten, daß das ↑ Brutnest nicht durch Pollenwaben eingeschnürt wird. Er wird darum Erweiterungswaben in oder an das Brutnest geben, damit die Brutflächen immer größer werden können. Wenn das Volk soweit erstarkt ist, daß es den ↑ Brutraum füllt, wird ihm der ↑ Honigraum über dem Absperrgitter freigegeben.

Dürer, ALBRECHT * 21.5.1471 in Nürnberg, † 6.4.1528. Sohn eines Goldschmieds. Nach vierjähriger Malerlehre und vier Wanderjahren gründete er eine eigene Werkstatt. Sein künstlerisches Gesamtwerk umfaßt weit über 1000 Gemälde, Kupferstiche, Holzschnitte, Handzeichnungen. Schuf 1514 die kolorierte Federzeichnung „Venus und Amor, von Bienen verfolgt".
Farbtafel XVIII

Durstnot Kann bei frühem Brutbeginn im Jahr und dem damit verbundenen hohen Wasserbedarf für die Produktion der Brutnahrung eintreten, wenn ungünstige Witterung die Bienen am Ausflug hindert. Die Sammlerinnen verlassen dann selbst bei Temperaturen <10 °C den Stock, um Wasser einzutragen, gehen dabei aber bei unzuträglichen Witterungsbedingungen häufig zugrunde. Durstnot kann während der ↑ Überwinterung durch ungeeignetes Winterfutter (Honigtauhonig, Heidehonig) entstehen.

DWK → Begattungskästchen

Dzierzon, JOHANNES * 16.1.1811 in Lowkowitz in Oberschlesien, † 26.10.1906 in Lowkowitz. Seit 1837 Pfarrer in Karlsmarkt, lange Zeit suspendiert wegen seiner Haltung zum Unfehlbarkeitsdogma des Papstes. Großimker. Erfahrenster Königinnenzüchter seiner Zeit. Begründete den ↑ Mobilbau mit Stäbchen und Leitwachsstreifen (lehnte das Rähmchen von V. BERLEPSCH ab). Imkerte erst im CHRIST'schen Magazin, baute dann eine stapelbare ↑ Hinterbehandlungsbeute für das ↑ Bienenhaus. Führte die Italienerbiene (*Apis mellifera ligustica*) ein und bewies mit ihr, daß die Königin besamte und unbesamte Eier legt und aus letzteren Drohnen entstehen (↑ Parthenogenese). Erkannte, daß der ↑ Fettkörper als Reserveorgan für die Brutpflege im Frühjahr dient und daß sich die Futtersaftdrüsen im Kopf der Arbeitsbienen befinden. Hielt viele Vorträge und war ein streitbarer Diskussionsredner auf vielen ↑ Wanderversammlungen. Umfangreiche schriftstellerische Tätigkeit auf imkerlichem Gebiet, vor allem in der damals bedeutenden „Nördlinger Bienenzeitung". Schrieb mehrere Bücher. Hauptwerk: „Rationelle Bienenzucht oder Theorie und Praxis des schlesischen Bienenfreundes" (1861). Ehrendoktorwürde von der Universität München und zahlreiche Auszeichnungen und Ehrenmitgliedschaften nationaler und internationaler Gremien.

E

Eberesche → Sorbus

Ecdyson → Hormone

Echium L. – Natternkopf – *Boraginaceae*
– *vulgare* L. – Blauer Natternkopf
Zweijährig, 30 bis 120 cm hoch, borstigsteifhaarige Blätter, mit stechenden Haaren besetzte Stengel, die Blüten stehen in einer lockeren Ähre, sie sind zuerst rot und verfärben sich später blau, Blütezeit Juni bis September. Häufig an Wegrändern, Bahn-

dämmen, auf Schutthalden, liebt lockeren und steinigen Boden. Guter Nektar- und mäßiger Pollenlieferant.

Efeu → Hedera

EHRENFELS, JOSEF MICHAEL Freiherr VON * 1767 in Retzbach, Niederösterreich, † 8.3.1843 in Meidling bei Wien.
Studierte Naturwissenschaften, Jurisprudenz und Volkswirtschaft. Imkerte mit etwa 1000 Bienenvölkern. Studierte alle verfügbare Imkerliteratur und die Bienenhaltung in anderen Ländern. Bemühte sich intensiv darum, der Bienenhaltung die ihr gebührende Stellung in der Landwirtschaft einzuräumen, baute Lehrbienenstände auf, propagierte die Wanderung in die Buchweizenblüte. Hielt den Strohstülper mit Honigaufsatz (Schichtenbeweglichkeit) für die beste Überwinterungs- und Wanderbeute. EHRENFELS wurde aufgrund seiner Verdienste um die Förderung der Bienenzucht geadelt und in den Freiherrenstand erhoben. Hauptwerk: „Die Bienenzucht nach Grundsätzen der Theorie und Erfahrung" (1829).

Ei → Eizelle

Eiablage → Legeleistung

Eierstock → Geschlechtsorgane, weiblich

Eigenleistung → Leistungsprüfung

Eigenverbrauch Honig-, Pollen-, Wasserverbrauch eines Bienenvolkes. Er kann nur in groben Richtwerten angegeben werden, da er von mehreren Variablen beeinflußt wird, wie Volksstärke, Brutfreudigkeit, Flugdauer, Witterungsverlauf und damit zusammenhängenden Temperaturschwankungen im Jahresgang.
Der **Honigbedarf** wird während des Sommers auf ca. 45 bis 50 kg pro Volk geschätzt, hinzu kommen ungefähr 20 kg für die Überwinterung. Andere Angaben schwanken zwischen 30 und 67 kg pro Volk und Jahr.
Pollenbedarf Wenn Untersuchungsergebnissen zufolge für die Aufzucht einer Bienenlarve 0,145 g Pollen erforderlich sind, verbraucht ein Volk bei einer Gesamtaufzucht von 150000 Larven mindestens 21,7 kg. Nach anderen Untersuchungsergebnissen werden aber pro Larve 0,18 g Pollen benötigt. Der Gesamtverbrauch an Pollen wäre dann entsprechend größer. Hinzu kommt noch der von den Arbeiterinnen aufgenommene Pollen. Die Angaben in der Literatur legen die Vermutung nahe, daß bei geringem Brutumfang eines Volkes wenigstens 6 kg, in starken Völkern mit optimaler Entwicklung aber durchaus auch 50 kg und mehr Pollen von den Arbeiterinnen eines Volkes verzehrt werden können. Der Pollenverbrauch ist aber nicht nur von der Volksentwicklung, sondern auch vom Nährwert des Pollens abhängig.
Der **Wasserbedarf** eines Volkes dürfte sich im allgemeinen auf 20 bis 30 l pro Jahr belaufen, wenn man davon ausgeht, daß in einem normal starken Volk zur Brutzeit ungefähr 0,2 l Wasser am Tag verbraucht werden.

Eimerfütterung → Futtergefäße

Einbetteln → Demuthaltung

Einengen Entnahme der von den Bienen nicht belagerten Waben aus dem Volk, um den Bienen die ↑ Thermoregulation zu erleichtern, besonders bei der ↑ Einwinterung und bei der Durchlenzung sowie dann, wenn die Volksstärke aus irgendwelchen Gründen zurückgegangen ist. Es wird dadurch auch die ↑ Schimmelbildung sowie der Wachsmottenbefall der Randwaben verhindert.

Einfliegen → Arbeitsteilung

Einfütterung → Fütterung

Einknäulen Bildung einer kleinen, knäulartigen Bienengruppe (25 bis 50 Individuen) um die Weisel, die dabei zunächst nicht unmittelbar gefährdet ist; die Arbeiterinnen wollen offenbar ihre Weisel an der Bewegung hindern und dadurch vor einer eventuellen Begegnung mit einer anderen Weisel schützen. Die dabei entstehende Erregung der Arbeitsbienen kann aber schnell in Aggression gegen die umlagerte

Weisel umschlagen. Zum Einknäulen kann es kommen, wenn die Weisel bei der Durchsicht eines Volkes im Frühjahr aufgeschreckt wird und sich dadurch hastig bewegt. Es gibt Vermutungen, daß die Weisel in solchen Konfliktsituationen ein „Streß-Pheromon" (↑ Pheromone) abscheidet (nicht unwidersprochen!), das den Mandibeldrüsen entstammen soll und die Arbeiterinnen beunruhigt, ja schließlich zur Aggressivität führt. Die Weisel kann in einer solchen Situation gerettet werden, wenn das entstandene Bienenknäul samt Weisel in Wasser geworfen, die Weisel herausgefischt und auf eine Wabe mit Jungbienen gesetzt wird.

Weiseln werden auch nach unvorsichtigem Zusetzen leicht eingeknäult; ebenso wenn sich eine vom Paarungsflug zurückkehrende Weisel verfliegt.

Einlöten der Mittelwände Befestigen der zugeschnittenen ↑ Mittelwand in dem gedrahteten ↑ Rähmchen. Durch Erwärmen des Drahtes erweicht das Wachs und geht mit ihm eine feste Verbindung ein. Die Mittelwand soll so in das Rähmchen eingepaßt werden, daß sie dem unteren Rähmchenschenkel aufsitzt (Vermeidung von Wildbau).

Zum Einlöten dient das Rillenrädchen. Das ist ein fein gezahntes, in einer Gabel mit Griff geführtes Rädchen, das in der Mitte der Lauffläche eine Rille aufweist, mit der das Rädchen auf dem Rähmchendraht geführt wird. Das erwärmte Rillenrädchen drückt beim Hinüberrollen den Rähmchendraht in die darunter befindliche Mittelwand.

Das Einlöten kann auch elektrisch erfolgen. Dann wird ein Transformator benötigt, der den Lichtstrom auf etwa 12 Volt reduziert. Die Ableitung vom Transformator erfolgt mittels Bananenstecker an zwei Leitungen, an deren Ende Krokodilsklemmen befestigt sind. Diese Klemmen werden an die Enden des Rähmchendrahtes geführt, der sich erwärmt und in die Mittelwand einsinkt.

Einschlagen des Schwarmes → Schwarmbehandlung

Einwabenkästchen (EWK) → Begattungskästchen

Einweiseln Das möglichst verlustfreie Einbringen einer neuen Weisel in ein Volk, einen Ableger oder ein Begattungsvölkchen. Es gibt verschiedene ↑ Zusetzmethoden. Voraussetzung ist in jedem Falle, daß die zu beweiselnde Einheit weisellos ist und auch keine Weiselzellen angesetzt hat. Vorhandene Weiselzellen müssen vor dem Zusetzen ausgebrochen werden.

Einwinterung Alle imkerlichen Maßnahmen, die die Voraussetzungen für eine verlustfreie ↑ Überwinterung der Bienenvölker schaffen. Dazu gehört zunächst die Entnahme aller unbebrüteten, also hellen Waben sowie der nicht vollständig ausgebauten Waben. Im Wintersitz des Volkes bleiben nur die Waben, die vom Bienenvolk voll besetzt sind. Alte Waben werden ausgesondert. Das Volk erhält danach bis Ende September sein Winterfutter (Wintervorrat). Als letztes werden die Maßnahmen zur Bekämpfung der ↑ Varroatose durchgeführt und das Volk mit Zeitungspapier und Matten warm verpackt sowie Mäuse- und Windschutz vor dem Flugloch oder der Fluglochnische angebracht. Die Imker, die ihre Völker zunächst kalt einwintern, verpacken sie erst warm im zeitigen Frühjahr, wenn die Bruttätigkeit im Volk beginnt. Es werden nur die Völker eingewintert, die aufgrund ihrer Stärke und Brutentwicklung auch eine gute Auswinterung erwarten lassen. Alle anderen werden vorher aufgelöst oder mit einem anderen Volk vereinigt.

Einzelauge → Sinnesorgane

Eischwarzsucht Form der ↑ Melanose. Infektionskrankheit der Weisel, die zu Unfruchtbarkeit führt. Dadurch gekennzeichnet, daß es infolge der Entzündungsprozesse in den Eierstöcken und Eileitern zu knollenförmigen Wucherungen mit dunklen Pigmentablagerungen kommt. Zuweilen werden auch Giftdrüse und Giftblase befallen. Infolge von Verklebungen und Vernarbungen der Eierstöcke und Eileiter werden Eireifung und Eiablage erheblich gestört bis völlig verhindert. Als Haupterreger gilt der 1936 von ÖRÖSI PAL erstmalig isolierte Fadenpilz *Melanosella mors apis*, jedoch scheinen auch andere Mikroorganismen, einschließlich Viren, die Weisel mit entzündlichen Prozessen in den Eierstöcken unter Bildung von Melanin unfruchtbar zu machen. Bewiesen ist das für einen hefepilzähnlichen Mikroorganismus, der auch Melanose anderer Organsysteme der Biene verursacht und erstmalig 1934 von FYG beschrieben wurde, sowie für *Aerobacter cloacae* aus der Familie der *Enterobacteriaceae*.

Eiumbettung → Weiselaufzucht

Eiweiß → Nährstoffe

Eizelle Das Bienenei stellt eine längliche, auf der Rückenseite leicht eingekrümmte, hellfarbene Zelle dar, die von einer festen Hülle, dem Chorion, umgeben ist. Ihm liegt innen eine feine Dottermembran an. Die Eilängen schwanken in Abhängigkeit von der Jahreszeit und dem Eiablagerhythmus zwischen 1,4 und 1,8 mm. So werden nach längerer Legepause von der Weisel zunächst verhältnismäßig kleine Eier produziert. Erst im Verlauf einer Woche erreichen sie wieder ihre durchschnittliche Länge. Der Eidurchmesser beträgt 0,25 bis 0,38 mm. Die Masse eines Bieneneies ergibt 0,12 bis 0,15 mg. Das Bienenei ist bilateralsymmetrisch geformt.

Die Eizelle setzt sich größtenteils aus Dottermasse (Vitellin) zusammen, die die Aufbaustoffe für die Keimesentwicklung (↑ Embryonalentwicklung) liefert. Gesteuert wird der Dotteraufbau bzw. die Vitellinsynthese durch das Vitellogenin, ein hochmolekulares Protein, das bei Königinnen, Arbeitsbienen und in geringerem Umfang auch bei Drohnen auftritt. Vitellogenin ist in der Blutflüssigkeit vorhanden. Die Syntheserate nimmt nach dem Imaginalschlupf stark zu, lange bevor die Produktion des Vitellins bzw. des Dotters in den sich entwickelnden Keimzellen einsetzt. Selbst während des Winters oder während des Schwarmvorganges wird bei der Weisel Vitellogenin aufgebaut, wodurch auch während dieser Lebensphasen der Weisel im Bedarfsfall die von der Dotterproduktion abhängige Entwicklung der Eizellen vonstatten gehen kann.

Die einzelnen Dotterbestandteile sind von kugeliger Beschaffenheit. Im Inneren der Eizelle sind die Dotterkugeln größer als an der Peripherie. Der Dotter wird nicht nur von einer zarten Plasmahülle eingeschlossen, sondern außerdem von feinen Plasmafäden durchzogen. Der Zellkern liegt ventral im vorderen Bereich der Eizelle. Er wird vom Eiplasma (Cytoplasma) umgeben. Im Chorion des vorderen Eipoles befindet sich eine winzige Öffnung, die Mikropyle. Sie stellt die Eintrittspforte für die Spermien zur Befruchtung der Eizelle dar. Auch an Drohneneiern, die nicht befruchtet werden, ist eine Mikropyle erkennbar. Im übrigen unterscheiden sich aber Drohneneier in mehrfacher Hinsicht von Eiern, aus denen weibliche Individuen hervorgehen.

Drohneneier sind im Durchschnitt länger und auch dicker als Arbeiterinneneier. Das elastische, auf der Oberfläche sechseckig gefelderte Chorion des Drohneneies ist zarter und neigt am Hinterende früher zum Aufplatzen, als dies bei Arbeiterinneneiern der Fall ist. Die Plasmastrukturen im Eiinneren sind bei befruchteten Eiern deutlicher als bei unbefruchteten, deren Dotterkugeln am vorderen Eipol auch nur unvollkommen zur Ausbildung gelangen. Die Ausprägung der larvalen Körpergrundgestalt vollzieht sich im Drohnenei langsamer als im befruchteten Ei. Die Zeitverzögerung beläuft sich am Ende der Embryonalentwicklung auf nahezu 10 Stunden.

Ektoparasiten → Parasitosen

Elaeagnus L. – Ölweide – *Elaeagnaceae*
– *angustifolia* L. – Schmalblättrige Ölweide
Mittelmeergebiet bis Asien. 5 bis 7 m hoher, oft dorniger Strauch oder kleiner Baum mit silbrigen Trieben und silbriggrüner Belaubung. Die kleinen, glockigen Blüten sind außen silbrig und innen gelb. Sie erscheinen in den Blattachseln der Jungtriebe und blühen von Anfang bis Ende Juni folgernd auf. Sie strömen einen intensiven Honigduft aus. Am Grunde der Blütenröhre, die

88 Elektrische Felder

aus einer einfachen Hülle besteht, findet sich reichliche Nektarabsonderung. Sehr anpassungsfähiges Gehölz, das sowohl auf extrem trockenen wie auch auf feuchtem Boden üppig gedeiht. Lichtbedürftig, benötigt vollsonnige Lage. Für Böden mit hohem Salzgehalt und für Industriegebiete aufgrund der Rauchhärte besonders geeignet. Sehr windfest, deshalb als Schutzgehölz an der Küste viel verwendet. Bildet keine Wurzelausläufer. Wird von Bienen gut beflogen.

– *umbellata* THUNB. – Doldige Ölweide
Wird nur etwa 4 m hoch und blüht von Mitte Mai bis Anfang Juni. Sie wirkt durch die gehäuft sitzenden, rötlichen Früchte sehr zierend. Gedeiht auf sandigen und steinigen Böden auch recht gut.

Elektrische Felder → Magnetorgan

Embryo Frühes Stadium des sich innerhalb der Eihülle entwickelnden Insektenorganismus (↑ Embryonalentwicklung), das dann beginnt, wenn sich nach erfolgter Keimblätterdifferenzierung Ekto- und Mesoderm auf der Dorsalseite des Eies geschlossen haben.

Embryonalentwicklung (Keimesentwicklung): Entwicklungsvorgänge im Ei (↑ Eizelle), die aus Furchungsprozessen, der Keimblätterbildung, Sonderung der Organanlagen und Gewebedifferenzierungen bestehen.
Furchung Zu Beginn dieser Entwicklungsphase wandert der Kern der Eizelle (weiblicher Vorkern) aus dem Bereich des Richtungsplasmas in das Eiinnere und verschmilzt hier mit einem der in die Eizelle eingedrungenen Spermakerne (männlicher Vorkern). Nach dem Verschmelzungsprozeß beider Vorkerne beginnen ungefähr 3 Stunden nach Eiablage die ersten Teilungsvorgänge im Bienenei. 7 Stunden danach haben die auf die Kernteilung folgenden Teilungsschritte dazu geführt, daß eine Hüllbildung um den zentral gelegenen Dotter erfolgen kann. Innerhalb dieser Hülle, dem Blastem, werden alsbald Zellgrenzen sichtbar. Die Zellen des Blastems sind

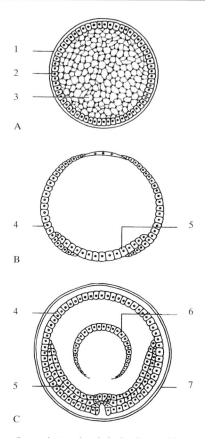

Querschnitte durch frühe Entwicklungsstadien des Honigbieneneies (nach SNODGRASS)
A Blastulastadium. Die Differenzierung der Keimblätter fehlt noch
B Die Sonderung der Keimanlage beginnt
C Beginnendes Embryonalstadium
1 Chorion 5 Mesodermanlage
2 Blastoderm 6 Entodermanlage
3 Dotter 7 Embryonalhülle
4 Ektoderm

zunächst gleichgroß, werden aber auf der Ventralseite schnell dicker. Hier entwickelt sich die Anlage der Keimblätter. Die Keimanlage differenziert sich in eine Mittelplatte, aus der das Mesoderm entsteht, und ein Paar Seitenplatten, die Ektodermanlagen, die nach weiteren Differenzierungsvorgängen den Keim schließlich umhüllen. Hinzu kommt eine Entodermanlage. Einstülpungen am vorderen und hinteren Pol der Wandschicht des Keimes, weitere Entwicklungsschritte im Bereich der Mesodermanlage und die Formierung eines Me-

Embryonalentwicklung 89

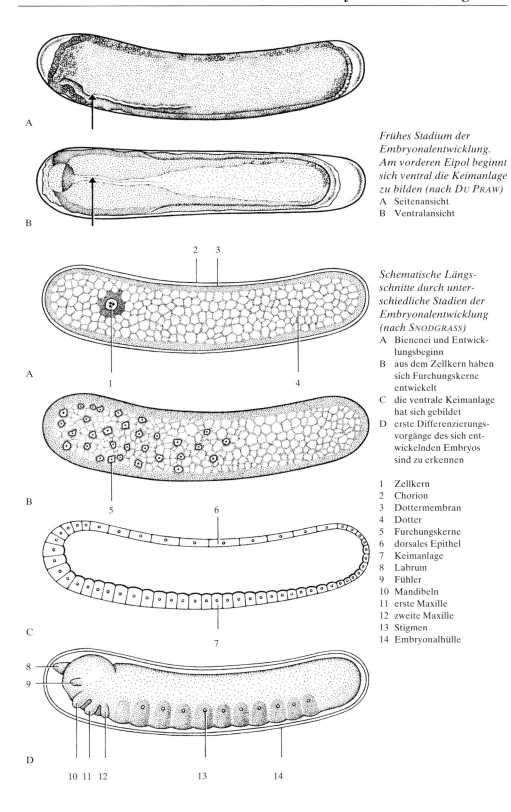

Frühes Stadium der Embryonalentwicklung. Am vorderen Eipol beginnt sich ventral die Keimanlage zu bilden (nach Du Praw)
A Seitenansicht
B Ventralansicht

Schematische Längsschnitte durch unterschiedliche Stadien der Embryonalentwicklung (nach Snodgrass)
A Bienenei und Entwicklungsbeginn
B aus dem Zellkern haben sich Furchungskerne entwickelt
C die ventrale Keimanlage hat sich gebildet
D erste Differenzierungsvorgänge des sich entwickelnden Embryos sind zu erkennen

1 Zellkern
2 Chorion
3 Dottermembran
4 Dotter
5 Furchungskerne
6 dorsales Epithel
7 Keimanlage
8 Labrum
9 Fühler
10 Mandibeln
11 erste Maxille
12 zweite Maxille
13 Stigmen
14 Embryonalhülle

sentoderms bilden die Grundlage für die Entwicklung des späteren ↑ Darmkanals. Vom Mesoderm wird weiterhin das Zellmaterial für den ↑ Herzschlauch und die Blutzellen (↑ Blutflüssigkeit) geliefert. Aus dem Ektoderm geht die ↑ Epidermis und damit die Körperhülle samt ihren cuticularen Bildungen sowie die cuticulare Auskleidung von Vorder- und Enddarm und ebenso der Tracheen (↑ Tracheensystem) hervor. Außerdem stammen ↑ Nervensystem und imaginale ↑ Oenozyten vom Ektoderm ab. Das Entoderm wird zum Mitteldarm. Nach ca. 53 Entwicklungsstunden beginnt sich der schon äußerlich gegliederte Larvenkörper weiter zu differenzieren. Es folgt die **Organsonderung,** die nach ungefähr 72 Stunden abgeschlossen ist. Damit ist die Embryonalentwicklung beendet und der Schlupf der Bienenlarve aus der Eihülle beginnt. Der Schlupfprozeß läuft allerdings nur dann regelmäßig ab, wenn die das Ei umgebende Luftfeuchte 90 bis 95 % beträgt. Bei weniger als 85 % treten schnell Austrocknungserscheinungen an der Eihülle auf und verhindern einen normalen Schlupfverlauf.

Emissionen Schadstoffe, verursacht durch Industrie und Hausbrand, auch in Autoabgasen enthalten, die in die Atmosphäre und von dort auf den Boden sowie ins Wasser gelangen. In ihnen können die für die Honigbienen gefährlichen ↑ Arsen- und ↑ Fluorverbindungen enthalten sein.

E-Mittel → Phosphororganische Verbindungen

Enddarm → Darmkanal

Endogene Rhythmik → Rhythmik des Verhaltens

Endomitose Verdopplung bzw. Vervielfachung der ↑ Chromosomen innerhalb eines Zellkerns ohne Auflösung der Zellkernmembran, so daß die Tochterchromosomen im Zellkern verbleiben. Der Zellkern enthält nach dem ersten Endomitoseschritt einen doppelten Chromosomensatz, der sich danach weiter verdoppeln kann. Die zunächst diploiden Zellkerne werden tetra-, okto- bzw. polyploid. Diploidisierung und Polyploidisierung treten bei der Honigbiene während der Larvalentwicklung (↑ Entwicklung) als echte intrazelluläre Wachstumserscheinungen auf, z. B. in den Fettkörperzellen der weiblichen Bienenlarven. Nachdem die Kastendifferenzierung erfolgt ist, kommt es zu Unterschieden im Polyploidisierungsgrad bei Weisel- und Arbeiterinnenlarven. Endomitosen sind auch in mehreren anfänglich haploiden Zellen verschiedener Gewebe der Drohnenlarven zu finden, beispielsweise in den Epithelzellen des Mitteldarmes (↑ Darmkanal), Hüllgewebszellen der Hoden (↑ Geschlechtsorgane) und in Stigmenzellen (↑ Tracheensystem).

Endoparasiten → Parasitosen

Energieumsatz beim Flug → Flügel

Enkaustik → Bienenwachs

Entdeckelungsgerätschaften Dienen dem Abheben der Wachsdeckelchen von den Zellen der Honigwaben (↑ Verdeckeln). Zum **Entdeckelungsgeschirr** gehören ein stabiles Drahtgestell, auf dem die Wabe in Schräglage fixiert werden kann, eine Honigabtropfschale sowie ein Gefäß zum Aufnehmen des Entdeckelungswachses. Das Entdeckeln erfolgt mit einer Entdeckelungsgabel oder einem -messer.

Die **Entdeckelungsgabel** ist im deutschsprachigen Raum das am häufigsten angewandte Entdeckelungsgerät. In einem etwa 6 cm breiten stabilen Blech mit einem festen, leicht gebogenen Griff stecken ca. 17 etwa 2 cm lange Nadeln. Schiebend und leicht wippend werden die Zelldeckel (Entdeckelungswachs) mit den Nadeln von den Zellen gehoben und allmählich auf das flache Blech geschoben, von dem sie dann in das Auffanggefäß abgestreift werden können.

Das **Entdeckelungsmesser** ist in vielen Varianten im Ausland weit verbreitet, kann auch mit Wasserdampf oder elektrisch beheizt werden. Es ist ein ähnlich der Fugenkelle gebogenes Werkzeug mit breiter zweischneidiger Klinge, die manchmal auch gezähnt ist. Der Elektroentdecker hat sich in der Praxis nicht bewährt. Es ist ein ähnlich der Entdeckelungsgabel zu führendes elektrisch beheiztes keilförmiges Messer, das auf der Wabe entlanggleitet. Farbtafel XXV

Entomophile Pflanzen Solche, deren Blüten auf Fremdbestäubung durch Insekten angewiesen sind.

Entomose Erkrankung, die durch parasitäre Insekten und/oder deren Nachkommenschaft hervorgerufen wird, z. B. ↑ Senotainiose.

Entweiseln Entnahme der Königin aus einem Volk. Dies ist zur Vorbereitung eines ↑ Pflegevolkes notwendig (↑ Weiselzucht) und wenn die Weisel infolge Alters oder wegen schlechter Leistung ausgewechselt werden soll. Sie wird leichter gefunden, wenn sie gezeichnet ist. Sie kann allein oder in einem Weisel- oder Zwischenableger (↑ Ableger) entnommen werden.

Entwicklung Sie läßt sich in Jugend- und ↑ Imaginalentwicklung unterteilen. Bei der Jugendentwicklung unterscheidet man ↑ Embryonalentwicklung, ↑ Larvalentwicklung und ↑ Puppenentwicklung.
Nicht aus jeder Larve entwickelt sich auch eine erwachsene Biene. Die Entwicklung der Larven wird durch den Zustand des Bienenvolkes, die Volksstärke, aber auch durch die Lage der Brutzellen im Brutnest und damit durch die Brutnesttemperatur, die am Rande des Brutnestes nicht optimal ist, mitbestimmt. Die günstigsten Bedingungen finden sich im Zentrum des Brutnestes. Hier entwickeln sich im Durchschnitt 80 bis 97 % der abgelegten Eier bis zum Imaginalstadium. Am Rand des Brutnestes ist

Entwicklungsdauer von Honigbienen (nach ZANDER/WEISS, etwas verändert)

Tag	Arbeiterin Entwicklungsstadium	Häutung	Weisel Entwicklungsstadium	Häutung	Drohn Entwicklungsstadium	Häutung
1	Ei		Ei		Ei	
2						
3						
4	L_1	1. zur L_2	L_1	1. zur L_2	L_1	1. zur L_2
5	L_2	2. zur L_3	L_2	2. zur L_3	L_2	2. zur L_3
6	L_3	3. zur L_4	L_3	3. zur L_4	L_3	3. zur L_4
7	L_4	4. zur L_5	L_4	4. zur L_5	L_4	4. zur L_5
8	L_5 (Streckmade)	Zellverdeckung	L_5 (Streckmade)	Zellverdeckung	L_5 (Streckmade)	
9						
10	Vorpuppe		Vorpuppe			
11			Puppe	5. zur Puppe (PuppenHäutung)	Vorpuppe	Zellverdeckung
12	Puppe	5. zur Puppe (Puppenhäutung)				
13						
14						5. zur Puppe (Puppenhäutung)
15					Puppe	
16			Imago	6. zur Imago (Imaginalhäutung)		
17						
18						
19						
20						
21	Imago	6. zur Imago (Imaginalhäutung)				
22						
23					Imago	6. zur Imago (Imaginalhäutung)
24						

Entwicklungsdauer

die Überlebensrate größeren Schwankungen (64 bis 0 %) unterworfen. Auf saisonale Schwankungen des Bruterfolges sei hingewiesen.

Entwicklungsdauer Sie umfaßt bis zum Erreichen des Imaginalstadiums bei Arbeitsbienen 21, Drohnen 24 und Weiseln 15 bis 16 Tage, wenn eine Brutnesttemperatur von 35 °C herrscht (Tabelle). Bereits bei geringfügigen Temperaturveränderungen ergeben sich Abweichungen. So tritt z. B. bei 30 °C eine Verzögerung der Entwicklungsdauer um 30 % ein, wobei sich auch die Brutsterblichkeit erhöht, die bei 29 °C auf 95 % ansteigen kann. Geringe Temperaturerhöhungen schädigen die Brut weniger als niedrigere Temperatur. Bei einer Dauereinwirkung von 36 °C gehen 8 %, bei 38 °C aber schon 48 % der Brut zugrunde. Bei Zimmertemperatur kann die Entwicklung kurzzeitig unterbrochen werden.

Entwicklungstracht → Tracht

Enzyme (Fermente) Hochmolekulare Eiweißkörper, die in sehr geringen Mengen als Biokatalysatoren wirken, d. h., biochemische Reaktionen auslösen oder aufrechterhalten, ohne selbst verbraucht zu werden. So zersetzt z. B. ein Molekül Katalase bei 0 °C pro Sekunde 40000 Moleküle H_2O_2.

Von besonderer Bedeutung sind u. a. die Verdauungsenzyme, die hochmolekulare Nahrungsstoffe in niedermolekulare Bausteine, wie Aminosäuren, einfache Zuckermoleküle, Glyzerin und Fettsäuren, zerlegen.

Hervorgehoben werden sollen die kohlenhydratspaltenden Enzyme (Carbohydrasen). Von ihnen seien die Amylase bzw. die Diastase erwähnt. Sie spalten Poly- und Oligosaccharide in kleinere Zuckerbausteine, hauptsächlich in Disaccharide. Glucosidasen, zu denen auch die Invertase

Bei der Honigbiene nachgewiesene Enzyme. Die Anzahl der Kreuze gibt den relativen Umfang der Enzymproduktion an (nach DARCHEN)

Herkunft \ Enzyme	Cytosin-Aminopeptidase	Leucin-Aminopeptidase	Valin-Aminopeptidase	saure Phosphatase	alkalische Phosphatase	Trypsin	Chymotrypsin	Phosphoamidase	α-Galactosidase	Esterase	Esterase-Lipase	Lipase	β-Galactosidase	β-Glucuronidase	α-Glucosidasen (Invertase)	β-Glucosidasen	β-Glucosaminidase	α-Mannosidase	α-Fucosidase
Mandibeldrüsen				++	+		+			+			+		+++	+ +			
Hypopharynx-drüsen	+++ +	+++ + +	+++ +++					+++ + ++	+++ +		+++				+++ +++	+++ +++ +	+++	++	++
Labialdrüsen (Kopfanteil)			++ +		+			+++ ++	+	+					+			+	+
Labialdrüsen (Thoraxanteil)			+++ + +					+++	+	+	+				+				
Mitteldarm	+++ +++ +++ +	+++ +++ +++ +	+++ +++ +++ +	+++ +++ +++	+++ +++ +++ +	+++ +++	+++ +++ ++ +	+++ +++	+++ ++	+++ ++	+++ +	+++	+++ +++ +++	+++ +++ +++	+++ +++ +++ +	+++ +++ +++ ++	+++ +++ ++	++ +	+++ +

gehört, führen durch enzymatische Spaltungsprozesse zur Entstehung von Monosacchariden. Bei den Glucosidasen wird eine α- von einer ß-Form unterschieden. In der Tabelle kommt die unterschiedliche quantitative Herkunft einer Anzahl von Enzymen bei der Honigbiene zur Darstellung.
Wie aus der Tabelle ersichtlich wird, zeichnet sich der Mitteldarm durch eine besonders vielseitige und reichliche Enzymproduktion aus. Die α-Glucosidasen aus den Hypopharynxdrüsen und dem Mitteldarm der Honigbienen spalten in kurzer Zeit: Saccharose, Maltose, Trehalose, Melezitose, Raffinose und auch Dextrine. Bei Mellibiose erfolgt ebenfalls ein enzymatischer Abbau, aber mit einiger Verzögerung. Die α-Glucosidase-Produktion ist in den gut entwickelten Hypopharynxdrüsen junger Bienen nur von geringer Bedeutung. Sie steigt aber bei 20 Tage alten Sommerbienen deutlich an, obwohl sich bei ihnen die Hypopharynxdrüsen nach Vollentwicklung während der Ammenbienenzeit bereits wieder verkleinert haben (↑ Arbeitsteilung). Auch alte Sommerbienen produzieren dieses Enzym in größerer Menge. Ebenso enthalten die Hypopharynxdrüsen der Winterbienen stets relativ viel α-Glucosidase.
Beim Zuckerabbau spielt ferner das Enzym Glucoseoxidase eine wichtige Rolle. Es spaltet Glucose in Gegenwart von Sauerstoff in Gluconsäure und das bakteriostatisch bzw. bakterizid wirkende Wasserstoffperoxid (H_2O_2). Dieses Enzym gelangt auch in den Honig. Die sogenannten Inhibine des Honigs ↑ lassen sich durch die Produktion des Wasserstoffperoxids erklären. Das H_2O_2 entfaltet seine höchste Wirkung im Augenblick der Entstehung (status nascendi).
Im Weiselfuttersaft sind neben Phosphatasen und einer unspezifischen Cholinesterase, die das im Weiselfuttersaft vorkommende Azetylcholin spaltet, kohlenhydratspaltende Enzyme nur in geringen Mengen vorhanden.
Aus dem Pollen sind neben zuckerspaltenden Enzymen Proteinasen, Katalase, Lipase und Phosphatase bekannt.

Epidermis Unter der Chitincuticula (↑ Chitinpanzer) gelegene Zellschicht, die aus länglichen, würfelförmigen oder flachen Zellen besteht. Die Epidermis wird vom Körperinneren durch eine nichtzelluläre Basalmembran abgegrenzt. Die Epidermiszellen scheiden nach außen Cuticulasubstanz ab, aus der sich durch Chitineinlagerung die Chitincuticula aufbaut.

Epilobium L. – *Onagraceae*
– *angustifolium* L. – Weidenröschen
Staude mit kräftigem Rhizom und unterirdischen Stockssprossen, 60 bis 140 cm hoch, die roten Blüten stehen am Ende der aufrechten Triebe in einer lockeren Traube, Blütezeit Juni bis August. Häufig in Laub- und Mischwäldern, an Waldrändern, auf Lichtungen und Kahlschlägen. Mäßiger Nektar- und mäßiger Pollenspender.

Epipharynx → Mundwerkzeuge

Erbanlagen → Gene

Erbfaktoren → Chromosomen

Erbgang Übertragungs- und Wirkungsweise der ↑ Gene, die sich in der Merkmalsausprägung (Phänotyp) widerspiegeln. Dominant ist der Erbgang, bei dem die eine Erbanlage die am entsprechenden Genort des Partnerchromosoms vorhandene unterdrückt (rezessives Gen). Ein Beispiel für rezessive Vererbung ist die lederbraune Cuticulafärbung der Honigbiene (Cordovanbraun), während die dunkle Panzerfarbe über das Cordovanbraun dominiert, also dominant vererbt wird. Treffen im Erbgut Gene für dunkle und lederbraune Farbe aufeinander, sehen die Bienen mit diesen Erbanlagen dunkel aus.

Erbpfad Weg der Übertragung der ↑ Gene von den Eltern auf die Nachkommen.

Erbsenstrauch → Caragana

Erbwert Genotypische Veranlagung eines Organismus (↑ Vererbung). Kann aufgrund von Eigen-, Vorfahren- und Verwandtenleistungen eingeschätzt werden.

Erica L. – *Ericaceae*
– *carnea* L. (= *herbacea* L.) – Schneeheide
Alpen, Apenninen. Immergrünes, niedriges, etwa bis 30 cm hoch werdendes Zwerggehölz mit nadelartiger Belaubung. Die kleinen, krugförmigen, dunkelrosa gefärbten Blüten erscheinen von Februar bis April an den Enden der Triebe. Ziemlich winterhart. Für sonnige Lage. Im Schatten bald spillrig und unschön werdend. Diese Art ist kalkverträglich, gedeiht jedoch am besten auf leicht sauren, frischen Böden, auch auf Sandböden bei genügender Bodenfeuchtigkeit. Eines der am frühesten blühenden Bienenweidegehölze, das in keinem Imkergarten fehlen sollte. Guter Nektar- und Pollenspender. Auch Sorten in Weiß, Dunkelrot, Rosa. Manche schon im Dezember blühend ('Winter Beauty'), andere erst ab März (z. B. 'Vivellii').
Farbtafel XXIV

– *tetralix* L. – Glocken- oder Moorheide
West- und Mitteleuropa. Alle *Erica-tetralix*-Sorten benötigen saure, kalkfreie und feuchte Böden. Sie blühen von Juni bis September in Silberweiß, Rosa, Dunkelrot oder Lachsrosa. 20 bis 30 cm hochwachsend.

Erle → Alnus

Ernährung → Nahrung

Erprobzucht Sie erfolgt mit einem gekörten Bienenvolk mit unvollständigen Angaben zur Abstammung.

Erregerphase → Vergiftungsphänologie

Erschütterungssinn → Sinnesorgane

Erwachsene Biene → Imago

Erweiterung Zuhängen von ↑ Waben oder ↑ Mittelwänden, damit das Volk mehr Raum erhält und sich ausdehnen kann. Ist besonders bei aufsteigender Volksentwicklung im Frühjahr und bei ↑ Ablegern oder ↑ Schwärmen, die langsam an Volksstärke zunehmen, notwendig. Erweitert wird bei ↑ Hinterbehandlungsbeuten, wenn die letzte Wabe voller Bienen ist. Dabei wird im zeitigen Frühjahr die Erweiterungswabe ans Brutnest gehängt, während etwa z. Z. der Kirschblüte bei entsprechender Volksstärke mehrere Waben gegeben und einzelne dabei auch ins Brutnest gehängt werden können. Ist der Brutraum voller Bienen, kann die Erweiterung nur über die Freigabe des ↑ Honigraumes erfolgen. Dabei werden vielfach verdeckelte Brutwaben in den Honigraum gehängt, so daß dafür ins Brutnest Waben und Mittelwände gegeben werden können. Bei ↑ Magazinen erfolgt die Erweiterung, wenn die Bienentraube in allen Wabengassen zum ↑ Unterboden oder ↑ Bodenbrett durchhängt. Erweitert wird mit einer ↑ Zarge, die vorher bereits mit Waben in der Mitte und mit Mittelwänden daneben ausgestattet wurde. Hat das Volk in zwei Zargen überwintert, wird die neue Zarge meist zwischen beide geschoben, während bei der Überwinterung des Volkes in einer Zarge die neue Zarge sowohl über sie als auch unter sie gestellt werden kann. Zur besseren Annahme der neuen Zarge hängen einige Imker zwei Brutwaben in die neue Zarge um, während sie deren Platz in der alten Zarge dann mit Leerwaben ausfüllen. Das Ausmaß der Erweiterung wird auch durch Tracht und Witterung bestimmt.

Esparsette → Onobrychis

Essigbaum → Rhus

Euodia – I. R. et G. Forst – *Rutaceae*
– *hupehensis* Dode. – Bienenbaum, Stinkesche
China. Kleiner Baum oder Großstrauch von 6 bis 12 m Höhe und breiter Krone. Große unpaarig gefiederte Blätter. Beim Zerreiben strömen diese einen unangenehmen Geruch aus, der dem Gehölz den Namen Stinkesche einbrachte. Von *Phellodendron* gut durch die freien Knospen in den Blattachseln zu unterscheiden. Die kleinen, grünlichweißen Blüten erscheinen in riesiger Zahl von August bis Anfang September in großen, endständigen Doldenrispen. In der Heimat ist diese Art ein Bewohner feuchter Bergwälder und Waldränder.

Nach bisherigen Erfahrungen bevorzugt sie bei uns nährstoffreiche, frische, jedoch genügend durchlässige Böden und geschützte Lage. Infolge der Starkwüchsigkeit und schlechten Holzausreife in der Jugend friert das Holz in strengen Wintern zurück. Zudem ist der junge Austrieb sehr empfindlich gegen Spätfröste. Ältere, große Sträucher sind jedoch recht frostwiderstandsfähig. Wird von Bienen stark beflogen. Gilt als sehr guter Nektar- und Pollenspender. Andere Arten, wie –*daniellii* (BENN.) HEMSL. oder –*velutina* REHD. et WILS., sind weniger verbreitet, besitzen aber den gleichen Bienenweidewert.
Farbtafel VII

Europäische Faulbrut → Faulbrut, Gutartige

Eversion → Stülpen

Evolution (Stammesgeschichte): Die Verwandtschaftsgruppe der Bienenartigen, zu der die Honigbienen gehören (↑ Apoidea), dürfte aus wespenähnlichen Vorfahren entstanden sein. Erst mit der Entwicklung der Blütenpflanzen in der Unteren Kreidezeit (Kreideformation 135 bis 65 Mio Jahre) können sich Insekten entwickelt haben, deren Nahrung aus Nektar und Pollen bestand. ↑ Fossile Bienen, die Ähnlichkeit mit unseren heutigen Honigbienen haben, sind aus der geologischen Epoche des Tertiärs (61 bis 1 Mio Jahre) bekannt. Sie traten erstmals im Eozän (40 bis 50 Mio Jahre) auf, sind als Bernsteininklusen erhalten und in der Gattung *Electrapis* zusammengefaßt worden. Diese Formen besaßen bereits Merkmale, die wir auch von den gegenwärtig lebenden stachellosen Bienen (Meliponen), den Hummeln, aber auch unseren Honigbienen kennen. Aus den Frühformen der Bienenvorfahren sind im Verlaufe des Tertiärs drei Entwicklungslinien hervorgegangen, die zu den Hummelartigen, den stachellosen Bienen und den echten Honigbienen hingeführt haben.
Letztere erscheinen zuerst im Miozän (25 bis 12 Mio Jahre). Die damals lebenden Bienen sahen der rezenten *Apis dorsata* recht ähnlich (↑ Bienenarten). Nach der Entwicklung des *Apis*-Typs im Mittleren Tertiär erfolgte dann allerdings erst viel später – am Ende des Tertiärs bzw. zu Beginn des Pleistozäns (Eiszeit) – ein zweiter Entwicklungsschub, bei dem der Mehrwabenbau auftaucht, das Thermoregulationsvermögen erworben und damit die Ausbreitung der Honigbiene in solche Gegenden der Erde möglich wurde, in denen es durch saisonale Temperaturschwankungen Kühle- bzw. Kälteperioden gibt. Im Ergebnis dieses Evolutionsschrittes entstanden die beiden Arten *Apis mellifera* und *A. cerana*. Danach erfolgten weitere Differenzierungen, die zur Herausbildung der ↑ Bienenrassen geführt haben.

EWERT, RICHARD *23.2.1867 in Greifswald, †25.7.1945 in Berlin. Nach dem Studium der Naturwissenschaften Dozent am Pomologischen Institut für Obst- und Gartenbau in Proskau bei Oppeln. Bis 1924 Direktor dieses Instituts. Danach Professor an der landwirtschaftlichen Forschungsanstalt in Landsberg/Warthe. Bahnbrechende Untersuchungen über die Befruchtungsverhältnisse bei Obstgehölzen, Kleearten, Raps und anderen Bienenweidepflanzen. Umfangreiche Beschreibungen der Nektarien. Neben zahlreichen Beiträgen in Imkerzeitungen Hauptwerk: "Blühen und Fruchten der insektenblütigen Garten- und Feldfrüchte unter dem Einfluß der Bienenzucht" (1928) und „Die Honigbiene als wichtigste Gehilfin im Frucht- und Samenbau" (1939).

EWK, Einwabenbegattungskästchen → Begattungskästchen

Exkrete Abfallprodukte des Stoffwechsels, die im wesentlichen über die ↑ Malpighischen Gefäße ausgeschieden oder in Exkretzellen des ↑ Fettkörpers gespeichert werden. Bei den Exkreten der Honigbiene handelt es sich in erster Linie um Harnsäure, harnsaure Natrium-, Kalium- und Ammoniumsalze, ferner um Leucin, Phosphate, Calciumoxalat und Calciumcarbonat. Die Exkrete sammeln sich im Endabschnitt der exkretorisch tätigen Zellen der Malphighischen Gefäße und werden über deren bewimperte Zelloberfläche in das Gefäßlumen abgegeben. Von hier aus gelangen sie in den Enddarm (↑ Darmkanal).

Expositionszeit Zeitraum, in dem ein Testobjekt dem Prüfmittel ausgesetzt wird. Bei der Prüfung der Bienenverträglichkeit betragen die Expositionszeiten in der Regel 48 bzw. 72 Stunden.

Extremitäten → Beine

Exzitationsphase → Vergiftungsphänologie

F

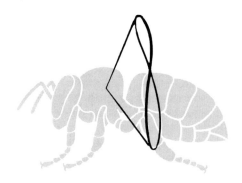

Flügelbewegung beim Fächeln. Die von der Flügelspitze beschriebene Kurve verläuft in einer Achterschleife

Facettenaugen → Sinnesorgane

Fächeln Von Arbeitsbienen im Stand ausgeführtes Flügelschwirren bei einer Flügelschlagfrequenz von durchschnittlich 120, ausnahmsweise auch 150 Hz (1 Hz = 1 Schwingung pro Sekunde), das dazu dient, Luft in Bewegung zu versetzen und einen Luftstrom zu erzeugen, der bei einer zu hohen Temperatur im Brutnestbereich überschüssige Wärme ableiten kann.
Das gleiche gilt für einen zu hohen Feuchtegehalt in der Bienenwohnung. Durch den Fächelstrom wird zugleich Frischluft zugeführt, und mit der Luftbewegung werden ↑ Pheromone in der Sozialgemeinschaft des Bienenvolkes verteilt. Beim Fächeln können 0,4 bis 1,0 l Luft pro sec. ausgetauscht werden. Am Flugloch beginnen die Bienen, meist Sammlerinnen, zu fächeln, wenn sie den im Beuteninneren erzeugten und aus dem Flugloch austretenden Fächelstrom wahrnehmen.
Die europäischen Bienen stehen dabei mit dem Kopf zum Flugloch, *Apis cerena* entgegengesetzt.
In der Grundform der Flügelbewegungen stimmen Fächeln und Fliegen miteinander überein, da in beiden Fällen die ↑ Flügel auf- und abbewegt werden. Dennoch gibt es zwischen beiden Bewegungsweisen auffällige Unterschiede:
1. in der Schlagfrequenz (Geschwindigkeit in der Bewegung der Vorderflügelspitze)

Flügelbewegung im Flug. Die von der Spitze des Vorderflügels beschriebene Kurve gleicht einer sehr flachen doppelten Achterschleife. Charakteristisch ist die Neigung der Flügelfläche (nach MORSE/HOOPER)

2. in der Flügelstellung: die sich nahezu in einer Ebene bewegenden Flügelspitzen beschreiben im Flug Bahnen, die um ca. 130° gegen die Anströmrichtung nach hinten geneigt sind, so daß die Flügel von hinten oben nach vorn unten und umgekehrt bewegt werden. Beim Fächeln werden die Flügelspitzen in Bahnen geführt, die in zwei annähernd senkrechten, auf transversalen, etwas nach hinten geschwenkten Ebenen liegen. Fächeln und Fliegen stellen demnach zwei gesonderte Bewegungsweisen der Flügel dar. Vom ↑ Sterzeln unterscheidet sich das Fächeln dadurch, daß die Duftdrüse (↑ Nassanoffsche Drüse) bei letzterem nicht ausgestülpt wird.
Farbtafel XXVIII

Fagopyrum MILL. – *Polygonaceae*
– *esculentum* MOENCH – Buchweizen
Mittelasien. Einjährig, aus einer verzweigten Pfahlwurzel bildet sich der aufrechte und bis zu 80 cm hohe Stengel. Herzförmige Blätter. Die weißen bis rosaroten Blüten stehen in kurzen büscheligen Trauben, Blütezeit Juli bis Oktober. Angebaut als Grünfutter- und Körnerpflanze. Sehr guter Nektar- und guter Pollenlieferant.

Faktorenkrankheit, Faktorenseuche Erkrankung, deren Ausbruch, Ausmaß und Schwere des klinischen Verlaufs vom Wirken bestimmter Umweltfaktoren abhängt. Bei den faktorenbedingten Bienenkrankheiten lassen sich 3 Arten unterscheiden:
1. Erkrankungen, die primär nicht von Krankheitserregern verursacht werden, aber seuchenhaft in Erscheinung treten, weil meist alle Völker eines Bienenstandes den gleichen schädigenden Umweltfaktoren ausgesetzt sind (↑ Ruhr).

2. Krankheiten, die durch fakultativ (bedingt) pathogene Erreger verursacht werden, die ihre krankmachende Wirkung erst dann entfalten können, wenn die Widerstandskraft des Bienenvolkes durch negative Umwelteinflüsse gemindert ist (↑ Nosematose).

3. Krankheiten, die durch obligat (unbedingt) pathogene Erreger verursacht werden, deren Verlauf hinsichtlich Schwere und Ausmaß jedoch maßgeblich von Umweltfaktoren abhängen (↑ Kalkbrut).

Fallout Radioaktiver Niederschlag, der als Staub oder gebunden an Regen bzw. Schnee oftmals weit entfernt von der Emissionsquelle wieder auf die Erde gelangt.

Fangwabe → Bannwabe

Farbanstrich → Anstrich der Beuten

Farbensehen → Sinnesorgane

Färbung (Chitinpanzer) ↑ Kopf und ↑ Brustabschnitt sind meist dunkel gefärbt, am ↑ Hinterleib der Imagines, und hier insbesondere an den Segmenten 3 bis 5, treten indessen je nach geographischer Herkunft in unterschiedlichem Umfang gelbe bis bräunliche Zeichnungsmuster auf. Bei Arbeitsbienen und Drohnen sind diese Aufhellungen deutlicher ausgeprägt als bei Weiseln. Bei Drohnen lassen sich die Abdominaltergite oftmals in mehrere verschieden gefärbte Bezirke aufteilen.

Bei den Arbeiterinnen erscheint die Hellfärbung im vorderen Bereich des Hinterleibes häufig in Form seitlich gelegener sogenannter gelber Ecken oder die Tergite sind gänzlich gelb gefärbt. Auch das Scutellum (Schildchen) (↑ Brustabschnitt) kann gelb, bräunlich oder auch mischfarbig gezeichnet sein (z. B. *Apis cerana*).

Die in Mittel-, West- und Nordeuropa ursprünglich heimische Bienenrasse Apis m. mellifera (↑ Bienenrassen) war vor Beginn der zahllosen Kreuzungen, die seit mehr als 100 Jahren vorgenommen werden, überwiegend dunkel gefärbt. Italienerbienen hingegen zeichnen sich vielfach durch Gelbfärbung aus. Auch bei den südosteuropäischen Bienen ist die teilweise gelbe Panzerfärbung des Hinterleibes verbreitet. Wie in Europa wechseln auch auf dem afrikanischen Kontinent dunkle mit hellfarbenen Bienenrassen ab. Auffällig gelb gezeichnete Bienen mit hellem Schildchen gehören als Goldbienen italienischen, cyprischen oder syrischen Herkünften an. Aber auch nigristische, ausgesprochen dunkel pigmentierte Formen können innerhalb verschiedener geographischer Rassen vorkommen. In ein und demselben Volk kann eine Umfärbung der aufeinanderfolgenden Generationen von Arbeitsbienen eintreten, die auf die Mehrfachpaarung der Weisel zurückzuführen ist.

Die in den Wabenzellen heranwachsenden ↑ Larven sind stets hell gefärbt. Die Chitincuticula der ↑ Puppen nimmt mit fortschreitendem Alter allmählich die Dunkelfärbung der Imagines an. Die endgültige Ausfärbung erfolgt aber erst nach dem Schlupf der erwachsenen Biene.

Der Färbung des ↑ Chitinpanzers von Arbeiterinnen und z. T. auch der Drohnen wurde früher in der Bienenzüchtung eine große Bedeutung beigemessen. Heute weiß man, daß ohne Berücksichtigung weiterer Körpermerkmale damit geographische Rassen oder gar Zuchtstämme nicht sicher voneinander zu trennen sind.

Faulbaum → Rhamnus

Faulbrut, Bösartige Auch Amerikanische Faulbrut genannt. Eine durch den *Bacillus larvae* hervorgerufene ansteckende Erkrankung der Bienenbrut mit seuchenhaftem Charakter. Weltweit verbreitet.
↑ Anzeigepflicht! Eine gesundheitliche Gefährdung des Menschen durch den Erreger oder kontaminierte Bienenprodukte besteht nicht.
Die Hauptsymptome sind stehengebliebene Brutzellen mit eingesunkenen, später rissigen, löchrigen Zelldeckeln mit schleimig-fadenziehendem Zellinhalt, der zu Schorfen am Zellengrund eintrocknet.
Die Diagnosestellung obliegt veterinärmedizinisch-diagnostischen Laboratorien, die Seuchenbekämpfung dem Veterinärwesen.
Ätiologie, Erreger Der spezifisch und obligat bienenpathogene *Bacillus larvae* WHITE ist ein aerober Sporenbildner mit den Maßen von 2,5 bis 5,0 µm × 0,5 bis 0,8 µm.
Er ist allseitig begeißelt, träge beweglich und bildet endständig oder fast endständig gelegene Sporen, die äußerst widerstandsfähig sind und in der Umwelt, wie z. B. in den Fugen der Beuteninnenwände oder in eingetrockneten Madenresten (Faulbrutschorf), jahrzehntelang lebensfähig bleiben. Einer 10 %igen Chloraminlösung widerstehen sie tagelang, und selbst in einer 3- bis 10 %igen Formalinlösung überdauern sie Stunden. Die vegetativen Formen des Erregers sind empfindlich gegen Sulfonamide, (Sulfathiazol-Natrium) und Antibiotika (Tetrazykline), was zu Therapieversuchen verleitet. In letzter Zeit werden zunehmend Resistenzerscheinungen bei den Erregerstämmen festgestellt.
Anzucht und Identifizierung des Erregers und damit seine Abgrenzung von den Erregern der Gutartigen Faulbrut und anderen Bazillen erfolgt in allen Ländern nach bestätigten Arbeitsanweisungen zur Labordiagnostik der Faulbrut der Bienen und obliegt speziellen Laboratorien in veterinärmedizinisch-diagnostischen Einrichtungen.
Pathogenese, klinische Symptome, Krankheitsverlauf Empfänglich für die Infektion und Erkrankung ist nur die Bienenbrut. *Bacillus larvae* ist nur in der Sporenform in der Lage, die Bienenmaden anzustecken; offenbar enthält die Kapselsubstanz einen entscheidenden Virulenzfaktor. Die Ansteckung der Maden erfolgt wohl schon in den ersten Tagen nach dem Schlupf aus dem Ei durch Aufnahme von sporenhaltigem Futtersaft. Die Erkrankung wird aber erst bei der Streckmade, meist erst nach dem Verdeckeln, klinisch manifest. Zur Infektion ganz junger Maden sollen schon 10 Sporen ausreichend sein.
Die Sporen keimen aus, der Erreger vermehrt sich massenhaft, seine toxischen Stoffwechselprodukte, Proteasen, töten die Larve und zersetzen schließlich das Gewebe zu einer hell- bis kaffeebraunen, schleimigen, fadenziehenden Masse, häufig mit käsig-knochenleimartigem Geruch, die schließlich in der Zellenrinne zu festhaftenden, dunkelbraunen bis schwarzen Schorfen eintrocknet. Während dieses Vorganges sporuliert der Erreger wieder zu seinen äußerst infektiösen und widerstandsfähigen Dauerformen.
Da Tod und Gewebszerfall der Maden überwiegend in schon verdeckelten Zellen eintreten, geben lückenhaftes Aussehen der Brut und stehengebliebene Zellen mit abgeflachten bis leicht eingesunkenen und häufig rissigen Zelldeckeln wertvolle diagnostische Hinweise.
Farbtafel XII
Der Krankheitsprozeß beginnt in der Regel schleichend und schreitet nur langsam voran. Bei gutem Putzverhalten der Arbeitsbienen werden anfangs alle oder nahezu alle erkrankten Larven entfernt. Erst mit fortschreitender Erkrankung erlahmt der Putztrieb. Eine Selbstheilung tritt nicht ein, der völlige Zusammenbruch des erkrankten Volkes erfolgt häufig erst in 1 bis 3 Jahren nach Beginn der Erkrankung.
Diagnostik Stehengebliebene Brutzellen mit eingesunkenen, löchrigen Zelldeckeln sind ein wichtiges Verdachtsmoment. Dann bedient man sich der sogenannten Streich-

holzprobe: Taucht man ein Streichholz in verdächtige Wabenzellen mit schleimigem Inhalt, so läßt sich dieser bei Bösartiger Faulbrut fadenziehend herausheben. Die Streichholzprobe funktioniert nicht mehr, wenn die schleimige Masse zu Schorfen eingetrocknet ist. Wegen der Gefahr der Übertragung der Seuche ist für jedes zu untersuchende Volk ein gesondertes Streichholz zu verwenden und dieses anschließend zu verbrennen!

Farbtafel XII

Die Faulbrutschorfe haben ein dunkelbraunes bis schwarzes Aussehen und haften relativ fest in der Zellenrinne und am Zellenboden. Am Zellenrand sind sie von den Putzbienen häufig abgenagt und abgetragen worden. Sie sind kaum zu verwechseln mit Ruhrkot, der in die Zellen hineinläuft und deshalb nicht am Zellenboden, sondern am Zellenrand in der Bodenrinne klebt.

Die klinischen Symptome lassen keinen sicheren Schluß auf die Art der Erkrankung und damit die Abgrenzung der Gutartigen Faulbrut zu. Zur labordiagnostischen Untersuchung ist ein klinisch verdächtiges Wabenstück ohne Rahmen und Futterkranz drucksicher in fester Umhüllung und in Folienbeuteln verpackt an die zuständige veterinärmedizinisch-diagnostische Einrichtung einzusenden. Die Sendung ist als infektiöses Material zu kennzeichnen.

Epizootiologie Quelle der Infektion sind latent infizierte oder klinisch faulbrütige Bienenvölker. Der Erreger ist so spezifisch wirtsadaptiert, daß Kolonien anderer sozialer Insekten (Wespen, Hummeln) keine Rolle im epizootischen Prozeß spielen. In den befallenen Völkern ist praktisch alles infiziert bzw. kontaminiert, dementsprechend vielfältig sind die möglichen Übertragungswege.

Innerhalb befallener Bienenstände überträgt meistens der Imker die Infektion von Volk zu Volk durch Wabenaustausch, Feglingsbildung und kontaminierte Gerätschaften. Die Verschleppung von Stand zu Stand erfolgt meistens durch Wiederverwendung von faulbrutverseuchten Leerbeuten, Einfangen fremder Schwärme, Drohnenbesuche, Verfüttern kontaminierten Honigs, Räuberei. Aufgegebene Stände mit abgestorbenen Bienenvölkern, deren Vorräte von den Bienen der Nachbarschaft aufgespürt und umgetragen werden, können Ursache wiederholter und raumgreifender Seuchenausbrüche sein und verdienen neben verseuchten Importhonigen das Hauptaugenmerk im epizootischen Prozeß.

Prophylaxe, Behandlung, Bekämpfung Für die Bösartige Faulbrut besteht weltweit Anzeige- und Bekämpfungspflicht. Bei Erstausbrüchen in bislang faulbrutfreien Territorien ist auf die Liquidierung des Erregers durch Vernichtung aller Bienenvölker des befallenen Bestandes hinzuarbeiten. In verseuchten Gebieten ist die Seuchentilgung und Erregereliminierung problematisch, da sich die Infektion häufig versteckt in außer Kontrolle geratenen Schwärmen und Wildvölkern hält. Unabhängig davon sollte an dem bewährten Grundsatz festgehalten werden, erkrankte Völker abzutöten und samt Wabenwerk unschädlich zu beseitigen (zu verbrennen). Tierarzneimittel zur Sanierung der Bösartigen Faulbrut sind lediglich für den flankierenden Schutz klinisch noch gesunder Völker anzuwenden. Die zunehmende Resistenz von Faulbruterregerstämmen gegen Antibiotika und Sulfonamide gebietet, in jedem Fall die zur Anwendung beabsichtigten Mittel am Erregerisolat aus dem konkreten Seuchengeschehen auf Wirksamkeit zu testen.

Die Seuchenbekämpfung gehört in die Hand des Veterinärwesens. Schon bei Feststellung des Seuchenverdachtes wird der Bienenstand gesperrt. Der Imker darf Bienen, Weiseln, Wabenbau, Wachs und Honig sowie Bienenwohnungen und Imkereigerätschaften nicht vom Bienenstand entfernen, auch keine Waben von Bienenvolk zu Bienenvolk umhängen. Die Fluglöcher sollen zur Vermeidung von Räuberei eingeengt und die Schwarmbildung unter allen Umständen verhindert werden.

Nach bestätigter Diagnose wird um den verseuchten Bienenstand eine ↑ Sperrzone von 3 bis 5 km und die Untersuchung aller Bienenvölker in der Sperrzone angeordnet. Diese Untersuchung ist nach 6 bis 8 Wochen und spätestens 9 Monate nach Tötung oder

Behandlung der Völker des verseuchten Bienenstandes und am besten nochmals im darauffolgenden Frühjahr, 4 bis 8 Wochen nach Brutbeginn, zu wiederholen. Bewegliche Bienenstände dürfen von ihren Standorten in Sperrzonen nicht entfernt werden.

Auch auf dem verseuchten Stand sind, soweit er nicht vollständig liquidiert wird, mehrere Nachkontrollen in den folgenden Monaten und in der nächstfolgenden Brutsaison unerläßlich. Es steht außer Zweifel, daß zur Zeit der Feststellung der Bösartigen Faulbrut auf einem Bienenstand die Seuche dort schon einige Zeit vorhanden und in der Entwicklung war, der Erreger in Form seiner äußerst widerstandsfähigen Sporen sich also bereits in allen Vorräten, Waben und Bienenprodukten befindet. An den Sporen aber sind Antibiotika und Sulfonamide wirkungslos. Wenn also eine Heilbehandlung mit Antibiotika oder Sulfonamiden einen Sinn haben soll, muß das Medikament mindestens fünfmal über einen längeren Zeitraum verabreicht werden. Trotzdem ist damit zu rechnen, daß Sporen irgendwo überdauern. Heilbehandlungen haben bei der Bösartigen Faulbrut bisher stets nur zu Scheinerfolgen, nicht aber zur Tilgung der Seuche geführt.

Der Versand von Wabenwerk und Wachs aus faulbrutverseuchten Bienenständen an die verarbeitende Industrie hat in transportsicheren und bienendicht verschlossenen Behältnissen, als Seuchenwachs gekennzeichnet, zu erfolgen. Honig aus solchen Beständen ist bienensicher aufzubewahren und am besten in bienenflugfreien Zeiten der Backwarenindustrie zuzuführen. Seuchenwachs- und honigverarbeitende Betriebe unterliegen der Kontrolle des Veterinärwesens. Die Reinigung ist intensiv vorzunehmen, die Desinfektion muß alle in den letzten Jahren benutzten Imkereigeräte umfassen. Für die Desinfektionsmaßnahmen im Zusammenhang mit der Bekämpfung der Bösartigen Faulbrut eignen sich am besten Formalin (4 %ig), Fesiaform (5 %ig) und heiße Soda- bzw. Ätznatronlösungen 5 bis 3 %ig). Wo möglich, sind verseuchte Utensilien zu autoklavieren. Gereinigte und desinfizierte Beuten sind zusätzlich mit Lötlampe oder Propangasbreitbrenner abzuflammen.

Faulbrut, Gutartige Auch Europäische Faulbrut oder Sauerbrut genannt. Bezeichnung für einen nichteinheitlichen Komplex ansteckender Brutkrankheiten, hervorgerufen durch eine ganze Gruppe von Erregern, die in den Erkrankungsfällen selten einzeln, meist in verschiedenen Kombinationen als Mischinfektion gefunden werden. Dazu gehören *Bacillus alvei, Bacillus laterosporus, Streptococcus pluton, Streptococcus faecalis, Achromobacter eurydice* u. a. Der Begriff Europäische Faulbrut ist irreführend, da sie in Amerika ebenso auftritt, wie die Amerikanische Faulbrut (Bösartige) in Europa.

Sauerbrut bezeichnet den Sachverhalt, daß den befallenen Waben oft ein säuerlicher Geruch entströmt, besonders wenn *Streptococcus faecalis* ursächlich mitbeteiligt ist. Inwieweit es gerechtfertigt ist, die sogenannte Parafaulbrut, mit dem *Bacillus paraalvei* als Erreger, als eigenständige Erkrankung abzugrenzen, bleibt dahingestellt.

Der Begriff Gutartige Faulbrut soll zum Ausdruck bringen, daß – im Gegensatz zur Bösartigen Faulbrut – eine Selbstheilung eintreten kann. Er verharmlost allerdings die Realität; an Gutartiger Faulbrut können Bienenvölker massenhaft zugrunde gehen. Es besteht international ↑ Anzeige- und Bekämpfungspflicht, zumal klinisch eine Unterscheidung nicht möglich ist.

Ätiologie, Erreger Die Ätiologie der Erkrankung ist nicht einheitlich. Auf die Charakterisierung der oben genannten vielzähligen Erreger soll an dieser Stelle verzichtet werden, zumal ihre Isolierung und Identifizierung Aufgabe von veterinärmedizinisch-diagnostischen Speziallaboratorien ist.

Pathogenese, klinische Symptome, Krankheitsverlauf Je nach Erregerspektrum erkrankt sowohl verdeckelte als auch unverdeckelte Brut. Zweifellos gehört die Gutartige Faulbrut zu den ↑ Faktorenseuchen. Einerseits läßt sie sich leicht mit Waben aus erkrankten Völkern verschleppen, andererseits blieben gezielte Infektionsversuche häufig ergebnislos; selbst schwerstbefallene Waben wurden von gesunden Leistungsvölkern schadlos beräumt. Die Streßfaktoren, die Ausbruch und Verlauf der Erkrankung begünstigen, sind nicht völlig geklärt, klimatische Einflüsse stehen jedoch außer Zweifel. Das Krankheitsbild der Gutartigen Faulbrut ist aufgrund des breitgefächerten Erregerspektrums außerordentlich unterschiedlich. Der Erreger wird von der Made mit dem Futtersaft aufgenommen, keimt aus (sofern es sich um einen Bacillus handelt), vermehrt sich massenhaft, und seine Stoffwechselprodukte töten und zersetzen die Made zu einer übelriechenden, schleimigen und zum Teil auch fadenziehenden Masse, die schließlich in der Zellenrinne zu einer schwarzbraunen krümeligen bis schorfigen Masse eintrocknet. Im Gegensatz zu den Schorfen bei Bösartiger Faulbrut lassen sich diese Rückstände mit einer Pinzette leicht ablösen. Lückenhafte Brut sowie eingesunkene und rissige Zelldeckel ähneln dem Bild bei Bösartiger Faulbrut, jedoch läßt sich der Zelleninhalt bei der Streichholzprobe nicht oder nur zu kurzen Fäden ausziehen.

Der Krankheitsverlauf ist sehr unterschiedlich; von massenhaften Völkerverlusten bis zu Selbstheilungen. Dennoch ist der Krankheitsverdacht anzeigepflichtig.

Diagnostik Die Diagnostik fußt auf der Feststellung der grobsinnlich feststellbaren Symptomatik und obliegt speziellen diagnostischen Einrichtungen. Die Probeneinsendung hat wie bei Bösartiger Faulbrut zu erfolgen.

Epizootologie Es darf angenommen werden, daß einige Vertreter des Erregerspektrums, z. B. *Streptococcus faecalis*, ubiquitär verbreitet sind. Ob sie aber an die Bienenbrut gelangen und krankmachend wirken, hängt zweifellos von bestimmten Umwelt- und Streßfaktoren ab. *Streptococcus pluton* ist auch aus Wespen- und Hornissenbrut isoliert worden. Hingegen scheint es sich bei *Bacillus alvei* um einen weitgehend wirtstierspezifischen, hochgradig bienenadaptierten Erreger zu handeln. Die Übertragungsvorgänge gleichen denen bei Bösartiger Faulbrut.

Prophylaxe, Behandlung, Bekämpfung Grundsätzlich wird bei der Bekämpfung der Gutartigen Faulbrut ebenso wie bei der Bösartigen Faulbrut vorgegangen. Dennoch können Therapie und seuchenhygienische Maßnahmen den epizootiologischen Besonderheiten angepaßt werden. Der Einsatz von Tierarzneimitteln zur Therapie bzw. Unterstützung und Beschleunigung einer möglichen Selbstheilung ist bei der Gutartigen Faulbrut zu befürworten. Wegen zunehmender Resistenzerscheinungen ist es jedoch ratsam, die Wirksamkeit der zur Anwendung beabsichtigten Mittel in vitro an den isolierten Erregern zu überprüfen. In schweren Fällen ist die Kunstschwarmbildung, gegebenenfalls die Umsetzung auf gesundes Wabenwerk, vor der Arzneimittelgabe zu empfehlen. Reinigung und Desinfektion sind empfehlenswert. Zur Stärkung der natürlichen Abwehrkräfte hat sich das Einengen der Völker mit anschließender Reizfütterung über mindestens drei Wochen bewährt.

Die Vernichtung aller Waben, die Brutreste enthalten, ist bei Gutartiger Faulbrut nicht unbedingt notwendig. Die veterinärmedizinischen Autoritäten können die ↑ Sperrzone auf den befallenen Bienenstand beschränken.

Wenn Bazillen als Erreger festgestellt worden sind, muß bei den Desinfektionsmaßnahmen berücksichtigt werden, daß deren Sporen sehr widerstandsfähig sind.

Fegling → Kunstschwarm

Feglingskasten Leichter fester Holzkasten mit abnehmbarem Deckel und einem Gazeeinsatz an einer Schmalseite zur Aufnahme und zum Transport eines Feglings oder Schwarmes. Der Deckel hat vielfach zum besseren Tragen des Kastens einen Griff, in allen Fällen aber ein abdeckbares Loch zur Aufnahme eines Trichters, in den die Bienen von den Waben gestaucht oder abgekehrt werden. Eine Fensterfeder hält den schwenkbaren Lochdeckel fest, so daß keine Bienen beim Transport entweichen können. Der Deckel kann an den Kasten festgeklemmt werden. Der Gazeeinsatz soll ein Verbrausen der Bienen verhindern. Vielfach hat der Feglingskasten ein durch einen Riegel verschließbares Flugloch, damit nach Einschlagen eines Schwarmes die restlichen Bienen einziehen können.

Fehlbrütig → Buckelbrut

Fehlpaarung
1. Paarung der Weisel mit vom Züchter nicht erwünschten Drohnen.
2. Nicht ausreichende Anzahl von Paarungen und nicht genügende Samenblasenfüllung, die vorzeitig zu ↑ Buckelbrut führt.

Felszeichnungen → Darstellung der Bienen

Fenster Es schließt bei ↑ Hinterbehandlungsbeuten den Brut- und Honigraum nach hinten ab und gewährt dadurch einen Einblick in das Bienenvolk, ohne dabei mit Bienen in Berührung kommen zu müssen. Vier breite Abstandsbügel (↑ Abstandsregelung) an den Seitenschenkeln regeln den Abstand zu den Waben. Zwei Exzenter dienen zum Feststellen des Fensters an den Beutenwänden, durch zwei Fensterringe kann das Fenster mit beiden Händen in der Beute geführt werden. Zwei Fensterfedern halten das Fensterbrettchen fest. In hochgehobener Stellung desselben können die ↑ Bodeneinlage oder ein Futterteigfladen eingeschoben bzw. chemische Mittel zur Bekämpfung der ↑ Varroatose appliziert werden. Auch kann man unter dem Fenster Bienen zulaufen lassen. Wird das Fensterbrettchen mit seinem kleinen Schlitz nach unten gedreht, können mit einem Bienenaufstieg versehene ↑ Futtergefäße ans Fenster gestellt bzw. die KUNTZSCH-Futterzunge eingeschoben werden. Das Fenster kann auch als ↑ Baurahmenfenster ausgeführt sein. Anstelle von Glas kann zur besseren Durchlüftung auch feinmaschige Gaze verwendet werden. Die Fenster des Bienenhauses oder Wanderwagens sollten unten einen schmalen, durch einen Keil verschließbaren Schlitz haben, so daß die Bienen von innen entweichen, andererseits von draußen keine räubernden Bienen eindringen können (↑ Bienenflucht).

Fermente → Enzyme

Fernwanderung → Wanderung

Fersenbürste → Beine

Fett → Nährstoffe

Fett-Eiweiß-Körper → Fettkörper

Fetthenne → Sedum

Fettkörper Ein Gewebe großkerniger Zellen in der ↑ Leibeshöhle der Biene, dessen Cytoplasma tropfenförmige Einschlüsse von Reservestoffen (Fett, Glykogen, Eiweiß) enthält. In das Fettgewebe sind außerdem Exkretzellen (↑ Exkrete) eingelagert.
Bei jungen Bienenlarven treten zunächst nur wenige und verhältnismäßig kleine Fettzellen auf. Ihr Durchmesser beträgt 5 bis 8 µm; noch fehlen Reservestoffeinlagerungen. Sehr bald jedoch nehmen Größe und Anzahl der Fettzellen zu. Die polygonal geformten Zellen liegen schließlich eng aneinandergepreßt und enthalten dann auch Reservesubstanzen. Schon nach dem 3. Larvaltag hat der Fettkörper seine volle Größe erreicht. Als schollen- oder lappenförmiges Gewebe, dessen Zellen lose miteinander in Verbindung stehen, füllt er die Leibeshöhle zwischen Darm (↑ Darmkanal) und ↑ Epidermis aus. Die am Rande gelegenen Zellen sind gewöhnlich größer als die im Inneren des Gewebes. Mit zunehmenden Reservestoffeinschlüssen verschwinden die Zellgrenzen, und es treten Deformationen an den Zellen auf. Mit seinen vorwiegend weißlichen Inhaltsstoffen bestimmt der Fettkörper die Färbung der Bienenlarve, deren Körperoberfläche bzw. deren Cuticula noch farblos ist. Die Zunahme des Fettgehaltes im Fettkörper steigt von 0,04 mg am 2. Larvaltag auf 6 mg am Ende der Larvalperiode an und macht damit > 17 % des Gesamttrockengewichtes der Larve aus. Die Fettzellen der Drohnenlarven enthalten erst vom 3. Larvaltag an Fettinhaltsstoffe. Das im Fettkörper älterer Bienenlarven als Speicherprodukt nachgewiesene Serumprotein (Arylphorin) mit einem relativ hohen Prozentsatz an aromatischen Aminosäuren spielt wahrscheinlich beim Aufbau der imaginalen Cuticula eine Rolle. Schon bei jungen Larven enthalten die Fett-

zellen ↑ Glykogen, das sich bis zur Verdeckelung der Brutzellen in zunehmendem Maße im Fettkörper anreichert. Vitellogene als Dotterproteine werden gebildet (↑ Hormone). Auch eisenhaltige Inhaltsstoffe sind, ähnlich wie in den ↑ Oenozyten, in Fettzellen vorhanden und dürften bei der Wahrnehmung des Erdmagnetfeldes durch die Bienen eine Rolle spielen. Die eisenhaltigen Granula, die auch Calcium und Phosphor enthalten, erreichen einen Durchmesser von ca. 0,32 µm und nehmen im Verlauf des Bienenlebens an Zahl und Größe zu. Am größten ist der Eisengranulagehalt des Fettkörpers bei Flugbienen, was auf seine Bedeutung für die ↑ Orientierung hindeuten könnte.

Vor Einleitung der ↑ Metamorphose wird der Fettkörper als ein relativ geschlossenes Organ abgebaut. Die Fettzellen bewegen sich dann frei in der ↑ Blutflüssigkeit. Während der Puppenphase zerfällt ein großer Teil der Fettzellen, andere bleiben funktionsfähig. Diese verbleibenden Zellen ordnen sich peripher im Körper an und bilden später den Fettkörper der jungen ↑ Imago. Er stellt zunächst ein aus wenigen Zellschichten aufgebautes netzartiges Gewebe dar. In den Maschen dieses Netzes zirkuliert Blutflüssigkeit. Sie sorgt für einen Stoffaustausch. Später vermehren sich die Zellen des Fettkörpers wieder und legen sich u. a. der abdominalen Körperinnenwand an. Während der Flugbienenphase der Arbeiterinnen erhöht sich der Fettgehalt des Fettkörpers. Winterbienen zeichnen sich durch einen weiterhin erhöhten Eiweißgehalt der in den Fettkörperzellen gespeicherten Reservestoffe aus. Daher stammt auch die Bezeichnung Fett-Eiweiß-Körper für das Speichergewebe (↑ Saisonvariabilität). Im zeitigen Frühjahr werden diese Reservesubstanzen mobilisiert, gelangen u. a. in die ↑ Hypopharynxdrüsen und finden dann im ↑ Futtersaft als Brutnahrung Verwendung. Der Ausbildung eines umfangreichen Fetteiweißpolsters überwinternder Bienen liegt eine verstärkte Pollenaufnahme der Arbeiterinnen im Spätsommer bzw. im Herbst zugrunde. Der Fettkörper spielt aber nicht nur als wichtiges Speicherorgan und beim Intermediärstoffwechsel, sondern auch im Hormonhaushalt der Biene eine bedeutende Rolle. Bei älteren Sommerbienen (↑ Saisonvariabilität) im Alter von > 25 Tagen schrumpft der Fettkörper normalerweise und die einzelnen Zellen degenerieren. Die Entwicklung des Fettkörpers wird bei erwachsenen Bienen nicht nur durch Infektionskrankheiten, sondern auch durch die Behandlung der Arbeitsbienen mit verschiedenen Narkotika (Lachgas oder Kohlendioxid) nachhaltig beeinflußt. Längere Zeit pollenfrei ernährten Bienen fehlt der Fettkörper niemals vollständig, es werden allerdings dann keine Eiweißgranula ausgebildet. Erhalten die Bienen später noch Pollennahrung, treten alsbald auch Eiweißkörnchen im Cytoplasma der Fettzellen auf. Exkretzellen erscheinen erstmals bei 3 mm langen Bienenlarven am Rande des Fettkörpers. Sie liegen aber außerdem auch isoliert in der Leibeshöhle. Durch ihre Position haben sie immer Kontakt zur Leibeshöhlen- oder Blutflüssigkeit. Sie sind nur bei Larven und Puppen vorhanden und verschwinden, sobald die imaginalen ↑ Malpighischen Gefäße ihre Funktion aufnehmen.

Feuchteregulation → Wasserhaushalt

Feuchtigkeit (in der Beute): Kondenswasserbildung vor allem bei Winterausgang. Schlägt sich an den kältesten Stellen der Beute nieder (Folie unter dem Deckel, Außenwand, Bodenbrett und Fenster), besonders auch in Kunststoffbeuten, deren Wände keine Feuchtigkeit aufnehmen. Feuchtigkeit in der Beute führt zum Schimmeln der nicht von Bienen besetzten Randwaben. Das beeinträchtigt die Volksentwicklung und kann Nosematose begünstigen. Stocknässe wird durch ↑ Einengen, gute ↑ Verpackung und Belüftung (großes Flugloch im Winter, Obenflugloch als zweites Flugloch bei ↑ Magazinen, Gazeboden) verhindert (↑ Wasserhaushalt).

Feuerdorn → Pyracantha

Fichtenquirlschildläuse → Quirlschildläuse

Fichtenrindenläuse → Lachniden

Figurenbeute → Beute

Filialgeneration → Vermehrung

Filzbinde → Behaarung

Filzbindenindex → Körung

Fingerstrauch → Potentilla

Finisher → Pflegevolk

Flächenstillegung → Trachtverbesserung

Flaschenfütterung → Futtergefäße

Fleischvolk Brutfreudiges, starkes Volk (genetisch bedingt), das aber in der Regel nicht zugleich entsprechend hohe Honigerträge bringt, da der Energieeintrag in Form von Nahrung vor allem in Brut umgesetzt wird. Bienen von Fleischvölkern lassen sich oft vorteilhaft zum Verstärken anderer Völker oder von Ablegern verwenden. Gegensatz ↑ Hüngler.

Flugaktivität → Flügel

Flugbiene → Arbeitsteilung

Flugbrett Anflugbrett, auch Flugklappe genannt. Ragt vor dem ↑ Flugloch etwas aus der Beute heraus und dient den Bienen als Landeerleichterung. Bei den meisten Beuten verschließt das hochgeklappte Flugbrett die Fluglochnische oder sogar den Wandervorsatz und wird in dieser Stellung durch einen kleinen Vorreiber gehalten. Dadurch ist eine solche Beute schnell wanderfertig.

Flugdauer → Flügel

Flügel Die Honigbiene besitzt zwei Paar Flügel, eines am 2. und eines am 3. Thorakalsegment. Während des Fluges stellen beide Paare eine Einheit dar, die dadurch zustande kommt, daß Vorder- und Hinterflügel miteinander verhakt werden (funktionelle Zweiflügligkeit). Die Verbindung beider Flügel wird durch eine Reihe gleichgestalteter, aufwärtsgebogener Häkchen

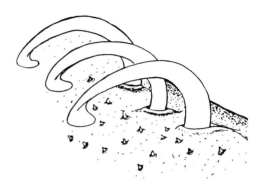

Einzelne Häkchen am Vorderrad des Hinterflügels, stark vergrößert (nach MORSE/HOOPER)

an der Vorderkante des Hinterflügels möglich, die in eine vom Hinterrand des Vorderflügels gebildete Rille eingreifen. Bei *Apis mellifera* beläuft sich die Zahl dieser Häkchen auf 18 bis 24, bei *A. dorsata* sind es durchschnittlich 26, bei *A. cerana* 17 bis 19 und bei *A. florea* nur 12. In der Form der Häkchen bestehen Unterschiede zwischen Arbeiterinnen und Drohnen.
Die Flügelflächen sind aus einer chitinigen Doppelmembran zusammengesetzt, die von Längs- und Queradern durchzogen wird. Während der Ausbildung der Flügel stellen die Adern Hohlräume dar, die eine Verbindung zur ↑ Leibeshöhle aufweisen und in denen sich ↑ Blutflüssigkeit befindet; außerdem ragen in diese Aderhohlräume Nervenfasern und Tracheenäste hinein. Die Hohlräume veröden mit der Zeit, und zwar fortschreitend von der Flügelspitze zur Basis. Komplizierte Chitingelenke verbinden beide Flügelpaare mit den Seitenteilen des ↑ Brustabschnittes. Mehrere kleine Sklerite, Chitincuticulastücke des Gelenkkomplexes, sind für die Bewegung der Flügel verantwortlich.
Geäder des Vorderflügels Am Vorderrand wird der Flügel durch die stärkste Ader, die Vorderrandader oder Costa (C), gestützt. Hinter ihr liegt die etwas schwächere Subcosta (Sc). Von der Basis gehen noch zwei weitere Längsaderstämme aus, die Medial (Me)- und die Analader (An). Die Bezeichnung der übrigen Adern bzw. der von ihnen eingeschlossenen Zellen entspricht bei den ↑ Hautflüglern und damit auch bei der Honigbiene nicht der von anderen In-

Flügel 105

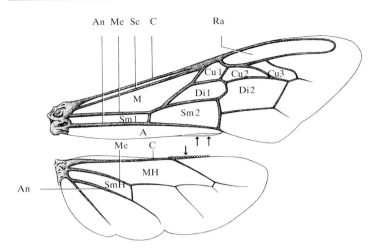

Aderstrukturen und Zellen des Flügelgeäders am Vorder- und Hinterflügel
An Analader
C Costalader
Me Medialader
Sc Subcostalader
A Analzelle
Cu 1–3 Cubitalzellen
Di 1–2 Discoidalzellen
M Medialzelle
MH Medialzelle des Hinterflügels
Ra Radialzelle
Sm 1–2 Submedialzellen
SmH Submedialzelle des Hinterflügels

sektenordnungen bekannten Namengebung der Flügeladern und -felder. An die Costalader schließt sich im apikalen Bereich die langgestreckte Radialzelle (Ra) an. Hinter ihr liegen drei Cubitalzellen (Cu 1–3), gefolgt von den Discoidalzellen (Di 1–2). Hinter der 1. Discoidalzelle befindet sich die 2. Submedialzelle (Sm 2). Der Basalteil des Flügels wird von drei langgestreckten Zellen gebildet, der Medialzelle (M), der 1. Submedialzelle (Sm 1) und der Analzelle (A).

Geäder des Hinterflügels Auch hier treten Längsaderstämme besonders hervor, und zwar die Costa (C), die Medial (Me)- und die Analader (An). Es sind nur eine Medialzelle (MH) und eine Submedialzelle (SmH) ausgebildet. Dyssymmetrien einzelner Aderstrecken zwischen dem rechten und linken Flügelpaar können auftreten, z. B. im Bereich des Cubitalindex (↑ Körung). Die Mittelwerte für diesen Index sind jedoch bei größeren Bienenproben rechts und links erfahrungsgemäß annähernd gleich groß (Kollektivsymmetrie).

Entwicklung Sie beginnt unter der larvalen Cuticula in Epidermistaschen. Im frühen Vorpuppenstadium werden die Flügelanlagen als lappenförmige Anhänge bereits äußerlich sichtbar. Eine deutliche Größenzunahme tritt erst in der Puppenphase ein. Die Entwicklung wird noch unter der Puppencuticula beendet. Erst nach dem Imaginalschlupf strecken sich die Flügel und erreichen dann ihre definitive Größe.

Flugbewegung Eine besondere Rolle spielen dabei die indirekten Flugmuskeln (↑ Muskulatur), die als Flügelheber und -senker an der elastischen Chitincuticula des Thorax ansetzen und deren Beweglichkeit auf einer stoffwechselbedingten Spannung der Muskelfasern beruht.

Außer den indirekten Flugmuskeln setzen direkte Flugmuskeln (Skelettmuskeln) an den Flügelwurzeln an, deren Bedeutung aber geringer ist. Die beim Flug von den Flügelspitzen beschriebenen Bahnen liegen in einer Ebene, die gegen die Anströmrichtung um etwa 130° nach hinten geneigt ist, wobei die Flügel von hinten oben nach vorn unten und umgekehrt auf und ab bewegt werden (↑ Fächeln). Dabei erfolgt der Aufschlag schneller als die Abwärtsbewegung. Durch eine komplizierte Drehung der Flügel während des Fluges können die Bienen von der vorwärts gerichteten Flugbewegung in einen Schwebeflug übergehen, wie man ihn häufig vor dem Flugloch beobachten kann. Dabei werden sehr schnelle Pendelbewegungen ausgeführt. Der Anstellwinkel ist beim Abschlag positiv, wodurch je nach Bedarf Auf- und Vortrieb gewährleistet werden. Der Aufschlagwinkel hingegen liegt bei 0° und leistet damit keinen Beitrag zur Flugbewegung.

Die Flügelschlagfrequenz beläuft sich im Durchschnitt auf 180 bis 200 Hz; es wurden auch Werte von 260 Hz gemessen.

Während des Fluges werden für die Muskelbewegung 2 bis 24 mg Zucker pro Stunde

Flügelbewegung

Gegenüberstellumg der in mehreren Stichproben beobachteten Anzahl an Aderanomalien bei Arbeitsbienen und Drohnen in %

	Anzahl der untersuchten Bienen	davon mit Anomalien	Anomalien im Vorderflügel	Hinterflügel	Aderreduktionen	überzählige Adern
♂♂	4010	30,3	55,7	44,3	17,1	82,9
♀♀	6934	3,6	94,6	5,4	50,7	49,3

bzw. 9 µg Glykogen pro Flugminute an Treibstoff benötigt. Messungen an indischen Honigbienen haben ergeben, daß die Arbeiterinnen ca. 0,26 mg Körpermasse pro Minute verlieren, die in Flugenergie umgesetzt wird. Für jedes Milligramm reduzierter Körpermasse steht eine Abnahme von 34,6 µg Glykogen.

Zunehmende Muskeltätigkeit steigert auch den Sauerstoffverbrauch. Er ist bei Drohnen doppelt so hoch wie bei Arbeitsbienen. Der für die Aufheizung des Thorax vor dem Abflug erforderliche Sauerstoffverbrauch ist bei Drohnen und Arbeiterinnen ungefähr gleich groß. Maximale Unterschiede zwischen Thorax- und Umgebungstemperatur sind bei den Drohnen jedoch deutlich größer (bis 22 °C) als bei Arbeitsbienen (bis 14 °C).

Die Fluggeschwindigkeit unserer Honigbiene beträgt durchschnittlich 6 bis 8 m pro Sek. Sie wird von der Qualität der aufgesuchten Futterquelle, weniger von der Windgeschwindigkeit beeinflußt, die allerdings einen Einfluß auf die Flughöhe ausübt. Bei geringem Gegenwind fliegen die Sammlerinnen 7 bis 8 m, bei stärkerem Gegenwind aber unter Umständen nur 2 bis 3 m hoch. Bei günstigen Luftströmungsverhältnissen kann eine Flugbiene ca. 15 Min. ohne Nahrungsaufnahme fliegen und dabei ca. 4 km zurücklegen.

Da die Bienen auf ihren Ausflügen Nahrung in der Honigblase mitnehmen, sind sie in der Lage, auch längere Flugstrecken zu bewältigen.

Die Fluggeschwindigkeit wird von der Biene mit zwei verschiedenen Meßeinrichtungen registriert, einer strömungstechnischen, die in den Fühlern lokalisiert ist und die Eigengeschwindigkeit der Biene gegenüber der Luftströmung feststellt, und einer optischen, die die Geschwindigkeit über dem Grund und damit die Grundgeschwindigkeit mißt. Hierzu dienen die großen Komplexaugen. Die Feststellung der Grundgeschwindigkeit erlangt vor allem bei zunehmender Windgeschwindigkeit erhöhte Bedeutung und wirkt dann als Korrekturmechanismus gegenüber der Strömungsmessung.

Anomalien des Flügelgeäders Vor allem bei Drohnen, aber auch bei weiblichen Morphen der Honigbiene kommen nicht selten überzählige Aderstücke oder Aderreduktionen im Vorder- und Hinterflügel vor. In der Ausbildung dieser Anomalien lassen sich Rassenunterschiede feststellen.

Unregelmäßigkeiten der Geäderbildung entstehen durch ↑ Mutationen oder als umweltbedingte Entwicklungsstörungen.

Flügelbewegung → Flügel

Flügelentwicklung → Flügel

Flügelgeäder → Flügel

Flügelgelenk → Flügel

Flügelhäkchen → Flügel

Flügelindex → Körung

Flügelstutzen Verkürzen eines Flügels der begatteten Weisel, um sie an weiteren Ausflügen zu hindern. Der Erfolg dieser Methode ist umstritten.

Das Flügelstutzen der Weisel wird auch vorgenommen, um sie rasch zu finden, falls das Zeichenplättchen (↑ Zeichen) verlorengegangen ist.

Flügelzittern Hervorgerufen durch rasche Bewegungen der Brustmuskulatur. Erfolgt aktiv zur Wärmeproduktion (↑ Thermore-

Fluglochbeobachtung

gulation), kann aber auch bei verschiedenen Bienenkrankheiten auftreten bzw. eine Folge von Vergiftungen, insbesondere durch Pflanzenschutzmittel, sein.

Fluggeschwindigkeit ↑ Flügel

Flugkreis Das Gebiet um den Bienenstand, das die Bienen überfliegen. Der Flugkreis ist im Frühjahr bei niedrigen Temperaturen und ungünstiger Witterung kleiner als im Sommer. Als Bestäubungsradius, in dem die Masse der Trachtbienen noch ausreichende Bestäubungstätigkeit leistet, können 500 m angesehen werden. Als Flugradius, in dem sich die Flugbienen eines Bienenstandes im allgemeinen bewegen, können 2 km gelten.
Einzelne Bienen eines Standes fliegen auch bis 4 km. Bei ihren Paarungsflügen entfernen sich die Weiseln 1,6 bis 2 km, einzelne auch bis 5 km. Die Drohnen fliegen normalerweise bis 2 km, etwa 10 % jedoch bis 5 km, einzelne bis 12 km.

Flugleistung → Flügel

Flugling → Kunstschwarm

Flugloch Öffnung in der Beute zum Ein- und Ausfliegen der Bienen. Befindet sich meist unmittelbar über dem Beutenboden als waagerechter, 8 bis 10 mm hoher Schlitz, der die gesamte Beutenbreite einnehmen kann (↑ Magazin), meist jedoch auf eine Breite von 12 bis 15 cm begrenzt ist, die wiederum durch schwenkbare, mit verschieden breiten Einschnitten versehene Fluglochblenden oder durch Blechschieber eingeengt werden kann. Das Honigraumflugloch ist nur etwa halb so breit, wird meist geschlossen gehalten, kann aber auch bei seiner Öffnung ähnlich dem Brutraumflugloch eingeengt werden. Bei Magazinen befindet sich häufig im oberen Drittel einer jeden ↑ Zarge ein rundes, durch einen Stopfen verschließbares Flugloch, das je nach Bedarf, besonders im Winter zur Vermeidung von Stocknässe, geöffnet werden kann.

Fluglochbeobachtung Aus dem Verhalten der Bienen am Flugloch, aus dem, was sie aus der Beute heraustragen, kann der Imker auf den Zustand des Volkes schließen, ohne die Beute zu öffnen. Daher muß sein erster gründlicher Blick den Fluglöchern gelten, wenn er den Bienenstand betritt.

Fluglochbeobachtungen und ihre Bedeutung

Erscheinungsbild	wahrscheinliche Ursache
– Ab Januar Kondenzfeuchtigkeit oder Eisbahn direkt vor dem Flugloch	Volk brütet bereits
– mit toten Bienen verstopftes Flugloch im Winter	Temperaturen errreichten noch keine + 8 °C, so daß die Stockbienen ihre toten Arbeiterinnen nicht herausgeschafft haben. Imker muß das Flugloch freimachen.
– einzelne tote Maden oder Nymphen auf dem Anflugbrett nach kalter Nacht	Volk hat Randzone des Brutnestes nicht ausreichend erwärmen können. Verkühlte Brut wurde herausgeschafft.
– Teile toter Bienen (Kopf, Brust), zerstreut und verschmiert auf dem Anflugbrett	Spitzmaus war oder ist in der Beute.
– starkes Koten bei der Auswinterung auf der Flugklappe und an der Beutenfront	Volk ist vermutlich weisellos, hat auf jeden Fall ↑ Nosematose oder ↑ Ruhr.
– morgens oder abends fliegt ein einzelnes Volk sehr rege, während sonst der Flugbetrieb fast eingestellt ist. Oft liegen Zellenreste auf dem Anflugbrett.	Das Volk wird ausgeraubt, in den meisten Fällen ist es weisellos.

Fluglochvorsatz

Erscheinungsbild	wahrscheinliche Ursache
– starker Totenfall auf der Flugklappe eines Volkes, einzelne Bienen fallen beim Krabbeln von der Flugklappe herunter. Die toten Bienen haben meist den Rüssel herausgestreckt.	Das Volk ist am Verhungern. Unmittelbare Hilfe des Imkers ist notwendig.
– Ein hoher Prozentsatz der Bienen trägt bei normalem Flugbetrieb Pollen ein. Jungbienen führen ein Vorspiel auf.	Das Volk ist in guter Harmonie und brütet.
– Bei einem einzelnen Volk läuft nach Abebben der Flugtätigkeit noch eine Menge Bienen suchend auf dem Flugbrett und an der Beutenstirnwand herum.	Volk ist wahrscheinlich weisellos geworden.
– Brutmumien, verkalkte und manchmal mit einem Pilzrasen überzogene Nymphen liegen auf dem Anflugbrett.	Volk hat Kalkbrut.
– Totenfall in unterschiedlicher Stärke auf den Anflugbrettern, nur mäßiger Bienenflug trotz günstiger Trachtbedingungen.	Stand ist durch Pflanzenschutzmittel geschädigt.
– Um das Flugloch herum und unterhalb der Flugklappe hat sich im Sommer ein ↑ Bienenbart gebildet.	Volk hat bei den hohen Außentemperaturen Schwierigkeiten, die Stocktemperatur zu halten. Das Volk braucht Platz.
– Bei einzelnen Völkern fliegen ab August Wespen durchs Beutenflugloch ein und aus.	Die Völker sind schwach und werden durch die Wespen ausgeraubt.
– Ab September fliegen bei einem Volk noch Drohnen, tote Drohnen und Drohnennymphen werden durch die Bienen aufs Flugbrett geschleppt.	Das Volk hat entweder spät umweiselt oder ist weisellos, oder es hat eine drohnenbrütige Königin.

Fluglochvorsatz Kasten mit einem Absperrgitter, der vor dem Flugloch einer Beute befestigt wird. Drohnen, die für die künstliche ↑ Besamung vorgesehen sind, können sich darin frei bewegen, fremde Drohnen nicht zufliegen. Günstiger als eine ↑ Wabentasche.

Flugrichtung → Ausflugsrichtung

Fluor In löslicher Form bienengefährlich. Fluortoxikosen treten in schadstoffbelasteten Gebieten besonders im Frühjahr und Herbst auf. Bei Inversionswetterlagen auch weitab von belasteten Gebieten.

Footprint → Pheromone

Formel der Körpermerkmale → Körung

Formensehen → Sinnesorgane

Formholz Rundholzstab, dessen Enden abgerundet sind und im zylindrischen Teil einen Durchmesser von 8 bis 9 mm aufweisen. Mit dem Formholz werden aus flüssigem Bienenwachs ↑ Weiselbecher geformt. Das Formholz muß zunächst für etwa 12 Stunden im Wasser liegen, damit das flüssige Wachs an dem vollgesogenen Holz nicht haftet. Das Formholz wird dann 6 bis 10 mm tief in das eben flüssige Wachs getaucht. Dieser Vorgang wird nach dem kurzen Erstarren des Wachses zweimal mit abnehmender Tiefe wiederholt, so daß das untere Ende des Weiselbechers dicker als sein Rand ist. Dann wird der Weiselbecher leicht drehend vom Formholz abgestreift, dieses kurz in Wasser getaucht, der Wassertropfen abgespritzt und der nächste Weiselbecher geformt. In größeren Imkereien wird ein Brett in der Größe des Wachsbehälters verwendet, in das mehrere Formhölzer auf gleicher Höhe eingelassen sind, so daß im gleichen Arbeitsgang mehrere Weiselbecher geformt werden können. Es gibt auch die maschinelle Fertigung der Weiselbecher, bei der der Arbeitsablauf in gleicher Weise erfolgt.

Formulierung Zusammensetzung und Zubereitung eines Pflanzenschutzmittels aus einem ↑ Wirkstoff und Zusätzen, die das Mittel für den speziellen Einsatz geeignet machen, beispielsweise als Aerosol oder auch als Granulat (Teilchengröße 0,5 bis 5,0 mm). Mikrogranulate können für Honigbienen sehr gefährlich werden, wenn sie diese wie Pollen eintragen. Auf diese Weise kann die Wirkung des Insektizids sehr lange anhalten.

Forschungsanstalten → Lehr- und Forschungsanstalten

FORSTER, KARL AUGUST * 22.4.1899, † 11.9.1984. Chemiker und Mediziner. Befaßte sich intensiv mit der Erforschung des Bienengiftes und seiner Anwendung zu medizinischen Zwecken (Bienengiftsalbe Forapin) sowie der Desensibilisierung bei Bienengift- ↑ Allergie. Mitinhaber der Firma Mack/Illertissen. Stiftete seine kulturgeschichtlich bedeutsame „Sammlung von graphischen Blättern", die Beziehung zur Imkerei haben, dem Museum im Vöhlin-Schloß in Illertissen.

Fortpflanzung Sie beruht auf der Entwicklung von Keimzellen, aus denen auf geschlechtlichem Wege durch Verschmelzung einer männlichen mit einer weiblichen Keimzelle ein neues Lebewesen entsteht. Bei der zweigeschlechtlichen Fortpflanzung wird die Erbsubstanz der beiden Elternteile zum Genotyp der neuen Generation kombiniert. Bei ungeschlechtlicher Fortpflanzung entsteht ein neues Lebewesen durch einfache Teilungs- oder durch Abtrennungsvorgänge einzelner Zellkomplexe vom elterlichen Organismus, ohne daß Keimzellen gebildet werden. Bei Honigbienen tritt eingeschlechtliche Fortpflanzung (↑ Parthenogenese) bei der Erzeugung der Drohnen und zweigeschlechtliche Fortpflanzung bei der Entstehung der weiblichen Morphen auf. Der Schwarmvorgang hat nichts mit der Fortpflanzung zu tun, sondern führt lediglich zur Vermehrung der Bienenvölker. Natürliche Vermehrung ist stark umweltabhängig. Durch den Menschen gelenkte Vermehrung beinhaltet, von leistungsgeprüften Spitzentieren Nachkommen in möglichst großer Anzahl zu erhalten.

Fossile Bienen Versteinerungen von Bienen aus früheren Epochen der Erdgeschichte. Die ersten fossilen Bienen sind aus dem samländischen Bernstein des Oberen Eozän (40 bis 50 Mio Jahre) bekannt. Diese Insekten stellen allerdings noch keine echten Honigbienen dar (↑ Evolution). Sie zeigen ein Merkmalsgemisch der stachellosen Bienen (Meliponen), der Hummeln und der heutigen Honigbienen. Erst im Unteren Miozän (22 bis 25 Mio Jahre) treten Formen auf, die in enger Verwandtschaft zur Gattung *Apis* stehen. Man fand diese fossilen Bienen in der Blätterkohle und im Kieselschiefer nahe Rott bei Bonn (*Synapis*) und weitere Fossilfunde aus dem Randecker Maar sowie von Böttingen in Südwestdeutschland (Oberes Miozän, 12 Mio Jahre). Diesen Bienen gab man den Namen *Apis armbrusteri*. Da bei den fossilen Bienen die Flügel erhalten sind, läßt sich zeigen, daß das Flügelgeäder von Synapis (Funde bei Rott) dem der rezenten *Apis*-Arten sehr ähnlich ist. Enge Beziehungen in der Flügeladerung sind auch zwischen *Apis armbrusteri* und der rezenten *A. dorsata* vorhanden. Im Verlauf der Evolution hat sich das Geäder des Vorderflügels längs gestreckt.

Fraßgift → Gifte

Fraxinus L. – Esche – *Oleaceae*
– *excelsior* L. – Gemeine Esche
Europa bis Kleinasien. Bis 40 m hoher, starkwüchsiger Baum. Blüten zwittrig, z. T. auch rein männlich oder auch zweihäusig.

Blütezeit Ende April bis Anfang Mai vor Laubaustrieb. Die Blüten erscheinen zu mehreren in sitzenden, kurzen, klumpigen Rispen an den Spitzen der Kurztriebe unterhalb der Terminalknospe. Vor dem Aufblühen dunkelpurpur, später gelblichbraun gefärbt. Ohne Blumenkrone und Kelch. Sehr große Pollenproduktion, bis zu 1,6 Mio pro Blütenstand. Blühreife beginnt mit 20 bis 30 Jahren. Verlangt frischen oder feuchten, tiefgründigen und nährstoffreichen Boden. Jedoch empfindlich gegen stagnierende Nässe. Für Bienen mittelguter Pollenlieferant.

– cornus L. – Blumenesche, Mannaesche Südeuropa bis Westasien. Kleiner Baum von 10 bis 15 m Höhe. Langsamwüchsig. Blüten in dichten, großen, duftenden, weißen, endständigen Rispen im Mai bis Juni. Sehr zierend. Gedeiht auf trockenen, besonders auch kalkhaltigen Böden. Bevorzugt sonnige Lage.

Freigabe des Honigraumes ↑ Erweiterung des Volkes, wenn der ↑ Brutraum annähernd voll Bienen ist. Bei ↑ Hinterbehandlungsbeuten werden ↑ Deckbrettchen entnommen und dafür das ↑ Absperrgitter eingelegt. Es werden dann, je nach Volksstärke, vorhandener Tracht und voraussichtlicher Witterung 2 bis 4 verdeckelte Brutwaben aus dem Brutraum in den ↑ Honigraum zwischen zwei Leerwaben gehängt. Es ist dabei darauf zu achten, daß die Weisel nicht in den Honigraum kommt. Im Brutraum werden die entnommenen Brutwaben durch Leerwaben und ↑ Mittelwände teilweise oder gänzlich ersetzt. Bei ↑ Oberbehandlungsbeuten wird auch das Absperrgitter über den Brutraum gelegt und darauf der Honigaufsatz gestellt. Da dieser häufig nur Halbrähmchen hat, ist die Erweiterung nicht so erheblich. Erhält der Honigaufsatz Waben gleicher Größe, wie sie im Brutraum sind, wird wie bei der Hinterbehandlungsbeute verfahren. Bei ↑ Magazinen wird eine ↑ Zarge mit Waben und Mittelwänden zwischen die Brutraumzargen geschoben und zur oberen Zarge das Absperrgitter eingelegt. Nach einer Woche erfolgt eine Kontrolle. Ist die Weisel in der oberen Zarge, wird diese mit der unteren Zarge vertauscht. Wird aber nur eine halbhohe Honigzarge gegeben, kommt das Absperrgitter auf die Zarge mit Brut und die halbhohe Zarge darüber.

Freiluftschwarm → Kunstschwarm

Freistand Einfacher, meist leicht zusammensetzbarer Bienenstand, der aus einem Untergestell, einem Dach und Seitenwänden besteht und in der Regel auch eine abnehmbare oder aufklappbare Rückwand besitzt. Die ↑ Beuten werden in ihm ein- oder zweireihig aufgestellt, er enthält selten mehr als acht Beuten. Der Freistand kann normalerweise abgeschlossen werden, so daß er gegen unberechtigte Zugriffe relativ abgesichert ist.

Fremdstoffe Chemische Substanzen in Nahrungsmitteln, z. B. in Spuren als Rückstände von Pflanzenschutz-, Tierarznei- oder Desinfektionsmitteln. Fremdstoffe können Nahrungsmitteln auch als Konservierungs- oder Farbstoffe beigemischt werden.

FREUDENSTEIN, HEINRICH * 1.2.1863 in Maden (Hessen), † 5.2.1935 in Marbach bei Marburg. Lehrer, später Berufsimker, zeitweilig Bürgermeister von Marbach.
Führte die Herbst-Auffütterung der Bienen mit Zuckerwasser ein, um Kotblasenüberbelastung, die speziell bei Überwinterung auf Heide- und Honigtauhonig zu beobachten ist, zu vermeiden. Schuf die zweitagige Breitwabenbeute mit kleinstem ↑ Rähmchenmaß für Gegenden mit geringer Tracht. Flammte als erster die Beuten faulbrutkranker Völker aus (statt sie zu verbrennen).
Förderte die Wanderung mit Bienen. Gründete 1902 die „Neue Bienenzeitung".
Hauptwerke: „Lehrbuch der Bienenzucht" und „Das Leben der Bienen".

FREUDENSTEIN, KARL * 21.10.1899 in Bortshausen, † 1944 (vermißt).
Führte nach dem Tode seines Vaters HEINRICH FREUDENSTEIN die „Neue Bienenzeitung" weiter und gründete 1928 die Mar-

burger Lehr- und Versuchsanstalt für Bienenzucht. Hauptwerk: „Lehrbuch der Bienenkunde" (1942).

FREUDENSTEINmaß Das kleinste der im deutschsprachigen Raum gebräuchlichen ↑ Rähmchenmaße, 338 × 200 mm. Es wurde von HEINRICH FREUDENSTEIN für magere Trachtgegenden entwickelt. Die Wabe wird meist voll bebrütet, so daß die Brutwaben kaum über einen Honigkranz verfügen. Kann bei Trachtlücken infolge des Fehlens von genügend Vorräten zum Verhungern führen.

FRISCH, KARL VON * 20.11.1886, † 12.6.1982 in Brunnwinkel am Wolfgangsee. Studierte Medizin und Zoologie.
1910 Promotion (Farbwechsel der Ellritzen). 1912 Privatdozent für Zoologie und vergleichende Anatomie, später Professor für vergleichende Physiologie. Ordinarius in Rostock, Breslau, München, Graz. Mehrfacher Ehrendoktor (Bern, Zürich, Graz). Inhaber zahlreicher Preise, auch des Ordens pour le mérite der Friedensklasse, 1973 Nobelpreis für Medizin zu gleichen Teilen mit den Verhaltensforschern KONRAD LORENZ und NIKOLAAS TINBERGEN für seine wegweisenden sinnesphysiologischen und psychologischen Untersuchungen an Bienen und Fischen sowie die Entdeckung der „Bienensprache".
Erkannte als erster die Bedeutung von Farbe und Duft der Blüten als Wegweiser, die Orientierungsfähigkeit und gegenseitige Verständigung der Bienen durch Tänze. 1962 bis 1964 Präsident der ↑ IBRA, gewähltes Ehrenmitglied der ↑ APIMONDIA. Schrieb Hunderte von Einzelarbeiten in Fachzeitschriften und mehrere Bücher. Hauptwerk: „Tanzsprache und Orientierung der Bienen" (1965).

Fruchtbarkeit der Weisel Fähigkeit zur Zeugung von Nachkommen und Maßstab für die Vermehrungsleistung. Sie wird bei der Weisel bestimmt von der Anzahl der Eischläuche in den Eierstöcken, von der Pflegebereitschaft des Volkes, der Jahreszeit, den Umweltbedingungen (Trachtgegebenheiten) u. a.

Frühjahrsnachschau: Erste Durchsicht des Volkes nach der ↑ Auswinterung bei Außentemperaturen über 15 °C. Dabei werden Brutwaben nicht angerührt. Völker, die weisellos oder drohnenbrütig sind, werden aufgelöst bzw., wenn es sich noch lohnt, mit einem anderen Volk vereinigt. Die erste Futterwabe hinter dem Brutnest wird aufgerissen, um die Bruttätigkeit anzuregen und die Wabe für die Ausdehnung des Brutnestes von den Bienen vorbereiten zu lassen. Völkern, die wenig Futter haben, werden Futterwaben von anderen Völkern zugegeben. In ↑ Hinterbehandlungsbeuten wird gegebenenfalls eingeengt. Dabei werden hinter dem Brutnest noch zwei Waben belassen, damit das Volk genügend Futter hat und sich auch ausdehnen kann. Verschimmelte Waben müssen auf jeden Fall herausgenommen werden. Wenn es noch nicht geschehen ist, wird das ↑ Gemüll aus der Beute gekratzt bzw. die ↑ Bodeneinlagen gezogen.

Frühjahrsreizung → Fütterung

Frühjahrsschwindsucht → Nosematose

Frühtracht → Tracht

Fühler (Antennen) Sie stellen paarige Anhänge des ↑ Kopfes dar. Die Fühler der erwachsenen Biene bestehen aus drei Abschnitten, einem länglichen Schaftglied (Scapus), einem Wendeglied (Pedicellus) und einer Geißel (Funiculus). Das Schaftglied ist mit dem proximalen knopfartigen Ende über eine Chitinmembran und mit zwei Muskelbündeln an der Kopfkapsel befestigt. Die Muskeln dienen vor allem der Beweglichkeit des zweiten Fühlerabschnittes, der bei den weiblichen Morphen aus 11, bei den Drohnen aus 12 einzelnen Gliedern besteht. Auf das erste dieser Glieder, das Wendeglied, folgt die Fühlergeißel, die an ihrer Oberfläche mit vielen ↑ Sinnesorganen, insbesondere mit Chemo- und Mechanorezeptoren besetzt ist. Im Pedicellus liegt außerdem das Johnstonsche Organ (↑ Sinnesorgane). Die Fühlergeißel zeichnet sich durch eine hohe Beweglichkeit nach allen Seiten aus. Es bestehen Größenunter-

Fungizide

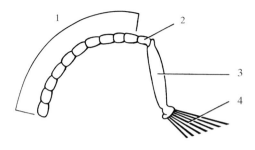

Fühler der Arbeitsbiene (nach SNODGRASS)
1 Fühlergeißel
2 Wendeglied
3 Fühlerschaftsglied
4 Muskulatur

schiede zwischen den Fühlern der weiblichen Tiere und der Drohnen. Fühleranlagen treten bereits während der Larvalentwicklung auf.

Fungizide Präparate zur Bekämpfung von Pilzen, die Erkrankungen verursachen (z. B. ↑ Kalkbrut)

Futteraustausch → Futterstrom

Futterdose → Futtergefäße

Futtereimer → Futtergefäße

Futtergefäße Es gibt verschiedene Arten. Für flüssige Fütterung kommen Futterflaschen, Futterkästen und Futterdosen bzw. -eimer in Frage, für Trockenzucker und Maische Futtertaschen.
Futterflaschen Mit Zuckerlösung gefüllte Flaschen werden umgedreht auf Futterteller oder Futterzungen gestellt. Die geringen ausfließenden Flüssigkeitsmengen werden von den Bienen aus Rinnen von oben abgenommen. Am bekanntesten ist die KUNTZSCH-Futterflasche, eine etwa 1 l Futterlösung fassende flache Flasche. Sie wird in die Futterzunge, eine Rinne aus Blech oder Plastik mit entsprechender Flaschenhalterung, gestülpt, die bei ↑ Hinterbehandlungsbeuten durch den Einschnitt im Fensterbrettchen unter die Waben geführt wird. Dadurch wird die Zuckerlösung auch dann von den Bienen aufgenommen, wenn sie, wie im zeitigen Frühjahr, noch eng zusammensitzen. Die Fütterung mit der KUNTZSCHflasche funktioniert nur, wenn die Futterzunge waagerecht steht.
Der **Thüringer Futterballon** ist ein Glasballon, der 1 bis 2 l Futterlösung faßt. Er wird bei ↑ Oberbehandlungsbeuten in einen runden Futterteller aus Blech oder Plastik gestülpt, der in ein Deckbrettchen oder den Beutendeckel eingepaßt ist.
Sehr verbreitet ist die Fütterung mit **Schraubgläsern**, in deren Blechdeckel einige etwa 1 mm große Löcher gebohrt sind. Diese Gläser mit der Zuckerlösung werden auf Futterbänke oder Futterbretter aus Hartfaserplatten gestülpt, die entsprechend der Deckelgröße Einsätze aus Gaze mit 2 bis 3 mm Maschenweite aufweisen. Die Futterbank wird bei der Hinterbehandlungsbeute ans Fenster gestellt und dabei das Fensterbrettchen mit dem Schlitz nach unten gedreht, so daß die Bienen ans Futter herankommen können. Das Futterbrett (Magazine und Oberbehandlungsbeuten) hat die Länge eines Deckbrettchens. Es wird nur die Folie etwas zur Seite geräumt, so daß die Bienen an die Gaze des Futtereinsatzes gelangen. Da die Schraubgläser meistens weniger als 1 l fassen, eignen sie sich besonders gut zur Reiz- und Trachtlückenfütterung (↑ Fütterung).
An **Futterkästen** sind am häufigsten die Königsfuttertröge mit 1,5 bzw. 3,5 l Fassungsvermögen in Gebrauch. Sie werden an das mit dem Schlitz nach unten gedrehte Fensterbrettchen des Beutenfensters mit ihrem Bienenaufstieg gestellt. Der Königsfuttertrog hat einen schmalen, durch ein Blech abgedeckten Kletterteil, in dem die Bienen das Futter aufnehmen, und den größeren zum Eingießen des Futters, der zweckmäßigerweise aber auch vom Imker abgedeckt wird, damit keine Raubbienen, die durch die Beutentür gekommen sind, das Futter erreichen können.
Weniger häufig werden die **Baurahmenfuttertröge** verwendet. Sie sind aus Plastik gefertigt und fassen etwa 2 l. Sie sind normalerweise mit einer Glasscheibe ausgerüstet, damit die Bienen nur in einem schmalen Raum das Futter abnehmen. Die Scheibe dient gleichzeitig dazu, das ↑ Baurahmen-

fenster bei eingeschobenem Trog abzudichten. Der größte Teil des Troges ragt nach hinten aus dem Fenster heraus, damit er vom Imker mit der Gießkanne gefüllt werden kann. Da die Scheiben sehr oft entzweigehen, wird meist darauf verzichtet und der Futtertrog mit Schwimmern ausgestattet, von denen aus die Bienen das Futter aufnehmen.

Der **Seitenwandfuttertrog** ist nur noch bei alten doppelwandigen Beuten anzutreffen. Er faßt meist 1 l Lösung. Zum Füllen wird der Trog etwas aus der Seitenwand herausgezogen. Die Bienen kommen durch einen Schlitz an der Innenwand der Beute an das Futter heran.

Bei ↑ Magazinen hat man vielfach **Futterwannen** oder -kästen, die die gesamte Zargenbreite ausfüllen und 5 bis 10 l Zuckerlösung aufnehmen. Auch dort ist der Bienenzugang meist auf einen schmalen Spalt beschränkt, so daß die Bienen nicht in dem Futter ertrinken können. Diese Futterwannen können auch, mit Schwimmern ausgestattet, in den Hohen Unterboden des Magazins geschoben werden.

Nach einem anderen Prinzip erfolgt die Fütterung aus **Dosen** oder **Eimern**. In den 5 l Plastikeimer werden zunächst 3 l Wasser und dann 3 kg Zucker gefüllt. Es wird danach der Eimer mit dem Futterdeckel, in den ein Gazestück von etwa 60 mm Durchmesser eingearbeitet ist, verschlossen und umgestülpt auf das Futterspundloch (Oberbehandlungsbeute) oder einen entsprechenden Spalt zwischen den Deckbrettchen bei ↑ Hinterbehandlungsbeuten gesetzt. Beim Umstülpen rutscht der Zucker auf den Deckel, das durchdringende Wasser löst ihn langsam auf, so daß die Zuckerlösung von den Bienen an der Gaze abgesaugt werden kann. Im Eimer entsteht durch den Umstülpvorgang und die Abnahme des Futters ein kleines Vakuum, das ein schnelles Auslaufen des Futters verhindert.

Wird das Futter schlecht von den Bienen abgenommen und bleibt es längere Zeit im Eimer, besteht die Gefahr der Schleimpilzbildung, so daß das Futter unbrauchbar wird. Der Futtereimer muß daher nach jedem Gebrauch gründlich gereinigt werden.

Wenn kleinere Futtermengen verabreicht werden sollen, eignen sich dafür Dosen, die nach Einfüllen von Wasser und Zucker mit engmaschiger Gaze oder Tüll überbunden werden, wovon die Bienen in gleicher Weise die Zuckerlösung absaugen können. Farbtafel XXVI

Für die Verabreichung von Trockenzucker oder Maische eignet sich die **Futtertasche.** Dies ist ein Rähmchen im Standmaß, das auf beiden Seiten mit Sperrholz, Hartfaserplatte, Folie oder auch Dachpappe benagelt ist, wobei die dem Brutnest zugekehrte Seite oben einen breiten Schlitz freiläßt, so daß Trockenzucker oder ↑ Maische eingefüllt werden kann und die Bienen zum Futter genügend Zugang haben.

Futtersaft Brutnahrung aus den Kopfdrüsen der Ammenbienen (↑ Arbeitsteilung), womit die Larven der Arbeitsbienen in den ersten drei Lebenstagen, Weisellarven bis zum Ende der Larvalperiode ernährt werden. Der in Weiselzellen abgelagerte ↑ Weiselfuttersaft, auch Gelée royale genannt, unterscheidet sich in mehrfacher Hinsicht vom Arbeiterinnenfuttersaft. Zwar bestehen beide Formen aus zwei Bestandteilen, einem wasserklaren aus den ↑ Hypopharynxdrüsen und einer milchigweißen Komponente, einem Sekretionsprodukt vor allem der ↑ Mandibeldrüsen, aber im Weiselfuttersaft sind beide Qualitäten ungefähr zu gleichen Teilen enthalten, während sie im Arbeiterinnenfuttersaft, der den Arbeiterinnenlarven in den ersten zwei Tagen gefüttert wird, im Verhältnis 1 : 5, höchstens 2 : 3 (weiß : klar) vorkommen. Am dritten Tag nimmt der weiße Anteil noch stärker ab. Danach erhalten die Arbeiterinnenlarven neben Pollen und Nektar nur noch Beimengungen der wasserklaren Komponente.

Zu den Hauptbestandteilen des Futtersaftes gehören Eiweiße, Fette und Zucker. Hinzu kommen im Gelée royale ca. 20 Aminosäuren und die aus der Weiselsubstanz (↑ Pheromone) bekannte auf Bakterien und Pilze wachstumshemmend wirkende 10-Hydroxy-2-trans-decensäure sowie Acetylcholin. Sämtliche im Pollen nachgewiesene Vitamine lassen sich, mit Ausnahme des Vitamin K, im Arbeiterinnen-

und Weiselfuttersaft nachweisen. Deutliche Unterschiede bestehen zwischen beiden Futtersaftformen weiterhin im Pantothensäuregehalt (im Weiselfuttersaft ungefähr 10mal so hoch) und im Zuckergehalt (Weiselfuttersaft etwa viermal soviel). Der Gehalt an freien Säuren bleibt im Weiselfuttersaft relativ konstant, im Arbeiterinnenfuttersaft ändert er sich vom 4. Larvaltag an erheblich.

Futtersaftdrüsen → Hypopharynxdrüsen

Futterstrom Er wird durch die Übergabe des von den Sammelbienen eingetragenen Nektars an Stockbienen erzeugt, die den Nektar untereinander weiterreichen (Trophallaxis, Futteraustausch) und dabei für seine Verteilung (Dissipation) sorgen, ehe er zur Speicherung in die Wabenzellen gelangt. Trophallaxis wird u. a. durch Fühlerkontakte ausgelöst. Die Arbeitsbienen müssen dieses Fühlerspiel allerdings erst lernen, deshalb fehlt die Futterweitergabe noch bei eintägigen Bienen. Sie nimmt dann vom 2. bis 4. Lebenstag an Intensität zu. Die Verteilungsgeschwindigkeit des Nektars ist bei den einzelnen Bienenrassen unterschiedlich. Unabhängig davon ist die höchste trophallaktische Aktivität von ca. 20 Tage alten Arbeiterinnen bekannt. Auch die Stocktemperatur beeinflußt die Futterweitergabe. Bei 31 °C ist die Anzahl der futteraufnehmenden Bienen am größten. Der dissipativ über viele Stockbienen verteilte Nektar bildet ständig einen Futterstrom im Volk, der zugleich einen Informationsfluß über Umfang und Qualität des eingetragenen Sammelgutes darstellt und zu gerichteten Tätigkeiten, wie Fütterung und Sammelflügen anregt.

Futtertasche → Futtergefäße

Futterteig Gemisch aus Puderzucker und Honig im Verhältnis von etwa 4 : 1 oder von Puderzucker und ↑ Invertzucker im Verhältnis von etwa 3 : 1 zur Reizfütterung, Lückenfütterung oder als Futter für ↑ Begattungsvölkchen, ↑ Ableger, Feglinge und als Teigverschluß beim Zusetzen der Weisel. Der flüssige Honig bzw. Invertzucker wird zum Puderzucker gegossen und mit einem Spaten oder der Teigknetmaschine vermischt. Der Futterteig muß knetbar sein, darf aber nicht kleben.

Futtertrog → Futtergefäße

Fütterung Dient zum zeitweiligen Ersatz des entnommenen Honigs oder zum Auffüllen aufgebrauchter Vorräte im Bienenvolk, um ein Verhungern des Volkes oder die krasse Einschränkung seiner Bruttätigkeit zu vermeiden. Sie kann durchgeführt werden mit Trockenzucker, ↑ Maische, ↑ Futterteig oder Zuckerlösung. Entsprechend dem zeitlichen Einsatz und dem Zweck der Fütterung unterscheidet man die Reizfütterung, Trachtlückenfütterung und die Auffütterung (auch Einfütterung, Wintereinfütterung).

Die **Reizfütterung** wird zur Anregung der Bruttätigkeit verabreicht, im Frühjahr, damit das Brutnest schnell vergrößert wird, und nach Trachtende im Sommer, wenn die Völker ihre Brutflächen einzuschränken beginnen. Mit einer gleichmäßigen Reizung wird eine Tracht vorgetäuscht. Es kann mit kleinen Portionen einer Zuckerlösung 1 : 1, mit Futterteig, Maische oder mit Trockenzucker geschehen. Die Darreichung der Zuckerlösung erfolgt im Frühjahr vielfach über die Tränke als Außenfütterung, um die Bienen auch an die Tränke zu gewöhnen, sonst als Innenfütterung über ↑ Futtergefäße. Futterteig wird den Bienen entweder in dünnen Fladen unter den Waben (↑ Hinterbehandlungsbeuten) oder bei ↑ Oberbehandlungsbeuten auf den Waben angeboten. Dem Futterteig sind manchmal auch Eiweißkomponenten zugemischt, um gleichzeitig zur Deckung des Eiweißbedarfs des Volkes beizutragen. Die Eiweißfütterung ist jedoch im Frühjahr umstritten, da durch sie die ↑ Nosematose gefördert werden kann. Maische und Trockenzucker werden meistens in ↑ Wabentaschen oder auf feiner Gaze und dann von oben gereicht. Trockenzucker wird nur im Sommer zur Reizung verwendet. An der Oberfläche leicht mit Honig oder Wasser befeuchtet, wird er von den Bienen schneller aufgenommen. Trockenzucker hat von allen

Reizfutterarten die geringste Reizwirkung. Eine aufgerissene Futterwabe, im Frühjahr ans Brutnest gehängt, übt eine gute Reizwirkung aus. Durch das Umtragen des Futters wird damit gleichzeitig Platz für Brut frei. Die Frühjahrsreizfütterung sollte immer erst einsetzen, wenn genügend Pollen in der Natur von den Bienen eingebracht werden kann.

Die **Trachtlückenfütterung** dient der Aufrechterhaltung des Brutgeschehens und der Volksharmonie sowie zur Vermeidung von Bienen- und Völkerverlusten durch Hunger. Sie ist besonders notwendig, wenn nach einer Honigentnahme durch den Imker eine längere Schlechtwetterperiode eintritt, und die Bienen in dieser Zeit kaum etwas eintragen können. Ferner an Standorten, bei denen zwischen zwei Massentrachten eine längere Pause besteht. Die Trachtlückenfütterung kann wie die Reizfütterung mit Futterteig, Maische, Trockenzucker oder Zuckerlösung erfolgen. Sie darf nicht übertrieben werden, damit der später geerntete Honig nicht durch Zucker in seiner Qualität gemindert wird. Besonders bei Völkern in Beuten mit kleinen ↑ Rähmchenmaßen ist die Trachtlückenfütterung häufig angebracht.

Die **Auffütterung** (Einfütterung, Wintereinfütterung) hat den Zweck, den notwendigen Wintervorrat des Volkes zu garantieren. Es wird von den im Volk vorhandenen Vorräten ausgegangen und entsprechend hinzugefüttert. In der Praxis füttert der Imker annähernd gleiche Futtermengen ein, die an seinem Standort und bei seiner Betriebsweise den Völkern eine gute Überwinterung gewährleisten. Das ist unter normalen Standortverhältnissen ein Vorrat von ca. 10 kg bei einräumigen Völkern, bis 15 kg bei ↑ Doppelraumüberwinterung und bis 25 kg bei in 2 Zargen eingewinterten Völkern in ↑ Magazinen. Das Auffüttern setzt meist nach dem Abschleudern der letzten Tracht ein und sollte bis zum 20.09. beendet sein, damit das Futter gut invertiert, eingedickt und zum Wintersitz umgetragen werden kann. Als Futter wird meist eine Zuckerlösung 3 : 2 (Zucker : Wasser), seltener 1 : 1, in großen Portionen (3 bis 5 l) verabreicht, manchmal auch Futterteig oder Maische. Manche Imker hören mit der Auffütterung bei Hinterbehandlungsbeuten auf, wenn die letzte, von Bienen gut besetzte Wabe vor dem Fenster voll Futter glänzt. Die Einfütterung mit einer dickeren Zuckerlösung als Außenfütterung ist zwar möglich, wo keine weiteren Bienenvölker in der näheren Umgebung stehen, jedoch nicht zweckmäßig, weil der Imker nicht weiß, wieviel Vorräte sich die einzelnen Völker angelegt haben.

Futtervorrat Gespeicherte Nahrung (Honig, Pollen), die sich als Futterkranz über dem Brutnest oder auch im Honigraum der Beute befindet. Im Futterkranz liegt der Pollen gewöhnlich über der Brut, der Honig außerhalb davon. Gesunde Bienenvölker verfügen ständig über einen Futtervorrat, der als ↑ Winterfutter für das Überleben der Wintertraube (↑ Bienentraube) besondere Bedeutung erlangt. Für die Überwinterung der Bienen eignet sich insbesondere Rohrzuckerlösung, die der besseren Verträglichkeit wegen dem Honig vorzuziehen ist. Gebräuchliche Mischungsverhältnisse von Zucker und Wasser bei der Zubereitung des Winterfutters: 1 : 1 (1 kg Zucker : 1 l Wasser), ferner 5 : 4, 3 : 2, 2 : 1. Durch Zusatz von Enzymen stellen die Bienen daraus ein hauptsächlich aus Invertzucker bestehendes Winterfutter her.

Gameten → Geschlechtszellen

Ganglion → Nervensystem

Gänsefeder Feste Flügelfeder, mit der vielfach auf kleinen Bienenständen und in der Weiselaufzucht gearbeitet wird, um Bienen von Waben oder Beutenteilen abzufegen. Nachteil: Angeschmutzte Gänsefeder ist unbrauchbar und muß verbrannt werden, daher ein hoher Verbrauch.

Gaschromatographie Modernes Analyseverfahren zur quantitativen Bestimmung kleinster Rückstandsmengen, insbesondere bei Lebensmitteln.

Gedächtnisleistung Gedächtnis stellt eine Gehirnfunktion dar. Sie besteht aus dem Einprägen von Informationen (Lernen), der Informationsspeicherung (Merken) und dem Reproduzieren gespeicherter Informationen, die früher einmal aufgenommen worden sind (Sicherinnern). Lernvorgänge haben immer dann einen besonderen Wert, wenn Umweltveränderungen, deren Kenntnis dem Organismus auf der Grundlage von Erfahrungen Vorteile bringen, im Verhältnis zu seiner Lebensdauer kurzfristig erfolgen. Auf solche kurzfristigen Umweltveränderungen hat vor allen Dingen die Sammelbiene relativ oft zu reagieren. Zudem ist ein Zusammenleben mehrerer Organismen im Sozialverband ohne Gedächtnisleistungen nicht denkbar. Erforderlich sind sie für die Verständigung, die Orientierung, bei Honigbienen für das Wiederauffinden einmal erfolgreich ausgebeuteter Trachtquellen und die damit verbundene Blütenkonstanz. Gedächtnisleistungen sind als Grunddispositionen genetisch fixiert, erfahren aber individuelle Abwandlungen. So gibt es Bienen, die besser, andere, die schlechter lernen. Wichtige Gedächtniszentren im Bienengehirn sind in den pilzförmigen Körpern (↑ Nervensystem) lokalisiert.

Orientieren sich Arbeitsbienen während des Fluges (↑ Orientierung), prägen sie sich die Bilder der Flugstrecke (Ortsgedächtnis) sowie die Formen und Farben der trachtspendenden Blumen und deren nächste Umgebung genau ein. Dabei ergibt sich eine Rangfolge, nach der die Sammlerinnen die für sie im Blütenbereich wichtigen Informationen speichern. Gemerkt werden
1. Duft-,
2. Farb-
3. Gestaltmerkmale.

Orientiert sich die Biene nach einem Duftsignal und wird der Anflug der Duftquelle durch das Auffinden von Nektar belohnt, genügt ein einziger Lernakt. Mit 90 %iger Wahrscheinlichkeit wählt die Biene beim nächsten Anflug denselben Duft. Beim Erlernen und Einprägen von Farben sind drei, beim Mustereinprägen 12 Lernakte erforderlich, damit sich die Biene später danach orientieren kann. Beim Einprägen einer Farbe benötigt die Sammelbiene nur drei Sekunden, zwei ehe der Rüssel in den Nektartropfen eingetaucht wird und eine Sekunde danach. Das Erlernte wird im Gedächtnis gespeichert. Vom Farbmosaik ihrer Umgebung merkt sich die Biene Violett am leichtesten, danach kommt Gelb, andere Farben werden schneller wieder vergessen. Je öfter die Biene eine Farbe, die sie sich einmal eingeprägt hat, wieder zu Gesicht bekommt, umso schwerer fällt es ihr aber auch, sich eine andere Farbe zu merken.

Von den Umgebungsstrukturen prägt sich die Sammelbiene diejenigen am besten ein, die der besuchten Trachtquelle am nächsten liegen; eine Wichtung wird außerdem nach der scheinbaren Größe der Gegenstände vorgenommen, die die Biene im Flug optisch erfaßt. Je größer die Entfernung, umso intensiver der Lernprozeß, wobei sich die Bienen die Reihenfolge der Geländestrukturen merken, in der sie an ihnen vorbeifliegen, um zur Tracht zu gelangen.

Lernsignale werden länger und besser im Gedächtnis behalten, wenn ein nutzbringendes Signal nicht isoliert, sondern mit anderen Lernsignalen gleichzeitig in den Informationsspeicher aufgenommen und mit ihnen im Gedächtnis gekoppelt wird. Flugbienen erinnern sich z. B. sehr wohl an Duft, Farbe und Form einer Trachtquelle und zugleich an die Tageszeit, zu welcher der Nektar von den Blüten dargeboten wird. Sie nutzen auf diese Weise die Gedächtnisleistung, um ziel- und zeitsicher (Zeitsinn) zur Nahrung zu gelangen. Damit stellt die Trachtquelle für die Sammlerin einen Raum-Zeit-Komplex (Raum-Zeit-Sinn) dar, dessen Informationswert sofort abnimmt, wenn ein charakteristisches Merkmal dieses im Gedächtnis haftenden Musters fehlt.

Flugbienen sind ferner in der Lage, von Formen, die sie sich gemerkt haben, zu abstrahieren und nur einige wenige Struktureigenschaften zum Wiedererkennen umfangreicher Formgebilde zu nutzen. Gehört z. B. eine auffällige Diagonale zum

Gestaltkomplex einer Umgebungsstruktur, dann ist es gleichgültig, ob sie sich als durchgehender oder unterbrochener Streifen darbietet, entscheidend ist lediglich die Schräglage des Strukturmerkmals.

Bei der Gedächtnisleistung der Bienen kann man außerdem mehrere Stufen voneinander unterscheiden. Bienen verfügen über ein Kurzzeit- und ein Langzeitgedächtnis. Sie haben für manche Lernsignale aber auch ein permanentes Erinnerungsvermögen. Im Langzeitgedächtnis gespeicherte Informationen müssen verhältnismäßig langsam aufgenommen und gemerkt werden. Eine schnelle Informationsaufnahme hat auch schnelles Vergessen zur Folge.

Inzuchtarbeiterinnen lernen schlechter als solche, die aus einer Kreuzungszucht hervorgegangen sind (Volksleistung!). Lern- und Gedächtnisleistung sind für das Sozialverhalten von großer Bedeutung und führen nicht nur für die Einzelbiene, sondern für das gesamte Bienenvolk zu einem erheblichen Energiegewinn.

Gehirn → Nervensystem

„Gehör" → Lautäußerungen

Gelbklee → Medicago

Geleé royale → Futtersaft

Gemüll Abfall, der sich insbesondere während des Winters unter den Waben auf dem Bodenbrett der Beute bzw. auf der ↑ Bodeneinlage ansammelt und aus abgenagten, herabgefallenen Wachsteilchen der verdeckelten Futterwaben, aus Zuckerkristallen und bisweilen auch aus Wachsplättchen besteht, die auf eine Wachsproduktion während der Winterruhe hindeuten. Im Gemüll können sich außerdem auch abgestorbene Bienen sowie in den Stock eingedrungene und von den Bienen abgestochene fremde Insekten befinden. Ein gesundes Volk beseitigt das Gemüll im Frühjahr bei der Stockreinigung, wenn es der Imker nicht durch Ziehen der Bodeneinlage besorgt. Im Sommerhalbjahr ist normalerweise kein Gemüll im Bienenstock vorhanden. Aus dem Gemüll kann der Imker bei der ↑ Auswinterung erkennen, wieviel Wabengassen das Volk belagert und in welchem Gesundheitszustand es sich befindet.

Gemüllkrücke Ein etwa 4 mm starkes, zum Griff abgeknicktes langes Rundeisen mit einem etwa 1 cm hohen, 8 bis 10 cm breiten und kantigen Querstück am anderen Ende zum Herausziehen des ↑ Gemülls vom Bodenbrett bei ↑ Hinterbehandlungsbeuten, besonders nach der ↑ Auswinterung.

Gemüllmilben → Mitbewohner

Genaustausch → Vererbungsgesetze

Gene Sie bilden die Einheiten des Erbgutes und bestehen aus einem Chromosomenbestandteil bzw. aus Abschnitten einer Nucleinsäure, die als Desoxyribonucleinsäure (DNS) kettenförmige Moleküle darstellt. Ein solcher Molekülstrang enthält viele Gene; Chromosomen bestehen aus ganzen Bündeln von DNS-Molekülen. Die einzelnen Gene sind bei allen Individuen einer Art immer in derselben Reihenfolge auf den Chromosomen angeordnet. Die Position eines Gens auf dem Chromosom wird auch als Genort bezeichnet.

Die Gene werden im Verlauf des Wachstums eines Organismus bei jeder Zellteilung exakt repliziert (verdoppelt). Wird ein Gen durch ↑ Mutation verändert (Struktur, Lage), erfolgt danach seine Replikation nur in dieser veränderten Form. Der Eiweißkörper, für dessen Ausprägung dieses Gen verantwortlich ist, besitzt von nun an eine abgeänderte Form der Zusammenlagerung seiner Grundbausteine, der Aminosäuren. Durch wiederholte Mutationen können an einem Genort mehrere ↑ Allele ausgebildet werden. Die Individuen einer Art unterscheiden sich dadurch voneinander, daß sie verschiedene Allele an einer unterschiedlich großen Zahl von Genorten aufweisen. Sind die beiden Gene an zwei einander entsprechenden Genorten völlig identisch, ist für diese Erbanlage Homozygotie vorhanden, liegen hingegen zwei oder mehrere Allele vor, die sich voneinander unterscheiden, besteht für diesen Genort Heterozygotie.

Generation Alle Individuen einer Population, die von einem gemeinsamen Vorfahren abstammungsmäßig gleichweit entfernt sind. Das Generationsintervall ist der zeitliche Abstand zwischen den Generationen. Die Generationsfolge gibt die Anzahl der Generationen an, in der das Tiermaterial züchterisch beeinflußt wurde. Dies wird im Zuchtbuch eingetragen.

Generationsfolge → Generation

Generationsintervall → Generation

Genetisches Plateau → Heritabilitätskoeffizient

Genotyp Summe der genetischen Informationen eines Organismus.

Geräte Dem Anfänger in der Imkerei werden vom Fachhandel eine ganze Reihe von Geräten angeboten, doch nur relativ wenige sind notwendig. Zur Völkerdurchsicht und -behandlung benötigt er neben der ↑ Imkerschutzkleidung ein Rauchgerät (↑ Besänftigung), eine ↑ Wabenzange, bei ↑ Hinterbehandlungsbeuten einen ↑ Stockmeißel, einen Spachtel und einen ↑ Abkehrbesen bzw. eine ↑ Gänsefeder, eventuell einen ↑ Wabenschuh oder ↑ Wabenbock und zum Einfangen eines Schwarmes usw. einen ↑ Feglingskasten.
Zur Honiggewinnung braucht der Imker Entdeckelungsgerätschaften, vor allem aber eine ↑ Honigschleuder und ein ↑ Honigsieb. ↑ Honiggefäße hat er meist selbst im Haushalt oder er erhält sie vom Honigaufkaufbetrieb. Zur Reparatur und Instandhaltung der Einrichtungen seiner Imkerei braucht der Imker Handwerkzeug, das er in seinem Haushalt normalerweise vorfindet. Für die ↑ Weiselaufzucht ist ein ↑ Zusetzkäfig erforderlich, um Königinnen einweiseln zu können. Zur Aufbewahrung seiner Reservewaben kann er einen ↑ Wabenschrank oder ↑ Wabenturm bzw. in der Magazinimkerei auch die leeren ↑ Zargen verwenden. Zum ↑ Einlöten der Mittelwände sind Wabendraht und ein Rillenrädchen bzw. ein elektrisches Einlötgerät nötig.

GERSTUNG, FERDINAND * 6.3.1860 in Vacha a. d. Werra, † 5.3.1925 in Oßmannstedt. Studierte Theologie, Naturwissenschaften und Philosophie. Seit 1886 Pfarrer in Oßmannstedt bei Weimar. Entdeckte die Brutnestordnung, den Legegang der Weisel und entwickelte die Lehre vom Grundgesetz der Brut- und Volksentwicklung. Verteidigte gegen ↑ DZIERZON die „organische Auffassung des Bien". Stellte die Hypothese des Futtersaftstromes auf (von außen eingetragene Nahrung von Biene zu Biene an die jeweils jüngere weitergegeben, bis sie als Futtersaft an Maden und Königin gelangt). Entwickelte die GERSTUNG-Beute, wahlweise als Ständer- oder Lagerbeute mit eigenem ↑ Rähmchenmaß, später den „Thüringer Zwilling". Der GERSTUNG-Pavillon wurde zum Muster des Bienenhauses. Er erfand den Thüringer Ballon (↑ Futtergefäße) und gründete eine eigene Fabrik für Beutenbau in Oßmannstedt. 1920 Ehrendoktorwürde der Universität Jena. Mit seinem Freund AUGUST ↑ LUDWIG Begründer des Bienenmuseums in Weimar. Gründete 1893 die Imkerzeitschrift „Die Deutsche Bienenzucht in Theorie und Praxis", die er bis zu seinem Tode leitete. Hauptwerk: „Der Bien und seine Zucht" (1902).

Geruchsorgane → Sinnesorgane

Geschichte Schon in den Uranfängen der Menschheitsgeschichte kannten unsere Vorfahren die Bienen und nahmen halsbrecherische Klettereien und zahllose Stiche in Kauf, um an den Honig zu gelangen, der jahrtausendelang als einziges Süßungsmittel zur Verfügung stand (außer in Gebieten, wo Zuckerahorn oder Zuckerrohr wild wuchsen). Zudem waren offenbar schon sehr früh die heilenden Wirkungen des Honigs bekannt. Honig und Bienen spielten deshalb in zahlreichen Bräuchen und Beschwörungen eine wichtige Rolle (Fruchtbarkeits- und Liebeszauber, Hochzeitsriten, Totenkult usw.). Honig war so kostbar wie Salz und wichtiger Handelsartikel.

Die Gewinnung des Honigs war schwierig, da die Bienen in meist schwer zugänglichen natürlichen Höhlungen ihre Nester anlegten (hohle Bäume, Felsnischen etc.). Eine Höhlenzeichnung aus der Steinzeit vermittelt ein Bild davon (↑ Darstellung). Es bedurfte einiger Findigkeit, ein Bienennest zu entdecken sowie Mut und Erfahrung, an die Honigwaben heranzukommen. In südlichen Ländern bedienen sich die Honigjäger manchmal heute noch eines Vogels (*Indicator indicator* SPARRMA), der durch lebhaftes Schilpen die Menschen aufmerksam macht und zum Bienennest vorausfliegt. Zum Dank für seine Weisung erhält er von den Honigjägern ein Stück Wabe, die ihn vor allem wegen der darin befindlichen Brut interessiert.

Die meist mit viel Rauch und rigoros ihrer Waben beraubten Bienen überlebten häufig die Prozedur nicht. Mit der Seßhaftwerdung ging wahrscheinlich schon sehr früh der erste Ansatz zur Bienenpflege einher. Nahm man den Bienen nur einen Teil ihrer Vorräte weg, so regenerierte sich das Volk und man konnte eine Zeit später von neuem ernten.

Diese Form der Imkerei wurde in den ausgedehnten Waldgebieten Osteuropas dann zur gängigen Praxis (↑ Zeidlerei). Anderswo lockte man Bienenschwärme in dafür gefertigte Behältnisse aus Nilschlamm, Ton etc. (↑ Bienenwohnungen) oder aus Stroh, Bast, Rinde etc. (↑ Korbimkerei). Diese ↑ Betriebsweise beschränkte sich auf den Schwarmfang, das Herrichten geeigneter Unterkünfte für die Bienen und das Honigausschneiden. Vereinzelt wurde auch schon mit Bienen gewandert.

Solange die Bienen ihre Waben in den natürlichen oder von Menschen angebotenen Bienenwohnungen fest an Decke und Wände anbauten, war der Blick in das Zentrum des Bienenvolkes und somit die Erforschung seiner Lebensgewohnheiten nur bedingt möglich. So blieb vieles aus der Biologie der Bienen jahrhundertelang unbekannt.

Die Bienenkultur war dennoch außerordentlich hoch. Schon 600 v. Chr. entwickelte SOLON die ersten Bienengesetze (↑ Bienenrecht), lange davor gab es Tabus, die die Bienen schützten. Bienen waren Symbol des Fleißes, der Ordnung, der Sauberkeit, der Wehrhaftigkeit, und da man nie eine Paarung beobachtet hatte, auch Symbol der Keuschheit. Die Bienen fanden Eingang in literarischen Werken (↑ Schrifttum), in Sagen, Märchen und Fabeln, in der Musik, Malerei und bildenden Kunst (↑ Darstellung).

↑ Honig wurde in bedeutenden medizinischen Werken (HIPPOKRATES, PARACELSUS) und in kosmetischen Rezepten empfohlen. Das ↑ Bienenwachs spielte im Mittelalter eine wichtige Rolle, weil in den Kirchen und Klöstern nur Kerzen aus Bienenwachs brennen durften (↑ Kerzen).

Putten mit einem Bienenkorb symbolisieren die religiöse Bedeutung von Bienen und Wachs. Wachs war zudem unentbehrlich für viele Gewerke und ist es z. T. auch heute noch. Farbtafel XIX

Mit der Erfindung des Stäbchens (↑ DZIERZON) und des Rähmchens (↑ V. BERLEPSCH) wurde ein neues Zeitalter der Imkerei, die Betriebsweise mit beweglichen Waben (Mobilbau), eingeläutet. Fast alle Erkenntnisse aus der Biologie und dem Verhalten der Bienen wurden in intensiver Forschungsarbeit erst in den letzten 150 Jahren gewonnen. Die Forschungen waren nicht zuletzt deshalb notwendig, weil der Lebensraum der Bienen, die bis dahin während der ganzen Vegetationsperiode eines Jahres stets eine bunte Vielfalt an Nahrungsquellen fanden, durch veränderte landwirtschaftliche Bedingungen eingeschränkt wurde (intensivere Nutzung der Ackerflächen, Wegfall der Brache, Monokulturen, Unkrautvernichtung, größere Ackerflächen mit weniger Feldrainen etc.). Der Imker erntete weniger Honig, konnte ihn aber auch schwerer absetzen, weil er vom billigeren Zucker verdrängt wurde. Andererseits wurden großflächig Ölfrüchte und Futterkulturen angebaut, die dringend der Bestäubung bedurften, wozu ganz besonders die Honigbienen in der Lage sind, die als Volk überwintern und deshalb zur Blütezeit dieser Kulturen (Frühtracht) in ausreichender Menge vorhanden sind. Die große Bedeutung der Bienen für die Blütenbestäubung wurde erstmals von ↑ SPRENGEL erkannt, aber erst 50 Jahre später zur Kenntnis genommen (↑ DARWIN). Erkenntnisse und Entdeckungen waren notwendig, um die Lebensbedürfnisse der Bienen besser kennenzulernen, sie vor Krankheiten zu schützen, für bestimmte Trachten vorzubereiten etc. Man entdeckte die besonderen Fähigkeiten der Bienen zur Blütenbestäubung (↑ Orientierung, ↑ Bienentänze, Blütenstetigkeit, ↑ Sammelstrategien), die Möglichkeiten der künstlichen Vermehrung (↑ Weiselaufzucht, ↑ Drohnenaufzucht) einschließlich künstlicher ↑ Besamung, um von leistungsgeprüften Völkern nachzuziehen und entsprechend den Zuchtzielen zu selektieren. Nicht zuletzt wurde der Erforschung der Wirkungsweise und Verwendungsmöglichkeiten der Bienenprodukte ↑ Honig, ↑ Pollen, ↑ Propolis, ↑ Bienenwachs, ↑ Bienengift, ↑ Weiselfuttersaft große Aufmerksamkeit geschenkt. Ebenso auch der Verbesserung der Bienenweide, der Konstruktion geeigneter, handlicher und preisgünstiger Bienenwohnungen. Und schließlich wird, ganz besonders in neuerer Zeit, der ökologischen Bedeutung der Bienen viel Beachtung geschenkt.

Geschlechtsbestimmung Sie erfolgt über Erbfaktoren, ↑ Gene. Werden Eier befruchtet, und ist die Erbanlage für die Ausbildung des Geschlechts heterozygot, entstehen bei der Honigbiene aus ihnen weibliche Tiere, ↑ Arbeiterinnen oder ↑ Weiseln. Bleiben die Eier unbefruchtet, entwickeln sich ↑ Drohnen. Diese Form der ↑ Parthenogenese, bei der aus unbefruchteten Eiern männliche Nachkommen hervorgehen, heißt Arrhenotokie. In geringem Umfang können sich bei einigen Bienenrassen aus unbefruchteten Bieneneiern auch Arbeiterinnen entwickeln (*Apis m. caucasica, A. m. intermissa, A. m. ligustica*). Häufiger ist das bei *A. m. capensis* der Fall. Die Reifeteilung ist dann während der Oogenese unterblieben und der Eikern besitzt einen doppelten Chromosomensatz (32 ↑ Chromosomen).
Die Ablage besamter oder unbesamter Eier durch die Weisel wird von der Größe des jeweiligen Zelldurchmessers bestimmt. Die Weisel unterscheidet mit Hilfe ihrer Vorderbeine und der Fühler Drohnen- und Arbeiterinnenzellen voneinander und legt dementsprechend ein unbesamtes bzw. ein besamtes Ei ab.
Bei enger Inzucht kommt es durch die homozygoten Erbanlagen für die Ausbildung des Geschlechts zur Entstehung von Drohnen aus diploiden Eiern. Die aus den Eiern schlüpfenden Drohnenlarven werden aber sehr bald von den Arbeitsbienen aus ihren Zellen entfernt, so daß sich diploide Drohnen nur experimentell bis zur Imago aufziehen lassen.
Die Begründung für die Geschlechtsbestimmung männlicher wie weiblicher Formen im Bienenvolk muß demzufolge erweitert werden: Drohnen entstehen entweder bei fehlender Befruchtung der Eier aus hemizygoten oder aber aus befruchteten homozygoten Keimzellen. Wird bei Inzucht eine Weisel mit den Geschlechtsallelen (↑ Allele) $x_1 x_3$, d. h. Genen, die alternativ am selben Genort (Genlocus) des Chromosoms vorhanden sein können, von einem Bruder mit dem Geschlechtsgen x_3 begattet, erzeugt sie außer haploiden Eiern mit dem Geschlechtsgen x_1 oder x_3, aus denen haploide männliche Nachkommen mit einem Chromosomensatz (Hemizygote) hervorgehen, auch diploide männliche Nachkommen mit den Geschlechtsgenen $x_3 x_3$ (Homozygote). Aus der Kombination der Geschlechtsallele $x_1 x_3$ entstehen weibliche Nachkommen. Bei der Honigbiene dürften mindestens 12 Geschlechtsallele vorkommen, was besagt, daß die Realisierung der beiden Geschlechter in Wirklichkeit komplizierter verläuft als sie hier dargestellt wurde.
Da die theoretisch möglichen Prozentzahlen der Homozygoten und Heterozygoten gleich groß sind, werden gleichviel weibliche und diploide männliche Nachkommen erzeugt. Infolge der Beseitigung der diploiden männlichen Larven bei Inzucht durch die Stockbienen, bleibt von der ursprünglich angelegten Brutfläche nur die Hälfte übrig, das ↑ Brutnest ist entsprechend lückenhaft und weist damit auf den geschilderten Inzuchteffekt hin.

Geschlechtsorgane, männlich

Neben männlichen und weiblichen Morphen können gelegentlich auch ↑ Zwitterbienen entstehen.

Geschlechtsorgane, männlich Sie bestehen aus den paarigen Keimdrüsen (Hoden), den Ausfuhrgängen für die Samenzellen sowie Anhangsdrüsen, die in die Ausfuhrwege münden. Bei erwachsenen Drohnen bilden die Hoden kleine dreieckige Körperchen von gelblicher Farbe, die über dem Endabschnitt stark entwickelter Schleimdrüsen liegen. Jeder der beiden Hoden setzt sich aus zahlreichen zarten Kanälchen zusammen, in denen die Samen gebildet werden. Die Hodenkanälchen führen in ein Hodenbecken. Von hier aus erfolgt die Ableitung der Samenflüssigkeit über das Vas deferens (Ausfuhrgang).

Zur Zeit der Larvalentwicklung sind die Hoden bedeutend größer als in der Imaginalphase. Sie befinden sich als 3 mm lange, nierenförmige Organe zwischen Darmkanal und Herzschlauch und reichen vom 4. bis zum 6. Abdominalsegment. Ihre Größe nimmt bis zum 6. Tag der Puppenphase noch weiter zu. Dann sind die Hoden ungefähr 5 mm lang. Die Samenentwicklung (Spermatogenese) ist zu dieser Zeit bereits beendet.

Nach dem Imaginalschlupf tritt eine deutliche Schrumpfung der Hoden ein. Das Sperma wird in den beiden Vesiculae seminales (Erweiterung der Vasa deferentia) gespeichert. Das Speichervolumen dieser Organe beträgt 1,7 mm^3. Die Vesiculae seminales gehen in einen kurzen, schmalen Endabschnitt der Vasa deferentia über. An dieser Stelle münden die bereits erwähnten Schleimdrüsen. Die Vesiculae seminales sind von Ring- und Längsmuskulatur umgeben. Die langgestreckten Vesikelzellen sondern ein Sekret ab, wobei sich die Endabschnitte der Zellen teilweise auflösen. In

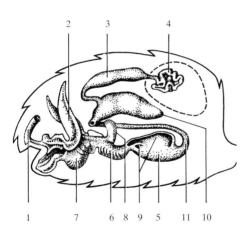

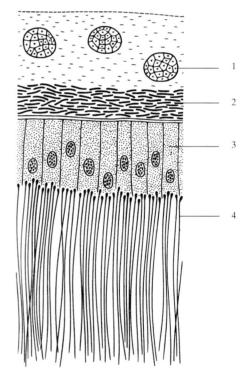

Lage der männlichen Geschlechtsorgane im Hinterleib des Drohnen (nach CHAUVIN)
1 Enddarm
2 Hörnchen des Begattungsschlauches
3 Erweiterung des Vas deferens (Vesicula seminalis)
4 Hoden
5 Zwiebelstück
6 Spiralfeld am Halsteil des Begattungsschlauches
7 Rautenfeld des Vorhofes
8 gefalteter Anhang am Halsteil
9 Chitinplatten am Zwiebelstück
10 Schleimdrüsen
11 Ductus ejaculatorius

Querschnitt durch die Wand der bulbusförmigen Erweiterung des Vas deferens (Vesicula seminalis) mit Spermien (nach CHAUVIN)
1 Längsmuskeln
2 Ringmuskeln
3 sekretorisches Wandepithel
4 Spermien

122 Geschlechtsorgane, männlich

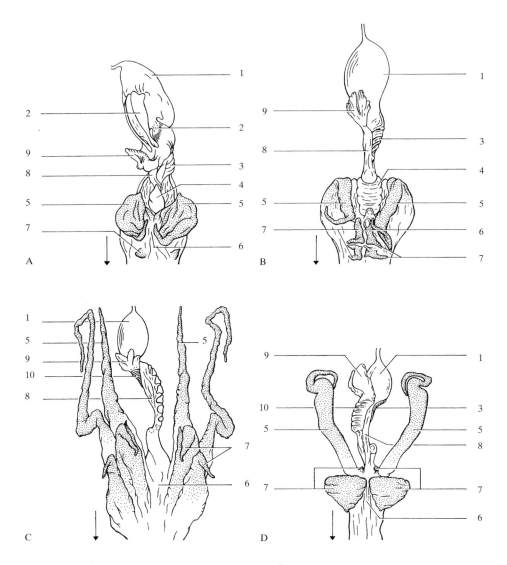

Begattungsschlauch der vier Apis-Arten. Zur besseren Übersicht wurden die einzelnen Bestandteile der aus dem Hinterleib der Drohnen herauspräparierten Organe mit Nadeln etwas auseinandergezogen

A *Apis mellifera*   B *Apis cerana*
C *Apis dorsata*   D *Apis florea*

 1 Zwiebelstück
 2 Chitinplatten des Zwiebelstückes (nur bei *Apis mellifera*)
 3 Chitinverstärkungen an der Basis des Zwiebelstückes bzw. am Halsteil
 4 Haarfeld
 5 Hörnchen
 6 Vorhof
 7 Anhänge am Vorhof
 8 Halsteil
 9 gefalteter Anhang
10 Chitinversteifungen an der Basis des gefalteten Anhangs (nur bei *Apis dorsata* und *Apis florea*).
    Geschlechtsöffnung in Pfeilrichtung

Geschlechtsorgane, männlich

diesen Teil des Drüsenepithels sind die Köpfe der ↑ Spermien eingebettet, während ihre Schwänze in das Lumen der Vesiculae hineinreichen.

Die Schleimdrüsen stellen die umfangreichsten Bestandteile der inneren Geschlechtsorgane erwachsener Drohnen dar. Ihre volle Größe erreichen die Drüsenzellen im Verlauf der ersten 9 Lebenstage der Drohnen. Das Sekretionsprodukt dieser Drüsen ist anfangs von wässriger, später von schleimiger Beschaffenheit. Die mächtigen, sackähnlichen Drüsen werden von Muskellagen eingehüllt, die an der Mündungsstelle der Vasa deferentia in den Ductus ejaculatorius am kräftigsten ausgebildet sind.

Der Ductus ejaculatorius besteht aus einem relativ schmalen Ausfuhrgang ohne Muskelumhüllung. Er führt zum eingestülpten, inversen Penis (Aedeagus, Begattungsschlauch), der sich unterhalb der Schleimdrüsen befindet und aus folgenden Bestandteilen zusammengesetzt ist: Auf ein Zwiebelstück (Bulbus, 1) folgt ein Halsteil (Cervix, 8), an den sich der Vorhof (Vestibulum, 6) anschließt. Die Größe des Zwiebelstückes hängt vom Füllungsgrad dieses Aedeagusteiles mit Spermaflüssigkeit und Schleim ab. Die Mündung des Zwiebelstückes ist dünn und außerordentlich dehnbar. Auf seiner Dorsalseite liegen zwei Plattenpaare aus Chitin (2), die das Zwiebelstück seitlich umfassen. In der Ruhelage schließt sich an das Zwiebelstück der schmale, zusammengedrückte Halsteil (8) an, dessen Ventralseite durch eine Anzahl von Skleriten verstärkt ist und die eine leichte Drehung dieses Penisabschnittes verdeutlichen. Dorsal trägt der Halsteil einen gefalteten, beiderseits mit fiederartigen Ausbuchtungen versehenen Anhang (9). Auf den Halsteil folgt der Vorhof (6), ein wiederum dünnwandiger Hohlraum, an dessen ventraler Wand das durch Chitinverstärkung hervortretende Rautenfeld liegt. Äußerlich sichtbar ist es allerdings nur im ausgestülpten Zustand des Penis.

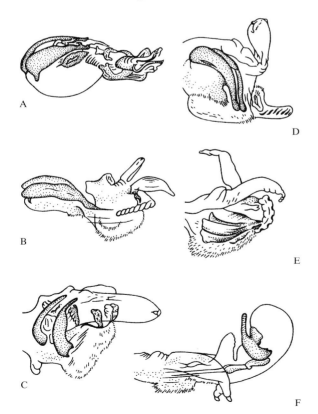

Eversionsphasen des Begattungsschlauches von Apis mellifera
A   Ruhelage
B – F fortschreitende Eversion (Ausstülpung), die während der Kopulation vor sich geht vollständige Eversion

Geschlechtsorgane, männlich

Seitlich am Vorhof befindet sich ein Paar hörnchenförmiger Anhänge (5), die im invertierten Begattungsschlauch (Penis) eingestülpt und zusammengedrückt sind. An der dorsalen Vorhofwand fallen schließlich noch zwei kleine Höcker auf (7).

Der Aufbau des Penis der außereuropäischen *Apis*-Arten (↑ Bienenarten) unterscheidet sich erheblich von dem des beschriebenen Begattungsschlauches der heimischen Honigbiene (*Apis mellifera*). Dem Zwiebelstück fehlt die Bedeckung mit Chitinplatten. Der gefaltete Anhang des Halsteiles ist bei *A. cerana* und *A. florea* deutlich zweilappig, bei der Riesenbiene, *A. dorsata*, läuft er sogar in vier Zipfel aus. Der Zwergbiene, *A. florea*, fehlen die Chitinspangen des Halsteiles. Am Übergang des Halsstückes zum Bulbus befindet sich lediglich eine chitinige Versteifung. Am Halsteil des Begattungsschlauches von *A. dorsata* treten an Stelle der Chitinspangen drei- bis viereckige Chitinstücke auf, die sich in leichtem Bogen rechtsseitig am Halskanal entlangziehen. Auch die Hörnchen am Vestibulum sind artspezifisch gebaut. Bei *A. dorsata* findet man anstelle der von *A. mellifera* bekannten Hörnchen vier Paar langgestreckte Anhänge. Bei *A. cerana* sind außer einem Hörnchenpaar noch drei weitere zapfenartige Anhangs-

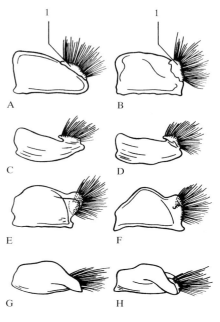

Parameralplatten
A–D *Apis mellifera*   E–H *Apis cerana*

paare an der dorsalen Wand des Vestibulums ausgebildet. Das Vestibulum von *A. florea* trägt zwei Paar Hörnchen, die sich aber in ihrer Form weitgehend von den Vestibularanhängen der anderen drei *Apis*-Arten unterscheiden.

Bei der Kopulation kommt es zu einem ruckartigen Umstülpungsvorgang (Eversion) des in der Ruhelage invertierten Penis. Zuerst erscheinen die Hörnchen am Vestibulum, gefolgt vom Halsteil, der sich während des Umstülpungsvorganges stark dehnt. Mit seinen chitinigen Querleisten dringt er bis in die Vagina der Weisel ein. Das Zwiebelstück folgt in das Vestibulum nach, dabei klaffen die beiden Chitinplattenpaare am Zwiebelstück auseinander und erleichtern dadurch den Austritt der Samenflüssigkeit. Die Spermaabgabe erfolgt vor der Eversion des Zwiebelstückes.

Die Geschlechtsöffnung ist von den äußeren Geschlechtsorganen umgeben. Sie bestehen aus zwei Paar Chitinplatten, den Penisvalven und den Parameralplatten (Duftschuppen). Bei diesen beiden Plattenpaaren handelt es sich im Vergleich zu anderen Hautflüglerarten um stark reduzierte äußere Genitalien. Die Penisvalven,

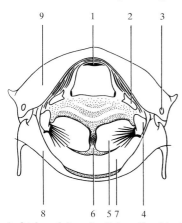

Aufsicht auf die männlichen Geschlechtsorgane (nach SNODGRASS)

1 Afteröffnung
2 neuntes Tergit
3 Stigma
4 Parameralplatte
5 Penisvalve
6 Geschlechtsöffnung
7 neuntes Sternit
8 achtes Sternit
9 achtes Tergit

zwischen denen der Begattungsschlauch bei der Kopulation hervortritt, sind relativ große, am Ende gerundete Chitinplatten, die in einen weniger deutlich sklerotisierten Basalteil übergehen, an dem die Parameralloben ansetzen. Sie sind durch einen langen Haarpinsel gekennzeichnet, der aus feinen Chitinborsten besteht. Über ihre Rückenkanten sind die Parameralloben beweglich mit dem 8. Abdominalsternit verbunden. Bei den vier Honigbienenarten und den einzelnen geographischen Bienenrassen treten verschiedene Formen von Parameralloben auf; selbst innerhalb einer Rasse können unterschiedliche Paramerenformen zur Ausbildung gelangen.

Geschlechtsorgane, weiblich Sie setzen sich aus einem Paar Ovarien (Eierstöcke) und paarigen Ovidukten (Eileiter) zusammen, die sich zu einem unpaaren Ausführgang vereinen. Er mündet über die Vagina (Scheide) in die Stachelkammer zwischen dem 8. und 9. Abdominalsternit. Von der Dorsalseite der Vagina aus führt ein kurzer Gang in die Spermatheka (Receptaculum seminis, Samenblase), in der die während der Paarungen aufgenommenen Spermien gespeichert werden. Die am Ende nach unten umgebogenen Ovarien der **Weisel** besitzen eine birnenförmige Gestalt. Sie dehnen sich bis in den proximalen Bereich des ↑ Hinterleibes aus. Die Länge der ausgereiften Ovarien mitteleuropäischer Weiseln beträgt 5 bis 6 mm, ihr größter Durchmesser erreicht 3 bis 4 mm. Jedes der beiden Ovarien enthält bis zu 180 schlauchförmige Ovariolen (Eischläuche). Sie erweitern sich von ihrem Ursprung bis zur Mündung kontinuierlich und tragen damit der zunehmenden Eireife Rechnung. Jede Ovariole ist, wie übrigens auch das ganze Ovar, von feinem Hüllgewebe überzogen.

Die Entwicklung der weiblichen Keimzellen beginnt in den Spitzenabschnitten der einzelnen Ovariolen. Zwischen den sich entwickelnden Eizellen liegen Gruppen kleinerer Nährzellen. Sie liefern den Dotter der künftigen Bieneneier, der dem ↑ Embryo als Nährsubstanz dient. Der Endabschnitt der Ovariolen enthält schließlich die von einer festen Hülle, dem Chorion, umgebenen fertig entwickelten Eier. Das Chorion ist ein Sekretionsprodukt der Follikelzellen (Hüllzellen), die vom Epithel der Ovariolen herstammen.

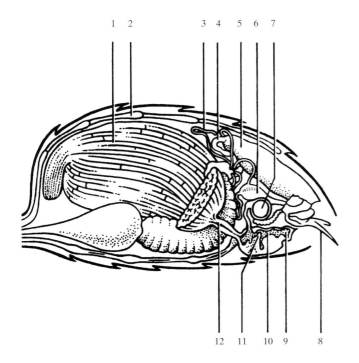

Lage der weiblichen Geschlechtsorgane im Hinterleib der Königin (nach RUTTNER)
1 Ovar
2 Herzschlauch
3 Malpighische Gefäße
4 Dünndarm
5 Kotblase
6 Giftblase
7 Samenblase
8 Stachel
9 Scheidenvorhof
10 Scheide
11 Scheidenklappe
12 Eileiter

Geschlechtsorgane, weiblich

Das voll entwickelte Ei verläßt die Ovariole und gelangt über das Eierstockbecken, eine kelchartige Bildung am Ende des Ovars, in einen der beiden paarigen, lateral gelegenen Ovidukte, die mit einer Cuticula ausgekleidet und mit nach hinten gerichteten Härchen besetzt sind. Darüber hinaus ist die Wandung der Ovidukte längs gefaltet und stark erweiterungsfähig. Der auf die paarigen Ovidukte folgende kurze unpaare Eileiter geht in die Vagina über.

Von der Ventralseite der dehnbaren Vagina erhebt sich die Scheidenklappe (Valvula vaginalis) als gefalteter Anhang unterhalb der Mündung des Samenblasenganges. Sie stellt einen zungenförmigen, quergerippten und mit Muskulatur versehenen Wulst dar, der sich während der Kopulation nach innen neigt und dadurch dem Sperma den Weg in die Ovidukte freigibt. Nach erfolgter Kopulation verhindert der wieder aufgerichtete Scheidenklappenwulst ein allzu starkes Zurückfließen des Spermas in den Scheidenvorhof und trägt mit dazu bei, daß es zum Stau der Samenflüssigkeit unterhalb der Mündung des Samenblasenganges kommt. Auf diese Weise wird dem Sperma das Eindringen in den Samenblasengang und weiter in die Spermatheka erleichtert.

In der kugelförmigen, 1,5 mm breiten Samenblase können 5 bis 7 Mio Spermien aufbewahrt werden. Die CO_2-Produktion der Samenfäden hemmt ihre eigene Aktivität. Eine Reaktivierung der Spermien erfolgt durch das alkalische Sekret einer an der Außenwand der Samenblase befindlichen Drüse, der Samenblasenanhangsdrüse. Sie besteht aus zwei miteinander verbundenen Abschnitten und mündet am Übergang des Samenblasenganges in die Samenblase.

Unmittelbar davor ist der Samenblasengang zur Samenpumpe umgebildet. Mehrere Muskelzüge, die sich in Höhe dieser Spermapumpe um den Samenblasengang legen, regulieren jeweils den Austritt einiger Samenfäden aus der Samenblase zur Eibefruchtung in der Vagina.

Für die Wanderung der bei der Kopulation aufgenommenen Spermien in den Samenblasengang sorgen neben Kontraktionsbewegungen des Hinterleibes und der Spermapumpe auch chemotaktische Vorgänge und eine Differenz des pH-Wertes zwischen Samenflüssigkeit ($pH = 7{,}0$) und Samenblasenflüssigkeit ($pH = 9{,}7$), wodurch sich die Spermien aktiv zur Spermatheka hinbewegen. Die Anzahl der in die Samenblase einwandernden Spermien wird nicht zuletzt durch äußere Faktoren, wie die Umgebungstemperatur und die Menge der die Weisel umgebenden Begleitbienen mitbestimmt.

Fehlen Begleitbienen völlig, enthält die Samenblase der Weisel zwei Tage nach der Begattung nur 1,2 bis 1,4 Mio Spermien; bei 350 Begleitbienen erhöht sich die Spermienzahl auf 3,6 bis 3,7 Mio., steigt bei einer weiteren Vermehrung der Begleitbienen aber nur unwesentlich über die 3,7 Millionengrenze. Während die Samenblasenanhangsdrüse der Ernährung der Spermien in der Spermatheka dient, sorgt eine dichte Umhüllung der Spermathekawandung mit einem luftgefüllten Tracheengeflecht (↑ Tracheensystem) dafür, daß die Samenfäden von der für sie unzuträglich hohen Abdominaltemperatur der Weisel thermisch isoliert bleiben. Die Tracheen bilden somit einen Wärmeschutz für die gespeicherten Samenfäden. Außerdem dienen die Tracheen selbstverständlich auch der Sauerstoffzufuhr.

Nicht selten werden abnorme Veränderungen an den Geschlechtsorganen der Weisel beobachtet. Eines der beiden Ovarien kann fehlen, eine doppelte Ausbildung der Samenblase ist möglich, Wucherungen im Bereich des Samenblasenganges wurden beschrieben. Altersbedingte Kalkeinlagerungen in der Valvula vaginalis treten bei gesunden wie kranken Weiseln auf. Auch Degenerationen des ↑ Stachelapparates der Weisel sind bekannt.

Nicht nur Weiseln, auch **Arbeitsbienen** besitzen als weibliche Individuen Geschlechtsorgane. Die beiden Ovarien der Arbeiterinnen bestehen bei *Apis mellifera* in der Regel allerdings nur aus 2 bis 12 Ovariolen. Die paarigen Ovidukte sind relativ langgestreckt und münden in einen kurzen unpaaren Ausfuhrgang. Ein kleiner Scheidenvorhof an der Stachelbasis schließt sich an. Auch eine rudimentäre Samenblase ist vor-

Geschlechtsreife

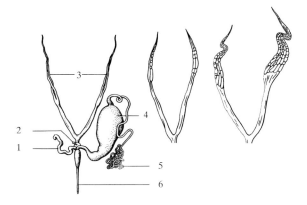

Ovarien von Arbeitsbienen in unterschiedlichem Entwicklungszustand (nach MICHENER)
1 Dufoursche Drüse
2 Samenblasenrudiment
3 Ovariolen
4 Giftblase
5 Giftdrüse
6 Stachel

handen, die aber keine Spermien aufzunehmen vermag.

Bei zwei Tage alten weiblichen Larven sind, unabhängig von der späteren Entwicklung zur Arbeitsbiene oder Weisel, bereits Ovaranlagen mit etwa 60 bis 70 Ovariolen ausgebildet. Ihre Zahl steigt selbst bei Arbeiterinnenlarven noch weiter an, geht aber dann nach dem 5. Larvaltag wieder zurück. Während der ↑ Metamorphose degenerieren die meisten der angelegten Ovariolen. In den später noch ausgebildeten Eischläuchen können sich Eizellen entwickeln, und Arbeitsbienen sind in der Lage, auch entwicklungsfähige Eier abzulegen. Da die Arbeitsbienen nicht begattungsfähig sind, die Eier demzufolge auch nicht befruchtet werden können, gehen aus ihnen normalerweise nur Drohnen hervor.

Ein geringer Prozentsatz unbefruchteter Eier ergibt manchmal auch diploide Weibchen. Diese Form der thelytoken ↑ Parthenogenese kommt wahrscheinlich dadurch zustande, daß die Reduktionsteilung im Verlauf der Eireife ausbleibt. Eine mehr oder weniger regelmäßige Entwicklung weiblicher Tiere aus unbefruchteten Eiern ist lediglich von der Kapbiene, *Apis mellifera capensis* (↑ Bienenrassen) aus Südafrika, bekannt. Bei den Arbeiterinnen dieser geographischen Rasse kann sich ein Ovar aus 15 bis 25 Ovariolen zusammensetzen, manchmal ist auch eine Samenblase mit einem Durchmesser von 0,3 bis 0,8 mm ausgebildet. Sperma wurde allerdings auch in diesen Samenblasen niemals beobachtet. In *Capensis*-Völkern mit eierlegenden Arbeiterinnen entstehen nach einiger Zeit der Weisellosigkeit in der Regel aus unbefruchteten Arbeiterinneneiern Weiseln, die dann wieder eine den übrigen Bienenrassen vergleichbare Sozialgemeinschaft aufbauen.

Auch die Arbeiterinnen der indischen Honigbiene, *Apis cerana*, und der Riesenbiene, *Apis dorsata*, sind befähigt, Eier abzulegen. Aus diesen Eiern entwickeln sich aber, wie bei *Apis mellifera*, im allgemeinen nur Drohnen. Die Anzahl der Ovariolen ist mit 20 im Arbeiterinnenovar von *A. dorsata* verhältnismäßig groß. Demgegenüber enthält ein Weiselovar dieser Honigbienenart durchschnittlich nur 130 Ovariolen. Bei *A. dorsata* sind die Ovarien der Weisel demnach weniger gut entwickelt als bei *A. mellifera*, was mit den Differenzen zwischen anderen Merkmalen und auch den Verhaltensweisen beider Arten im Einklang steht.

Geschlechtsreife Sie wird als Voraussetzung für die Paarung erst einige Tage nach dem Imaginalschlupf erreicht, und zwar bei Weiseln nach 5 bis 6 Tagen, bei Drohnen nach 8 bis 12 Tagen.

Die Geschlechtsreifung hängt vom Pflegeverhalten der Arbeiterinnen ab, wie auch die Schleimbildung in den großen Schleimdrüsen der Drohnen (↑ Geschlechtsorgane) von der Fütterung durch die Stockbienen mitbestimmt wird. Befinden sich Weiseln inmitten fremdrassiger Arbeitsbienen, können dadurch Paarungstrieb und die gesamte Geschlechtsreife gestört und/oder verzögert werden.

Geschlechtszellen

Geschlechtszellen Es gibt männliche und weibliche Geschlechtszellen. Die weiblichen entstehen in den Eierstöcken, die männlichen in den Hoden (↑ Geschlechtsorgane). Die Keimzellen für die Geschlechtszellen werden bei der Weisel durch die Reduktionsteilung über mehrere Stufen aus Zellen mit einem diploiden Chromosomensatz gebildet. Es entstehen 4 Keimzellen mit einem einfachen Chromosomensatz. Drei davon werden wieder zurückgebildet, aus einer entwickelt sich dann die Geschlechtszelle (Gamet), das Ei. Bei Drohnen erfolgt keine Reifeteilung, jede gebildete Keimzelle kann sich zu einem Gameten entwickeln.

Geschmacksorgane → Sinnesorgane

Geschwister → Verwandtschaftsgrad

Gesellschaften der Freunde von Bienenforschungsanstalten Eingetragene Vereine, die sich als Bindeglieder zur Praxis verstehen. Zur Zeit gibt es die des Niedersächsischen Landesinstituts für Bienenforschung in Celle, der Landesanstalt für Bienenkunde an der Universität Hohenheim und des Länderinstitutes für Bienenkunde Hohen Neuendorf e. V. Sie halten jährlich Tagungen mit Vorträgen, Besichtigungen, Erfahrungsaustauschen und Diskussionen ab.

Ghedda-Wachs → Bienenarten

Giftblase → Giftdrüse

Giftdrüse Ein bei Arbeitsbienen schlauchförmig gestaltetes und am Ende gegabeltes Organ. Ihre Länge beträgt ca. 21 mm. Bei Weiseln ist sie 40 bis 50 mm lang. Während bei Arbeitsbienen die Gabelenden der Giftdrüse verhältnismäßig kurz sind, übertrifft ihre Länge bei Weiseln diejenige des ungegabelten Drüsenabschnittes deutlich, der in die Giftblase mündet. Die sekretorisch tätigen Zellen der Giftdrüse enthalten einen reich verzweigten Endapparat, über den das Sekretionsprodukt Bienengift in einen Ausfuhrgang abgeleitet wird. Nicht nur in der Giftdrüse, auch im proximalen Bereich der Giftblasenwand erfolgt die Giftproduk-

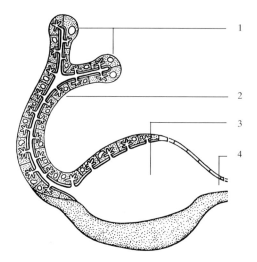

Schematischer Längsschnitt durch die Giftdrüse einer Arbeitsbiene (nach BRIDGES/OWEN)
1 bifurkale Drüse   3 Giftblase
2 Drüsenzellen   4 Ausfuhrgang

tion. Durch eine cuticulare Auflage werden die sekretorischen Zellen vor der zellauflösenden Aktivität ihres Sekretionsproduktes geschützt.
Bienengift stellt eine bitter schmeckende, schwach aromatisch riechende, klare Flüssigkeit dar, die sich aus über 50 bekannten Substanzen zusammensetzt und toxische Wirkungen auf viele Insekten und Wirbeltiere ausübt (↑ Bienengift). Wird Bienengift bei Zimmertemperatur eingedampft, bleiben 30 % Trockensubstanz übrig. Mehr als die Hälfte dieser Substanz setzt sich aus Eiweißkörpern bzw. deren Grundbausteinen, den Polypeptiden, zusammen. Eines dieser Polypeptide, das Melittin, ist besonders reichlich vorhanden. Es besteht aus 26 Aminosäureresten. Zu erwähnen wäre ferner auch das Apamin, das aus 18 Aminosäureresten aufgebaut ist. Hinzu kommen weitere Polypeptide, wie Secapin, Tertiapin u. a. Das Bienengift enthält außerdem Amine, z. B. das Histamin, das Serotonin und ↑ Enzyme, wie die Hyaluronsäure und Phospholipase A. Während der Melittin-Anteil im Arbeiterinnen - wie im Weiselgift vergleichbar groß ist, tritt die Enzymaktivität im Weiselgift hinter der im Gift der Arbeiterinnen deutlich zurück. Vergleichende Untersuchungen des Giftes

der vier *Apis*-Arten zeigen, daß sich die Zusammensetzung des Melittins bei *A. mellifera* nicht von derjenigen der indischen Honigbiene, *A. cerana*, unterscheidet. Die Melittin-Struktur der Zwergbiene, *A. florea*, stimmt jedoch mit der der beiden genannten *Apis*-Arten nicht überein.

Nach dem Imaginalschlupf sezerniert die Giftdrüse zunächst nur eine geringe Giftmenge. Sie erhöht sich dann zwischen dem 2. und 15. Lebenstag von durchschnittlich 0,014 auf 0,1 mg. Das in der Giftdrüse produzierte Bienengift wird in der Giftblase gespeichert. Bei 20 Tage alten Arbeiterinnen können sich bis zu 0,3 mg Gift in der Giftblase befinden. Sticht eine Sommerbiene vor dem 20. Lebenstag, füllt sich die Giftblase danach noch einmal. Bei älteren Sommerbienen hingegen bleibt die Giftblase nach einem Stich nahezu leer. Stechen Winterbienen (↑ Saisonvariabilität), die älter als 20 Tage sind, füllt sich auch bei ihnen die Giftblase wieder. Ohne Pollenfraß zu Beginn der Imaginalphase ist überhaupt keine Giftproduktion möglich, da dann die dafür erforderlichen Eiweißbausteine fehlen.

Die Erzeugung des Bienengiftes ist jahreszeitlichen Schwankungen unterworfen. Sie nimmt vom Frühjahr zum Herbst hin ab, bleibt aber während der Winterszeit, wenn auch auf niedrigem Niveau, konstant. Im Unterschied zu den Arbeitsbienen enthält die Giftblase der Weisel schon gleich nach dem Schlupf ihre maximale Giftmenge (Funktion!).

Gifte Chemische Stoffe (Elemente, Verbindungen, Gemische), die durch ihre toxische Wirkung im lebenden Organismus vorübergehende oder bleibende Gesundheitsschädigungen verursachen oder den Tod herbeiführen (↑ Vergiftungsphänologie).

In vielen Ländern wird der Verkehr mit Giften gesetzlich geregelt (z. B. Chemikaliengesetz). Entsprechend dem Eintrittsweg der Gifte in den Organismus, z. B. in den Bienenkörper, unterscheidet man Atemgifte (wirken über das Tracheensystem direkt auf die vitalen Zentren), Fraßgifte (wirken über den Verdauungstrakt), Kontaktgifte (wirken bei Berührungen direkt auf die Nervenendungen des sensorischen Nervensystems).

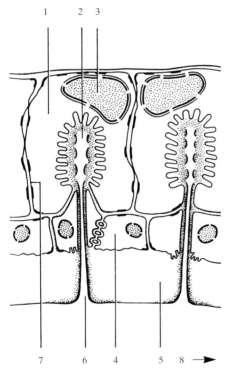

Stark vergrößerte Zellen der Giftdrüse (nach BRIDGES/OWEN)
1 Drüsenzelle
2 Drüsenendapparat
3 Zellkern
4 Epithelzellen
5 Cuticula
6 Ausfuhrkanälchen für das Sekretionsprodukt
7 Drüsenzellwand
8 Ausfuhrgang, über den das aus den Drüsenzellen abgeleitete Gift in die Giftblase gelangt

GIRTLER, ROMEDIUS * 7.1.1887 in Bozen,
† 10.5.1976 in Siebeneich.
Pater im Deutschordenskloster von Siebeneich bei Bozen.
Als BIENENMUCH unter dem gleichnamigen Titel seines Buches sehr bekannt geworden.

Gleditsia L. – *Leguminosae*
– *triacanthos* L. – Christusdorn, Lederhülsenbaum
Nordamerika. Hoher Baum mit ausgebreiteter lockerer Krone und etwa 15 bis 20 cm langen Fiederblättern. Eigentümlich sind die langen oft dreiteiligen Dornen. Die Blü-

ten erscheinen im Juni in kurzen, schmalen Trauben. Durch ihre grünliche Farbe fallen sie kaum auf. Benötigt sonnige Lage. Anspruchslos an den Boden, gedeiht auch auf trockenen, sandigen und steinigen Böden. Sehr rauchhart. Sollte besonders in Industriegebieten verwendet werden. Gilt als sehr guter Nektar- und geringer Pollenspender. Einige neuere Sorten, wie 'Moraine', 'Shademaster' und 'Sunburst', sind dornenlos und werden als Straßenbäume verwendet. Letztgenannte Sorte treibt goldgelb aus.

Glockenheide → *Erica*

Glykogen Ein aus Zucker aufgebautes Speicherprodukt, auch „tierische Stärke" genannt, das zu den Polysacchariden gehört. Glykogen tritt bereits in frühen Entwicklungsstadien bei Bienenlarven in erheblichem Umfang auf. Sein hoher Energiegehalt ist während der ↑ Metamorphose im Puppenstadium von großer Bedeutung bei der Ausformung der erwachsenen Biene. Das larvale Glykogen wird hierbei fast völlig verbraucht, und während der Puppenruhe tritt eine Glykoneogenese ein. Der Glykogengehalt nimmt im Körper der erwachsenen Biene bis zum Flugbienenstadium zu. Glykogen wird in den Flugmuskeln, der Honigblasenwand, verschiedenen Bereichen des Darmepithels, in den Cardiaca- und Pyloruszellen (↑ Zelleinschlüsse) abgelagert, auch stellt es einen Bestandteil des Fettkörpergewebes dar. Größere Mengen an Glykogen ließen sich auch im Retinagewebe der Drohnenaugen nachweisen, und zwar 30 bis 40 mg/g Retinagewebe. Das ist mehr als in den Insektenmuskeln gespeichert wird. Bringt man im Dunkeln gehaltene Drohnen für 15 min. ans Licht, nimmt der Glykogengehalt in der Retina um 33 % ab, steigt aber bei längerer Belichtung durch Glykogensynthese in der Retina allmählich wieder an.

Glykotil-Faktor → Honig

Goldbiene → Färbung

Goldrute → *Solidago*

GONTARSKI, HUGO * 10.4.1900 in Frankfurt/M., † 14.6.1963.
Lehrer. Seit 1928 an der bienenkundlichen Abteilung des Zoologischen Instituts der Universität Frankfurt tätig. Baute 1937 das Institut für Bienenkunde in Oberursel/Taunus auf (Stiftung der Polytechnischen Gesellschaft) und war bis zu seinem Tode dessen Leiter. Hatte an der Universität Gießen einen Lehrauftrag für Bienenkunde. Richtete eine Honiguntersuchungsstelle ein und entwickelte Methoden zur Bestimmung u. a. des Enzymgehaltes der Honige.
Erfand das „Nosemack" zur Bekämpfung der ↑ Nosematose. Rege schriftstellerische- und Vortragstätigkeit.

Götterbaum → *Ailanthus*

GRAVENHORST, CHRISTOF JOHANN HEINRICH * 26.9.1823 in Watzum bei Braunschweig, † 21.8.1898 in Wilsnack bei Braunschweig.
Gab den Lehrerberuf wegen eines Gehörleidens auf und wurde Berufsimker. Um die Vorteile des Strohstülpers für mobile Betriebsweise zu nutzen, entwickelte er den länglichen Stülper mit 16 beweglichen Bogenrahmen, die von unten zu entnehmen waren (umgedrehte Lagerbeute). Gilt als Erfinder des ↑ Baurahmens. Propagierte die Wanderung in Buchweizen und Heide. Gründete 1883 die „Deutsche illustrierte Bienenzeitung". Hauptwerk: „Der praktische Imker" (1873).

Greisenbrütigkeit ↑ Buckelbrut

Größe der Beute Sie ist abhängig von der Anzahl und Größe der Waben, die in ihr Platz finden sollen. Die meisten ↑ Hinterbehandlungsbeuten haben einen Rauminhalt von 70000 bis 76000 cm^3. Bei ↑ Magazinen kann die Größe der Beute durch Zugabe oder Wegnahme von ↑ Zargen der Volksstärke angepaßt werden. Ähnlich wie die Räume der unterschiedlichsten Beuten können die Zargen der verschiedensten Magazine zwischen 8 und 14 Waben aufnehmen.

Gynander → Zwitterbienen

H

Haarfarbe der Drohnen → Körung

Haarkleid → Behaarung

Haarlänge → Körung

Haarlosigkeit Zumeist krankhafter Zustand, der die Bienen nackt und glänzend schwarz erscheinen läßt. Es fehlen in unterschiedlichem Maße die zarten hellgrauen bis dunkelgrauen Oberhaare, die den Bienen das charakteristische, behaarte Aussehen verleihen. Der Haarverlust beginnt meist mit dem Verschwinden der Filzbinden (↑ Behaarung) auf dem Hinterleib. Die Ursachen dafür sind unterschiedlich. Haarlosigkeit ist bei abgearbeiteten, alten Trachtbienen zu beobachten, auch nach ↑ Räuberei. Häufiger liegen der Haarlosigkeit krankhafte Zustände zugrunde (↑ Schwarzsucht, ↑ Waldtrachtkrankheit)oder sie ist erblich bedingt.

Habichtskraut → *Hieracium*

Haemolymphe → Blutflüssigkeit

Haftung → Bienenrecht

Häkchenzahl → Flügel

Halbrähmchen Es hat die halbe Höhe des normalen Rähmchens und wird bei großen ↑ Rähmchenmaßen vielfach im ↑ Honigraum verwendet. Es können Rähmchen mit breiten Wabenschenkeln zur Errichtung von ↑ Dickwaben sein. Zwei Halbrähmchen lassen sich meist zu einem Ganzrähmchen zusammenklammern, so daß sie notfalls auch im ↑ Brutraum eingesetzt werden können.

Halbwertzeit Im engeren Sinne hier als die Zeit, in der eine Rückstandskonzentration im Organismus bis zur Hälfte ihres ursprünglichen Wertes abgebaut bzw. ausgeschieden ist.

Halictus → Apoidea

Handschuhe → Imkerschutzkleidung

HARNAJ, VECESLAV * 7.11.1917, † 29.10.1988.
Prof. für Hydraulik. Bedeutende technische Neuerungen auf diesem Gebiet. Baute das rumänische Imkerkombinat auf. Von 1965 bis 1985 Präsident der ↑ APIMONDIA.

Harnkanälchen → Malpighische Gefäße

Hartbrut Sammelbegriff für Brutkrankheiten, bei denen die Brut abstirbt und hart wird (↑ Kalkbrut und ↑ Steinbrut). Oft wird der Begriff synonym für Steinbrut gebraucht.

Hartriegel → Cornus

Haselnuß → Corylus

Haupttracht → Tracht

Hausbienenzucht → Zeidlerei

Hautbienen → Bienentraube

Hautflügler (*Hymenoptera*) Ordnung der holometabolen Insekten, solchen mit vollkommener Verwandlung, weltweit >100000 Arten, in Mitteleuropa 10000 Arten bekannt. Die Körpergröße der Hautflügler liegt zwischen 0,2 und 50 mm. Mandibeln sind stets kräftig, die übrigen Mundteile bei vielen Arten mehr oder weniger verlängert, zum Lecken und Saugen ausgebildet. In der Regel sind zwei Paar häutige Flügel vorhanden, von denen das vordere größer ist als das hintere Paar. Beide Paare werden im Flug durch Kopplungseinrichtungen so miteinander verbunden, daß eine funktionelle Zweiflügligkeit entsteht. Zu den Hautflüglern gehören Pflanzenwespen, Schlupfwespen im weiteren Sinne und stacheltragende Formen, wie Wespen, Bienen, Ameisen, die eine engere Verwandtschaftsgruppe innerhalb der Hautflügler bilden (↑ *Apoidea*). Mittel-, aber vor allem Hinterbeine sind bei vielen Bienenarten mit hochdifferenzierten Sammelapparaten, die Vorderbeine mit einer Putzeinrichtung zum Säubern der Fühler ausgestattet.

Häutung Ablösung der Chitincuticula, Epi- und Exocuticula (↑ Chitinpanzer) vom Insektenkörper. Während der Entwicklung der Honigbiene erfolgen insgesamt 6 Häutungen, 4 bei Larven, die 5. führt zur Entstehung der Puppe, die 6. ist die Imaginalhäutung. Danach schlüpft die erwachsene Honigbiene aus der Brutzelle. Bevor es jeweils zur Ablösung der alten Chitincuticula kommt, wird die neue vorgebildet. Nur im Verlauf der Ausbildung einer neuen, noch dehnbaren Körperhülle sind in ihrem Bereich Wachstumsvorgänge möglich. Bei den einzelnen Häutungen wird auch der Teil der Chitincuticula erneuert, der Vorder- und Enddarm sowie die ↑ Tracheen ausgekleidet.

Heckenkirsche → Lonicera

Hedera L. – Efeu – *Araliaceae*
– *helix* L. – Gemeiner Efeu
Europa bis Kaukasus. Immergrünes, am Boden kriechendes oder mit Haftwurzeln bis 30 m hoch kletterndes Gehölz. Die zwittrigen, gelblichgrünen Blüten erscheinen von September bis Ende Oktober in halbkugeligen, dichten Dolden. Die großen, diskusförmigen Nektarien sondern reichlich Nektar ab. Der Eintritt der Blühreife ist beim Efeu alters- und umweltabhängig. Aufrechter, kletternder Wuchs und günstige Belichtungsverhältnisse spielen dabei eine Rolle. Am Boden kriechender Efeu blüht nicht! Efeu sollte besonders an Bäumen und Mauern gepflanzt werden. Gedeiht in sonniger wie schattiger Lage. Verlangt genügend feuchte, möglichst etwas humose Böden. Rauchhart. Guter Nektar- und Pollenlieferant. Farbtafel XXXII

Heftzellen → Wabe

Heidehoniglösgerät Durch zwei Führungsbleche sind etwa 15 cm lange Stahlstifte in mehreren Reihen so angeordnet, daß jeder Stahlstift in eine Zelle der Wabe paßt. Die Stahlstifte sind in der Längsrichtung frei beweglich, so daß sie beim „Stippen", wie man diesen Vorgang nennt, den Zellgrund nicht durchstoßen. Nach Entdeckelung der Waben wird der Heidehonig gestippt. Dabei rühren die Stahlstifte den Zellinhalt auf und machen ihn schleuderfähig. Ein Topf mit heißem Wasser dient dazu, verklebte Stifte vom Honig zu befreien. Es gibt auch größere Geräte und auch Heidehoniglösmaschinen.

Heideimkerei → Korbimkerei

Heidschwarm → Korbimkerei

Heimatstand Standort, an dem die Bienenvölker überwintern bzw. ständig stehen. Er befindet sich meistens in der Nähe der Wohnung des Imkers.
Gegensatz: ↑ Wanderstand.

Heizleistung Fähigkeit des Bienenvolkes, die für die Existenz der Sozialgemeinschaft erforderliche Temperatur zu erzeugen und aufrechtzuerhalten. Die Heizleistung steht mit der ↑ Thermoregulation in Verbindung. Sie ist abhängig von der Umgebungstemperatur, der Konstitution des Bienenvolkes und dessen Entwicklungszustand sowie von der Beschaffenheit der Bienenwohnung. Gut isolierte Beuten erfordern eine geringere Heizleistung als schlecht isolierte. Heizsprünge, d. h. Temperaturerhöhungen

Heizleistung von Honigbienen, ausgedrückt in Zuckerzahlen (nach BÜDEL)

I. Bei einem brütenden Volk, das 10 Waben belagert							
Temperatur der Außenluft in °C	0	5	10	15	20	25	30
Zuckerbedarf in g/Tag	80	75	68	61	52	38	17
II. Bei einem brutlosen Volk im Winter, auf 6 Waben eingeengt							
Temperatur der Außenluft in °C	−20	−15	−10	−5	0	+5	
Zuckerbedarf in g/Tag	38	31	27	21	15	6	
III. Bei einem voll entwickelten Volk (Brut und Honigraum mit je 10 Normalmaßwaben)							
Temperatur der Außenluft in °C	0	5	10	15	20	25	30
Zuckerbedarf in g/Tag	100	92	82	58	50	42	17

auf 20 bis 30 °C, die in kurzer Zeit erfolgen, können nach Abkühlungsvorgängen am Rande des Brutnestes auftreten. Dabei werden 34 °C jedoch nie überschritten. Eine Gefahr der Überhitzung durch Heizsprünge besteht demzufolge nicht. Die Heizleistung der Bienen läßt sich am Tagesverbrauch der Heizzuckermenge messen.

Die Heizleistung der Bienen läßt sich durch eine vom Imker in der Beute installierte Stockheizung beeinflussen. Obgleich der Stockheizung der Gedanke zugrunde liegt, die ↑ Thermoregulation der Bienen durch Wärmezufuhr zu unterstützen, führt die künstliche Beheizung in der Regel zu einer für die Bienen unvorteilhaften Temperatur- und Feuchteverteilung im Inneren der Beute, vor allem in den Wabengassen.

Heizsprünge → Heizleistung

Heizung Der Imker braucht vor allem einen warmen ↑ Schleuderraum. Bei kühlem Wetter kann es durchaus notwendig werden, daß er einen Heizkörper unter die Schleuder stellt, damit der Honig besser durch das Sieb fließt. Außerdem hat es sich als zweckmäßig erwiesen, daß im Frühjahr die ↑ Tränke erwärmt wird. Das ist nur möglich, wenn der Bienenstand am Hause des Imkers steht. Eine Stockheizung hat sich, so viele Versuche auch vom Imker mit ihr gemacht worden sind, als nachteilig für das Bienenvolk erwiesen (↑ Heizleistung).

Helenium L. – *Compositae*
– Hybriden – Sonnenbraut
Nord- und Südamerika (die Ausgangsarten). Staude mit hohlen Stengeln von 100 bis 150 cm Höhe, lanzettliche Blätter; die Blüten stehen in lockeren, kugeligen Blütentrauben in vielen gelb-braunen Farbtönen, Blütezeit Juli/August. Angebaut als Zierpflanze. Guter Nektar- und sehr guter Pollenlieferant.

Helianthus L. – *Compositae*
– *annuus* L. – Sonnenblume
Westliches Nordamerika bis Mexiko. Einjährig, Stengel steif behaart und bis 3 m hoch, gestielte große und herzförmige Blätter, die Blüten sind zu 500 bis 1500 in einem Blütenkorb vereint, gelbe bis braune Zungenblüten, Blütezeit Juli bis Oktober. Angebaut als Futter-, Gründüngungs- und Zierpflanze, in Kultur viele Sorten. Mäßiger Nektar- und mäßiger Pollenlieferant.

Heracleum L. – Herkuleskraut – *Umbelliferae*
– *sphondylium* L. – Wiesen-Bärenklau
Staude mit tiefgehender Pfahlwurzel, kantig gefurchtem Stengel von 50 bis 150 cm Höhe, die weißen Blüten stehen in großen Dolden, Blütezeit Juni bis Oktober. Sehr häufig in lichten, feuchten Laub- und Mischwäldern, Auewäldern, Gebüschen, Wiesen. Stickstoffliebend, verlangt lockeren und feuchten Boden. Guter Nektar- und mäßiger Pollenlieferant.

Herbizide Präparate zur Bekämpfung von Wildpflanzen (Unkraut) und unerwünschtem Pflanzenwuchs.

Herbstnachschau Letzte und wichtigste Durchsicht der Bienenvölker vor der ↑ Einwinterung. Zunächst wird anhand des Brutnestes die Weiselrichtigkeit kontrolliert. Es muß Brut in allen Stadien vorhanden sein. Weisellose und buckelbrütige Völker, die zu diesem Zeitpunkt meist schon sehr schwach sind, werden aufgelöst. Völker, deren Brutnest nicht befriedigt, lückenhaft ist oder die eine schon ältere Königin haben, werden, sofern begattete Weiseln noch zur Verfügung stehen, umgeweiselt. Schwache Völker, die kaum fünf bis sechs Normalmaßwaben belagern, sollten mit einem ↑ Ableger oder einem anderen Volk vereinigt werden, damit sie den Winter überleben. Alle unbebrüteten und nicht völlig ausgebauten Waben werden herausgenommen. Danach wird der Wintersitz des Volkes eingerichtet und das Volk auf die Räume zusammengedrängt, die es aufgrund seiner Volksstärke und der vorhandenen Brut auszufüllen in der Lage ist. Dabei werden vor allem Waben entnommen, die ausgeschnitten werden müssen, also ältere dunkle Waben, solche mit vielen Drohnenzellen, beschädigte Waben usw. Das ↑ Absperrgitter wird entfernt, der Futtervorrat grob abgeschätzt und das Notwendige auf der ↑ Stockkarte notiert. Falls die Beute repariert oder ausgesondert werden muß, ist es jetzt noch Zeit, das Volk mit seinen Waben umzuquartieren. Bei der Herbstnachschau muß sorgfältig und vorsichtig gearbeitet werden, damit keine ↑ Räuberei entsteht.

Herdbuch für Bienen Zuchtbuch, in das Bienenvölker nach erfolgter ↑ Körung eingetragen werden. In ein geschlossenes Herdbuch können nur die Nachkommen aufgenommen werden, deren Eltern ebenfalls im Herdbuch eingetragen sind. Geschlossene Herdbücher sind nur bei kontrollierter Paarung sinnvoll. In ein offenes Herdbuch werden auch Tiere aufgenommen, deren Eltern oder ein Elternteil keine Herdbuchtiere sind (↑ Erprobzucht).

Heritabilität Schätzwert der Erblichkeit aufgrund des Selektionserfolges in einer oder mehreren Generationen.

Heritabilitätskoeffizient Quotient aus der genetischen Varianz eines Merkmals in einer Population und der gesamten phänotypischen Varianz (Veränderlichkeit). Die Erblichkeit unterscheidet sich in den einzelnen Merkmalen, aber auch für gleiche Merkmale in verschiedenen Populationen. Bei kleinem Heritabilitätskoeffizienten für ein Merkmal ist die genotypische Varianz gering, hier ist z. B. bei gut durchgezüchteten Populationen das genetische Plateau erreicht, d. h., daß kein Selektionsfortschritt in der Population mehr möglich ist. Merkmale mit hohem Heritabilitätskoeffizienten lassen sich züchterisch gut beeinflussen. Bei solchen mit niedrigem Wert kann man davon ausgehen, daß die Umwelt eine große Rolle spielt, z. B. bei der Honigleistung.

Herzschlauch Die Honigbiene besitzt, wie alle Insekten, ein schlauchartiges Herz, das vom 6. Abdominalsegment (↑ Hinterleib) nach vorn durch den ↑ Brustabschnitt zum Gehirn (↑ Nervensystem) zieht und aufgrund seiner dorsalen Lage auch als Rückengefäß bezeichnet wird. Der hinten geschlossene Herzschlauch verengt sich in Richtung Kopf. Er besitzt im Abdominalteil fünf Paar seitlich gelegene Öffnungen (Ostien) und ist durch Herzklappen in fünf ungleich lange Abschnitte gegliedert. Am kürzesten ist der letzte Teil, am längsten der zwischen dem ersten und zweiten Ostienpaar gelegene Abschnitt. Eine nach hinten an Stärke zunehmende Muskelhülle umgibt den Herzschlauch. Sie ist für die rhythmischen Kontraktionen des Herzens verantwortlich. Durch diese Bewegungen wird die ↑ Blutflüssigkeit aus der ↑ Leibeshöhle über die Ostien in den Herzschlauch eingesogen und nach vorn zum Kopf gepumpt. Die ventilähnlichen Ostien wirken einem Zurückfließen des Blutes in die Leibeshöhle entgegen. Vor dem ersten Ostienpaar wird der Herzschlauch auch als Aorta bezeichnet. Diese führt durch den Petiolus (↑ Hinterleib) links vom Darmkanal in den Brustabschnitt, ist winklig nach oben umgebogen und zieht zwischen den beiden großen längs verlaufenden Brustmuskeln (↑ Muskulatur) durch das Hinterhauptsloch bis unter das Gehirn, wo sie offen endet.

Besondere morphologische Bildungen stellen die eng gewundenen Aortaschlingen hinter dem Petiolus dar. Sie sind reich von zarten Tracheolen umgeben, die einen intensiven Gas- vor allem CO_2-Austausch zwischen Blutflüssigkeit und Tracheen ermöglichen. Die relativ große Oberfläche dieses Aorta-Abschnittes spielt auch beim Wärmeaustausch (↑ Körpertemperatur) zwischen der Blutflüssigkeit im Herzschlauch und der Leibeshöhle eine Rolle, und sie erhält damit eine Bedeutung für die Wärmeregulation innerhalb des Bienenkörpers. Möglicherweise dienen die Aorta-Windungen außerdem auch der Elastizität des Herzschlauches, der durch die Bewegungen der Brustmuskulatur während des Fluges in hohem Maße beansprucht wird.

Der Herzschlauch der erwachsenen Biene ist 7,5 mm lang. Die ihn einhüllenden Tracheen leiten sich von den segmentalen Abschnitten der im Hinterleib vorhandenen lateralen Luftsäcke (↑ Tracheensystem) ab. Über Membranen ist der Herzschlauch einerseits mit der dorsalen Körperwand, an-

Hinterbehandlung 135

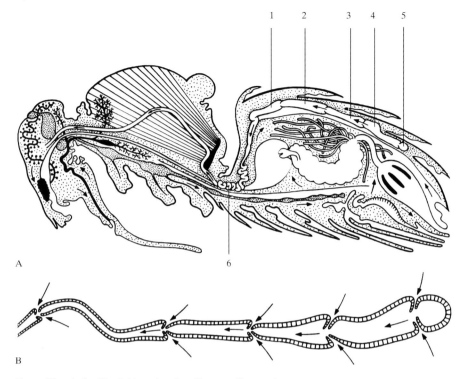

Herzschlauch der Honigbiene (nach V. BUTTEL–REEPEN)
A   Lage im Bienenkörper
B   Lage der Ostien im Herzschlauch (seitliche Pfeile)
1 – 5   Herzkammern,   6   Aortaschlingen
Pfeile im Inneren geben die Richtung des Blutstromes an.

dererseits durch flügelartige Muskeln des dorsalen Diaphragmas (↑ Leibeshöhle) mit der seitlichen Körperwandung verbunden. Das larvale Herz reicht vom 9. Abdominalsegment bei gleichbleibendem Durchmesser bis zum Mesothorax (↑ Brustabschnitt), dann verengt es sich und zieht als Aorta, ähnlich wie bei der Imago, bis zum Gehirn. Ostienpaare sind im Meso- und Metathorax und in den ersten 9 Hinterleibssegmenten ausgebildet. Die larvale Aorta ist ventral offen, besitzt also einen umgekehrt u-förmigen Querschnitt.

Heteronom Ungleichartig in bezug auf die äußere Gestaltung der einzelnen Körperabschnitte, z. B. ↑ Kopf, ↑ Brustabschnitt, ↑ Hinterleib. Gegensatz: ↑ homonom.

Heterosiseffekt → Kreuzung

Heterozygotie → Gene

Heulen → Weiselunruhe

Hieracium L. – Habichtskraut – *Compositae* – *syvaticum* L. – Wald-Habichtskraut
Formenreiche Art. Staude, 30 bis 60 cm hoch. Die goldgelben Blüten stehen in rispig angeordneten Körbchen, Blütezeit Mai bis Oktober. Sehr häufig in Laub- und Mischwäldern, an Mauern, Wegen und Trockenstellen.
Ebenfalls sehr häufig in lichten Wäldern, Trockenrasen und an Wegrändern anzutreffen das Kleine Habichtskraut (*H. pilosella* L.). Mäßiger Nektar- und mäßiger Pollenlieferant.

Hieroglyphen → Darstellung der Bienen

Himbeere → Rubus

Hinterbehandlung Bearbeitung des Bienenvolkes von der Rückseite der ↑ Beute nach

136 Hinterbehandlungsbeute

Entfernen des ↑ Fensters. Als Arbeitsmittel wird dazu meist eine ↑ Wabenzange verwendet (↑ Hinterbehandlungsbeute).

Hinterbehandlungsbeute ↑ Beute, in der das Volk nur von hinten zu behandeln ist. Als Wanderbeute hat sie meist einen ↑ Wandervorsatz mit einem Zwischenraum zur Stirnwand der Beute, in der sich die Wandertraube des Volkes aufhängen kann. Ältere Beuten haben statt dessen Gaze in den die Waben nach hinten abschließenden ↑ Fenstern und auch in der rückwärtigen Tür, die hier aber durch ein Brett abdeckbar ist.

Um die Waben aus der Hinterbehandlungsbeute herauszunehmen oder in sie hineinzugeben, braucht der Imker eine ↑ Wabenzange, besonders dann, wenn die Waben im ↑ Querbau aufgehängt sind.

Ein Vorteil der Hinterbehandlungsbeute ist einmal ihre Stapelbarkeit. Man kann daher zahlreiche Völker auf relativ geringer Grundfläche unterbringen. Die Hinterbehandlungsbeute eignet sich daher besonders zum Einbau im ↑ Bienenhaus, ↑ Wanderwagen und für ↑ Paletten. Zum anderen ist durch die Bewegung jeweils nur einer Wabe bei der Behandlung des Volkes die

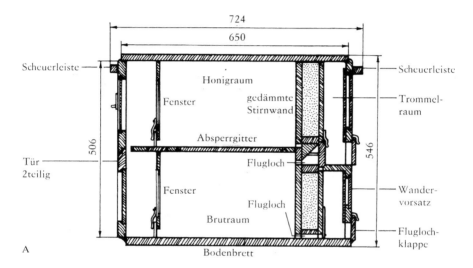

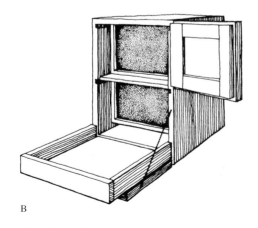

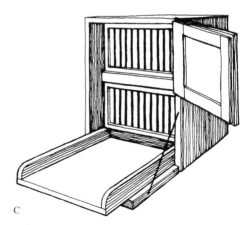

Hinterbehandlungsbeute
A Schema
B im Querbau
C im Längsbau

Hinterleib

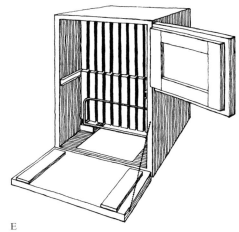

Hinterbehandlungsbeute
D mit Auszugsvorrichtung
E eingerichtet für Doppelraumüberwinterung

Arbeit relativ leicht und kann auch von Frauen und älteren Imkern – bei der unteren Beutenreihe eventuell sogar im Sitzen – bewältigt werden. Nachteile sind vor allem die relativ geringe Arbeitsproduktivität, da man, um bei Querbau eine bestimmte Wabe zu erreichen, oft erst mehrere andere herausnehmen muß. Man verwendet am besten einen ↑ Wabenschuh oder ↑ Wabenbock, um diese Waben dort zwischenzeitlich abzustellen bzw. aufzuhängen. Ein weiterer Nachteil ist die durch die Hülle der Beute bedingte Begrenzung des Innenraumes, so daß bei starken Völkern oftmals ein ↑ Schröpfen notwendig wird. Ein gut durchkonstruierter Vertreter der Hinterbehandlungsbeuten ist die ↑ Normbeute.
Farbtafel IX

Hinterflügel → Flügel

Hinterkieferdrüse → Labialdrüse

Hinterlader Alte Bezeichnung für ↑ Hinterbehandlungsbeute.

Hinterleib (Abdomen) Er ist bei der erwachsenen Biene als dritter Körperabschnitt beweglich mit dem ↑ Brustabschnitt (Thorax) verbunden und zeichnet sich durch eine regelmäßige Segmentierung aus. Der Hinterleib enthält einen großen Teil der inneren Organe des Bienenkörpers, u. a. ↑ Darmkanal, ↑ Herzschlauch, ↑ Geschlechtsorgane, ↑ Fettkörper, ↑ Muskulatur und Tracheen (↑ Tracheensystem). Die einzelnen Organe werden von der ↑ Blutflüssigkeit umspült. Das erste Hinterleibssegment ist dem dritten Thoraxsegment fest angefügt und liegt noch vor der für die Bienen charakteristischen Einkerbung des Körpers zwischen dem zweiten und dritten Körperabschnitt. Die stielförmige Körperverengung (Petiolus) liegt also zwischen dem ersten und zweiten Hinterleibssegment. Das Abdomen der beiden weiblichen Morphen läuft nach hinten spitz zu, während es bei Drohnen am Ende gerundet ist.
Die große Beweglichkeit des Hinterleibs wird einerseits durch den Petiolus, andererseits aber auch durch das teleskopartige Übereinandergreifen der einzelnen Segmente (Körperringe) gewährleistet, deren sklerotisierte Rückenschuppen (Tergite) und Bauchschuppen (Sternite) über biegsame Membranen, die Intersegmentalmembranen, miteinander verbunden sind. Durch die Hinterleibsmuskulatur wird eine schnelle und z. B. für den Gebrauch des Wehrstachels (↑ Stachelapparat) nach allen Seiten mögliche Beugung des Hinterleibs garantiert. Außerdem gestatten die mem-

138 Hirschkolbensumach

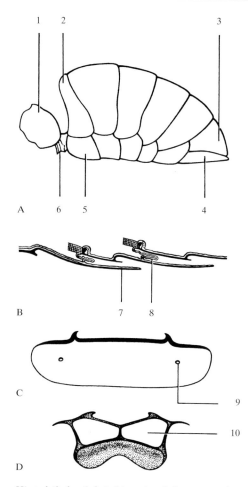

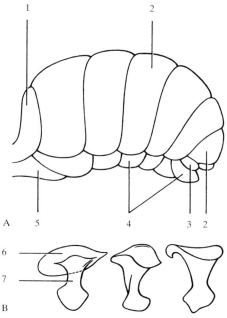

Hinterleib eines Drohnen (nach SNODGRASS)

A   Seitenansicht
B   verschiedene Ausbildungsformen des reduzierten neunten Tergits
1 – 2   Tergite
3   Penisvalven
4 – 5   Sternite
6   Dorsalteil des neunten Tergits
7   Apodem (Einstülpung der Chitincuticula nach innen)

Hinterleib der Arbeitsbiene (nach SNODGRASS)
A   Seitenansicht
B   Längsschnitt durch einige Sternite
C   einzelnes Tergit
D   einzelnes Sternit
1 – 3   Tergite
4 – 7   Sternite
8   Intersegmentalmembran
9   Stigma
10   Wachsspiegel

branösen Flankenhäute zwischen den Tergiten und Sterniten eine Erweiterung der einzelnen Segmente.
Bei Arbeitsbienen sind die Abdominalsternite 3 bis 6 mit sogenannten Wachsspiegeln (↑ Wachsdrüsen) versehen. Die Tergite besitzen seitlich gelegene, runde Öffnungen, die Stigmen (↑ Tracheensystem). Die weiblichen Hinterleibssegmente 8 bis 10 sind reduziert bzw. zu Bestandteilen des Stachelapparates umgebildet. Bei Drohnen sind äußerlich 8 Hinterleibssegmente zu erkennen. Vom 9. Segment ist lediglich das Sternit sichtbar. Das 9. Tergit besteht nur aus einem Paar kleiner Sklerite, die vom 8. Tergit verdeckt werden.

Hirschkolbensumach → Rhus

HMF = Hydroxymethylfurfural → Honig

Hobeln Körperbewegung der Bienen, z. B. am Flugloch oder auch in der Beute, bei der sich die Bienen abwechselnd nach vorn bewegen und dann nach hinten zurücklegen. Diese Bewegungen werden über die Mittelbeine vorgenommen. Möglicherweise geben die Bienen beim Hobeln etwas Flüssigkeit ab, da während dieser Bewegungen die Zunge vorgestreckt wird.

Hochwabe Die vertikalen Rähmchenschenkel sind länger als die horizontalen. Hochwaben sind in den heute gebräuchlichen Beutentypen relativ selten. Beispiel: GERSTUNG-Ständerbeute.
Gegensatz: ↑ Breitwabe.

Hochzeitsflug → Paarung

Hoffmannrähmchen → Abstandsregelung

Hofstaat Ältere Bzeichnung für die Begleitbienengruppe, die die Weisel ständig umgibt und aus einer wechselnden Anzahl von Jungbienen besteht. Während des Kontaktes mit der Weisel wenden ihr die Begleitbienen die Köpfe zu und betasten sie mit den Fühlern, „welches" – wie FERDINAND ↑ GERSTUNG formuliert hat – „die Huldigung des Volkes genannt (wird), in Wirklichkeit aber nur den Akt der Fütterung der Königin zeigt". Außerdem nehmen diese Bienen, wie wir heute wissen, auch Weiselsubstanz (↑ Pheromone) auf und reichen sie an andere Stockbienen weiter, womit das Bienenvolk Informationen über die Qualität der Weisel erhält.
Farbtafel XXVII

Holzschutzmittel Präparate zum Schutz von Holzbauteilen gegen Fäulniserreger, pilzliche Schaderreger und tierische Schädlinge. Sie unterliegen in vielen Ländern der Prüfpflicht, z. T. auch hinsichtlich ihrer Bienengefährdung, die in Mittelverzeichnissen angegeben ist.

homonom Gleichartige Gliederung aufeinanderfolgender Körperabschnitte.
Gegensatz: ↑ heteronom.

Homozygotie → Gene

Honig „Flüssiges, dickflüssiges oder kristallines Lebensmittel, das von Bienen erzeugt wird, indem sie Blütennektar, andere Sekrete von lebenden Pflanzenteilen oder auf lebenden Pflanzen befindliche Sekrete von Insekten aufnehmen, durch körpereigene Sekrete bereichern und verändern, in Waben speichern und dort reifen lassen" (Honigverordnung vom 12.12.1976).

Es gibt mehrere Unterscheidungskriterien:
– nach der Quelle (Blütenhonig, überwiegend aus Blütennektar, und Honigtauhonig, überwiegend aus ↑ Honigtau);
– nach der Jahreszeit (Frühtracht-, Sommertrachthonig);
– nach der Art der Gewinnung (Wabenhonig in noch verdeckelten Zellen, Schleuderhonig aus der ↑ Honigschleuder, durch Pressen brutfreier Honigwaben gewonnener Preßhonig, Seimhonig oder Tropfhonig, der aus entdeckelten Waben austropft);
– nach der Konsistenz (fest, streichfähig, schmalzig, flüssig);
– nach der Blütenart, aus der der Honig überwiegend kommt (Honigsorten).

Inhaltsstoffe Die chemische Zusammensetzung schwankt von Honig zu Honig in weiten Grenzen. Sie hängt bei Nektar von der Blütenart, bei Honigtau von den Wachstumsbedingungen der Pflanzen und der Art der ↑ Honigtauerzeuger sowie von seiten der Biene von der Verarbeitungsintensität ab. Honig enthält 16 bis 22 % Wasser (Heidehonig bis 23 % erlaubt); 70 bis 80 % Kohlenhydrate (Honigtauhonige 50 bis 60 %), davon 34 bis 41 % Fructose, 28 bis 35 % Glucose, 5 bis 10 % Saccharose, 4 bis 15 % Maltose, bei Honigtauhonigen bis zu 20 % Trisaccharide (↑ Melezitose) und Oligosaccharide; 7 bis 16 freie Aminosäuren, z. B. Alanin, Prolin, Phenylalanin, Glutaminsäure, Asparagin, Histidin, Lysin etc. Außerdem organische Säuren, hauptsächlich Gluconsäure. Der Aschegehalt beträgt 0,1 bis 0,3 % (Honigtauhonig bis 1 %) mit vielen Mineralstoffen und Spurenelementen. Vitamine sind im Honig meist nur in geringen Mengen enthalten.
Folgende Honig-Enzyme haben größere Bedeutung:
– Amylase (früher Diastase genannt). Sie spaltet Stärke und Dextrine in Maltose und Glucose. Sie soll mindestens den Wert 8 haben, d. h., 8 cm^3 einer 1 %igen Stärkelösung können in einer Stunde von 1 g Honig hydrolisiert werden.
– Saccharase (auch Invertase genannt). Sie spaltet Saccharose in Glucose und Fructose.

- Glucoseoxidase. Sie bewirkt Oxidation von Glucose zu Gluconsäure und Abspaltung von Wasserstoffperoxid, H_2O_2 = Inhibin (↑ Enzyme).
- Katalase. Sie stammt aus dem Nektar (auch Pollen) und unterdrückt die bakteriostatische Wirkung der Honiginhibine. Katalasefreie Honige haben deshalb höhere Inhibinwerte (Edelkastanie, Weißklee, Kornblume). Der Katalasegehalt erhöht sich bei längerer Lagerung des Honigs.
- Acetylcholin. Es ist ein Ester des Cholins der Essigsäure und wird als Glykotilfaktor bezeichnet.

An geformten Bestandteilen enthält Honig vor allem Pollen der beflogenen Blütenart (↑ Pollenanalyse), außerdem Hefen, Rußtaupilze (Honigtauhonige), Algen, Wachspartikelchen etc.

Die unterschiedliche elektrische Leitfähigkeit hängt mit dem Asche- und Mineralstoffgehalt des Honigs zusammen. Sie wird in Milli-Siemens pro cm gemessen (mS/cm). Die Leitfähigkeit erlaubt die objektive Unterscheidung zwischen Blüten- und Honigtauhonigen und läßt Schlußfolgerungen auf Honigverfälschungen zu.

Bei längerer Lagerung, vor allem aber bei Erwärmung, entsteht im Honig aus Fructose unter Säureeinwirkung Hydroxymethylfurfural (HMF). Frisch geschleuderter Honig enthält praktisch kein HMF. Die höchstzulässige Menge wird im internationalen Honigstandard mit 40 ppm angegeben, Honig im Einheitsglas des Deutschen Imkerbundes darf nur höchstens 15 ppm enthalten (1 ppm = 1 mg HMF in 1 kg Honig).

Überhöhte HMF-Werte deuten auf Enzymschädigung des Honigs hin. Die Messung erfolgt photometrisch.

Duft und Geschmack des Honigs werden von Aromastoffen bestimmt, die im wesentlichen aus dem Nektar stammen, aber auch mit Hilfe von Enzymen während des Reifeprozesses des Honigs aufgebaut werden. Aromastoffe werden aus vielen Komponenten gebildet (Säuren, Ketone, Aldehyde, Alkohole, Ester).

Nektar reagiert sauer bis neutral (pH 2,7 bis 6,4), Honigtau neutral bis basisch (pH 6,0 bis 7,9), Honig liegt je nach Herkunft dazwischen. Die Dichte des Honigs hängt vom Wassergehalt ab.

Wie bei HMF erwähnt, gibt es Mindest- und Höchstgrenzen für bestimmte Inhaltsstoffe und physikalische Eigenschaften des Honigs, und zwar einen internationalen Kodex, die deutsche Honigverordnung und besonders strenge Bestimmungen für den in das Honigglas des Deutschen Imkerbundes abgefüllten Honig.

Honigsorten Bienen tragen durch ihre Blütenstetigkeit (↑ Sammelstrategie) zwar meist langfristig den Nektar einer Pflanzenart ein, häufig gibt es aber innerhalb eines Bienenvolkes mehrere Sammeltrupps, die sich jeweils auf eine andere ↑ Tracht eingeflogen haben. Das hängt auch mit der tageszeitlich unterschiedlichen Nektarsekretion mancher Pflanzen zusammen. Erlischt eine Tracht allmählich und beginnt eine neue aufzublühen, wird der Nektar bei der Verarbeitung zu Honig in den Zellen vermischt. Eine Honigsorte aus einer einzigen Tracht kann deshalb normalerweise nur entstehen, wenn im weiten Umkreis nur eine einzige, langanhaltende Tracht, die noch dazu von den Bienen gern genommen wird, zur Verfügung steht. Von kleinen Flächen eine reine Honigsorte zu gewinnen, setzt großes Können des Imkers voraus.

Honigsorten lassen sich sensorisch unterscheiden nach Farbe (von fast weiß bis tiefdunkelbraun/grünlich), Geschmack (von mild aromatisch bis herb/streng), Geruch (von mildwürzig bis malzig/harzig). Exakt kann nur die ↑ Pollenanalyse Auskunft über die Sortenreinheit geben.

Honigpflege Wenn der Honig aus der ↑ Honigschleuder über ↑ Honigsiebe geflossen ist (↑ Honiggewinnung), beginnt die Honigpflege. Der Honig muß zunächst, mit einem Tuch überdeckt, einige Tage stehen bleiben, damit die Luftbläschen, die beim Schleudern in den Honig gelangt sind, aufsteigen. Die Schaumschicht wird abgehoben. Es folgt das regelmäßige Rühren, um den Kristallisationsprozeß möglichst günstig zu beeinflussen, und schließlich das Abfüllen in Gläser oder größere Behältnisse. Soll kandierter Honig wieder geschmeidig gemacht werden, so muß das schonend geschehen. Die Temperatur darf an keiner Stelle (Honig ist ein schlechter Wärmeleiter) 40 °C überschreiten, damit die Enzyme, die den Honig aus medizinischer und diätetischer Sicht so wertvoll machen, nicht zerstört werden. Auch mäßige aber langfristige Erwärmung kann zu Enzymverlusten führen. Vorrichtungen, die den kontinuierlich abfließenden erwärmten Honig sofort wieder abkühlen, sind zwar aufwendig, gewährleisten aber die beste Honigqualität. Verflüssigung des Honigs mit Mikrowellen oder Ultraschallwellen führt zu starken Enzymschäden.

Honig ist hygroskopisch und muß trocken, gut verschlossen, in kühlen, geruchsneutralen Räumen aufbewahrt werden. Auch Licht zerstört die Enzyme. Bei zu hohem Wassergehalt (unreif geschleuderter Honig) und zu warmer Lagerung (über 14 °C) kann Honig in Gärung übergehen. Im Anfangsstadium der Gärung kann er noch als Backhonig verwendet werden.

Kristallisation Jeder Honig kandiert in einer bestimmten Zeitspanne, die abhängig vom Glucosegehalt ist. Honig ist eine instabile, übersättigte Lösung, aus der die überschüssige Glucose ausfällt. Bei Anwesenheit von Kristallisationskeimen (vor allem Pollenkörnern) bilden sich feine Kristallnadeln, die zu flachen, länglichen Plättchen heranwachsen, miteinander vernetzen und die flüssig bleibenden Bestandteile (Fructose) einschließen. Je kleiner die Kristalle bleiben und je langsamer sie wachsen, desto streichfähiger ist der Honig (deshalb wird Honig nach dem Schleudern gerührt). Honige mit hohem Fructosegehalt kristallisieren nur sehr langsam (wenig ausfallende Glucosekristalle), neigen aber nach erfolgter Kristallisation zur Entmischung (Glucosekristalle sinken nach unten, die fructosereiche Lösung steht darüber und ist gärungsgefährdet). Schnell kristallisierende Honige sind z.B. Raps-, Löwenzahn-, Himbeerhonig; langsam kandierende sind Robinien-, Edelkastanien-, Tupelohonig (48 % Fructose) sowie Honigtauhonige, sofern sie keine ↑ Melezitose enthalten. Heidehonig hat wegen seines hohen Proteinanteils eine geleeartige Beschaffenheit mit hoher Viskosität. Er läuft deshalb aus angeschnittenen Zellen (Scheibenhonig) nicht aus, ist aber schwer schleuderbar. Die Kristallisation hängt ab von der Geschwindigkeit der Kristallbildung und von der des Kristallwachstums. Schnelle Keimbildung und langsames Wachstum bewirken feinkristallisierten, schmalzigen, streichfähigen Honig. Umgekehrt entstehen grobe Kristalle. Die Kristallbildung wird bei unter 5 °C deutlich verlangsamt, ebenso bei über 25 °C. Temperaturen von 10 bis 18 °C fördern sie. Bei vorsichtiger Erwärmung werden die Kristalle aus ihrer Vernetzung gelöst, der Honig wird wieder flüssig, die Kandelung beginnt aber von neuem. Bei zu starker Erwärmung „schmelzen" die Kristalle. Der Honig bleibt dann flüssig, ist aber hochgradig enzymgeschädigt.

Kulturgeschichtlich: Honig war jahrtausendelang das einzige zur Verfügung stehende Süßungsmittel (mit Ausnahme der Gebiete, in denen Zuckerrohr bzw. Zuckerahorn natürlich vorkamen). Honig war schwer zu gewinnen, weil die Bienen ihre Nester in schwer zugänglichen Baumhöhlen oder Felsspalten anlegten und äußerst aggressiv waren. Er war deshalb eine große Kostbarkeit und fand Eingang in vielen Volksbräuchen, Mythen, Sagen und Märchen. Bei der Geburt eines Kindes, bei Hochzeitszeremonien und auch im Totenkult spielte Honig eine wichtige Rolle (um Götter und Geister freundlich zu stimmen).

Medizinische Bedeutung Honig ist ein uraltes Hausmittel. Auf Tontafeln der Sumerer (2000 v. Chr.) findet man Honigverordnungen, in Rezeptsammlungen der Ärzte des Altertums (z. B. von HIPPOKRATES) wird Honig bei einer Vielzahl von Krankheiten pur oder in Verbindung mit anderen Stoffen angegeben. Was damals allein auf Erfahrung beruhte, ist heute aufgrund der Inhaltsstoffe des Honigs (Inhibine, Glykotilfaktor, Invertzucker etc.) z. T. durchaus beweisbar. Honig ist dennoch im medizinischen Sinne kein Heilmittel, weil es keine zwei gleichen

Honige gibt und die medizinische Wirkung nicht exakt vorausbestimmt werden kann. Als Hausmittel ist Honig aber von unschätzbarem Wert, ganz besonders zur Vorbeugung von vielen Erkrankungen und zur Unterstützung der zahlreichen Funktionen der Organe. Die wichtigsten Wirkungen sind:

– Schnelle Energiezufuhr, einerseits auf direktem Wege über die Monosaccharide Traubenzucker und Fruchtzucker (ohne Belastung des Magen- und Darmtraktes), andererseits über die schnelle Mobilisierung der Glykogenreserven der Leber, die aus dem Fruchtzucker gebildet und bei Bedarf als Traubenzucker freigesetzt werden. Ist die Leber gut mit Glykogen versorgt, vermag sie ihre zahlreichen lebenswichtigen Funktionen auch gut auszuüben.

– Antimikrobielle Wirkung der Inhibine (Zusammenwirken von H_2O_2, hoher Zuckerkonzentration, natürlichem Säuregrad und zahlreichen Flavonoiden).

– Beruhigende Wirkung auf das parasympatische Nervensystem durch Acetylcholin, das als Neurotransmitter wirkt (fördert Informationsfluß zwischen Nervenzellen und Gehirn sowie Permeabilität des Glykogenflusses).

– Durch den starken osmotischen Druck der Glucose wird die Durchblutung des Gewebes gefördert, durch die Hygroskopizität Schmutz und Bakteriengifte aus Wunden geschwemmt und die Heilung gefördert.

Die Summierung der einzelnen, in geringen Mengen vorhandenen vielen Inhaltsstoffe in günstiger Kombination macht den Wert des Honigs aus.
Farbtafel XXVI

Honig, bitterer, giftiger Nektar bzw. Honig von Pflanzen, deren Blätter, Früchte oder Wurzeln für Menschen und/oder Tiere giftig sind, schädigt die Bienen gewöhnlich nicht. Der Nektar mancher für Menschen ungiftiger Pflanzen enthält aber Substanzen, die die Bienen aufregen oder stechlustig machen (Besenheide, Buchweizen), sie betäuben oder sogar töten. Erhöhter Totenfall wird beobachtet beim Beflug mancher Tulpenblüten, bei einigen Wolfsmilchgewächsen, beim Karakabaum (*Corynocarpus laevigatus*) in Neuseeland, bei Linden (↑ Tilia). Betäubte Bienen findet man gelegentlich auch bei Weißem Gamander, Eisenhut und bei einigen Hahnenfußgewächsen.

Honige von einigen *Ericaceae*, z. B. von amerikanischen *Kalmia*-Arten (Berg- und Schaflorbeer), *Ledum* (Porst) und Rhododendronarten (*R. luteum* und *R. ponticum*) enthalten unter bestimmten Bedingungen Giftstoffe, die für Bienen ungefährlich sind, beim Menschen dagegen zu Beschwerden führen (↑ Rhododendron).

Bitterer Honig wird bei starkem Beflug des Erdbeerbaumes (*Arbutus unedo* L.), auch des Jakobskrautes (*Senecio jacobaea* L.) und der Lorbeerrose (*Kalmia*) geerntet.

Honigbedarf eines Volkes → Eigenverbrauch

Honigblase → Darmkanal

Honigdeckelung → Verdeckeln

Honigen → Nektarien

Honiggefäße Gefäße mit 10 bis 30 l Inhalt aus Weißblech, Alublech oder Emaille mit breiter Öffnung und meist mit Deckel versehen. Spezialgefäße sind als Eimer mit Schneppe zum Gießen gefertigt oder mit einem Quetschhahn ausgerüstet, um den Honig in Gläser abfüllen zu können. In großen Imkereien werden Honigfässer bis 200 l Inhalt verwendet.

Honiggewinnung Vorgang von der Entnahme der Honigwaben aus den Völkern bis zur Schleuderung des Honigs aus den Waben. Die meisten Imker nehmen zunächst die brutfreien Honigwaben aus dem ↑ Brutraum, die unmittelbar hinter dem Fenster stehen, und dann die Honigwaben aus dem ↑ Honigraum heraus und fegen die Bienen in die Beute zurück. Die bienenfreien Honigwaben werden dann in den ↑ Schleuderraum gebracht oder in eine ↑ Transportkiste oder eine ↑ Zarge gehängt, um sie vom ↑ Wanderstand zum Schleuderraum am Heimatstand zu transportieren. Manche Imker decken am Tag vorher das ↑ Absperrgitter bienendicht ab und setzen die ↑ Bienenflucht ein. Nach 24 Stunden sollen, wenn keine Brutwaben im Honigraum sind, fast alle sich weisellos fühlenden Bienen von den Honigwaben abgeflogen sein.

In Übersee werden vielfach die Honigwaben dadurch bienenleer gemacht, daß durch einen Kompressor Luft in die Wabengassen der Zargen geblasen wird.

Eine Honigwabe gilt als schleuderreif, wenn 2/3 der Wabe verdeckelt ist. Bei guter Tracht ist das aber vielfach nicht der Fall. Im Schleuderraum werden die Waben mittels Entdeckelungsgabel oder Entdeckelungsmesser entdeckelt (↑ Entdeckelungsgerätschaften), in Großimkereien auch durch eine Entdeckelungsmaschine. Waben mit Heidehonig bedürfen einer besonderen Vorbehandlung (↑ Heidehoniglösegerät).

Die entdeckelten Waben kommen dann in die ↑ Honigschleuder. Der Honig wird durch Zentrifugalkraft ausgeschleudert und fließt durch ↑ Honigsiebe in entsprechende ↑ Honiggefäße.

Honigkranz → Brutnest

Honigkristallisation → Honig

Honigkuchen Ältestes Süßgebäck, das zuerst nur zu festlichen Gelegenheiten und als Opfergabe verwendet wurde. Die Urform ist der Fladen aus Mehl und Wasser oder Milch, dem Honig beigefügt wurde, wodurch der Fladen länger weich blieb. Später kamen Treibmittel (Pottasche, Hirschhornsalz) hinzu, noch später Eier, getrocknetes Obst und Gewürze.

Von der Form des Brotlaibes leitet sich Lebkuchen, Lebenskuchen oder Libumz (Opferkuchen) ab, ebenso Lebküchler für die, die den Honigkuchen bereiteten. Lebkuchen kann auch auf das altnordische Wort „lyf" zurückgehen, das Arznei bedeutet. Urkundlich belegt ist, daß um 1395 aus dem Teig kleine Hütchen geformt wurden, die wenigstens optisch Ersatz für die äußerst kostbaren Zuckerhüte sein sollten (Lebzelten).

Die Bäcker (Lebzelter) schlossen sich im 16. Jahrhundert zu einer Zunft zusammen, zuerst noch gemeinsam mit den Wachsziehern, die später eine eigene Zunft bildeten. Schon 3000 v. Chr. wurde die Oberfläche der Honigkuchen gemustert, anfänglich mit einer Art Rollsiegel, später durch Einpressen des Teiges in kunstvoll geschnitzte Modeln aus Holz. Seit dem 17. Jahrhundert mit strengem Musterschutz.

Honigkuchen hatte ebenso wie Honig kultische Bedeutung (Schutz vor bösen Geistern, Symbol der Fruchtbarkeit, Glücksbringer). In Gestalt von Tieren oder tierköpfigen Göttern (Ägypten) wurden sie bei Opferhandlungen dargebracht.

Im Mittelalter liebte man stark gewürzte Honigkuchen, die sich z. T. auch in der warmen Küche großer Beliebtheit erfreuten. Daher der Name Pfefferkuchen.

Honigraum Teil der ↑ Beute, in dem vor allem der Honig abgelagert wird. Er ist durch ein ↑ Absperrgitter vom ↑ Brutraum getrennt, der sich bei den meisten Beuten unter dem Honigraum befindet. Er kann bei einigen Beuten nach Trachtschluß abgenommen und im Frühjahr nach Erstarken der Völker wieder aufgesetzt werden. Bei ↑ Hinterbehandlungsbeuten bleibt der Honigraum im Winter leer oder das Volk besetzt beide Räume (↑ Doppelraumüberwinterung).

Honigschleudern Es gibt mehrere Typen. Die **Korb-** oder **Tangentialschleuder** faßt, je nach Größe, zwischen 3 und 8 Waben, wobei das Wabenmaß, wenn der Schleuderkorb hoch genug ist, keine Rolle spielt. Der Antrieb erfolgt von oben per Hand mit Kurbel oder mit einem Motor (Elektromotor oder Scheibenwischer- bzw. Anlassermotor, wenn auf dem Wanderstand eine Autobatterie als Stromquelle genutzt wird).

Zum Schleudern werden die entdeckelten Waben mit der Breitseite an das Gitter des Schleuderkorbes gestellt, wobei Löcher in der Bodenplatte des Schleuderkorbes die Rähmchenohren aufnehmen. Es wird zunächst die eine Wabenseite mit halber Kraft geschleudert, damit durch die Honiglast der anderen Seite die Waben nicht brechen. Dann wird gewendet und die zweite Seite mit voller Umdrehungszahl ausgeschleudert. Nach erneutem Wenden wird die erste Seite mit vollem Tempo geleert. Der Kesselboden der Schleuder hat eine Neigung nach außen, so daß der von der Wandung des Kessels herunterlaufende Honig direkt zum Ablaßstutzen mit Quetschhahn geleitet wird. Schleudern ab 6 Waben haben vielfach zwei Quetschhähne.

Die **Selbstwendeschleuder** hat am Außenring des Schleuderkorbes jeweils um eine vertikale Achse sich drehende Wabentaschen. Durch Wechseln der Drehrichtung des Schleuderkorbes schwenken auch die Wabentaschen um, so daß die andere Wabenseite ausgeschleudert werden kann.

Bei der **Radial-** oder **Sternschleuder** stehen die entdeckelten Waben, mit der Tragleiste der Kesselwand zugewandt, in Halterungen. Es ist hier kein Wenden der Waben notwendig, da beim Schleudervorgang beide Seiten der Waben gleichzeitig entleert werden. Der Antrieb erfolgt per Motor. Die Schleuderkapazität liegt zwischen 10 und 50 Waben. Die Sternschleudern sind meist für ein bestimmtes ↑ Rähmchenmaß gebaut.

Die **Radschleuder** hat eine horizontale Schleuderachse. Die Waben stehen mit entsprechendem Abstand zueinander in Paketen, die Oberleisten dem Schleuderkessel zugewandt und mit einem Bügel festgehalten. Es gibt auch Radschleudern, bei denen die Waben gleich in der Zarge geschleudert werden. Radschleudern haben meist eine Kapazität von 12 bzw. 21 Waben im Standmaß. Beide Seiten werden gleichzeitig ausgeschleudert. Radschleudern sind schmal und hoch.
Farbtafel XXV

Honigsieb Engmaschiges Sieb, um den geschleuderten Honig von Beimengungen zu befreien. Am gebräuchlichsten ist der Siebsatz aus zwei ineinandergesteckten runden Sieben, die auf einen Eimer passen. Das gröbere obere Sieb hält tote Bienen und Wespen sowie größere Wachsteilchen zurück, das andere engmaschigere Sieb filtert kleinere Beimengungen ab. Ähnlich sieben auch die in viereckigen Rahmen unterhalb eines Trichters waagerecht angebrachten Siebe. Die gesamte Einrichtung wird auf eine Kanne gestellt. Der Honig fließt zunächst ungesiebt aus der Schleuder und wird mit Hilfe des Trichters in die Siebanlage geschüttet. Dadurch ist der Platz unter der ↑ Honigschleuder wieder frei. Beim Rinnensieb fließt der Honig aus der Schleuder durch schräg in einer Holzrinne stehende, in viereckige Rahmen eingefaßte Siebe oder durch ein über der Rinne gespanntes Sieb unmittelbar in ein größeres Honiggefäß.

Beim Schleudersieb oder Lunzer Honigsieb ist der Schleuderkorb innen mit einem engmaschigen Siebkorb versehen. Der im Eimer aus der Honigschleuder aufgefangene Honig wird kontinuierlich in den Siebkorb einer so ausgestatteten zweiten Schleuder geschüttet. Der Honig wird durch eigenen Druck durch die senkrechten Siebflächen gepreßt und fließt gereinigt durch einen oberen Überlauf in die Honiggefäße.
Farbtafel XXVI

Honigsorten → Honig

Honigtau Wasserklare, süß schmeckende Flüssigkeit, die von ↑ Honigtauerzeugern nach der Darmpassage des von ihnen aufgenommenen ↑ Siebröhrensaftes abgeschieden wird. Im Verdauungstrakt wird der Siebröhrensaft verändert.
Von den 58 bis 60 europäischen Pflanzenlausarten, die Honigtau abgeben, besitzen 42 eine Filterkammer (↑ Lachniden). Sie sondern im Vergleich zu den anderen Arten die doppelte bis dreifache Menge Honigtau ab.

Honigtau hat einen Trockensubstanzanteil von 5 bis 18 %, der durch Verdunstung in den Mittagsstunden auf 35 bis 50 % ansteigen kann.

Die **Trockensubstanz** enthält:
– 0,2 bis 1,8 % Gesamtstickstoff, hauptsächlich in Form von Aminosäuren und Amiden (Asparaginsäure, Asparagin, Glutaminsäure und Glutamin, Cystin, Serin, Glycin, Threonin, Alanin, Tyrosin, Valin, Leucin, Isoleucin, Phenylalanin, Histidin, Lysin, Prolin u. a.). Die Aminosäureanteile wechseln wie beim Siebröhrensaft nach Jahreszeit und Witterung.

– 90 bis 95 % Kohlenhydrate, im wesentlichen Zuckerarten, wie Saccharose, Fructose, Glucose, Raffinose u. a., aus dem Siebröhrensaft. Trehalose, Melezitose, Fructomaltose u. a. werden im Darmsystem der Honigtauerzeuger gebildet.
Das Zuckerspektrum des Honigtaus ist bei den verschiedenen Arten der vom Siebröhrensaft lebenden Insekten unterschiedlich, selbst innerhalb der Art kommt es bei den verschiedenen Entwicklungsstadien sowie bei Geflügelten und Ungeflügelten zu Unterschieden. Deutliche Schwankungen auch während eines Tages und bei veränderten meteorologischen Bedingungen. Die Attraktivität des Honigtaus für die Biene ist deshalb unterschiedlich.
– Vitamine (Thiamin, Niacin, Ascorbinsäure, Pantothensäure, Biotin, Folsäure, myo-Inosit und Riboflavin), weiterhin Zitronen-, Apfel-, Bernstein- und Fumarsäure, Mineralstoffe, wie Kalium, Magnesium, Phosphate und Chloride, Spurenelemente, wie Kupfer, Eisen, Mangan, Zink, Kobalt, Molybdän, sowie die von den Pflanzensaugern gebildeten Karbohydrasen und Peptidasen.

Die **Honigtauabgabe** erfolgt durch
– Abspritzen und Abschleudern (seltener Einhüllung in Wachs). Die Honigtautropfen werden dann von Bienen, Ameisen, Wespen, Fliegen, Käfern und Spinnen aufgenommen.
– Direkte Abnahme des allmählich größer werdenden, teilweise auch wieder in den Enddarm zurückgezogenen und nach einiger Zeit wieder hervortretenden Tröpfchens vom After der ↑ Honigtaulieferanten durch Ameisen (Trophobiose).
– Ausscheidung des Honigtaus in durch den Saugakt der Blattläuse entstandene Pflanzenteilverformungen (z. B. Blattkräuselungen). In dieser Form ausgeschiedener Honigtau ist für die Honigtautracht bedeutungslos.
Die Honigtauabgabe schwankt je nach Qualität des Siebröhrensaftes, nach Witterung, Entwicklungsstadien der Honigtauerzeuger und teilweise auch in Abhängigkeit von der Nähe der Artgenossen. Eine erwachsene ↑ Lachnide scheidet stündlich etwa 6 bis 9 Honigtautropfen ab, bei ruhigem Wetter sowie morgens und am späten Nachmittag am meisten.
Die einzelnen Arten haben bei günstigen Bedingungen eine für sie typische Frequenz, die sich bei Temperaturanstieg von 15 auf 25 °C verdoppelt.
Die Tröpfchenfrequenz nimmt bei direkter Sonneneinstrahlung und bei Wind (Lachniden verlagern dann den Saugplatz) ab. Die große Weidenrindenlaus (*Tuberolachnus salignus*) sondert stündlich etwa 1,9 µl Honigtau ab.
Bei einigen Arten wird die Honigtauabgabe von ↑ Waldameisen mitbestimmt.
Berechnungen ergaben, daß den Wäldern in Abhängigkeit von der Besatzdichte mit Lachniden und Lecanien jährlich 300 bis 1000 l Assimilate pro Hektar entzogen werden können. Bei Massenbefall an 40jährigen Kiefern betrug die Zuwachsminderung 9 bis 16 % und an 10jährigen Fichten 38 %. Diese Schädigungen sind nicht großflächig und nur auf einen kurzen Zeitabschnitt beschränkt.
In Ameisennähe sind durch die in deren Bereich häufigeren Cinara-Arten keine bzw. im Umkreis von 5 bis 25 m nur beschränkt Schädigungen nachweisbar. Die genannten möglichen Zuwachsminderungen, die einen einheitlichen und langanhaltenden Befall mit ↑ Lachniden und ↑ Lecanien postulieren, rechtfertigen keinen Insektizideinsatz gegen die Honigtaulieferanten. Werden diese durch die Übertragung von pflanzlichen Krankheitserregern zu sog. ↑ Vektoren, ist eine Bekämpfung angezeigt. Diese muß aber in Absprache mit den im Umkreis tätigen Imkern erfolgen.
Farbtafel X

Honigtauerzeuger An Pflanzen saugende Insekten, die ↑ Honigtau abgeben.
Zu ihnen gehören einige Blattflöhe (*Psyllina*), Schildläuse (*Coccina*) – mit den imkerlich bedeutsamen ↑ Quirlschildläusen – und ein Teil der Blattläuse (*Aphidina*) wie Baumläuse (*Lachnidae*), Röhrenläuse (*Aphidiidae*), Borstenläuse (*Chaitophoridae*), Zierläuse (*Callaphididae*), Maskenläuse (*Thela- xidae*) und Blasenläuse (*Pemphigidae*).

Honigtaulieferanten

Systematische Stellung der wichtigsten Honigtauerzeuger
Klasse: Insekten – *Insecta*
Überordnung: Schnabelkerfe – *Hemiptera* (*Rynchota*)
Ordnung: Pflanzenläuse – *Sternorrhyncha*
Unterordnung: Blattläuse – *Aphidina*
  Familie: Baum- und Rindenläuse – *Lachnidae* (verdeutscht Lachniden)
    Unterfamilie: Kienläuse – *Cinarinae* (verdeutscht Cinarinen)
    Unterfamilie: Laubbaumrindenläuse – *Lachninae*
  Familie: Blattläuse im eigentlichen Sinn – *Aphididae* (Honigtauerzeuger auf Ahorn, Linde, Birke etc.)
Unterordnung: Schildläuse – *Coccina*
  Familie: Stammschildläuse – *Kermidae*
  Familie: Napfschildläuse – *Coccidae* (früher *Lecaniidae*)

Honigtaulieferanten an Laubgehölzen

Ahorn (Spitzahorn, Bergahorn, Feldahorn)

– *Periphyllus villosus* (Hartig) –
  Europäische Ahornborstenlaus
– *P. acericola* (Walker) –
  Bergahornborstenlaus
– *P. coracinus* (Koch) –
  Dunkle Spitzahornborstenlaus
– *P. lyropictus* (Kessle) –
  Norwegische Ahornborstenlaus.

Insgesamt schwer unterscheidbare Arten. Grünlich bis braun, Körper mit vielen Haaren und kurzen Siphonen. Etwa 2,0 mm groß. Saugen an jungen Trieben, Blütentrieben, Blattstielen und Blattflächen.
– *Drepanosiphon platanoides* (Schrank) –
  Gemeine Ahornzierlaus.

Grünlich, schlank, lange Siphonen, Fühler länger als der Körper. 3,2 bis 4,1 mm groß. Saugen an der Blattunterseite.

Birke

– *Betulaphis quadrituberculata* (Kaltenbach) und
– *B. brevipilosa* (Börner) –
  Helle kleine Birkenzierläuse.
Hellgrünlich bis blaßgelb, 1,5 bis 2,0 mm groß. Blattflächensauger, vorwiegend an den Nebenadern. *B. brevipilosa* besiedelt bei starker Vermehrung auch die Blattoberseite.
– *Symydobius oblongus* (v. Heyden) –
  Braune Birkenrindenzierlaus.
Braun mit dunklen Querbändern auf dem Rücken. 4. und 5. Antennenglied in der unteren Hälfte wesentlich heller als die übrigen Teile. 2,0 bis 3,5 mm groß. Saugt an vorjähriger Rinde, besiedelt bei starker Vermehrung auch älteres Holz. Starker Ameisenbesuch.

Eiche

– *Lachnus roboris* (L.) –
  Braunschwarze Eichenrindenlaus.
Dunkelbraun, Bauch mit heller Wachsbemehlung. Zwei zapfenförmige Höckerchen zwischen den Coxen der Mittelbeine. Siphonen auf großen dunkelbraunen Höckern. Hinterschienen auffallend lang. Vorderflügel dunkel bebändert. 4,0 bis 5,0 mm groß. Auf 1- bis 3jährigen Zweigen. Koloniegröße 100 bis 300 Tiere. Männchen geflügelt. Wintereier (zuerst gelbbraun, später schwarz) in Massengelegen an jüngeren Zweigen (z. T. mehrere Tausend). Sehr starker Ameisenbesuch.
– *Schizodryobius longirostris* (Mordvilko)
  Schwarzglänzende Eichenrindenlaus.
Dunkelbraun bis schwarz. Siphonen nur mit schmaler pigmentierter Zone. Hinterbeine in Kniegegend aufgehellt. Vorderflügel dunkel gebändert. 3,0 bis 4,0 mm groß. 50 bis 300 Tiere an ein- bis mehrjährigen Zweigen im schattigen Kronenbereich. Männchen ungeflügelt. Wintereier zu 3 bis 4 Stück in Astlöchern, Rindenritzen, Zweiggabeln. Sehr starker Ameisenbesuch.
– *Stomaphis quercus* (L.) –
  Große Eichenborkenlaus.
Schokoladenbraun. Saugrüssel viel länger als der Körper. 5,5 bis 7,5 mm groß. Zu 2 bis 15 Tieren unter Borkenschuppen des unteren Stammes (bis 1,5 m Höhe). Wintereier in Borkenschuppen und Rissen. Sehr starker Ameisenbesuch.
– *Tuberculatus annulatus* (Hartig) –
  Eichenzierlaus.
Blaßgelb bis weißlich grün, schlank, saugt

an der Blattunterseite (Honigtau auf den darunter befindlichen Blättern).
- *Thelaxes dryophila* (SCHRANK) –
  Eichenmaskenlaus.

Rotbraun, flach; heller Mittelstreifen, Kopf und Prothoraxrücken verwachsen. Saugt an Triebspitzen, Blattstielen, z. T. Blattrippen.
- *Kermes quercus* L. –
  Eichenstammschildlaus

Rötlichbraun bis gelblichbraun gefärbte, nieren- teilweise auch herzförmige Brutblasen. In Borkenritzen am Stamm. Starker Ameisenbesuch.
- *Parthenolecanium rufulum* (COCKERELL)
  Eichennapfschildlaus.

Gelbe bis hellbraune Brutblasen mit dunkler Querbänderung. Flach, nach vorn und hinten deutlich verschmälert. Hintere Körperhälfte mit rötlichem in der Mitte liegendem Fleck. Sitzt krustenartig an jungen Zweigen.

Linde (Sommer- und Winterlinde)

- *Eucallipterus tiliae* (L.) –
  Lindenzierlaus.

Zitronengelb mit brauner Rückenzeichnung. 2,6 bis 3,0 mm groß. Saugt an Blattunterseite (Honigtau auf den darunter befindlichen Blättern).

Rotbuche

- *Lachnus pallipes* (HARTIG) –
  Buchenrindenlaus.

Dunkelbraun bis schwarz, glänzend. Bis 4,5 mm groß. Saugt bis in die Baumkrone an älterem Holz. Imkerliche Bedeutung umstritten, schädigt vielfach den Baum. Saugt auch an Eiche.
- *Phyllaphis fagi* (L.) –
  Wollige Buchenzierlaus.

Hellgelb bis grünlich mit weißer oder bläulichweißer Wachswolle. 2,0 bis 3,0 mm groß. Saugt an Triebspitzen und Mittelrippen der Blätter.

Weide

- *Tuberolachnus salignus* (GMELIN) –
  Große Weidenrindenlaus.

Grau bis braungrau. Großer, schwarzer, kegelförmiger Höcker auf der Rückenmitte. 3,5 bis 6,0 mm groß. Saugt an der Rinde jüngerer verholzter Zweige.
- *Pterocomma salicis* (L.) –
  Bunte Weidenröhrenlaus.

Rücken schieferfarben bis dunkelblau mit weißen Flecken, Siphonen und Beine orange. 3,5 bis 5,0 mm groß. An der Rinde junger Triebe saugend.

Honigtaulieferanten an Nadelgehölzen

Fichte

- *Cinara pilicornis* (HARTIG) – Rotbraune
  Bepuderte Fichtenrindenlaus.

Rotbraun oder graugrün, teilweise weißlich bepudert. Rücken meist mit zwei dunkleren Längsstreifen. Beine gelb bis hellbraun. Ovipare Weibchen mit präanalem Wachsring. Antennenhaare 3- bis 6mal so lang wie der Durchmesser des 3. Antennengliedes. 2. Tarsalglied der Hinterbeine gebogen und lang. Beine lang behaart. 3,0 bis 4,0 mm groß. Saugt zu 30 bis 80 Tieren (auch bis zu 350) an der Unterseite vor- und diesjähriger Triebe, bei Übervermehrung auch an mehrjährigen. Männchen geflügelt.

Wintereier meist einzeln an der Nadelunterseite diesjähriger Triebe. Anfangs rotgelb, später schwarz, bläulich bereift. Vereinzelt im Frühjahr Ameisenbesuch (fakultativ).
- *Cinara viridescens* (CHOLODKOVSKY) –
  Grüngestreifte Fichtenrindenlaus.

Gelb bis rotbraun, z. T. braungrün, mit zwei grünlichen Rückenstreifen. Junge Larven hellgelb. Schenkelbasis und Schienenende oft dunkel. Ovipare Weibchen mit weißem präanalem Wachsring. Antennenhaare 2,5mal so lang wie der Durchmesser des 3. Antennengliedes. 2. Tarsalglied der Hinterbeine lang und kaum gebogen. Beine kurz behaart. 3,0 bis 4,0 mm groß. Zu mehreren hundert Tieren an der Unterseite vor- und mehrjähriger Zweige und Äste (Astansatz) im oberen, seltener im mittleren Stammdrittel.

Bei Massenauftreten auch an diesjährigen Trieben. Geflügelte und ungeflügelte Männchen. Die schwarzen Wintereier dicht beieinander, selten in Eiketten an der Unterseite dies- und vorjähriger Triebe. Sehr starker obligater Ameisenbesuch.

– *Cinara pruinosa* (HARTIG) –
  Graugrüngescheckte Fichtenrindenlaus.
Seitlich und dorsal oft weißlich bepudert. Schenkel basal hell, Schienen der Mittel- und Hinterbeine in der Mitte hell. Ovipare Weibchen mit weißem präanalem Wachsring. Große Siphonen mit Sockel, 2,8 bis 4,0 mm groß. Mehrere hundert Tiere an der Unterseite mehrjähriger Triebe und der Äste im oberen und mittleren Stammdrittel. Im Sommer an den Wurzeln. Männchen ungeflügelt. Dichte Eigelege (selten Eiketten) an der Nadelunterseite ein- bis dreijähriger Triebe. Eier schwarz. Ameisenbesuch fakultativ, z. T. stark.

– *Cinara costata* (ZETTERSTEDT) –
  Stark Bemehlte Fichtenrindenlaus.
Bronzefarben bis olivgrün. Stark krümelig bewachst. Hinterleibsmitte oft ohne Wachswolle, dort metallisch glänzend. Ovipare Weibchen mit weißem präanalem Wachsring, Flügel rauchig, trüb. Große, breite Siphonen, die dem Hinterleib ein dreieckiges Aussehen geben. An Saugorten und verlassenen Stellen viel Wachswolle. 2,5 bis 3,5 mm groß. Zu 30 bis 60 Tieren an der Unterseite vor- und mehrjähriger Zweige und Äste, vornehmlich an schwachwüchsigen, selten diesjährigen Trieben. Männchen geflügelt. Wintereier schwarz glänzend an der Nadelunterseite zwei- und mehrjähriger Triebe, häufig zu 2 bis 5 perlschnurartig aneinandergereiht. Vereinzelter fakultativer Ameisenbesuch.
Farbtafel X

– *Cinara piceae* (PANZER) –
  Große Schwarze Fichtenrindenlaus.
Schwarz bis tief flaschengrün, Kopf und Brust schwarz glänzend. Körperrand wie „gesteppt" aussehend. Beine rötlichbraun bis gelb, distal schwärzlich. Ovipare Weibchen mit weißem präanalem Wachsring. Flügel grau und durchsichtig. Saugrüssel so lang wie der Körper (5,0 bis 6,0 mm). An Astunterseite und -ansatzstellen, am mittleren bis oberen Stammdrittel bis zu 10000 Tiere (in Schonungen weiter unten). Männchen ungeflügelt.
Grauschwarze Wintereier in dichtem Gelege, teilweise in Eiketten an mehrjährigen Trieben und Zweigen. Fakultativer, z. T. starker Ameisenbesuch.

– *Physokermes piceae* (SCHRANK) –
  Große Fichtenquirlschildlaus.
Rötlich, rot- bis hellbraun, beerenförmig. 5,0 bis 8,0 mm groß. In Zweiggabeln von Fichte und z. T. Tanne. Oft Ameisenbesuch.

– *Physokermes hemicryphus* (DALMANN) –
  Kleine Fichtenquirlschildlaus.
Rötlich, rot- bis hellbraun. 3,0 bis 4,0 mm groß. Unter Knospenschuppen an Zweiggabelungen (Quirlen) an Fichte und Tanne. Vielfach Ameisenbesuch.

Kiefer

– *Cinara pinea* (MORDVILKO) –
  Große Braune Kiefernrindenlaus.
Graugrün bis bräunlich, auch grünlich. Seitlich oft bewachst. Körperoberfläche mit vielen kleinen Plättchen (Größe wie Muskelplatten). Stark behaart. Siphonen meist dunkel, erhaben. 3,2 bis 4,8 mm groß, breitoval. Zu je 20 bis 30 Tieren (im Frühsommer 200 bis 350) zwischen den Nadeln an der Rinde dies- und vorjähriger Triebe (Knospenbasis). Seltener an Astunterseite oder Rinde mehrjähriger Zweige. Männchen geflügelt. Wintereier stark glänzend, anfangs gelb, später schwarz, zu 2 bis 4 Stück perlschnurartig an Nadeln dies- und vorjähriger Triebe. Fakultativer Ameisenbesuch, im Frühjahr und Herbst häufig.

– *Cinara pini* (L.) –
  Graugescheckte Kiefernrindenlaus.
Rücken graugescheckt, Jungtiere meist bräunlich. Grau bewachste Unterseite, dehnt sich auf Körperseiten aus. Unbehaartes nur mit Lupe erkennbares Höckerchen zwischen den Coxen der Mittelbeine. 2,5 bis 3,8 mm groß.
Zu mehreren hundert Tieren an Astverzweigungsstellen und Astunterseite, an der oberen Stammhälfte junger Bäume bzw. am oberen Stammdrittel des Hochwaldes, z. T. auch an unbenadelten Zweigabschnitten. Bei starker Vermehrung auch an Maitrieben. Männchen teils geflügelt, teils ungeflügelt.
Wintereier gelb, später schwarz, perl-

schnurartig an Nadeln dies- bis mehrjähriger Triebe. Ameisenbesuch sehr stark, obligat.

– *Cinara escherichi* (BÖRNER) – Braune Stark Glänzende Kiefernrindenlaus.

Braun bis dunkelbraun, stark glänzend. Bauchseite oft bepudert. Behaartes Höckerchen zwischen den Coxen der Mittelbeine. Ovipare Weibchen mit schwachem weißlichem präanalem Wachsring. 3,5 bis 4,5 mm groß.

Stammütter kurzzeitig an vor- und diesjährigen Trieben, später an allen Stammregionen 1 bis 5 m hoher Kiefern, im Hochwald vorwiegend im oberen Stammdrittel. Tiere fallen bei Berührung leicht ab. Männchen ungeflügelt.

Wintereier gelb, später schwarz, teilweise glänzend, dicht gedrängt an Nadeln diesund vorjähriger Triebe.

Farbtafel X

– *Cinara brauni* (BÖRNER) – Gelbbraune Gepanzerte Schwarzkiefernrindenlaus.

Hintere Hälfte des Abdomens ungeflügelter Tiere stark braun- bis schwarz glänzend, Hinterleibsende der Geflügelten wesentlich heller, dorsal pigmentiert. Vorderer Teil matt. Zu 100 bis 200 Tieren an dies- und vorjährigen Trieben saugend. Mit und ohne Ameisenbesuch.

– *Cinara schimitscheki* (BÖRNER) – Dunkle Schwarzkiefernrindenlaus.

Dunkelbraungrau. Zwischen den Muskelplatten zahlreiche sehr kleine dunkle Skleritplatten, jeweils mit einer Borste. 3,5 bis 4,6 mm groß.

Im Mai und Juni vielfach einzeln an der Basis der Triebe, später an Astunterseiten, gelegentlich am Stamm. Mit und ohne Ameisenbesuch.

– *Cinara acutirostris* (HILLE RIS LAMBERS) Gescheckte Schwarzkiefernrindenlaus.

Bronzefarben mit deutlichem Wachsfleckenmuster. Höckerchen zwischen den Coxen der Mittelbeine. 3,2 bis 4,1 mm groß. Koloniegröße 200 bis 300 Tiere.

Im Frühjahr kurzzeitig an dies- und vorjährigen Trieben, sonst an der Astunterseite, im Sommer an Wurzeln bzw. unterirdischen Stammteilen. Mit und ohne Ameisenbesuch.

– *Cinara neubergi* (ARNHARDT) – Neuberger Latschenrindenlaus.

Große Ähnlichkeit mit C. pinea. 3,9 bis 4,6 mm groß. An zwei- und mehrjährigen Trieben, in Bodennähe große Kolonien bildend. Männchen geflügelt. Mit und ohne Ameisenbesuch.

– *Cinara cembrae* (CHOLODKOVSKY) – Dunkle Zirbelkiefernrindenlaus.

Bräunlich bis braun. Kopf, Brust und Siphonen schwarzbraun. Hinterleib schwach weißlich bewachst. 4,0 bis 4,5 mm groß. Kolonien bis zu 300 Tiere. Saugen am Übergang zwischen benadelter und unbenadelter Astzone. Männchen teils geflügelt, teils ungeflügelt. Starker Ameisenbesuch. In Südosteuropa auch an *Pinus peuce*.

– *Marchalina hellenica* (GENNADIUS) – Hartkiefernschildlaus.

An Ästen, Zweigen und Stamm saugend, Honigtau freiliegend oder von weißer Wachswolle bedeckt. Nur eine Generation im Jahr. In Griechenland und Türkei Trachtzeit Februar/März und von August bis Oktober.

Verbreitet auch an der Seekiefer (*Pinus halepensis*), Pinie (*P. pinea*) und Schwarzkiefer (*P. nigra*).

– An *Pinus sylvestris* kommen weiter als Honigtaulieferanten vor, die aber von geringerer oder nur lokaler imkerlicher Bedeutung sind: *Cinara pilosa* (ZETTERSTEDT) an dies- und vorjährigen Trieben, *Cinara pinihabitans* (MORDVILKO) an Astunterseiten, *Cinara piniphila* (RATZEBURG) an der Nadelbasis junger Triebe, *Cinara hyperophila* (KOCH) an der Astunterseite.

Lärche

– *Cinara cuneomaculata* (DEL GUERICO) – Graubraune Lärchenrindenlaus.

Rücken graubraun bis grauschwarz, oft hochgewölbt, z. T. kurz beborstet. Ovipare Weibchen mit weißlichem präanalem Wachsring. 3,0 bis 3,5 mm groß. Zu höchstens 50 Tieren, oft auch einzeln an glatter Rinde zwischen den Kurztrieben (an deren Basis), auch zwischen Nadeln der Langtriebe. Männchen geflügelt. Wintereier anfangs bräunlich, später schwarz und oft bewachst, zerstreut an Rinde diesjähriger

Lang- und Kurztriebe. Mit und ohne Ameisenbesuch.

– *Cinara kochiana* (BÖRNER) –
  Große Lärchenrindenlaus.

Schwarz oder graubraun, schmale gelbliche Rückenlinie, dunkle Vorderbeine, Schienen distal gelblichweiß. Wanzenähnlich abgeplatteter Rücken mit 6 Reihen dunkler Muskelplatten. 5,5 bis 7,2 mm groß. Zu mehreren hundert Tieren an dicken Ästen, in Rindenrissen, an der Stammbasis, z. T. an den Wurzeln. Geflügelte und ovipare Weibchen (ohne weißlichen präanalen Wachsring) in Baumkronen. Männchen geflügelt.
Wintereier hellbraun, später bis schwarz an Kurztrieben von 1- bis 4jährigen Zweigen. Starker Ameisenbesuch (unklar, ob obligat).

– *Cinara laricis* (HARTIG) – Gefleckte
  Warzig-Borstige Lärchenrindenlaus.

Dunkelbraun mit auffallender Hell-Dunkel-Fleckung auf dem Rücken. Unterseite und Schenkel hell, Beine sonst dunkel. Rücken mit verschiedenen großen behaarten Höckerchen (Tuberkeln) und Puderflecken. Honigtau reich an ↑ Melezitose (Lärchenmanna). 2,6 bis 3,8 mm groß.
Im Frühjahr saugen 20 bis 50, im Sommer bis 1000, im Herbst bis 350 Tiere an glatter Rinde vor- und mehrjähriger Zweige, auch im Wurzelbereich. Männchen geflügelt.
2 bis 12 Wintereier an der Kurztriebachsel, auch an verholzten Trieben. Starker Ameisenbesuch (unklar, ob obligat).

Lebensbaum

– *Cinara cupressi* (BUCKTON) –
  Lebensbaum-Rindenlaus.

Rötlich bis zimtbraun, leicht bepudert, kleiner Siphonalsockel (Durchmesser höchstens so lang wie Hinterfüße). 2,8 bis 3,2 mm groß. An Ästen und älteren Zweigen.

– *Parthenolecanium fletcheri* (COCKERELL)
  Lebensbaum-Napfschildlaus.

Graubraun bis schmutzigbraun, Rückenmitte mit hellem Längsstreifen, Brutblasen stark gewölbt, mehr oder weniger braun gefärbt, vereinzelt auch glänzend. 2,0 bis 3,0 mm groß. Vorwiegend an der Unterseite schwacher, jüngerer, benadelter Zweige.

Tanne

– *Cinara pectinatae* (NÖRDLINGER)
  (früher *Buchneria pectinatae*) –
  Grüne Tannenrindenlaus.

Oliv bis bräunlich oder grün mit 2 hellen silbrigen Längsstreifen. Der Mittelstreifen markiert den Verlauf des Rückengefäßes. Oberseite glänzend, Körperoberfläche mit zahlreichen kleinen Flecken, Unterseite hell, z. T. silbrig. Rote Augen. 3,0 bis 4,0 mm groß. Meistens einzeln zwischen den Nadeln 1- bis 3jähriger Triebe mit dem Kopf an der Nadelbasis. Selten bis zu 50 Tiere beisammen. Männchen geflügelt.
Grüne Wintereier an der Nadelunterseite. Fakultativer vereinzelter Ameisenbesuch.

– *Cinara confinis* (KOCH) – Große
  Schwarzbraune Tannenrindenlaus.

Schwarzbraun mit feinen Wachsflecken (gescheckt). Beine braunschwarz, Hinterschienen geringelt, 2 Reihen dunkler höckerartiger Flecke auf dem Rücken. 6,0 bis 7,5 mm groß. Bis zu 300 Tiere (auch mehr) an älteren Zweigen, auch an Stamm und Wurzel und in der Baumkrone. Männchen geflügelt oder ungeflügelt.
Wintereier bis zu 8 Stück hintereinander auf der Nadeloberseite, z. T. auch auf der Rinde. Starker Ameisenbesuch (unklar, ob obligat).
Farbtafel X

– *Mindarus abietinus* (KOCH) –
  Weißtannentrieblaus.

Blaßgrün bis gelblich (Larven), 1,6 bis 2,0 mm, zwischen und auf den Nadeln der Maitriebe.

– ↑ Quirlschildläuse der Fichte.

Wacholder

– *Cinara juniperi* (DE GEER) –
  Wacholder-Rindenlaus.

Oliv bis hell- oder rotbraun, bepudert. Großer Siphonensockel (Durchmesser länger als Hinterfüße). Höchstens 2,5 mm groß.
Die Tiere saugen zwischen den Nadeln an jüngeren Zweigen. Männchen geflügelt. Reger Ameisenbesuch ist zu verzeichnen.

Honigtauwaldtracht

Honigtautracht → Honigtauwaldtracht

Honigtauwaldtracht ↑ Tracht von ↑ Honigtau, der von auf Nadel- und Laubbäumen lebenden ↑ Honigtaulieferanten abgegeben wird.
Trachtzeit und -ergiebigkeit ist von vielen Faktoren abhängig. In guten Honigtaujahren sind Tageszunahmen von 6,5 bis 8,0 kg und Spitzenerträge von 80 kg pro Volk durch die Nutzung des Honigtaus von ↑ Lachniden und ↑ Quirlschildläusen möglich.
Die wichtigsten ↑ Honigtaulieferanten der Nadelbäume sind die an dies- und vorjährigen Trieben saugende *Cinara pectinatae* (Tanne), *Cinara pilicornis* und *C. viridescens* (Fichte), *Cinara pinea* (Kiefer), *Cinara cuneomaculata* (Lärche). Der Honigtau dieser Arten ist für die Bienen am leichtesten zugänglich. Je nach Standort sind bis zu 90 % der Kiefern und Fichten mit diesen Spezies befallen.
Fichten-, Kiefern- und Lärchenlachniden, die am Stamm und an den Ästen große Kolonien bilden, sind in Schonungen, am Waldrand und im oberen Baumdrittel des Hochwaldes von imkerlicher Bedeutung. Honigtau von Rindenläusen an dunkleren, mittleren und unteren Stammabschnitten wird von den Bienen selten eingetragen.
Sicherste Honigtaulieferantin auf Fichten ist die Kleine Quirlschildlaus. Sie ist vielerorts an hohen Waldhonigerträgen beteiligt. Eine ergiebige Blatthonigtracht kann bei entsprechenden Bedingungen von Eiche, Linde (vielfach in Großstädten und an Alleen), regional von Ahorn und in bestimmten Bereichen auch von Buchen erzielt werden.

Günstige Voraussetzungen für eine Honigtauwaldtracht von Nadelbäumen:
– Warme und trockene Monate September und Oktober begünstigen die Männchenbildung, Kopulation und langanhaltende Eiablage, die die Voraussetzung für gute Cinarinen-Bestände im kommenden Frühjahr ist. Für den Beobachter: Zweige mit Wintereiern im Herbst mit farbigen Wollfäden markieren!

– Günstige Witterungsbedingungen nach dem Schlüpfen der Stammütter. Für den Beobachter: Stammütter unter Perlon-Gewebe käfigen und wöchentlich kontrollieren.

– Ein guter physiologischer Zustand der Wirtspflanzen (optimale Zusammensetzung des ↑ Siebröhrensaftes) gewährleistet im Frühjahr und Frühsommer eine optimale Entwicklung der Lachniden.

– An Fichte, Kiefer und Lärche müssen zwischen Ende Mai und Mitte Juli mehrere Lachnidengenerationen zusammen vorkommen. Ist dies erst Ende Juli/Anfang August der Fall, ist eine Spättracht möglich. Auf der Tanne ist im Juli die höchste Besatzdichte von *Cinara pectinatae* notwendig.

– Honigtauträchtig sind Tage mit Höchsttemperaturen zwischen 16 und 28 °C, Temperaturunterschieden von 12 °C und mehr zwischen Tag und Nacht sowie eine morgendliche Taubildung.

Ungünstige Voraussetzungen
– Durch anhaltend hohe Temperaturen bedingter ansteigender Anteil der Kohlenhydrate (absinkender N-Anteil) im ↑ Siebröhrensaft verursacht Ausbildung geflügelter Formen, Verringerung der Nachkommenzahl, abnehmende Besiedlungsdichte und sommerliche Unruhe.

– Veränderte Photosyntheseleistungen bei Temperaturstürzen von 7 bis 9 °C und durch Regen hervorgerufene Verminderungen des Zuckeranteils im Siebröhrensaft lösen Entwicklungsstop, Geburtenverzögerung und Veränderungen in der Honigtauzusammensetzung aus. Der unter diesen Bedingungen zwar weiter abgeschiedene Honigtau wird nicht von Bienen eingesammelt. Erst nach zweitägiger Stabilisierung wird Honigtau wieder eingetragen.

– Frostperioden nach dem Schlüpfen der Stammütter.

– Heiße Tage mit Ost- oder Nordostwind und niedrige relative Luftfeuchtigkeit be-

Honigtauwaldtracht

wirken rasches Eintrocknen des Honigtaus, der nicht mehr genutzt werden kann.

– Regen und Gewitter unterbrechen die Honigtautracht. Die durch die Niederschläge in der Pflanze hervorgerufenen Veränderungen im Siebröhrensaft lösen Wanderungen bei Lachniden aus. Starke Gewitter und Hagel können bei den Adulten stärkere Verluste hervorrufen.

– Bei anhaltender Nässe und hoher Luftfeuchtigkeit unterbleibt bei den ↑ Quirlschildläusen das Öffnen des Analspaltes und die Larven sterben ab.

– Starke Winde wehen die Larven der Quirlschildläuse von den Bäumen.

Prognose der Lachniden-Honigtauwaldtracht im Nadelwald

Die Beeinflußbarkeit der Lachnidenentwicklung durch viele Faktoren, vor allem der Wirtspflanzen und deren Reaktionen auf die Witterungsfaktoren, macht die Prognose schwierig, deshalb sind territoriale Berechnungen von Korrelationen zwischen erforderlicher Anzahl von ↑ Lachniden und starken Waagstockzunahmen notwendig. Das ist schwierig, weil die Lachniden nicht seßhaft sind.

Als Richtwerte gelten gegenwärtig:
– 7 Wintereier bzw. 5 Stammütter pro m² Vorjahrestrieb im äußeren Astviertel lassen einen guten Besatz zur Trachtzeit erwarten. 100 Lachniden pro m² Astfläche auf Tanne bzw. pro m² Vorjahres- und Maitriebfläche auf Fichte und Kiefer ermöglichen tägliche Tageszunahmen von 2,0 bis 3,0 kg.

– Tracht an Fichte und Kiefer liegt zwischen dem Beginn der Ausbildung geflügelter V_1 und dem Abflug der geflügelten V_2.

– In der Regel etwa eine Woche nach dem Maximum der V_1 (5 bis 7 Tage nach dem Abflug der V_1) merkliche Waagstockzunahmen.

– Ende der Tracht 7 bis 10 Tage nach dem Deutlichwerden der Flügelanlagen der V_2 bei allen Fichten- und Kiefernlachniden.

– Die Beobachtung des Heranwachsens der Flügelanlagen (schuppenartige Bildungen zu beiden Seiten des Thorax) der Nymphen zu geflügelten Tieren ist einer der wichtigsten Meßpunkte für Beginn und Ende der Waldtrachtperiode an Fichte und Kiefer. Beobachtungshinweis: Kleine V_1-Kolonien unter Dederongewebe käfigen. Alle 2 bis 3 Tage Kontrolle.

Wahl des Wanderplatzes

– Anwanderung der Gebirgswälder bei Beginn des Wiesenschnittes im Flachland. Ameisenreiche Wälder beherbergen die meisten Lachnidenarten.

– Mittlere Hanglagen sind gute Standorte. Direkte Kammlagen und kühle Täler vermeiden.

– Waldrandstände bringen in der Regel gute Erträge. Nur der im Wipfelbereich des Waldesinneren anfallende Honigtau wird von den Bienen eingetragen.

– Fichten mit dünnen Zweigen, jahreszeitlich frühem Austreiben des Maiwuchses, feiner, z. T. rötlicher Borke, Stand auf feuchtem und saurem Untergrund sowie mit Ameisenbelauf weisen oft einen starken Besatz an ↑ Quirlschildläusen auf.

– Bei Befallskontrollen im Sommer oder Herbst ermittelte Fichtenbestände mit einem bereits im unteren Astbereich reichlichen Besatz an noch honigenden oder abgestorbenen ↑ Lecanien bleiben auch in den Folgejahren immer stärker von diesen Honigtaulieferanten befallen als die Nachbarbereiche und stellen gute Trachtstandorte dar.

– Warme Talhänge mit kleinen Bächen und hoher relativer Luftfeuchte bzw. Flachlandgebiete mit Teichen, Tümpeln und der Tendenz zur Morgentaubildung sind gute Wanderplätze.

– Völker so aufstellen, daß die Fluglöcher in den Nachmittagsstunden beschattet sind!

– Völker nicht unter Hochspannungsleitungen aufstellen!

– Völkermassierungen vermeiden. An einem Standort stehen am besten 15 Völker. Wenn der Wald honigt, finden bei gleichmäßiger Verteilung bis zu 100 Bienenvölker je Hektar ausreichend Nahrung.

Möglichkeiten der Verbesserung der Honigtauwaldtracht

– Duftlenkung. Abends honigtaufeuchte Maitriebe ans Flugloch oder in die Beute legen bzw. sie mit heißem Zuckerwasser übergießen oder ein Futterschälchen mit Zuckerlösung allmählich Richtung Wald versetzen.

– Mit Wintereiern der Lachniden belegte Zweigstücke im März abschneiden und auf nicht besiedelte Bäume binden (Schnittflächen mit Folie abdichten, damit die schlüpfenden Stammütter nicht im Harz festkleben). Ein Umsiedeln von Lachnidenkolonien im Mai führt nicht zum Erfolg.

– Künstliche Vermehrung von Ameisen sollte nur in Zusammenarbeit mit einem Sachverständigen der Forstbehörde erfolgen.

Honigvogel → Geschichte

Honigwabe: Wabe, die größtenteils mit Honig gefüllt ist. 1 dm^2 beiderseits verdeckelte Wabenfläche enthält etwa 350 bis 400 g Honig.

Honigwein → Met

Honig-Zucker-Teig → Futterteig

Hopfenstrauch → Ptelea

Hormondrüsen → Hormone

Hormone Organische Substanzen, die vom Bildungsort (innersekretorische Drüsen) mit dem Blutstrom zum Wirkungsort transportiert werden. Hormone sind immer in sehr geringen Mengen wirksam. Ihre spezifische Effektivität tritt erst nach der Bindung an bestimmte Proteine ein. Bei den Insekten sind drei Entstehungszentren für Hormone bekannt, und zwar Nervenzellen, Drüsenzellen und Pericardialzellen (↑ Leibeshöhle). Der Hormonspiegel im Blut bzw. der Leibeshöhlenflüssigkeit wird durch Sekretionsprodukte (Neurosekrete) übergeordneter Zentren im Nervensystem bestimmt und ist im Verlauf des Bienenlebens charakteristischen Veränderungen unterworfen. Das Hormonsystem der Insekten und damit auch das der Honigbiene zeigt einen hierarchischen Aufbau.

Zwei Hormone kontrollieren den Entwicklungsgang (↑ Entwicklung), das **Juvenilhormon** (JH) und das **Ecdyson**. Das JH ist ein Produkt der Corpora allata, paariger, rundlicher Körperchen, die sich hinter dem Gehirn befinden.

Das Ecdyson stammt aus der Prothoraxdrüse (↑ Drüsen). Die Größe der Corpora allata steht in enger Beziehung zur Tätigkeit der Arbeitsbienen (↑ Arbeitsteilung). Mit den Corpora allata verbunden sind die ebenfalls paarigen Corpora cardiaca, die das vom Gehirn abgegebene Neurosekret speichern und auch freisetzen. Während der Larvalentwicklung ist relativ viel JH

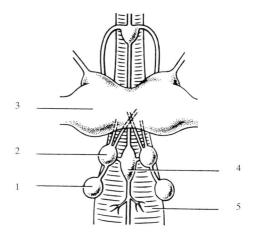

Lage der Corpora allata und der Corpora cardiaca hinter dem Gehirn der Honigbiene (nach SNODGRASS)
1 Corpora allata
2 Corpora cardiaca
3 Gehirn
4 Hypocerebralganglion
5 Vorderdarm

vorhanden, insbesondere im Verlauf der Einspinnphase der Larve. Die Häutungen werden durch geringe Konzentrationserhöhungen des Ecdysons bewirkt. Am Ende der Larvalperiode sinkt der JH-Titer stark ab, und die ↑ Metamorphose zur ↑ Puppe wird durch eine erhöhte Ecdyson-Konzentration herbeigeführt. Der JH-Titer bleibt während der Puppenzeit auf niedrigem Niveau. Ein deutlicher Anstieg des Ecdyson-Titers am Ende der Puppenruhe führt zur Imaginalhäutung. Der während der Imaginalphase in Verbindung mit der Entwicklung der Corpora allata schwankende JH-Titer ist für das altersspezifische Eintreten der unterschiedlichen Tätigkeiten, wie Brut- und Weiselpflege, Vorratsspeicherung und das Sammelverhalten, aber z. B. auch die Produktion der Alarmpheromone (↑ Pheromone) verantwortlich. Hohe Dosen des JH führen bei Arbeitsbienen zu Degenerationserscheinungen an den ↑ Hypopharynxdrüsen und einer Senkung der Vitellogenin-Syntheserate (Vitellogenine sind in den Fettkörperzellen entstehende Dotterproteine) wie auch der gesamten Hämolymphprotein-Konzentration. Bei Senkung der JH-Dosen kehren sich die genannten Entwicklungsprozesse um. Bei eierlegenden Arbeiterinnen vergrößern sich die Corpora allata. Sie produzieren außer dem JH auch noch Hormone, die in Stoffwechselprozesse, die Regulation der Geschlechtsfunktionen, möglicherweise auch in die des Wasserhaushaltes im Bienenkörper eingreifen. Der Ecdyson-Titer in der ↑ Blutflüssigkeit der Honigbiene ist während der Imaginalphase relativ niedrig; bei eierlegenden Weiseln liegt der Titer deutlich über dem der Jungweiseln und zeigt aber dann vom Zeitpunkt der Eiablage an keine merklichen Veränderungen mehr. Die **Neurosekretion** verläuft bei Arbeiterinnen wie auch bei Weiseln in zwei Phasen. Eine verhältnismäßig geringe Tätigkeit der neurosekretorischen Zellen im ↑ Nervensystem, insbesondere im Gehirn, läßt sich während der Stockbienenzeit beobachten. Nach dem 15. Lebenstag, mit Aufnahme der Sammeltätigkeit der Arbeiterinnen, verstärkt sich die Neurosekretproduktion, geht aber nach dem 25. Imaginaltag wieder zurück. Mit Aufnahme der Flugbienentätigkeit scheint das Licht über die Ocellen einen stimulierenden Einfluß auf die Tätigkeit der neurosekretorischen Zellen im Gehirn auszuüben. Bei Weiseln nehmen die Neurosekretablagerungen in den neurosekretorischen Zellen vom Schlupf bis zur Paarung zu. Mit Beginn der Eiablage läßt die Neurosekretproduktion allerdings wieder nach. In den neurosekretorischen Zellen der Pars intercerebralis des Gehirns und in den Corpora allata konnte eine diurnale Rhythmik (im Tagesgang) der Proteinsynthese beobachtet werden.

Hornisse → Wespe

Hörnchenkrankheit Beim Beflug von Knabenkräutern heften sich die klebrigen Pollensäckchen für den Transport zur nächsten Blüte an den Kopf der Biene. Wurde früher als Krankheit der Biene angesehen.

Höselhäuschen Ein dreiseitig und auch oben verglastes oder mit Plastik versehenes Häuschen, in dem den Bienen im Frühjahr ↑ Pollenersatzmittel zum ↑ Höseln angeboten werden. Durch das Glasdach kann die Sonne den Ersatzpollen, der über Nacht Feuchtigkeit aufnimmt, etwas trocknen.
↑ Bienenfluchten an den seitlichen Scheiben verhindern, daß sich die Bienen im Häuschen zu Tode fliegen.

Höselhefe → Pollenersatzmittel

Höseln Ausdruck für das Pollensammeln der Honigbiene. Die Pollenklümpchen auf den Außenseiten der Schienen (↑ Beine) werden ↑ Pollenhöschen genannt.

HRUSCHKA, FRANZ Edler VON * 12.3.1819 in Wien, † 9.5.1888 in Venedig.
Platzmajor in Legnano bei Venedig, später Wohnsitz in Dolo bei Venedig. Hervorragender Praktiker mit lebhaftem Erfindergeist. Imkerte mit 400fächerigem Pavillon für Ständerbeuten mit 3 und 4 Etagen zu je 10 Waben. Mobilbetrieb mit Stäbchen (lehnte Rähmchen ab).
Angeregt von einem bei der Zuckerfabrikation gerade eingeführten Reinigungs-

gerät (Abscheidung von Melasse und Zuckerkristallen), das mit Hilfe der Zentrifugalkraft arbeitete, wurde er zum Erfinder der ↑ Honigschleuder, die er auf der 14. ↑ Wanderversammlung 1865 in Brünn vorstellte. Das Modell war ein blechernes Gefäß, 12 cm im Geviert, 6 cm tief, nach unten in eine Röhre von 8 mm Durchmesser auslaufend, das mit einer Schnur in Drehung versetzt wurde. Die Konstruktion für die Praxis: Horizontale Scheibe mit 8 Säulchen, von einem Netz umspannt. Auf die Säulchen wurden die Stäbchen der 4 Waben gehängt. Mit Seilzug wurde das Gerät in Drehung versetzt. Der umgebende Blechmantel fing den Honig auf, der schräg ablaufen konnte. Bereits 1867 war auf der Pariser Weltausstellung die erste Radialschleuder zu sehen, 1869 gab es bereits 23 verschiedene Konstruktionen.

HRUSCHKA betrieb umfangreiche Weiselzucht (Italienerbiene), experimentierte mit künstlicher Besamung, beobachtete dreimal täglich zwei besetzte Beuten mit einem Waagebalken, entwickelte einen Zerstäuber für Pfefferminz-Zuckerwasser zum Duftausgleich beim Zusetzen einer Weisel.

HUBER, FRANCOIS * 2.7.1750 in Genf, † 22.12.1832 in Lausanne.
Erblindete als Jüngling. Seine Frau und sein Diener BURNES führten von ihm klug durchdachte Experimente aus, die die Theorien von ↑ SWAMMERDAM und ↑ SCHIRACH bestätigten. Erkannte, daß die Arbeitsbienen nicht geschlechtslos sind. War wahrscheinlich der erste, der umlarven ließ. Bei seiner „Rahmenbude" (erste Mobilbetriebsweise) bildeten die Wabenschenkel der Rähmchen durch festen Schluß zugleich die Beutenwände (Schließrahmenbeute).
Der umfangreiche Briefwechsel mit dem französischen Bienenwissenschaftler CH. BONNET war die Grundlage für sein Hauptwerk „Neue Beobachtungen über die Bienen" (1793).

HUBER, LUDWIG * 2.2.1814 in Kippenheimweiler, † 10.10.1887 in Niederschopfheim (Baden).
Lehrer in Niederschopfheim. Gründete 1857 den Landesverein für Bienenzucht in Baden. Sein Lehrbuch „Die neue nützliche Bienenzucht oder der DZIERZON-Stock" hat 19 Auflagen erlebt. In zahlreichen Zeitungsaufsätzen (er war korrespondierendes Mitglied bei 10 Imkerzeitungen und -vereinen) war er bestrebt, der DZIERZON'schen Beute und Betriebsweise zum Durchbruch zu verhelfen. (Vorher Korbimkerei).

Huflattich → Tussilago

Hüllbienen → Bienentraube

Hummeln → Apoidea

Hundsrose → Rosa

Hüngler Bienenvolk mit stark ausgebildetem Sammeltrieb und übermäßiger Neigung zur Vorratsbildung, wodurch die Bruterzeugung beeinträchtigt wird. Hüngler haben auf ihren Brutwaben große Honig- und Futterkränze, sie verhungern daher nur äußerst selten. Infolge der kleineren Brutflächen werden die Völker niemals stark. Hung (alemannisch) = Honig.
Gegensatz: ↑ Fleischvolk.

Hüpfer → Krabbler

Hürdenrahmen Rähmchen im Standmaß, in das mit Rähmchenholz einzelne Etagen eingebaut wurden, auf die, fest aneinandergerückt, die ↑ Schlupfkäfige mit je einer verdeckelten Weiselzelle in Reihe gestellt werden. Der Hürdenrahmen wird nach dem Verschulen der Weiselzellen bis zum Schlupf in ein Volk (meist zwischen Brutwaben im ↑ Honigraum) gestellt, damit die Zellen gewärmt und die Weiseln gefüttert werden.

Hut → Imkerschutzkleidung

Hüttenrauch Ältere Bezeichnung für arsenhaltige Industrieemissionen.

Hybriden → Kreuzung

Hydrangea L. – Hortensie – *Saxifragaceae*
– *paniculata* SIEB. – Rispenhortensie
Japan. Bei uns bis 2 m hoher, aufrecht-

wachsender, breitverzweigter Strauch. Blüten in großen, lockeren Rispen. Zwischen den unscheinbaren fertilen Blüten stehen locker verteilt große, weiße, sterile Blüten, die sich später rötlich färben. Blütenschmuck von Juli bis Oktober. Frosthartes, dekoratives Gehölz für Rabatten. Verlangt sonnigen Standort und frischen Boden. Regelmäßiger Rückschnitt fördert Blühfreudigkeit und Rispengröße. Guter Pollenspender. Die Sorte 'Grandiflorum' mit sterilen Blüten ist als Bienenweide wertlos.

Hydroxymethylfurfural → Honig

Hygiene → Säuberungsverhalten

Hygrorezeptoren → Sinnesorgane

Hypericum L. – Johanniskraut – *Guttiferae* – *densiflorum* 'Goldball' und – *kalmianum* 'Sonnenbraut'
Johanniskrautsorten mit aufrechtem, dichtem, rundlichem Wuchs. Etwa 0,7 m hoch. Blüten gelb, klein, mit weit hervorragenden goldgelben Staubblättern. Von Juli bis Anfang Oktober blühend. Verlangt sonnigen Standort. Widerstandsfähig gegen Trockenheit. Gute Bienenweide.

Hypopharynx → Mundwerkzeuge

Hypopharynxdrüsen (Futtersaftdrüsen) Sie bestehen aus einem Paar im Kopf der Arbeitsbienen vor und über dem Gehirn (↑ Nervensystem) gelegener, mehrfach gewundener Schläuche, die mit rundlichen Drüsensäckchen besetzt sind. Jeder der beiden Drüsenschläuche ist ungefähr 16 mm lang. Zwischen den nebeneinander angeordneten sekretorischen Zellkomplexen befinden sich deutliche Zwischenräume.
Die einzelnen Drüsensäckchen setzen sich aus dichtgelagerten Zellen zusammen, von denen feine Kanäle abgehen. Zu einem gebündelten Strang vereinigt, münden sie in cuticularisierte Sammelkanäle. Von ihnen wird der in den Drüsenzellen produzierte Futtersaft aufgenommen und in den Hypopharynx (↑ Mundwerkzeuge) geleitet. Der Weisel und den Drohnen fehlen die Futtersaftdrüsen.

Die Drüsenstruktur durchläuft während der Imaginalentwicklung charakteristische Veränderungen. Bei frisch geschlüpften Arbeiterinnen sind die Drüsensäckchen noch klein und die einzelnen Zellen mit dichtem Cytoplasma angefüllt. Doch schon

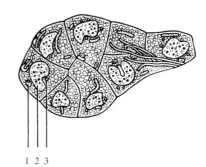

A   1 2 3

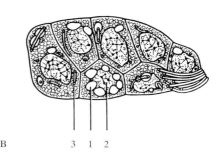

B   3 1 2

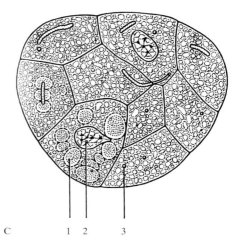

C   1 2 3

Unterschiedliche Entwicklungsstadien der Hypopharynxdrüsenloben (nach KRATKY)
A noch nicht geschlüpfte Biene
B schlüpfende Biene
C neun Tage alte Biene
1 Sekretvacuole
2 Zellkern
3 Sekretkanälchen

nach wenigen Tagen reichern sich in den Drüsenzellen größere Sekretvakuolen an, die auf eine Futtersaftproduktion schließen lassen. Kommen die Arbeitsbienen in das Baubienenalter, schrumpfen die Hypopharynxdrüsen, können aber auch bei älteren Bienen noch einmal reaktiviert werden. Winterbienen (↑ Saisonvariabilität) erhalten sie in den Wintermonaten großenteils als Reservestoffspeicher in funktionsfähigem Zustand.

Der von den Hypopharynxdrüsen produzierte ↑ Futtersaft dient zusammen mit dem Sekret der ↑ Mandibeldrüsen der Ernährung junger Bienenlarven beiderlei Geschlechts sowie der erwachsenen Weiseln. Hauptbestandteile des sauer reagierenden Futtersaftes sind Eiweiße, Fette, fettähnliche Substanzen, ungesättigte Fettsäuren, Phenole, Glyceride, Phospholipide, Stearine, Wachse, Zucker (vor allem Glucose und Fructose) und ↑ Enzyme, z. B. Invertase in nennenswerten Mengen (↑ Weiselfuttersaft).

Die Anwendung von Narkotika zum Betäuben von Arbeitsbienen kann die Entwicklung der Hypopharynxdrüsen nachteilig beeinflussen. Werden Arbeitsbienen am 1. und 2. Imaginaltag mit CO_2 behandelt, unterbleibt später die Entwicklung der Hypopharynxdrüsen. Eine Äthernarkose führt ebenfalls zum Entwicklungsstop dieser Drüsen, und zwar bis zum 10. Lebenstag. Später ist eine Weiterentwicklung möglich. Die Drüsensäckchen erreichen dann jedoch niemals ihren normalen Umfang.

Die Entwicklung der Hypopharynxdrüsen erfolgt während der Puppenphase bis zur Differenzierung der Drüsensäckchen. Eine Weiterentwicklung nach dem Imaginalschlupf setzt Pollennahrung voraus. Weisellarven haben zwar die Anlagen, nach der Puppenhäutung unterbleiben aber weitere Zellteilungen, so daß es nicht zur Ausbildung der Hypopharynxdrüsen kommt.

I

IBRA → International Bee Research Association

Ilex L. – *Aquifoliaceae*
– *aquifolium* L. – Hülse, Stechpalme
Mitteleuropa bis Nordafrika und China. Immergrüner, aufrechtwachsender Strauch oder kleiner Baum mit derben, meist gewellten und dornigen Blättern. Blüten sind meist zweihäusig, weiß, erscheinen von Mai bis Juni, meist in Büscheln in den Blattachseln der vorjährigen Triebe. Sehr zierend sind die leuchtendroten, sehr lange haftenden Früchte. Benötigt bei uns schattige oder halbschattige, windgeschützte Lagen und frischen, nährstoffreichen Boden. Mäßiger Nektar- und Pollenspender.

Imaginalentwicklung Sie wird durch die Reifeprozesse der verschiedenen ↑ Drüsen mitbestimmt, die wiederum einer hormonellen Steuerung unterliegen (↑ Arbeitsteilung), und ist in entscheidendem Maße von der Pollenaufnahme in den ersten Lebenstagen der Jungbienen abhängig. Schon 12 Stunden nach dem Schlupf haben > 50 %, 30 Stunden danach > 90 % der jungen Bienen Pollen gefressen. Besteht für die jungen Arbeiterinnen keine Möglichkeit, Pollen aufzunehmen, kommt es zu Entwicklungsstörungen.

In der Imaginalentwicklung gibt es zwei Phasen, die Stockbienenzeit (1. bis 20. Lebenstag) und die Flugbienenperiode (nach dem 20. Lebenstag). Die jüngsten Bienen befinden sich hauptsächlich innerhalb des warmen Brutnestes. Mit fortschreitendem Alter wechseln sie ihre Positionen. Von drei Wochen alten Arbeiterinnen findet man nur noch 1/3 auf Brutwaben, die übrigen 2/3 auf Futterwaben, falls sie sich nicht außerhalb des Stockes aufhalten. Ursache für den Wechsel des Aufenthaltsortes in der Beute bildet wahrscheinlich die Stoffwechselrate der Arbeitsbienen. Sie steigt mit zunehmendem Alter an, und die Bienen bevorzugen dann Beutenbereiche mit niedrigeren Temperaturen, die sie nur außerhalb des Brutnestes finden. Die Dauer der beiden Imaginalphasen ist von der Jahreszeit, aber auch von der Intensität der Tätigkeiten abhängig, denen die Arbeitsbienen nachgehen (↑ Arbeitsteilung).

Imaginalscheiben → Larvalentwicklung

Imago Adulte, erwachsene Biene. Im Unterschied zur ↑ homonom segmentierten ↑ Larve ist die Imago ↑ heteronom segmentiert. Sie besteht bei der Biene wie auch bei allen anderen Insekten aus ↑ Kopf, ↑ Brustabschnitt und ↑ Hinterleib. Alle drei Körperabschnitte sowie deren Anhänge, z. B. ↑ Fühler, ↑ Beine, ↑ Flügel, zeigen bei den drei Morphen der Honigbiene charakteristische Besonderheiten.

Imkerbund, deutscher → Imkerorganisationen

Imkerei Haltung und Zucht von Honigbienen zur Gewinnung von Bienenprodukten, wie ↑ Honig, ↑ Bienenwachs, ↑ Bienengift, ↑ Pollen, ↑ Weiselfuttersaft, ↑ Propolis, sowie zum Einsatz in bestäubungsbedürftigen Kulturen (Obst-, Ölfrucht-, Samenträgerkulturen).

Imkerliteratur → Schrifttum

Imkerorganisationen Im Mittelalter waren die Zeidler, z. B. im Raum Nürnberg, in der Mark Brandenburg, im Schwarz- und Frankenwald, in einer Zunft organisiert (↑ Zeidlerei). Der erste, schriftlich belegte deutsche Bienenzüchterverein war die „Physikalisch-ökonomische Bienengesellschaft in Oberlausitz". Sie wurde von ADAM GOTTLIEB ↑ SCHIRACH am 12. 2. 1766 gegründet. Die physikalische Klasse befaßte sich mit wissenschaftlichen Fragen, die ökonomische Klasse mit Problemen der praktischen Bienenhaltung. Die Mitglieder, die Bienen besitzen mußten, verpflichteten sich, miteinander zu lernen, einander zu helfen und zu schützen, zu den zweimal im Jahr stattfindenden Konventen zu erscheinen und einen kleinen Mitgliedsbeitrag zu entrichten. Etwa um die Mitte des 19. Jahrhunderts wurden in kurzer Zeit sehr viele örtliche Vereine gegründet, weil die Umstellung vom Stabil- zum ↑ Mobilbau, die stark veränderten Trachtbedingungen nach Einführung der Fruchtwechselwirtschaft in der Landwirtschaft und der sich verschlechternde Honigabsatz Erfahrungsaustausche dringend notwendig machte. Überregional boten dazu auch die ↑ Wanderversammlungen Gelegenheit.

Der Wanderverein, die erste deutsche Dachorganisation der Imker (1850 von ANDREAS ↑ SCHMID gegründet), bestand nur während der Wanderversammlung aus den anwesenden Teilnehmern. In der Zwischenzeit gab es nur wenige Aktivitäten der Organisatoren. Organ des Wandervereins war die „Eichstädter bzw. Nördlinger Bienenzeitung", die die Wanderversammlungen ausführlich auswertete (1845 bis 1899, danach andere Imkerzeitungen).

1880 wurde als strafere Organisation der „Deutsche bienenwirtschaftliche Zentralverein" geschaffen, in dem jeder örtliche Verein für je 100 Mitglieder eine Stimme hatte. Verbandsorgan war das 1864 gegründete „Bienenwirtschaftliche Zentralblatt". 1902 gründeten FERDINAND ↑ GERSTUNG und AUGUST ↑ LUDWIG auf dem „Allgemeinen Deutschen Imkertag" den „Reichsverein für Bienenzucht", der sich 1907 mit dem „Zentralverein" zum „Deutschen Imkerbund" zusammenschloß. Nach dem zweiten Weltkrieg wurde er 1949 in Lippstadt neu gegründet.

In der ehemaligen DDR waren die Imker im „Verband der Kleingärtner, Siedler und Kleintierzüchter" (VKSK) organisiert.

Internationalen, zumindest europäischen Charakter hatte schon der Wanderverein. Viele Imker benachbarter Länder nahmen an den Wanderversammlungen teil. Auch der „Allslawische Bienenzüchterverband", der ähnlich wie der „Wanderverein" aufgebaut war, führte mit ausländischen Gästen Wanderversammlungen durch (1912 Moskau, 1914 Prag, 1927 Warschau, 1928 Preßburg, 1929 Posen). 1918 riefen LUDWIG ↑ ARMBRUSTER und JOHANNES AISCH die „Gesellschaft für Bienenkunde" ins Leben, der viele bedeutende Imker des In- und Auslandes beitraten. 1922 gründete ABUSHADY in London den „Apis-Club" als lose

Verbindung der Imker der ganzen Welt. 1949 verschmolzen beide zunächst zur BRA, später der ↑ „International Bee Research Association". Seit 1949 ist die ↑ API-MONDIA die Interessenvertretung der Imker der Welt.

Imkerpersönlichkeiten Die für den deutschsprachigen Raum (z. T. auch darüber hinaus) bedeutendsten Imker sind mit ihren Lebensdaten, wichtigen Erkenntnissen, Neuerungen sowie ihren Hauptwerken unter dem betreffenden Stichwort zu finden. In diesem Buch sind genannt:
   Alber, Maryan
   Alberti, Adolf
   Alfonsus, Alois
   Ambrosius
   Aristoteles
   Armbruster, Ludwig
   Berlepsch, August Baron von
   Berner, Ulrich
   Bonsels, Waldemar
   Borchert, Alfred
   Busch, Wilhelm
   Buttel-Reepen, Hugo von
   Christ, Johann Ludwig
   Dadant, Charles
   Darwin, Charles
   Dathe, Gustav
   Dürer, Albrecht
   Dzierzon, Johannes
   Ehrenfels, Josef Michael Freiherr von
   Ewert, Richard
   Forster, Karl August
   Freudenstein, Heinrich
   Freudenstein, Karl
   Frisch, Karl von
   Gerstung, Ferdinand
   Girtler, Romedius
   Gontarski, Hugo
   Gravenhorst, Christof Johann Heinrich
   Harnaj, Veceslav
   Hruschka, Franz Edler von
   Huber, François
   Huber, Ludwig
   Janscha, Anton
   Joirisch, Naoum Petrowitsch
   Jordan, Roland
   Kanitz, Johann Gottlieb
   Kleine, Georg
   Kramer, Ulrich
   Kuntzsch, Max
   Langstroth, Lorenzo Lorraine
   Lehzen, Georg Heinrich
   Linné, Carl von
   Ludwig, August
   Maeterlinck, Maurice
   Mandeville, Bernard de
   Mehring, Johannes
   Mendel, Johann Gregor
   Morgenthaler, Otto
   Muscinus, Johannes Philibertus
   Preuß, Emil
   Prokopowitsch, Pjotr Iwanowitsch
   Réaumur, Réne Antoine Ferchault de
   Schirach, Adam Gottlob
   Schmid, Andreas
   Shakespeare, William
   Sklenar, Guido
   Sprengel, Christian Konrad
   Svoboda, Jaroslaw
   Swammerdam, Jan
   Varro, Markus Terentius
   Vergil
   Wankler, Wilhelm
   Weippl, Theodor
   Wrisnig, Jakob
   Zander, Enoch

Imkerpfeife → Besänftigung

Imkerschulen → Ausbildung

Imkerschutzkleidung Zugleich Arbeitsschutzkleidung. Sie besteht aus Schutzanzug bzw. Kittel, Hut und Schleier sowie Handschuhen.
Die Kleidung soll hell, der Stoff glatt sein, weil dunkles, flauschiges Gewebe die Bienen eher aggressiv macht (↑ Verteidigungsverhalten). Außerdem soll sie leicht und luftig sein, damit der Imker darunter nicht schwitzt, weil dies die Bienen erregt.
Der **Schutzanzug** besteht aus einer weiten Bluse und Hose, oder es ist ein Overall. Als Verschluß am Vorderteil und Hosenbund dienen Reißverschlüsse. Hosenbeine und Ärmelbündchen haben Gummizug, damit sie eng anliegen.
Als **Kittel** wird meist ein weißer vorn zuzuknöpfender Labormantel genommen. Zum Schutz von Kopf und Hals wurden früher, mancherorts auch heute noch, Hauben aus

Drahtgeflecht verwendet. Gebräuchlicher sind Hut und Schleier.

Der **Hut** muß eine breite Krempe haben. Bewährt hat sich der Stoffhut mit außen eingezogenem biegsamen Reifen, den man zusammenfalten und in die Tasche stecken kann. Ein leichter Strohhut erfüllt auch seinen Zweck.

Der **Schleier** aus Tüll wird mit seiner runden Öffnung mit Gummizug über den Kopfteil des Hutes gezogen, den er fest umschließt. Die breite Hutkrempe bewirkt, daß der Schleier von Gesicht und Hals ferngehalten wird. Ein schwarzer Visiereinsatz an der Gesichtsseite ermöglicht eine gute Durchsicht. Durch ein kreuzförmig eingeschnittenes rundes Lederstück kann die Imkerpfeife (↑ Besänftigung) gesteckt werden. Der Schleier wird entweder in den Blusen- oder Kittelausschnitt gesteckt und dort mit Reißverschluß oder Sicherheitsnadel zusammengehalten, oder er fällt über die Schulter und wird mit Bändern über Brust und Rücken befestigt. Ein PVC-Abstandsstreifen in Schulterhöhe hält den Schleier im gleichmäßigen Abstand vom Kopf. Ein unten eingearbeiteter Gummizug läßt den Durchschlupf der Arme zu.

Die **Handschuhe**, Fingerhandschuhe aus weichem Leder (Ziegenleder), haben lange Stulpen aus derbem Stoff mit Gummizug am oberen Ende, die über den Blusen- oder Kittelärmel gezogen werden.

Imkerzeitungen → Schrifttum

Imme mittelhochdeutsch: imbe, impe, imme; althochdeutsch: impi, imbi, für Biene gebraucht, und zwar vor allem in Ober- und Niederdeutschland, weniger in Mitteldeutschland. Im Lorscher Bienensegen (eigentlich zwei Segenssprüche) aus dem 10. Jahrhundert, im Kloster Lorsch, Hessen, niedergeschrieben, wird imbi als Bienenschwarm von bina, der einzelnen Biene, deutlich getrennt. Impi, imme, hat daher ursprünglich wohl eine allgemeine Bedeutung im Sinne von Bienenvolk oder Schwarm gehabt, während biene nur das einzelne Insekt bezeichnet. Erst später im Mittelhochdeutschen bezieht sich das Wort imme aber auch auf ein einzelnes Insekt.

Immissionen Schadstoffe, die infolge von ↑ Emissionen über die Luft bzw. das Wasser in ein Ökosystem eindringen. Die Emission wird immer an der Quelle, die Immission am Wirkungsort ermittelt bzw. gemessen.

Indicator indicator Honigvogel (↑ Geschichte)

Indische Biene → Bienenarten

Infektion Ansteckung. Aktives Eindringen bzw. passives Hineingelangen von Krankheitserregern durch verschiedene Eintrittspforten in den Organismus. Die Infektion setzt das Haften und die Vermehrung des Erregers im Organismus voraus. Je nachdem, auf welchem Wege die Infektion erfolgt, spricht man von Kontaktinfektion (↑ Steinbrut), aerogener Infektion (durch Einatmen), oraler Infektion (Verfütterung).

Im Ergebnis der Infektion entsteht in der Regel eine Infektionskrankheit. Infektionen mit Massencharakter und Tendenz der rasanten Ausbreitung bezeichnet man als Seuchen. Für einige Bienenseuchen besteht ↑ Anzeigepflicht.

Informationsweitergabe → Bienentänze

Inhibine → Enzyme

Innersekretorische Drüsen → Hormone

Insektenpulver, dalmatinisches → Pyrethrum

Insektizide → Pflanzenschutzmittel

Inselbelegstation → Belegeinrichtung

Insel-Wight-Krankheit → Acariose

Insemination → Besamung, künstliche

Institute → Lehr- und Forschungsanstalten

Integumentum Die den Körper umgebende Hülle, Haut.

Intermediärer Erbgang → MENDEL'sche Regeln

XVII

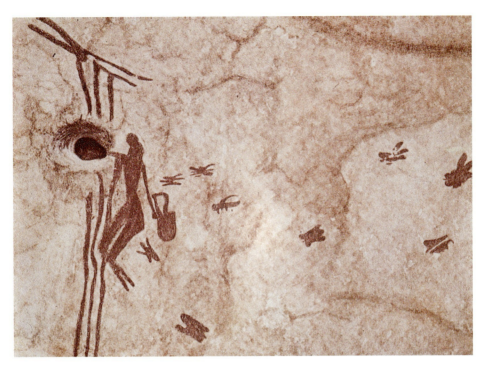

Felszeichnung aus einer Höhle bei Bicorp in Spanien

Zeidler bei der Arbeit
(aus KRÜNITZ, Enzyklopädie 1774)

XVIII

Venus und Amor, von Bienen verfolgt (Dürer)

Produkte aus Bienenwachs (Siegel, Kerzen, Kauwachs)

XIX

Der Bienenkorb im Arm des Engels an der Kanzel der St. Theresiakirche in Marktredwitz ist das Symbol des Heiligen AMBROSIUS, *dem Schutzpatron der Imker*

Silbermünze aus Ephesus

Apis florea, Arbeitsbienen und einzelne Drohnen

Wabe von Apis florea

Apis dorsata auf der Wabe

Abgebrochene einzelne Großwabe von Apis dorsata

Brutwabe von Apis cerana mit Königin

Wabenbau von Apis cerana

Reichblühender Götterbaum, Ailanthus altissima

Spirea bumalda 'Anthony Waterer'

Schneebeeren (Symphoricarpos) bieten langanhaltende Tracht

Erica carnea 'Winter Beauty' blüht schon im Dezember

Aus Kratzdistelnektar (Cirsium) bereiten die Bienen wohlschmeckenden Honig

International Bee Research Association (IBRA) 1949 in London als BRA gegründet mit dem Ziel der Förderung der Bienenforschung in allen Aspekten. Vorläufer war der 1919 gegründete Apis-Club zur Förderung der internationalen Beziehungen auf dem Gebiet der Bienenzucht. Der Apis-Club veranstaltete mehrere Kongresse in England, Paris (1927), Berlin (1929).
Die IBRA verfügt über eine umfassende Bibliothek mit angegliedertem Dokumentationsdienst, seit 1966 über ein gemeinsames Computerprogramm mit der Universität Guelph (Kanada). Angeschlossen ist das Commenwealth Agricultural Bureaus. Die IBRA gibt mehrsprachige Wörterbücher imkerlicher Fachausdrücke, Weltlisten der imkerlichen Zeitschriften, Bienen-Filme, Bienen-Museen, Bienenwissenschaftler und Bienen-Institute etc. heraus, ebenso 3 eigene Zeitschriften: „bee world", „Journal of Apicultural Research" und „Apicultural Abstracts".

Internationale Kommission für Bienenbotanik Eine der 14 Sektionen und Kommissionen der Abteilung Botanik der „International Union of Biological Scientific Unions" (I.U.B.S.) zur Förderung der biologischen Wissenschaften. Wurde 1951 auf dem APIMONDIA-Kongreß in Leamington gegründet. Befaßt sich in 6 Arbeitsgruppen mit Honig-, Honigtau- und Nektarforschung, Bestäubung, Bienenweide, Bienenschutz, Honig- und Pollenanalyse.

International Union of Biological Scientific Unions (I.U.B.S.) ↑ Internationale Kommission für Bienenbotanik

Internationale Union zum Studium der sozialen Insekten (IUSSI) Vereinigung von Wissenschaftlern verschiedener Disziplinen, darunter auch Bienenforscher, die sich mit der Entwicklung der Insekten zu sozialer Lebensweise befassen (↑ Apoidea). Zu den traditionellen Gebieten Taxonomie, Systematik, Morphologie etc. kommen neuerdings Neurobiologie, Biochemie etc. hinzu, weiter die Erforschung der Wechselwirkung zwischen den Individuen einer Gruppe, zwischen Insekt und Pflanze, der Rolle der sozialen Insekten im Ökosystem usw.

Intersegmentalmembran → Hinterleib

Intoxikation → Vergiftung

Invertase → Enzyme

Invertzucker Gemisch aus Glucose und Fructose nach Spaltung der Saccharose. Entsteht natürlich im Honig mit Hilfe des von den Bienen zugesetzten Enzyms Invertase. Invertzucker kann als Honigersatz bei der Herstellung von Futterteig für Begattungsvölkchen usw. künstlich durch Kochen von Rohrzucker mit Milchsäure hergestellt werden. Dabei entsteht aber Hydroxymethylfurfural (↑ Honig), das in höheren Konzentrationen (mehr als 3 mg HMF je 100 g Zuckerlösung) für Bienen schädlich ist, wenn sie keine Ausflugsmöglichkeit haben.

Inzest → Inzucht

Inzucht Paarung von miteinander verwandten Individuen innerhalb einer Population. Bei Paarung von Individuen im 1. und 2. Verwandtschaftsgrad spricht man von Inzest, von solchen im 3. und 4. Grad von enger Inzucht, darüber hinaus von gemäßigter Inzucht. Durch Inzucht sollen erwünschte Merkmale und Eigenschaften stabilisiert werden, unerwünschte Eigenschaften werden durch Selektion beseitigt. Inzucht führt zur Einengung der Anlagenvielfalt und somit zu Vitalitätsabfall und geringerer Anpassungsfähigkeit, zu sogenannter Inzuchtdepression. Der Inzuchtkoeffizient gibt an,

Höhe des Inzuchtkoeffizienten bei verschiedenen Verpaarungsarten

Verpaarungsart	Inzuchtkoeffizient %
Selbstung	50
Mutter × Tochter-Paarung	25
Vater × Tochter-Paarung	25
Vollgeschwister-Paarung	25
Halbgeschwister-Paarung	12,50
Tochter × Enkeltochter-Paarung	12,50
Enkeltöchter-Paarung	6,25

wie groß die Wahrscheinlichkeit ist, daß die beiden ↑ Allele eines Genortes herkunftsgleich sind.

Inzuchtdepression → Inzucht

Isolation Abdichten der Bienenwohnung zur Verhinderung unerwünschter Energieverluste. Die Qualität einer Beute läßt sich u. a. danach beurteilen, in welchem Umfang sie die von den Bienen produzierte Wärme hält. Diese Eigenschaft ist vom Material abhängig, aus dem die Beute besteht, aber auch von der Bearbeitung des Materials und von der ↑ Verpackung. Eine gute Isolation gewähren Bau- und Verpackungsstoffe mit möglichst geringen Wärmedurchgangszahlen.
Gut isolierte Beuten vermindern im Winter den Futterverbrauch. Eine allzu perfekte Isolation kann aber auch von Nachteil sein. Sie bedeutet einerseits Wärmestau, andererseits verzögert sich die Erwärmung des Beuteninneren nach Kälteperioden. Dadurch wird die Volksentwicklung ungünstig beeinflußt. Unterbrochen werden kann die Isolation der Beuten durch Eckverbindungen, aber auch durch Schrauben und Nägel. Damit erhöhen sich die Energieverluste. Sie steigen ebenfalls mit der Zunahme des Wärmeleitvermögens bei Durchfeuchtung des Isolationsmaterials, und zwar nach BÜDEL im Unterschied zum trocknen Zustand z. B. bei Faserplatten um 18 bis 26 %, bei Hobelspänen um 27 %, bei gepreßtem Stroh um 34 %, bei Fichtenholz um 18 bis 22 % und bei Kiefernholz um 16 bis 24 %.
Auch kalte Honigvorräte im Winter beeinträchtigen die Wirkung der Isolation und erhöhen dadurch die Energieeinbußen des Bienenvolkes.

Italienische Biene → Bienenrassen

IUSSI → Internationale Union zum Studium der sozialen Insekten.

J

Jahresfarbe → Zeichnen

Jakobsleiter → Polemonium

JANSCHA, ANTON * 20.5.1734 in Bresniza bei Jesenice/Krain, † 13.9.1773 in Wien.
Nahm zahlreiche Bienenvölker aus seiner Heimat mit, als er mit seinem Bruder auf die Kupferstecher- und Zeichenschule in Wien (gegründet 1766) ging.
Wegen seiner guten imkerlichen Kenntnisse wurde er als Leiter der 1769 von Kaiserin MARIA THERESIA gegründeten, wahrscheinlich ersten staatlichen Imkerschule der Welt berufen. Hielt Vorträge und praktische Übungen im Augarten in Wien. Deutete als erster das Begattungszeichen richtig, erkannte die Brutnestordnung, machte die Wanderung in die Buchweizentracht und die Vermehrung durch Feglinge populär, wußte drohnenbrütige Völker zu behandeln. JANSCHA schrieb eine vielbeachtete Abhandlung über das Schwärmen der Bienen sowie ein Lehrbuch „Vollständige Lehre von der Bienenzucht". Er schlug ge-

Wärmedurchgangszahlen einiger Bau- und Verpackungsmaterialien in $kJ/m^2/h°$ (nach BÜDEL)

Material in mm		20	30	40	50
Wolle (Filz)	von	5,44	3,79	2,91	2,36
	bis	9,88	7,03	5,44	4,48
Faserplatten (weich)	von	7,03	4,94	3,79	3,08
	bis	9,88	7,03	5,44	4,48
Sägemehl		9,88	7,03	5,44	4,48
Fichten und Kiefernholz		16,91	12,43	9,88	8,21

setzliche Regelungen für die Bienenhaltung vor.

Johannisbeere, rote → Ribes

Johannisbeere, schwarze → Ribes

Johanniskraut → Hypericum

Johnstonsches Organ → Sinnesorgane

JOIRISCH, NAOUM PETROWITSCH * 11.1904 in Slavouta, Region Volintschina.
Als Arzt lange Jahre bei der Roten Armee im Fernen Osten, wo er mit Bienenprodukten (Honig, Pollen, Bienengift, Weiselfuttersaft, Propolis) zahlreiche klinische Versuche machte. Studierte den Einfluß des Kleinklimas am Bienenstand auf Gesundheit und Langlebigkeit des Menschen. Ließ von den Bienen durch Fütterung von Kräuterauszügen und Gemüsesäften sogenannte Medizinalhonige herstellen. Mitbegründer der ↑ Apitherapie.
Zahlreiche Beiträge in Fachzeitschriften und mehrere Bücher. Hauptwerke: „Die Bienen, geflügelte Pharmazeuten" und „Die Welt der Bienen" (deutsche Ausgabe 1978).

JORDAN, ROLAND * 20.8.1894 in Birgikt bei Tetschen (Nordböhmen), † 9.1.1970 in Wien.
Studium der Landwirtschaftswissenschaft. Bienenkundliche Studienreisen ins Ausland. 1932 Dozent für Bienenkunde an der Landwirtschaftlichen Hochschule Tetschen-Liebwerd und Leitung des Hochschulinstituts für Bienenzucht und Bienenpathologie. 1947 Leitung und Aufbau der neuen Imkerschule Wien. 1949 Leitung der Bundeslehr- und Versuchsanstalt für Bienenkunde (später wurde die Bienenstation Lunz am See angeschlossen). Aufbau der Arbeitsgemeinschaft der österreichischen Wanderlehrer zur Förderung der Bienenzucht. Trat für vorbeugende Krankheitsbekämpfung ein (Hygiene, Bienenumsatz) und entwickelte das Senfölpräparat Mito A_2 gegen ↑ Acariose.

Jungbiene → Entwicklung

Jungfernbau Noch nicht bebrütete Waben, die sich durch ihre helle, meist weißlichgelbe Farbe auszeichnen.

Jungfernrebe → Parthenocissus

Jungfernschwarm → Schwarm

Jungfernwachs → Jungfernbau

Jungfernzeugung → Parthenogenese

Jungweisel Unbegattete Weisel.

Juvenilhormon → Hormone, → Kastendetermination

K

Kahlbrut → Wachsmotten

Kahlfliegen Abgang aller Flugbienen, so daß oft nur Brutflächen und einige junge, gerade geschlüpfte Bienen, eventuell die Weisel vorhanden sind. Die Brut ist dann oft schon verkühlt oder abgestorben. Passiert im Frühjahr, wenn die im Herbst geschlüpften Bienen infolge ihres Alters eingehen und durch späten Brutbeginn kein Nachschub an Bienen vorhanden ist. Ebenfalls im Sommer, wenn ein weiselloses Volk sehr spät beweiselt wurde, und sich die Altbienen bei der Aufzucht der Brut sehr schnell abarbeiten. Sind noch genügend Stockbienen und die Weisel vorhanden, kann das Volk durch Zugabe von verdeckelten, gerade schlüpfreifen Brutwaben wieder aufgebaut werden. Kahlfliegen können sich auch ↑ Begattungsvölkchen, die mehrmals in der Saison genutzt werden.

Kalkbrut Ansteckende Erkrankung der Bienenbrut. Dadurch charakterisiert, daß die abgestorbenen Maden eintrocknen und wie Kalkstückchen in den Wabenzellen stecken oder auf den Beutenböden und vor den Fluglöchern liegen (↑ Hartbrut).
Ätiologie, Erreger Die Kalkbrut wird durch den Pilz *Ascosphaera apis* (früher *Pericystis apis*) verursacht. Mit der neuen Bezeich-

nung ist der Kalkbruterreger eindeutig als eigenständiger Typ von den *Pericystis*-Schimmelpilzen auf Pollen (*Pericystis alvei*) abgegrenzt. Über seine systematische Stellung sind die Meinungen geteilt. Der Pilz ist heterothallisch, das heißt, sein Myzel ist entweder weiblich oder männlich und zeigt sowohl *Phycomyceten*- als auch *Ascomyceten*merkmale. Er bildet markante Sporangien (Fruchtkörper), die mikroskopisch relativ einfach und sicher zu erkennen und zu unterscheiden sind. Der Erreger kommt in zwei Varianten vor, die sich in der Größe der Sporozysten und Sporen unterscheiden. Die Sporen sind sehr widerstandsfähig.

Farbtafel XII

Pathogenese, klinische Symptome, Krankheitsverlauf Die Sporen des Erregers werden von den Maden mit der Nahrung aufgenommen. Aus ihnen entwickelt sich ein dichtes Pilzmyzel, das die Maden zumeist kurz vor der Verdeckelung tötet, sie von innen her durchwuchert und sie zunächst weiß und watteartig umschließt. Die Erkrankung beginnt meistens mit dem Befall der Drohnenbrut und greift dann auf die Arbeiterinnenbrut über. Bei frischem Befall sind die Brutwaben unregelmäßig gestreut mit leuchtendweißen wattebauschähnlichen Pfröpfchen gefüllt, die später eintrocknen, verhärten und als weiß- bis mattgelblich gefärbte Kalkbrutmumien lose in den Zellen liegen. Schüttelt man befallene Waben in diesem Stadium, so verursachen die harten und locker in den Zellen liegenden Mumien ein klapperndes Geräusch. Mit Ausbildung der Fruchtkörper des Pilzes gewinnen die Kalkbrutmumien eine grünlichgraue bis schmutzigschwarze Verfärbung.

Die Schwere der Erkrankung und die Verbreitung auf dem Bienenstand können sehr unterschiedlich sein. Schwache Völker, die die Bruttemperatur nicht halten, können so stark erkranken, daß ihr Putztrieb völlig erlahmt. Bei starken Völkern hingegen kann häufig eine Selbstheilung beobachtet werden.

Diagnostik Die Diagnose der Erkrankung bietet aufgrund des typischen und markanten klinischen Erscheinungsbildes keine besondere Schwierigkeit. Sie kann durch eine mikroskopische Untersuchung zur Besichtigung der Fruchtkörper des Pilzes gestützt werden. Letztere ist auf jeden Fall angezeigt, wenn ↑ Steinbrut ausgeschlossen werden soll. Die Differenzierung der ↑ Mykosen der Bienenbrut obliegt speziellen diagnostischen Laboratorien.

Epizootiologie Die Epizootiologie der Erkrankung ist in wesentlichen Punkten noch ungeklärt und rätselhaft. Es muß heute bezweifelt werden, daß es sich bei der Kalkbrut um eine so harmlose und von selbst verschwindende Bienenkrankheit handelt, von der selbst in der neueren Imkerliteratur immer noch die Rede ist. Die Erkrankung gilt als ↑ Faktorenseuche, jedoch scheint es, daß es sich bei *Ascosphaera apis* um einen obligat pathogenen Erreger handelt. Es steht aber außer Zweifel, daß Ausmaß und Schwere der Erkrankung von Umweltfaktoren wesentlich beeinflußt werden. Meist tritt die Erkrankung in kalten, feuchten Sommern auf und dann besonders in geschwächten Völkern, die zu weit gehalten werden (zuviel Raum haben) und deshalb Bruttemperatur und Mikroklima im Stock nicht regulieren können. Andererseits war 1988 unter den Bedingungen eines heißen und extrem trockenen Sommers in ganz Südbulgarien – gerade in der größten Trockenheit – ein explosives Kalkbrutgeschehen größten Ausmaßes zu beobachten, das 70 bis 100 % aller Bienenvölker (unabhängig von der Stärke) erfaßte und 20 bis 45 % der angelegten Brut vernichtete. Die allgemein empfohlenen Therapiemaßnahmen brachten nur unbefriedigende Ergebnisse.

Die Sporen des Erregers haben eine lange Lebensdauer. In Bienenbeuten, Wabenvorräten und Pollen bleiben sie bis zu vier Jahren vital, so daß sie die brutfreien und bieneninaktiven Jahreszeiten ohne weiteres überdauern. Die Neuinfektion von Bienenständen erfolgt oft durch eingefangene Schwärme, wahrscheinlich auch durch die Drohnenbesuche in der Schwarmzeit und durch Räuberei.

Prophylaxe, Behandlung, Bekämpfung Die Maßnahmen zur Behandlung und Bekämpfung der Kalkbrut zielen auf die Unterstützung der Selbstheilung der Bienenvölker

ab. Einschmelzen der am stärksten befallenen Waben, Verbringen der schwächer befallenen Waben in den Honigraum, Einengen der Völker, Umweiseln, Reizfütterung, Anregen des Putztriebes durch Einsprühen von Zuckerlösung, Zusammenfegen und Verbrennen der Kalkbrutmumien und Desinfektion der Beuten.
Trotzdem ist die Erkrankung häufig von hartnäckiger und lästiger Persistenz, so daß es an zahlreichen Bemühungen und Versuchen zur Chemotherapie der Kalkbrut und wirksamen Desinfektionen nicht gefehlt hat. Nach aktuellem Stand ist das Problem nicht gelöst.

Kaltbau → Längsbau

Kältestarre → Thermoregulation

Kaltluft Sie entsteht z. B. während der Nachtzeit durch Abkühlung in Erdbodennähe und kann die Bienenvölker ungünstig beeinflussen, wenn die Beuten nicht weit genug vom Erdboden entfernt sind. Der Abstand der Fluglöcher vom Erdboden sollte wenigstens 50 cm betragen. Um die nachteilige Wirkung von Kaltluft in der unmittelbaren Umgebung der Bienenvölker zu vermeiden, wird eine Aufstellung der Beuten in Hanglage empfohlen. Die sich nachts entwickelnde Kaltluft fließt zur Talsohle ab, und es besteht keine Gefahr, daß die Beuten von einem „Kaltluftsee" umgeben werden.

Kandieren des Honigs → Honig

KANITZ, JOHANN GOTTLIEB * 13.10.1816 in Eisenbart (Ostpreußen), † 11.1.(2.)1899 in Friedland a. d. Alle.
Lehrer. Hielt als Kind Hummeln in Klotzbeuten. Wirkte fast 60 Jahre als Lehrer der Imker in Heinrichsdorf bei Friedland a. d. Alle. Experimentierte mit verschiedenen Korbformen und Betriebsweisen. Der „KANITZKORB" war ein quadratisches bzw. rechteckiges Strohmagazin für Hinter- und Oberbehandlung, der Brutraum in Stabil-, der Honigraum in ↑ Mobilbau aufgesetzt (bis dahin wurden bei Magazinen die Zargen untergesetzt). Später auch doppelwandiges Holzmagazin. Gründete 1855 die „Preußische Bienenzeitung" (89 Jahrgänge bis 1944). Hauptwerk: „Honig- und Schwarm-Bienenzucht" (1852), das 9 Auflagen erlebte. Propagierte Bienenweideverbesserung auf Ödland, Bahndämmen etc. und Musterbienenstände.

Kapbiene → Bienenrassen

Karbol Kurzbezeichnung für Karbolsäure. Veraltete Bezeichnung für Phenol. Desinfektionsmittel auf der Basis zyklischer/aromatischer Kohlenwasserstoffe. In höheren Konzentrationen Gift. Als Desinfektionsmittel für Bienenwohnungen und -geräte ungeeignet. Führt auch zur Geschmacksbeeinträchtigung des Honigs. Früher wurde ein in Karbol getauchtes Tuch (Karbollappen) über die oberste Zarge von Oberbehandlungsbeuten gebreitet, um die Bienen nach unten zu treiben.

Karde → Dipsacus

Karenzzeit Bindend vorgeschriebene Zeitspanne, die zwischen der letzten Anwendung eines Pflanzenschutz- oder Schädlingsbekämpfungsmittels und dem Erntetermin eingehalten werden muß. Im Mittelverzeichnis angegeben. Die Dauer der von einem Präparat ausgehenden Bienengefährdung ist infolge unterschiedlichster Abbaumechanismen, die durch Temperatur, Sonneneinstrahlung und Feuchtigkeit beeinflußt werden, nicht konkret zu ermitteln und wird demzufolge auch nicht ausgewiesen.

Kärntner Biene → Bienenrassen

Kastanie → Castanea

Kastendetermination Bei der Honigbiene versteht man darunter die Entwicklung zweier weiblicher Formen (Morphen), die sich genetisch nicht voneinander unterscheiden, anatomisch-morphologisch, physiologisch und im Verhalten aber erhebliche Differenzen aufweisen. Kastenentwicklung führt zur Arbeitsteilung. Die Embryonal- und Larvalentwicklung der beiden weibli-

166 Kastendetermination

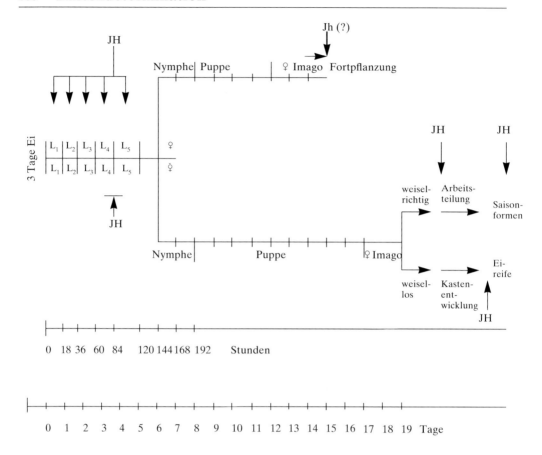

Entwicklungsdauer von Arbeitsbienen und Weiseln sowie die Zeiten der Wirksamkeit von Juvenilhormon (JH) auf Kastendetermination und Funktionen der Arbeitsbienen (nach DEWILDE/BEETSMA)

chen Formen zeigen bis zum Ende der Nahrungsaufnahme fast die gleiche Entwicklungsgeschwindigkeit. In den ersten 72 Stunden ihres Lebens sind die jungen weiblichen Larven bipotent, sie können sich in Abhängigkeit von der Nahrungsaufnahme zu Arbeiterinnen- oder Weisellarven weiterentwickeln. Gegen Ende dieser Entwicklungsphase nimmt die Weisellarve jedoch erheblich schneller an Gewicht zu als die Arbeiterinnenlarve. Weisellarven erhalten von den Ammenbienen fortwährend Weiselfuttersaft und entwickeln sich in einem ständigen Nahrungsüberschuß. Arbeiterinnenlarven hingegen bekommen nur im Verlauf der ersten drei Entwicklungsstadien den ausschließlich von Ammenbienen produzierten ↑ Futtersaft als Brutnahrung. Später besteht ihre Nahrung vor allem aus einem Honig-Pollengemisch, dem nur noch wenig Futtersaft beigemengt wird.

Die Kastenentwicklung beruht nach REMBOLD auf der Menge, der Qualität und der Verabreichungsdauer des Futters. So wurde im Weiselfuttersaft beispielsweise viermal mehr Zucker nachgewiesen als im Futtersaft der Arbeiterinnenlarven, wobei Fructose den Hauptanteil bildet. Zucker aber wirkt u. a. als Phagostimulans und beeinflußt damit gleichzeitig die weitere Nahrungsaufnahme. Infolgedessen kommt es zum schnelleren Ablauf von Wachstums- und Reifeprozessen, in die das neuroendokrine System (↑ Hormone) mit einbezogen ist. Bei Weisellarven erfolgt somit auch eine frühere Aktivierung der Corpora allata, der Hormondrüsen, die für die Produktion des Juvenilhormons (↑ Hormone) sorgen. Dieses Hormon spielt nicht nur während der Juvenil-, der Jugendentwicklung der Bienen, sondern auch in der Imaginalphase eine wichtige Rolle und wird wegen seiner vielschichtigen Wirkungsweise auch als morphogenetisches Hormon bezeichnet. Die Syntheseaktivität der Hormondrüsen ist bei der Weisellarve viel größer als bei der Arbeiterinnenlarve. Wenn auch Schwankungen des Juvenilhormontiters im Imaginalstadium der beiden weiblichen Morphen Ähnlichkeiten erkennen lassen, sind doch aber die quantitativen Unterschiede in der Hormonproduktion beträchtlich. Die schon im Laufe der Juvenilperiode von der Weisellarve produzierte Hormonmenge ist größer als bei der Arbeiterinnenlarve. In beiden Kasten erfolgt ein Titerabfall während der Einspinnphase; danach ist ein erneuter Anstieg des Titers zu beobachten, der aber bei der Vorpuppe der Weisel auffallend größer ist als bei der der Arbeiterin. Im Verlauf der Puppenruhe ist kein Hormon nachweisbar. Erst vor Eintritt des Imaginalstadiums kommt es, wenn auch nur bei der Weisel, wieder zum raschen Anstieg des Hormontiters. Er bringt die beginnende Eireife zum Ausdruck.

Zahlreiche weitere Unterschiede bei der Kastendetermination manifestieren sich in der Ausprägung morphologisch-anatomischer Merkmale, z. B. in der Rüssellänge, dem Mandibelbau, der Ausbildung des Metatarsus am dritten Beinpaar, in der Form des Wehrstachels und der Anzahl seiner Widerhaken (Weisel 3, Arbeiterin 10); aber auch in der Form des Gehirns und besonders drastisch im Umfang der Ovarien bzw. der Anzahl der einzelnen Eischläuche (Weisel > 150, Arbeiterin ≤ 6 pro Ovar). Bei 72 Stunden alten Arbeiterinnenlarven beginnen sich die bereits formierten Ovaranlagen wieder zurückzubilden, so daß später nur einzelne Ovariolen erhalten bleiben. Durch den unterschiedlichen Juvenilhormontiter ist auch die Lageorientierung der beiden weiblichen Larvenformen beim Einspinnprozeß ungleich. Weisellarven zeigen in natürlichen wie auch im Experiment dargebotenen Zellen immer eine positiv geotaktische, Arbeiterinnenlarven eine horizontale Orientierung, ehe die Puppen-

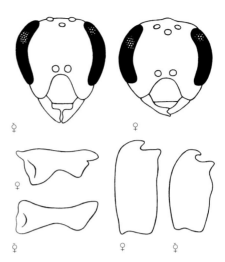

Schematische Darstellung von Kopf, Mandibel und Metatarsus des 3. Beinpaares bei ♀ Arbeitsbiene und ♀ Königin (nach WEISS)

ruhe beginnt. Diese bei gleicher genetischer Grundausstattung allein durch den Einfluß äußerer Faktoren (Qualität und Quantität der Nahrung) hervorgerufene Morphendivergenz wird im Unterschied zum genetischen Polymorphismus, beispielsweise dem Geschlechtsdimorphismus, bei dem äußere Faktoren zur Erzeugung der einen oder anderen Morphe keine Rolle spielen, als Ökomorphismus bezeichnet.

Kastenentwicklung → Kastendetermination

Katalase → Darmkanal

Kaukasische Biene → Bienenrassen

Keimblätter → Embryonalentwicklung

Keimesentwicklung → Embryonalentwicklung

Kellerhaft (nicht wörtlich zu nehmen!) Aufbewahrung von Fegling, ↑ Schwarm oder ↑ Begattungsvölkchen für 24 bis 48 Stunden an einem ruhigen, möglichst dunklen und kühlen Ort (ca. 10 °C), damit sich die Bienen zu einer harmonischen Einheit zusammenschließen. Dabei sollten die Völkchen etwas ↑ Futterteig erhalten. Wenn sie bauen, ist das ein Zeichen dafür, daß die Harmonie hergestellt ist.

Kennzeichnung der Wanderstände Aus einer Standkarte, die am Wanderstand angebracht sein muß, ist die Anzahl der Völker, die Adresse des Imkers sowie die Genehmigung der Wanderung zu ersehen. Außerdem sollte an der einem öffentlichen Weg zugewandten Seite ein Warnschild angebracht sein, durch das Vorübergehende rechtzeitig auf die durch die Aufstellung der Bienen vorhandene Stechgefahr hingewiesen werden.

Kennzeichnungspflicht In den meisten Ländern müssen auf der Verpackung von ↑ Pestiziden Angaben zur Einstufung in eine eventuelle Giftklasse sowie zur Gefährdung von Nützlingen, insbesondere Bienen und Fischen, gemacht werden.

Kerze Hier im engeren Sinne die Bienenwachskerze. Sie steht am Ende einer vielfältigen Reihe einfacher Beleuchtungsmittel. Der Übergang von der Fackel zur Kerze ist schwer deutbar (bei der Fackel ist das brennbare Material um ein Kernstück gewickelt, bei der Kerze ist innen ein brennbarer Docht). Wahrscheinlich war die Kerze schon im vorchristlichen Rom um 800 v. Chr. bekannt. Vor der Erfindung der Honigschleuder (1858) fiel Bienenwachs in größeren Mengen an, weil das Wabenwerk bei der Honiggewinnung zerstört und eingeschmolzen wurde. Bienenwachskerzen blieben aber stets eine besondere Kostbarkeit. Sie wurden zum heiligen Symbol in Kirchen, Tempeln, Synagogen, Moscheen und Pagoden. Klöster waren stets sehr interessiert daran, unterhielten selbst große Imkereien oder forderten einen hohen Wachszins von den Imkern. Kerzenhersteller (Wachszieher) genossen eine gewisse Vorrangstellung und bildeten schon sehr früh eine eigene Zunft (1061 in Frankreich, 1190 in England).
Vielfältig sind die Kerzenformen. Schlank die Kerze für Leuchter, zylindrisch oder konisch, glatt oder mit Riefen, auch gewendelt; stärker die Modelkerze mit gegossenem oder nachträglich aufgetragenem figürlichen Schmuck. Es gab auch mehrdochtige Kerzen (unten umeinander gedreht, oben auffächernd) oder Rodel (lange, sehr schlanke Kerze, die als Rolle, zu Kästchen, Schrein, Herz, Vase, Turban etc. geformt wurde. Solch ein „Wachsstock" war früher ein sehr beliebter Geschenkartikel. Eine besondere Form ist die Votivkerze, die zu feierlichen Anlässen einem Kloster oder einer Wallfahrtskirche gestiftet wurde. Um einen 1 bis 2 m langen hölzernen Schaft wurde eine dicke Wachsschicht aufgetragen, diese bemalt oder mit Reliefs verziert und mit dem Zeichen des Stifters versehen. Auf einem Dorn steckte oben eine Kerze, die angezündet wurde.
Heute gewinnt die Kerze neu an Bedeutung als Zeichen hoher Wohnkultur. Sie wird getaucht, gegossen, gezogen oder aus einer Mittelwand gedreht.

Kiefernrindenläuse → Lachniden

Kienläuse → Lachniden

Killerbienen → afrikanisierte Bienen

Kippvorrichtung Beschläge an ↑ Magazinen, die das Kippen einzelner oder mehrerer Zargen auf einen vor die Beute gestellten Ständer oder an die Seitenwand des Bienenhauses bzw. Wanderwagens ermöglichen. Die Kippvorrichtung erleichtert den Magazinbetrieb, da das Heben einzelner Zargen weitgehend entfällt. Bei abgekippten Honigzargen kann die Brut inspiziert werden.
Farbtafel IX

Kirsche → Prunus

Kissen → Verpackung

Kittharz → Propolis

KLEINE, GEORG * 18.5.1806 in Wiedensahl, † 13.4.1897 in Luethorst.
Onkel von WILHELM ↑ BUSCH. Pastor, begabter Imker und Bienenschriftsteller. Verfaßte mehrere Lehrbücher, teilweise zusammen mit ANDREAS ↑ SCHMID, in denen er die ↑ DZIERZON'sche Betriebsweise er-

läuterte und Zuchtmethoden, besonders mit der italienischen Biene, beschrieb. Redakteur des „Bienenwirtschaftlichen Zentralblattes".

Kleinklima Kann sich sowohl auf klimatische Verhältnisse in der ↑ Beute als auch auf die am ↑ Standort der Bienenvölker beziehen, beide werden durch die großklimatischen Verhältnisse beeinflußt. Die ↑ Bienentraube heizt den von ihr besetzten Raum in der Beute auf (↑ Thermoregulation) und senkt die Luftfeuchtigkeit. Nur der von den Bienen nicht besetzte Raum wird von der Außenluft beeinflußt. ↑ Begattungsvölkchen in EWK haben es schwer, ein günstiges Kleinklima zu schaffen.
Der Standort der Bienenvölker sollte vom Imker so gewählt und gestaltet werden, daß das Kleinklima dort der Entwicklung der Völker förderlich ist. Wirkt sich das Großklima voll auf den Standort des Bienenstandes aus, ohne daß da ein bienengemäßes Kleinklima entstehen kann, wie es oftmals auf ↑ Wanderständen, in Obstanlagen oder landwirtschaftlichen Kulturen vorkommt, ist das für die Bienenvölker sehr ungünstig.

Kletterwabe Wabe im ↑ Brutraum in unmittelbarer Nähe des Fluglochs, die die Verbindung zu dem im Honigraum überwinternden Volk herstellt (↑ Obenüberwinterung). Die Bienen haben dann nicht nur die Beutenfrontinnenwand zum Hoch- oder Herunterklettern zur Verfügung. Der übrige Brutraum bleibt leer bzw. wird mit Dämmstoffen ausgefüllt.

Klotzbeute → Zeidlerei

Knöterich → Polygonum

Koelreuteria LAXM. – *Sapindaceae*
– *paniculata* LAXM. – Blasenbaum
China, Korea und Japan. Kleiner bis mittelhoher Baum mit lockerer Krone und großen, dekorativen Fiederblättern. Die gelben Blüten erscheinen von Juli bis August in 20 bis 35 cm langen endständigen, lockeren, aufrechten Rispen. Wird schon als ziemlich junge Pflanze blühfähig. Bevorzugt warme, geschützte und sonnige Lage. Auch für leichte Böden, wenn diese genügend feucht sind. Als Jungpflanze nicht ganz frosthart. Leidet in ungünstigen Lagen unter Spätfrösten. Guter Nektar- und geringer Pollenspender.

Kohlenhydrate → Nährstoffe

Kokon Aus dem Sekret der Spinndrüsen (↑ Labialdrüsen) hergestelltes festes Gespinst, mit dem die Altlarven (Streckmaden, ↑ Nymphen) vor der Verpuppung ihre Zellen auskleiden. Während Arbeiterinnen- und Drohnenlarven das Gespinst über die gesamte Innenwand ihrer Zellen ausdehnen, fehlt es bei Weisellarven im unteren Teil der Zellen (Halbkokon). Im Kokon erfolgt die Umwandlung von der Larve zur Puppe und die Weiterentwicklung bis zur Imago (↑ Entwicklung).

Kolonie (Insekten) Sie entsteht durch den Zusammenschluß bzw. das Zusammenleben von Insekten einer Art in einem gemeinsamen Nest, das von den Insassen selbst angelegt wird. In einer solchen Kolonie sorgen einzelne Weibchen für die Produktion von Nachkommen. Brutfürsorge und Brutpflege werden betrieben. Unter den Insekten herrscht in der Kolonie das Prinzip der ↑ Arbeitsteilung. Die Honigbienen (*Apis*-Arten) sowie Arten mehrerer Gattungen der ↑ *Apoidea* (z. B. *Bombus, Melipona, Trigona, Halictus*), aber auch Ameisen (*Formicoidea*) und manche Faltenwespen (*Vespidae*) gehören zu den ↑ Hautflüglern, die in Kolonien leben.

Kommissuren → Nervensystem

Komplexaugen → Sinnesorgane

Königin → Weisel

Königinableger → Ableger

Königinnenduft → Pheromone

Königinnensubstanz → Pheromone

Königsfuttertrog → Futtergefäß

Konkurrenz

Konkurrenz (Competition) Der Wettbewerb der Individuen einer Art um Nahrung, Lebensraum, Geschlechtspartner. Konkurrenz tritt aber auch zwischen verschiedenen Arten mit ähnlichen Lebensansprüchen auf. Honigbienen können z. B. um Trachtquellen, unter natürlichen Bedingungen auch um Nisthöhlen (Bienenwohnungen) oder um Flugräume für Drohnenansammlungen konkurrieren.

Konkurrenz erscheint in der Regel erst dann, wenn die Beanspruchung der ökologischen Ressourcen größer wird als deren verfügbare Kapazität. Häufig wird Konkurrenz durch flexible Adaptationsfähigkeit der Individuen bzw. Arten vermieden. Während der ↑ Evolution hat sich ein diffiziles Konkurrenzausschlußprinzip entwickelt, das zumindest ein Vermeiden artschädigenden Konkurrenzdruckes fördert. Ein Beispiel für Konkurrenzausschluß bieten die im Tagesrhythmus unterschiedlichen Flugzeiten der Drohnen geographisch nicht isoliert lebender Honigbienenarten Südostasiens.

Der Konkurrenzdruck an Trachtquellen bleibt bei konstantem Nahrungsangebot sowie gleichbleibender Temperatur, die einen uneingeschränkten Sammelflug gestattet, ungefähr gleich groß. Er erhöht sich aber bei abnehmender Temperatur und der dadurch zurückgehenden Nektarsekretion. Bekannt ist, daß Arbeitsbienen ergiebige Nektarquellen im Vergleich zu weniger ergiebigen anderen Bienen gegenüber verteidigen. An blühenden Kleefeldern wurde beobachtet, daß die Flugbienen verschiedener Völker in unterschiedlichen Bereichen des Trachtgebietes sammeln und auf diese Weise den Konkurrenzdruck herabsetzen konnten.

Konnektive → Nervensystem

Kontaktgifte Mittel, die bereits bei Berührung wirken. Sie paralysieren meist in sehr kurzer Zeit das gesamte Nervensystem.

Kontaktinsektizide enthalten oft Beistoffe, die das Eindringen durch die Körperhülle der Schadinsekten erleichtern. Honigbienen sind durch Kontaktinsektizide besonders gefährdet, wenn diese in öliger ↑ Formulierung oder zusammen mit Haftmitteln angewendet werden, weil das schützende Haarkleid verklebt und die Wirkstoffe durch die Chitinmembranen eindringen können. Beim Laufen über behandelte Pflanzenteile gelangen die Wirkstoffe durch die dünnen Intersegmentalhäutchen der Tarsen (↑ Beine) direkt an die Enden der sensorischen Nerven.

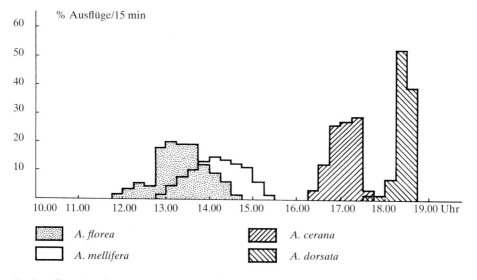

Drohnenflugzeiten der vier Apis-Arten (nach KOENIGER/WIJAYAGUNASEKORA)

Kontamination Verschmutzung mit Schadstoffen, z. B. Rückständen von ↑ Pestiziden oder auch radioaktiven Niederschlägen.

Konzentration Mengenverhältnis der einzelnen Bestandteile von Mischungen. Erfolgt bei festen Mischungen meist in Gewichtsprozenten, bei flüssigen (Lösungen, Emulsionen) in Gewichts- oder Volumenprozenten, bei gasförmigen in Volumenprozenten.

Kopf (Caput) Einheitliche, sklerotisierte, flache Kapsel, die im Stirn-Scheitelbereich sowie an den Seiten deutlich gewölbt ist. Dadurch erhält die Kapsel eine große Festigkeit, die nicht nur durch die geschlossene Form und die Wölbung, sondern zusätzlich noch durch feste chitinige Verstrebungen innerhalb des Kopfes (Tentorium) gewährleistet wird. Darüber hinaus bietet das Tentorium Ansatzflächen für die Kopfmuskulatur.
Die Kopfkapsel umgibt das Gehirn und das Unterschlundganglion (↑ Nervensystem) sowie die bei den erwachsenen Bienen mit den ↑ Mundwerkzeugen in Verbindung stehenden Drüsenkomplexe (↑ Hypopharynx-, ↑ Labial-, ↑ Mandibeldrüsen). Über die an der Rückseite der Kopfkapsel gelegene Hinterhauptsöffnung wird die Verbindung zwischen Kopf und ↑ Brustabschnitt geschaffen. Beide Körperteile sind durch feste Chitinmembranen, aber auch durch sklerotisierte chitinige Bestandteile miteinander verbunden. Die Chitinmembran umhüllt den Oesophagus (↑ Darmkanal), den ↑ Herzschlauch, das ↑ Nervensystem, Speicheldrüsengänge und ↑ Tracheen.
Hinzu kommen Muskeln, die vom Prothorax (↑ Brustabschnitt) über die Hinterhauptsöffnung zur Rückwand der Kopfkapsel ziehen und für deren Beweglichkeit sorgen.
Arbeitsbienen besitzen einen frontal stärker gerundeten Kopf als Weiseln. Der beinahe kreisrunde Kopf der Drohnen ist deutlich größer als derjenige der weiblichen Morphen. Auffällig sind bei Drohnen auch die großen Komplexaugen, die am Scheitel zusammenstoßen. Die Größe des Kopfes ist aber nicht nur vom Geschlecht abhängig, sondern auch von der Rassenzugehörigkeit der Bienen. Aber selbst innerhalb einer Bienenrasse sind Größendifferenzen verschiedener Kopfstrukturen zu beobachten. So haben z. B. die einzelnen Facetten im Komplexauge der Weisel einen größeren Durchmesser als bei denjenigen der Arbeiterinnen. Auch das Labrum (↑ Mundwerkzeuge) ist bei der Weisel länger und breiter

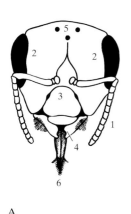
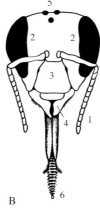

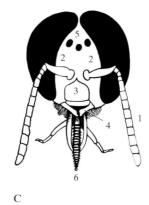

Bienenkopf (nach ZANDER)
A Arbeitsbiene
B Königin
C Drohn

A Antenne
F Facettenauge
K Kopfschild
M Mandibel
P Punktaugen
Z Zunge

als bei der Arbeiterin. Größenunterschiede bestehen auch in Kopfstrukturen zwischen haploiden und diploiden Drohnen. Kopfkapsellänge und -breite, der Durchmesser des mittleren Ocellus und derjenige der Facetten sowie die Länge der Fühlergeißel zeigen bei diploiden Drohnen höhere Werte als bei den haploiden Drohnen.

Kopulation → Paarung

Korallenbeere → Symphoricarpos

Korbimkerei Betriebsweise, die als Heideimkerei ihre höchste Perfektion erreichte. Die Bienenvölker lebten in Körben, meist Lüneburger Stülper. Der Heideimker stellte seine 60 bis 70 Völker in einer Lagd auf, das war ein schuppenartiges Gebäude im Geviert um einen freien Platz, von dem aus alle Völker zur Schwarmzeit gut zu übersehen waren. Es kam darauf an, möglichst viele Schwärme zu bekommen, um mit ihnen die Heidetracht als Haupttracht zu nutzen. Das Blütenangebot vorher galt meist nur als Entwicklungstracht (↑ Tracht).
Für die Schwarmimkerei eignete sich die schwarmfreudige, sich spät entwickelnde ↑ Bienenrasse *Apis mellifera mellifera* besonders gut. Jedes Volk sollte bis Mitte Mai einen Vorschwarm, mindestens einen Nachschwarm und einen Heidschwarm (↑ Schwarm aus dem Vorschwarm) bringen. Wer nicht in der Heide wohnte, wanderte mit seinen Völkern dorthin. Nach der Tracht wurden die Völker in den schwersten und leichtesten Körben aufgelöst, die Honigwaben ausgebrochen, das Wachs eingeschmolzen. Nur die mittelschweren Völker mit jungen Königinnen und jungem Wabenbau wurden als Leibimmen mit ihren Honigvorräten in den Winter genommen. Der Honig der aufgelösten Völker wurde meist als Scheibenhonig verkauft, andere Honigwaben entdeckelte man und ließ sie auslaufen (Seimhonig) oder preßte sie aus (Preßhonig). Die Honigschleuder war noch nicht bekannt.
Farbtafel VI

Körbchen → Beine

Körformel → Körung

Korkbaum → Phellodendron

Kornelkirsche → Cornus

Koshevnikovsche Drüsen → Drüsen

Körpergliederung Wie bei sämtlichen Insekten besteht der Bienenkörper aus drei Abschnitten, dem ↑ Kopf, ↑ Brustabschnitt und ↑ Hinterleib. Während der Kopf eine einheitliche Kapsel (Kopfkapsel) zum Schutz des Gehirns (↑ Nervensystem) und der im Kopf gelegenen ↑ Sinnesorgane sowie zur Verankerung der ↑ Mundwerkzeuge bildet, sind Brustabschnitt und Hinterleib in einzelne Segmente (↑ Chitinpanzer) gegliedert.

Körpermerkmale → Körung

Körpertemperatur Sie schwankt bei der einzelnen Biene mit der Umgebungstemperatur und liegt bei der ruhenden Arbeiterin in der Regel 1 bis 2 °C darüber. Im ↑ Hinterleib ist die Temperatur niedriger als im ↑ Brustabschnitt, in dem die Körperwärme vor allem durch die Tätigkeit der großen Brustmuskeln erzeugt wird. Außerhalb der Beute kann die Körpertemperatur der Bienen erheblich über die Umgebungstemperatur ansteigen. Dies hängt im wesentlichen von der Sonnenstrahlung ab.
Die Thoraxtemperatur (Arbeitstemperatur) liegt im allgemeinen bis zu 10 °C über der Außentemperatur. Die Sammeltätigkeit führt durch das Sonderklima in den Blütenkronen u. U. zu einem zusätzlichen Anstieg der Körpertemperatur.
Bei starker Erwärmung haben die einzelnen Bienen die Möglichkeit, ihre Körpertemperatur zu senken, so daß eine Aufheizung des Bienenkörpers durch hohe Außentemperaturen und die Sonnenstrahlung normalerweise nicht lebensgefährlich werden kann. Der in erster Linie im Brustabschnitt durch Muskeltätigkeit entstehende Wärmeüberschuß gelangt bereits während der Wärmeproduktion durch die bei steigender Körpertemperatur zunehmende Pulsation des ↑ Herzschlauches über die ↑ Blutflüs-

sigkeit in den kühleren Kopfbereich. Eine besondere Bedeutung kommt dabei den dicht zusammengedrängten Schlingen des als Aorta verlängerten Herzschlauches im Stielchen (Petiolus) zwischen Brustabschnitt und Hinterleib als Wärmeaustauscher zu. Erwärmt sich nun aber auch der Kopf zu stark (>40 °C), wird am Rüsselgrund ein Honigtröpfchen abgeschieden und durch Hin- und Herbewegen des Saugrüssels die Verdunstung des im Honig bzw. im Nektar enthaltenen Wassers gefördert. Durch die so entstehende Verdunstungskälte kann die Biene ihre Kopftemperatur um 4 bis 8 °C senken. Dieser Kühleffekt führt zu einem weiteren Wärmeabfluß aus dem Brustabschnitt in die Kopfkapsel. Die Biene gibt auf diese Weise einen beträchtlichen Teil überschüssiger Wärme nach außen ab.

Der bei hohen Außentemperaturen möglichen Kühlung des Kopf-Thorax-Bereiches kommt zugleich noch eine ökonomische Bedeutung dadurch zu, daß die schnelle Eindickung wasserreichen Nektars für die Honigbereitung schon während des Sammelfluges infolge der Wasserverdunstung vonstatten gehen kann.

Eine weitere Möglichkeit der Wärmeabgabe während des Fluges entsteht dadurch, daß die Sammelbiene ihre Beine nicht – wie gewöhnlich – dem Körper anlegt, sondern sie frei nach unten hängen läßt. Der dabei für den Flug erforderliche Energieverbrauch erhöht sich zwar etwas, der kühlenden Zugluft wird andererseits durch diese Beinhaltung eine größere Angriffsfläche geboten.

Im Vergleich zu den genannten Formen der Wärmeabgabe spielt der Wärmeverlust über die Atemöffnungen nur eine untergeordnete Rolle.

Beim Abflug der Sammlerin aus dem Stock zeigt die Thoraxtemperatur charakteristische Veränderungen. Entweder sie steigt an und bleibt dann bei gleichmäßiger Umgebungstemperatur relativ konstant oder, was häufiger der Fall ist, die Bienen erwärmen sich vor dem Abflug, so daß ihre Thoraxtemperatur schließlich um mehr als 6 °C über der Umgebungstemperatur liegt. Sie pendelt sich aber rasch auf einem niedrigen Niveau ein, wenn die Biene abgeflogen ist. Ausschlaggebend dafür ist wiederum die Außentemperatur. Die Thoraxtemperatur der Drohnen übersteigt die der Arbeiterinnen stets um einige Grade.

Das Verhalten der Bienen ist in hohem Maße von Temperatureinflüssen abhängig; so kann z. B. die Stechlust mit steigender Umgebungstemperatur zunehmen. Die einzelnen Bienen können als „wandelnde Wärmequellen mit einer wechselnden Heizkraft" (BÜDEL) angesehen werden. Die Wärmeproduktion der Stockbienen beträgt im Durchschnitt 0,095 cal/min.

Drohnen erzeugen infolge ihrer Größe 1,5mal mehr Wärme als Arbeiterinnen. Durch die Bewegung der Bienen im Stock wird aktiv Wärme transportiert.

Sinken die Umgebungstemperaturen auf 9 bis 7 °C, verfallen Einzelbienen in zunehmende Regungslosigkeit. Sie bewegen sich bei Berührung nur wenig. Bei noch niedrigeren Temperaturen tritt Kältestarre ein, was bei Ausflügen im Frühjahr zu einer Gefahr für die Sammelbienen werden kann.

Körung Beurteilung der Zuchtwürdigkeit eines Bienenvolkes entsprechend festgelegten ↑ Zuchtzielen und Zuchtrichtlinien, verbunden mit der Eintragung ins ↑ Herdbuch. Voraussetzung ist der Abstammungsnachweis, der Nachweis der Eigen-, Geschwister- und Vorfahrenleistungen (↑ Leistungsprüfung) sowie eine dem Rassestandard entsprechende Formel der Körpermerkmale. Ein Bienenvolk kann als Muttervolk oder/und Vatervolk gekört werden. Körpflichtig sind Vatervölker, Drohnenvolksippen für den Einsatz auf ↑ Belegeinrichtungen und einzelne Drohnenvölker für die künstliche ↑ Besamung sowie Weiselzuchtvölker für die Erzeugung von Zuchtweiseln.

Einige Körpermerkmale der Arbeitsbienen und Drohnen können zur Unterscheidung der Bienenrassen herangezogen werden und Auskunft über Verbastardierungen geben. Eine Körprobe umfaßt jeweils 50 unter Kontrolle (↑ Wabentasche, Absperrgitter) geschlüpfte Arbeitsbienen und Drohnen (für die Körung von Vatervölkern je 100).

174 Körung

Die Merkmale werden z. T. geschätzt, z. T. gemessen und der jeweilige Mittelwert in die Formel der Körpermerkmale (Körformel) eingesetzt. Oberhalb des Bruchstrichs stehen die Körpermerkmale der Drohnen in der Reihenfolge: Panzerzeichen, Haarfarbe, Cubitalindex, darüber der prozentuale Anteil der gefundenen Werte, unter dem Bruchstrich die Merkmale der Arbeitsbienen in der Reihenfolge: Panzerzeichen, Filzbindenindex, Haarlänge, Cubitalindex, darunter jeweils die prozentualen Anteile.

Panzerzeichen werden auf dem 2. Hinterleibsring beurteilt. Bei Drohnen steht O für ohne, i für kleine gelbe Inseln in der Nähe der Atemöffnungen. Ringe (R) sind bei *Carnica*bienen nicht statthaft. Bei Arbeitsbienen gilt o für ohne bis kleine gelbe Ecken, E für große Ecken.

Haarfarbe Die Farbe des Drohnenhaares im Bereich des Flügelansatzes soll bei der *Carnica* grau (gr) sein, auch in gelb (ge) spielend ist noch statthaft, braun (br) und schwarz (sch) gilt für *Mellifera*.

Filzbinden Der Filzbindenindex ist das Verhältnis der vom Unterhaar gebildeten Filzbinde auf dem 4. Hinterleibsring der Arbeitsbienen zur Breite des freien Streifens derselben Rückenschuppe (↑ Behaarung). Der Index wird geschätzt. *Carnica*-Bienen haben breite Filzbinden mit Indexwerten über 1,5. Nordbienen dagegen schmale. Es werden auch die Zeichen f für schmale, ff für mittlere und F für breite Filzbinden verwendet.

Haarlänge Es wird bei Arbeitsbienen die Länge des Überhaares (↑ Behaarung) auf der 5. (vorletzten) Rückenschuppe gemessen. Die *Carnica* ist kurzhaarig (k), d. h. unter 0,35 mm, die Nordbiene langhaarig (über 0,40 mm). Mittlere Haarlänge (m) deutet auf Verbastardierung hin, das Merkmal vererbt intermediär.

Cubitalindex Das Geäder der 3. Cubitalzelle des Vorderflügels (für die Beurteilung wird der rechte ↑ Flügel verwendet) ist ein sicheres Unterscheidungsmerkmal der Rassen *Carnica* und *Mellifera*. Das Längenverhältnis des kurzen zum längeren Teilstück der Grundader liegt bei der *Carnica* mindestens bei 2,0 (bei Drohnen 1,6), bei der

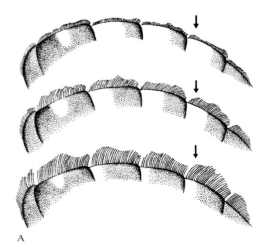

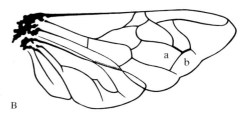

A Unterschiedlich breite Filzbinden (hell) und verschiedene Überhaarlängen (kurz, mittellang und lang) sind charakteristisch für die Rassenzugehörigkeit.
B Das Längenverhältnis der Strecke a zu b der 3. Cubitalzelle des Vorderflügels ist der Cubitalindex.

Nordbiene im Mittel zwischen 1,2 und 1,5. Der Cubitalindex wird mit Hilfe eines Indexfächers, eines Projektors oder eines anderen Hilfsmittels gemessen. Die Einzelwerte werden in einer Variationskurve dargestellt. Tritt im unteren Bereich ein zweiter Gipfel auf, deutet dies auf eine Verbastardierung hin, die abgeklärt werden muß.

Der Formel der Körpermerkmale steht die Formel der Leistung gegenüber. Sie erfaßt den Honigertrag in kg sowie die Ertragsdifferenz in kg und Prozent gegenüber den vergleichbaren Völkern des Standes.

Beispiel einer Körformel

90 : 10	80 : 20	
0 : i	gr : ge	1,6 – 3,0
o : E	2,0 – 3,0 0,25 – 0,40	2,2 – 4,0
85 : 15		

Kotblase → Darmkanal

Krabbler Auf dem Boden herumkrabbelnde flugunfähige Bienen, die z. T. auch hüpfende Bewegungen zeigen. Typisch bei ↑ Acariose infolge Unterversorgung der Flügelmuskulatur mit Sauerstoff. Der Flugfähigkeit können aber auch Flügeldefekte infolge Brutschädigung bei ↑ Varroatose oder Giftwirkungen zugrunde liegen. Krankheitszustände wie ↑ Ruhr, ↑ Nosematose und ↑ Maikrankheit führen zu einem übermäßig aufgedunsenen Hinterleib bei gleichzeitigem Kräfteverfall und damit ebenfalls zum Symptom der Flugunfähigkeit. Eine Auflösung der Flugmuskulatur erfolgt bei ↑ Septikämie. ↑ Varroatose, vergesellschaftet mit ABPV (↑ Viruspralyse) kann eine echte Lähmung (Nervenschädigung) der Flugmuskulatur herbeiführen. Das Auftreten von Krabblern ist ein unspezifisches Symptom bei vielen Bienenkrankheiten.

KRAMER, ULRICH * 24.8.1844, † 19.8.1914 in Zürich.
Schweizer Bienenforscher, dem 1908 wegen seiner wissenschaftlichen und praktischen Verdienste um die Bienenzucht die Ehrendoktorwürde verliehen wurde. Begründete 1884 das ↑ Beobachtungswesen mit zunächst 4 „apistischen Stationen". Bahnbrecher für die Honigkontrolle und die Rassezucht (*Apis mellifera mellifera nigra*). 1895 bis 1914 Präsident des Vereins schweizerischer Bienenfreunde. Gab mit JECKER und THEILER 1889 das erste schweizerische Lehrbuch der Bienenkunde heraus: „Der Schweizerische Bienenvater".

Krankheiten → Bienenkrankheiten

Kratzdistel → Cirsium

Kreuzdorn → Rhamnus

Kreuzung Paarung von Tieren, die unterschiedlichen Rassen angehören. Aus dieser Verbindung gehen Rassenbastarde (Hybriden) hervor. Heterosis tritt auf, wenn der Mittelwert von Merkmalen und Leistungseigenschaften der Eltern bei den Nachkommen überschritten wird (Heterosiseffekt). Von Kreuzung spricht man in der Bienenzucht auch bei Paarung von Geschlechtstieren aus zwei verschiedenen, nicht miteinander verwandten, in Inzucht gehaltenen Linien einer Rasse. Über die Kreuzungseignung zur Erzielung eines Heterosiseffektes gibt die Passerprüfung (Passertest) Auskunft. Bei der reziproken Kreuzung wird geprüft, ob der Drohn der Linie A zur Weisel der Linie B paßt oder besser die Weisel der Linie A zum Drohn der Linie B (stimmt bei Bienen selten überein). Hybridzüchtung setzt voraus, daß beide Linien (oder Rassen) stets rein erhalten werden, weil nur die Erstkombination zur Heterosis führt (Blender, Luxurieren der Bastarde). Die Nachkommen spalten auf (↑ MENDEL'sche Regeln). In der Bienenzüchtung werden mit Erfolg Drei- und Vierlinienkombinationen vorgenommen.

Kristallisation des Honigs → Honig

Kumulation Anhäufung. Im engeren Sinne die Anreicherung von Rückständen von Pflanzenschutz- sowie Tierarzneimitteln bzw. Schadstoffen aus der Luft. Kumulation erfolgt bei Bienen meist im Fettgewebe.
Infolge bestimmter Wettersituationen reichern sich arsen- und fluorhaltige Schadstoffe an Pollen und honigtaufeuchten Pflanzenteilen an. Sie werden dann in viel höherer Konzentration aufgenommen als sie ursprünglich in der Luft vorhanden waren.

Kundschafterbiene → Sammelstrategie

Kunstschwarm Eine Vorstufe des ↑ Ablegers. Fegling, Freiluftschwarm oder Flugling, der sich in einer vom Imker vorgegebenen Weise um die zunächst meist gekäfigte Weisel zu einer schwarmähnlichen ↑ Bienentraube zusammenzieht.
Zur Bildung des **Feglings** werden die Bienen von Brutwaben (auf die Weisel achten!) aus einem Volk oder mehreren Völkern in einen ↑ Feglingskasten abgefegt, an dessen Deckel eine, möglichst begattete, Weisel im Käfig hängt. Die Bienen bilden um diesen

Käfig eine Traube und führen dort bei ↑ Kellerhaft und Fütterung mit ↑ Futterteig ↑ Wildbau auf. Beim Einschlagen des Feglings in eine bereits mit Waben oder Mittelwänden vorbereitete Beute wird die Weisel freigegeben (↑ Schwarmbehandlung). Der Fegling kann benutzt werden, um ↑ Begattungskästchen zu besiedeln, um eine besonders wertvolle Weisel aufzunehmen, denn das ist die sicherste Art der Beweiselung, und um nach medikamentöser Behandlung gegen ↑ Varroatose und Zusetzen einer Weisel ein neues Volk aufzubauen, das von wenig Milben befallen in den Winter geht.

Für einen **Freiluftschwarm** wird ein Käfig mit einer begatteten Weisel an der Unterseite des Deckels eines Feglingskastens oder etwas ähnlichem befestigt und dieser an einem annähernd waagerechten Ast eines Laubbaumes festgebunden. Dann werden die an ↑ Honigwaben ansitzenden Bienen, die von Ständen außerhalb des Flugkreises herangebracht worden sind, oder auch Begattungsvölkchen, die aufgelöst werden sollen, abgekehrt. Diese Bienen sammeln sich um den Weiselkäfig in einer ↑ Bienentraube. Hat sich diese zusammengeschlossen, wird der Deckel mit dem anhängenden Käfig auf den Feglingskasten gelegt und so der Kunstschwarm eingefangen. Es wird dann weiter wie beim Fegling verfahren.

Der **Flugling** besteht nur aus Flugbienen, die einer bis mehreren versetzten oder ausgeräumten Beuten entstammen und zu ihrem alten Standort zurückkehren. Sie werden in einer Beute aufgefangen und sammeln sich um eine gekäfigte begattete Weisel in einem leeren Rähmchen. Der Flugling wird zunächst wie jeder Kunstschwarm behandelt. Er muß jedoch, um sich zu einem Volk entwickeln zu können, nach Freigabe der Weisel mit verdeckelten Brutwaben, aus denen schon die ersten Bienen schlüpfen, verstärkt werden.

Alle Kunstschwärme müssen laufend, am besten flüssig gefüttert werden. Das ist besonders dann notwendig, wenn sie auf Mittelwände gesetzt wurden.

KUNTZSCH, MAX * 16.2.1851 (1856) in Gohlis bei Leipzig, † 20.11.1919 in Potsdam.

Erlernte das Möbeltischlerhandwerk, eignete sich auf seinen Wanderjahren mehrere Sprachen an, gab sein Geschäft später aus gesundheitlichen Gründen auf und widmete sich in Nowawes bei Potsdam (heute Babelsberg) der Bienenzucht. Entwickelte eine eigene Beute, einzeln und auch als Zwilling, mit trapezförmigem ↑ Rähmchenmaß, das nach seinem Tode als rechteckiges Maß genormt wurde. Überwinterte die Bienenvölker im Honigraum (12 Rähmchen im Querbau), teilte den Brutraum und setzte 3 und 6 Rähmchen in Längsbau auf Schlitten (Blätterstock). Die Tür wurde zweigeteilt, die untere Hälfte dient als Arbeitstisch. KUNZTSCH bereiste nahezu die ganze Welt und sammelte imkerliche Erfahrungen. Gründete 1919 die Imkerzeitschrift „Bienenwirtschaft im KUNTZSCHbetrieb", die 1922 im „Praktischen Wegweiser für Bienenzüchter" aufging. Hauptwerk: „Imkerfragen" (1912).

Kuntzschmaß Von MAX ↑ KUNTZSCH entwickeltes ↑ Rähmchenmaß. Die Kuntzschwabe war ursprünglich trapezförmig mit einem 325 mm langen Oberschenkel und einem 333 mm langen Unterschenkel. Seit 1938 ist sie rechtwinklig, 330×250 mm.

L

Labialdrüsen (Speicheldrüsen, Hinterkieferdrüsen) Sie bestehen aus zwei paarigen Anteilen, einem Kopf- und einem Brustanteil, die über gemeinsame Ausfuhrgänge miteinander verbunden sind. Der Kopfanteil befindet sich zwischen Gehirn und hinterer Kopfkapselwand. Bei der Arbeitsbiene werden dreieckige bis birnenförmige Drüsensäckchen (Acini) über ableitende Kanäle locker zusammengehalten. Nicht nur durch ihre Form, auch durch ihre helle Farbe und ihre glasige Beschaffenheit lassen sich die Labialdrüsenläppchen leicht von den milchig-weißen ↑ Hypopharynxdrüsen unterscheiden, die sich ebenfalls im Kopf der Arbeitsbiene befinden.

Der Thoraxanteil liegt im vorderen ventralen Abschnitt des zweiten Körperabschnit-

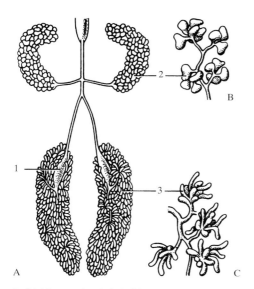

Labialdrüsen der Arbeitsbiene
(nach SNODGRASS)
A Gesamtansicht
B Drüsenläppchen aus dem Kopfbereich
C Drüsenläppchen aus dem Thorax
1 Behälter für das Drüsensekret
2 Kopfanteil der Drüsen
3 Thoraxanteil der Drüsen

tes der Biene unter dem Oesophagus (↑ Darmkanal). Eine Abzweigung erstreckt sich beiderseits vom Oesophagus in Spalträume der großen indirekten Flugmuskeln. Die zahlreichen Drüsenläppchen sind länglich geformt, liegen dicht beieinander und werden über Ausfuhrkanälchen wiederum miteinander verbunden. Diese Kanälchen führen auf jeder Seite in einen Behälter, in dem das Sekret zunächst aufgefangen wird. Von hier gehen ableitende Kanäle aus, die sich im Kopf mit den Ausfuhrgängen der hier gelegenen Labialdrüsen vereinen. Die paarige Ausmündung liegt an der Basis des Labiums (zweite Maxillen). Von dieser Mündung aus wird das Labialdrüsensekret in den feinen Kanal befördert, der die Zunge bis zum Löffelchen durchzieht (↑ Mundwerkzeuge). Die Kopfanteile der Speicheldrüsen treten nur bei Arbeitsbienen und Weiseln in voller Entwicklung auf, fehlen also bei Drohnen.
Nach dem Imaginalschlupf sind die Drüsenläppchen noch nicht vollständig entwickelt, sie vergrößern sich mitunter erst zur Flugbienenzeit. Dann enthalten sie eine klare Flüssigkeit und zeigen volle Turgeszenz (Binnendruck bei optimalem Füllungszustand). Der Thoraxanteil der Drüsen nimmt nach und nach eine milchig-glasige Färbung an. Das Labialdrüsensekret weist im Unterschied zum sauren Sekret der Mandibel- und der Hypopharynxdrüsen einen pH-Wert zwischen 7,2 und 8,5 auf. Es spielt beim Auflösen von Zucker, bei der Wachsbearbeitung, aber auch beim Ablecken der Weisel eine Rolle. Aus diesem Grunde werden die Labialdrüsen auch als Speicheldrüsen bezeichnet.
Der Bienenlarve fehlen die Drüsenabschnitte des Kopfes noch, während der thorakale Anteil bereits ausgebildet ist. Er stellt ein schlauchförmiges Drüsenpaar dar, das bis zum 6. Abdominalsegment reicht. Die maximale Ausdehnung dieser Drüsenschläuche erfolgt beim Übergang von der Larven- zur Puppenphase. In den larvalen Labialdrüsen wird ein Spinnsekret produziert, das zur Herstellung des Puppenkokons dient. Die Ausfuhröffnung dieser funktionellen Spinndrüsen befindet sich zwischen Hypopharynx und Labium (↑ Mundwerkzeuge). Hat sich die Larve eingesponnen, degenerieren die Spinndrüsen und werden zu Teilen der imaginalen Labialdrüsen umgebildet.

Labialtaster → Mundwerkzeuge

Labium → Mundwerkzeuge

Labrum → Kopf

Lachgas Stickstoffoxid mit der Formel N_2O. Es hat auch auf Bienen narkotisierende Wirkung. Dabei verlieren sie das Ortsgedächtnis. Sollte in der Imkerei nur in Ausnahmefällen eingesetzt werden.

Lachniden Gebräuchliche Bezeichnung für *Lachnidae* (↑ Honigtauerzeuger, systematische Stellung, ↑ Honigtaulieferanten).
Körperbau Durchschnittliche Größe 2 bis 4 mm, einige Arten nahezu 7 mm. Auf dem Rücken des Abdomens sechs Reihen dunkler Flecken (Muskelplatten), deren Größe und Anordnung bei der Bestimmung der

Arten wichtig sind. Zwischen diesen Muskelplatten liegt bei einigen Arten eine Vielzahl größerer und kleinerer Skleritplättchen, deren Anordnung und Größe ebenfalls artspezifisch ist.

Am Kopf befinden sich die Komplexaugen sowie die beiden sechsgliedrigen Antennen mit dem (nur mit Lupe erkennbaren) Endfortsatz (Processus terminalis). Dieser trägt drei an der Spitze stehende (apikale) und 2 bis 11 subapicale (unter der Spitze angeordnete) Borsten, die für die exakte Bestimmung mancher Arten wichtig sind. Ungeflügelte Formen (Apterae) haben ein Sinnesorgan (Rhinarium) an der Spitze des 4. und in der Regel auf dem 5. und 6. Antennensegment, die Abweichungen sind für die Unterscheidung einiger nahe verwandter Arten bedeutsam.

Weitere wichtige Unterscheidungsmerkmale sind die Größenverhältnisse der einzelnen Antennenglieder zueinander. Antennen, Körper und Beine sind mit langen, feinen oder kürzeren, teilweise auch derberen Haaren besetzt, die je nach Art länger oder ebenso lang wie der Durchmesser des 3. Antennengliedes sind. Die Antennen der Stammütter sind meistens langhaariger als die der Folgegenerationen.

Am Kopf befindet sich der aus 5 Segmenten bestehende Rüssel (Rostrum). Auf dessen vorletztem Segment sind entlang der Stechborstenrinne in zwei Reihen angeordnet 4 bis 14 (also 2 bis 7 Paare) accessorische Haare zu erkennen. Am Stamm saugende Arten besitzen 5 bis 7 derartige Haarpaare, die an Jungtrieben saugenden Arten nur 2 bis 3 (wichtiges Unterscheidungsmerkmal). Die Stammütter tragen ein Haarpaar weniger als die ihnen folgenden Generationen.

Das erste Tarsalglied der Hinterbeine ist deutlich vierseitig: Die „Basis" sitzt an der Ansatzfläche des Femur. Als „Schräge" wird die dem 2. Tarsalglied zugewandte Seite bezeichnet, die basale und längste Seite ist die „Sohle", ihr gegenüber liegt der „Rücken". Die Länge dieser Seiten und ihr Verhältnis zueinander sind weitere Bestimmungsmerkmale.

Auf dem Abdomenende sind zwei knopf- bis kegelförmige Röhrchen (Safthöckerchen, Siphonen) erkennbar. Sie sind bei den Lachnidae nur flachkegelig, während sie bei den anderen Blattläusen als deutliche Rückenröhrchen den Hinterleib vielfach überragen. Diese Siphonen geben Sekrete ab, die der Abwehr von Feinden dienen. Am Abdomenende der oviparen Weibchen sind vielfach vor dem Anus (pränal) Wachsdrüsen, die einen weißen Wachsring absondern.

Zahlreiche Cinarinen, insbesondere Kiefernlachniden, weisen auf der Bauchseite zwischen den Hüften (Coxen) der Mittelbeine ein bei den Stammüttern vielfach nur angedeutetes Mittelbrusthöckerchen auf. Erwachsene Tiere besitzen eine Subgenitalplatte.

Bei den auf die Stammütter folgenden Generationen treten häufig geflügelte Formen auf.

Farbtafel XI

Nahrungsaufnahme Mittels vier Stechborsten gelangen die Lachniden an den ↑ Siebröhrensaft im pflanzlichen Leitungssystem. Zwei zentralgelagerte Stechborsten sind in der ganzen Länge mit zwei rinnenförmigen Eindellungen versehen, so daß beim Zusammenlegen zwei sehr dünne Kanülen entstehen. Durch die eine fließt der Lachnidenspeichel ins pflanzliche Gewebe, durch die zweite wird der Siebröhrensaft aufgenommen. Der in das pflanzliche Gewebe abgegebene Speichel ermöglicht ein besseres Eindringen und Durchbohren des Gewebes. Die Speichelscheide bahnt den beiden äußeren, von den Oberkiefern (Mandibeln) gebildeten Stechborsten den Weg.

Die beiden dünnen Kanälchen und Stechborsten werden durch die aus der Unterlippe (2. Maxille) hervorgegangene Hülle geschützt. Der in den Siebröhren bestehende Druck bewirkt das Eindringen des Siebröhrensaftes in die dünne „Nahrungskanüle". Es erfolgt aber kein einfacher Schluckprozeß, sondern durch die sog. Saugpumpe kann der Nahrungsstrom gesteuert und gestoppt werden.

Bevor der Siebröhrensaft aufgenommen wird, erfolgt eine Prüfung seiner Qualität durch Probestiche. Wenn alle Komponenten dem Geschmacksmuster des Pflanzen-

saugers entsprechen, beginnt die Nahrungsaufnahme mit dem eigentlichen Saugakt.
Der aufgenommene Siebröhrensaft gelangt z. T. über den Vorder- und Mitteldarm in den Enddarm. Diese Passage nennt man den „langen Weg". Während dieses Verdauungsganges werden die Aminosäuren zurückgehalten und über das Darmepithel und die Haemolymphe direkt vom Körper aufgenommen. Ebenso die enzymatisch umgewandelten Kohlenhydrate. Die verdauten, von der Laus nicht verwendeten Stoffe gelangen in den Enddarm. Der andere Teil des aufgesaugten Siebröhrensaftes (rund 50 %) wird über die Filterkammer auf dem „kurzen Weg" direkt in den Enddarm transportiert und unterliegt nur einem kurzen physiologischen Umwandlungsprozeß. Die Filterkammer ist ein Kurzschluß des Vorderabschnittes des Mitteldarmes mit dem in Form einer Schlinge nach vorn gerichteten Anfang des Enddarmes oder des Mitteldarmendes. An der Berührungsstelle der beiden Darmabschnitte sind deren Epithelien besonders dünn (porös), so daß die Flüssigkeit aus dem vorderen Darmabschnitt direkt in den Enddarm übertreten kann. Der Kurzschluß bewirkt die Entlastung des Mitteldarmes von übermäßigen Flüssigkeitsmengen. Der im Enddarm chemisch umgewandelte Siebröhrensaft wird als ↑ Honigtau ausgeschieden.
Ernährungsphysiologisch spielen Endosymbionten für die Honigtauerzeuger eine große Rolle. In Fettzellen eingelagerte Mikroorganismen synthetisieren Vitamine, Cholesterin, bestimmte Aminosäuren und andere im Siebröhrensaft für die Lebensprozesse der Honigtaulieferanten nicht in ausreichender Menge vorhandene Stoffe. Die Gesamtheit aller Symbionten tragenden Zellen nennt man Mycetom, es liegt in der Regel unterhalb, also ventral des Verdauungssystems.
Farbtafel XI
Jährliche Generationenfolge Im Kalenderjahr beginnt die Lachnidenentwicklung mit dem Schlüpfen der Stammütter (Fundatrix, Fundatrices, Fundatrizen) aus den im Herbst des Vorjahres abgelegten Wintereiern. In Abhängigkeit vom Witterungsverlauf, der Höhe über NN und der geographischen Breite liegt der Schlüpftermin zwischen Anfang März und der zweiten Aprilhälfte. Durch die Errechnung der Temperatursummenwerte (Addition aller positiven Tagesmitteltemperaturen) seit der Schneeglöckchen-Vollblüte (Vollblüte von *Galanthus nivalis* L.) kann der Schlüpftermin der Fundatrices für eine Region ungefähr ermittelt werden (Auf Fichten je nach Art 50 bis 70 °C, auf Kiefern ca. 150 °C.).
Auf die Stammütter folgen im Laufe eines Jahres 4 bis 5 Generationen, in einigen Gebieten ist auch eine höhere Generationenanzahl möglich. Sowohl die Fundatrices (F) als auch die folgenden Generationen (V_1, V_2, für Virgo = Jungfer) vermehren sich parthenogenetisch, die Nachkommen sind immer weiblich. Die vorletzte Generation (Sexuparae, Sp) gebiert Männchen und eierlegende (ovipare) Weibchen (zweigeschlechtliche Generation, Sexuales, Sx). Bei der Rotbraunen Bepuderten Fichtenrindenlaus ist teilweise schon die 2. Tochtergeneration zweigeschlechtlich. Die Große Schwarze Fichtenrindenlaus kommt in Mitteleuropa nur auf drei den Stammüttern folgende Generationen.
Vermehrungsraten bei den auf Fichten und Kiefern lebenden Lachniden: 25 bis 40 V_1/F, bis zu 25 V_2/V_1, bis zu 15 Sp/V_2 und bis zu 10 Sx/Sp; bei der Tannenlachnide, *Cinara pectinatae*: bis zu 60 V_1/F, bis zu 30 V_2/V_1, bis zu 29 Sp/V_2 und 20 Sx/Sp. Bei den Lärchenlachniden ist die Vermehrungsrate der einzelnen Generationen niedriger. Bei allen Arten werden von einem oviparen Weibchen 10 bis 15 Wintereier abgelegt.
Die größte Besiedlungsdichte (Abundanz) ist während des Zusammenlebens der V_1- und V_2-Generation zu verzeichnen, in Mitteleuropa in Abhängigkeit von Höhenlage und Witterungsverhältnissen zwischen Anfang Juni und Ende Juli, in Süd- und Südosteuropa zwischen Mitte Mai und Mitte Juli. In Mitteleuropa liegt die höchste Abundanz der auf Fichten, Lärchen und Kiefern saugenden Lachniden im Flachland etwa 7 Tage früher als in Höhenlagen zwischen 450 und 600 m. Die zeitliche Differenz zu Lagen über 600 m beträgt etwa

10 Tage und zu den Waldgebieten über 800 m 14 bis 16 Tage. Der Zeitpunkt der größten Besiedlungsdichte ist zugleich die Periode der größten Honigtauproduktion, die bei ausreichender Menge eine ↑ Honigtauwaldtracht ermöglicht.

Die Bildung geflügelter Tiere und Abwanderungen sind in der Regel das Ergebnis von Übervölkerung (Crowding-Effekt) sowie negativen Veränderungen in der Siebröhrenzusammensetzung und führt zur Verringerung der Besiedlungsdichte. Im Spätsommer ist durch das Zusammenleben von Sexuparae und Sexuales ein Anstieg auf eine größere Besiedlungsdichte möglich, die aber im Vergleich zum Frühsommer deutlich niedriger liegt.

Die auf Tanne einzeln lebende *Cinara pectinatae* bildet keine so stattlichen Kolonien wie die Kienläuse auf Fichte und Kiefer. Der bis Ende Juni dauernden Vermehrungsphase folgt eine Stagnationsphase von etwa sechs Wochen, in der die Abundanz nahezu konstant ist (Honigtauwaldtracht). Der Anteil von nur 5 % geflügelter Tiere bei dieser Art ist das Ergebnis des fehlenden Crowding-Effektes und der durch die zerstreute Sitzweise bedingten besseren Ernährungsverhältnisse. In der Folgezeit brechen die Kolonien zusammen; aber ein zweiter frühherbstlicher Anstieg der Populationsdichte ist möglich.

Eine Vergrößerung der Intervalle zwischen den Generationen und eine verstärkte Bildung von Geflügelten erfolgt auch bei Temperaturen über 30 °C oder Temperaturstürzen von mehr als 9 °C. Durch diese Umwelteinflüsse sind daher Verzögerungen des Populationszusammenbruches, aber auch dessen terminliches Hinausschieben möglich. Beim Ausbleiben starker Koloniebildungen und damit verbundener geringer Besiedlungsdichte im Juni oder Juli kann es bei einem warmen Spätsommer oder Frühherbst ein Besiedlungsmaximum geben.

Feinde der Lachniden sind:
– Schwebfliegen (*Syrphidae*), deren weiß bis grünlich gefärbte Larven bis zu 100 Kienläuse täglich fressen können und so den Kolonieaufbau verhindern. ↑ Waldameisen schützen die Lachniden nicht vor Schwebfliegenlarven.

– Marienkäfer (*Coccinellidae*). Die schwarz-gelb gefärbten hochgewölbten Käfer dezimieren ebenso wie ihre Larven die Lachniden (verzehren täglich bis zu 100 Tiere). Die überwinternden Käfer bringen schon den Stammüttern starke Verluste bei. Die meist gelb gefärbten Eier werden in der Nähe der Kolonien abgelegt, die weichhäutigen, schwarz bis grauschwarzen Larven werden bei schnellen Bewegungen von Waldameisen angegriffen.

– Blattlauswespen (*Aphidiidae*). 2 bis 3 mm große Schlupfwespen, die ihre Eier in die Rindenläuse legen. Die Larve frißt die Baumlaus von innen aus und verpuppt sich im verbleibenden Chitinpanzer. Die junge Schlupfwespe verläßt durch ein kleines Loch die sogenannte Blattlausmumie. Vor allem bei Stammüttern können starke Verluste auftreten.

– Netzflügler (*Neuropteroidea*). Die aus gestielten Eiern schlüpfenden Larven der Florfliegen oder Goldaugen fressen täglich 20 bis 30 kleine bis mittelgroße Cinarinen. Auch Blattlauslöwen und Kamelhalsfliegen sind Cinarinen-Räuber, ebenso wie Sichelwanzen (an den sichelartig vorstreckbaren Mundwerkzeugen erkennbar), die im Spätsommer und Herbst in den Kienlauskolonien räubern.

Schnellkäfer und Weichkäfer räubern gelegentlich in Blattlauskolonien, ebenso Vögel, wie Goldhähnchen, Rotkehlchen, Meisen und Grasmücken. Und schließlich können sich die Lachniden bei ihren Ausbreitungsflügen auch in Netzen der Spinnen verfangen.

Wespen sind keine Feinde der Lachniden. Sie lecken Honigtau, fressen auch ganz vereinzelt eine Laus. Ihr verstärktes Auftreten fällt vielfach mit dem natürlichen Zusammenbruch der Lachnidenkolonien zusammen. Im Tannenwald signalisiert es das Vorhandensein der Grünen Tannenrindenlaus.

Lagd → Korbimkerei

Lagerbeute Frühere Bezeichnung für Beuten, in denen Brut- und Honigraum hintereinander auf einer Ebene lagen, meist ↑ Breitwaben. Prinzip auch bei Röhrenbeuten und Trogbeuten.

Landbelegstelle → Belegeinrichtung

Längsbau Waben weisen mit der Schmalseite zur Fluglochseite der Beute. Auch als Kaltbau bezeichnet. Da nach Herausnahme von ein oder zwei Waben die übrigen, um sie einzusehen, wie beim Blättern der Seiten eines Buches zur Seite geschoben werden können, wird der Längsbau auch vielfach als Blätterstockstellung bezeichnet.

LANGSTROTH, LORENZO LORRAIN
* 25.12.1810 in Philadelphia, † 6.10.1895 in Dayton/Ohio.
Geistlicher, später Lehrer. Gilt als Vater der amerikanischen Bienenzucht. Entwickelte eine für amerikanische Verhältnisse besonders geeignete Oberbehandlungsbeute mit hängenden beweglichen Waben (1851 patentiert) und eigenem ↑ Rähmchenmaß. Besondere Betriebsweise für Wabenhonigproduktion mit „Sections", die zwischen Brutraum und vollen Honigraum gesetzt wurden. Erkannte die Bedeutung des Wabenabstandes, die „Bienenspanne" (bee space) von 8 ± 2 mm zu den Außenflächen und untereinander als entscheidend für das Gedeihen eines Bienenvolkes. Hauptwerk: „The Hive and the Honey-Bee", 1973 von F. RUTTNER übersetzt „Beute und Biene".

LANGSTROTHmaß Vom Amerikaner L. L. ↑ LANGSTROTH entwickeltes Rähmchenmaß 448 × 232 mm.

Läppertracht → Tracht

Lärchenhonig → Melezitose

Larvalentwicklung Umfaßt den Entwicklungsabschnitt vom ↑ Schlupf der Erstlarve (↑ Embryonalentwicklung) aus der Eihülle bis zur Verpuppung. In Abhängigkeit vom Wachstum häutet sich eine ↑ Larve viermal, und zwar in den ersten vier Tagen ungefähr alle 24 Stunden. Unmittelbar nach dem Schlupf aus der Eihülle beginnen die Larven mit der Nahrungsaufnahme. Neben mehr als 2000 Inspektionen durch die Stockbienen erhält jede Larve im Verlauf ihrer Entwicklung oft weit mehr als 150mal Nahrung (↑ Brutpflege). Ein ↑ Pheromon, das auf der Körperoberfläche der Larven abgeschieden wird, löst den regen Kontakt zwischen Arbeiterinnen und Bienenlarven aus und übt auf die Pflegebienen eine Lockwirkung aus. Die Zusammensetzung dieses Pheromons verändert sich mit zunehmendem Larvenalter und bietet den Stockbienen auf diese Weise die Möglichkeit, einzelne Altersstadien voneinander zu unterscheiden. Die reichliche Fütterung ermöglicht ein schnelles Larvenwachstum. Wiegen die Larven am ersten Lebenstag nur 0,3 mg, sind es am zweiten Tag schon 3,4 mg, am dritten Tag aber 33,3 mg. Bis zur vierten Häutung liegen die Larven als **Rundmaden** am Zellgrund. Danach vergrößern sich die Larven schnell, finden am Zellgrund keinen Platz mehr und strecken sich (**Streckmade**). Dabei füllen sie ihre Brutzelle weitgehend aus. Während dieses Streckungsvorganges verschließen Stockbienen die Brutzellen mit einem Wachsdeckel, der insbesondere aus dem Wachs der verdickten Zellränder (↑ Wabe) besteht und dem auch Pollen beigemischt wird. Die mit der Öffnung nach unten gerichteten Weiselzellen werden schon etwas früher verdeckelt, so daß die Weisellarven während des Streckungsvorganges nicht aus ihren Zellen rutschen können.
Sind die Brutzellen verdeckelt, spinnen sich die Larven ein, dabei wird der Zellinnenraum mit dem von den Spinndrüsen (↑ Drüsen) abgeschiedenen Spinnsekret ausgekleidet. Der von den Larven angefertigte ↑ Kokon enthält außer dem Spinnsekret farblose Substanzen aus den ↑ Malpighischen Gefäßen und Kotbestandteile. Nach der Einspinnphase beginnen die Umwandlungsprozesse von der Larve zur **Puppe** (↑ Metamorphose). Besonders deutlich lassen sich diese Abläufe am ↑ Darmkanal verfolgen, insbesondere am Mitteldarm. Der bis zu diesem Zeitpunkt vorhandene Verschluß am Mitteldarmausgang wird beseitigt, und der während der Larvalphase im

Mitteldarm angesammelte Kot kann über den kurzen larvalen Enddarm nach außen gelangen, wird an den Zellwänden verstrichen und vom Spinnsekret überzogen. Durch die Ablagerung des Larvenkotes erhalten die Zellen ihre dunkle Farbe. Im Verlauf der weiteren Entwicklung verkleinert sich der Mitteldarm erheblich. Im gesamten Darmkanal treten nun Differenzierungen auf, die sich auch auf andere Organe erstrecken. Von Imaginalscheiben, scheibenförmigen Verdickungen der larvalen ↑ Epidermis, nimmt die Entwicklung imaginaler Organe ihren Ausgang. Augen, Körperanhänge, wie Fühler, Mundteile und Beine, erhalten ihre erste Ausformung. Der Kopf der auf dem Rücken liegenden Larve ist jetzt zur Zellöffnung gerichtet. Die Umwandlung zur Puppe vollzieht sich nach der fünften Häutung (Puppenhäutung). Sie findet bei Arbeiterinnenlarven am Ende des 11., bei Drohnen- am 14. und bei Weisellarven am 10. Tag statt.

Larve Aus einem Kopfteil und 13 nahezu gleichartigen (homonomen) Segmenten (↑ Chitinpanzer) aufgebautes, madenähnliches Entwicklungsstadium, dessen Cuticula durch hellen Glanz ausgezeichnet ist. Die weißliche Färbung der Larve geht auf den ↑ Fettkörper zurück, der durch die ↑ Epidermis und die farblose Cuticula hindurchschimmert. Äußere Körperanhänge, wie Beine und Fühler, fehlen. Die ↑ Mundwerkzeuge sind einfach gebaut. Der Kopf ist sehr klein und wird durch den ersten, nach vorn spitz zulaufenden Körperring repräsentiert. Seitlich am Körper liegen 10 Paar Stigmen (↑ Tracheensystem), die sich fast regelmäßig über den Larvenkörper verteilen. Die junge Larve ist nach dem Schlupf aus dem Ei ca. 1,6 mm lang und 0,4 mm breit. Sie liegt halbkreisförmig gebogen am Zellgrund (Rundmade). Nach 4 1/2 bis 5 Tagen beträgt ihr Körpergewicht das 1500fache des Ausgangsgewichtes (0,08 mg).
Während der ersten Entwicklungsstadien erfolgt aller 24 Stunden eine ↑ Häutung und damit jedesmal ein Wachstumsschub, der bis zur Streckmade (5. Larvenstadium) führt. Bereits nach der 4. Häutung wird die Brutzelle durch die Arbeitsbienen verdeckelt.

Danach erst richtet sich die Larve zur Streckmade auf. Die 5. und letzte Larvenhäutung findet bei Arbeitsbienenlarven am Ende des 11., bei Weiselarven am Ende des 10. und bei Drohnenlarven am Ende des 14. Larvaltages statt (↑ Larvalentwicklung). Danach folgt die ↑ Metamorphose zur ↑ Puppe.

Latenzphase → Vergiftungsphänologie

Lautäußerungen Sie entstehen durch Flügelschwirren und Vibrationen der elastischen Chitincuticula auf der Grundlage von Bewegungen der Flugmuskulatur, aber auch durch das Auspressen von Luft aus den Stigmen (↑ Tracheensystem). Laute lassen sich im Bienenvolk ständig als Begleiterscheinung vieler Verhaltensweisen der Arbeiterinnen vernehmen. Bei der Wärmeproduktion entstehen sie ebenso wie bei Informationsübermittlungen von Biene zu Biene, z. B. die **Tanzgeräusche,** bei einer Frequenz von 260 Hz, die mit Hilfe der Flugmuskulatur erzeugt werden und denen offensichtlich neben den Körperbewegungen, den Tanzfiguren, ebenfalls ein Informationswert zukommt. Die Lautäußerungen stellen einen Komplex von Frequenzen zwischen 40 und 6000 Hz mit besonders auffälligen Frequenzbereichen zwischen 200 und 500 Hz dar.
Nicht selten läßt sich an warmen Sommerabenden bei guter Tracht der ruhige **Summton** eines „zufriedenen" Bienenvolkes hören, der **Stechton** hingegen, wenn Arbeitsbienen gereizt werden und den Angreifer bedrohen. Die asiatischen Honigbienen geben bei Störungen einen **Zischton** ab, wodurch sie ihre Bereitschaft zum ↑ Verteidigungsverhalten signalisieren. Die Flügel werden dabei schnell über dem Körper zusammengeführt und der Hinterleib ruckartig von der Wabenfläche nach oben gezogen. Dieses Verhalten ist von *Apis florea, Apis cerana* und auch von *Apis dorsata* bekannt. Weitere Lautäußerungen sind der **Schwarmgesang,** der als lautes, „fröhliches" Summen beim Schwärmen erklingt, das **Brausen,** einem Tongemisch, das einem Zischen nahekommt und z. B. bei Hunger und Durstnot entsteht. Ist Weisellosigkeit ein-

Lebensdauer

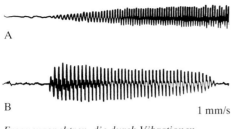

Frequenzspektren, die durch Vibrationen der Wabenoberfläche beim „Tüten" (A) und „Quaken" (B) von Weiseln entstehen (nach MICHELSEN)

getreten, **heulen** die Bienen. Das kurzzeitige **Aufbrausen** nach einem leichten Schlag gegen die Beutenwand entspricht einem normalen Sozialverhalten.

Das bekannte **Tüten** der Weisel entsteht durch Muskelbewegungen, Flügelzittern sowie Anpressen des Körpers an die Wabe, wobei Vibrationen übertragen werden. Auch das Auspressen der Atemluft aus den Stigmen geht mit in das Geräusch ein. Das Tüten wird von der alten Stockmutter oder einer bereits geschlüpften jungen Weisel vor dem Schwarmabgang zwischen aufgeregten Bewegungen erzeugt.

Es beginnt gewöhnlich mit einem langgezogenen Geräusch, das 1 Sek. anhält und dem eine Anzahl kurze, 0,3 bis 0,4 Sek. andauernde Töne folgen. Die dazwischen liegenden Unterbrechungen dauern ca. 0,2 Sek. Auch die noch nicht aus der Zelle geschlüpften Weiseln sind durch spezifische Laute zu hören. Die von ihnen in der noch verschlossenen Weiselzelle abgegebenen Laute erinnern an ein dumpfes **Quaken**. Dabei handelt es sich um eine Serie von Lauten, von denen 3 pro Sek. zu vernehmen sind. Lautstarkes Tüten zeichnet sich im Mittel durch eine Frequenz von 1200 Hz, das Quaken durch eine solche von 1000 Hz aus. Beide Laute können als Luftschall oder Substratvibrationen übertragen werden. Sie unterscheiden sich aber nicht nur durch die Höhe der Frequenzen, sondern auch durch die Zeitstruktur der Lautsignale. Beim Tüten nehmen die Frequenzen zu, beim Quaken bleiben sie nahezu konstant. Beide, wie auch die übrigen Lautäußerungen, dürften Verständigungsmöglichkeiten darstellen.

Lavandula L. – Lavendel – *Labiatae* – *angustifolia* MILL. – Echter Lavendel Mittelmeergebiet. Halbstrauch mit stark entwickelter Pfahlwurzel. Die 30 bis 60 cm hohen vierkantigen Triebe sind unten verholzt. Filzig silbergraue lanzettliche bis schmalrinnige Blätter. Die blauen Blüten stehen in mehreren Quirlen und bilden eine Scheinähre. Blütezeit Juli bis September. Angebaut als Heil-, Gewürz- und Zierpflanze. Mäßiger Nektar- und mäßiger Pollenlieferant.

Lavendel → Lavandula

Lebensablauf der Arbeitsbiene → Arbeitsteilung

Lebensdauer Sie ist bei Arbeitsbienen abhängig von eiweißhaltiger Nahrung, normalerweise von der Pollenaufnahme in der Jungbienenzeit. Für eine durchschnittliche Lebensdauer genügt es, wenn die Bienen in den ersten beiden Lebenswochen Eiweißnahrung erhalten. Sie leben dann während des Sommerhalbjahres 20 bis 40 Tage, in der Regel jedoch nicht länger als 6 Wochen. Bei Pollenmangel können junge Stockbienen anstelle von Blütenstaub Bienenbrut verzehren, die eine hochwertige Eiweißquelle darstellt und im Notfall als Ersatz für Pollennahrung auch genutzt wird. Die Lebensdauer ist weiterhin abhängig von den Tätigkeiten während der Imaginalphase der Arbeiterinnen. Je kürzer die Stockbienenzeit im Verhältnis zur Sammelphase, umso kürzer ist auch das Leben der Arbeitsbienen. Geringe tägliche Sammelleistungen im Flugbienenalter wirken lebensverlängernd, umgekehrt verkürzen hohe Sammelleistungen die Flugbienenzeit und damit die Lebensdauer. Junge Sammelbienen sind noch in der Lage, Glykogenreserven anzulegen, die in den Flugmuskeln gespeichert werden und bei Energiebedarf zur Verfügung stehen. Mit fortschreitendem Alter der Flugbienen nimmt das Vermögen zur Anlage dieser Energiereserven ab, und nach definierbaren Sammelzeiten sind die Energien der Flugbiene erschöpft. Die Einschränkung des Kohlenhydratstoffwechsels wird durch altersbedingte Enzymdefekte verursacht. Aber auch die saisonale Rhythmik wirkt sich auf die Lebensdauer aus. Schlüpfen die Arbeitsbienen im März, leben sie im Durchschnitt länger als 30 Tage, beim Schlupf im Juni einige Tage weniger. Bienen, die im Juli schlüpfen, können noch kurzlebiger sein. Kleine Arbeitsbienengruppen mit einer Weisel leben länger als ohne Weisel.

Ausgedehnter als bei den **Sommerbienen** ist die Lebensdauer der **Winterbienen** (↑ Saisonvariabilität). Sie werden 220 bis 285, ja sogar 300 Tage alt. Die langlebigen Winterbienen schlüpfen im Spätsommer, mitunter aber auch schon im Juli. Die Schlupfzeit der Winterbienen ist nicht eindeutig festgelegt, sie variiert von Volk zu Volk und von Jahr zu Jahr. Bislang sind keine endgültig definierbaren Kriterien für die Ausbildung der kurzlebigen bzw. langlebigen Arbeitsbienen bekannt.

Weiseln leben im allgemeinen mehrere Jahre, wenngleich in modernen Imkereibetrieben aus ökonomischen Gründen darauf geachtet wird, daß die Völker, falls die Weiseln nicht außergewöhnlich gut sind, nach spätestens drei Jahren umgeweiselt werden. Die Lebensdauer der Drohnen beläuft sich im Durchschnitt auf 22 bis 23 Tage, ein geringer Prozentsatz von ihnen erreicht 40 bis 60 Tage. Nur vereinzelt können Drohnen auch noch älter werden.

Lebkuchen → Honigkuchen

Lecanien Heute noch vielfach verwendete verdeutschte Bezeichnung des veralteten Begriffs *Lecaniidae* (Napfschildläuse, heute *Coccidae*) und des Gattungsnamens *Lecanium* (heute Physokermes). Derzeit gültige deutsche Bezeichnung ↑ Quirlschildläuse.

LD$_{50}$ Die Wirkstoffdosis, die bei einmaliger oraler Aufnahme (durch die Mundwerkzeuge) bei 50 % aller Versuchstiere zum Tode führt. Die Angabe erfolgt in mg/kg Körpermasse. Bei Bienen sind auch die Angaben µg/Biene oder µg/g Bienen üblich.

Legeleistung Sie beläuft sich in der Haupteiablagezeit der Weisel, von Mitte April bis Mitte Juni, auf ca. 1200 Eier pro Tag. Sie kann aber auch auf das Doppelte gesteigert werden. In der Regel dürften jedoch unter mitteleuropäischen Verhältnissen nicht mehr als 2000 Eier/Tag und Weisel zur Ablage kommen. Die jährliche Anzahl der von einer Weisel abgelegten Eier beträgt 112000 bis 200000 Stück. 1500 Eier entsprechen ungefähr dem Gewicht einer Weisel. Abhängig ist die Legeleistung von der herrschenden Tracht, der Fütterungsintensität, mit der die Pflegebienen ihre Weisel versorgen, der Konstitution und dem Alter der Weisel, der Jahreszeit, der Bienenrasse. Auch genetische Faktoren spielen dabei eine Rolle. Bei einer täglichen Legeleistung von > 1000 Eiern in der Haupttrachtzeit läßt allerdings die Dotterversorgung der einzelnen Eier nach, und die durchschnittliche Eilänge von 1,5 mm wird unterschritten.

Lehmbeuten → Bienenwohnungen

Lehr- und Forschungsanstalten Die älteste deutsche Forschungseinrichtung, wahrscheinlich die erste der Welt, ist die heutige Bayerische Landesanstalt für Bienenkunde in Erlangen (1907 eröffnet). Bienenforschung, meist mit Lehre verbunden (↑ Ausbildung), erfolgt an Landesanstalten, Instituten bzw. Abteilungen für Bienenkunde an Universitäten und Hochschulen oder auch anderen Forschungseinrichtungen (Obstbau, Veterinärmedizin, Pharmakologie u. a.). Soweit es sich nicht um ganz spezielle Forschung handelt, nehmen die Landesanstalten und Institute für Bienenkunde zahlreiche Aufgaben wahr, u. a. die Beratung und Förderung der praktischen Imker durch Vorträge, Lehrgänge etc. in enger Zusammenarbeit mit den Imkerorganisationen, Verbreitung wertvollen Zuchttiermaterials aus eigener Imkerei für die breite Landeszucht, Erforschung unmittelbar anstehender Probleme und Überführung der Ergebnisse in die Praxis, aber auch Grundlagenforschung entsprechend der Struktur der Anstalt. In manchen Ländern gibt es größere zentrale Institute, die die wissenschaftlichen Arbeiten aller Forschungseinrichtungen und Lehrstätten für Bienenkunde des Landes koordinieren. In Frankreich ist das z. B. die Forschungsstation in Bures-sur-Yvette, für die ehemalige Sowjetunion, heute Rußland, ist es in Rybnoe bei Rjasan. In Deutschland übernimmt die Koordinierung und Förderung der Lösung dringender wissenschaftlicher Probleme die „Arbeitsgemeinschaft der Institute für Bienenforschung".

LEHZEN, GEORG HEINRICH * 22.9.1834 in Kolkhagen bei Lüneburg, † 4.6.1910 in Hannover.
Hauptlehrer in Hannover. Seit 1873 Schriftleiter des „Bienenwirtschaftlichen Zentralblattes". 1903 Vorsitzender des „Deutschen bienenwirtschaftlichen Zentralvereins". Ehrenvorsitzender des 1907 gegründeten „Deutschen Imkerbundes".
Hauptwerk: „Die Hauptstücke aus der Betriebsweise der Lüneburger Bienenzucht" (1880).
1981 stifteten die Imkerverbände in Niedersachsen die „LEHZEN-Medaille" für besondere Verdienste in der Bienenzucht.

Leibeshöhle Ein im großen und ganzen dreiteiliger Körperhohlraum, in dem sich die ↑ Blutflüssigkeit der Biene befindet. Vom zentralen Bereich, der ↑ Darmkanal und ↑ Geschlechtsorgane umgibt, wird durch eine zarte, dorsal gelegene Doppelmembran (dorsales Diaphragma) ein Raum um den ↑Herzschlauch und durch eine ventrale Membran die Bauchganglienkette (↑ Nervensystem) abgeteilt.
Das dorsale Diaphragma ist zwischen dem 3. und 6. Hinterleibssegment über dem Darmkanal quer durch die Leibeshöhle ausgespannt und am Rande an Einstülpungen des Chitinpanzers punktförmig befestigt. Zwischen diesen seitlichen Anheftungsstellen des Diaphragmas bestehen breite Verbindungen vom Perivisceralzum Pericardialsinus. Die Diaphragmen setzen sich aus durchsichtigen, nichtzellulären Membranen zusammen, zwischen denen dorsal Muskeln liegen – die Flügelmuskeln des Herzens, die mit dem Herzschlauch verbunden sind. Außerdem befinden sich verschiedene Zellgruppen zwischen den Diaphragmamembranen, z. B.

die Pericardialzellen. Diese unregelmäßig geformten Zellgruppen werden z. T. als Phagozyten (Freßzellen) aufgefaßt, die Proteine aus der Blutflüssigkeit aufnehmen. Der dorsale Teil der Leibeshöhle enthält außer dem Herzschlauch, Luftsäcken und Tracheen (↑ Tracheensystem) auch Fettzellen (↑ Fettkörper), die sich unter der dorsalen Epidermis befinden. Dem dorsalen Diaphragma kommt unabhängig von der rhythmischen Pulsation noch eine regelmäßige Bewegung zu, die sich in Kopfrichtung wellenförmig über die Membran ausbreitet.
Das ventrale Diaphragma besteht aus feinem Muskelgewebe, das sich vom Brustabschnitt bis zum 7. Hinterleibssegment erstreckt und dann als gegabelter Fortsatz bis zu den Stigmenplatten (↑ Stachelapparat) reicht. Im männlichen Geschlecht endet es bereits in Höhe des 6. Hinterleibssegmentes. Im ventralen Diaphragma verlaufen, wie im dorsalen, pulsatorische Bewegungen ab, allerdings in entgegengesetzter Richtung, also zum Körperende hin. Die Pulsationen beider Diaphragmen dienen der Bewegung der Blutflüssigkeit.

Leibimmen → Korbimkerei

Leistungen → Sammelaktivität

Leistungsprüfung Auf mehreren Stationen gleichzeitig durchgeführte Prüfung des züchterischen Wertes von jeweils einer Gruppe von reinrassigen, gleichaltrigen Geschwisterweiseln, die auf derselben Belegeinrichtung begattet oder mit demselben Vatertiermaterial künstlich besamt wurden. Die Weiseln werden auf jeder Prüfstation in Bienenvölker, Ableger oder Kunstschwärme von gleicher Stärke in Beuten gleichen Typs eingeweiselt. Die Aufstellung erfolgt in statistisch zufälliger Verteilung. Die Prüfvölker werden jeweils am gleichen Tag möglichst von der gleichen Person einheitlich bearbeitet. Die Trachtbedingungen müssen gleich sein, und es soll mit den Völkern möglichst intensiv gewandert werden, um das volle Leistungsvermögen beurteilen zu können. Auf einheitlichen Stockkarten werden Wabensitz,

Sanftmut, Schwarmlust, Volksstärke und Arbeitsaufwand notiert. Es darf nicht geschröpft und nicht verstärkt bzw. es müssen bei allen Prüfvölkern gleichviele Brutwaben und Bienen entnommen werden. Die Honigleistung ergibt sich aus dem Schleuderergebnis sowie dem geschätzten Vorrat und wird mit dem Stand- und Gruppendurchschnitt verglichen.

Ein Kriterium der Frühjahrsentwicklung ist der Zeitpunkt der Freigabe des Honigraumes bzw. einer Honigzarge. Die Anzahl der ausgebauten Mittelwände ist das Maß für die Bauleistung. Ein Baurahmen entspricht 2 ausgebauten Mittelwänden. Die Brutlücken werden im Mai/Juni ausgezählt. Besondere Ereignisse, wie Störungen, Beschädigungen, Räuberei, werden gesondert notiert.

Die Prüfung erfolgt vom 1. August des einen bis zum 31. August des nächsten Jahres, sie kann auch mit besonders guten Königinnen über 2 Jahre laufen. Es müssen möglichst viele Völker geprüft werden, um die wirklich besten für die Weiterzucht auswählen zu können. Nur die Beurteilung von Gruppen (Geschwisterweiseln) unter gleichen Umweltbedingungen ermöglicht eine Aussage über die Erbanlagen.

Leitfähigkeit, elektrische → Honig

Leitpollen → Pollenanalyse

Leitwachs 2 bis 3 cm breiter Wachs- oder Mittelwandstreifen, der oben im ↑ Baurahmen, im ↑ Begattungskästchen, auch an Speile im Strohkorb mit heißem Messer angelötet bzw. mit flüssigem Wachs angegossen wird, damit die Bienen, davon ausgehend, Wabenbau in gewünschter Richtung anlegen. Sofern der Mittelwandstreifen nicht im Rähmchendraht eingelötet ist, erweist es sich besonders bei EWK als zweckmäßig, an jeder Seite neben dem Streifen eine Pinne einzuschlagen und ihn mit flüssigem Wachs an diese festzugießen.

Leitzeichen Geometrische Figuren, gemalt bzw. aus Kunststoff oder Blech. Sie werden oberhalb des Flugloches einer Beute, eines Ableger- oder Begattungskastens angebracht, um Bienen und Weiseln das Zurückfinden zum Volk zu erleichtern (↑ Orientierung, ↑ Sinnesorgane).

Lernen → Gedächtnisleistung

Letalfaktoren Genetische Faktoren (Genmutation), die zum Tode des Organismus führen.

Licht, polarisiertes → Sinnesorgane

Lichtsinnesorgane → Sinnesorgane

Liguster → Ligustrum

Ligustrum L. – Liguster – *Oleaceae*
– *vulgare* L. – Liguster, Rainweide
Europa, Nordafrika. Aufrechtwachsender, 2 bis 4 m hoher Strauch. Von Mitte Juni bis Juli blühend in reichblütigen, weißen, endständigen Rispen, die einen unangenehmen Geruch ausströmen. Anspruchslos an Lage und Boden. Verträgt sonnige wie schattige Lage und ist ziemlich rauchhart. Als streng geschnittene Hecke für Bienenweidezwecke wertlos. Sollte bevorzugt als Deckstrauch und in Windschutzhecken verwendet werden. Mäßiger Nektar- und Pollenspender.

Linde → Tilia

Linné, Carl von * 23.5.1707 in Stenbrohult (Schweden), † 10.2.1778 in Uppsala. Botaniker und Arzt, seit 1741 Universitätslehrer, seit 1747 Leibarzt des schwedischen Königs. Leiter verschiedener botanischer Gärten, vor allem in Uppsala. Begründer der heute gültigen binären Nomenklatur, dem System zur Klassifizierung und Benennung der Pflanzen und Tiere (bis dahin unübersehbarer Wirrwarr der Bezeichnungen). Gab jedem Lebewesen einen lateinischen Gattungs- und Artnamen.
Hauptwerk: „Systema naturae" (in der 1. Auflage, 1735, mit 549 Arten, in der 11. Auflage bereits 6000 Arten).
In der 10. Auflage, 1758, gab Linné der Honigbiene den Namen *Apis mellifera*, die Honigtragende, korrigierte sich aber drei Jahre später und nannte sie richtiger, *Apis*

mellifica, die Honigbereitende. Etwa zwei Jahrhunderte später wurden „Internationale Regeln für die zoologische Nomenklatur" festgelegt, um Mißverständnisse durch Umbenennungen aus dem Wege zu räumen. Demnach ist der älteste verfügbare Name gültig, auch wenn der Namensgeber selbst korrigierte. Es muß also korrekt *Apis mellifera* L. heißen.

LINNÉ unternahm mehrere Forschungsreisen und hinterließ wertvolle Reisebeschreibungen. Versuchte auch Krankheiten in ein System zu bringen, ebenfalls Gestirne und Mineralien. Diese Arbeiten haben nur historischen Wert.

1739 erster Präsident der schwedischen Akademie der Wissenschaften. 1762 geadelt. Führte die Naturwissenschaften als Unterrichtsfach an den schwedischen Schulen ein.

Gedenkstätte in Hammarby bei Uppsala.

Literatur → Schrifttum

Lochen → Rähmchen

Lonicera L. – Heckenkirsche – *Caprifoliaceae*
– *tatarica* L. – Tatarische Heckenkirsche
Aufrechtwachsender, bis 3 m hoher, frühaustreibender Strauch. Blüten hellrosa bis weiß, etwa 2 cm lang, im Mai. Anspruchsloser, frostharter Strauch für sonnige oder halbschattige Standorte. Besonders als Deckstrauch geeignet. Die Heckenkirsche ist ein mittelmäßiger Nektar- und Pollenspender.

– *xylosteum* L. – Gemeine Heckenkirsche
Die gelblichweißen Blüten stehen paarweise auf kurzem Stiel in den Blattachseln. Gut als Unterholz zu gebrauchen und für Windschutzhecken.
Einige andere Lonicera-Arten, wie –*alberti* REG. oder –*maackii* RUPR. MAXIM., sind sehr dekorative Gartenpflanzen und wertvoll als Bienenweide.

Lösungsverhältnis Zuckerlösung zur Bienenfütterung wird am häufigsten im Masse-Verhältnis 1:1 und 3:2 (Zucker : Wasser), seltener 2:1 hergestellt.

Für 1 l Zuckerlösung werden benötigt:

Lösungsverhältnisse Zucker zu Wasser im Bienenfutter

Lösungs-verhältnis	Zucker in kg	Wasser in kg
1:1	0,61	0,61
3:2	0,76	0,51
2:1	0,87	0,44

Besonders bei einem Lösungsverhältnis von 2:1 wird warmes Wasser gebraucht, um den Zucker voll aufzulösen.

Löwenzahn → Taraxacum

LUDWIG, AUGUST * 9.7.1867 in Hochdorf bei Weimar, † 5.7.1951 in Jena.
Begann als junger Pfarrer 1892 mit der Bienenhaltung. Richtete 1916 in Jena einen Universitätslehrbienenstand ein und hat am Landwirtschaftlichen Institut Jena 70 Semester Vorlesungen über Bienenkunde gehalten. Anläßlich seines 80. Geburtstages verlieh ihm die Universität Jena den Professorentitel. Rege schriftstellerische Tätigkeit.
Hauptwerke: „Unsere Bienen", „Ratgeber für Bienenzüchter" (200 Imkerfragen nebst Antworten), „Am Bienenstand", „Die Honigbiene" (Neue Brehm Bücherei, Heft 31). Darüber hinaus schrieb er zahlreiche heitere oder besinnliche Geschichten in Thüringer Mundart, zusammengefaßt in Büchern, wie z. B. „Schnärzchen und Schnurren" und in den sogenannten „Kuchenbüchern".
Nach dem Tode von ↑ GERSTUNG, mit dem ihn eine enge Freundschaft verband, übernahm er die Schriftleitung der Zeitschrift „Die Deutsche Bienenzucht in Theorie und Praxis". Mit GERSTUNG zusammen förderte er die ↑ Imkerorganisation und begründete das Bienenmuseum in Weimar (↑ Ausstellungen).

Luftfeuchtigkeit → Wasserhaushalt

Luftröhren → Tracheensystem

Luftsäcke → Tracheensystem

Lüftungsgitter → Wandergitter

Luxurieren der Bastarde → Kreuzung

Lycium L. – *Solanaceae*
– *halimifolium* MILL. – Bocksdorn, Teufelszwirn
Südosteuropa bis Westasien. Bildet mit langen, überhängenden Trieben bis 3 m hohe, wirre Büsche. Dornig, stark ausläufertreibend. Oft spreizklimmerartig in andere Sträucher hineinwachsend. Blüten purpurlila entlang der Triebe, von Mai bis in den Herbst. Früchte auffallend korallenrot. Anspruchslos an den Boden, auch auf trockenen Hängen und auf Schotter gut gedeihend. Sollte vorzugsweise zur Hang- und Böschungsbepflanzung verwendet werden. Kann in gepflegten Gärten durch Ausläuferbildung lästig werden. Mittelguter Nektar- und Pollenspender.

M

Made Bezeichnung für solche ↑ Larven, denen Beine entweder fehlen oder nur stummelförmig angedeutet sind und sich auch der Kopf nur andeutungsweise vom darauffolgenden Thorax abhebt. Sie sind bei der Honigbiene wie bei vielen systematischen Gruppen der ↑ Hautflügler ausgebildet (Rund- und Streckmade).

MAETERLINCK, MAURICE * 29.8.1862 in Gent (Belgien), † 6.5.1949 in Nizza.
Flämischer Dichter, erhielt 1911 Nobelpreis für Literatur (Gedichte, Dramen, Erzählungen, philosophische Schriften). Von den naturphilosophischen Essays ist das bekannteste „La vie des abeilles". 1902 in deutscher Sprache erschienen: „Das Leben der Bienen".

Magazin Beute, bestehend aus mehreren ↑ Zargen, dem ↑ Unterboden und dem Deckel, die auch im Selbstbau oder aus Bausätzen hergestellt werden kann. Es ist eine Oberbehandlungsbeute, bei der vor allem die Honigraumzargen ein verkürztes Rähmchenmaß haben können. Der Unterboden kann ein relativ flaches Bodenbrett mit dem meist über die gesamte Beutenbreite reichenden Flugloch sein; er kann aber auch als Hoher Unterboden gefertigt werden, der Aufhängungsmöglichkeiten für eine Wandertraube bietet, in dem aber auch in einem großen flachen Trog Futter gereicht werden kann. Bei der Wanderung werden alle Etagen des Magazins durch an ihnen angebrachte Beschläge der verschiedensten Art oder durch einen Gurt bzw. ein Seil zusammengehalten. Die Belüftung erfolgt entweder durch Gaze im Unterboden, unter dem Deckel oder durch einen Wandervorsatz. Magazine werden meist einzeln aufgestellt, können aber auch dicht nebeneinander auf einem gemeinsamen Untergestell stehen. Sie werden auch in ↑ Wanderwagen eingebaut und auf ↑ Paletten befestigt. Die Vorteile des Magazins sind einmal die hohe Arbeitsproduktivität, hervorgerufen durch die ↑ Oberbehandlung und die ↑ Magazinbetriebsweise, zum anderen die Möglichkeit, dem Volk uneingeschränkt entsprechend seiner Entwicklung Raum geben zu können. Seine Nachteile sind der relativ große Flächenbedarf zur Aufstellung, die noch vielfach manuell durchzuführenden Verladearbeiten bei der Wanderung und das Gewicht der bei der Völkerbehandlung zu bewegenden Zargen. Eine ↑ Kippvorrichtung kann die Arbeit erleichtern.
Farbtafel VI

Magazinbetriebsweise Arbeitet normalerweise nicht mit einzelnen Waben, sondern mit ganzen ↑ Zargen. Ist weniger arbeitsaufwendig, hat jedoch einen größeren Platzbedarf bei der Aufstellung als die Imkerei in ↑ Hinterbehandlungsbeuten. Die Zargen werden bereits in den Wirtschaftsräumen des Imkers vorbereitet, um am Stand dann auf die Magazine aufgesetzt zu werden. Normalstarke Magazinvölker überwintern in zwei Zargen, die meist z. Z. der Kirschblüte miteinander vertauscht werden, damit sich das Brutnest, zunächst in der oberen Zarge angelegt, auf die Waben der anderen Zarge ausdehnt. Die dritte Zarge wird entweder oben hinaufgestellt, meist aber wohl dazwischengesetzt, wobei gleichzeitig ein ↑ Absperrgitter zwischen die zweite und dritte Zarge kommt. Die

Kontrolle, ob die Weisel sich eventuell über dem Absperrgitter befindet, erfolgt nach einer knappen Woche. Ist das der Fall, werden die obere und untere Zarge miteinander vertauscht. Durch Zugabe von Zargen mit Waben und Mittelwänden kann bei Bedarf sowohl das Brutnest als auch der Honigraum erweitert werden. Vielfach wird nach der Rapstracht das Absperrgitter weggelassen, so daß sich das Brutnest über alle Zargen ausdehnen kann.

Die Ablegerbildung (↑ Ableger) kann durch Wegnahme einer ganzen Zarge mit Brut erfolgen. Mit Bodenbrett und Deckel versehen und nach Zugabe einer schlupfreifen Weiselzelle oder einer Weisel, kann der Ableger dann am neuen Standort zum überwinterungsfähigen Volk entwickelt werden. Zur Entnahme der Zargen mit Honigwaben wird 24 Stunden vorher ein Zwischenboden mit einer ↑ Bienenflucht eingelegt, um die Zargen bienenfrei zu machen. Die Fütterung erfolgt in einer aufgesetzten Futterzarge oder in einem Kasten, der in den Hohen Unterboden geschoben wird. Die Aufbewahrung der restlichen Waben findet in den im Winter nicht verwendeten Zargen statt, ein Wabenschrank wird also nicht benötigt.

Zur ↑ Wanderung müssen die Magazinbeuten entweder einzeln verladen werden, dabei werden die Zargen mit einem Gurt zusammengehalten, oder sie werden, auf Paletten stehend, mittels Kran oder Gabelstapler verladen, bzw. sie sind im ↑ Wanderwagen eingebaut.

Magermilchpulver → Pollenersatz

Magnetfeldorientierung → Magnetorgan

Magnetfeldwahrnehmung → Magnetorgan

Magnetorgan Im vorderen Bereich des Hinterleibes werden bei älteren Bienenlarven und während der Puppenphase in der Höhe des einen der beiden Schweresinnesorgane (↑ Sinnesorgane) über 1 Mio feiner, parallel ausgerichteter, eisenhaltiger Kristalle, wahrscheinlich Magnetitpartikel ($FeO \times Fe_2O_3$) angehäuft, die durch nichtmagnetische Substanzen voneinander getrennt sind. Diese eisenhaltigen Teilchen bewirken die Entstehung eines senkrecht zur Körperachse der Biene gelegenen Magnetfeldes. Die Wachstumsrichtung der Magnetitkristalle, die zur Ausrichtung des remanenten (dauerhaften) Magnetfeldes führt, wird offensichtlich im Verlauf der Puppenruhe festgelegt. Bei erwachsenen Bienen sind eisenhaltige Granula nicht nur im proximalen Teil des Hinterleibes, und zwar in ↑ Oenocyten, aufgefunden worden, sondern auch in Fettkörperzellen, in den Flugmuskeln, im Gehirn und in geringen Mengen im Darmepithel. Bei frisch getöteten Bienen ließ sich zeigen, daß die Magnetfeldlinien in der horizontalen Ebene des Bienenkörpers verlaufen. Die Bienen sind mit Hilfe des Magnetorgans in der Lage, die Richtung des Erdmagnetfeldes und auch dessen tageszeitliche Schwankungen wahrzunehmen. Dadurch wird neben der Tageslänge ein zweiter exakter Zeitgeber wirksam, der den Tagesrhythmus der Honigbienen bestimmt. Außerdem stellt das Magnetorgan eine Orientierungshilfe bei der parallelen Anlage der Waben nach Neubesiedlung einer Nisthöhle dar. Die als „Mißweisung" bekannten systematischen Fehler der Tänzerinnen im Stock bei der Richtungsangabe der Trachtquelle sind das Ergebnis der von der Biene wahrgenommenen tagesperiodischen Schwankungen des Erdmagnetfeldes. Die Mißweisung hängt von der Stellung der Waben, auf denen getanzt wird, und damit von deren Ausrichtung zum Erdmagnetfeld ab. Diese Fehler bei der Richtungsangabe der Tracht durch tanzende Sammelbienen werden aber richtig verrechnet, so daß die ausfliegenden Arbeiterinnen zielsicher zur Tracht gelangen.

Die Fähigkeit, elektromagnetische Reize wahrzunehmen, läßt die Bienen auf derartige Reizwirkungen sehr sensibel reagieren. So können Bienenvölker leicht aggressiv werden, wenn man sie schwachen elektrischen Feldern aussetzt. Dem sollte bei der Aufstellung der Völker z. B. in der Nähe von Hochspannungsleitungen Rechnung getragen werden, in deren Nähe sich stets eine Störstrahlung bemerkbar macht, die sich nachteilig auf die Bienen auswirkt. Bei Magnetfeldänderungen, d. h. durch die Wirkung sogenannter inhomogener Magnetfelder, verringert sich auf der Grundlage abnehmender Stoffwechselvorgänge die Aktivität der Arbeiterinnen. Die Folge ist eine längere Lebensdauer der Bienen.

Mahonia NUTT. – *Berberidaceae*
– *aquifolium* NUTT. – Mahonie
Nordamerika. Immergrüner, aufrechtwachsender Strauch von etwa 1 m Höhe, gelegentlich auch bis 1,50 m, mit schönem, glänzendem Laub. Wuchscharakter und Belaubung sind sehr variabel. Die leuchtend goldgelben Blüten stehen in büschligen Trauben und erscheinen von April bis Mai. Sehr robuster Strauch für sonnige bis schattige Lage. Unter Bäumen muß für genügend Bodenfeuchtigkeit gesorgt werden. Sehr gut für flächige Pflanzungen vor Wohnbauten und für niedrige Hecken zu verwenden. Auch zur Einbringung in Waldränder zu empfehlen. Wird regelmäßig stark von Bienen beflogen. Gilt als mittelguter Nektar- und Pollenspender. Für Heckenpflanzung ist die Sorte 'Mirena' besonders geeignet. Für Böschungsbepflanzung 'Pamina'.

Maikrankheit Auch Sandläuferei, Toll-, Lauf-, Zitter-, Kreiselkrankheit genannt. Nichtansteckende Erkrankung der erwachsenen Bienen. Tritt meistens im Mai auf, wenn der Löwenzahn blüht. Sie wird verursacht durch reichlichen Pollenverzehr bei gleichzeitigem Wassermangel. Dadurch tritt Verstopfung ein. Ein Teil der betroffenen Bienen setzt noch ziemlich trockene Pollenkotpfropfen ab, andere sind dazu nicht mehr in der Lage und gehen mit aufgetriebenem Hinterleib und flugunfähig zugrunde. Bei rechtzeitiger Gabe einer warmen, dünnen Honig- oder Zuckerlösung kann den Völkern geholfen werden.

Maische Gemisch von Honig und Zucker im Verhältnis von 1:5 bis 1:10. Es wird dazu normaler Kristallzucker verwendet. Der warme Honig wird in den Zucker gegossen und mit diesem vermengt. Es kann auch statt reinem Honig eine Honigwasserlösung 1:5 genommen werden. Die Maische wird den Bienen in der ↑ Futtertasche oder auf Gaze (Oberbehandlungsbeute, ↑ Magazin) gereicht. Infolge des Honigaromas wird Maische von den Bienen gut abgenommen und dient als Reizfutter. Eine Verkrustung tritt im allgemeinen nicht ein.

Malpighamoebe Kurzbezeichnung für *Malpighamoeba mellificae*. Mikroskopisch kleiner Einzelparasit, der in den Malpighischen Gefäßen der Biene schmarotzt und die ↑ Amöbenseuche hervorruft.

Malpighische Gefäße Aus Kanälchen mit einem Durchmesser von 30 bis 90 µm und einer Länge von ca. 20 mm bestehende Exkretionsorgane der Honigbiene, die am Anfangsteil des Pylorus (↑ Darmkanal) in den Darm einmünden. Ihre Zahl beläuft sich bei der Bienenlarve auf 4, bei der Imago auf ungefähr 100, die alternierend in 2 Reihen um den Pylorus angeordnet sind. Die Innenwand der Malpighischen Gefäße setzt sich aus einer mit einem Stäbchensaum überzogenen Zellschicht zusammen. Sie wird außen von einer Basalmembran und von Muskulatur umgeben, die eine Beweglichkeit der Exkretionskanälchen ermöglicht. Sie ragen mit ihren Enden in die Leibeshöhle der Biene hinein und werden hier von der Blutflüssigkeit umspült, der sie ↑ Exkrete entziehen. Die Exkrete gelangen z. T. in den Darm und dann mit dem Kot nach außen, oder sie werden in den Malpighischen Gefäßen deponiert, was aus der Färbung der Kanälchen hervorgeht. Bei frisch geschlüpften Weiseln sind sie durchsichtig, nach einem Jahr nehmen sie einen gelbgrünen, nach längerer Zeit einen ausgesprochen grünen Farbton an. Auch bei Drohnen verfärben sich die Malpighischen Gefäße mit zunehmendem Alter. Nach 8 Tagen werden die Kanälchen milchig-trüb und sind bei 30 bis 35 Tage alten Tieren bräunlich verfärbt.
Die Malpighischen Gefäße der Bienenlarve reichen vom Pylorus nach vorn bis in den Brustabschnitt und liegen dem Mitteldarm (↑ Darmkanal) an. Die in ihnen gespeicherten Exkrete werden erst dann weiterbefördert, wenn sich am Ende der Larvalperiode die Malpighischen Gefäße in den Darm öffnen, der Durchbruch vom Mittel-

in den Enddarm erfolgt und die Exkrete mit dem Kot nach außen abgegeben werden können (↑ Larvalentwicklung).

Malus MILL. – Apfelbaum – *Rosaceae*
– *floribunda* VAN HOUTTE – Zierapfel
Japan. Kleiner Baum, meist 5 bis 6 m hoch, seltener bis 10 m, mit dichter, breiter Krone und leicht überhängenden Zweigen. Blütenknospen tiefkarmin, im Aufblühen rosa. Sehr reichblühend im Mai. Weitere reichblühende Zierapfel-Sorten sind u. a.: –*moerlandsii* 'Liset' mit braunrotem Austrieb und roten Blüten, –*purpurea* 'Eleyi'. Austrieb purpurfarbig, Blüten weinrot.

– *sylvestris* MILL. – Apfelbaum
Europa, Asien. Baum, 6 bis 12 m hoch, Krone breit ausladend, flach bis rundlich, weiße Blüten in Trugdolden im April/Mai, Standort sonnig bis halbschattig, nährstoffreicher und mittelschwerer Boden – ungünstig sind warme und trockene Lagen –, in Kultur viele Gartensorten.
Kulturformen: Spindel, Busch, Halbstamm, Hochstamm. Sehr guter Nektar- und sehr guter Pollenlieferant.

– *zumi* 'Prof. SPRENGER', grünaustreibend mit rosa Knospen, weißer Blüte und besonders lange haftenden, kleinen, zierenden Früchten. Alle Zier-Malus-Arten und -Sorten bevorzugen nährstoffreiche, genügend feuchte Böden und sonnige oder halbschattige Lage. Sie sind mittelgute Nektar- und Pollenspender.
Farbtafel III

MANDEVILLE, BERNARD DE * 1670 in Dordrecht (Südholland), † 21.1.1733 in London. Englischer Schriftsteller und Arzt. Bezeichnete in der „Bienenfabel" (1714 in deutscher Sprache) den Egoismus als Triebfeder alles menschlichen Handelns und charakterisierte treffend die bürgerliche Gesellschaft seiner Zeit.

Mandibeldrüsen (Oberkieferdrüsen) Kopfdrüsen der Honigbiene, die an der Mandibelbasis münden (↑ Mundwerkzeuge). Sie kommen bei allen drei Bienenwesen vor. Die Drüsen in der Form kleiner Säckchen reichen bei Arbeitsbienen jederseits von der Mandibelbasis bis zum Fühleransatz (↑ Fühler). Sie sind ungefähr 0,9 bis 1,1 mm lang. Die Mandibeldrüsen der Weisel können sich sogar bis zum oberen Rand der Komplexaugen (↑ Sinnesorgane) erstrecken. Ihre Länge schwankt zwischen 1,0 und 2,6 mm. Bei den Drohnen bleiben die Drüsen relativ klein (0,12 bis 0,25 mm) und sind bisweilen auf beiden Seiten unterschiedlich groß. Die Drüsen enthalten einen zentral gelegenen Hohlraum zur Aufnahme der Sekretionsprodukte, der von einer dünnen Cuticula ausgekleidet ist. Umgeben wird der Hohlraum von Drüsenepithel.
Bei schlüfenden Bienen haben die Mandibeldrüsen ihre endgültige Gestalt noch nicht erreicht, sie füllen sich aber bei den Arbeiterinnen schon nach dem ersten Lebenstag mit Sekret, wobei sie sich zugleich auch vergrößern. Über einen Verschlußmechanismus kann das Drüsensekret je nach Bedarf abgegeben werden. Während des Imaginallebens der Arbeiterinnen verändern sich die Mandibeldrüsenprodukte in charakteristischer Weise. Es werden die Brutzellwände mit dem Sekret überzogen, das als bakterizide und fungizide Flüssigkeit sterilisierend wirkt. Die Ammenbienen verabreichen das weißliche Sekret, das trans-10-Hydroxy-2-decensäure enthält, an die Brut bzw. an die Weisel. Ein Zusammenhang besteht auch zwischen der Qualität des Mandibeldrüsensekretes und dem Zustand der Ovarreife bei Arbeiterinnen. Das Sekret reagiert sauer (pH-Wert 4,1 bis 5,1). Auch andere, für den Weiselfuttersaft typische Substanzen entstammen wahrscheinlich zumindest teilweise den Mandibeldrüsen. Der Biopterin-Gehalt ist bei Arbeiterinnen, die sich an der Pflege von Weisellarven beteiligen, 100mal größer als bei denen, die keine Weisellarven pflegen.
Nach Abschluß der Ammenbienentätigkeit bildet das Drüsensekret eine wasserklare Flüssigkeit, die 2-Heptanon enthält, ein ↑ Pheromon, das u. a. in niedriger Konzentration als Lockstoff wirkt, in hoher Konzentration hingegen eine Repellentwirkung ausübt. Das Mandibeldrüsensekret wird von den Arbeiterinnen auch beim Be-

arbeiten von ↑ Wachs und ↑ Propolis verwendet. Die Sekretproduktion nimmt mit fortschreitendem Alter der Arbeitsbienen zu. Die maximale Drüsengröße ist mit der maximalen Menge des in ihnen produzierten 2-Heptanons gekoppelt, und zwar ist dies in der Wächter- und Sammelbienenphase der Fall.

Die Mandibeldrüsen der Weisel sind schon bei frisch geschlüpften Tieren recht groß, aber noch nahezu leer. Sie werden von Fettkörperzellen (↑ Fettkörper) umgeben und enthalten nur geringe Mengen einer milchig-öligen Flüssigkeit. Zur Zeit der ↑ Paarung erreichen die Drüsen ihre endgültige Größe. Selbst nach drei Jahren sind die dann bräunlichen Drüsen noch prall gefüllt, bleiben lebenslang funktionsfähig und produzieren Weisel-Pheromone, wie z. B. die trans-9-Oxodecensäure als Sexuallockstoff und die trans-9-Hydroxydecensäure (↑ Pheromone), die sich hemmend auf die Ovarentwicklung bei Arbeitsbienen auswirkt.

Bei Drohnen verändern sich die Mandibeldrüsen mit zunehmendem Alter. Vollständig entwickelt und funktionstüchtig sind sie nach 7 Tagen. Mit Eintritt der Geschlechtsreife erlischt jedoch ihre sekretorische Funktion wieder. An den Mandibeldrüsen lassen sich dann autolytische Prozesse beobachten. Die Sekretionsprodukte werden im Drüsenlumen gespeichert und von dort während der Paarungsflüge abgegeben (↑ Drohnen).

Mandibeln → Mundwerkzeuge

Massentracht → Tracht

Mauerbiene → Apoidea

Maxillen → Mundwerkzeuge

Mechanorezeptoren → Sinnesorgane

Medicago L. – Schneckenklee – *Leguminosae*
– *lupulina* L. – Gelbklee
Einjährig bis ausdauernd, niederliegende bis aufrechte Stengel, dreizählig gefingerte Blätter, die gelben Blüten stehen in kugeligen Köpfchen, Blütezeit Mai bis Oktober, 10 bis 50 cm hoch. Verbreitet auf Halbtrockenrasen und trockenen Wiesen, Wegrainen, Bahnschotter. Als Futterpflanze angebaut. Guter Nektar- und mäßiger Pollenlieferant.

Mehlbeere → Sorbus

Mehlprobe Bepudern von räubernden Bienen mit Mehl, um deren Herkunft zu ermitteln. Auch bei einem ↑ Schwarm möglich. Man schöpft aus der Schwarmtraube eine Tasse voll Bienen, trägt sie abseits und bepudert sie mit Mehl. Da die Bienen noch nicht auf den Standort des Schwarmes eingeflogen sind, kehren sie in die Beute zurück, aus der sie mit dem Schwarm auszogen.

Mehrfachpaarung → Paarung

MEHRING, JOHANNES * 4.7.1815 in Kleinniedesheim bei Frankenthal, † 23. oder 24.11.1878 in Frankenthal.
Gelernter Schreiner. Erfinder der künstlichen ↑ Mittelwand, nachdem er durch Zurückschneiden der Zellen bis auf die Mittellamelle der Wabe gute Erfahrungen hinsichtlich der Bauerneuerung gemacht hatte. Schnitzte das Wabenmuster zuerst selbst in Holz. Danach gravierten es SPRINGHORN und SCHOBER in eine Metallplatte.
14 Jahre später entwickelte OTTO SCHULZ ein graviertes Walzenpaar, das die Mittelwand beidseitig prägte. Die Mittelwand, auf der Wanderversammlung 1858 als „Stuttgarter Wunder" bezeichnet, machte in Verbindung mit dem im gleichen Jahrzehnt konstruierten ↑ Rähmchen und der ↑ Honigschleuder die moderne Imkerei (Mobilbetrieb) erst möglich.
MEHRING faßte das Bienenvolk als einen besonderen tierischen Organismus auf. Hauptwerk: „Das neue Einwesensystem als Grundlage zur Bienenzucht" (1869). Daraus entwickelte ↑ GERSTUNG seine Lehre vom Bien.

Mehrvolkbetrieb ↑ Betriebsweise, bei der in einer ↑ Beute mehrere (meist zwei) Völker untergebracht sind und entweder (seltener

Fall) in einen gemeinsamen Honigraum sammeln oder zeitweilig vereinigt werden (eine Weisel entnommen), um die Flugbienen beider Völker zur besseren Nutzung besonders der Frühtracht einsetzen zu können. Am gebräuchlichsten ist der Zweivolkbetrieb, der sowohl in einer Dreiraumbeute als auch in einer Zweiraumbeute durchführbar ist. In beiden Fällen wird in der Beute im Laufe des Sommers noch ein ↑ Ableger untergebracht (im ↑ Honigraum bzw. im dritten Raum). Man unterscheidet den Zweivolkbetrieb mit Herbstvereinigung von dem mit Frühjahrsvereinigung. Bei der Herbstvereinigung wird vor der Einfütterung die Weisel von dem Volk mit der schlechteren Entwicklung weggenommen und nach zwei Stunden ein Spalt in den Deckbrettchen, die beide Völker voneinander trennen, geöffnet, damit sich die Vereinigung vollziehen kann. Bei der Frühjahrsvereinigung geschieht dies erst etwa zehn Tage vor Beginn der Frühtracht. Wenn die zu vereinigenden Völker gleichwertig sind, kann man dann auch einen kleinen Weiselableger entnehmen und diesen bis zum Wiedereinsetzen im Sommer aufbauen.

Mehrwabenkästchen → Begattungskästchen

Meisen → Vögel

Melanose Sammelbegriff für mehrere Krankheiten, die dadurch gekennzeichnet sind, daß es im Zusammenhang mit entzündlichen Prozessen in verschiedenen Organsystemen zu Pigmentanreicherungen und damit Farbveränderungen kommt (Melanin = schwarzes Pigment). Sehr häufig ist der Geschlechtsapparat der Weisel befallen (↑ Eischwarzsucht). Mehrfach sind auch melanotische Erkrankungen am Herzschlauch, in der Thoraxmuskulatur, in den Speicheldrüsen und in den Giftdrüsen der Arbeitsbienen beobachtet worden. Die entzündlichen Prozesse, die im Gefolge zu krankhaften Melaninablagerungen führen, sind ursächlich wohl überwiegend erregerbedingt.

Melanosella mors apis → Eischwarzsucht

Meldepflicht → Anzeigepflicht

Melezitose Ein Dreifachzucker (2 Moleküle Traubenzucker und 1 Molekül Fruchtzucker). Wird in unterschiedlicher Menge im ↑ Honigtau der Nadelbäume gefunden, vor allem der Lärchen (franz. mélèze). Verursacht schon bei einem Anteil unter 6 % am Gesamtzucker des Nektars schnelle Kristallisation zu „Zementhonig". Dieser kann von Bienen nur langsam abgebaut werden und nur, wenn genügend Wasser zur Verfügung steht. Honigtauhonige von Nadelbäumen schädigen die peritrophische Membran sowie die Epithelzellen des Darmes und sind als Winterfutter ungeeignet. In Wasser getauchte Zementhonigwaben läßt man am besten während einer Trachtlücke im Sommer von den Bienen umtragen.

Melilotus M ILL . – *Leguminosae*
– *alba* M ED . – Weißer Steinklee
Zweijährig, aufrechte und ästige Stengel, 30 bis 120 cm hoch, dreizählig gefingerte Blätter, weiße Blüten in langen schmalen Trauben, Blütezeit Juli bis September.
Verbreitet an trockenen Ruderalstellen, Wegrainen, liebt steinige und lehmige Böden. Angebaut als Gründüngungs- und Futterpflanze. Sehr guter Nektar- und guter Pollenlieferant.

Meliponen → Apoidea

Melissopalynologie → Pollenanalyse

M ENDEL , J OHANN G REGOR * 22.7.1822 in Heinzendorf (Mähren), † 6.1.1884 in Brünn. Mönch, später seit 1868 Abt im Augustinerkloster in Brünn. Studium der Theologie, Philosophie und Naturgeschichte. Stellte die ↑ M ENDEL 'schen Regeln der Vererbung auf. Die Ergebnisse langjähriger Bienenbeobachtungen und Kreuzungsversuche mit verschiedenen Bienenrassen am Bienenstand im Klostergarten sind nicht erhalten geblieben. War ab 1871 Vizepräsident des „Mährischen Bienenzuchtvereins", der über 1400 Mitglieder zählte, die rund 70000 Bienenvölker betreuten. Verfaßte zahlreiche Beiträge für die „Brünner Honigbiene", propagierte Bienenweideverbesserung mit Esparsette und Löwenschwanz. Ein MENDEL-Denkmal steht im Klostergarten in Alt-Brünn. Eine MENDEL-Büste wurde 1983 in der Ruhmeshalle „Walhalla" bei Regensburg aufgestellt.

MENDEL'sche Regeln Gesetzmäßigkeiten der Vererbung, die von GREGOR MENDEL entdeckt wurden.
Uniformitätsgesetz Bei der Kreuzung von reinerbigen (homozygoten) Organismen, die sich in einem Merkmal unterscheiden, sind die Nachkommen, die Filialgeneration F_1, phänotypisch und genotypisch einheitlich (uniform). Sie nehmen dabei eine Mittelstellung zwischen den Eltern ein (intermediärer Erbgang) oder gleichen einem Elternteil, wenn für das betreffende Merkmal ein dominanter Erbgang vorliegt. Die schwächere Merkmalsausprägung des Partners wird dann überdeckt (rezessiver Erbgang).
Spaltungsgesetz Werden die mischerbigen F_1-Nachkommen miteinander verpaart, kommt es in der F_2-Generation zu Aufspaltungen im Verhältnis 1:2:1, d. h., 25 % sind reinerbig und gleichen dem einen Großelternteil, 50 % sind mischerbig wie die Eltern, 25 % sind reinerbig und gleichen dem anderen Großelternteil. Bei dominantem Erbgang gleichen 75 % dem dominanten, 25 % dem rezessiven Großelternteil.
Unabhängigkeitsgesetz Unterscheiden sich reinerbige Organismen in mehr als einem Merkmal, so werden die einzelnen Merkmalsanlagen, soweit sie nicht auf einem Chromosom gekoppelt sind, unabhängig voneinander vererbt. Deshalb entstehen bei den Nachkommen zahlreiche Neukombinationen der Erbanlagen.
Die Vererbung nach den MENDEL'schen Regeln trifft für die meisten Erbfaktoren zu. Es gibt aber auch Ausnahmen:
1. Bei der Reduktionsteilung kommt es zu einem Bruch der ↑ Chromosomen und zu kreuzweisem Austausch der Chromosomenstücke (crossing over). Die Häufigkeit des Austauschs von Genen nimmt mit ihrem Abstand auf den Chromosomen zu (Genaustausch).

2. Das die Eizellen umgebende Zellgewebe enthält Zellbestandteile mit Erbträgern des mütterlichen Erbgutes (plasmatische Vererbung) und bewirkt eine stärkere mütterliche Vererbung.

3. In der Eizelle können schon Entwicklungsvorgänge beginnen, bevor die Befruchtung stattgefunden hat, so daß die väterlichen Gene den Entwicklungsprozeß nicht mehr verändern können.

Merkmalsbeurteilung → Körung

Met Vergorenes Honigwasser. Eines der ältesten alkoholischen Getränke. In der germanischen Mythologie gilt der Met als Trank der Götter und Helden in Walhall. Honig wird im Verhältnis von 1:3 bis 4:5 mit weichem Wasser versetzt und kurz gekocht. Die anschließende Gärung kann durch Bäckerhefe, Weinhefe usw. gefördert werden. Je nach gewünschter Geschmacksrichtung fügt man 1 g Hopfen je l Lösung, Weinstein oder Zitronensäure, Rosinen oder Gewürze, wie Zimt, Muskat, Ingwer, Nelken, hinzu. Nach der ersten stürmischen Gärung wird umgefüllt, und nach erfolgter Nachgärung und Reifung kann der junge Met nach 6 bis 7 Monaten auf Flaschen gezogen werden.

Metabolit → Abbaumechanismus

Metamorphose Bei der Honigbiene vollkommene Verwandlung der Larve über das Puppenstadium zur Imago, dem erwachsenen, geschlechtsreifen Insekt (Holometabolie). Zur Metamorphose gehören nicht nur Vorgänge, die den Gestalt-, sondern auch solche, die einen Funktionswandel der Organe betreffen.
Wachstums- und Differenzierungsprozesse sind weitgehend voneinander getrennt. Wie bei sämtlichen holometabolen Insekten findet auch bei der Honigbiene das Wachstum während der Larvalphase statt, Differenzierungsvorgänge vollziehen sich dagegen weitgehend im Verlauf der Vorpuppenphase und während der Puppenruhe (↑ Entwicklung).

Migrationsflüge → Bienenarten

Milben (Acari) Einige Arten können gefährliche Bienenseuchen verursachen (↑ Varroatose, ↑ Acariose), andere leben harmlos z. B. im ↑ Gemüll, wieder andere ernähren sich von Pollen und verderben die Pollenvorräte. *(Tyroglyphus* spec. und *Glycophagus* spec.)

Milbenseuche → Acariose

Minderbienengefährliche Mittel → Pflanzenschutzmittel

Mischinfektion Erregerbedingter Krankheitsprozeß, bei dem mindestens zwei Erreger gleichzeitig gefunden werden. Typisches Beispiel für eine Mischinfektion ist die Gutartige ↑ Faulbrut, bei der Bazillen zumeist in Kombination mit Streptokokken wirksam werden.

Mißbildungen Sie können am Chitinpanzer, den Körperanhängen, aber auch an inneren Organen auftreten und lassen sich entweder auf genetische Ursachen (↑ Mutationen), suboptimale Entwicklungsbedingungen, wie zu niedrige Aufzuchttemperaturen, oder z. B. auch auf die destruktive Wirkung der Varroamilbe (↑ Varroatose) zurückführen.
Flügel Häufig sind es Aderanomalien, fehlende oder überzählige Aderstücke in den Flügeln, die aufzuchtbedingte Entwicklungsstörungen anzeigen. Teilweise liegen ihnen erbliche Ursachen zugrunde. Auch die Stummelflüglichkeit der Weisel wird als erbliche Mißbildung gedeutet.
Beine und Fühler Bei Weiseln wurden Reduktionen der Krallen und der Haftläppchen an den letzten Tarsalgliedern (↑ Beine) beobachtet. Solche Tiere können sich an den senkrecht hängenden Waben nicht festhalten. Auch sind weitere Reduktionen von Gliedmaßenteilen, auch einzelnen Fühlergliedern, bekannt.
Chitincuticula Segmentale Deformationen des Chitinpanzers kommen bei Arbeitsbienen und Weiseln vor. Neben einer inkompletten Segmentausbildung gibt es auch Mißbildungen der Sternite, die möglicherweise auf Häutungsstörungen beruhen. Schon länger ist bekannt, daß Häutungsstörungen zur Entstehung der sogenannten Krüppelbienen führen können.
Das Fehlen des Haarbesatzes an Thorax und Abdomen (↑ Schwarzsucht) kann erblich bedingt sein oder auf die Einwirkung äußerer Faktoren zurückgehen.
Stachelapparat Gelegentlich ist auch der Stachelapparat deformiert; Mißbildungen traten beispielsweise an den Stechborsten, den quadratischen Platten und den Stigmenplatten einer Weisel auf. Auch eine inverse Lage von Giftblase und ↑ Dufourscher Drüse kann vorkommen, wobei sich die normalerweise rechts gelegene Giftblase dann auf der linken Seite der Dufourschen Drüse befindet. Defekte an den Chitinstrukturen entstehen nicht nur relativ leicht durch suboptimale Aufzuchttemperaturen, sondern gehen auch auf Schädigungen durch Parasiten oder Krankheitserreger zurück.
Kopf Gelegentlich wurden Bienen mit abnorm kleinen Köpfen beobachtet (Microcephalie), dasselbe trifft für die sogenannten Zyklopenbienen zu, bei denen die Facetten der Komplexaugen (↑ Sinnesorgane) auf dem Scheitel zusammenstoßen. Eine solche Einäugigkeit ist von Arbeitsbienen und Drohnen bekannt. Möglicherweise sind mit dieser Mißbildung auch Gehirndeformationen verbunden. Eine Gehirnreduktion konnte bei einer Arbeitsbiene genauer untersucht werden. In diesem Fall fehlte ein großer Teil des Gehirns vollständig. Von den Cerebralloben (↑ Nervensystem) waren nur noch geringe Reste vorhanden. Lediglich ein pilzförmiger Körper war ausgebildet und in den Lobus opticus verlagert. Auch die Ocellen wiesen eine abnorme Lage auf. Nicht selten findet man im Zusammenhang mit Züchtungsexperimenten abnorme Augenfarbenmutanten bei Drohnen. Ein genetischer Defekt ist auch die Weißäugigkeit (↑ Mutation).
Geschlechtsorgane Eileiter können reduziert, Ovarien verkümmert sein. Auch ist eine Verdopplung der Samenblase bekannt. Geschwülste können sich entwickeln. In einem Fall waren bei einer Weisel eine auffällige Wucherung am Samenblasengang in der Nähe der Samenblasenanhangsdrüse und Zellveränderun-

gen der Samenblasenwand vorhanden. In der Samenblase der Weisel können mißgebildete Spermien als sogenannte ↑ Ringelsamen auftreten, die zur krankhaften Drohnenbrütigkeit führen.

Darm Neben abnormen Zellveränderungen in verschiedenen Darmabschnitten treten bisweilen in der Kotblasenwand oder auch im Lumen der Kotblase Steinbildungen auf, die bei Weiseln und Arbeitsbienen vorkommen. Durch diese Steinbildungen entstehen Exkrementstauungen, die bei Weiseln einen Druck auf die Ovarien ausüben können, wodurch die Eiablage beeinträchtigt wird. Im Bereich der Darmwand entstehen gelegentlich auch krankhafte Wucherungen.

Zu den Mißbildungen gehören schließlich auch die ↑ **Zwitterbienen,** die männliche und weibliche Merkmale aufweisen.

Mißweisung → Bienentänze

Mitbewohner Lebewesen, die normalerweise als harmlose Kommensale (Tischpartner, Mitesser) oder Nützlinge mit im Bienenstock leben. Typische Mitbewohner sind die Gemüllmilben und der ↑ Afterskorpion. Gelegentlich werden im Bienenstock auch Ohrwürmer und ↑ Silberfischchen gefunden. Sie sind aber keine echten Mitbewohner, sondern suchen dort nur zeitweilig Unterschlupf.

Mitteilungsverhalten → Bienentänze

Mitteldarm → Darmkanal

Mittelprüfung Prüfung neu entwickelter Pflanzenschutz- und Schädlingsbekämpfungsmittel sowie Tierarzneimittel auf ihre Eignung und hinsichtlich ihrer Nebenwirkungen. Dies erfolgt durch staatliche Einrichtungen. Ebenso die Prüfung der Bienengefährdung durch ↑ Pflanzenschutzmittel.

Mittelwand Gegossene oder gewalzte dünne Bienenwachsplatte, in die beidseitig das Wabenmuster eingeprägt ist, wodurch die Bienen veranlaßt werden, Arbeiterinnenbau entsprechend der vorgegebenen Zellgröße zu errichten. Für den Ausbau der Mittelwand zur Wabe nehmen die Bienen etwa 2/3 des dafür benötigten Wachses aus der Mittelwand und fügen 1/3 körpereigenes Wachs hinzu (↑ Bauverhalten).

Die Mittelwand wurde 1858 von JOHANNES ↑ MEHRING erfunden. Sie wird in das ↑ Rähmchen eingelötet. Seit einigen Jahren gibt es auch Mittelwände (ebenfalls Waben) aus verschiedenen Kunststoffen, die, meist mit Bienenwachs beschichtet, mit unterschiedlichem Erfolg in der praktischen Imkerei einiger Länder Eingang gefunden haben.

Mobilbau Beweglicher Wabenbau. An Stäbe oder in ↑ Rähmchen gebaute Waben, die der Imker beliebig innerhalb der Bienenwohnung umhängen kann. Der Begriff wurde Mitte des 19. Jahrhunderts nach Einführung des Rähmchens geprägt.
Gegensatz: ↑ Stabilbau.

Modifikation Umweltbedingte, nicht erbliche Änderung des Phänotyps.

Moorheide → Erica

Morator aetatulae RNS-Virus, Erreger der ↑ Sackbrut.

Mörderbienen → Afrikanisierte Bienen

MORGENTHALER, OTTO * 18.10.1886 in Ursenbach bei Bern, † 26.6.1973 in Bern.
Arbeitete seit 1913 als Mikrobiologe an der Eidgenössischen Milchwirtschaftlichen Versuchsanstalt Liebefeld-Bern und befaßte sich hauptsächlich mit der Erforschung von Bienenkrankheiten, wie Faulbrut, Sauerbrut, Nosema, Acariose, Schwarzsucht.
1932 wurde die Bienenabteilung unter seiner Leitung selbständiges Institut. 1939 Präsident des XII. Internationalen Bienenzüchterkongresses in Zürich. War mit der Gründung der ↑ APIMONDIA befaßt und dessen Generalsekretär von 1949 bis 1956. 1936 bis 1945 Zentralpräsident des Vereins Deutsch-Schweizerischer Bienenfreunde und Schriftleiter der Schweizerischen Bienenzeitung bis 1952. Professur an der Vete-

Mundwerkzeuge 197

rinärmedizinischen Fakultät der Universität Bern.

Mortalität → Sterberate

Mörtelbiene → Apoidea

Mottenpulver Wird speziell gegen Kleidermotten eingesetzt. Die enthaltenen Wirkstoffe, wie das im Bienenwachs lösliche Paradichlorbenzol, sind bienengefährlich und hinterlassen im Wabenwerk schädliche Rückstände. Mottenpulver darf deshalb nicht zum Schutz gegen ↑ Wachsmotten angewendet werden.

Mundwerkzeuge Sie bestehen aus drei Paar Anhängen des ↑ Kopfes, den Mandibeln, dem 1. und dem 2. Maxillenpaar. Die 2. Maxillen werden auch als Labium bezeichnet. Die Mundwerkzeuge umgeben die spaltförmige, funktionelle Mundöffnung, die in eine Höhlung der Kopfkapsel führt, in der sich die eigentliche morphologische Mundöffnung befindet, die den Eingang zum Vorderdarm (↑ Darmkanal) markiert.

Bereits bei der **Bienenlarve** sind Mandibeln und Maxillenpaare vorhanden. Da die Larven nur die ihnen gereichte Nahrung aufzunehmen brauchen, sind auch ihre Mundteile relativ einfach gebaut. Teilweise vom Labrum, einem Anhang der Kopfkapsel, überdeckt, bilden die Mandibeln schwach chitinisierte, leicht nach vorn und innen gebogene Kopfanhänge vor der Mundöffnung. Hinter ihr liegen die 1. Maxillen, die basal miteinander verbunden als zapfenförmige Gebilde wie die Mandibeln leicht nach innen gebogen sind. Das 2. Maxillenpaar (unpaares Labium) ragt in der Aufsicht median etwas über das Labrum hinaus.

Im Verlauf der ↑ Metamorphose werden die Mundwerkzeuge gänzlich umgestaltet. Die **erwachsene Biene** besitzt meißelförmige Mandibeln und einen kompliziert gebauten Saugapparat, der sich aus den beiden Maxillenpaaren zusammensetzt. Die gelenkig mit dem unteren Kopfkapselrand verbundenen Mandibeln tragen bei den Arbeiterinnen mit Leisten besetzte Kauflächen. Die Mandibeln der Weisel sind kräftiger und stärker behaart als die der Arbeitsbienen, die Kauflächen tragen am Rand Zähne. Die Mandibeln der Drohnen verjüngen sich von der Basis zur Spitze, so daß sie den Eindruck erwecken, als seien sie weniger funktionstüchtig als die der weiblichen Morphen. Sie besitzen keine Kauleisten, tragen aber wie die der Weisel am Rand Zähnchen und auf der Außenseite eine besonders auffällige Behaarung. Der Neigungswinkel der Kauflächen und der Winkel, unter dem das seitlich abstehende Haar an der Mandibel ansetzt, zeigen bei einzelnen geographischen Rassen (↑ Bienenrassen) deutliche Unterschiede. Kräftige

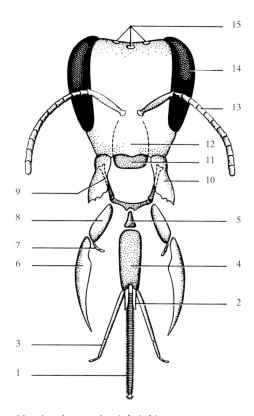

Mundwerkzeuge der Arbeitsbiene (nach ZANDER)

1	Zunge	8	Stipes
2	Nebenzungen	9	Cardo
3	viergliedriger Taster	10	Mandibel
4	Mentum	11	Labrum
5	Submentum	12	Clypeus
6	Außenlade (distaler Teil der 1. Maxille)	13	Fühler
		14	Komplexauge
		15	Ocellen
7	Maxillartaster		

Mundwerkzeuge

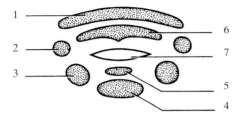

Verteilung der Mundwerkzeuge um die Mundöffnung bei Larve (oben) und Imago (unten) (nach ZANDER)

1 Labrum
2 Mandibel
3 erste Maxille
4 zweite Maxille
5 Hypopharynx
6 Epipharynx
7 Mundöffnung

Muskelzüge, die über Chitinsehnen mit den beiden Gelenkhöckern der Mandibeln verbunden sind, ziehen hinter den Komplexaugen zur Kopfkapsel, die für die Funktion der Mandibeln als Widerlager dient.

Der aus den beiden Maxillenpaaren bestehende Saugrüssel ist in die Hinterwand der Kopfkapsel eingelenkt und an ihr durch eine Chitinmembran, außerdem durch Muskulatur befestigt. Die 1. Maxillen werden über einen basal gelegenen Chitinstab (Cardo) mit der Kopfkapsel und zugleich mit den 2. Maxillen verbunden. Auf diesen Basalteil folgt ein zweites Grundglied (Stipes). Ihm sitzt außen eine längs gestreckte, nach innen konkave Lade auf, die einen großen Teil des von vorn sichtbaren Bienenrüssels bildet. An der Wurzel der paarigen Laden sitzen winzige zweigliedrige Taster, die Maxillartaster, die den Laden anliegen, so daß man sie beim flüchtigen Hinschauen leicht übersehen kann.

Während die 1. Maxillen paarig ausgebildet sind, stellt das Labium (2. Maxillenpaar) ein unpaares Gebilde dar. Der zentrale, basal gelegene Teil des Saugrüsselapparates gehört als Mentum zum Stammabschnitt der 2. Maxillen, dem proximal ein kleines, dreieckiges Submentum aufsitzt.

Distal setzt sich das Mentum in die Bienenzunge fort, die am Grunde von einem Paar kleiner Nebenzungen flankiert wird. Ebenfalls am Zungengrund entspringt ein Paar langgestreckter viergliedriger Taster, die Labialtaster, die sich in Ruhestellung der Zunge von hinten anlegen.

Die Zunge selbst bildet eine auf ihrer Rückseite offene Röhre. Sie wird durch Chitinringe versteift, die im Abstand von 0,025 bis 0,035 mm aufeinander folgen. Auf diesen Ringen sitzen kranzförmig, nach unten gerichtete 0,20 mm lange Härchen. Wird die Zunge verkürzt, stehen diese Härchen senkrecht von ihr ab. Flüssigkeitströpfchen können dann besser festgehalten werden.

In Richtung zur Zungenspitze verdichtet sich dieser Haarbesatz, so daß die Zungenspitze einem kleinen Pinsel gleicht. Ihr Ende läuft in eine löffelförmige Rundung aus (Löffelchen), die ungefähr 0,13 mm lang und 0,11 mm breit ist und am Rande gekrümmte Härchen trägt. Die Behaarung der Zunge vergrößert deren Oberfläche und begünstigt dadurch die Nektaraufnahme. Sehr kleine Nektartröpfchen können mit dem Löffelchen aufgeleckt werden. Sind größere Nektartropfen aufzunehmen, legen sich die Laden der 1. Maxillen und die viergliedrigen Taster zu einer Röhre zu-

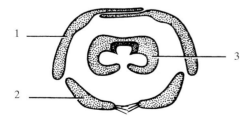

Querschnitt durch den Rüssel einer Arbeitsbiene (nach SNODGRASS)

1 erste Maxille
2 viergliedriger Taster
3 Zunge

Mundwerkzeuge 199

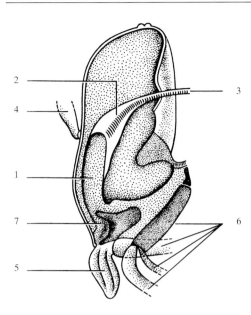

*Praeoralhöhle (1) im Bienenkopf
(nach SNODGRASS)*
2 Pharynx
3 Oesophagus
4 Fühleransatz
5 Mandibel
6 Ansatz der Einzelteile des Saugrüssels
7 äußere, funktionelle Mundöffnung.
Die innere Mundöffnung liegt im Kopf verborgen hinter der Praeoralhöhle.

ander, zeigt sich, daß die größten Werte bei den Arbeiterinnen auftreten. Durchschnittswerte für *Apis m. carnica*: Arbeitsbiene 6,59 mm, Königin 4,24 mm, Drohn 4,18 mm. Die Rüssellängen europäischer Bienen nehmen vom Norden nach Süden gleitend zu.

Sie werden demzufolge nicht nur von geschlechts- und kastenspezifischen Faktoren bestimmt, sondern stellen in einigen Fällen zumindest auch ein Rassenmerkmal der Honigbienen dar.

In der Ruhelage wird der Rüssel zwischen Stipites und den Laden der Maxillen umgeklappt und der Kopfunterseite angelegt.

Die Mundwerkzeuge der Honigbiene als eine Kombination von kauend-beißenden und saugenden Bestandteilen dienen nicht nur der Nahrungsaufnahme, ihnen kommt auch im Sozialleben eine große Bedeutung zu. Die Mandibeln werden von den Arbeiterinnen als Werkzeuge bei der Bearbeitung von ↑ Wachs und ↑ Propolis gebraucht, der Rüssel zur Aufnahme und Weiterleitung von Sammelgut (Nektar, Honigtau) sowie zum Austausch dieser Substanzen als einer Form der Informationsübertragung.

sammen, darauf tauchen die Arbeitsbienen den so gebildeten Rüssel in den Nektar ein und saugen ihn mit Hilfe der Schlundmuskulatur auf. Unterstützt wird die aktive Saugbewegung durch die Kapillarwirkung der Zungenbehaarung innerhalb des um die Zunge geformten Rüssels und darüber hinaus auch durch Bewegungen der Zunge, die den Nektar zur Mundöffnung drückt.

Die Arbeiterinnen können ihren Rüssel so lang dehnen, daß zwischen dem Grund der Maxillen und der funktionellen Mundöffnung dorsal eine Öffnung sichtbar wird. Streckt eine Biene ihren Rüssel vor, um eine Stockgenossin zu füttern, wird das Rüsselende in diese Öffnung eingeführt. Die Biene kann diese Öffnung aber auch verschließen, indem sie den Rüsselgrund gegen den Epipharynx drückt.

Vergleicht man die Rüssellängen von Arbeitsbienen, Weiseln und Drohnen mitein-

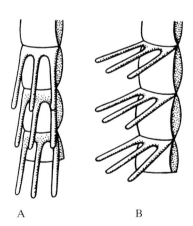

Ausschnitt aus den kranzförmig angeordneten Härchen auf der Bienenzunge
A gestreckter Zustand mit anliegenden Härchen
B verkürzte Zunge mit abstehenden Härchen. Flüssigkeitströpfchen werden zwischen den Härchen festgehalten

Muscinus, Johannes Philibertus * nicht bekannt, † 1673.
Pfarrer in Bicken bei Dillenburg. Verfaßte 1638 eine kleine Schrift, die eine der ältesten bienenkundlichen Handschriften in deutscher Sprache ist (von K. Dreher entziffert und veröffentlicht). Beschrieb die Bienenhaltung in hessischen Korbformen als Zeidelbienenzucht (↑ Zeidlerei). Erkannte, daß Bienen harzige Stoffe eintragen, Wachs im eigenen Körper produzieren (bis dahin galt die Meinung, daß sie es von den Blüten sammeln).

Museen der Bienenhaltung → Ausstellungen

Muskulatur Die Muskelfasern der Insekten sind zu Bündeln vereinigt. Sie besitzen an ihren Enden häufig Verzweigungen. Den am ↑ Chitinpanzer ansitzenden Muskeln kommt eine charakteristische Querstreifung zu, die durch unterschiedliche Lichtbrechung in der Längsrichtung der Muskelfasern entsteht. Helle und dunkle Abschnitte folgen aufeinander. Die quergestreiften Muskelfasern sind aus vielen einzelnen Fasern, den Muskelfibrillen, zusammengesetzt und von einem Sarcolemma, einer elastischen Hülle, umgeben. Die Zellkerne liegen axial im Zentrum der Muskelfasern. Die Anordnung der Fibrillen führt zu einer Teilung der Muskelbündel in Sektoren, die auf Querschnitten veran-

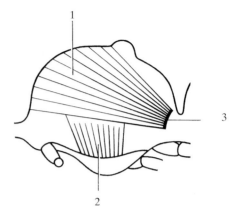

Indirekte Flugmuskeln im Thorax (nach Michener, verändert)
1 longitudinale Flugmuskeln
2 dorsoventrale Flugmuskeln
3 Chitinspange

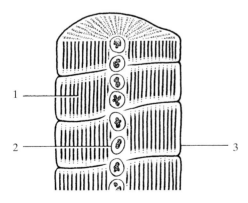

Schematische Darstellung eines quergestreiften Muskels der Honigbiene (nach Snodgrass)
1 Muskelfibrillen
2 Zellkern
3 Sarcolemma

schaulicht werden können. Diesen Grundbauplan der Muskulatur trifft man bei den erwachsenen Honigbienen wie auch bei den Larven an.
Die Anlage der larvalen Körpermuskulatur entspricht der Gliederung der ↑ Larve und zeigt vor allem im Hinterleib eine regelmäßige segmentale Ausbildung, bei der insbesondere Längs- und Quermuskelzüge hervortreten. Weniger regelmäßig ist die Muskulatur im Brustabschnitt angelegt. Im larvalen Kopfbereich greifen Muskeln an den ↑ Mundwerkzeugen und am Labrum an. Den Fühlern und den Beinanlagen der Larven fehlen Muskeln.
Im Verlauf der ↑ Metamorphose kommt es zu einer Umwandlung bzw. einer Neubildung der Muskulatur. Völlig neu entstehen die Muskeln der Fühler und der Beine sowie die des Stachelapparates. Im Hinterleib erfolgt eine Rekonstruktion der larvalen Muskulatur. Bereits 10 Stunden nach Verdeckelung der Brutzellen vollziehen sich die ersten Umwandlungsschritte. Kleine Muskelzellen entstehen zwischen den sich im Abbau befindlichen Hinterleibsmuskeln.
Eine vollständige Destruktion der Muskeln geht im Brustabschnitt der Larven vor sich. 25 Stunden nach der Verdeckelung der Brutzellen ist der Aufbau der imaginalen Muskelzellen in vollem Gange. Die größten

Brustmuskeln, die indirekten Flugmuskeln (Antriebsmuskeln) bestehen aus mehreren Muskelzügen.
Ein Paar, die longitudinalen Flugmuskeln, ist im hinteren Teil des Brustabschnittes an einer Chitinspange befestigt. Ein zweites Paar, die dorsoventralen Flugmuskeln, greift an der ventralen Thoraxwand an und zieht außen an den Längsmuskeln vorbei zum Thoraxrücken. Beide Muskelpaare füllen fast den gesamten Innenraum des Brustabschnittes aus.
Zwischen den Muskelfibrillen liegen zahlreiche Mitochondrien, kleine plasmatische Körperchen, die wie Perlschnüre angeordnet sind. Sie spielen als Energielieferanten im Zellstoffwechsel für die Funktion der indirekten Flugmuskeln eine große Rolle.
Tracheen und Tracheolen (↑ Tracheensystem), die die Muskeln durchziehen, sorgen für die Bereitstellung von Sauerstoff, der für die Energieumwandlung unerläßlich ist.
Außer den indirekten gibt es auch direkte Flugmuskeln, die unmittelbar am Grund des Flügelgelenkes ansetzen. Bei der erwachsenen Honigbiene kommen insgesamt mehr als 200 Paar Körpermuskeln vor.

Mutation Plötzliche Veränderungen an den Erbanlagen, in der Mehrzahl an einzelnen ↑ Genen. Es können aber auch umfangreichere Strukturänderungen der Erbanlagen eintreten, die dazu führen, daß sich die Zusammensetzung der ↑ Chromosomen verändert.
Genmutationen kommen vor allem durch Ungenauigkeiten bei der Replikation (↑ Vererbung) zustande, d. h., bei der Verdopplung der einzelnen Erbanlagen (Gene) während der Kernteilungsprozesse in den Keimzellen, die dort bei der Reifung der Ei- und Samenzellen vor sich gehen. Mutiert ein Gen, entstehen ↑ Allele als Erbanlagenvarianten, von denen es an einem Genort viele geben kann.
Im Phänotyp (Erscheinungsbild des Organismus) kommen dann, je nach Vorhandensein des einen oder anderen Allels, die jeweils entsprechenden Merkmalsvarianten zur Ausbildung. Der größte Teil der Mutationen ist schädlich. Der Umfang, der durch sie hervorgerufenen Schädigung hängt von der Größe der mutagenen Veränderung im Erbgut ab.
Bei Honigbienen sind Mutationen hauptsächlich an den Komplexaugen, dem Chitinpanzer, den Flügeln und der Behaarung bekannt. Bei Augenfarbenmutanten ist die Pigmentbildung gestört.
Werden die Mutationen rezessiv vererbt (verdeckter ↑ Erbgang, Gegensatz: dominant), finden sie sich unter natürlichen Bedingungen nur bei den Drohnen, bei denen es einen verdeckten Erbgang nicht gibt. Helläugige Drohnen, bei denen eine Augenfarbenmutation zum Ausdruck kommt, sind wegen der damit verbundenen Sehschwäche entweder völlig fluguntüchtig oder nur bedingt zu Ausflügen befähigt. Eine Mutation der Augenlinse verhindert die Ausbildung der Facettenstruktur der Komplexaugen.
Relativ häufig sind Farbmutationen des Chitinpanzers. Verbreitet tritt z. B. „cordovan" auf, bei der die Bienen lederbraun aussehen. Auch bei der „Aurea" (Goldbiene), einer besonders hellfarbenen Italienerbiene, handelt es sich um eine Mutation, bei der die Bienen, mit Ausnahme der Hinterleibsspitze, goldgelb gefärbt sind.
Bei Flügelmutationen können Aderteile im Flügelgeäder fehlen oder zusätzliche Aderstücke auftreten.
Eine auffällige dominante Mutation ist die sogenannte erbliche ↑ Schwarzsucht, bei der das Überhaar fehlt.

Muttervolk Gekörtes und zur Erzeugung von Zuchtweiseln zugelassenes Bienenvolk (↑ Körung)

Mykosen Erkrankungen, die durch Pilze hervorgerufen werden, die sich in den Geweben des Wirtes vermehren (↑ Kalkbrut und ↑ Steinbrut).
Erkrankungen, die auf die Giftwirkung von Pilzen bzw. deren Stoffwechselprodukte zurückzuführen sind, nennt man Mykotoxikosen.

N

Nachbarschaftsrecht → Bienenrecht

Nachschaffungsstimmung → Pflegevolk

Nachschaffungszellen Von den Bienen eines Volkes nach Verlust der Weisel über jüngster Arbeiterinnenbrut angelegte Weiselzellen.
Im Gegensatz zu den ↑ Schwarmzellen befinden sich die Nachschaffungszellen vielfach mitten auf der Wabenfläche.
Farbtafel XIV

Nachschwarm Alle Schwärme eines Volkes, die nach dem Vorschwarm abgehen. Sie sind meistens kleiner als der Vorschwarm, haben eine junge unbegattete Weisel, setzen sich vielfach im oberen Bereich der Bäume nur für verhältnismäßig kurze Zeit fest und fliegen dann weit weg.
Es kommt auch vor, daß mehrere Nachschwärme zu einem größeren Schwarm mit mehreren Weiseln zusammenfliegen. Die Weiseln bekämpfen sich schon auf der Schwarmtraube, so daß nur eine Weisel übrigbleibt (↑ Schwarm).

Nachtrachtpflege Maßnahmen des Imkers nach Ende der Trachtperiode, damit die Weisel ihre Legetätigkeit möglichst wenig einschränkt und ein gutes Wintervolk aufbaut. Nicht ausgebaute ↑ Mittelwände und helle Waben werden entnommen, da sie zu dieser Jahreszeit nicht mehr ausgebaut und bestiftet werden. Das Volk muß selbstverständlich weiselrichtig sein, gegebenenfalls muß es beweiselt werden.
Schwache und buckelbrütige Völker werden aufgelöst.
Zur Nachtrachtpflege gehört vor allem die regelmäßige und ausreichende Reizfütterung (↑ Fütterung), flüssig, mit Maische, Futterteig oder Trockenzucker. Das ist sofort notwendig, wenn der letzte Honig entnommen wurde. Weiter gehört dazu die Bekämpfung der ↑ Varroatose.

Nackenorgan → Sinnesorgane

Nacktes Volk Bienenvolk ohne Waben im Zustand des ↑ Kunstschwarmes.

Nährstoffe Die für den Aufbau, die Erhaltung und die Funktion lebender Organismen erforderlichen Substanzen. Die Honigbiene benötigt, abgesehen vom Wasser, an Nährstoffen Kohlenhydrate und Eiweiße.
Eiweißbedarf der erwachsenen Biene Unter natürlichen Bedingungen stellt der ↑ Pollen die Eiweißquelle und damit einen unentbehrlichen Bestandteil der Aufbaunahrung (Baustoffwechsel) für die Bienen dar. Das Wachstum der einzelnen Organe ist in hohem Maße an die Pollenaufnahme der Bienen von den ersten Lebenstagen an gebunden. Innerhalb von 5 Tagen nach dem Schlupf steigt der Stickstoffgehalt des Kopfes der Arbeitsbienen auf 93 %, der des Brustabschnittes auf 37 % und der des Hinterleibes auf 76 % an. Gleichzeitig entwickeln sich ↑ Hypopharynxdrüsen und ↑ Fettkörper. Bei Drohnen erreicht der Stickstoffgehalt des Körpers 14 Tage nach dem Imaginalschlupf, bei Weiseln erst nach zwei Jahren einen Gipfel und nimmt danach ab. Fehlt ausreichend Stickstoff in der Nahrung, kommt es zu einer schnellen Erhöhung der Mortalität. Erhalten 30 Tage nur mit Zuckerwasser gefütterte Arbeiterinnen nachträglich noch Pollennahrung, kann eine normale Organentwicklung nachgeholt werden. Die Bienen sind dann auch in der Lage, als Ammenbienen für die Brutaufzucht zu sorgen. Zu den chemischen Grundbausteinen der Eiweiße, den (essentiellen) Aminosäuren, gehören Arginin, Histidin, Lysin, Tryptophan, Phenylalanin, Methionin, Threonin, Leucin und Isoleucin sowie Valin. In der natürlichen Pollennahrung der Bienen sind diese Aminosäuren reichlich enthalten.
Auch in der **Larvalnahrung** spielen Proteine eine hervorragende Rolle. Für die Aufzucht einer Larve werden 4 bis 6 mg Stickstoff benötigt. Die essentiellen Aminosäuren in der Nahrung der Larven entsprechen denen, die junge Imagines benötigen. Bereits länger gelagerter Pollen ist wertgemindert, da sein Nährstoffgehalt demjenigen frischen Pollens nicht gleichwertig ist. Eine Verbesserung des Nährstoffgehaltes läßt

sich durch Zugabe frischen Pollens erzielen.
Kohlenhydratbedarf der erwachsenen Biene
Glucose und Fructose gehören zu den häufigsten Zuckerarten, die die Honigbiene für die Aufrechterhaltung ihrer Körperfunktionen benötigt (Betriebsstoffwechsel). Beide Zucker sind auch in der ↑ Blutflüssigkeit der Bienen enthalten. Sie gehören zu den Monosacchariden (Einfachzucker). Die Zuckermoleküle sind nicht weiter zerlegbar. Der Grad der Löslichkeit in Wasser ist bei Fructose ungefähr doppelt so hoch wie bei der Glucose. Die Bienen sind in der Lage, außer den beiden genannten noch folgende Zuckerarten zu verwerten: Saccharose, Maltose und Trehalose. Bei ihnen handelt es sich um Disaccharide (Zweifachzucker), die enzymatisch in Monosaccharide umgewandelt werden können. Saccharose besteht aus einem Molekül Fructose und einem Molekül Glucose, Maltose und Trehalose aus zwei Molekülen Glucose (verschiedene chemische Bindung).
Während Saccharose als häufige Zuckerart im Nektar enthalten ist und durch Invertase (↑ Enzyme) in ihre Grundbestandteile zerlegt in den Honig gelangt – nur ein geringer Anteil verbleibt als Disaccharid im Honig – tritt Maltose durch enzymatische Umwandlung erst als Sekundärzucker im Honig auf. Trehalose ist eine wichtige Komponente des Blutzuckers der Bienen. Dieser Zucker wird bei der Honigbiene durch Glykogenabbau (↑ Glykogen) aus dem ↑ Fettkörper gewonnen. Verwertbar sind für die Biene auch ↑ Melezitose und, weniger bedeutend, die nicht süß schmeckenden Zuckerformen Arabinose, Xylose, Galaktose, Cellobiose und Raffinose. Neben Dextrinen vermögen die Bienen auch Pollenstärke zu verdauen, obwohl diese Stärke durch das ↑ Enzym Diastase nicht angegriffen wird, da die Körner der Pollenstärke von einer schützenden Amylopektinhülle umgeben sind. Offensichtlich sorgen Bakterien in der Kotblase (↑ Darmkanal) für den enzymatischen Abbau der Pollenstärke.
Die **Bienenlarven** können folgende Kohlenhydrate verdauen: Saccharose, Glucose, Fructose, Maltose, Melezitose, Trehalose, Galaktose, Laktose und Dextrine. Wiederum sind die drei erstgenannten die wichtigsten.
Während der Individualentwicklung der Bienen werden Kohlenhydrate, Eiweiße, aber auch Fette (aus Kohlenhydraten) synthetisiert und im Körper gespeichert. Der Fettgehalt des Bienenkörpers macht z. B. 9 % seiner Trockenmasse aus. In der Baubienenzeit liegt er sogar noch darüber. Fette und fettähnliche Substanzen werden vor allem im ↑ Fettkörper gespeichert; sie spielen bei der Wachsherstellung und der Produktion des Futtersaftes der Ammenbienen eine wichtige Rolle.

Nahrung Sie besteht bei **erwachsenen Bienen** aus ↑ Nektar und ↑ Pollen. Pollen enthält hauptsächlich Eiweiß, aber auch Pollenstärke, Fett, Mineralien und Vitamine. Über den Vitaminbedarf der Honigbiene ist wenig bekannt. Einige Vitamine werden vom Bienenkörper synthetisiert, andere müssen mit der Nahrung aufgenommen werden. Der Nährwert des Pollens wechselt mit seiner Herkunft von verschiedenen Pflanzenarten erheblich. Von hohem Nährwert für die Bienen sind z. B. Pollen von Krokus, Weide, Obstarten, Mohn, Weißklee und Rotklee sowie Edelkastanie, Raps, Senf, Heidekraut. Auch Pollengemische besitzen in der Regel einen relativ hohen Nährwert.
Bereits unmittelbar nach dem Schlupf beginnen die Arbeitsbienen, Pollen zu verzehren. Ihre Lebensdauer hängt in hohem Maße vom Umfang der Pollenaufnahme in den ersten Lebenstagen ab. Erst zwischen dem 8. und dem 10. Imaginaltag geht normalerweise der Anteil des Pollens an der Nahrung zurück, bleibt aber auch dann noch verhältnismäßig hoch, falls die Arbeiterinnen danach noch Brut zu ernähren haben. Flugbienen leben überwiegend von Nektar und Honigtau bzw. von Honig, womit im wesentlichen der Kohlenhydratbedarf der Bienen gedeckt wird (↑ Nährstoffe). Vitamine und Mineralien kommen auch im Nektar und Honig, allerdings nur in Spuren vor.
Junge, 1 bis 8 Tage alte Drohnen erhalten vor allem ↑ Futtersaft von den Ammenbienen. Zusätzlich ernähren sie sich aber auch

von Honig und Pollen. Die Nahrung der flugfähigen, geschlechtsreifen Drohnen besteht vorwiegend aus Honig, den sie den Honigwaben entnehmen. Gelegentlich werden sie auch noch von Arbeiterinnen gefüttert. Den Weiseln wird von den Pflegebienen ständig hochwertiger Futtersaft dargeboten.
Die Weiseln sind aber durchaus auch in der Lage, selbsttätig Nektar oder Honig aus den Wabenzellen zu entnehmen. In entsprechenden Versuchen ließ sich nachweisen, daß sogar isoliert gehaltene Weiseln mit einem Honig-Zucker-Gemisch über zwei Wochen, ja selbst länger als 48 Tage am Leben erhalten werden konnten, wenn ihnen zugleich Wasser zur Verfügung stand. Wasser ist stets für die Verflüssigung eingedickten Nektars bzw. Honigs erforderlich. Es stellt zugleich Lösungs- und Transportmittel für Nährstoffe, Vitamine und Mineralien dar, wird von den Ammenbienen zur Erzeugung des Futtersaftes benötigt und ist darüber hinaus für sämtliche Stoffwechselprozesse unentbehrlich. Wasser wird mit dem Nektar aufgenommen, aber auch von Flugbienen, den Wasserholerinnen, eingetragen. Wasser wird aber nicht gespeichert. Ein Bienenvolk verbraucht durchschnittlich >20 l Wasser pro Jahr.

Larven werden nach dem Schlupf aus dem Ei mit dem Futtersaft der Ammenbienen ernährt. Dieser ↑ Futtersaft besteht aus zwei Komponenten, einem wasserklaren und einem weißlichen Bestandteil im Verhältnis 3:2 bis 5:1. Nur Weisellarven erhalten ein Gemisch beider Teile im Verhältnis 1:1. Arbeiterinnenlarven werden im Verlauf ihrer Entwicklung im Durchschnitt >140mal gefüttert. Vom 3. Lebenstag an bekommen sie eine pollenhaltige Nahrung sowie Nektar und Honig, während der Futtersaftanteil stark abnimmt. Drohnenlarven erhalten entsprechend ihrer Größe mehr Brutnahrung als die Arbeiterinnenlarven.
Eine Drohnenlarve bekommt ca. 9,6 mg Futter, eine Arbeiterinnenlarve 1,7 mg. Drohnenlarven können mit dem Futter der entsprechenden Altersstadien von Arbeitsbienenlarven aufgezogen werden, was dafür spricht, daß eine physiologisch wirksame Übereinstimmung in der Ernährung der beiden Geschlechter vorhanden ist.
Der Proteingehalt des Weiselfuttersaftes beläuft sich auf 110,5 mg pro wasserklare Komponente des Futtersaftes, die den Hypopharynxdrüsen entstammt. Die weiße Komponente, ein Sekretgemisch aus Hypopharynx- und vor allem den Mandibeldrüsen, enthält 140,5 mg/g. Eine Weisellarve wird ca. 1600mal gefüttert, dabei erhält sie insgesamt 1,5 g Nahrung. Der Vitamingehalt des Weiselfuttersaftes nimmt im Verlauf der Weisellarvenentwicklung zu.

Nahrungserwerb → Sammelstrategie

Nahwanderung → Wanderung

Name der Biene → LINNÉ

Narkotika Sie haben eine vorübergehend lähmende Wirkung auf das Nervensystem. Bei der künstlichen ↑ Besamung von Bienenköniginnen wird mit CO_2 gearbeitet, bei Arbeiten am Bienenstand gelegentlich mit ↑ Lachgas.

Nassanoffsche Drüse (Duftdrüse) Ein aus 500 bis 600 Ampullendrüsen bestehendes Organ am Vorderrand des 7. Abdominaltergites der Arbeitsbiene. Seine cuticulare Oberfläche ist im vorderen Drittel hell, also schwach sklerotisiert, unbehaart und normalerweise vom 6. Tergit (↑ Hinterleib) überdeckt. Hinter dem Vorderrand liegt eine rinnenförmige Vertiefung, auf die die Intersegmentalmembran folgt, die das 7. mit dem 6. Tergit verbindet. Unter dem vorderen, unbehaarten und dem rinnenartigen, proximalen Abschnitt des 7. Tergites befinden sich die Drüsenzellen. Sie münden über feine Kanäle, die einzeln oder gruppenweise zur Cuticulaoberfläche ziehen, und geben einen hochwirksamen Duftstoff (Orientierungs- und Markierungspheromone, ↑ Pheromone) ab.
Die Cuticulaoberfläche, auf der die Nassanoffsche Drüse mündet, wird bei der Duftstoffabgabe durch eine Streckbewegung des Hinterleibes frei; außerdem wird der nur schwach sklerotisierte rinnenförmige

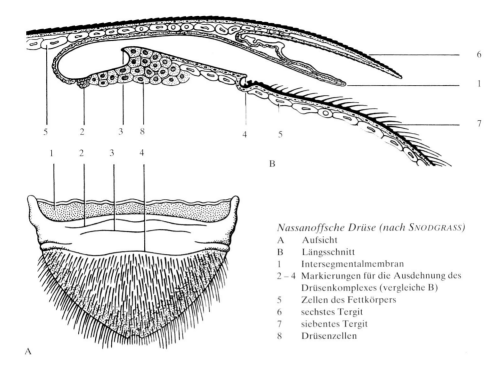

Nassanoffsche Drüse (nach SNODGRASS)
A   Aufsicht
B   Längsschnitt
1   Intersegmentalmembran
2–4 Markierungen für die Ausdehnung des Drüsenkomplexes (vergleiche B)
5   Zellen des Fettkörpers
6   sechstes Tergit
7   siebentes Tergit
8   Drüsenzellen

Vorderrand des 7. Tergites nach außen umgewölbt und dadurch die Verdunstungsoberfläche vergrößert.

Die Arbeitsbienen fördern die Verteilung des Duftstoffes noch dadurch, daß sie ihren Hinterleib schräg nach oben strecken (↑ sterzeln) und mit den Flügeln Fächelbewegungen (↑ fächeln) ausführen. Der Duftstoff (↑ Pheromone) dient der Markierung von Futterplätzen und Wassersammelstellen sowie bei Abgabe in Fluglochnähe als Orientierungshilfe für heimkehrende Sammlerinnen. Ferner sorgt der Duftstoff für den Zusammenhalt der Schwarmtraube.

Das Pheromon der Nassanoffschen Drüse ist nicht volksspezifisch. Es besteht aus mehreren Terpenoiden, wie Geraniol, Nerolsäure, Geronsäure, (E)-Citral, (Z)-Citral, (E,E)-Farnesol, Nerol. Zu den wirksamsten Substanzen gehören die Geronsäure und das (E)-Citral. Insbesondere (E)- und (Z)-Citral lösen Traubenbildung aus. Die Duftstoffproduktion verändert sich mit dem Alter der Bienen und der Jahreszeit. Junge Arbeiterinnen produzieren zunächst wenig Duftstoff. Die höchste Produktionsrate wird während der Flugbienenzeit erreicht. Im Winter ist die Produktion gering, steigt dann aber im Frühjahr mit der wieder aufgenommenen Sammeltätigkeit der Bienen bis zur Schwarmzeit an.

Die Nassanoffsche Drüse ist bei allen vier ↑ Bienenarten entwickelt, obwohl sie bei der Riesenbiene nicht so gut ausgebildet zu sein scheint wie bei den übrigen *Apis*-Arten.

Natternkopf → Echium

Naturbau → Wildbau

Nektar → Nektarien

Nektarhefe Eine Pilzart (*Anthomyces Reukaufii*), die für das Wohlbefinden der Wiederkäuer von Bedeutung ist. Nach ↑ ZANDER wirkt sie bei der Biene in Kotblase und Mitteldarm säuernd und bewirkt größere Vitalität sowie erhöhten Sammeleifer.

Nektarien Feinste drüsenartige Gebilde, die zuckerhaltigen Saft (Nektar) abscheiden. **Florale Nektarien** liegen in der Blütenregion an Fruchtknoten, Kelch-, Kron-, Staub-,

Fruchtblättern oder am Blütenboden. Bei gestalteten Nektarien (als Scheibe, becher- oder trichterförmig) tritt der Nektar aus Drüsenepithelzellen oder den Köpfchenzellen von Drüsenhaaren aus, bei ungestalteten Nektarien aus dem Parenchymgewebe oder aus Spaltöffnungen.

Extraflorale Nektarien sind seltener. Sie befinden sich am Blütenstiel (Wicken), an Keim-, Hoch- oder Nebenblättern (Süßkirschen), am Blattstiel (Götterbaum) oder am Stamm. Die Nektarproduktion ist geringer, die Zusammensetzung des Nektars häufig anders als bei floralen Nektarien.

Nektar entsteht aus dem ↑ Siebröhrensaft (Phloem), der in den Nektardrüsen durch Membranpassagen gefiltert und umgebaut wird. Der Nektar von Bienenweidepflanzen enthält weniger Aminosäuren als der Phloemsaft. Der Mechanismus der Nektarproduktion ist noch nicht gänzlich geklärt. Die Nektarproduktion erfolgt in der Regel in der Zeit der Reife des Pollens und der Empfängnisbereitschaft der Narbe.

Die **Nektarsekretion,** man spricht vom Honigen der Pflanzen, ist abhängig von Boden- und Luftfeuchtigkeit, Luftdruck und -bewegung, Temperatur, Licht, Bodenverhältnissen und Intensität des Blütenbesuches. Sie unterliegt bei den meisten Pflanzen einem charakteristischen Tagesrhythmus. Manche Pflanzen honigen in den frühen oder späten Morgenstunden, andere nachmittags.

Die absolute **Nektarmenge** ist je nach Pflanzenart sehr verschieden (z. B. Himbeere 1,8 mg/Tag/Blüte, Linde 2,3 mg). Der Zuckergehalt schwankt sogar in derselben Blüte in weiten Grenzen, je nach Tageszeit, Blühstadium, Witterung etc.

Für Bienen attraktive Trachtpflanzen haben einen Zuckergehalt von 30 bis 70 %. Im Augenblick der Absonderung handelt es sich weitgehend um Rohrzucker, der durch Enzyme im Nektar schon teilweise in Einfachzucker gespalten wird. Dieser Vorgang wird später von den Bienen weiter gefördert. Die Bienen bevorzugen Nektar mit einem Zuckergemisch von 2:1:1 (Rohrzucker : Traubenzucker : Fruchtzucker).

Nektarraub → Sammelstrategie

Nektartoxikose → Rhododendron, → Tilia

Nervensystem Es setzt sich aus einzelnen Nervenzellen (Neuronen) zusammen, die aus einem Zellkörper und oft reich verzweigten Nervenfortsätzen (Dendriten) bestehen. Außerdem ist ein achsenförmiger Bestandteil vorhanden, das Axon, das ebenfalls verzweigt sein kann. Die Impulsaufnahme erfolgt über die Dendriten, die Weiterleitung der Nervenimpulse über die Axone. Ein solcher Nervenimpuls besteht in einer sich fortpflanzenden Zustandsänderung der Nervenfasermembran, die auf elektrischen Vorgängen beruht und ein Signal als Frequenzmodulation zur Weiterleitung bringt, wobei die Amplitude festgelegt ist und auch mit wachsender Entfernung vom Reizort nicht abnimmt. Die Geschwindigkeit der Impulsleitung beläuft sich auf mehrere Meter/Sek.

Bei den Nervenzellen läßt sich zwischen sensorischen, impulsaufnehmenden, und motorischen, impulsableitenden sowie zwischen assoziativen Neuronen unterscheiden. Letztere vermitteln zwischen verschiedenen Nervenzellen. Die Nervenzellen dienen aber nicht nur der Erregungsleitung, in ihnen können auch Neurosekrete (↑ Hormone) produziert werden.

Das Nervensystem der Honigbiene besitzt die für Insekten typische strickleiterähnli-

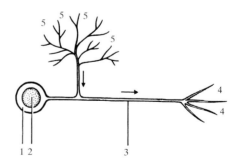

Schema einer Nervenzelle
(nach MORSE/HOOPER)
1 Zellkörper
2 Zellkern
3 Axon
4 Verzweigungen des Axons
5 Dendriten. Die Pfeile geben die Richtung der Erregungsleitung an

che Form. Es liegt ventral in der Längsachse des Körpers. Der doppelte Nervenstrang enthält segmentweise je zwei miteinander verschmolzene Nervenknoten (Ganglien). Die Längsverbindungen zwischen den Ganglien werden als Konnektive bezeichnet. Bei den während der Entwicklung segmental angelegten Ganglien kommt es vor allem im ↑ Brustabschnitt und im ↑ Kopf zu Verschmelzungen hintereinandergelegener Nervenknoten. Auf diese Weise entstehen größere Ganglienkomplexe. So setzt sich beispielsweise das Gehirn (Cerebralganglion) aus drei Ganglienpaaren zusammen, von denen die ersten beiden durch Intercerebralkommissuren, Querverbindungen innerhalb des Gehirns, über dem Anfangsteil des Vorderdarmes (↑ Darmkanal) miteinander verbunden sind.

Auch die auf das Gehirn folgende Ganglienmasse, das Unterschlundganglion, mit dem Gehirn über die sogenannten Schlundkonnektive verbunden, besteht aus drei Ganglienpaaren, die jeweils eines der drei Paar ↑ Mundwerkzeuge mit Nerven versorgen.

Die sich anschließende Bauchganglienkette setzt sich aus 7 durch Konnektive verbundene Nervenknoten zusammen. Zwei davon befinden sich im Brustabschnitt. Das erste ist das Prothorakalganglion. Es enthält in jeder der beiden Hälften, zwischen denen 6 dorsale und 4 ventrale Nervenbrücken (Kommissuren) bestehen, 9 Längsnervenstränge. Das zweite stellt einen zusammengesetzten Nervenknoten dar, der die Brustsegmente zwei und drei sowie die ersten beiden Hinterleibssegmente (↑ Hinterleib) mit Nervensträngen versorgt. Die beiden folgenden Ganglien liegen im Bereich der Hinterleibssegmente zwei und drei, innervieren aber die Segmente drei und vier. Auf das einfach gebaute 5. folgt wieder ein zusammengesetzes Ganglion im 6. Segment, das dieses und das darauffolgende Segment versorgt. Auch das letzte Ganglion stellt wieder ein Verschmelzungsprodukt dar. Von ihm werden die Segmente 8 bis 10 innerviert.

Das Gehirn ist der am stärksten differenzierte Bereich des Nervensystems. Es besteht aus drei Abschnitten, dem Proto-, Deuto- und Tritocerebrum, von denen sich der erste Teil durch einen besonderen Umfang auszeichnet. Aus den beiden median über eine Nervenbrücke miteinander verbundenen Protocerebralloben (Lobus = lappenförmiger Abschnitt) gehen seitlich die dreiteiligen Lobi optici hervor. Viele

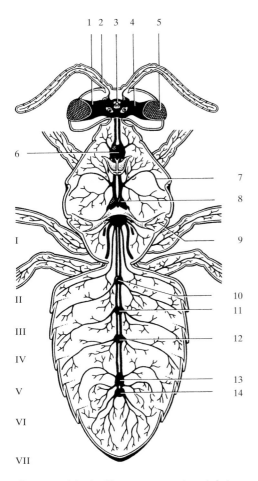

Gesamtansicht des Nervensystems einer Arbeitsbiene (nach SNODGRASS)
 1   Sehlappen des Gehirns
 2   Fühlernerv
 3   Ocellen
 4   Protocerebrum
 5   Komplexauge
 6   erstes Thorakalganglion
 7   Flügelnerv
 8   zweites Thorakalganglion
 9   Flügelnerv
10 – 14 drittes bis siebentes Abdominalganglion
I – VII erstes bis siebentes Abdominalsegment

Neurone dieser mit den Komplexaugen (↑ Sinnesorgane) verbundenen Seitenteile des Gehirns sind im Protocerebrum zu höheren Integrationszentren vereint. Weiterhin steht eine größere Anzahl von Nervenzellen des Protocerebrums aber auch mit den Ocellen, den Punktaugen (↑ Sinnesorgane), in Verbindung. Unter der medianen Nervenstrangbrücke befindet sich der Zentralkörper des Protocerebrums, ihm dorsal anliegend ein Bereich auffällig großer Zellen, die Pars intercerebralis.

Auf Frontalschnitten durch das Bienengehirn treten im Dorsalteil des Protocerebrums paarig angelegte, becherförmige Strukturen besonders deutlich in Erscheinung. Es handelt sich bei ihnen um die pilzförmigen Körper (Corpora pedunculata). Ein jeder dieser beiden Körper setzt sich aus Kelch (Calyx) und Stiel (Pedunculus) zusammen.

Die Corpora pedunculata stellen 10 % (0,132 mm^3) des gesamten Gehirnvolumens der Arbeitsbienen dar. Bei den Drohnen ist der Umfang dieser Gehirnanteile kleiner, er beträgt nur 1,2 % des Gehirnvolumens. Enthalten die Corpora pedunculata im Gehirn der Arbeiterin 339000 Einzelzellen, sind es bei Drohnen nur 295000. Jeder Calyx wird aus drei konzentrischen Neuropilem-Zonen gebildet.

Unter einem Neuropilem versteht man ein filzähnliches Geflecht von Axonverzweigungen und Dendriten sowie Gliaelementen (Stützzellen) im Verbindungsbereich zweier Nervenzellen, den Synapsen. Die pilzförmigen Körper sind wichtige Koordinationszentren im Bienengehirn. Hier laufen neurale Informationen von den Augen und den Sinnesorganen der Fühler und anderer Körperbereiche zusammen. Steuerfunktionen des Zeitgedächtnisses, der Lernprozesse und rhythmischer Verhaltensweisen gehen von den Corpora pedunculata aus.

Der folgende Gehirnabschnitt, das Deutocerebrum, bildet die beiden birnenförmigen Antennalloben, die auf beiden Seiten am unteren Rand des Protocerebrums den Anfang des Vorderdarmes umfassen. Jeder Lobus entsendet einen starken Antennennerv. Das hinter dem Deutocerebrum gelegene kleine Tritocerebrum ist mit dem über der Mundöffnung befindlichen Frontalganglion verbunden. Antennal- und Ocellar-Inputs (nervenimpulsauslösende Sinnesreize) können zusammenlaufen und durch Interaktionen im Protocerebrum miteinander verknüpft werden.

Im Gehirn der Arbeitsbiene sind ca. 950000 Nervenzellen enthalten, im Drohnengehirn sind es insgesamt 1210000, was auf die unterschiedlich starke Ausbildung der Lobi optici in beiden Geschlechtern zurückzuführen ist. Werden die optischen Loben

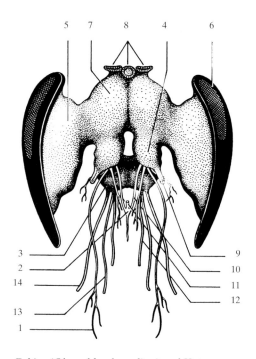

Gehirn (Oberschlundganglion) und Unterschlundganglion einer Arbeitsbiene (nach SNODGRASS)
1 Labialnerv
2 Frontalganglion
3 Unterschlundganglion
4 Riechlappen des Gehirns
5 Sehlappen
6 Komplexauge
7 Protocerebrum
8 Punktaugen
9 Fühlernerv
10 Frontalkonnektiv
11 rücklaufender Nerv
12 Labralnerv
13 Maxillarnerv
14 Mandibelnerv

nicht in diesen Vergleich einbezogen, enthält das Arbeiterinnengehirn 30000 Nervenzellen mehr als das Gehirn der Drohnen. Auch treten Verzweigungen der Nervenfasern in allen Gehirnteilen der Arbeitsbienen zahlreicher auf als bei Drohnen. Infolgedessen ist der Faseranteil im Arbeiterinnengehirn auch relativ größer (61,3 % der Gehirnmasse) als im Drohnengehirn (53,4 % der Gehirnmasse).

Im Bienengehirn lassen sich mehrere physiologisch hochaktive Substanzen nachweisen, z. B. die klassische Überträgersubstanz (Transmitter) für die Weiterleitung der Nervenimpulse GABA (Gamma-Aminobuttersäure), die die erforderlichen substantiellen Wirkungen bei der Impulsleitung von einem zum anderen Neuron vermittelt.

Daneben hat man weitere aktive Substanzen, wie Dopamin, Noradrenalin, Serotonin und Octopamin gefunden, deren physiologische Bedeutung im Bienengehirn allerdings noch nicht in jedem Fall aufgeklärt werden konnte, die aber ebenfalls als Überträgerstoffe von Nervenimpulsen eine Rolle spielen dürften. Von Octopamin beispielsweise ist bekannt, daß es die durch Lichtreize verursachten Aktionspotentiale zu steigern vermag. Auch insulin- und glukagonähnliche Stoffe wurden aus dem Bienengehirn isoliert. Unsicher ist aber, ob diese Peptide im Gehirn synthetisiert oder über die Blutflüssigkeit dorthin transportiert und dann an Rezeptoren im Gehirn gebunden werden.

Bei älteren Bienen beiderlei Geschlechts sind bisweilen Degenerationen an Kern- und Zellmembranen vorhanden. Auch nimmt die Anzahl der Nervenzellen im Gehirn mit fortschreitendem Alter der Bienen ab. Im Verlauf des Bienenlebens gehen 35 % der Nervenzellen im Gehirn zugrunde. Auch können Gewebslücken entstehen. Am längsten bleiben die assoziativen Bereiche des Bienengehirns voll funktionsfähig.

Das Gehirn der Bienenlarve zeichnet sich ebenfalls durch eine verhältnismäßig starke Entwicklung der Protocerebralloben aus. Auch die Lobi optici erreichen eine beträchtliche Größe. Deuto- und Tritocerebrum aber bleiben relativ klein. Die Tritocerebralloben sind durch eine bei erwachsenen Bienen fehlende suboesophageale Kommissur untereinander und durch Konnektive mit dem dreiteiligen Suboesophagealganglion verbunden. Im Bauchmark der ↑ Larve sind drei getrennte Thorakal- und 8 Abdominalganglien ausgebildet. Vom letzten Nervenknoten ziehen Nervenfasern in die Hinterleibssegmente 8 bis 10.

Nestgeruch → Stockgeruch

Nesthygiene → Säuberungsverhalten

Nestordnung → Brutnest

Nestverteidigung → Verteidigungsverhalten

Neuron Nervenzelle mit Fortsätzen zur Aufnahme und Weiterleitung von Reizen (Erregungsleitung, Leitung von Nervenimpulsen).

Neurone können sich im Unterschied zu den meisten anderen Zelltypen im ausgebildeten Zustand nicht mehr teilen. Schließen sie sich zu Geweben zusammen, kommt es niemals zur Verschmelzung der einzelnen Zellen. Sie berühren sich lediglich an den Enden über verschieden gestaltete Fortsätze. Diese Berührungsstellen heißen Synapsen. Hier erfolgt die Übertragung der Nervenerregung von einem Neuron auf das andere.

Neurosekret → Hormone

Nordbiene → Bienenrassen.

Normalmaß Rähmchenmaß, das 1880 auf der ↑ Wanderversammlung in Köln standardisiert wurde, 370 × 223 mm. Ursprünglich ↑ Hochwabe, heute aber als ↑ Breitwabe weit verbreitet.

Normbeute ↑ Hinterbehandlungsbeute im Normalmaß mit ↑ Wandervorsatz, 1952 in der ehemaligen DDR entwickelt und standardisiert (TGL 11 407).

Die Normbeute faßt je 12 bis 14 Waben im Brut- und Honigraum. Sie kann in den Ausführungen A, B und C (Querbau, Längsbau und Schlittenbetrieb) geliefert werden. Die Tür an der Rückseite der Beute ist zweigeteilt. Der untere Teil dient dem Imker bei der Behandlung des Bienenvolkes als Arbeitstisch.

Der Honigraum hat ein eigenes, bei Bedarf zu öffnendes Flugloch. Es kann daher dort ein Ableger untergebracht werden. Durch Hochklappen und Verriegeln des Anflugbrettes ist die Normbeute schnell wanderfertig gemacht.

Nosema apis Endoparasitärer Einzelparasit. Zu den Mikrosporidia gehörendes Protozoon („Sporentierchen"). Erreger der ↑ Nosematose.

Nosematose Auch Darmseuche oder Frühjahrsschwindsucht genannt. Seuchenhafte Erkrankung der erwachsenen Bienen, die klinisch als Durchfallerkrankung in Erscheinung tritt. ↑ Faktorenseuche.

Ätiologie, Erreger Der Erreger ↑ *Nosema apis* ZANDER parasitiert intrazellulär (in den befallenen Zellen) und zerstört vorwiegend das Epithel des Mitteldarmes der Biene. Er bildet Dauerformen, sogenannte Sporen, die recht widerstandsfähig sind und mit den Exkrementen der erkrankten Bienen ausgeschieden werden. In Kotflecken bleiben die Sporen bis zu 2 Jahre ansteckungsfähig. Sie sind jedoch nicht sehr hitzebeständig (bis etwa 70 °C) und können mit Heißwasser oder durch Abflammen von Beutenwänden und Geräten relativ sicher abgetötet werden. Die Sporen werden von den Bienen mit der Nahrung bzw. mit aufgelecktem Kot aufgenommen und keimen im Mitteldarm aus. Nach Ausschleudern und Verankerung eines Polfadens an den Darmwandzellen schlüpft die vegetative Form des Erregers aus der Sporenkapsel, bewegt sich als sogenannter Amöboidkeim mit Pseudopodien (Scheinfüßchen) fort und dringt in die Darmzellen des Mitteldarmes ein. Dort vermehrt er sich durch Zellteilung rasant, zerstört die befallenen Zellen und bildet, wenn durch die Zellzerstörung oder den Tod der erkrankten Biene die guten Lebensbedingungen für ihn erschöpft sind, wieder Dauerformen, Sporen. Im Spätsommer und Herbst dringen bestimmte Entwicklungsstadien des Parasiten in die Zellkerne der Darmwandzellen ein und verfallen hier in ein Ruhestadium. Darin verharrt der Erreger bis zum folgenden Frühjahr, „erwacht" bei faktorenbedingter Belastung der Bienenvölker und löst plötzlich seuchenhafte Erkrankungen unter den Bienenvölkern aus. Die Sporen des Erregers sind 5 bis 9 µm groß und im Quetschpräparat aus dem Mitteldarm bzw. in den Exkrementen bei mikroskopischer Untersuchung gut sichtbar.

Pathogenese, klinische Symptome, Krankheitsverlauf Der Erreger vermehrt sich massenhaft in den Darmzellen, wenn der Gleichgewichtszustand zwischen der Abwehrkraft des Organismus der Biene und dem Angriffsvermögen des Parasiten durch ungünstige Umwelteinflüsse (Störungen des Bienenvolkes, plötzliche Witterungsumschläge) u. ä. zuungunsten der Biene gestört wird. Klinisch bietet sich das Bild einer schweren Durchfallerkrankung. Die kranken Bienen koten überall hin, ↑ Krabbler laufen vom Flugbrett, fallen auf die Erde und sterben unter krampfartigen Zuckungen. Manche stürzen wie besessen, oft sogar rücklings, aus dem Flugloch. Der Kot enthält zahlreiche Nosemasporen, ist dünnflüssig, hellgelb und wird von den noch scheinbar gesunden Bienen gierig aufgeleckt, offenbar wegen seines Restzuckergehaltes. Und damit beginnt ein circulus vitiosus, ein Teufelskreis: Die Biene verwertet den Zucker nicht mehr vollständig, weil der Darm geschädigt ist. Dadurch ist sie genötigt, mehr Futter zu verzehren. Das wird aber ebenfalls nicht verdaut und gelangt voluminös in die Kotblase. Deren Fassungsvermögen ist begrenzt und die kranken, geschwächten Bienen entleeren die überfüllte Kotblase notgedrungen im Stock, am Flugloch oder auf dem Flugbrett. In diesem Teufelskreis gehen die Völker oft sehr rasch zugrunde, wenn nicht rechtzeitig therapeutisch eingegriffen wird. Nosematose wird gelegentlich durch ↑ Amöbiose kompliziert.

Diagnostik Die Diagnostik der Erkrankung stützt sich auf den mikroskopischen Nachweis der Nosemasporen im Mitteldarm erkrankter Bienen und in den Kotflecken sowie auf den histologischen Nachweis am Gewebe des Mitteldarmes. Einen wertvollen diagnostischen Hinweis, insbesondere auch zur Abgrenzung der ↑ Ruhr, bringt die Darmprobe. Sie gibt jedoch nur einen Hinweis auf Nosemabefall und ist nicht spezifisch charakteristisch. Der mittels Pinzette aus dem Hinterleib herausgezogene Mitteldarm einer gesunden Biene ist von rosabrauner Farbe, hingegen hat der einer nosemakranken Biene ein milchigweißes Aussehen und einen übelriechenden Inhalt. Die Darmprobe ist bei Nosematose-Verdacht unbedingt durch die mikroskopische Kontrolle des Darminhaltes zu ergänzen. Die Sporen erscheinen massenhaft als stark lichtbrechende ovale Körperchen, die im Phasenkontrast, je nach Reifungsgrad, bläulich bis goldgelb aufleuchten.

Epizootiologie *Nosema apis* ist mit aller Wahrscheinlichkeit ubiquitär (überall) unter den *Apis mellifera*-Völkern verbreitet, d. h., es wird angenommen, daß es kein Bienenvolk gibt, das frei von ihm ist. Von einer Ansteckung als Beginn des Krankheitsprozesses kann also keine Rede sein. Die Erkrankung kommt zum Ausbruch, wenn außergewöhnliche Umweltbelastungen auf ein in seiner Resistenzlage geschwächtes Bienenvolk wirken. Es scheint aber, daß der Erreger im Verlaufe eines Seuchengeschehens seine Virulenz steigern kann, so daß nosematosekranke oder -geschwächte Völker nicht mit anderen vereinigt oder territorial versetzt werden sollten.

Prophylaxe, Behandlung und Bekämpfung Bei der Prophylaxe und Behandlung der Nosematose geht es nicht um die Liquidierung des überall vorhandenen Erregers. Deshalb ist auch die Abtötung erkrankter Völker nicht notwendig, sofern sie noch stark genug und behandlungswürdig sind. Bei der Prophylaxe der Nosematose geht es vordergründig um die Verhütung von Faktoren, die den Krankheitsausbruch auslösen, sofern diese vom Menschen beeinflußbar sind, sowie um eine flankierende medikamentöse Vorbeuge, wenn sich ein Nosematoseausbruch anzeigt. Bei der Therapie geht es um die Unterdrückung des Parasiten und die Milderung der Auswirkungen der Erkrankung.

Als wirksames Heilmittel hat sich über Jahrzehnte das Antibiotikum Fumagillin bewährt, das therapeutisch in Zuckerlösung und vorbeugend in Futterteig verabreicht wird. Zugelassen und in Gebrauch ist außerdem Nosemack.

Notfütterung Dazu sollte es nie kommen! Sie ist notwendig, wenn ein Bienenvolk zu verhungern droht. Um die Aktivitäten des Bienenvolkes wiederherzustellen, werden zunächst die besetzten Waben mit Honig bestrichen, aufgerissene Futterwaben ans Brutnest gehängt, die Bienen mit Zuckerlösung besprüht. Danach kann flüssiges Futter gereicht und später mit ↑ Futterteig oder ↑ Maische weitergefüttert werden. Ein Volk, das eine Notfütterung brauchte, ist erheblich in seiner Entwicklung geschädigt.

Notschwarm Bei den europäischen Bienenrassen ist es ein äußerst seltenes Vorkommnis, daß ein Volk aus Nahrungsmangel bei sommerlichen Temperaturen sein Wabenwerk und die ↑ Beute als Schwarm verläßt. Häufiger tritt das bei ↑ Begattungsvölkchen auf, besonders dann, wenn die Weisel noch nicht mit der Eiablage begonnen hat.

Nymphe Im deutschen Sprachgebrauch das letzte Larvenstadium der hemimetabolen Insekten, denen während ihrer Entwicklung eine vollkommene Verwandlung (↑ Metamorphose), also auch ein Puppenstadium fehlt (z. B. Heuschrecken, Blattläuse, Zikaden). Im Nymphenstadium entwickeln sich bei den Hemimetabolen die Flügel, und während dieser Zeit wird keine Nahrung aufgenommen. Der Begriff der Nymphe ist auch bei der Honigbiene nicht ungebräuchlich und bezeichnet das 5. Larvenstadium (Streckmade) in der Vorpuppenphase (↑ Entwicklung). Die Nymphe verharrt im Hinblick auf die Verwandlung zur Puppe in völliger Ruhe. Bei der Häutung zur Puppe wird die letzte Larvenhaut, das Nymphenhäutchen, abgestreift.

Nymphenhäutchen → Nymphe

Obenflugloch Alleiniges ↑ Flugloch im oberen Teil der Bienenwohnung (z. B. Lüneburger Stülper) oder zweites Flugloch im ↑ Honigraum, das wahlweise verschlossen oder geöffnet werden kann, wenn ein ↑ Ableger dort untergebracht ist. Bei auf dem Boden stehenden ↑ Magazinen bleibt das Obenflugloch im Winter frei von Schnee, dient auch zur Durchlüftung der Beute und verhindert Nässebildung.

Obenüberwinterung ↑ Betriebsweise, die besonders von ↑ KUNTZSCH propagiert wurde, weil er meinte, daß die Bienen dort wärmer und besser überwintern. Das Volk wird vor der Einfütterung (↑ Fütterung) mit seinen Waben in den ↑ Honigraum gehängt. Zwischen Brut- und Honigraum wird ein Schlitz freigelassen, damit die Bienen das untere Flugloch benutzen können. Eine ↑ Kletterwabe im Brutraum erleichtert ihnen den Weg. Im Frühjahr wird die Wabe mit der Weisel nach unten gehängt, wenn das Volk den Honigraum füllt. Es kommen Leerwaben und ↑ Mittelwände hinzu, und zwischen Brut- und Honigraum wird das ↑ Absperrgitter eingelegt.

Oberbehandlung Bearbeitung des Volkes von oben. Es kann dadurch jede gewünschte Wabe gezogen werden, ohne eine andere dabei entnehmen zu müssen. Die Arbeitsproduktivität ist deshalb höher als bei der ↑ Hinterbehandlung. Nachteile sind, daß der Honigraum-Aufsatz abgenommen oder abgekippt werden muß und die Bienen auf der gesamten Beutenbreite und -länge gestört werden. Bei Auszugsbeuten und Verwendung von Schlitten wird auch von oben behandelt, und es entfällt die Abnahme des Honigraumes.

Oberkieferdrüsen → Mandibeldrüsen

Oberlader Alte Bezeichnung für Oberbehandlungsbeute.

Oberlippe → Kopf

Ocellen → Sinnesorgane

Oenozyten In der Larvalphase meist auffällig kugelige Zellen, die sich in der ↑ Leibeshöhle befinden. Sie bilden, ähnlich wie die Blutzellen (↑ Blutflüssigkeit), kein zusammenhängendes Gewebe, sondern liegen bei Bienenlarven zunächst gruppenweise in der Nähe der Tracheen (↑ Tracheensystem) oder einzeln im ↑ Fettkörper verstreut. Die Zellkerne nehmen ungefähr die Hälfte des gesamten Zelldurchmessers ein. Mit zunehmender Größe der ↑ Larven wachsen auch die Oenozyten, gehen aber gegen Ende der Puppenphase zugrunde. Nun erscheinen die erheblich kleineren imaginalen Oenozyten, und zwar zuerst in der Nähe der ↑ Epidermis. Sie wandern alsbald in das Gewebe des Fettkörpers, werden allmählich größer und nehmen eine gelbliche bis grünliche Farbe an. Ihre Dichte ist in den seitlichen Anteilen des Fettkörpers besonders groß. Ein Formwechsel der Oenozyten im Verlauf des Imaginallebens der Biene wird als Sekretionszyklus gedeutet. Oenozyten und Fettkörperzellen zeigen Übereinstimmungen in den morphologischen Veränderungen.
Möglicherweise stellen die Oenozyten den Syntheseort für ↑ Enzyme dar, die dazu beitragen, die Funktion der Fettkörperzellen zu steuern. Auch bestehen offensichtlich Zusammenhänge zwischen den Häutungsvorgängen und der Sekretionstätigkeit der Oenozyten, zumal eine Übereinstimmung zwischen der für die Individualentwicklung mitverantwortlichen Aktivität der Corpora allata (↑ Hormone) und dem Oenozytenwachstum nachgewiesen werden konnte. Die Anregung der Wachsdrüsentätigkeit wird ebenfalls auf Oenozytensekrete zurückgeführt. In Oenozyten des Hinterleibes fand man bei allen drei Morphen der Honigbiene eisenreiche Granula, deren Konzentration bei den Drohnen altersabhängig ist. Es besteht die Vermutung, daß sie bei der ↑ Orientierung der Drohnen im freien Flug und der Bildung bzw. Ansteuerung der Drohnensammelplätze (↑ Paarung) als Teile des ↑ Magnetorgans eine Bedeutung haben.

Der Durchmesser der Oenozyten beträgt bei Arbeiterinnen im Durchschnitt ca. 70 bis 80 μm, bei Drohnen 100 μm und bei Weiseln 110 μm.

Oesophagus → Darmkanal

Offene Brut Junge Bienenbrut (Stifte, Rundmaden und Streckmaden) vor der Verdeckelung.

O.I.E. Office International des Epizooties. Internationales Tierseuchenamt. Koordiniert weltweit die Bekämpfung der Tierseuchen. Sitz Paris.

Okulierkäfig → Schlüpfkäfig

Ölweide → Elaeagnus

Onobrychis MILL. – *Leguminosae*
– *vicifolia* SCOP. – Saat – Esparsette
Langlebige Staude, gefiederte Blätter, rosarote Blüten in reichblütiger Traube, Blütezeit Mai bis Juli, 30 bis 60 cm hoch. Zerstreut vorkommend auf Halbtrockenrasen, trockenen Wiesen, kalkstet. Angebaut als Futterpflanze. Sehr guter Nektar- und sehr guter Pollenlieferant.

Opalithplättchen → Zeichnen

Organisationen → Imkerorganisationen

Organophosphat → Phosphororganische Verbindungen

Orientierung Sie entsteht dadurch, daß ein Organismus mit Hilfe seiner ↑ Sinnesorgane und/oder seines Gedächtnisses seinen Körper zu einer bestimmten Reizsituation der Außenwelt in Beziehung bringt. Unterscheiden läßt sich zwischen Orientierung in der Zeit und im Raum. Jede Orientierung ist außerdem an eine innere Bereitschaft des Organismus gebunden.
Orientierung in der Zeit Für das Bienenvolk ist es lebensnotwendig, daß die vielen einzelnen Tätigkeiten, die für den Fortbestand der Sozialgemeinschaft notwendig sind, zeitlich aufeinander abgestimmt werden können. Das bezieht sich sowohl auf die Tätigkeiten im Tages- wie im Jahresrhythmus (↑ Rhythmik). Von großer Bedeutung für die tagesperiodisch zu bestimmten Zeiten erforderlichen Arbeiten der Bienen ist ihre „innere Uhr", die nicht nur bei Bienen, sondern auch bei vielen anderen Organismenarten nachgewiesen werden konnte. Sie veranlaßt die Bienen z. B., unabhängig von der Einwirkung äußerer Faktoren, frühmorgens zum Ausflug, wobei der Wechsel von der Dunkelheit der Nacht zur Helligkeit des Tages eine zusätzliche Synchronisation der inneren Rhythmik bewirkt und als **Zeitgeber** ihren täglichen Gang präzisiert. Der auf der physiologisch gesteuerten „inneren Uhr" beruhende Zeitsinn dient den Bienen auch dazu, Blüten, die nur zu bestimmten Tageszeiten Nektar absondern, nicht unnötig, sondern immer nur dann aufzusuchen, wenn sie auch erfahrungsgemäß Nektar enthalten. Dies gilt auch für die Effektivität des Pollensammelns. Das maximale Pollendargebot des Löwenzahns liegt beispielsweise zwischen 10.00 und 11.00 Uhr, das der Birne zwischen 12.00 und 16.00 Uhr. Darauf können sich die Sammlerinnen einstellen, und ihr Zeitsinn veranlaßt sie, täglich zur jeweils erforderlichen Zeit auszufliegen, um möglichst erfolgreich sammeln zu können.
Zur **Orientierung im Raum** dient die Nah- und die Fernorientierung. In der Nähe, z. B. bei Anflug an eine Blüte, orientiert sich die Biene zunächst vor allem nach Farbe und Form (↑ Sinnesorgane). Auch spielen die Lagebeziehungen innerhalb der Farb- und Formmuster der Blüten eine große Rolle. Die blaue Farbe ist für die Orientierung von besonderem Wert, da sich die Biene Blau vor allen anderen Farben gut merken kann. In der Rangfolge der Einprägsamkeit wären danach Gelb und Weiß zu nennen. Nach sternförmigen Blütenmustern orientiert sich die Sammlerin besser als nach glattrandigen Formen. Beim Anflug an eine Blüte übertrifft allerdings der Blütenduft alle anderen Orientierungsmöglichkeiten. Die Biene besitzt außerdem die Fähigkeit, mit Hilfe ihrer beiden Fühler „plastisch" zu riechen und verfügt damit über eine Orientierungshilfe, die dem Menschen unzugänglich bleibt. Zusätzliche Nektarmarkie-

rungen in der Blüte (Blütenmale) verstärken die Lockwirkung und erleichtern die Orientierung beim Anflug. Erreicht die Flugbiene bei der Rückkehr zum Stock die Nähe des Flugloches, kommt zur optischen Orientierung die chemotaktische, ausgelöst durch den Sterzelduft der sterzelnden Bienen am Flugloch (↑ Nassanoffsche Drüse). Zur Nahorientierung gehört auch die Wahrnehmung chemischer Signale im Bienenstock, wie die unterschiedliche Pheromonzusammensetzung (↑ Pheromone) und die von der gespeicherten Nahrung ausgehenden Duftkomponenten, die chemische Signale liefern und den spezifischen ↑ Stockgeruch bilden.

Der Fernorientierung dienen folgende Fähigkeiten der Bienen: Erkennen und Nutzung des Sonnenstandes für die Sammelflüge, die Wahrnehmung des polarisierten Lichtes sowie die Orientierung nach Geländemarken und dem Magnetfeld der Erde.

Der Sonnenkompaß spielt eine hervorragende Rolle (↑ Bienentänze). Befindet sich die Sonne hinter Wolken, genügt der Biene blaues Himmelslicht, das als Polarisationsmuster, wahrgenommen durch seine Schwingungsebene, auf den Sonnenstand schließen läßt. Auch das von der Sonne ausgehende und die Wolken durchdringende Ultraviolett kann von den Bienen als Orientierungshilfe genutzt werden. Bei zunehmender Bewölkung treten Geländemarken stärker in den Vordergrund. Die Geländestrukturen werden allerdings weniger nach einzelnen Konturen und Objekten, sondern auf der Grundlage des „Gestaltlernens" als Gesamtkonfiguration längs der Flugbahn, z. B. einer Straße, eines Flußlaufes oder eines Waldrandes erfaßt.

Eine weitere Orientierungshilfe bietet den Bienen das Magnetfeld der Erde durch die rhythmisch exakte Änderung seiner Intensität im Tages- und Jahresgang, die mit dem ↑ Magnetorgan wahrgenommen werden kann. Die Richtung der Feldlinien, die die Bienen wahrnehmen, dient auch zur Orientierung bei der Anlage des Wabenbaues (↑ Wildbau).

Orientierungsflug → Arbeitsteilung

Origanum L. – *Labiatae*
– *vulgare* L. – Dost
Europa, Asien. Staude mit verholzenden Bodenausläufern. Die vierkantigen Stengel werden 30 bis 50 cm hoch. Kreuzweise gegenständige breiteiförmige Blätter. Die rosaroten Blüten stehen in büschelförmigen Scheinähren an den Zweigenden, die ganze Pflanze ist drüsig behaart. Angebaut als Küchengewürz (Majoran). Guter Nektar- und mäßiger Pollenlieferant.

Ortsgedächtnis → Gedächtnisleistung

Osmia → Apoidea

Ovarien → Geschlechtsorgane, weiblich

P

Paarung Ihr liegt ein artspezifisches Verhalten zugrunde, das mit der Begattung endet. Voraussetzungen für die Paarung sind Geschlechtsreife der Partner, Paarungsflüge von Weiseln und Drohnen (Hochzeitsflug) und möglichst große Sicherheit dafür, daß sich die Geschlechtspartner im freien Luftraum auch finden. Den Paarungsflügen gehen Orientierungsflüge voraus. Unerläßlich ist für eine möglichst optimale Entwicklung und die Gesunderhaltung der Bienenvölker die Mehrfachpaarung der Weisel, damit eine ausreichend große Spermienmenge unterschiedlicher Herkunft aufgenommen werden kann. Nach Beginn der Eiablage fliegt eine Weisel im Normalfall nicht noch einmal zur Paarung aus. Geschlechtsreif sind die Weiseln 5 bis 10, die Drohnen 8 bis 12 Tage nach dem Imaginalschlupf. Bei den Drohnen ist nach dieser Zeit das Sperma aus den Hoden in die Vesicula seminalis (↑ Geschlechtsorgane) gelangt, und die Schleimproduktion in den Schleimdrüsen setzt ein.

Der Paarungsflug der Drohnen ist mit der Umgebungstemperatur positiv korreliert. Sie fliegen in der Regel erst um die Mittagszeit aus und suchen gezielt einen **Drohnensammelplatz** auf, d. h. eine Örtlichkeit, an der es regelmäßig zu Drohnenansammlungen kommt. Möglicherweise beeinflußt auch die UV-Strahlung des Himmelslichtes den Ausflug der Drohnen. Dafür spricht die Tatsache, daß Drohnen, wie übrigens auch die Arbeitsbienen, im Frühjahr, einer Zeit mit relativ starker UV-Strahlung, schon zeitiger als im Sommer und bei einem verhältnismäßig niedrigen Schwellenwert der Temperatur den Stock verlassen können. Beim Abflug zum Sammelplatz orientieren sich die Drohnen an der Horizontsilhouette; entscheidend dabei ist eine Reizkonstante der optisch wahrgenommenen Umgebung. In bergigem Gelände fliegen die Drohnen bevorzugt talwärts und steuern von hier aus in vielen Fällen Bergrücken an. Die Mindestentfernung zwischen Bienenstock und Drohnensammelplatz beträgt ca. 1 km. Es werden aber auch Sammelplätze aufgesucht, die sich in einer Entfernung von 5 bis 6 km vom Bienenstand entfernt befinden. Drohnenschwärme können sich auch über freiem Feld, über Waldlichtungen, Talmulden befinden, an Lokalitäten, die die Drohnen oftmals von den verschiedenen Bienenständen durch direkten Anflug erreichen. In hügligem oder bergigem Gelände vermögen die Drohnen ohne weiteres Höhenunterschiede von 150 m zu überwinden. Bei geringer Luftbewegung fliegen sie 12 bis 30 m hoch. Nimmt die Luftbewegung zu, senken sie ihre Flughöhe, was bereits bei einer Windgeschwindigkeit von 7 m/s der Fall ist. An den Sammelplätzen finden sich zwischen Mai und Ende August fast ständig Drohnenschwärme (Drohnenkugeln) ein. Einmal genutzte Sammelplätze werden über Jahre hinaus immer wieder von Drohnen angeflogen. Bei großer sommerlicher Hitze werden die Drohnensammelplätze aber offensichtlich nicht besucht.

Die zur Paarung ausfliegenden Weiseln streben nach kurzen Orientierungsflügen, wahrscheinlich durch Lockstoffe der Drohnen stimuliert, den Sammelplätzen zu. Sie bewegen sich dabei mit einer durchschnittlichen Fluggeschwindigkeit von 340 m/min. Die Flugweite der Weisel beträgt in der Mehrzahl der Fälle mehr als 1000 m. Nur wenige Weiseln paaren sich in Standnähe oder aber in einer Entfernung von > 4500 m. Die Dauer eines erfolgreichen Hochzeitsfluges der Weisel dauert im Durchschnitt 15 bis 20 min.

Weiseln sind für die Drohnen offensichtlich nur in deren Flughöhe attraktiv. Nähert sich die Weisel den Drohnen, werden letztere durch die von der Weisel abgeschiedenen Sexualpheromone (↑ Pheromone) angelockt und verfolgen die Weisel gegebenenfalls auch aus dem Schwarmfeld des Drohnensammelplatzes hinaus über eine gewisse Entfernung. Die Tendenz, abfliegende Weiseln zu verfolgen, nimmt jedoch mit fortschreitender Jahreszeit ab.

Da die Drohnenwolken für die Weisel durch die von ihr ausgehenden Geruchsreize eine anlockende Wirkung besitzen, ist die Wahrscheinlichkeit einer Begegnung der beiden Geschlechter und damit auch einer Paarung recht groß.

Die sich nach Geruchsreizen orientierenden Drohnen erkennen die Weisel erst innerhalb eines Abstandes von 1 m. Sie orientieren sich freilich auch optisch. Sie nähren sich der Weisel von hinten. Der Drohn, der sie zuerst erreicht, berührt sie mit den Vorderbeinen. Stellt er fest, daß die Stachelkammer geöffnet ist, ergreift er die Weisel mit beiden vorderen Beinpaaren von oben. Das dritte Beinpaar umgreift den weiblichen Hinterleib. Dann erfolgt die Ausstülpung des Begattungsschlauches (↑ Geschlechtsorgane). Entscheidend für dessen vollständige Eversion ist die Weite und Tiefe der Stachelkammer. Bei zu geringem Durchmesser verläuft die Eversion unvollständig. Der Begattungsvorgang selbst vollzieht sich blitzschnell. Er kann schon nach 1,5 s abgeschlossen sein. Der Drohn stirbt bei der Eversion des Begattungsschlauches. Nach erfolgter Begattung befreit sich die Weisel vom Drohn. Erhärteter Schleim und die Chitinplatten des Zwiebelstückes (↑ Geschlechtsorgane, männlich) mit einem klebrigen, orangefarbenen Belag bleiben als **Begattungszeichen** in der Scheide der Weisel stecken und wirken auf nachfolgende Drohnen hoch attraktiv. Bei der nächsten Begattung wird das Begattungszeichen des vorangegangenen Drohnen mit dem ventral gelegenen, behaarten Teil des Rautenfeldes am Begattungsschlauch des

Paarungsflug

Drohnen, der sich jetzt mit der Weisel vereinigt, entfernt. Dann erst kann der nächste Begattungsakt vollständig ablaufen.
Die Paarung wiederholt sich in der Regel 5 bis 7mal. Mit dem Begattungszeichen des letzten Partners kehrt die Weisel in den Stock zurück. Die jetzt in den Eileitern befindlichen Samenmengen werden in erster Linie durch aktive Muskeltätigkeit über den Samenblasengang in die Samenblase befördert. Ein großer Teil des aufgenommenen Spermas gelangt aber nicht in die Samenblase, sondern wird wieder ausgeschieden. Der nach dem ersten Paarungsflug in der Samenblase gespeicherte Spermienvorrat führt zur Entscheidung darüber, ob weitere Ausflüge unternommen werden oder nicht. Zu Beginn der Eiablage enthält die Samenblase der Weisel nach guten Begattungsergebnissen >5 Mio Samenfäden.
Eine ausreichende Begattung wird vor allem durch die dichten Drohnenwolken auf den Drohnensammelplätzen garantiert. Die Vorteile der Mehrfachpaarung bestehen nicht nur in einer optimalen Füllung der Samenblase mit Spermien, sondern auch Vitalität und soziale Aktivität der Nachkommen werden durch die genetische Variabilität gefördert. Außerdem läßt sich dadurch die Fitness bei den weiblichen Nachkommen erhöhen.
Es liegen auch Beobachtungen über Begattungsvorgänge der Weisel in sitzender Stellung vor. Doch dürfte dies eine Ausnahme darstellen.
Dort, wo mehrere Honigbienenarten nebeneinander vorkommen, wie in Asien, finden die Ausflüge der Drohnen zu verschiedenen Tageszeiten statt, wodurch eine ↑ Konkurrenz um Drohnensammelplätze und interspezifische Begattungsvorgänge vermieden werden.
Farbtafel II

Paarungsflug → Paarung

Paketbienen Bienenvölker, die in klimatisch günstigen Gebieten gezüchtet und in klimatisch ungünstige Trachtgebiete zur Honigbergung verkauft und versandt werden. Paketbienenproduktion ist weit verbreitet in den USA und Kanada.

Paläopalynologie → Pollenanalyse

Palynologie → Pollenanalyse

Panzerfarbe → Färbung

Panzerzeichen → Körung

Panzootie Tierseuche mit explosiver Verbreitungstendenz, die Kontinente „überflutet".

Paradichlorbenzol → Mottenpulver

Parafaulbrut → Faulbrut, Gutartige

Paralyse Vollständige motorische Lähmung, Bewegungsunfähigkeit. Endstadium eines Prozesses, der mit Schwäche, Bewegungsstörungen und unvollständigen Lähmungen beginnt. Die Ursachen können sehr unterschiedlich sein. Vorrangig ist an Giftwirkung (Nervengifte) oder ein infektiöses Geschehen (↑ Virusparalyse) zu denken.

Parasit Schmarotzer. Organismus, der auf oder in einem anderen Organismus lebt und sich auf dessen Kosten (von dessen Nahrung oder Körpersäften) und zu dessen Nachteil ernährt. Häufig wird der Wirtsorganismus durch die zerstörerische Wirkung des Parasiten, durch den Nährstoffentzug, aber auch durch die Stoffwechselprodukte und Ausscheidungen des Parasiten geschädigt bis krank gemacht. Parasiten sind somit potentiell pathogen.

Parasitosen Erkrankungen, die durch einen Befall mit ↑ Parasiten ausgelöst werden. Leben die Parasiten auf dem Wirtsorganismus, spricht man von Ektoparasitosen (↑ Varroatose), schmarotzen sie im Wirtsorganismus, von Endoparasitosen (↑ Nosematose, ↑ Amöbenseuche).

Paratyphus Erkrankung, die durch Erreger der Paratyphus-B-Gruppe (Salmonellen) hervorgerufen wird und klinisch mit starkem Durchfall einhergeht. Es ist umstritten, ob es einen echten Paratyphus der Honigbiene überhaupt gibt. BAHR isolierte 1913 in der

Umgebung von Kopenhagen aus Bienenvölkern mit ruhrähnlichen Erscheinungen, Lähmungen und starkem Totenfall ein Bakterium, das der Paratyphusgruppe zugeordnet werden konnte, und bezeichnete es als *Bacterium paratyphi alvei*. Durch Verfüttern des Erregers in Reinkultur an gesunde Bienen konnte die Krankheit übertragen werden, und man hielt deshalb den Bienentyphus für eine sehr ansteckende und bösartige Erkrankung. Das ist er jedoch mit Sicherheit nicht. Die Übertragung gelingt nicht immer, und es scheint vielmehr, daß es sich bei dem beschriebenen Erreger und auch anderen Enterobakterien, die den Bienendarm besiedeln, um fakultativ (bedingt) pathogene Bakterien handelt, die ihre krankmachende Wirkung erst entfalten, wenn die Widerstandskraft des Bienenvolkes durch zusätzliche widrige äußere Umstände geschwächt wird.

Pars intercerebralis → Nervensystem

Parthenocissus PLANCH. – *Vitaceae*
– *tricuspidata* PLANCH. – Jungfernrebe, Selbstklimmer
Japan, Mittelchina. Hochkletternder Selbstklimmer mit großen, langgestielten, dreilappigen, glänzend grünen Blättern, die sich im Herbst prächtig orangegelb bis scharlachrot färben. Die kleinen, unscheinbaren, gelbgrünen Blüten erscheinen von Mitte Juli bis Mitte August in unregelmäßig verzweigten, traubigen Trugdolden unter dem Laub. Jede Blüte besitzt vier Nektarien, die als Verdickungen am Fruchtknoten sitzen. Die Nektarsekretion wurde mit 0,9 bis 2,0 mg je Blüte ermittelt. Bevorzugt halbschattige Lage, kommt auch im Schatten noch gut voran. In sonniger Lage muß genügend Bodenfeuchtigkeit vorhanden sein. Sonst anspruchslos an den Boden. Hervorragend geeignet zur Bepflanzung von Mauern und Hauswänden. Wird sehr gut von Bienen beflogen.
Guter Nektar- und Pollenspender.

Parthenogenese (Jungfernzeugung) Entwicklung aus unbefruchteten Eiern (eingeschlechtliche Fortpflanzung). Erfolgt die Entwicklung aus unbefruchteten Eiern, bei denen durch eine normale Reifeteilung während der Oogenese (Eientwicklung) ein haploider Chromosomensatz (↑ Chromosomen) gebildet wird, liegt haploide Parthenogenese vor (Drohnen der Honigbiene).
Die Kerne der Körperzellen können bei Drohnen später im Verlauf der Individualentwicklung durch ↑ Endomitose diploid oder gar polyploid werden. Bei Ausfall oder einem abnormen Verlauf der Reifeteilung während der Oogenese enthalten die Kerne der Eizellen mitunter einen diploiden Chromosomensatz (diploide Parthenogenese, z. B. bei Blattläusen).

Passerprüfung → Kreuzung

pathogen Krankmachend, wörtlich Leiden erzeugend.

Pelzbienen → Apoidea

Pericystismykose Veraltete wissenschaftliche Bezeichnung der ↑ Kalkbrut.

Peritrophische Membranen → Darmkanal

Persönlichkeiten → Imkerpersönlichkeiten

Pestizide Chemische Präparate gegen Schaderreger aller Art, also ↑ Pflanzenschutzmittel und ↑ Schädlingsbekämpfungsmittel.

Pestwurz → Petasites

Petasites MILL. – *Compositae*
– *hybridus* (L.) Ph. GÄRTN., B. MEY. et SCHERB. – Gemeine Pestwurz
Staude mit großen Blättern, 30 bis 60 cm hoch, die blaßrosa Blüten stehen in traubig angeordneten Körbchen, Blütezeit März bis April vor Erscheinen der Blätter. Oft massenhaftes Auftreten am Ufer, in Gräben, an Flußauen und feuchten Waldrändern. Guter Nektar- und guter Pollenlieferant.

Petiolusorgan → Sinnesorgane

Pfefferkuchen → Honigkuchen

Pfeife → Besänftigung

Pfirsich → Prunus

Pflanzenschutz Gesamtheit aller Maßnahmen zum Schutz der Kultur- und Nutzpflanzen sowie der pflanzlichen Erzeugnisse vor Schaderregern. Dazu gehören Sortenwahl entsprechend den Standortbedingungen, ackerbauliche Maßnahmen, Wasser- und Nährstoffversorgung, Fruchtwechsel und der Einsatz von ↑ Pflanzenschutzmitteln gegen Schaderreger. Zum Pflanzenschutz gehört auch, Gefahren abzuwenden, die durch Anwendung von PSM oder durch andere Maßnahmen des Pflanzenschutzes entstehen können, insbesondere für die Gesundheit von Mensch und Tier bzw. für den Naturhaushalt.

Pflanzenschutzamt Staatliche Einrichtung zur Organisation des ↑ Pflanzenschutzes. Aufgaben sind die Schaderregerüberwachung und -prognose sowie Erarbeitung von Hinweisen für die Bekämpfung.

Pflanzenschutzmittel (PSM) Präparate zur Bekämpfung von Schaderregern der Kulturpflanzen. Mit Insektiziden werden Schadinsekten bekämpft, mit Akariziden Milben, Fungizide wirken gegen pilzliche Erreger, Herbizide dienen der Beseitigung von pflanzlichen Schaderregern, Wildpflanzen (Unkraut) und unerwünschtem Pflanzenwuchs.
Natürliche, aus Pflanzen gewonnene Insektizide (z. B. Pyrethrum) stehen synthetischen gegenüber. ↑ Wirkstoffe sind Chlorkohlenwasserstoffe, Carbamate, Organophosphate, organische Nitroverbindungen, synthetische ↑ Pyrethroide u. a.
Pflanzenschutzmittel werden äußerlich aufgebracht (gespritzt, gesprüht) oder innertherapeutisch angewendet (↑ Pflanzenschutzmittel, systemische). Hinsichtlich ihrer Bienengefährdung werden die PSM eingeteilt in bienengefährlich, minderbienengefährlich und bienenungefährlich, in den USA außerdem höchstbienengefährlich.
Die Anwendung **bienengefährlicher** Mittel ist in vielen Ländern durch Schutzgesetze begrenzt. Die Präparate dürfen nicht an blühenden Pflanzen angewendet werden. In nicht blühenden Pflanzenbeständen sind Abdrifte auf benachbarte Kulturen bzw. die Mitbehandlung blühender Unterkulturen zu vermeiden. Blühende Wildpflanzen (Unkräuter) müssen erforderlichenfalls vorher entfernt werden. Als **mindergefährlich** eingestuft sind Pestizide, die nach einer begrenzten Wartezeit ihre Gefährdung für Bienen verlieren. Sie dürfen an blühenden Pflanzenbeständen nach Beendigung des Bienenfluges bis 23.00 Uhr angewendet werden. Die Kennzeichnung erfolgt auf den Etiketten, in den Gebrauchsvorschriften und Mittelverzeichnissen. Die Anwendung **bienenungefährlicher** Präparate darf nur im Rahmen der erteilten Zulassungen, wie Anwendungskonzentration und Aufwandmenge, erfolgen. Bei Überdosierung können Bienenschäden auftreten.
Nach der Wirkungsweise der Mittel werden sie in Fraßgift, Kontaktgift und Atemgift eingeteilt (↑ Gifte).
Für alle Pflanzenschutz- und Schädlingsbekämpfungsmittel sind die Anwendungsvorschriften auf der Verpackung angegeben. Das betrifft die Anwendungskonzentration (Anteil in der anwendungsfertigen Brühe), Menge je Fläche, Wirksamkeit auf die betreffenden Schaderreger, Grad der Bienengefährdung, Hinweise zum Gesundheitsschutz des Anwenders. Jeder, der PSM ausbringt, ist im juristischen Sinn ein Anwender und haftet für die daraus evtl. entstehenden Schäden, z. B. auch für verursachte Bienenschäden. Es ist seine Pflicht, diese zu verhüten.
In blühenden, von Bienen beflogenen Kulturen dürfen bienengefährliche Mittel nur im Ausnahmefall und unter besonderen Vorsichtsmaßnahmen ausgebracht werden. Alle Pflanzenschutzmittel unterliegen, wie die ↑ Tierarzneimittel, der staatlichen Zulassung. Ihr gehen umfangreiche Prüfverfahren voraus. Alle zugelassenen Mittel stehen in den ständig aktualisierten Pflanzenschutzmittelverzeichnissen.
Die meisten Substanzen der Pflanzenschutzmittel haben einen positiven Temperaturkoeffizienten, d. h., die Giftwirkung nimmt mit steigender Temperatur zu.

Pflanzenschutzmittel, innertherapeutische, systemische; Präparate, die von der Pflanze aufgenommen werden, ohne ihr selbst zu schaden. Schaderreger, die mit diesem Pflanzensaft in Berührung kommen (saugende oder beißende) werden geschädigt oder getötet. Eine Bienengefährdung ist unter normalen Witterungsbedingungen und bei Einhaltung der Anwendungsvorschriften normalerweise nicht gegeben. Die Siebfunktion der ↑ Nektarien reicht aus, um die ↑ Wirkstoffe zurückzuhalten. Bei Überdosierung wurden vereinzelt Bienenvergiftungen beobachtet.

Pflaume → Prunus

Pflegebienen → Arbeitsteilung

Pflegevolk (Finisher) Gesundes Bienenvolk mit Bienen aller Altersstufen in optimaler Pflegestimmung zur ↑ Weiselaufzucht; kann entweiselt oder weiselrichtig sein. Es soll eng gehalten werden, viele junge Bienen mit entwickelten Futtersaftdrüsen und viele verdeckelte Brutwaben haben. Die Zucht gelingt am besten, wenn sich die Völker in der aufsteigenden Entwicklungsphase befinden.
Die Zuchtsaison beginnt meist während der Rapsblüte und endet mit der Lindenblüte. Früh- und Spätzuchten sind möglich, aber häufig mit Komplikationen verbunden (geringe Zellenannahme, mangelnde Pflege). Das Bienenvolk erhält 2 bis 3 ↑ Zuchtlatten, die in ein ↑ Zuchträhmchen geklemmt sind; entweder mit schon angepflegten Weiselzellen aus dem ↑ Anbrüter oder mit frisch umgebetteten Larven (↑ Umlarven). Werden die Trachtbedingungen während einer Zuchtserie schlecht, müssen kleine Futtergaben von 1/4 l Honiglösung 1:1 verabreicht werden. Bei zu starkem Trachtangebot oder Futter werden die Weiselzellen durch normale Zellen miteinander verbaut. 1 bis 2 Tage vor dem Schlüpftermin (am 11. Tag nach dem Umlarven) werden die verdeckelten Weiselzellen in ↑ Schlüpfkäfige verschult (damit die zuerst geschlüpfte Weisel die anderen Weiselzellen nicht ausbeißt) und diese in das Zuchträhmchen gestellt.
Zur Schlupfverzögerung kann es kommen, wenn das Pflegevolk die Weiselzellen nicht optimal gepflegt hat, weil es zu schwach war oder ihm zu viele Weiselzellen zur Pflege übergeben wurden.

Phacelia JUSS. – *Hydrophylaceae*
– *tanacetifolia* BENTH. – Büschelschön
Kalifornien bis Mexiko. Einjährig, 70 bis 90 cm hoch. An den wenig verzweigten und röhrenförmigen Stengeln sitzen gefiederte bis geschlitzte Blätter, die blauvioletten Blüten bilden eine schneckenförmig eingerollte Wickel, Blütezeit Juni bis Oktober, die ganze Pflanze ist rauhaarig. Angebaut als Bienenweide, Futter- und Gründüngungspflanze. Sehr guter Nektar- und guter Pollenlieferant.

Phänotyp Erscheinungsbild eines Lebewesens aus dem Zusammenwirken von ↑ Genotyp und Umwelt.

Pharynx → Darmkanal

Phellodendron RUPR. – *Rutaceae*
– *amurense* RUPR. – Korkbaum
Nordchina, Korea, Amurgebiet. Kleiner, 10 bis 12 m hoch werdender Baum, mit breiter, im Alter schirmförmiger Krone und großen, gefiederten Blättern, die sich im Herbst gelb färben. Die gelblichgrünen, unscheinbaren Blüten erscheinen Anfang bis Mitte Juni in aufrechten, wenig verzweigten, etwa 7 cm langen Rispen. Zweihäusig. Liebt genügend feuchte Standorte und kann auf solchen, auch auf leichten Böden, als kleinkroniger Straßenbaum Verwendung finden. Wird, wie viele Rutaceen, von Bienen gut beflogen.

Pheromone Chemische Substanzen, die als „Botenstoffe" in Analogie zu den ↑ Hormonen in sehr geringen Mengen wirken, aber im Organismus nicht nach innen, sondern über die Körperoberfläche nach außen abgegeben werden und dadurch ihre Wirkung zwischen den Individuen einer Art oder auch verschiedenen Arten entfalten. Bei der Honigbiene führen die Pheromone zu regulatorischen Wirkungen im Sozialverhalten, beeinflussen die Tätigkeit verschiedener Organe und spielen als Duftstoffkomponenten bei der Paarung eine

wichtige Rolle. Mehrere Pheromongruppen lassen sich voneinander unterscheiden: Alarm-, Sexual-, Markierungs- und Brutpheromone.
Alarmpheromone: Bisher sind 12 verschiedene Komponenten bekannt geworden.

*Komponenten der Alarmphermone
(nach COLLINS)*

Substanz	⌀ Menge in µg/Arbeitsbiene
1. Buthylacetat	0,12 ± 0,22
2. Isopentylacetat	1,26 ± 0,83
3. 2-Methylbutanol	0,34 ± 0,15
4. Hexylacetat	0,13 ± 0,15
5. 1-Hexanol	0,01 ± 0,02
6. 2-Heptylacetat	0,10 ± 0,10
7. 2-Heptanol	0,04 ± 0,03
8. Octylacetat	0,06 ± 0,09
9. 1-Octanol	0,48 ± 0,49
10. 2-Nonylacetat	0,11 ± 0,17
11. 2-Nonanol	0,05 ± 0,08
12. 2-Heptanon	1,23 ± 0,70

Die Substanzen 1 bis 11 werden an der Stachelbasis abgeschieden. Von ihnen ist das am reichlichsten sezernierte Isopentylacetat bei allen vier *Apis*-Arten (↑ Bienenarten) vorhanden. 2-Heptanon entstammt den Mandibeldrüsen. Es reizt die Bienen während des ↑ Verteidigungsverhaltens zum Angriff und ist nur bei *Apis mellifera* nachgewiesen worden. Maximale Mengen der Alarmpheromonkomponenten ließen sich zu Beginn der Flugbienenzeit bei den einzelnen Sammlerinnen feststellen. Isopentylacetat führt zu einer kurzzeitigen Steigerung der Stoffwechselrate der Arbeitsbienen. Gute Honigvölker reagieren auf Alarmpheromone intensiver als weniger gute Honigproduzenten. Werden Alarmpheromone in hohen Konzentrationen auf Pflanzen aufgebracht, lösen sie bei Flugbienen eine Repellentwirkung aus (Abschreckung). Pheromone mit Repellentwirkung werden übrigens auch im Rectum (↑ Darmkanal) von Jungweiseln (jünger als 14 Tage) produziert und mit dem Kot abgegeben. Kommen Arbeitsbienen damit in Berührung, werden sie zu Putzbewegungen veranlaßt. Bisher sind 76 chemische Substanzen bekannt geworden, die bei Honigbienen Alarmreaktionen, 34, die eine Repellentwirkung auszulösen vermögen.

Zu den Alarmpheromonen gehören offensichtlich auch mehrere von Jungweiseln abgeschiedene Substanzen, die Streßpheromone. Sie treten dann auf, wenn die Jungweisel einem Volk zugesetzt wird und dadurch in eine für sie fremde Umgebung gelangt. Die Arbeitsbienen beantworten die Wahrnehmung dieses Streßpheromons mit Aggressivität, und es kann zum ↑ Einknäulen der Weisel kommen. Die Abgabe dieses Pheromons kann aber auch ausbleiben (Streßpheromon-Hypothese nicht unumstritten!).

Sexualpheromone Davon sind aus den Mandibeldrüsen der Weisel allein 32 Substanzen bekannt, davon besonders erwähnenswert die trans-9-Oxy-2-decensäure, weniger attraktiv die trans-9-Hydroxy-2-decensäure. Durch das Pheromon werden Drohnen während des Paarungsfluges angelockt. Fliegen die Drohnen gegen den Wind auf eine Weisel zu, übt vor allem die trans-9-Oxy-2-decensäure eine Lockwirkung aus. In der Nähe führt dieses Pheromon beim Drohn zum Kopulationsverhalten. In ähnlicher Weise wirken Pheromone der Drüsenkomplexe, die unter den Abdominaltergiten der Weisel liegen und als Tergal- oder Tergittaschendrüsen bezeichnet werden. Die durchschnittlich 35 µm großen Zellen münden in den hinteren Tergitbereichen auf die dort befindliche Intersegmentalhaut (↑ Hinterleib). Die Sexualpheromone zeigen innerhalb der Gattung *Apis* eine interspezifische Wirkung auf Drohnen.

Die **Weiselsubstanz** (Königinnensubstanz), von der die beiden schon erwähnten ungesättigten Fettsäuren trans-9-Oxy-2-decensäure und trans-9-Hydroxy-2-decensäure bereits seit längerer Zeit bekannt sind, spielt neben anderen auch bei der Regulation des Soziallebens im Bienenvolk eine hervorragende Rolle. Durch die Weiselsubstanz werden der Bau von Weiselzellen und die Entwicklung der Ovarien bei Arbeitsbienen verhindert. Jungbienen werden von der Weiselsubstanz bei der Pflege der Weisel angelockt, auch die Nektarsammeltätigkeit wird dadurch angeregt. Die in der Weiselsubstanz enthaltenen Pheromone wirken auf Arbeitsbienen lebensverlängernd. Für den Zusammenhalt der Bienen in der Schwarmtraube sorgt insbesondere die 9-Hydroxy-2-decensäure. Von den im Bienenvolk funktionsregulatorisch wichtigsten Pheromonen seien außer den beiden schon genannten noch p-Hydroxymethylbenzoat und 3-Methoxy-4-hydroxyphenylethanol erwähnt. Die Pheromone der Weiselsubstanz sind nur dann voll wirksam, wenn sie von den Arbeiterinnen im Kontakt mit der Weisel ständig aufgenommen werden und eine Verteilung an alle Stockbienen erfolgen kann. Jungweiseln scheiden weniger Weiselsubstanz ab als ältere, geschlechtsreife Tiere, begattete mehr als unbegattete bzw. kranke oder geschädigte Weiseln. Bei der Steuerung des Soziallebens ist offensichtlich die synergistische Wirkung der Weiselpheromone von besonderem Wert.

Die von Weiseln bekannten Tergittaschendrüsen im Bereich des Abdomens kommen auch bei den Afterweiseln von *Apis mellifera capensis*, der Kapbiene, vor (↑ Bienenrassen). In diesen Drüsen werden Pheromone produziert, wie sie auch von echten Weiseln aus den Mandibel-, aber auch aus Fußdrüsen bekannt sind. Die Afterweiseln üben daher ebenfalls eine Lockwirkung auf Arbeiterinnen aus, ein „Hofstaat" von 15 oder mehr Bienen hält ständig Kontakt zur Afterweisel und pflegt sie, obgleich ihre Attraktivität etwas geringer ist als die einer echten Weisel. Die in der Hauptsache attraktiven Pheromone, u. a. die trans-9-Oxy-2-decensäure, wurden aus Köpfen der Afterweiseln gewonnen. Afterweiseln besitzen größere Mandibeldrüsen als normale Arbeiterinnen und ähneln auch darin den echten Weiseln.

Markierungspheromone Sie werden aus Drüsenzellen in den letzten Fußgliedern (Tarsaldrüsen oder Arnhardt-Drüse) abgesondert, aber auch von Drüsenzellen, die über den ganzen Körper verteilt sind. Die Bienen streifen sie bei Putzbewegungen vom Körper ab. Die den Fußdrüsen entstammenden Fußabdruckpheromone werden von Arbeiterinnen insbesondere am Flugloch hinterlassen und erleichtern den anfliegenden Sammlerinnen durch ihre Duftwirkung das Auffinden des Flugloches. Die pheromonproduzierenden Fußdrüsen sind weder kasten- noch geschlechtsspezifisch und kommen bei allen drei Morphen vor.

Orientierungspheromone Sie entstammen den ↑ Nassanoffschen Drüsen und werden beim Sterzeln als Sterzelduft am Flugloch, an Futterquellen, aber auch im Inneren des Bienenstockes abgegeben und durch die Fächelbewegungen der Flügel wirkungsvoll verteilt. Mit ihnen können die Flugbienen Blüten kennzeichnen und erleichtern dadurch nachfolgenden Sammlerinnen ihres Stockes das Auffinden dieser Nektarquellen. Am Flugloch verhilft der Sterzelduft heimkehrenden Flugbienen zum sicheren Anfliegen ihres Stockes.

Brutpheromone Sie werden auf der Körperoberfläche von Larven und Puppen abgeschieden. Man nimmt an, daß die ↑ Hypopharynxdrüsen der Ammenbienen durch den unmittelbaren Kontakt mit den Larven und die dabei erfolgende Aufnahme von Brutpheromonen eine Aktivierung erfahren. Wird das Oberflächenpheromon bei Larven und Puppen beseitigt, entfernen die Stockbienen diese Brutstadien alsbald aus ihren Zellen. Das Brutpheromon verändert seine Zusammensetzung während der Larval- und der Puppenentwicklung. Die Pflegebienen sind offensichtlich in der Lage, diese Veränderungen und damit auch das Entwicklungsalter der juvenilen Stadien wahrzunehmen. Das gilt auch für die Puppen, da der Puppenkokon für Duftstoffe durchlässig ist. Die chemische Struktur eines Brutpheromons der Drohnenpuppen konnte aufgeklärt werden, es handelt sich dabei um Glyceryl-1,2-Dioleat-3-Palmitat. Pheromone jüngster diploider Drohnenlarven (↑ Drohnen) führen zum Kannibalismus der Pflegebienen, die diese Drohnenlarven auffressen.

Charakteristisch für die Pheromone der Honigbiene ist das in der Regel synergistische Zusammenwirken mehrerer Substanzen (Pheromon-Cocktail) sowie der relativ einfache chemische Aufbau der einzelnen Pheromonkomponenten, die im allgemeinen nur aus 10 bis 20 Kohlenstoffatomen bestehen und ein vergleichsweise geringes Molekulargewicht (≤ 300) aufweisen. Damit wird bei der Produktion dieser für die Funktion des Soziallebens im Bienenvolk so wichtigen Substanzen außerordentlich energiesparend verfahren.

Phosphororganische Verbindungen Chemische Substanzen mit Phosphor als zentralem Atom. Früher als E-Mittel bezeichnet.
Diese organischen Substanzen sind zum größten Teil biologisch wirksam.
Sie werden in folgende Gruppen unterteilt: Phosphinester, Phosphonsäureester, Phosphorsäureester, Triophosphorsäureester, Dithiophosphorsäureester und Pyrophosphorsäureester.

Photoperiode → Tageslänge

Photorezeptoren → Sinnesorgane

Physocarpus MAXIM. – *Rosaceae*
– *opulifolius* MAXIM. – Blasenspiere
Östliches Nordamerika. Bis 3 m hoher, aufrechtwachsender, robuster Strauch. Die bis 1 cm breiten, weißen bis rötlichen Blüten erscheinen im Juni in vielblütigen Doldentrauben. Für Sonne und Schatten gleichermaßen geeignet. Auch für leichte und trockene Böden.
Verträgt vorübergehend auch stagnierende Nässe. Sehr gut als Unterholz verwendbar. Empfindlich gegen SO_2, daher für Industriegebiete ungeeignet. Wird von Bienen gut beflogen. Gilt als mittelguter Nektar- und Pollenspender.

Physokermes → Quirlschildläuse

Pilzförmige Körper → Nervensystem

Pimpernuß → Staphylea

Polarisiertes Licht → Sinnesorgane

Polemonium L. – *Polemoniaceae*
– *caeruleum* L. – Jakobsleiter
Europa, Asien. Staude mit kantigen und hohlen Stengeln, 40 bis 100 cm hoch, drüsig behaarte Blätter, blaue Blüten in endständiger Rispe. Angebaut als Zierpflanze. Sehr guter Nektar- und sehr guter Pollenlieferant.

Pollen Gesamtheit der haploiden männlichen Geschlechtszellen der Blütenpflanzen (Blütenstaub), der in den Pollensäcken der Staubblätter entsteht. Das Pollenkorn besteht aus einem nährstoffreichen Zellkörper mit dem Kern als Träger des genetischen Erbgutes und zwei Hüllen, einer dünnen Intine und einer derben Exine. Pollen windblütiger Pflanzen ist glatt und leicht, oft mit Luftsäcken versehen, um weit fliegen zu können, Pollen insektenblütiger Pflanzen ist vielfältig geformt, oft klebrig (Pollenkitt, Pollenbalsam), um am Insektenkörper zu haften.
Für die Bienen stellt der Pollen die Eiweißnahrung dar (↑ Nährstoffe). Er wird dem Futter der Maden zugefügt und von Jungbienen gefressen. Er ist Voraussetzung für die Futtersaft-, Wachs- und Giftproduktion. Im Spätsommer werden die im Pollen enthaltenen Proteine und Fette bei den Winterbienen als Körperreserve im ↑ Fettkörper deponiert, um im frühen Frühjahr, wenn noch kein Pollen zur Verfügung steht, für die Bruternährung zu dienen. Ältere Bienen fressen normalerweise keinen Pollen.
Ein Bienenvolk benötigt je nach Pollenqualität und Volksstärke im Jahr 25 bis 45 kg Pollen. Er wird von den Sammelbienen (Pollensammlerinnen) unter Zugabe von Enzymen und Honig gehöselt (↑ Beine, Pollensammelapparat).
Stockbienen drücken die in die Zelle abgestreiften ↑ Pollenhöschen fest in die dafür vorgesehenen Zellen über dem Brutnest und überziehen den Pollen mit einer Schicht Honig. Im eingelagerten Pollen vollziehen sich chemische Umsetzungen. Der in Wabenzellen eingelagerte Pollen wird als Bienenbrot bezeichnet.
Die **Zusammensetzung** des Pollens schwankt je nach Pflanzenart in weiten Bereichen. Pollen enthält bis zu 35 % Roheiweiß, in wechselnden Mengen nahezu alle essentiellen Aminosäuren, bis zu 20 % Fett, vor allem die ungesättigten Fettsäuren Linol-, Linolen- und Arachidonsäure, bis 40 % reduzierende Zucker, geringe Mengen Stärke, Zellulose in der Exine, etwa 3 bis 8 % Mineralstoffe und bis zu 20 Spurenelemente, nahezu alle Vitamine und Provita-

mine, antimikrobielle Stoffe (H_2O_2-Bildung mit Hilfe der Glukoseoxidase) besonders im Bienenbrot, ätherische Öle sowie ↑ Enzyme, die z. T. aus der Pflanze stammen, z. T. von den Bienen zugesetzt werden. Manche Pollen enthalten Attraktivstoffe, um die Bestäubung zu sichern. Höschenpollen enthält bis zu 20 % Wasser, ↑ Bienenbrot bis zu 30 %.

Pollen zeigen eine nahezu unübersehbare Vielfalt in **Größe, Farbe und Gestalt**. Die Größe kann unter 2,5 µm und über 200 µm liegen. Die Farbe reicht von Weiß (Heidekraut) über Hellgrau (Himbeere), Gelb (Ackersenf), Blau (Phazelia), Rot (Kastanie), Orange (Reseda), Braun (Klee) bis Schwarz (Klatschmohn), um nur einige Beispiele zu geben. In den Wabenzellen sind die Höschen meist bunt gemischt.

Die Form der einzelnen Pollenkörner ist rund, oval oder eckig. Die bis zu sechs Keimstellen sind als Poren, Falten oder anders ausgebildet. Die Exinestruktur hat Auswüchse oder Vertiefungen, Borsten, Leisten, Höcker und ist mit Stacheln oder Härchen versehen, um im Insektenhaarkleid Halt zu finden. Anhand der Pollenformen lassen sich Rückschlüsse auf die botanische und geographische Herkunft der Honige ziehen (↑ Pollenanalyse).

Medizinische Bedeutung Schon im Altertum wurde der Pollen mitsamt den Waben und dem darin befindlichen Honig als Kräftigungsmittel geschätzt und als haltbare Wegzehrung auf lange Reisen (Wikingerfahrten, Karawanen etc.) mitgenommen (↑ Ambrosia). In neuerer Zeit entdeckte man erneut seine wertvollen Eigenschaften und seine ernährungsphysiologische Bedeutung. Sie ergibt sich aus der Vielfalt der Inhaltsstoffe und ihrem harmonischen Zusammenwirken. Pollen bewirkt vor allem eine Verbesserung des Allgemeinbefindens, Stabilisierung des Herz- und Kreislaufsystems, Hebung der körperlichen und geistigen Leistungsfähigkeit bei älteren Menschen und Rekonvaleszenten. Speziell sollen das Vitamin P (Rutin) einen günstigen Einfluß auf die Blutgefäße ausüben, oestrogene Stoffe im Pollen Prostatabeschwerden mildern, die Blutbildung gefördert und die Darmflora geschützt werden.

Offenbar wird der Zellstoffwechsel stimuliert.

Die Exine des Pollenkorns kann nicht verdaut, nicht einmal zerkleinert werden. Verdauungssäfte dringen durch die Keimporen des gequollenen Pollenkorns ein und lösen die wertvollen Inhaltsstoffe heraus. Im Bienendarm erfolgt das innerhalb der ↑ peritrophischen Membranen, die eine Beschädigung der Mitteldarmzellen durch die häufig scharfkantigen Exine verhüten. Der menschliche Magen und Darm hat diesen Schutz nicht, die Einnahme von Pollen sollte deshalb nur in Maßen erfolgen (Gesunde höchstens 30 g pro Tag, Kranke nur unter ärztlicher Aufsicht).

Hinzuweisen ist auch auf die relativ hohe Gefahr der Pollen-↑ Allergie, die nicht nur bei äußerer Berührung der Schleimhäute im Kopfbereich auftreten kann (Heuschnupfen), sondern ebenso bei Einnahme von Pollen und Verwendung pollenhaltiger Kosmetika.

Gewinnung Da es sich um eines der eiweißreichsten pflanzlichen Produkte handelt, muß die Gewinnung und Verarbeitung sehr sorgfältig erfolgen (Schimmel, Eiweißzersetzung). In Zeiten eines guten Pollenangebotes in der Natur werden stundenweise ↑ Pollenfallen vor oder in die Beute gestellt. Die in den Behälter gefallenen Höschen müssen schnell und schonend (nicht über 40 °C) getrocknet werden (Wassergehalt 30 bis 45 %). Wer Pollen für den Verkauf gewinnen will, sollte vorher vertraglich Menge, Güte, Konservierungsforderungen etc. regeln. Pollen muß stets gut verschlossen, kühl, trocken und dunkel aufbewahrt werden.

Wahrscheinlich wird man in der Zukunft für medizinische Zwecke dem Bienenbrot den Vorzug geben, weil der Pollen hier bereits von den Bienen konserviert und ihm Enzyme zugeführt wurden.

Bei der Entnahme von Pollen und Bienenbrot sollte man stets den hohen Eigenbedarf der Bienenvölker im Auge behalten. Ein Volk darf nie an Eiweißmangel leiden!

Pollenanalyse Melissopalynologie. Methode zur Feststellung der botanischen und geographischen Herkunft eines Honigs auf-

Pollenanalyse

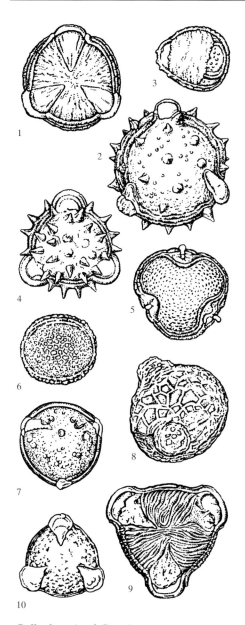

Pollenform (nach DANY)
1. Bergahorn
2. Distel
3. Himbeere
4. Huflattich
5. Linde
6. Raps
7. Robinie
8. Rotklee
9. Süßkirsche
10. Weißklee

grund der unverwechselbaren Formen und Strukturen des ↑ Pollens. Sie dient auch zur Erforschung der Trachtverhältnisse, auch vergangener Zeitepochen (Paläopalynologie), sowie zur Feststellung der Ursache von Bienenvergiftungen.

Ein Handbuch der Pollenstrukturen wurde von ↑ ARMBRUSTER begonnen und von ↑ ZANDER im fünfbändigen Pollenwerk niedergelegt. An neueren Werken seien genannt: R. Y. ALLEN „European Bee Plants und their Pollen" und MAURIZIO/LOUVEAUX „Pollens de Plantes Mellifères d'Europe".

10 g Honig werden in einem Reagenzglas mit 20 ml destilliertem Wasser im Wasserbad gelöst und 5 Min. zentrifugiert. Ein Tropfen des Bodensatzes wird auf einen Objektträger gegeben und nach dem Trocknen in Glyceringelatine, evtl. mit Fuchsin gefärbt, eingebettet.

Sodann werden bei 300- bis 400facher Vergrößerung die verschiedenen Pollenkörner identifiziert und ausgezählt. Umfangreiche Bücher und Vergleichspräparate erlauben die Zuordnung der Pollenformen zu den verschiedenen Pflanzenarten und -gattungen sowie zu größeren, pflanzengeographisch und klimatisch charakterisierten Gebieten. Andere geformte Bestandteile im Sediment, wie Sporen und Fäden von Rußtaupilzen, grünen Algenzellen etc., deuten auf Honigtauanteile hin.

Der Anteil des Pollens entspricht nicht immer dem Anteil des Nektars, aus dem der Honig entstand. Es gibt extrem pollenarmen (unter 20 000 Pollenkörner je 10 g Honig) und extrem pollenreichen Nektar (über 100 000 Pollenkörner) sowie alle Zwischenformen. Wenn Blüten nur zu bestimmten Tageszeiten zugänglich sind, beeinflußt das ebenfalls das Pollenbild. Es wurden für zahlreiche Trachtpflanzen Umrechnungen und prozentuale Grenzwerte erarbeitet, die erfüllt sein müssen, wenn ein Honig als sortenrein deklariert wird.

Ausgezählt werden Leitpollen für die betreffende Honigsorte, Begleitpollen und Einzelpollen. Weiter muß man unterscheiden zwischen primärer Einstäubung in den Nektar, sekundärer (Nachbarschaft der Honig- und Pollenzellen auf der Wabe) und

tertiärer Einstäubung (beim Schleudern der Waben).
Bei der Acetolysemethode wird das Innere des Pollenkorns durch Säure (Essigsäureanhydrid und konzentrierte Schwefelsäure) zerstört und dadurch die Struktur der Exine, der äußeren Hülle des Pollenkorns, besser sichtbar, was die Unterscheidbarkeit mancher Pollenkörner von nahverwandten Pflanzenarten erleichtert.
Eine noch genauere Feststellung kleinster Unterschiede ermöglicht die Rasterelektronenmikroskopie.

Pollenbalsam → Pollen

Pollenbrett Wabe, die beidseitig restlos mit Pollen gefüllt ist. Entsteht bei sehr guter Pollentracht im Frühjahr. Dadurch kann das Brutnest eingeengt werden. Der Imker muß rechtzeitig erweitern.

Pollenersatzmittel Die wichtigsten sind Sojamehl, Magermilchpulver und Höselhefe. Sie werden vor allem im zeitigen Frühjahr eingesetzt, um das Eiweißdefizit der Bienen zu dieser Zeit aufzufüllen und die Entwicklung der Völker zu beschleunigen. Pollenersatzmittel werden meistens im ↑ Höselhäuschen angeboten, können aber auch in ↑ Futterteig gemischt werden.
Sojamehl enthält, je nach Herstellungsverfahren 42 bis 48 % Eiweiß.
Magermilchpulver enthält 31 bis 39 % Eiweiß, 45 bis 51 % Milchzucker, 7 bis 9 % Mineralstoffe und 2 bis 4 % Wasser.
Höselhefe hat einen höheren Eiweißgehalt als Naturpollen. Es handelt sich meist um eine pulverisierte inaktivierte Bäcker- oder Bierhefe, kann aber auch ein in der Zellstoffabrikation anfallendes Produkt sein.

Pollenfalle Vorrichtung zur Gewinnung von Pollen, den die Bienen in ihren Stock bringen. Kann als Kasten gebaut sein, der vor das Flugloch der ↑ Beute gesetzt wird. Dabei müssen die Bienen bei der Rückkehr vom Sammelflug durch einen Pollenkamm kriechen, das ist ein Plastikstreifen mit 4 bis 5 mm großen Löchern und ein paar Einschnitten an der unteren Hälfte eines jeden Loches. Die durchkriechende Biene streift in diesen Einschnitten oder am Rand des Loches ihre Pollenladungen von den Hinterbeinen ab. Die ↑ Pollenhöschen fallen dabei durch ein horizontales Gitter in eine Schublade des Kastens, aus der der Pollen dann vom Imker täglich entnommen wird. Für ↑ Magazine gibt es Pollenfallen, die zwischen Unterboden und unterste Zarge geschoben werden. Die durchlöcherte Platte, durch die die Bienen kriechen müssen, liegt waagerecht unter der gesamten Zargenfläche. Auch das Gazegitter und die Schublade haben diese Größe. Durch eine Schaltvorrichtung außen vor dem Flugloch können die Bienen durch die Pollenfalle oder, wenn diese zeitweise ausgeschaltet wird, über dem Pollensieb ins Volk gelangen.

Pollenfarbe → Pollen

Pollenformen → Pollenanalyse

Pollengewinnung → Pollen

Pollen, giftiger → Bettlacher Krankheit

Pollenhöschen Die von der Sammelbiene an den Außenseiten der Schienen des dritten Beinpaares befestigten Pollenladungen. Sie werden durch die klebrige Beschaffenheit des Pollens, aber auch durch mehrere Borstengruppen festgehalten. Die Pollenhöschen entstehen dadurch, daß die Biene während des Sammelfluges zunächst den mit Hilfe des Honigblaseninhaltes angefeuchteten Pollen mit Vorder- und Mittelbeinen aufnimmt. Von den Mittelbeinen gelangt der Pollen durch Aneinanderreiben der Tarsen in die Fersenbürsten der Hinterbeine. Mit den Pollenkämmen wird der Pollen aus den Fersenbürsten herausgekämmt, gelangt in die Spalte zwischen Fersenglied und Schiene und wird nun mit dem Pollenschieber an die Außenseite der Schiene gedrückt (↑ Beine). Die Fersenbürsten der Vorder- und Mittelbeine kämmen zusätzlich Pollen aus dem Haarkleid heraus. Auch dieser Pollen gelangt, von Honigblaseninhalt benetzt, zu den Hinterbeinen. Allmählich bilden sich Pollenklümpchen, die in die Auskehlung der

Schienen hineingeschoben werden, wo sie festhaften. Ihr Umfang vergrößert sich, und sie reichen bald bis zu den Randborsten der Schienen, von denen sie festgehalten werden. Jetzt bekommt das Pollenhöschen auf jeder Seite seine endgültige Gestalt. Die für die Bildung der Höschen erforderliche Zeit hängt vom Pollenangebot, der pollenspendenden Pflanzenart, aber auch von der Geschicklichkeit der einzelnen Sammelbiene ab und beträgt in der Regel mehrere Minuten, sie kann sogar über 10 Minuten ausgedehnt sein. Ein Höschenpaar wiegt etwa 0,02 g (↑ Eigenverbrauch).
Farbtafel VII

Pollenkitt → Pollen

Pollenkonservierung im Volk → Bienenbrot

Pollensammelapparat → Beine

Pollen sammeln → Sammelstrategie

Pollenspender → Tracht

Pollentoxikose → Bettlacher Krankheit

Pollenverbrauch → Eigenverbrauch

Pollenverdauung → Verdauung

Polygonum L. – Knöterich – *Polygonaceae*
– *aubertii* HENRY = *Fallopia aubertii* (HENRY) HOLUB – Schlingknöterich
Westchina. Sehr üppige, raschwüchsige, auf guten Böden 6 bis 8 m lange Jahrestriebe bildende Schlingpflanze. Blüten klein, weiß, in großen Rispen von Juli bis Oktober blühend. Friert in strengen Wintern zurück, treibt aber immer wieder kräftig aus. Besonders für sonnige Standorte geeignet. Zur raschen Bekleidung von Mauern, Lauben, Pergolen, Pfeilern und dergleichen zu empfehlen. Nektar- und Pollenspende je nach Gegend unterschiedlich.

– *bistorta* L. – Wiesenknöterich
Staude mit aufrechtem Stengel, 30 bis 120 cm hoch, der am oberen Ende eine dichtwalzige rosarote Blütenähre trägt, Blütezeit Mai bis August. Häufig auf feuchten Wiesen, in Auewäldern, liebt nährstoffreichen Boden. Guter Nektar- und mäßiger Pollenlieferant.

Population Gesamtheit der Individuen einer Art, Rasse, Zuchtlinie, die in einer bestimmten Zeit einen bestimmten Raum besiedeln.

Potentilla L. – *Rosaceae*
– *fruticosa* L. – Fingerstrauch
Nördliche Halbkugel. Von *Potentilla fruticosa* werden heute fast nur noch Sorten kultiviert, die sich von der Wildart durch ihre besseren Blüheigenschaften unterscheiden. Darunter befinden sich neuerdings Sorten, die ausgesprochene Dauerblüher sind (die Sorte 'Rheinsberg' von Mai bis Ende Oktober) und durch diese Eigenschaft für die Bienen von unersetzlichem Wert sind. *Potentilla*-Sträucher werden von Bienen regelmäßig beflogen. Sie gelten als mittelgute Nektar- und Pollenspender. Die Farbe der Blüten reicht, je nach Sorte, von Elfenbeinfarbig bis Tiefgelb. *Potentilla* gedeihen auf jedem Boden, benötigen jedoch genügend Feuchtigkeit und sonnigen Standort.
Regelmäßiger scharfer Rückschnitt fördert besonders die Blütengröße. Die Sorte 'Rheinsberg' ist für flächige Pflanzungen, für niedrige Hecken und Einfassungen wie auch als Einzel- oder Gruppenstrauch in kleinen Gärten hervorragend geeignet. Als Bodendecker eignet sich 'Jolina', für Hecken 'Farreri' und 'Leuchtfeuer', zur Flächenbegrünung 'Primrose Beauty', die auch widerstandsfähig gegen Trockenheit ist.
Farbtafel VIII

Präferenz Bevorzugung; Varroamilben z. B. bevorzugen Drohnenbrut.

Preßhonig → Honig

PREUSS, EMIL *1.2.1848 in Domnau/Ostpreußen, † 6.10.1910 in Potsdam.
Schlug die Beamtenlaufbahn ein, war am Rechnungshof in Potsdam tätig, begann dort mit Bienenhaltung. Erfinder des Umhängens von Brutwaben in den Honigraum

zur Schwarmverhinderung, des Absperrens der Weisel mit senkrechtem Absperrgitter, dem Flügelstutzen der Weisel, ↑ Zeichnen der Weisel mit Farbe, Tränken der Bienen im Stock mit Hilfe eines Tränkrähmchens. Imkerte in Ständerbeuten mit 12 Normalmaß-Hochwaben (Querbau in Brut- und Honigraum). Hauptwerk, das in mehreren Sprachen erschien: „Meine Betriebsweise und ihre Erfolge" (1899).

PROKOPOWITSCH, PJOTR IWANOWITSCH
* 29.6.1775 in Baturin (Ukraine),
† 22.3.1850 in Baturin.
Absolvierte das Kiewer Priesterseminar, begann 1799 als Großimker mit Tausenden von Bienenvölkern auf vielen Ständen.
Verwendete für den Brutraum seiner ↑ Dreietager (50 cm × 30 cm × 100 cm) bewegliche Naturwaben an Stäbchen (ohne Leitwachs) und im Honigraum halbhohe, kleinere, 3,5 cm breite Rähmchen für die Scheibenhonigproduktion. Erfand das ↑ Absperrgitter (Lattenroste).
Gründete 1828 die erste russische Lehranstalt für Bienenzucht in Paltschiki. In der zweijährigen Schulzeit wurde auch Gartenbau, Seidenraupenzucht, Holzbearbeitung und anderes gelehrt. Zum 200. Geburtstag wurden ihm in Baturin und Paltschiki Denkmale gesetzt.

Prophylaxe Komplex von Maßnahmen, die darauf abzielen, dem Auftreten von Krankheiten vorzubeugen.
Prophylaktische Untersuchungen, meist Reihenuntersuchungen, dienen dazu, eine eventuelle Erkrankung rechtzeitig festzustellen, um ihrem Fortschreiten bzw. ihrer Ausbreitung vorzubeugen.
Prophylaktische Impfungen sind Schutzimpfungen, prophylaktische Behandlungen sind dem Wesen nach Heilbehandlungen, die aber noch vor dem Ausbruch der Erkrankung durchgeführt werden, mit der Zielstellung, den Ausbruch zu verhüten.
Im ↑ Bienenschutz gehören dazu die zeitliche und örtliche Organisation der Maßnahmen, die Auswahl der Präparate (PSM) unter Beachtung der Bienengefährdung, die Information der Imker und die von ihnen zu treffenden Schutzmaßnahmen.

Propolis Auch Kittharz genannt, ist ein Sammelerzeugnis der Bienen.
Quellen sind die klebrigen Harzüberzüge vorwiegend der Knospen von Pappel, Birke, Kastanie, Eiche, Erle, Weide, Hasel, Esche, Kirsche, Robinie, Buche, Fichte, Tanne, Kiefer u. a. Die Natur schützt mit dieser Substanz die Knospen vor schädlichen Witterungseinflüssen und vor dem Befall mit Kleinlebewesen, wie Bakterien, Pilzen, Viren etc.
Propolis wird von wenigen, darauf spezialisierten Sammelbienen hauptsächlich im Spätsommer gesammelt. Sie wird mit den Mandibeln abgenagt, mit dem Sekret der ↑ Mandibeldrüsen geschmeidiger gemacht, durch geschicktes Zusammenspiel der Beine ins Körbchen der Hinterbeine befördert, angedrückt und als Höschen in den Stock getragen (etwa 10 mg je Höschenpaar). Die Höschen sind bei Wärme glatt und opalglänzend, bei kühlerer Witterung unregelmäßig und zackig. Das Sammeln und ↑ Höseln erfolgt im Sitzen (Pollen wird im Flug gehöselt) und, wegen der Konsistenz des Harzes, in der wärmeren Tageszeit.
Farbtafel XXVII
Verwendung durch die Bienen Kittharz wird nicht im Stock deponiert, sondern am Ort des Verbrauches von anderen Bienen zur direkten Verarbeitung übernommen. Die Kittharzsammlerin sitzt dabei nahezu still, bis ihre Höschen von den Schwestern abgenagt sind, und startet erst dann zu erneutem Sammelflug.
Kittharz dient zum Glätten von Unebenheiten, zum Ausfüllen von Ritzen und Spalten unter 5 mm (größere werden mit Wachs verbaut), zum Auspinseln der Wabenzellen (zwecks Desinfektion), zum Mumifizieren von eingedrungenen getöteten Feinden, die nicht hinausbefördert werden können, und zu Vorbauten sowie zum Verkleinern der Fluglöcher vor Wintereinbruch (griech. pro = vor, poleis = Burg, Stadt; also Vorburg, Vorstadt). Farbtafel XXVII
Die Verwendung von Propolis erfolgt je nach Rasse und Herkunft unterschiedlich. Beispielsweise kittet *Apis mellifera caucasica* stark, *A. m. ligustica* schwach, *A. dorsata* und *A. florea* (Bienenarten) nahezu gar nicht (Einwabennester).

Je nach Verwendungszweck wird die Propolis mehr oder weniger mit Wachs und Pollenbalsam (öliger Überzug des Pollenkorns) vermischt.

Zusammensetzung Propolis besteht zu mehr als 50 % aus Harzen und Balsam, einem wechselnden Anteil an Bienenwachs, etwa 10 % ätherischen Ölen und unterschiedlichen Pollenmengen. Sie enthält viele Mineralien und bis zu 30 Spurenelemente, außerdem Flavone, Amino-, Fett- und andere Säuren sowie etliche Vitamine (B, E, H, P).

Eigenschaften Die Farbe des Kittharzes variiert je nach Pflanzenquelle von Hellgelb (Erle), über Rot (Roßkastanie), bis Schwarz (Birke), auch Grünlich (Pappel). Der Schmelzpunkt liegt bei 80 bis 105 °C je nach Wachsanteil (Wachs 63 °C). Propolis ist bei unter 15 °C hart und spröde, bei 25 bis 40 °C weich und dehnbar.

Die antimikrobielle Aktivität der Propolis beruht auf dem relativ hohen Gehalt an aromatischen Säuren und Aldehyden, Flavonoiden und Sesquiterpenen. Sie sind leicht flüchtig, wärme- und lichtempfindlich. Propolis ist löslich in 96 %igem Alkohol.

Gewinnung Die beim Abkratzen der Rähmchen und Beutenteile gewonnene Propolis ist mehr oder weniger verunreinigt und bedarf der sorgsamen Reinigung, vor allem, wenn sie medizinischen Zwecken dienen soll. Durch Einlegen von Gittern können die Bienen veranlaßt werden, diese zu verkitten. Nach Tieffrieren platzt die dann nahezu reine Propolis ab und kann weiterverarbeitet werden.

Ein Bienenvolk trägt, je nach den Gegebenheiten, zwischen 50 und 200 g Kittharz ein. Der Imker sollte mit der Entnahme sehr vorsichtig sein, um das Volk nicht zu gefährden.

Für medizinische Zwecke wird Propolis entweder in 96 %igem Alkohol gelöst und als Tropfen verabreicht oder als Aerosol inhaliert, tiefgekühlt gemahlen und in Pulverform eingenommen oder in Salben verarbeitet. Die Aufbewahrung muß luftdicht, dunkel und kühl erfolgen.

Medizinische Bedeutung Propolis ist kein Arzneimittel, weil sie wegen ihrer unterschiedlichen Zusammensetzung und Herkunft nicht standardisierbar ist. Sie ist allerdings ein uraltes Hausmittel (schon bei VERGIL als heilkräftiger Bienenkitt erwähnt). Die handgesammelten Harze der Knospenschuppen wurden schon im Altertum bei verschiedenen Hauterkrankungen empfohlen (PLINIUS, ARISTOTELES, HIPPOKRATES), mehr noch die Propolis, die ja auf dem gleichen Grundstoff basiert und mit Enzymen der Bienen sowie Bienenwachs angereichert ist.

Die Wirkung beruht auf den antimikrobiellen Substanzen, den Phytonziden der ätherischen Öle, den Flavonoiden etc., die zugleich die lokale Durchblutung und Regeneration der Gewebe fördern. Propolis wirkt zudem örtlich schmerzlindernd und innerlich entkrampfend, sie soll ultraviolettes Licht absorbieren und Strahlenschäden verhüten helfen.

Behandlungen mit Propolis sollten stets nur durch Ärzte erfolgen. Vor Eigenexperimenten mit Kittharz muß dringend gewarnt werden, da es schwere allergische Reaktionen auslösen kann (↑ Allergie).

Propolis wird außerhalb des medizinischen Bereiches seit Jahrhunderten zur Herstellung von Lacken, Firnis, Möbelpolitur u. a. verwendet.

Prothoraxdrüsen → Hormone

Proventriculus → Darmkanal

Prunus L. – *Rosaceae*
– *armeniaca* L. – Aprikose
Vorderasien bis Ostasien. Hoher Strauch bis Baum, bis 4 m hoch, mit sparriger Krone. Weiße bis blaßrosa Blüten im April/Mai. Standort sonnig, warm und geschützt. Der Boden sollte warm, durchlässig und feucht sein. Mäßiger Nektar- und mäßiger Pollenlieferant.

– *avium* L. – Süßkirsche
Europa, Kleinasien, Nordafrika. Baum, bis 20 m hoch, Krone kugelförmig mit quirlständigen Ästen und hängenden Blättern. Weiße Blüten in Dolden im April/Mai. Standort sonnig und geschützt. Der Boden sollte tiefgründig, durchlässig und nährstoffreich sein, ungeeignet sind kalte, nasse

und schwere tonige Böden. In Kultur viele Gartensorten, Kulturformen Viertelstamm, Hochstamm. Sehr guter Nektar- und sehr guter Pollenlieferant.
Farbtafel IV

– *cerasifera* Ehrh. – Kirschpflaume, Myrobalane
Westasien, Kaukasus. Etwa 6 bis 8 m hoher Strauch oder Baum, oft dornig. Blüten 2 cm breit, weiß, meist einzeln im April. Einige Ziersorten, wie 'Woodii', mit rotem Laub und zartrosa Blüten. Anspruchslos an den Boden und trockenheitsresistent. Für Schutzpflanzungen geeignet, auch als Solitärgehölz im Garten. Mäßige bis gute Nektar- und Pollenspende.

– *cerasus* L. – Sauerkirsche
Südosteuropa bis Indien. Strauch bis Baum, 6 bis 8 m hoch, mit kleiner Krone, dünnen Ästen und aufrechten Blättern. Weiße Blüten in Dolden im April/Mai. Anspruchslos an Standort und Boden. Die Lage sollte sonnig, frei und luftig sein. Ungeeignet sind nasse, schwere und zu nährstoffreiche Böden. In Kultur mehrere Gartensorten, Kulturformen vorwiegend als Niederstamm. Sehr guter Nektar- und sehr guter Pollenlieferant.

– *domestica* L. – Pflaume
Kaukasusgebiet. Baum mit kleiner Krone. Weiße Blüten im April/Mai, Standort sonnig, warm, geschützt. Nährstoffreicher und durchlässiger Boden. Ungeeignet sind schwere und zu nasse Böden. In Kultur viele Gartenformen und -sorten, Kulturformen Viertelstamm, Halbstamm, Hochstamm. Mäßiger Nektar- und mäßiger Pollenlieferant.

– *kurilensis* 'Brillant'
Bis 3 m hoher, aufrecht wachsender Strauch mit grob gesägtem Laub und intensiv orangeroter Herbstfärbung. Blüten weiß mit rosa Anflug. Blütezeit sehr früh, sehr geschätzt als eine der ersten Zierkirschen im April. Bereits als junge Pflanze überreich blühend. Die Sorte ist auch für kleine Gärten geeignet. Wird regelmäßig gut von Bienen beflogen.

– *mahaleb* L. – Steinweichsel
Europa und Westasien. Breitbuschig wachsender, hoher Strauch oder kleiner Baum, in der Regel 5 bis 6 m, seltener bis 10 m Höhe erreichend. Die kleinen, weißen Blüten erscheinen im Mai; duftend. Ein lichtbedürftiges Gehölz, das besonders für trockene, sandige und steinige Böden geeignet ist. Kann vor allem zur Hangbepflanzung, in Windschutzhecken und zur Eingrünung von Wirtschaftsgebäuden verwendet werden. Mäßiger Nektar- und Pollenspender.

– *persica* L. – Pfirsich
China. Strauch bis kleiner Baum, bis 5 m hoch. Rosafarbene Blüten im April/Mai. Standort sonnig, warm, geschützt. Der Boden sollte humos, durchlässig und feucht sein. Ungeeignet sind zu nasse und schwere Böden, Kulturform Viertelstamm. Mäßiger Nektar- und mäßiger Pollenlieferant.

– *serotina* Ehrh. – Spätblühende Traubenkirsche
Nordamerika. Baumartig wachsender Strauch oder unter günstigen Bedingungen bis 30 m hoch werdender schmalkroniger Baum. Blüht im Mai bis Juni in langen, weißen, aufrechten, zuletzt etwas überhängenden Trauben. Gedeiht in vollsonniger wie auch schattiger Lage. Für trockene und leichte Böden besonders geeignet. Wertvolles Gehölz für Rekultivierungsmaßnahmen, für Windschutzpflanzungen und auch für Deckpflanzungen in Grünanlagen. Mäßiger Nektar-, geringer Pollenspender.

– *spinosa* L. – Schlehe, Schwarzdorn
Europa, Nordafrika, Westasien. Bis 4 m hoher, verzweigter, sparriger und dorniger Strauch. Vor dem Laubaustrieb im April von kleinen, weißen Blüten übersät. Die Schlehe verlangt sonnigen Standort und gedeiht hervorragend in freier Lage. Besonders für steinige, kalkreiche Böden geeignet. Für Hang- und Böschungsverbauung und für Windschutzhecken. Sehr wertvolles Vogelschutzgehölz. Wird von Bienen gut beflogen. Mäßiger Nektar-, guter Pollenspender. Nicht für Obstbaugebiete, da Nebenwirt vieler Schädlinge und Krankheiten, besonders des Scharka-Virus.

– *subhirtella* MIQ. – Japanische Bergkirsche
Japan. Großer Strauch oder dichtkroniger kleiner Baum von 6 bis 10 m Höhe mit feingliedrigem Astwerk. Die einfachen, rosafarbenen Blüten erscheinen in großer Fülle vor dem Laubaustrieb im April. Bestes Wachstum auf frischem, jedoch nicht nassem, tiefgründigem Boden in geschützter Lage. Geeignet für Gärten und Grünanlagen. Wird stark von Bienen beflogen. Das gilt auch für ähnliche einfach- und frühblühende ostasiatische Arten und Sorten, wie –*incisa* THUNB. und –*sargentii* REHD.

– *tomentosa* THUNB. – Koreanische Strauchkirsche
Vom Himalaja bis Korea. Eine strauchige, etwa 1,5 m hoch werdende Art mit filzigen Blättern. Blüten blaßrosa, in großer Fülle entlang der Zweige während des Austriebs im April bis Mai. Früchte hellrot, schmackhaft. Benötigt sonnigen Standort und gedeiht auch auf trockenen und sandigen Böden. Von allen Zierkirschen am widerstandsfähigsten gegen Trockenheit. Wird von Bienen gut beflogen.

PSM → Pflanzenschutzmittel

Ptelea L. – *Rutaceae*
– *trifoliata* L. – Hopfenstrauch, Kleeulme
Östliches Nordamerika. Bei uns meistens nur 3 bis 4 m hoher, locker verzweigter Strauch. Die unscheinbaren, grünlichweißen Blüten erscheinen im Juni in endständigen Doldenrispen. Auffallend sind die bis in den Winter haftenden, geflügelten, ulmenähnlichen Früchte. Verträgt Schatten und ist zur Aufpflanzung auf armen und trockenen Böden geeignet. Jedoch muß Schutz vor Wildverbiß gewährleistet sein. Besonders als Unterholz zu empfehlen. Rauchhart. Sollte in Industriegebieten mehr verwendet werden. Wird von Bienen gern beflogen. Gilt als guter Nektar- und Pollenspender.

Punktaugen → Sinnesorgane

Puppe Ruhestadium ohne Nahrungsaufnahme (Puppenruhe), das während der Individualentwicklung zwischen ↑ Larve und ↑ Imago eingeschaltet ist. Abgesehen von den noch nicht vollständig ausgebildeten Flügeln zeigt der Puppenkörper schon alle Merkmale der erwachsenen Biene. Die Puppenfarbe wird anfänglich noch durch die weißgelbe Farbe des ↑ Fettkörpers bestimmt, der durch die Chitincuticula (↑ Chitinpanzer) hindurchscheint, da zu Beginn der Ruhephase die dunklen Pigmente noch fehlen. Sie werden jedoch nach und nach gebildet, und so kommt es allmählich zur endgültigen Ausfärbung des Chitins (↑ Puppenentwicklung).

Puppenentwicklung Sie wird schon im Verlauf des letzten Larvalstadiums (↑ Larvalentwicklung) vorbereitet (Vorpuppen- oder Nymphenstadium) und erfährt nach der Puppenhäutung ihre Fortsetzung, wobei die äußeren Körperformen bald die Kontu-

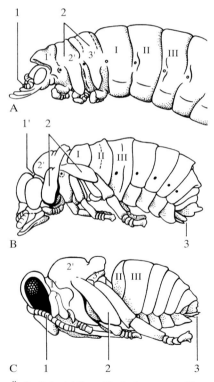

Äußerlich sichtbare Veränderungen während der Metamorphose (nach SNODGRASS*)*
A und B Zwei Phasen des Vorpuppenstadiums
C   Puppe
1 Antennenanlage, 2 Flügelanlagen, 3 Stachelanlage
1' – 3' Thoraxsegmente
I – III vordere Abdominalsegmente

Ausfärbungsschritte der weiblichen Morphen während der Puppenruhe (nach MORSE/HOOPER)

Körperregion der Puppe	Färbungsgrad	Entwicklung in Tagen ♀	♂
Komplexaugen	hellrötlich	14	11
Komplexaugen	rot	15	12
Komplexaugen	dunkel	17	13
Thorax	gelblich	17	13
Abdomen	gelblich	18	14
Fühler	dunkel	19	

ren der künftigen Imago erkennen lassen. Die Puppe nimmt keine Nahrung auf und wird auch als Ruhestadium bezeichnet. In diesem Entwicklungsstadium erfolgen die endgültigen Organdifferenzierungen.

Zunächst ist die Puppe völlig farblos, und die Flügel bleiben noch stummelförmig. Im Verlauf der Puppenphase färben sich zuerst die Komplexaugen durch Pigmenteinlagerungen zur optischen Isolierung der einzelnen Augenkeile (↑ Sinnesorgane). Dann folgt die Ausfärbung und damit auch die Verfestigung der gesamten Chitincuticula (↑ Chitinpanzer). Im Inneren des Puppenkörpers vollziehen sich beträchtliche Organumwandlungen, die zum großen Teil schon während der Vorpuppenphase einsetzen. Tiefgreifende Veränderungen erfolgen vor allem im Kopf und im Brustabschnitt, während der Hinterleib in der ersten Zeit der Puppenruhe seinen larvalen Charakter noch bewahrt. Wenn die Komplexaugen an den Kopfseiten schon sichtbar werden, Beine und Flügel deutlich hervortreten, liegt der Hinterleib dem Brustabschnitt noch eng an, und es fehlt bis dahin die sich später entwickelnde „Wespentaille". Kurz vor dem Schlupf der erwachsenen Biene, wenn mit der 6., letzten Häutung (Imaginalhäutung) die ↑ Metamorphose beendet ist, werden die Flügel durch Einpressen von ↑ Blutflüssigkeit in die Flügeladern gestreckt. Der Abschluß dieses Streckungsvorganges und die Aushärtung der Chitincuticula erfolgen sogar erst nach dem Schlupf. Die frisch gehäuteten Imagines können mit Hilfe ihrer Mandibeln und dem Sekret der Mandibeldrüsen selbsttätig die Zelldeckel öffnen, und es erfolgt der Imaginalschlupf.

Puppenruhe → Puppe

Putzbiene → Arbeitsteilung

Putztrieb → Säuberungsverhalten

Pyemotose Hervorgerufen durch Pyemotes-Milben, die verschiedene Insektenspezies befallen, darunter auch Ameisen, Seidenraupen und Bienen. Sie sind nicht nur für Bienen schädlich, sondern auch für den Menschen pathogen und verursachen eine Art Krätze, die oft mit Fieber verbunden ist. Pyemotes-Milben wurden Anfang unseres Jahrhunderts in Tunesien, Frankreich, in der Schweiz und der ehemaligen Sowjetunion festgestellt.

Ätiologie, Erreger In Bienenvölkern wird die Art *Pyemotes ventricosus* gefunden, die durch einen ausgeprägten Geschlechtsdimorphismus gekennzeichnet ist. Die Artbezeichnung „ventricosus" (bauchig) weist darauf hin, daß zahlreiche Divertikel im Mitteldarm des Weibchens eine reichliche Futteraufnahme gestatten. Das Abdomen schwillt dabei so an, daß der Parasit sich nicht mehr fortbewegen kann. Während und nach der Futteraufnahme bilden sich im Eierstock der befruchteten Weibchen Eier, die in einer Art Gebärmutter zurückgehalten werden, wo auch die geschlüpften Nachkommen bis zum Stadium von geschlechtsreifen Imagines verharren. Es werden drei Männchen und einige Dutzend Weibchen geboren. Sie verbleiben auf dem Körper der Mutter bis nach der Begattung. Danach sterben die Männchen ab, und die jungen begatteten Weibchen begeben sich auf die Suche nach einem neuen Wirt, an dem sie sich sehr festhalten, was sicher ihre

Verbreitung begünstigt. Die Lebensdauer der Milben wird mit 38 Tagen angegeben. Die Männchen messen 164 µm × 90 µm, die Weibchen 223 µm × 80 µm. Nach der Mahlzeit mißt ihr kugelförmiger Hinterleib 1,0 bis 1,5 mm.

Pathogenese, klinische Symptome, Krankheitsverlauf Pyemotes-Milbenbefall wird hauptsächlich bei schwachen Bienenvölkern festgestellt, die die normale Bruttemperatur nicht halten können. Optimal für die Milben sind 25 bis 30 °C; bei 35 °C ist die Fortpflanzung schon gehemmt. (Um so merkwürdiger ist, daß sie dagegen Menschen mit 37 °C Körpertemperatur befallen und krankmachen können!) An den Rändern der Brutwaben wurden bis zu 40 Milben pro Bienenlarve gezählt. Die Schadwirkung besteht insbesondere in der Zerstörung der Brut im verdeckelten Zustand. Das klinische Bild erinnert z. T. an Gutartige ↑ Faulbrut.

Diagnostik und Bekämpfung Nicht selten werden die Milben rein zufällig in Ausstrichen für die mikroskopische Untersuchung bei der Abklärung von Faulbrut-Verdachtsfällen bemerkt. Die Bekämpfung orientiert auf größere Standhygiene und die Verlegung der Bienenvölker an andere Standorte. Spezifische Therapiemaßnahmen sind nicht beschrieben.

Pyracantha ROEM. – *Rosaceae*
– *coccinea* ROEM. – Feuerdorn
Italien bis Westasien. Der Feuerdorn ist eines der verbreitetsten immergrünen Gehölze in unseren Grünanlagen. Er wächst dichtbuschig, ist sparrig verzweigt, wird etwa 3 m hoch und ist stark bedornt. Die weißen Blüten erscheinen im Juni in großen Doldentrauben. Die leuchtendroten Früchte sind von hervorragendem Schmuckwert. Der Feuerdorn liebt sonnige Standorte und genügend nährstoffhaltige frische Böden, gedeiht auch auf trockenen Böden noch recht gut. Nasse Böden sind ungeeignet. Friert in ungeschützter Lage in strengen Wintern zurück, treibt aber wieder gut aus. Wird von Bienen stark beflogen. Gilt als mittelguter Nektar- und Pollenspender. Einige Hybriden sind resistent gegen Schorf, benötigen aber geschützte Standorte. Das Laub ist glänzend, die Früchte orangerot oder gelb.

Pyrethroide Abkömmlinge des natürlichen stark insektiziden Wirkstoffes von *Pyrethrum album*, einer afrikanischen Margeritenart (heute *Chrysanthemum*).
Synthetische Pyrethroide sind meist als minderbienengefährlich, einige als bienenungefährlich eingestuft.

Pyrus L. – *Rosaceae*
– *communis* L. – Birnbaum
Kleinasien. Baum, 8 bis 15 m hoch, Krone

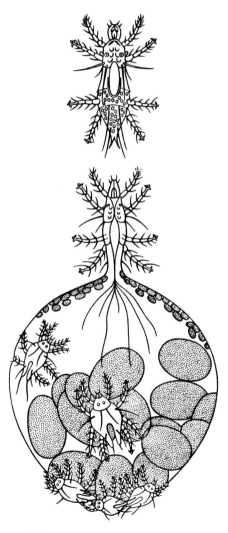

Weibliche Form von Pyemotes ventricosus. Oben vor, unten nach der Nahrungsaufnahme

steil und schlank. Weiße Blüten in Doldentrauben im April/Mai. Standort sonnig bis halbschattig, warme Lagen. Der Boden sollte tiefgründig, durchlässig und nährstoffreich sein. Ungünstige Standorte sind Lagen mit hoher Luftfeuchtigkeit und mit Staunässe. In Kultur viele Gartensorten, Kulturformen: Spindel, Busch, Halbstamm, Hochstamm. Guter Nektar- und guter Pollenlieferant.

Q

Quaken der Weisel → Lautäußerungen

Querbau Auch als Warmbau bezeichnet. Waben stehen mit der Breitseite parallel zur Fluglochseite der Beute.

Quirlschildläuse Deutsche Bezeichnung für Napfschildläuse (*Coccidae*) an Fichte und Tanne (↑ Honigtauerzeuger, systematische Stellung). Die frühere verdeutschte Bezeichnung Lecanien ist noch weit verbreitet. In Mitteleuropa zwei für die Imkerei wichtige Arten: *Physokermes piceae* (SCHRANK) – die Große, und *Physokermes hemicryphus* (DALLMANN) – die Kleine Fichtenquirlschildlaus.
Lebensweise Die Große und Kleine Lecanie überwintern als Zweitlarven (L_2) unter den Quirlschuppen der Fichte. Anfang bis Ende Mai häuten sie sich und wachsen zur vollen Größe heran. Dabei nehmen sie viel ↑ Siebröhrensaft auf und geben ↑ Honigtau ab.
Die beweglichen Männchen, geflügelt und mit Fühlern ausgestattet, begatten einen Teil der Weibchen. Nach 3 bis 4 Wochen gebären sowohl die begatteten als auch die unbegattet gebliebenen Weibchen, in diesem Fall parthenogenetisch, in ihrem eigenen Panzer Larven (L_1). In einer Brutblase entwickeln sich bis zu 1000 weibliche und wesentlich weniger männliche Larven (0,6 bis 0,7 mm groß). Je nach Höhenlage sterben die Mütter zwischen Mitte Juni und Mitte Juli ab. Zwischen Ende Juli und Anfang September verlassen die Larven (L_1) die Brutblasen durch den Analspalt. Bei Temperaturen über 20 °C und relativer Luftfeuchtigkeit unter 70 % öffnet sich der Analspalt auf mindestens 0,2 mm. Bei anhaltender Nässe und hoher Luftfeuchtigkeit unterbleibt das, und es kann zum Absterben der Larven kommen.
Bis Oktober laufen die asselähnlichen Larven umher, werden auch abgewebt oder fallen herab und verbreiten sich so auf andere Fichten (kann bei starkem Wind auch zu Verlusten führen). Die weiblichen Larven suchen neue Quirle auf, werden nach der Häutung zur L_2 unbeweglich, ohne sichtbare Extremitäten und Fühler. Die männlichen Larven bilden in der Nähe der Quirlschuppen auf den Nadeln einen wachsartigen Schild. Beide Geschlechter überwintern im L_2-Stadium.
Feinde der Quirlschildläuse sind in erster Linie kleine Erzwespen (*Chalcidae*) und Larven der Marienkäfer (*Coccinellidae*) sowie Schwebfliegen (*Syrphidae*), aber auch Spinnen und der Graue Schildlausrüsselkäfer. Weitere Feinde sind Vögel (Meisen, Goldhähnchen) und auch Eichhörnchen.
Farbtafel XI

Prognose der Quirlschildlaus-Honigtauwaldtracht Sie wird an der Besatzdichte prognostiziert.
– Wenn die Honigtauproduktion der Großen Lecanie langsam versiegt, setzt die Honigtauproduktion der imkerlich wichtigeren Kleinen Lecanie ein.

– In Höhe bis zu 450 m liegt die Lecanientracht etwa zwischen Ende Mai und dem 20.6., in Lagen bis zu 600 m zwischen Anfang Juni und dem 10.7., in Höhen über 600 m teilweise zwischen den ersten Junitagen und Mitte Juli.

– Durch kontinuierliches Beobachten der Kleinen Quirlschildlaus wird beim Feststellen der ersten Tröpfchenbildung zugleich der Trachtbeginn ermittelt, mit dem Eintrocknen der Tiere ist das Trachtende erreicht.

– Wenn bei Trachtbeginn viele Tröpfchen an älteren Quirlen zu sehen sind, ist mit einer guten Tracht zu rechnen, weil dann auch viele Quirlschildläuse in den jüngeren Quirlen sitzen.

– Glasplattenmethode: In der 1. Augusthälfte werden durch Auslegen von Glasplatten (32 cm × 19 cm), die hauchdünn mit Raupenleim versehen sind, die daran haftenden L_1 der Kleinen Lecanie ausgezählt und anschließend die L_1-Zahl pro m² rechnerisch ermittelt. Wird diese Methode mindestens über 4 bis 5 Jahre in Waldgebieten angewandt und stehen parallel dazu genaue Waagstockmessungen für das betreffende Gebiet zur Verfügung, können über die Aufstellung von Eichkurven Aussagen über regionale Trachtaussichten gegeben werden. Eine bestimmte L_1-Anzahl läßt dann eine Honigtauwaldtracht im kommenden Jahr erwarten.

– Auszählen der L_2: Von etwa 24 über 30 Jahre alten Fichten eines Waldgebietes wird über mehrere Jahre hinweg je ein Zweig im März abgebrochen. Pro Zweig wird die Anzahl der unter 25 Quirlen sitzenden L_2 (durch Zurückklappen der Quirlschuppen) unter einem Stereomikroskop ermittelt. Man zieht nur einjährige Quirle (vorjährige Maitriebansätze) für die Zählungen heran. Durch Verwendung exakter Waagstockergebnisse aus dem gleichen Gebiet kann über mehrere Jahre rechnerisch ermittelt werden, wieviel L_2 vorhanden sein müssen, damit in einem bestimmten Gebiet die Lecanientracht ergiebig ist.

– Auszählen erwachsener Lecanien-Weibchen: Am Ende der Honigtauproduktion wird während mehrerer Jahre an 24 über 30 Jahre alten Fichten eines Waldgebietes die Anzahl der an der Basis von 25 vorjährigen Quirlen sitzenden Lecanien-Weibchen ermittelt. Der Vergleich mit genauen Waagstockergebnissen aus dem gleichen Territorium ermöglicht Aussagen über die erforderliche Besatzdichte während eines guten Trachtjahres.

– Bleiben während der Zeitspanne vom L_2-Stadium bis zum reifen Weibchen in einem Waldgebiet relativ viele Tiere am Leben (Auszählen der L_2 und erwachsenen Weibchen an den Ästen gleicher Bäume) und ist der Prozentsatz parasitierter Tiere gering, ist im folgenden und übernächsten Jahr mit einer zunehmenden Individuendichte und daher guten Trachtaussichten zu rechnen.

Quitte → Cydonia

R

Radialschleuder → Honigschleuder

Radialzelle → Flügel

Radschleuder → Honigschleuder

Rähmchen Durch VON ↑ BERLEPSCH in Deutschland eingeführt (Beginn des ↑ Mobilbaus). Rahmen aus Weichholz (Fichte, Tanne, Kiefer, Linde, Pappel) oder Plastik, in dem die Bienen, meist über eine vom Imker gegebene ↑ Mittelwand ihren Wabenbau errichten. Das hölzerne Rähmchen besteht aus vier 25 mm breiten und 6 bis 8 mm dicken Leisten. Die obere Leiste, die Trageleiste, hat beiderseits 10 mm über das Rähmchen hinausragende Trageohren. Bei bündiger Nagelung des Rähmchens kann es auch ein entsprechend gebogener fester Metalldraht sein, der in die Oberleiste und mit dem anderen Ende in die Seitenleiste des Rähmchens eingeschlagen wird.
Zur ↑ Abstandsregelung von Wabe zu Wabe sind bei den Rähmchen, die im ↑ Längsbau stehen, an beiden Seitenleisten, bei den im ↑ Querbau hängenden an der oberen und unteren Leiste je zwei Abstandsbügel oder hölzerne, 10 mm lange Röllchen angebracht. Hoffmannrähmchen haben statt Abstandsbügel in der oberen Hälfte verbreiterte Seitenleisten. Ihre untere Leiste ist vielfach schmaler ausgeführt, damit die Bienen leichter durch den Bau von Wachsbrücken die Verbindung zur unteren Etage herstellen können. Für die Errichtung von ↑ Dickwaben, die nur im Honigraum Verwendung finden, sind Rähmchen mit 35 bis 40 mm breiten Leisten notwendig.
Das Rähmchen wird aus vorgefertigtem Rähmchenholz gearbeitet. Die einzelnen Leisten werden in einer Schneidelade

rechtwinklig und in der gewünschten Länge von der Meterware abgesägt und dann frei oder in einer Rähmchennagelform zum Rähmchen zusammengefügt. Die Leisten können auch gezinkt werden.

Das **Lochen** (meist 4 Löcher mit 2 bis 3 mm Durchmesser) erfolgt mit Hilfe des Rähmchenlochers. Das Rähmchen wird zwischen Dorn und Gegenhalterung geschoben. Mittels Hebelwirkung wird per Hand ein Dorn durch das Rähmchen an der vorher angezeichneten Stelle gedrückt. Eine Feder hinter der Dornhalterung schiebt Dorn und Handgriff wieder in die Ausgangslage zurück. Nach Anbringung kurzer Leisten als seitlichem Anschlag kann auf das Anzeichnen der Lochstellen verzichtet werden. Maschinell können Rähmchen mittels der ↑ Vierlochbohrmaschine gelocht werden.

Dann folgt das **Drahten** der Rähmchen. Es handelt sich dabei um das Spannen von Rähmchendraht zwischen gegenüberliegenden Rähmchenschenkeln, damit die im Rähmchen eingelötete ↑ Mittelwand einen Halt bekommt. Ausgehend von einem äußeren Loch des bereits gelochten Rähmchens wird 0,2 bis 0,3 mm starker Draht, der auf Holz- oder Papprollen aufgerollt ist, durch die Löcher der sich gegenüberliegenden Rähmchenschenkel lose hin- und hergezogen. Dann wird das Drahtende um einen kleinen Nagel, der in der Nähe des letzten Loches in die Leiste an der Seite eingeschlagen wurde, oder um einen Abstandsbügel geschlungen und befestigt. Danach wird, von dem letzten Loch ausgehend, der Rähmchendraht Stück für Stück gespannt und in der Nähe des ersten Loches um einen dort ebenfalls an der Leistenseite eingeschlagenen Nagel oder einen Abstandsbügel geschlungen und dann das Drahtende abgezwickt. Beim Drahten ist es zweckmäßig, die Drahtspule um einen eingeschlagenen Nagel rollen zu lassen.

Ein Rähmchen ist richtig gedrahtet, wenn der Draht beim Antippen wie eine Saite klingt, die Rähmchenschenkel aber nicht durchgebogen sind. Das ↑ Einlöten der Mittelwände erfolgt meist erst, bevor die Mittelwände zum Ausbauen in das Volk gegeben werden.

Rähmchenmaße Im deutschsprachigen Raum sind folgende Rähmchenaußenmaße am häufigsten anzutreffen:
Normalmaß, liegend 370 mm × 223 mm
KUNTZSCHmaß 330 mm × 250 mm
FREUDENSTEINmaß 338 mm × 200 mm.

In kleinerem Umfang sind noch das GERSTUNGmaß, 410 mm × 260 mm, auch als Hochwabe in verkürzter Form, 260 mm × 350 mm, das ZANDERmaß, 420 mm × 220 mm sowie einzelne ältere Rähmchenmaße in Gebrauch.

Für Magazine hat das 2/3 ↑ LANGSTROTHmaß, 448 mm × 155 mm, Bedeutung.

Weltweit sind hauptsächlich das LANGSTROTH- und das ↑ DADANT-Rähmchenmaß (435 mm × 300 mm bzw. 448 mm × 285 mm) verbreitet, wobei es länderweise für die gleiche Bezeichnung unterschiedliche Maße gibt.

Rähmchenstellung → Wabenstellung

Rankmaden → Wachsmotten

Raps → Brassica

Rassen → Bienenrassen

Räuberei Das Ausrauben der Nahrungsvorräte eines Volkes durch stockfremde Bienen. Dies tritt vor allem in trachtarmen Zeiten auf. Auch durch unachtsames Füttern einzelner Völker eines Bienenstandes kann Räuberei ausgelöst werden. Durch die entstehende Unruhe im Volk kann die Weisel verloren gehen. Gefährdet sind vor allen Dingen schwache Völker, die aufgrund mangelnder Verteidigungsfähigkeit leicht ausgeraubt werden können. Zum Räubern neigen hauptsächlich alte Arbeiterinnen, die sich entweder gewaltsam oder durch Geruchsmaskierung Eingang in ein fremdes Volk verschaffen. Geruchsmaskierung entsteht z. B. dann, wenn sämtliche Völker eines Standes ein und dieselbe Tracht nutzen. Beim Anflug führen die räubernden Bienen meist pendelnde Flugbewegungen aus, die Unsicherheit verraten. Räubernde Arbeiterinnen verlieren durch Kämpfe mit den Wächterbienen der fremden Völker leicht ihr Haarkleid und sehen dann fast schwarz aus (nicht zu verwechseln mit ↑ Schwarzsucht!).

Rauch → Besänftigung

Rauchgeräte → Besänftigung

Rauchmaterial → Besänftigung

Réaumur, René Antoine Ferchault de * 28.2.1683 in Bermondière (Maine), † 17.10.1757.
Physiker und Zoologe mit besonderem Interesse für Bienen. Führte 1730 die 80gradige Temperaturskala ein (Weingeist). Beobachtete gezeichnete Bienen in gläsernen Beobachtungsstöcken, registrierte die Stärke der Völker zu verschiedenen Jahreszeiten, machte Temperaturmessungen im Stock. Er fand, daß nur 1/4 bis 1/3 der Bienen eines Volkes Sammelflüge unternehmen, differenzierte Weisel, Drohn und Arbeitsbiene, erkannte als erster die tierische Herkunft des Honigtaues, studierte die Bienengift- und Wachsproduktion und als erster die Arbeit der Kittharz sammelnden Bienen.
Abhandlungen über die Bienen sind auf über 500 Seiten mit vielen Abbildungen im 5. Band seiner „Memoires pour servir à l'histoire des insectes" niedergelegt.

Receptaculum seminis → Geschlechtsorgane, weiblich

Recht → Bienenrecht

Rectaldrüsen → Darmkanal

Rectalpapillen → Darmkanal

Reduktionsteilung → Geschlechtszellen

Regel der 40 Tage Etwa 40 Tage vergehen, bis aus einem abgelegten Ei eine Trachtbiene wird (21 Tage Entwicklungszeit bis zum Schlupf, rund 20 Tage bis zur Flugbiene). Dieses zu wissen ist wichtig für die rechtzeitige Einleitung der Reizfütterung besonders im Frühjahr, damit die aus dem dadurch angelegten größeren Brutnest schlüpfenden Bienen die Frühtracht (Obst, Raps) voll nutzen können. Die Reizfütterung muß also mehr als 40 Tage vor dieser Tracht einsetzen.

Regenerationskrypten → Darmkanal

Reinigung auf dem Bienenstand Nach jeder Bearbeitung von Völkern ist der Bienenstand zu reinigen. Fenster, untere Beutentüren, Trittbereich des Imkers, Wabenbock, Geräte sind mit möglichst heißem Wasser zu säubern.
Die Reinigung vor einer ↑ Desinfektion zur Bekämpfung infektiöser Erkrankungen erfolgt nach einem Ablaufschema:
– Ausfegen lockeren Schmutzes und toter Bienen;
– mechanische Oberflächenreinigung und Glättung durch Nutenreiniger, Ziehklinge, geschärfte Gemüllkrücke und Stoßmesser zwecks Entfernung von Wachs und Kittharz;
– Verbrennen des Schmutzes und aller nicht verwendungsfähiger, nicht zu reinigender oder nicht desinfizierbarer Teile;
– intensives Scheuern (Beuten innen und außen) mit heißer Waschlaugen-(IMI-) Lösung (4 %) oder Natronlauge (2 %), einschließlich Beutenfronten und -unterlagen;
– mehrfaches Spülen mit klarem, möglichst heißem Wasser zur Entfernung aller Laugenreste;
– Kochen der Rähmchen, EWK etc. in Laugenlösungen (Laxyllösung, Natronlauge 2 %ig).

Reinigungsausflug Erster Ausflug der Bienen während des Nachwinters oder auch erst im Frühling, wenn nach anhaltend winterlicher Witterung die Lufttemperatur im Schatten auf mindestens 10 °C angestiegen ist. Die ausfliegenden Bienen entleeren ihre Kotblase und tragen auch Wasser ein, wenn die Bruttätigkeit bereits begonnen hat.

Reinzuchtvolk Bienenvolk mit einer Zuchtweisel.

Reizfütterung → Fütterung

Repellents Präparate zur Abschreckung, oftmals Insektiziden beigemengt, zur Vermeidung von Bienenschäden.
In neuerer Zeit werden dem Imker auch Repellent-Sprays als Bearbeitungshilfen angeboten, z. B. um die Entnahme der Honigwaben zu erleichtern. Vor dem Gebrauch muß gewarnt werden. Rückstände im Honig und Wachs sind zu erwarten. Einige dieser Produkte enthalten sogar Wirkstoffe, die bei zu hoher Dosierung zu schweren Bienenvergiftungen führen.

Reserveableger → Ableger

Resistenz Angeborener Zustand der Unempfänglichkeit eines Organismus gegenüber bestimmten Krankheitserregern oder Giften. Man unterscheidet zwischen natürlicher und erworbener Resistenz. Die natürliche ist artspezifisch, die erworbene ist das Ergebnis der selektiven Anpassung bestimmter Linien oder Stämme von Organismen an Umwelteinflüsse, denen die Ursprungsformen nicht widerstehen.
Läuft der Vorgang der allmählichen Erlangung dieser Unempfänglichkeit spontan ab, spricht man von Resistenzentwicklung, wird er gezielt gesteuert, von Resistenzzucht. Durch häufige Anwendung von ↑ Pflanzenschutzmitteln mit dem gleichen Wirkstoff können besonders bei Schaderregern mit kurzem Entwicklungszyklus resistente Populationen selektiert werden.

Restvolk Muttervolk, dem ein ↑ Ableger entnommen wurde bzw. dem ein ↑ Schwarm abgegangen ist. Im ersten Fall ist das Restvolk, je nach Art des Ablegers, zu versorgen. Soll nach dem Willen des Imkers kein weiterer Schwarm mehr fallen, müssen alle bestifteten oder verdeckelten Weiselzellen, bis auf eine, ausgebrochen werden.

Rezessiver Erbgang → MENDEL'sche Regeln

Rhamnus L. – *Rhamnaceae*
– *catharticus* L. – Kreuzdorn
Europa, West- und Nordasien. Baumartiger Strauch von 4 bis 6 m Höhe, sparrigem, dichtem Wuchs und unregelmäßiger Bedornung. Die kleinen, unscheinbaren, gelblichgrünen Blüten erscheinen Ende Mai bis Anfang Juni in Büscheln in den Blattachseln. Sie sind überwiegend zweihäusig, jedoch kommen auch zwittrige Blüten vor. Ein recht anspruchsloses Gehölz, das in sonniger wie schattiger Lage gedeiht und sowohl auf trockenen Hängen als auch auf mäßig feuchten Böden gut vorankommt. Ein robustes, frosthartes Gehölz für die Verwendung in der Landschaftsgestaltung. Für die Bienen vor allem Nektarspender.

– *frangula* L. – Faulbaum, Pulverholz
Europa, West- und Nordasien. Der Strauch erreicht 4 bis 6 m Höhe, steifaufrecht wachsend, bildet oft Stockausschlag oder Wurzelbrut. Die Blüten sind zwittrig, unscheinbar grünlichweiß und erscheinen in kleinen Büscheln in den Blattachseln. Die Blütezeit erstreckt sich von Mai bis August. Hauptblüte im Mai bis Juni. Gedeiht am besten als Unterholz in schattiger oder halbschattiger Lage auf frischen oder feuchten Böden. Sollte auf geeigneten Standorten in Waldrändern, als Unterbau in Windschutzgürteln und an Wasserläufen mehr verwendet werden. Ein wertvoller Nektarspender, besonders aufgrund der langen Blütezeit.

Rhododendron L. – Rhododendron, Alpenrose – *Ericaceae*
Eine sehr artenreiche Gattung, die mit Ausnahme der Trockengebiete über große Teile der nördlichen Halbkugel und in Ostasien über den Äquator hinaus bis nach Nordaustralien verbreitet ist. Zwar sind bei den meisten Rhododendren die Hummeln die wichtigsten Bestäuber, doch werden viele Arten und Sorten auch von Bienen stark beflogen. Seit alters her wird bestimmten Bienenhonigen daraus eine berauschende Wirkung nachgesagt.
In dem berühmten Werk „Anabasis des Kyros" berichtet der griechische Feldherr und Historiker XENOPHON von der Wirkung des Honigs von *Rhododendron luteum* SWEET. auf das griechische Heer im Perserkrieg (um 400 v. Chr.). Nach dem Genuß dieses Honigs sollen die Krieger unter Erbrechen, Durchfall und Rauschzuständen gelitten haben. Der hohe Gehalt an toxischen Stoffen ist bei dieser Art nachgewiesen, aller-

dings wird er auch von den Standortbedingungen beeinflußt. Jedoch enthalten nicht alle Rhododendron-Honige derartige Stoffe. So wird der Honig der in den Alpen beheimateten Arten (*–ferrugineum* L., *–hirsutum* L.) wegen seines Duftes und der feinen Kristallisierung besonders geschätzt.

Rhus L. – Sumach – *Anacardiaceae*
– *typhina* L. – Essigbaum, Hirschkolbensumach
Östliches Nordamerika. Wurzelausläufer bildender, bis etwa 5 m hoch werdender Strauch oder kleiner Baum mit lockerer, malerischer Bezweigung. Die großen, gefiederten Blätter zeigen im Herbst ein märchenhaft schönes Farbenspiel von Orange bis Scharlach. Die grünlichen Blüten erscheinen in bis 20 cm langen, kolbenartigen, endständigen Rispen im Juni bis Juli. Zweihäusig. Gedeiht sehr gut auf trockenen und steinigen oder sandigen Böden, ist aber auch für feuchtere Standorte geeignet. Lichtbedürftig. Ein frosthartes Gehölz, das zur Solitärstellung in Grünanlagen und Gärten ebenso geeignet ist wie zur Bepflanzung von Hängen und Ödländern und zur gelegentlichen Einbringung in Waldränder und Wandschutzpflanzungen. Sehr guter Nektarspender.

Rhythmik (des Verhaltens) Eine Vielzahl biologischer Reaktionen und Verhaltensweisen der Organismen zeigen einen rhythmischen Verlauf.
Bedeutsam für das Bienenvolk sind tagesperiodische Rhythmen, die endogen, also physiologisch bedingt, durch Zeitgeber, wie Tag-Nacht-Wechsel oder die ↑ Tageslänge, gesteuert werden. So hängt die Flugaktivität der Honigbienen im wesentlichen vom Hell-Dunkel-Wechsel ab und ist gewöhnlich in der „ersten Tageshälfte" geringer als in der zweiten. Der Bienenflug kann durch die Wirkung anderer exogener Faktoren (Witterung, Tracht) erheblich modifiziert werden. Auch im Sammelverhalten (↑ Sammelstrategie) läßt sich eine tagesperiodische Rhythmik erkennen. Mit großer Präzision werden täglich in den Morgenstunden zur selben Zeit Sammelflüge zu bekannten Trachtpflanzen vorgenommen. Diese zeitliche Genauigkeit der Ausflüge nimmt im Tagesverlauf ab. Möglicherweise spielt dabei eine während des Tages zunehmende Ermüdung der für die endogene Rhythmik verantwortlichen physiologischen Steuermechanismen eine Rolle. Auch läßt die Genauigkeit der Aktivitätsrhythmik beim Fehlen eines Zeitgebers allmählich nach, obwohl sie nie ganz erlischt. Überlagert wird die circadiane von der saisonalen Rhythmik. Sie äußert sich in der ↑ Saisonvariabilität der Arbeitsbienen, aber auch in der saisonalen Rhythmik der Brutaufzucht, die sich mit dem jahreszeitlich verändernden Verhalten der Arbeitsbienen ebenfalls ändert.

Ribes L. – *Saxifragaceae*
– *alpinum* L. – Alpenjohannisbeere
Europa. Der 1 bis 2 m hoch werdende Strauch wächst dichtbuschig. Die unscheinbaren, grünlichgelben Blüten erscheinen in Trauben nach dem Laubaustrieb von April bis Mai. Für nicht zu trockene Böden in sonniger oder auch schattiger Lage geeignet. Beste Entwicklung auf nährstoffreichen, kalkhaltigen Böden. Als Unterpflanzung in Grünanlagen und auch in Pflanzungen in der Landschaft geeignet. Außerdem guter Heckenstrauch. In streng geschnittenen Hecken jedoch als Bienenweide bedeutungslos.

– *americanum* MILL.
Östliches Nordamerika. Bis 1,5 m hoher Strauch mit leicht überhängender Bezweigung. Blüht im April bis Mai in hellgelben, hängenden Blütentrauben. Für schattige oder halbschattige, nicht zu trockene Standorte.

– *aureum* PURSH. – Goldjohannisbeere
Steif aufrecht wachsender, bis zu 2 m hoher Strauch mit lockerer Verzweigung. Die gelben, schwach duftenden Blüten erscheinen in kleinen, hängenden Trauben im Mai. Ist für sonnige wie schattige Lagen geeignet und gedeiht noch auf trockenen, sandigen Böden. Guter Hecken- und Deckstrauch. Mäßiger Nektar- und geringer Pollenspender.

– *nigrum* L. – Schwarze Johannisbeere
Europa, Asien. Kleiner Strauch mit straff aufrechten Grundtrieben. Gelblichgrüne Blüten in Trauben im April/Mai. Standort sonnig und warm, nährstoffreicher, sandiger bis mittelschwerer Boden, in Kultur viele Gartensorten. Mäßiger Nektar- und mäßiger Pollenlieferant.

– *rubrum* L. – Rote Johannisbeere
Europa. Kleiner Strauch mit aufrechten Grundtrieben, dicht verzweigt. Grünliche Blüten in Trauben im April/Mai. Standort sonnig und warm, nährstoffreicher, durchlässiger und mittelschwerer Boden, in Kultur viele Gartensorten. Mäßiger Nektar- und mäßiger Pollenlieferant.

– *sanguineum* Pursh. – Blutjohannisbeere
Kalifornien. Breitaufrecht wachsender, etwa 2 m hoher Strauch. Die großen, hellroten Blütentrauben erscheinen von Ende April bis Mai und werden von Bienen stark beflogen. Für sonnige und halbschattige Lagen auf nicht zu trockenen Böden geeignet. Die Sorte 'Atrorubens' mit etwas gedrungenem Wuchs und dunkelroten Blüten. Gegenüber der Art in der Blüte wesentlich dekorativer. Wird von Bienen gut beflogen. Nektarspender.

– *uva-crispa* L. – Stachelbeere
Europa, Asien. Niedriger Strauch mit stacheligen Trieben. Grünliche Blüten im April/Mai. Standort sonnig bis Halbschatten, warm, nährstoffreicher, mittelschwerer und frischer Boden, in Kultur viele Gartensorten. Kulturform als Busch- oder Hochstamm. Guter Nektar- und mäßiger Pollenlieferant.

Ribonucleinsäure → Chromosomen

Rickettsiose Durch Rickettsien verursachte Erkrankung. Rickettsien sind sehr kleine Krankheitserreger, die, ähnlich den ↑ Viren, zumeist intrazellulär parasitieren. Sie befallen primär das Fettgewebe der Bienen, zerstören es und verursachen danach eine ↑ Septikämie. Die Erreger wurden auch in Drohnen und in der Bienenbrut nachgewiesen. Infizierte Nymphen schlüpfen zwar noch, die Bienen sterben aber meist bald ab. Rickettsien scheinen in manchen Ländern, z. B. in der Schweiz, unter Bienen stark verbreitet zu sein. Als Seuchenerreger und ökonomisch fallen sie jedoch kaum ins Gewicht. Deshalb bestehen auch keine einheitlichen Auffassungen zur epizootiologischen Bedeutung der Rickettsiose und zu eventuell erforderlichen Bekämpfungsmaßnahmen.

Riesenhonigbiene → Bienenarten

Rillenrädchen → Einlöten der Mittelwände

Rindenläuse → Lachniden

Ringelsamigkeit Krankhafte Drohnenbrütigkeit der Weisel, die durch ein Virus verursacht wird. Das Virus schädigt in der Samenblase der Weisel die Samenfäden, die sich ringförmig aufrollen und absterben. Dazwischen liegende, noch normal bewegliche Samenfäden sind meist auch nicht mehr befruchtungsfähig.

RNS (Ribonukleinsäure) → Chromosomen

Robinia L. – *Leguminosae*
– *pseudoacacia* L. – Robinie, Scheinakazie
Östliches und mittleres Nordamerika. Bekannter, ausläufertreibender Baum. Die „Akazie" der Imker. Wertvoller, im Juni blühender Trachtbaum mit großen, weißen, duftenden Blütentrauben. Die Blühreife setzt mit etwa 20 Jahren ein. Ein Gehölz für sonnige Standorte, besonders auf trockenen und armen Böden. Aufgrund der Ausläuferbildung gut zur Verbauung von trockenen Hanglagen geeignet. Empfindlich gegen Spätfröste, die in manchen Jahren die ganze Blüte vernichten. Benötigt in der Jugend Schutz vor Wildverbiß. Die Robinie gehört zu den nektar- und zuckerreichsten Bienentrachtpflanzen. Allerdings ist die Nektarabsonderung stark von Umweltbedingungen, besonders der Temperatur, abhängig. Der Honigwert wird auf 0,22 bis 0,44 kg je Baum geschätzt.

– *pseudoacacia* 'Casque Rouge'
Mittelgroßer Baum mit auffallendem lila-

rotem Blütenflor. In der Jugend schnellwüchsig. Wird etwa 15 m hoch. Triebe nur schwach bedornt. Frosthart. Wertvolle Ergänzung des Robiniensortimentes. Blütezeit von Ende Mai bis Mitte Juni, manchmal mit lockerem zweitem Flor von Juli bis August.
Farbtafel VIII

Röhrchenbrut Auch Röhrenbrut genannt. Einzelne Brutzellendeckel ragen über die normal verdeckelten Zellen hinaus und sind teilweise auch nicht ganz geschlossen (Röhrchen).
Es handelt sich um Bienenbrut, die meist durch Maden der ↑ Wachsmotten, die den Zellenboden unterminieren, ab- und hochgeschoben wird. Harmlose Erscheinung, für die im Einzelfall oft gar keine Erklärung gefunden wird.

Röhrenbeute → Bienenwohnungen

Rosa L. – Rose – *Rosaceae*
– *canina* L. – Hundsrose
Europa. Wilde Heckenrose mit bogig überhängender Bezweigung. Wird bis 3 m hoch und bildet Wurzelausläufer. Die ansehnlichen rosafarbenen Blüten erscheinen von Ende Mai bis Juli.
Die Hagebutten sind reich an Vitamin C. Die Hundsrose liebt sonnigen Stand und meidet feuchte Böden. Für Windschutzhecken und zur Bepflanzung von Böschungen gut geeignet. Zugleich wertvolles Vogelschutzgehölz. Mäßiger Nektar- und Pollenspender.

– *glauca* POUR. – Hechtrose
Gebirge Süd- und Mitteleuropas. Schlanktriebiger, 2 bis 3 m hoher, wenig stachliger Strauch mit braunen, hell bereiften Zweigen und purpurbläulichem Laub. Die karmesinrosafarbenen, großen Blüten erscheinen im Juni.
Wertvoll auch durch die schöne Herbstfärbung. Leidet jedoch in manchen Jahren stark unter Mehltau. Beste Entwicklung auf nährstoffreichen und nicht zu trockenen Böden. Verlangt sonnigen Standort. Zur Gruppenbepflanzung und für freiwachsende Hecken gut geeignet. Vorrangig Pollenspender.

– *multiflora* THUNB.
Japan, China. Dünntriebiger Strauch mit überhängenden oder niederliegenden Zweigen. Seltener kletternd. Blüht meist im Juni bis Juli in großen, pyramidalen Rispen. Im Herbst sehr zierend durch die Vielzahl der kleinen, roten Hagebutten. Recht anspruchslos an den Boden, gedeiht auch auf trockenen Böden recht gut. Für sonnige oder halbschattige Lagen. Sehr gut zur Hang- und Böschungsbepflanzung geeignet. Kann in strengen Wintern zurückfrieren. Geschützte Standorte sind zu bevorzugen. Vorrangig Pollenspender.

– *rubiginosa* L. – Schottische Zaunrose
Europa bis Westasien. 2 bis 3 m hoch werdender, aufrecht und dicht wachsender Strauch mit stark stachligen Trieben und aromatisch duftendem Laub. Die einfachen, 3 bis 5 cm breiten, rosafarbenen Blüten erscheinen im Juni. Gedeiht auf armen und trockenen Standorten. Bildet undurchdringliche Hecken. Guter Deckstrauch für sonnige Lagen. Vorrangig Pollenspender.

– *rugosa* THUNB. – Japanische Apfelrose
Nordchina, Korea, Japan. Bis 2 m hoch werdender ausläufertreibender Strauch mit borstigen Zweigen und glänzend grünen, im Herbst goldgelben Blättern. Die einfachen, großen, rosaroten Blüten erscheinen von Mai bis zum Herbst. Mit Ausnahme stark alkalischer Böden fast überall gedeihend. Bevorzugt sonnige Lage. Sehr gut zur Hang- und Böschungsbepflanzung geeignet, aber auch für flächige Pflanzungen in Grünanlagen. Kann auch im kleinen Garten verwendet werden. Mäßiger Nektar- und Pollenspender.
Farbtafel XXXI

Roßkastanie → Aesculus

Rotklee → Trifolium

Rubus L. – *Rosaceae*
– *fruticosus* L. – Brombeere
Europa. Mittelhoher Strauch mit aufrechten und überbogenen Grundtrieben, buschig, vieltriebig, bis 3 m hoch. Blüten weiß bis rosa in vielblütigen Doldentrauben im

Juni/Juli. Standort sonnig bis Halbschatten, frischer und nährstoffreicher Boden. Wildarten als Piniergehölz, Vogelschutz, Unterpflanzung, für Böschungen und Halden. Kulturformen verlangen warme und windgeschützte Lagen mit durchlässiger und mittelschwerer Erde. Kulturformen sind hybriden Ursprungs mit vielen Gartensorten. Guter Nektar- und guter Pollenlieferant.

– *idaeus* L. – Himbeere
Europa, Asien, Nordamerika. Kleiner Halbstrauch mit straff aufrecht wachsenden Grundtrieben, die bogig überhängen, im zweiten Jahr nach Blüten- und Fruchtbildung absterbend. Weiße Blüten in Trauben im Mai/Juni. Standort sonnig bis Halbschatten, keine besonderen Ansprüche an Boden. Wildart als Piniergehölz, Unterpflanzung und zur Böschungsbefestigung. Kulturformen verlangen sonnige Lage und bei Trockenheit reichliche Wassergaben (Flachwurzler), in Kultur mehrere Gartensorten. Sehr guter Nektar- und Pollenlieferant.

Rückengefäß → Herzschlauch

Rückstände In Nahrungsmitteln pflanzlicher bzw. tierischer Herkunft verbliebene Reste von ↑ Pestiziden und ↑ Tierarzneimitteln. Zu den Rückständen gehören auch die Metabolite (↑ Abbaumechanismus).
Die Beurteilung der Giftwirkung von Rückständen bezeichnet man als Rückstandstoxikologie. Der Abbau und die Abbaugeschwindigkeit von Rückständen im Organismus wird als Rückstandsdynamik bezeichnet.
Pestizidrückstände können auf dem Wege der Nahrungskette auch zu Rückständen in anderen Organismen sowie im Boden und Wasser führen.

Ruhr ↑ Faktorenkrankheit der adulten Bienen, die sich klinisch in Durchfallerscheinungen äußert.
Obwohl sie häufig Massencharakter trägt, ist sie primär nicht infektiös. Sie wird allerdings häufig sekundär durch ↑ Nosematose kompliziert. Der Ruhr liegt eine Kotblasenüberfüllung zugrunde. Sie kann entstehen, wenn die Bienen z. B.
– auf ungeeignetem Winterfutter überwintern müssen (Honigtauhonig mit hohem Melezitoseanteil, Heidehonig) und keine Möglichkeit zu ↑ Reinigungsausflügen bestehen;
– das zu spät gereichte Winterfutter nicht mehr genügend invertieren und verdeckeln können und dieses säuert;
– in ihrer Winterruhe gestört werden. Bei Beunruhigung nehmen die Bienen mehr Futter auf, als sie benötigen, und überlasten die Kotblase. Die Unruhe regt zudem reflektorisch die Darmperistaltik an und löst Kotabsatz aus;
– an Sauerstoffmangel leiden. Erstickungsangst durch Anstieg der CO_2-Konzentration in der Beutenluft löst Bewegung aus und führt unter anderem auch zum Versagen der Schließmuskeln der Kotblase;
– wegen anhaltend schlechter Witterung keine ↑ Reinigungsausflüge machen können.

Der Massencharakter resultiert daher, daß die Situation meist für alle Völker eines Bienenstandes die gleiche ist.
Mit überfüllter Kotblase lösen sich die Bienen aus der ↑ Wintertraube und koten noch im Stock oder um das Flugloch herum. Die Kotflecke sind dunkelbraun, breiig-schmierig und übelriechend. Eine Behandlung der erkrankten Völker ist kaum möglich, da man meist keinen Einfluß auf die konkrete Situation hat. Lediglich weitere Störungen sind zu vermeiden, Sauerstoffnot durch Beräumung von Totenfall oder Eisbarrieren in den Fluglöchern zu beseitigen. Das Schwergewicht liegt auf der ↑ Prophylaxe. Stark geschwächte Völker sind am besten abzuschwefeln, besonders bei anhaltender Schlechtwetterperiode. Da die Ruhr nicht selten ↑ Nosematose nach sich zieht, sollten ruhrkranke Völker nicht mit gesunden Völkern oder Ablegern vereinigt werden. Differentialdiagnostisch ist die Ruhr von der Nosematose abzugrenzen.
↑ Faulbrut-Schorfe in den Zellen dürfen nicht mit eingetrockneten Ruhrkotflecken verwechselt werden (letztere an den oberen

Zellkanten). Im Zweifelsfall ist eine labordiagnostische Untersuchung einzuleiten.
Ruhrsymptomatik tritt auch bei Weisellosigkeit im Frühjahr auf, der keine Kotblasenüberfüllung zugrunde liegt, sondern eine Störung der Volksharmonie durch Mangel am ↑ Pheromon der Weisel.

Rundmade → Entwicklung

Rundtanz → Bienentänze

Rüssel → Mundwerkzeuge

S

Sackbrut Auch Schiffchenkrankheit genannt. Virusbedingte Infektionskrankheit der Bienenbrut. Die Veränderung der abgestorbenen Bienenmaden verläuft in einer sehr charakteristischen Weise: Die zähe Außenhaut verfärbt sich braun, wird dünn und durchsichtig, bleibt aber reißfest, während das Madeninnere zu einer jauchigen Masse zerfällt. Zieht man die tote Made mit einer Pinzette aus der Zelle hervor, gewinnt sie die Form eines großen Tropfens bzw. eines mit Flüssigkeit gefüllten Säckchens (Sackbrut).
Später trocknet das Gebilde ein und wölbt sich vorn und hinten hoch sowie seitlich in der Form der schrägen Seitenwände der Zelle. Die Krusten lassen sich leicht aus der Zelle entfernen und sehen kleinen Kähnen ähnlich, daher der Name Schiffchenkrankheit.
Farbtafel XII
Ätiologie, Erreger Der Erreger der Sackbrut, *Morator aetatulae*, ist ein hexaedrisch geformtes RNS-Virus mit einer Partikelgröße von 30 nm. Es läßt sich auf Zellkulturen aus Bienengewebe (Fibroblasten aus Brustmuskulatur), aber auch auf Hühner- und Mäusefibroblastenkulturen züchten und bewirkt nach 3 bis 4 Tagen zytopathogene Veränderungen. Das Virus hat gute antigene Eigenschaften, so daß diagnostische Seren für fluoreszenzserologische Untersuchungen und den Agargelpräzipitationstest erzeugt werden können.

Pathogenese, klinische Symptome, Krankheitsverlauf Das Virus vermehrt sich wahrscheinlich in allen Körpergeweben der Bienenlarven zu hohen Konzentrationen; eine tote Larve enthält etwa 10^{13} Viruspartikel. Zu besonderer Virusanhäufung kommt es in den Anlagen der Kopfdrüsen und im Nervengewebe. Auch Drohnenbrut ist für die Infektion empfänglich. Die infizierten Maden sterben im Streckmadenstadium kurz vor der Verpuppung in den verdeckelten Zellen ab. Das Wabenbild ähnelt mit eingesunkenen und teilweise auch rissigen Zelldeckeln dem der Bösartigen ↑ Faulbrut.
Die Sackbrut ist eine relativ harmlose Infektionskrankheit. Das Virus vermehrt sich wohl in allen Bienenlarven, löst aber nicht ohne weiteres auch Krankheitserscheinungen aus. Nur in Sommern mit ungünstigen Witterungsbedingungen tritt die Sackbrut gelegentlich massiver und seuchenhaft auf und führt zu spürbaren Schädigungen der befallenen Völker. Bei besseren Tracht- und Witterungsverhältnissen verschwindet sie manchmal ebenso schnell. Es scheint, daß nur etwa 15 % der infizierten Larven klinisch erkranken und absterben.
Diagnostik Die Diagnostik ist aufgrund des charakteristischen Erscheinungsbildes der Erkrankung relativ einfach. In Laboruntersuchungen kann mittels direkter Immunfluoreszenz und Agargelpräzipitation an toten Bienenmaden die Diagnose gesichert werden.
Differentialdiagnostisch sind die ↑ verkühlte Brut und die ↑ Faulbrut abzugrenzen. Mit der mikroskopischen Untersuchung des Materials und der Erregerkultur läßt sich die Faulbrut eindeutig unterscheiden.
Epizootiologie Die Sackbrut ist sicher weiter verbreitet, als man allgemein annimmt, jedoch scheint ihr Auftreten faktorenabhängig zu sein (↑ Faktorenseuchen). Sie wird meistens nur bei einigen Völkern eines Standes beobachtet, ohne daß sie die Tendenz zur Verbreitung hat. Deshalb könnte auch eine von der Weisel vererbte schwächliche Resistenz von Bedeutung sein. Die Krankheit tritt im Frühjahr und Sommer, seltener im Spätsommer auf. Mit einem Über-

greifen auf die Nachbarschaft ist nicht zu rechnen. Das Virus wird von den Larven mit dem Futter aufgenommen und von den Pflegebienen übertragen. Das Sackbrutvirus kann nur mit frischem Material übertragen werden, eingetrocknete Sackbrutschiffchen sind nicht mehr infektiös.

Das Virus überlebt offenbar längere Zeit in den adulten Bienen und überdauert so auch den Winter. Die Virusausscheidung und Neuinfektion der Brut erfolgt über die ↑ Hypopharynxdrüsen der Virusträger-Bienen. Am empfänglichsten für die Infektion sind 2- bis 3tägige Larven.

Behandlung und Bekämpfung Heilmethoden sind nicht bekannt. Stark befallene Völker sollte man abschwefeln, weniger stark befallene umweiseln, besonders dann, wenn sie einen Ausnahmefall darstellen, was seine Ursache in einer individuellen Resistenzschwäche des Volkes haben könnte. Ansonsten wird die Seuchenbekämpfung nur mit imkerlichen Maßnahmen (Einengen, Putztrieb anregen, eventuell Kunstschwarmbildung) geführt. Restriktionsmaßnahmen werden nicht für erforderlich gehalten.

Saisonvariabilität (Arbeitsbienen) Sie äußert sich in der unterschiedlichen ↑ Lebensdauer der Arbeiterinnen, die als Sommer- und Winterbienen auftreten, läßt sich aber außerdem auch durch physiologische Merkmale charakterisieren:

Bei der Entstehung der Winterbienen spielen direkt und/oder indirekt wahrscheinlich Witterungs- und Trachtbedingungen, der zurückgehende Brutumfang sowie die abnehmende ↑ Tageslänge im Spätsommer eine Rolle. Ab August schlüpfen aber neben langlebigen Bienen, die noch im darauffolgenden Frühjahr im Volk zu finden sind, immer auch noch kurzlebige Arbeiterinnen, die schon während des Herbstes wieder aus den Völkern verschwinden.

Typische Verhaltensmerkmale der Arbeiterinnen (nach WILLE)

kurzlebig	langlebig
Durchführung üblicher Stockarbeiten, Brutpflege, Füttern der Weisel, Sammeltätigkeit	Inaktivität, kein Sammelflug, Pollenfraß auffällig

Salbei → Salvia

Salix L. – Weide – *Salicaceae*
– *acutifolia pendulifolia* SPÄTH
China. Starkwüchsige, bis 6 m hohe Zierweide mit elegant überhängenden Ästen und senkrecht herabhängenden Blättern. Zweige bläulichweiß bereift.
Sehr früh blühend, mit 4 bis 5 cm langen, sehr schlanken, dichtgestellten männlichen Kätzchen. Nur männlich in Kultur.

Saisonvariabilität (nach WILLE)

physiologische Merkmale	Sommerbienen (kurzlebig)	Winterbienen (langlebig)
Juvenilhormon III-Titer (↑ Hormone)	Anstieg bis zum 12. und stärker bis zum 25. Lebenstag	wochenlang sehr niedriger Titer, erst mit Brutbeginn werden Titer wie bei Sommenbienen erreicht
Futtersaftdüsen	nach Imaginalschlupf klein, max. Entwicklung zur Zeit der Brutpflege, danach Reduktion	schon in den ersten Lebenstagen gut entwickelt, chem. Zusammensetzung anders als bei Sommerbienen
Fettkörper	schwach ausgebildet	stark entwickelt
Blutbild	veränderlich, je nach Tätigkeit, die meisten Blutzellen stoffwechselaktiv	„Winter"-Blutzellen in brutloser Zeit stoffwechselaktiv. In der Brutperiode wie Sommerbienen

Auf feuchten und trockenen Standorten verwendbar, aber lichtbedürftig. Schöne Weide zur Einzelstellung.

– *bicolor* 'Xantha'
Reichblühender männlicher, dicht verzweigter Strauch, bis 1,5 m hoch. Wuchs kompakt. Laub schmalelliptisch, Oberseite glänzend dunkelgrün, Unterseite silbergrau. Herbstfärbung goldgelb. Kätzchen mit den Blättern erscheinend, im April bis Mai. Besonders gut für flächige Pflanzungen geeignet.

– *caprea* L. – Salweide
Europa bis Nordasien. Bis 7 m hoher, starkwüchsiger Strauch oder kleiner Baum, mit dicken, steifen Trieben und besenförmiger Krone. Die dicken männlichen Kätzchen erscheinen von März bis April. Für frische oder feuchte Standorte, in sonniger oder halbschattiger Lage.
Soll die Salweide im Garten klein gehalten werden, empfiehlt sich ein radikaler Rückschnitt bis auf wenige Augen über das vorjährige Holz unmittelbar nach dem Abblühen. Der Flor des Folgejahres wird dadurch nicht beeinträchtigt.

– *daphnoides* VILL. – Reifweide
Europa bis Mittelasien. Starkwüchsiger, großer, bis 10 m hoher Strauch oder kleiner Baum mit dunkelroten, bläulich bereiften Trieben.
Die im März/April vor den Blättern erscheinenden silberweißen Kätzchen sind 4 bis 5 cm lang und sehr zierend. Eine sehr anspruchslose Art, die auch für leichte und trockene Böden geeignet ist. Wächst auch gut auf kalkhaltigen Böden, verträgt keine Überschwemmungen. Lichtbedürftig. Besonders für Pflanzungen in der freien Landschaft geeignet.
Farbtafel III

– *daphnoides* 'Leuka'
Wuchs strauchig, sperrig. Im Alter bis 10 m hoch. Triebe dunkelrot, stark weiß bereift. Laub schmalelliptisch, glänzend, dunkelgrün. Blüte männlich, vor Laubaustrieb im März bis April. Anspruchslos, auch für trockene Standorte geeignet.

– *muscina* DODE – Persische Weide
Straff aufrechtwachsender, dichter mittelhoher Strauch mit dunkelgrünen Trieben. Die mittelgroßen, silbergrauen, rot austreibenden Kätzchen stehen sehr dicht. Für frische Böden. Gut für Hecken verwendbar.

– *repens* 'Densa'
Wuchs flächig, stark ausläufertreibend, bis 0,8 m hoch. Triebe dünn, behaart, braun, später gelblich. Laub länglich-elliptisch, graugrün. Blüten weiblich, anfangs silbergrau, im Aufblühen grün, wenig auffallend, von April bis Mai. Gute Verbauungsweide.

– *smithiana* WILLD.
Starkwüchsiger, bis 6 m hoher Strauch. Die großen, dicken, rötlich überlaufenen Kätzchen erscheinen von März bis April. Sehr reichblühend; die Triebe sind bis in die äußersten Spitzen dicht mit Kätzchen besetzt. Eine der besten Bienenweiden. Benötigt sonnige Standorte und nicht zu trockene Böden. Ausgezeichneter Zier- und Heckenstrauch, als Einzelpflanze auch für kleinere Gärten und Anlagen. Nur männlich in Kultur!

Salvia L. – Salbei – *Labiatae*
– *pratensis* L. – Wiesensalbei
Staude mit einer stark verholzenden Pfahlwurzel, 20 bis 60 cm hoch, runzelige Blätter, violette Lippenblüten, Blütezeit Mai bis Juli.
Sehr häufig an Wegrainen, auf Bergwiesen, in Halbtrockenrasen, auf Waldlichtungen. Guter Nektar- und geringer Pollenlieferant.

Salvolat Futterzusatzmittel, um die Bruttätigkeit anzuregen. Es soll ein Teelöffel voll einem halben Liter Zuckerlösung beigegeben und nur abends verfüttert werden. Seine Zusammensetzung wird wie folgt angegeben: 330 g Salmiakgeist, 650 g Weingeist (96 %), je 5 g Zitronenöl, Macisöl, Majoranöl und Nelkenöl.

Samenblase → Geschlechtsorgane, weiblich

Samenpumpe → Geschlechtsorgane, weiblich

Sammelaktivität Sie wird durch Volksstärke, Brutzustand und Nahrungsvorräte des Volkes, das Verhalten der Stockbienen, durch Qualität und Quantität des Nektarangebotes, Zugang zum Blütennektar, Entfernung zur Trachtquelle, Tageszeit sowie abiotische Faktoren, wie Windstärke, Witterungsverhältnisse und Lichtintensität, mitbestimmt.

Bei < 500 Lux lassen abends die Sammelflüge deutlich nach und werden bei ca. 10 Lux ganz eingestellt. Die Häufigkeit der Ausflüge pro Tag (Sammelfrequenz) zeigt individuelle, aber auch rassenspezifische Differenzen. Die Sammelfrequenz der Wasserholer ist größer als diejenige der Nektarsammler. Bei wassereintragenden Arbeiterinnen wurden bis zu 100 Ausflüge pro Tag und Biene beobachtet. Die Pollensammelaktivität erfährt einen umso stärkeren Auftrieb, je kürzer der Weg vom Flugloch zur Brut ist. Pollen wird vor allem vormittags gesammelt.

Die Sammelaktivität erreicht aber gewöhnlich auch in den frühen Nachmittagsstunden noch einmal einen Gipfel. Der Pollen der verschiedenen Pflanzenarten wird von den Bienenvölkern unterschiedlich bevorzugt. Die einzelnen Bienenrassen bevorzugen außerdem beim Nahrungserwerb Pollen und Nektar in unterschiedlichem Umfang. So sammeln z. B. die Völker der europäischen ↑ Bienenrassen im Vergleich zu afrikanischen Bienen in Venezuela mehr Nektar als Pollen. Die daraus resultierenden größeren Honigvorräte der europäischen Honigbienenrassen dürften mit dem Jahreszeitenklima ihrer Herkunftsländer in Verbindung zu bringen sein, während die besondere Betonung der Pollensammelaktivität der ursprünglich aus Afrika stammenden Honigbienen ebenfalls durch den dort gegebenen, klimabedingten Wechsel des Nahrungsangebotes hervorgerufen wird.

Sammelbiene → Arbeitsteilung

Sammelbrutableger → Ableger

Sammelstrategie Ein Komplex koordinierter Anpassungserscheinungen, die das Bienenvolk befähigen, energetisch günstige Lö-

Faktoren, die die Sammelaktivität beeinflussen

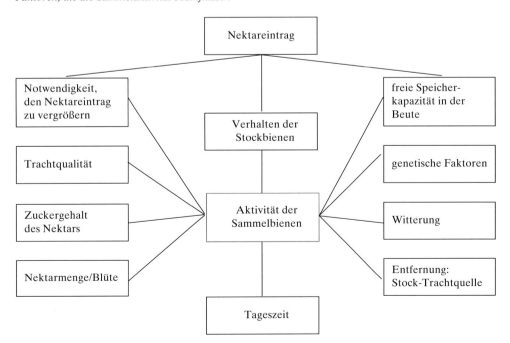

Sammelstrategie

sungen beim Nahrungserwerb zu finden. Das ökologische Prinzip der Sammelstrategie besteht in einer Maximierung der individuellen Wirksamkeit jeder einzelnen Sammelbiene und einer gleichzeitigen Optimierung des langzeitigen Energiegewinns für das Bienenvolk.

Normalerweise stellen >20 Tage alte Honigbienen die Gilde der Sammlerinnen. Bei reichlichem Nektarangebot und großer Nachfrage im Volk (schnelle Abnahme des Nektars durch Stockbienen) können unter Umständen aber auch schon junge, ~5 Tage alte Bienen als Sammlerinnen ausfliegen.

Grundlage für die hocheffektiven Sammelflüge ist das im Bienenvolk durch die ↑ Bienentänze geschaffene **Informationssystem**, in dem auch Blütenduft, der den Sammlerinnen anhaftet, als Signalgeber für eine vorhandene Tracht eine Rolle spielt. Wenn möglich, werden in erster Linie hochwertige Nahrungsquellen ausgebeutet. Läßt die Ergiebigkeit einer Trachtquelle nach und finden sich lohnendere Nektarangebote, wird dort gesammelt. So entstehen nur relativ niedrige energetische Kosten bei der Nahrungssuche.

Typisch für die Honigbiene ist ihre **Blütenstetigkeit**, eine erlernte Verhaltensweise, die dazu führt, daß sich die Sammelbienen beim Aufsuchen der Blüten an ein und dieselbe Pflanzenart halten, solange sie ihren Nahrungsbedarf bzw. den Bedarf an Sammelgut zu möglichst niedrigen energetischen Kosten zu decken vermögen.

Der **Sammelradius** eines Volkes beträgt im Durchschnitt 1 bis 2 km, kann in Einzelfällen aber auch größer sein und sogar auf 6 km ausgedehnt werden. Er wächst im allgemeinen mit zunehmender Biomasse eines Volkes.

Die von der Biene während ihrer Sammeltätigkeit aufgenommene **Nektarmenge** ist je nach den gegebenen Flug- und Sammelbedingungen unterschiedlich groß. Die Honigblasenfüllung erhöht sich mit der Länge der Heimflugstrecke, aber auch mit steigender Zuckerkonzentration und erhöhter Zuflußgeschwindigkeit des Nektars in der Blüte sowie mit ansteigender Temperatur. Bei 15 °C liegt sie im Bereich von 30 bis 40 µl und steigt bei >20 °C auf >60 µl an.

Auch **Blütenform und Anzahl der Blüten** pro Trachtpflanze beeinflussen die Honigblasenfüllung.

Von übergeordneter Bedeutung ist jedoch der gesamte Energieverbrauch während eines Sammelfluges, den die Flugbiene möglicherweise indirekt über die Stoffwechselrate und eine damit zusammenhängende „Ermüdung" während der Sammeltätigkeit zu registrieren vermag. Ist eine bestimmte Grenze des individuellen Energieverbrauches erreicht, kehrt die Biene zum Stock zurück.

Nektar wird nur dann von den Bienen als Kohlenhydratnahrung akzeptiert, wenn sein **Zuckergehalt** mindestens 10 % beträgt. Bei niedrigerem Zuckergehalt wären die energetischen Kosten für den Transport dieser wasserreichen Nahrung und auch für die Wasserverdunstung bei der Honigbereitung so groß, daß sich die Ausbeutung einer solchen Nahrungsquelle nicht lohnen würde und deshalb unterbleibt. Auch eine stark eingedickte, für die Biene verhältnismäßig schwer aufnehmbare Zuckerlösung mit einem Zuckergehalt von >50 % wird häufig verschmäht, da hierbei die Verflüssigung und das erst danach mögliche Aufsaugen der Nahrung ebenfalls einen unverhältnismäßig hohen Energieaufwand erfordern würde.

Bei sehr hohem **Energieverbrauch** durch zu weite Flüge zwischen den einzelnen Blüten einer Trachtpflanzenart geben die Sammlerinnen das Prinzip der Blütenstetigkeit nicht selten auf, was aber aus Effektivitätsgründen nur dann geschieht, wenn die neu aufgesuchten Blüten einfach gebaut sind und der Zugang zum Nektar ohne aufwendige Lernprozesse leicht möglich ist. Andererseits kann die einmal vorhandene Blütenstetigkeit auch dann noch eine Zeitlang beibehalten werden, wenn die Nektarsekretion spürbar nachläßt. In solchen Fällen verlängert sich die „quellenspezifische Verweildauer" der Bienen auf den Blüten als Ausdruck einer gewissen Unsicherheit, bis schließlich ein Wechsel in der Wahl der Trachtquelle eintritt.

Neben der Blütenstetigkeit trägt auch der gut entwickelte **Zeitsinn** (↑ Rhythmik) der Bienen zu einer hohen Effektivität des

Sammelns bei, da er es ihnen ermöglicht, sich die zu einer bestimmten Tageszeit erfolgende Nektarsekretion der Blüten zu merken und die Sammelflüge danach vorzunehmen, wodurch unnötige Flüge vermieden werden. Mitunter suchen die Sammlerinnen mehrere Trachtquellen nacheinander auf und kehren immer wieder zur besten zurück. Die sich daraus ergebende Anpassung an die ergiebigste Trachtquelle führt zu einer Steigerung der Sammelgeschwindigkeit und zu einer allgemeinen Erhöhung der Sammeleffektivität. Die Flugbienen können sich beim Eintragen von Sammelgut auch spezialisieren; so gibt es Arbeiterinnen, die sich ausschließlich als Wasserholer betätigen, andere, die nur Pollen oder Nektar sammeln, viele tragen beides zugleich ein.

Es entspricht der Sammelstrategie, daß bei steigender Umgebungs- temperatur, ähnlich wie im Fall des Nektarsammelns, auch beim Eintragen des Pollens die Pollenladungen an Größe zunehmen. Nektarsammlerinnen fliegen täglich im Durchschnitt 5- bis 8mal (mitunter auch öfter), Pollensammlerinnen 7- bis 13mal aus.

Zur Sammelstrategie gehört ferner das Vermögen der Honigbienen, **Nektarraub** zu betreiben, indem schon vorhandene Öffnungen am Blütengrund, die oftmals von Hummeln stammen, benutzt werden, um zum Nektar zu gelangen (Sekundäreinbruch). Werden die Blütenkronen von den Honigbienen mit vorgestrecktem Rüssel angestochen, was seltener geschieht, spricht man von Primäreinbruch.

Die Sammelstrategie der Honigbiene läßt sich leicht mit ihrer **Vermehrungsstrategie** in Verbindung bringen. Das Bienenvolk ist als Superorganismus im Vergleich zu vielen anderen Insekten relativ langlebig. Die Vorteile der Langlebigkeit sind bemerkenswert. Die mit mancherlei Risiken behaftete Vermehrung der Bienenvölker braucht dadurch in nicht zu kurzen Zeitabständen zu erfolgen. Unsicherheiten bringt unter natürlichen Bedingungen nicht nur die Wohnungssuche beim Schwärmen mit sich, auch die erfolgreiche Begattung der Jungweiseln in Nachschwarm und Restvolk ist mit mancherlei Gefahren verbunden.

Langlebigkeit stellt daher für das Bienenvolk einen Sicherheitsfaktor dar. Zum Überleben in trachtarmen oder trachtlosen Zeiten, wie im Winter, oder in wärmeren Klimaten während der dort auftretenden Dürreperioden, ist ein ausreichender **Nahrungsvorrat** erforderlich. Ohne ihn wäre die Langlebigkeit des Bienenvolkes nicht denkbar. Nahrungsbeschaffung aber bedeutet für die Bienen, die zur Verfügung stehenden Nahrungsquellen so vorteilhaft wie möglich auszubeuten. Die Sammelstrategie der Honigbiene bietet hierfür entscheidende Voraussetzungen.

Sandläuferei → Maikrankheit

Sanftmut → Verteidigungsverhalten

Säuberungsverhalten Das Zusammenleben vieler Einzelorganismen, die Ausdehnung des Brutnestes im Sommerhalbjahr und die gespeicherten Vorräte bilden die Grundlage für das Gedeihen vieler Mikroorganismen im Bienenvolk. Auch zahlreiche Kommensalen, Feinde und Parasiten können auftreten. Dagegen haben sich im Verlauf der ↑ Evolution eine Reihe von Abwehrmechanismen entwickelt.

So trägt z. B. das Säuberungsverhalten in hohem Maße dazu bei, den Lebensraum für Mikroben und damit auch für eine große Anzahl von Krankheitserregern einzuengen. Mit der Evolution der Nestbauweise, vor allem der natürlicherweise in hohlen Bäumen oder Felsspalten lebenden Honigbienenarten *Apis cerana* und *A. mellifera* (↑ Bienenarten), ist zugleich eine hocheffektive Evolution des Säuberungsverhaltens und somit der Hygiene im Bienenvolk einhergegangen.

So koten die Honigbienen normalerweise nicht im Stock bzw. im Bereich des Bienensitzes, selbst dann nicht, wenn sie im Winter wochen- oder gar monatelang nicht ausfliegen können. Eine der Voraussetzungen für dieses Verhalten beruht auf der Entwicklung einer Kotblase (↑ Darmkanal). Das Vermeiden der Defäkation im Stock trägt dazu bei, Infektionskrankheiten in der Sozialgemeinschaft zu verhüten. Auch sterben die Bienen eines gesunden Volkes im

Sommerhalbjahr immer außerhalb der Bienenwohnung, was ebenfalls der Gesunderhaltung der Bienen dient. Die bakterizide Wirkung der ↑ Propolis hilft dabei, daß Krankheitserreger an der Vermehrung und Ausbreitung in der Bienenwohnung gehindert werden.

Entscheidend für das Säuberungsverhalten sind die bei der Honigbiene in hohem Maße ausgeprägten Putzbewegungen (Putztrieb). Bei *Apis cerana* erfolgt sogar ein gegenseitiges Säubern des Haarkleides. Hinzu kommt das ↑ Fächeln sowie die Eigenschaft, Fremdkörper und Abfall aus dem Stock zu entfernen. Durch häufiges Putzen des Haarkleides befreien sich die Bienen von daran haftendem Staub und damit auch von potentiellen Krankheitserregern.

Durch den Fächelstrom wird der Kolonie fortwährend Frischluft zugeführt. Fremdkörper, tote Insekten, auch tote Bienen, die sich während des Winters auf dem Boden des Bienenstockes angesammelt haben, werden ebenso wie Wachsteile, die die Bienen von den Waben abgenagt haben, aus dem Stock entfernt. Sind die Arbeiterinnen nicht in der Lage, größere, abgestorbene Insekten wegzutransportieren, werden sie mit Propolis überzogen und können dem Bienenvolk durch Fäulnis dann nicht mehr schaden, da der Propolisüberzug als Schutzschicht wirkt.

Von ganz entscheidender Bedeutung für das Säuberungsverhalten sind die ständigen Inspektionen, die überall im Bienenvolk durch die Arbeitsbienen erfolgen (↑ Arbeitsteilung) und die sie in die Lage versetzen, abgestorbene Organismen, auch tote Larven und Puppen sehr rasch aufzuspüren, zu entfernen und auf diese Weise stets einen hohen Grad an Sauberkeit in der Bienenwohnung zu gewährleisten.

Sauerbrut → Faulbrut, Gutartige

Sauerdorn → Berberis

Sauerkirsche → Prunus

Saugrüssel → Mundwerkzeuge

Schadenersatz → Bienenrecht

Schädlingsbekämpfungsmittel Im engeren Sinne Präparate zur Bekämpfung von Gesundheitsschädlingen, insbesondere Parasiten an Mensch und Tier.

Scheibenhonig → Honig

Scheinquitte → Chaenomeles

Schied Brett in der Größe der Rähmchen zur Trennung der von Bienen besetzten Waben, die sich im ↑ Längsbau befinden, von dem übrigen Raum in der Beute. Es dient dem Wärmehaushalt des Bienenvolkes. Beim Vollschied, bei dem bei Blätterbeuten (↑ Beuten) unter den Rosten noch ein Steg vorhanden ist, wird die völlige Abdichtung des bienenbesetzten Raumes gegenüber dem Nachbarraum erreicht, so daß dort ein ↑ Ableger untergebracht werden kann. Wird der Einsatz im Vollschied gegen ein ↑ Absperrgitter vertauscht, kann das Volk den Nachbarraum als Honigraum nutzen.

Schiffchenkrankheit → Sackbrut

Schildchen → Brustabschnitt

Schildläuse → Quirlschildläuse

Schimmelbildung Tritt besonders im Frühjahr bei der ↑ Auswinterung an solchen Waben auf, die nicht von Bienen belagert werden, und in ↑ Beuten, die zur Nässebildung neigen. Schimmel kann auch auf die Beutenwände (Längsbau) und das Beutenfenster übergehen. Er behindert die Entwicklung des Volkes und macht die Waben unbrauchbar.

Gegenmittel: Gute Isolierung der Beuten, Einengen der Völker im Herbst, Luftzirkulation in der Beute durch ein zweites Flugloch oben. Wenig verschimmelte Waben lassen sich trocknen und abbürsten. Stärker verschimmelte werden ausgeschnitten und eingeschmolzen.

SCHIRACH, ADAM GOTTLOB * 5.9.1724 im sorbischen Nostitz bei Löbau, † 3.4.1773 in Kleinbautzen.

Studierte Theologie und Naturwissenschaften in Leipzig. Als Pfarrer in Kleinbautzen übersetzte er religiöse Schriften und Schulbücher ins Sorbische. Vermittelte als Imker und Bienenforscher viele neue Erkenntnisse in Vorträgen und in schriftlicher Form. Durch Kenntnis der sorbischen Sprache gelang es ihm, die geheimgehaltenen Methoden der Waldimkerei kennenzulernen, die er in dem bedeutenden Werk: „Waldbienenzucht" niederlegte. Er wurde Mitglied der Muskauer Zeidler Genossenschaft. SCHIRACH selbst imkerte in Körben. Er gründete am 12.2.1766 die erste deutsche ↑ Imkerorganisation, die „Physikalisch-ökonomische Bienengesellschaft in Oberlausitz", und faßte alle Erkenntnisse in der wahrscheinlich ersten Imkerzeitung der Welt: „Abhandlungen und Erfahrungen der ökonomischen Bienengesellschaft in Oberlausitz" zusammen (später als Buch erschienen).

SCHIRACH entdeckte die weibliche Natur der Arbeitsbienen, die bis dahin als geschlechtslos galten, bewies die SWAMMERDAM'sche Erkenntnis, daß aus jedem befruchteten Ei bzw. aus jeder jungen Larve eine Weisel werden kann, wenn genügend Platz und reichliche Mengen der „goldenen Materie" (Weiselfuttersaft) zur Verfügung stehen, und propagierte den Brutableger (seinerzeit als SCHIRACH'scher Betrug von der Wissenschaft abgelehnt). Hauptwerk: „Der sächsische Bienenvater".

Schlaf (bei Bienen) Bienen bleiben nachts mitunter stundenlang nahezu unbeweglich. Sie nehmen in dieser Zeit eine den Säugetieren vergleichbare Ruhestellung ein. Während dieser Ruhephase sind sie auch nicht an der ↑ Thermoregulation beteiligt. Ihre Thoraxtemperatur nähert sich dem Wert der Umgebungstemperatur an. Die Fühlerbewegung läßt deutlich nach, und eine charakteristische Stellung der Fühler kennzeichnet die ruhende Biene. Die Fühlerspitzen nähern sich während des Schlafes dem Kopf. Je weiter sie herabsinken, umso größer ist die Schlaftiefe. Sensibilität und Aktivität der Nervenzellen in den optischen Loben des Gehirns (↑ Nervensystem) sind nachts während des Schlafes deutlich geringer als am Tage, können aber durch mechanische oder starke optische Reize reaktiviert werden. Auch der Muskeltonus verändert sich während des Schlafes. Auf Weckreize reagieren die Bienen mit charakteristischen Putzbewegungen.

Schlehe → Prunus

Schleier → Imkerschutzkleidung

Schleuderhonig → Honig

Schleuderraum Raum, in dem der Bienenhonig gewonnen wird. Er soll den Hygieneanforderungen entsprechen, hell, lüftbar, heizbar und bienendicht sein sowie möglichst Wasseranschluß haben. Zur Einrichtung gehören ↑ Entdeckelungsgerätschaften, ↑ Honigschleuder, ↑ Honigsiebe, ↑ Honiggefäße, eventuell auch eine Waage. Im ↑ Wanderwagen hat der vom Bienenabteil abgetrennte Raum meist die Funktion des Schleuderraumes. In manchen Imkereien wird zur Honiggewinnung auf dem ↑ Wanderstand ein Schleuderzelt bzw. bei größeren Imkereien ein Schleuderwagen benutzt.

Schließrahmenbeute → HUBER, FRANÇOIS

Schlitten Aus dem Brutraum einer ↑ Hinterbehandlungsbeute herausziehbares Gestell für drei bis zehn Waben, das aus zwei Kufen, drei sie verbindenden Metallrosten sowie einem hochgestellten Rechen besteht, der den in ↑ Längsbau auf den Rosten stehenden Waben an der Stirnseite der Beute in gleichmäßigem Abstand Halt gibt. In KUNTZSCHbeuten sind vielfach ein Dreiwaben- und ein Sechswabenschlitten vorhanden, neuere Beuten haben einen Zehnwabenschlitten, mit dem sämtliche Waben des Brutraumes herausgezogen werden können. Beim Senkschlitten wird der in die Beute eingeschobene Schlitten mittels Hebel und Exzenter hochgestellt, so daß der Abstand zwischen Rähmchenoberkante und Absperrgitter verkürzt wird. Zum Bearbeiten des Volkes wird der Schlitten auf die Kufen gesenkt. Dabei brechen die von den Bienen errichteten Wachsbrücken ab, und der Schlitten kann herausgezogen werden.

Der Schlitten erleichtert die Arbeit und verkürzt die Arbeitszeit, da der Imker die Waben sowohl von oben als auch in Blätterstockstellung durchsehen kann.

Schlund → Darmkanal

Schlunddrüsen → Hypopharynxdrüsen

Schlupf
1. Schlupf der Erstlarve aus der Eihülle. Einen wichtigen Faktor für den Schlupf der fertig entwickelten Erst- oder Eilarve aus der Eihülle stellt die Luftfeuchtigkeit dar. Liegt sie bei < 50 %, schrumpfen die Eier, und die noch nicht geschlüpften Larven gehen zugrunde. Auch bei Werten, die 50 % nur wenig überschreiten, vertrocknen viele Bieneneier. Erst bei 90 bis 95 % relativer Luftfeuchte ist ein optimaler Schlupfverlauf möglich. Bei geringeren Feuchtewerten sind die jungen Larven oftmals nicht in der Lage, sich von der festen Eihülle (Chorion) zu befreien, bleiben in ihr stecken und sterben ab. Der normale Schlupf aus dem Ei erfordert von der ersten Bewegung der Eilarve, die dem Schlupf dient, bis zur endgültigen Befreiung vom Chorion 30 bis 60 Minuten.
2. Schlupf der jungen Imago aus der Wabenzelle: Nach erfolgter Imaginalhäutung (↑ Entwicklung) straffen sich die Flügel, und die fertig entwickelte Biene durchnagt das vor der Verpuppung hergestellte Gespinst sowie den aus Wachs bestehenden Zelldeckel mit ihren Mandibeln. Arbeitsbienen beginnen damit in der Mitte des Zelldeckels und erweitern die geschaffene Öffnung, bis sie sich aus der Zelle zwängen können. Häufig helfen Stockbienen. Weiseln und Drohnen durchtrennen den Zelldeckel vom Rande her, so daß er schließlich aufklappt und sie die Zelle verlassen können.
Farbtafel V

Schlüpfkäfig Kleiner Käfig, in dem die Weisel aus der verdeckelten Weiselzelle schlüpft. Am gebräuchlichsten ist der ZANDERkäfig, der an den Breitseiten eine Gaze bzw. eine Plastikscheibe hat und oben ein Loch zur Aufnahme des Zuchtstopfens mit der verdeckelten Weiselzelle aufweist. Der

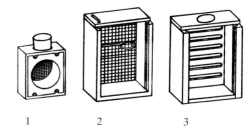

Schlüpfkäfige
1 ZANDERkäfig
2 MEIERkäfig
3 Durchgangskäfig

ZANDERkäfig wird auch als ↑ Zusetzkäfig verwendet, da er gut in die Zusetzkammer des EWK paßt.
Um die Hälfte höher ist der **MEIER**käfig, der oben kein Loch hat, dafür aber eine nach Entnahme der Glas- oder Plastikscheibe ausschwenkbare Drahtschlinge besitzt, in die die verdeckelte Weiselzelle mit dem Zuchtstopfen hineingehängt wird (WANKLERschleife). Der MEIERkäfig eignet sich besonders gut zur Aufnahme einer aus der Wabe herausgeschnittenen Weiselzelle.
Der **Okulierkäfig** ist ein etwas größerer Schlüpfkäfig zum Verschulen einer Weiselzelle, die von einer größeren Anzahl Bienen betreut wird. Eine Seite des Okulierkäfigs hat eine Gazebespannung, die andere eine herausnehmbare Glasscheibe. Ein kleiner Trog im Käfig dient zur Aufnahme von Futterteig. Der Okulierkäfig kann auch zum Transport einer gekauften Weisel auf größere Entfernung genommen werden. Er wird heute kaum noch verwendet, da er zu groß ist.
Der **Durchgangskäfig** hat etwa die Maße des MEIERkäfigs, besitzt oben aber ein Loch zur Einführung des Zuchtstopfens, und statt der Gaze ist an der Breitseite ein Absperrgitter angebracht, so daß die Bienen des Volkes ungehinderten Zugang zu dem eingestellten Käfig mit der verschulten Weiselzelle haben.

Schmalbienen → Apoidea

SCHMID, ANDREAS * 25.2.1816 in Grünthal bei Regensburg, † 2.5.1881 in Eichstätt. Lehrerseminarpräfekt in Eichstätt. Bestrebt, die Imker in Kursen und Vortragsabenden zu schulen und zu fördern. Rege schriftstellerische Tätigkeit. Gründete 1845 mit seinem Freund, dem Arzt KARL BARTH, die erste regelmäßig erscheinende „Bienenzeitung", zeitweilig auch „Nördlinger -" oder „Eichstädter Bienenzeitung" genannt, die zum Austragungsort des Meinungsstreites der Imker in einer Zeit gewaltigen Kenntnisgewinns in der Imkerei wurde. Viele Jahre finanzierte SCHMID die Zeitung aus den Mitteln, die ihm für sein Buch „Leitfaden für den Unterricht in Theorie und Praxis einer rationellen Bienenzucht" zuflossen. Das in den ersten zwei Jahrzehnten in der „Bienenzeitung" Zusammengetragene werteten SCHMID und GEORG ↑ KLEINE systematisch aus. 1860 erschien in 2 Bänden „Die Bienenzeitung in neuer gesichteter und systematisch geordneter Ausgabe".

SCHMID war Mitbegründer der ↑ Wanderversammlungen, die „Bienenzeitung" das Organ dieser losen ↑ Imkerorganisation.

Schmoker → Besänftigung

Schnee Schnee auf dem Flugbrett kann, besonders wenn er zusammengetaut und verharscht ist, das Flugloch verstopfen, durch das im wesentlichen der Luftaustausch erfolgt.

Eine Fluglochblende vor der Fluglochnische verhindert das Verschneien des Flugloches. In Nordamerika läßt man unterhalb des Magazindaches einen Schlitz frei, so daß bei verschneitem Flugloch ein Luftaustausch stattfinden kann. Schnee kann den Bienen aber auch zum Verhängnis werden, wenn sie, durch die Sonne herausgelockt, sich auf der weißen, aber kalten Schneedecke niederlassen. Dabei verklammen sie. Gegenmittel: Abdunkeln der Beutenfront, Beseitigung des Schnees vor dem Bienenstand, wenn es sich nur um Reste handelt.

Schneebeere → Symphoricarpos

Schneeheide → Erica

Schnurbaum → Sophora

Schrifttum Die erste umfassende schriftliche Belehrung über die Bienenhaltung erfolgte durch ↑ ARISTOTELES und ↑ VERGIL. Danach erschien erst 1488, in die niederdeutsche Sprache übersetzt, ein Werk von THOMAS CANTIPRATENSIS.

NICOL JACOB, den man den Vater des deutschen Bienenschrifttums nennt, gab 1568 das erste bienenkundliche Fachbuch in deutscher Sprache heraus „Gründlicher und nützlicher Unterricht in der Wartung der Bienen".

1752 folgte die deutsche Übersetzung von ↑ SWAMMERDAM's „Bibel der Natur", in der auf etwa 70 Seiten auch die Bienen ihren Platz fanden.

Erst im 19. Jahrhundert setzte dann eine Flut von Veröffentlichungen ein. Allein in deutscher Sprache wurden über 2000 monographische Publikationen, einschließlich Dissertations- und Habilitationsschriften zum Thema Bienen geschrieben, und es kommen jährlich zahlreiche neue hinzu.

Ungleich größer ist noch die Anzahl der periodisch erscheinenden Literatur, der Imkerzeitungen und -zeitschriften. Das Organ der ersten deutschen Imkerorganisation, der „Physikalisch-ökonomischen Bienengesellschaft in Oberlausitz", waren die „Abhandlungen und Erfahrungen der Oekonomischen Bienengesellschaft in Oberlausitz".

Diese kleine Schrift dürfte die erste Imkerzeitung gewesen sein; sie erschien aber noch unregelmäßig, nach Bedarf. Ab 1770 folgten ähnliche unregelmäßig erscheinende Mitteilungsblätter.

Die erste periodische Imkerzeitung war das von ANTON VITZTHUM 1838 bis 1844 herausgegebene „Monatsblatt für die gesamte Bienenzucht". Es wurde nach VITZTHUM's Tod abgelöst von der auch international stark beachteten „Bienenzeitung", zeitweilig „Eichstädter -" oder „Nördlinger Bienenzeitung" genannt (1845 bis 1898). Sie war das Organ des Wandervereins und berichtete ausführlich über die ↑ Wanderversammlungen.

Nach und nach wurden allein in deutscher Sprache mehr als 200 Imkerzeitungen und -zeitschriften ins Leben gerufen. Viele gingen wieder ein, legten zusammen, wechselten die Namen, andere haben sich bereits mehr als 100 Jahre behaupten können.

Zur Zeit werden etwa 130 Imkerzeitungen in 42 Ländern in 29 Sprachen gedruckt, in deutscher Sprache bzw. mit deutschen Zusammenfassungen 18. Aller Wahrscheinlichkeit nach gibt es zahlreiche weitere Blätter, die aber nur von regionaler Bedeutung sind.

Die meisten Imkerzeitschriften sind Organe von Imkerorganisationen und erscheinen monatlich. Andere, vor allem wissenschaftliche Zeitschriften, vierteljährlich.

Um die Fülle der bienenkundlichen Literatur in der Welt besser überschaubar zu machen, wurden Referateorgane geschaffen, so das „Archiv für Bienenkunde", das älteste ausschließlich bienenwissenschaftliche Publikationsorgan (1918 bis 1966). In englischer Sprache gibt es seit 1950 die Referatesammlung „Apicultural Abstracts", herausgegeben von der ↑ International Bee Research Association. In deutscher Sprache wurden in der ehemaligen DDR Referate von bienenkundlichen Fachartikeln im „Landwirtschaftlichen Zentralblatt" (1961 bis 1984), danach in „agroselekt", Reihe 3, tierproduktion (1985 bis 1990) veröffentlicht (Herausgeber: Landakademie Berlin). Referate aus der imkerlichen Praxis gibt seit 1964 das Dokumentations- und Austauschzentrum der ↑ APIMONDIA, mit Sitz in Dol, Tschechische Republik, heraus. Die relativ schwer überschaubaren Arbeiten in russischer Sprache werden in der Referatezeitschrift „Entomologie" im Abschnitt Honigbiene referiert (früher sowjetischer Informationsdienst VINITI).

Neben belehrender Literatur, die den Imker befähigen soll, seine Bienen gut zu betreuen, gibt es ein reiches Schrifttum, in dem Biene und Honig in poetischer Weise gepriesen werden.

Honig wird als Inbegriff der Süße und Kostbarkeit zu verschiedenen Vergleichen herangezogen, z. B. „Deine Lippen, meine Braut, sind wie triefender Honigseim" (Hohelied SALOMO's).

Die Nützlichkeit der Bienen, deren Fleiß und die harmonische Ordnung des Bienenstaates wurde von bedeutenden Schriftstellern als erstrebenswert für die menschliche Gesellschaft gepriesen und zu Vergleichen herangezogen, z. B. von HOMER (Ilias), SHAKESPEARE (Heinrich V.), SCHILLER (Jungfrau von Orleans), bzw. geschickt in zahlreichen Fabeln verpackt (DE LA FONTAINE, GELLERT, GOETHE, KRYLOW, LESSING, MANDEVILLE, THEOKRIT u. a.). Die Bienen haben ihren Platz im Märchen (BONSELS „Die Biene Maja"), vielen Sprichwörtern, ernsten und scherzhaften Gedichten (BUSCH, GOETHE, NERUDA, ROTH, STORM). Auch in Götter- und Heldensagen spielen die Bienen eine Rolle, so im finnischen Heldenlied Kasewala, in den altindischen Weden, in der altnordischen Edda und im Nibelungenlied. In den heiligen Schriften der drei Buchreligionen (Bibel, Koran, Talmud) werden Bienen und Honig vielfach erwähnt.

Schröpfen Entnehmen von Bienen und Brut aus einem Volk zur ↑ Schwarmverhinderung oder zum ↑ Ausgleichen. Je nach Stärke des Volkes und den Anzeichen der Schwarmstimmung geschieht das mit unterschiedlicher Intensität.
1. Nur Bienen (Fegling);
2. Eine unterschiedliche Anzahl von Brutwaben und Bienen (↑ Ableger);
3. Mit Bienen besetzte Brutwaben aus Reservevölkern zum Ausgleichen der Völker im Frühjahr.

Schutzhäuschen Das **EWK-Schutzhäuschen** nimmt zwei EWK (↑ Begattungskästchen) mit entgegengesetzter Flugrichtung auf und schützt sie gegen Witterungseinwirkungen und allzu großem Wärmeverlust. Es hat vor jedem Flugloch ein hochklappbares Anflugbrett und wird meist an einem Pfahl in etwa 1 m Höhe befestigt (vor allem auf ↑ Belegeinrichtungen). Um das Verfliegen der Weiseln zu vermeiden, werden die Schutzhäuschen farblich unterschiedlich gestaltet oder/und mit einem ↑ Leitzeichen oberhalb der Fluglöcher versehen. Die Schutzhäuschen werden möglichst im Halbschatten mit unterschiedlicher Flugrichtung unter Ausnutzung der Geländeformen aufgestellt, um ein möglichst hohes Begattungsergebnis zu erreichen.

Das **Waagstock-Schutzhäuschen** dient dem

Schutz des Waagstocks (↑ Beobachtungswesen) gegen Witterungseinflüsse. Es ist vielfach direkt am Bienenhaus angebaut und hat nach hinten eine Tür, so daß die ↑ Stockwaage bedient und das Bienenvolk betreut werden kann.
Farbtafel XV

Schutzkleidung → Imkerschutzkleidung

Schwänzeltanz → Bienentänze

Schwarm Aus Weisel und Arbeitsbienen unterschiedlichen Alters bestehender Teil eines Bienenvolkes, der der Vermehrung dient (Vermehrungsschwarm). In Regionen der Erde mit (kurzzeitig) schwankenden ökologischen Bedingungen (Nahrungsangebot, Witterung, Klima) tritt, wie z. B. bei der Riesenhonigbiene in Asien (↑ Bienenarten), nicht selten ein Ortswechsel des ganzen Volkes auf (Wanderschwarm). Der Auszug eines Volkes aus der Bienenwohnung kann gelegentlich auch bei der heimischen Honigbiene, *Apis mellifera*, erfolgen, wenn extremer Nahrungsmangel herrscht (Hungerschwarm).
Der Vorgang des Schwarmauszuges wird als **Schwärmen** bezeichnet. Das Schwärmen stellt die einzig mögliche Art der Vermehrung von Honigbienenvölkern unter natürlichen Bedingungen dar. Zieht der erste Schwarm mit der alten Weisel aus, noch bevor aus den im Volk vorhandenen und verdeckelten Weiselzellen eine junge Weisel geschlüpft ist, spricht man vom **Vorschwarm,** der 30 bis 70 % aller Bienen des Volkes enthalten kann. Bei schwachen Völkern ist dieser Prozentsatz im Durchschnitt noch größer. Im allgemeinen sind 4 bis 6 % der Schwarmbienen 1 bis 3 Tage, 54 bis 82 % 4 bis 15 Tage, 38 bis 72 % 16 bis 19 Tage, 35 bis 57 % 20 bis 23 Tage alt. Höchstens 1/3 aller Schwarmbienen ist älter als 23 Tage.
Die Bienen verlassen beim Schwärmen den Stock mit gefüllter Honigblase. 20 bis 30 % des Schwarmgewichtes entfallen auf die mitgeführte Nahrung. 10 Tage vor Abgang des Schwarmes enthält die Honigblase wahllos untersuchter Arbeiterinnen durchschnittlich 10 mg Honig, am Schwarmtag sind es 40 bis 50 mg. Die Honigblasenfüllung der Arbeitsbienen des Restvolkes geht in den auf den Schwarmauszug folgenden Tagen wieder auf ein Mittel von 10 mg zurück. Bei nicht schwärmenden Bienen beträgt die Zuckerkonzentration des Honigblaseninhaltes 40 %, bei Schwarmbienen 70 %. Ist der Schwarmakt erfolgt, nimmt die in der Honigblase gespeicherte Nahrung bei den sich innerhalb der Schwarmtraube in relativer Ruhe (Quieszenz) befindlichen Bienen täglich um 2 mg ab. Auf der Schwarmtraubenoberfläche aktive Arbeiterinnen haben aber schon nach 3 Tagen 86 % ihrer Nahrungsreserven verbraucht.
Der Vorschwarm entfernt sich normalerweise nicht weit von der alten Bienenwohnung, setzt sich relativ niedrig an und bleibt längere Zeit dort sitzen. Läßt er sich z. B. am Ast eines Baumes nieder, formiert er sich zur Schwarmtraube (↑ Bienentraube). Der Zusammenhalt wird durch die in den Mandibeldrüsen der Weisel gebildete Weiselsubstanz gewährleistet (↑ Pheromone).
Farbtafel II

Bereits vor Abgang eines Schwarmes fliegen sogenannte Spurbienen aus, um nach einer neuen Wohnung zu suchen. Die Suche geht dann noch weiter, wenn sich der Schwarm kurzzeitig im Freien niedergelassen hat. Ungefähr 5 % der Schwarmbienen beteiligen sich an der **Wohnungssuche.** Durch Tänze (↑ Bienentänze) auf der Schwarmoberfläche wird für geeignete Unterkünfte geworben. Die „beste" Wohnung (Intensität der Schwänzelläufe und der Schwänzelbewegungen) wird dann schließlich vom Schwarm aufgesucht. Dabei übernehmen die Spurbienen die Führung, indem sie wahrscheinlich beim Flug ihre Duftdrüse ausstülpen und Duft absondern, dem die anderen folgen.
Entscheidendes Qualitätsmerkmal der künftigen Wohnung ist offensichtlich deren Größe. In der Regel werden Höhlungen von 40 l Rauminhalt solchen von nur 10 l bzw. von ca. 100 l vorgezogen. Das Präferenzverhalten (Vorzugsverhalten) ist von der Schwarmgröße unabhängig. Die Größe der künftigen Behausung wird von den Spurbienen durch Ablaufen ihrer inneren Oberfläche ermittelt.

254 **Schwarm**

Faktoren, die das Schwärmen beeinflussen (nach MORSE/HOOPER)

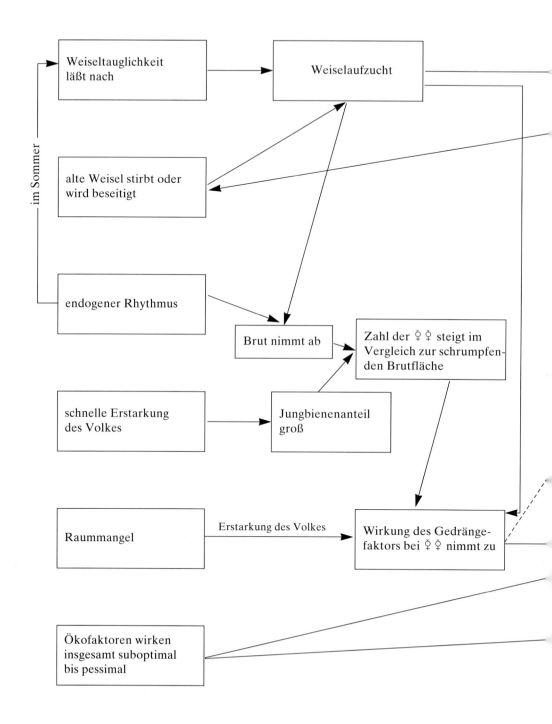

Schwarm

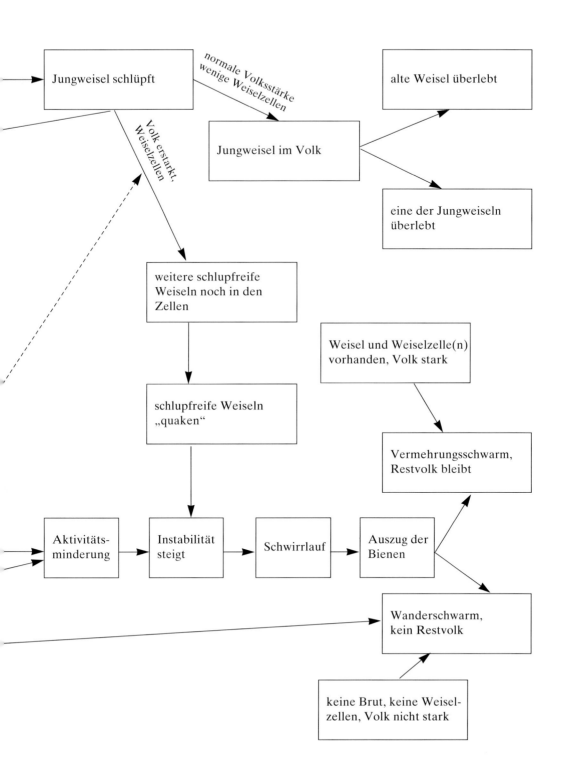

Schwarmbehandlung

Die **Schwarmursachen** sind komplexer Natur und im einzelnen noch nicht aufgeklärt. Gefördert wird das Schwarmverhalten durch eine physiologisch alternde Weisel, Raummangel, Futtersaftstau bei Ammenbienen, Trachtmangel; hinzu kommen genetische Ursachen. Bei manchen Völkern ist ein starker Schwarmtrieb ausgeprägt, andere sind ausgesprochen schwarmträge.
Zu den **Schwarmvorbereitungen** gehören das Anblasen und Bestiften von Weiselzellen, nachlassende Weiselpflege, abnehmender Sammeleifer – u. a. dadurch bedingt, daß den vom Trachtflug heimkehrenden Sammelbienen der Nektar von den Stockbienen nur zögernd abgenommen wird. Der Bautrieb erlahmt (Baurahmen!). Durch die sinkende Zahl der Sammelflüge nimmt die kontinuierliche Bienendichte im Volk und damit die schwarmfördernde Wirkung des Gedrängefaktors zu. Während der Schwarmvorbereitung entwickeln sich nicht nur die Futtersaftdrüsen der Arbeiterinnen in stärkerem Maße als sonst, sondern auch ihre Eierstöcke nehmen an Umfang zu. Diese Entwicklungstendenzen weisen ebenfalls auf die Schwarmstimmung eines Volkes hin, die sich u. a. auch daran erkennen läßt, daß die Weisel schließlich die Eiablage einstellt. Durch die nachlassende Fütterung verliert die Weisel an Gewicht und gewinnt dadurch ihre Flugfähigkeit wieder.
Eingeleitet wird der Schwarmvorgang durch ein aggressives Verhalten der Arbeiterinnen ihrer Weisel gegenüber, die sie über die Waben jagen und schließlich zum Flugloch drängen. Das entscheidende Signal zum Auszug des Schwarmes aus der Beute besteht in Schwirrläufen der Arbeiterinnen. Durch Flügelvibrieren wird von den einzelnen Bienen alle 0,5 bis 3 Sek. ein feiner Ton erzeugt. Dabei rempeln die Schwirrläuferinnen andere Bienen an, und die Frequenz der Laute erhöht sich (200 bis 300 Hz). Die Zahl der Schwirrläuferinnen nimmt schnell zu. Währenddessen erzeugen die Bienen weitere Geräusche zwischen 4000 und 5000 Hz. Die sich steigernde Unruhe geht letztendlich in den lawinenartigen Auszug des Schwarmes über. Dabei lassen die Bienen ein spezifisches, summendes Geräusch, den Schwarmgesang hören.

Die Bienen, die sich nicht am Schwärmen beteiligen, bilden das ↑ Restvolk.
Zieht nach einem Verlust der alten Weisel der erste Schwarm mit der erstgeschlüpften, jungen, unbegatteten Weisel aus, spricht man von einem **Singervorschwarm.**
Dem Vorschwarm, der in der Regel nur bei gutem Wetter abgeht, folgen nach 1 bis 3 Tagen Nachschwärme mit einer oder auch mehreren inzwischen geschlüpften Jungweiseln. Die Anzahl der **Nachschwärme** richtet sich nach Stärke und Schwarmfreudigkeit des jeweiligen Volkes, sie kann auch vom Umfang der gedeckelten Brut abhängen. Nachschwärme sind oft verhältnismäßig klein. Sie fliegen mitunter viel weiter als Vorschwärme. Fällt von einem Schwarm im gleichen Jahr noch einmal ein Schwarm, wird er **Jungfernschwarm** (Heidschwarm) genannt. Die meisten Schwärme fallen Ende Mai bis Ende der ersten Julidekade.

Schwarmbehandlung Tätigkeit des Imkers vom Einfangen des ↑ Schwarmes bis zur Entwicklung zum Wirtschaftsvolk. Der Schwarm wird, wenn er frei hängt, mit einem Schlag auf den Ast oder durch kurzes Rütteln desselben in die Öffnung des daruntergehaltenen Kastens oder Korbes befördert. Hat sich der Schwarm um einen dickeren Ast oder Stamm festgesetzt, muß er mit dem Besen hineingekehrt werden. Alle dabei hinderlichen Äste werden vorher abgeknickt, damit genügend Bewegungsfreiheit besteht.
Da meist ein Teil des Schwarmes nicht in das Fanggefäß gekommen ist und sich zunächst wieder an der alten Aufhängestelle sammelt, wird der Schwarmfangkasten in der Nähe im Schatten mit offenem Flugloch aufgestellt. Ist darin die Weisel, wird der Bienenrest nach einer guten Stunde ebenfalls eingezogen sein. Im anderen Fall sind die Bienen nach einer Stunde aus dem Fanggefäß heraus, und der Schwarm hängt wieder in vollem Umfang an der alten Stelle. Die Prozedur muß dann wiederholt werden.
Hat sich der Schwarm im Kasten oder Korb gesammelt, wird das Flugloch verschlossen und der Schwarm für mindestens 24 Stunden in ↑ Kellerhaft gebracht. Die Beute, in die der Schwarm eingeschlagen werden

Verdeckeln der Honigzellen. Die Brutzellen (unten) werden luftdurchlässig verdeckelt

Fachgerechtes Entdeckeln der Honigwaben

Radschleuder

Aus der Schleuder fließt der Honig in ein Doppelsieb

Honig im Glas des Deutschen Imkerbundes und Honigprodukte (Met, Bärenfang, Honigbonbons)

Bienen saugen die Zuckerlösung am Gazeeinsatz

Auch Wasser muß eingetragen werden

Propolishöschen sind bei genügender Wärme glatt und glänzend

Vorburg aus Propolis

Königin mit Pflegebienen (Hofstaat), 1988 wurde rot gezeichnet

XXVIII

Fächelnde Bienen mit dem Kopf zum Flugloch

Sterzelnde Biene

Beim Drohnenabtrieb von Arbeitsbiene attacktierter Drohn

Links gesunde, rechts durch Varroa-Milben geschädigte Bienen

Auf Drohnenbrut sind die Milben mit bloßem Auge gut zu erkennen

Varroa-Milben verschiedener Entwicklungsstufen in einer Zelle

Varroa-Milben, bauchseitig

Der Entwicklungszyklus der Milben läuft in der verdeckelten Zelle ab

Muttermilbe auf Bienenlarve

XXXI

Der dekorative Trompetenbaum (Catalpa) ist eine gute Bienenweide

Von Bienen bevorzugt beflogen – die Japanische Apfelrose (Rosa rugosa)

Buchsbaum (Buxus) wird von Bienen stark beflogen

XXXII

Üppige Blütenfülle der Eßkastanie (Castanea sativa)

Beim Anflug der Malvenblüte wird der Pollen gehöselt

Efeu, eine späte und gute Bienennährpflanze

soll, wird dann mit vier bis sechs ↑Mittelwänden, je nach Größe des Schwarmes, ausgestattet. Ein Vorschwarm kann auch zur Hälfte Leerwaben bekommen. Am Abend wird der Schwarm dann in die Beute geschlagen. Man kann vorsichtshalber, damit der Schwarm nicht auszieht, das Flugloch der Beute für weitere 24 Stunden verschlossen halten.
Spätestens ab 4. Tag nach dem Einfangen braucht der Schwarm regelmäßig Futter, bis die Mittelwände ausgebaut und bestiftet sind. Eine Woche nach dem Einschlagen des Schwarmes sollte die Kontrolle auf Brut und damit auf Weiselrichtigkeit erfolgen. Bei negativem Ergebnis ist das Volk zu beweiseln.
Farbtafel XV

Schwärmen → Schwarm

Schwarmlust Schwarmstimmung, Schwarmtrieb. Erblich bedingte Eigenschaft des Bienenvolkes, die heute nicht mehr erwünscht und bei den gezüchteten europäischen Bienenrassen kaum noch vorhanden ist. Früher bei der ↑ Heideimkerei bewußt gefördert.

Schwarmrecht → Bienenrecht

Schwarmträgheit Bei Zuchtvölkern geforderte Rasseeigenschaft. Die schwarmlose ↑ Betriebsweise erleichtert dem berufstätigen Imker das Bearbeiten seiner Völker.

Schwarmtraube → Bienentraube

Schwarmverhinderung Imkerliche Maßnahmen zur weitestgehenden Vermeidung des Schwärmens eines Volkes. Dazu gehört das Raumgeben entsprechend seiner Größe, der zweijährige Weiselumtrieb (Völker mit älterer Weisel neigen eher zum Schwärmen als solche mit einer jungen), Förderung des Bautriebes durch Einhängen von ↑ Mittelwänden und ↑ Baurahmen (erhält die Harmonie).
Bei Völkern, die im Mai und Juni sehr stark sind und nur geringe Tracht haben (Gefahr des Schwärmens), ist es angebracht, den Schwarm mit einem ↑ Ableger vorwegzunehmen (Fegling, Brutableger bzw., sofern schon Weiselzellen bestiftet sind, Weiselableger). Durch dieses ↑ Schröpfen wird das Volk geschwächt, in seiner Harmonie aber erhalten.

Schwarmzellen Meistens am Wabenrand aus Altwachs angelegte und von der Weisel bestiftete Weiselzellen. Die Anzahl der Schwarmzellen hängt von der Stärke des Volkes und der Ausprägung seines Schwarmtriebes ab. Auch die zur stillen ↑ Umweiselung angelegte Weiselzelle ist eine Schwarmzelle, auch wenn das Volk infolge äußerer und innerer Umstände (ungünstige Witterung, geringe Volksstärke, geringer Schwarmtrieb) nicht zum Schwärmen kommt.

Schwarzdorn → Prunus

Schwarzsucht Sammelbegriff für eine Reihe von krankhaften Zuständen, die sich in ihrem äußeren Erscheinungsbild ähneln: Die Bienen sind haarlos und sehen schwarzglänzend aus. Durch das fehlende Haarkleid erscheinen sie kleiner. Sie fallen außerdem zumeist durch eine unnormale zittrige Flügelhaltung, Flugunfähigkeit sowie einen aufgedunsenen Hinterleib auf und werden von den gesunden Bienen eingeknäult und aus dem Stock gedrängt. Es lassen sich ursächlich wohl drei Formen der Schwarzsucht unterscheiden:
– die genetisch bedingte;
– die infektiöse Form;
– die durch innere und äußere Einflußfaktoren bedingte Schwarzsucht.

Die genetisch bedingte Schwarzsucht beruht auf einer defekten Erbanlage der Königin. Ein mehr oder minder großer Anteil der Jungbienen schlüpft schon haarlos. Unverzügliche Umweiselung ist dringend geboten.
Die infektiösen Formen der Schwarzsucht (↑ Virusparalyse) sind noch weitgehend ungeklärt. Mehrfach wurde aus schwarzsüchtigen Bienen auch ein nicht näher charakterisiertes RNS-Virus isoliert, das insbesondere im ↑ Nervensystem und in den ↑ Malpighischen Gefäßen der Bienen krank-

hafte Veränderungen auslöst. Auch mikroskopisch kleine Pilze, wie die Schwarze Hefe, *Aureobasidium pullulans*, oder *Melanosella mors apis*, die an den inneren Organen der Bienen dunkelbraun bis schwarzgefärbte krankhafte Veränderungen hervorrufen (wie z. B. bei ↑ Eischwarzsucht), können schwarzsüchtige Zustände herbeiführen.
Schwarzsucht durch äußere Einflußfaktoren entsteht im Gefolge von Räuberei oder auch bei übermäßigem Abarbeiten der Flugbienen. Als Beispiel für Schwarzsucht infolge innerer Einflußfaktoren steht die ↑ Waldtrachtkrankheit.
Schwarzsüchtige Völker sind leistungsgemindert.

Schwefeln Bekämpfung der ↑ Wachsmotten in den Wabenvorräten mittels Schwefeldioxid (SO_2). Am gebräuchlichsten ist die Verwendung von Schwefelfaden, jedoch kann auch Schwefelblüte und -stein genommen werden. Der Schwefel muß in einem nicht brennbaren Behälter auf einer nicht brennbaren Unterlage entzündet werden. Brandschutz beachten!
Da die Schwefeldämpfe schwerer als Luft sind, sollte der Behälter möglichst hoch stehen. Vielfach wird ein ↑ Schwefeltopf verwendet. Durch das Schwefeln werden nur die Maden, aber nicht die Eier der Wachsmotte getötet, man muß es deshalb nach einer Woche wiederholen. Bei Temperaturen über 15 °C muß der Wabenvorrat alle 14 Tage prophylaktisch geschwefelt werden.

Schwefeltopf Behältnis zum Schwefeln der Waben in ↑ Wabenschränken und ↑ Wabentürmen bzw. zum ↑ Abschwefeln. Der Topf besteht aus einem doppelmanteligen Blechzylinder, der seitlich durchlöchert ist, wobei die Löcher oder Schlitze aber gegeneinander versetzt sind, so daß keine Flamme herausschlagen kann. In der Mitte des runden Blechdeckels ist ein Haken angebracht, an den der Schwefelfaden gehängt wird. Dieser wird über dem Topf angezündet und der Deckel aufgelegt. Der Topf wird auf eine nicht brennbare Unterlage in die obere Etage des Wabenschrankes bzw. oben in den Wabenturm gestellt und alles gut geschlossen. Brandschutz beachten!

Schweresinnesorgan → Sinnesorgane

Sedum L. – *Crassulaceae*
– Arten-Fetthenne
Europa, Asien, Nordafrika, Nordamerika. Ein- und mehrjährige Kräuter und Halbsträucher, unterschiedlich in Größe, Wuchs und Blattfarbe, von Bodenbedecker bis 80 cm hoch wachsend. Blüten in Weiß, Gelb, Rosa und Rot in Trugdolden, reichblühend, Blütezeit von Mai bis Oktober. Angebaut als anspruchslose Zierpflanze. Guter Nektar- und mäßiger Pollenlieferant.

Segmente → Chitinpanzer

Sehleistung → Sinnesorgane

Seidelbast → Daphne

Seidenpflanze → Asclepias

Seimhonig → Honig

Seitenwandfuttertrog → Futtergefäße

Selbstung Selbstbefruchtung. In der Tierzucht nur bei Bienen möglich. Durch Verhinderung einer Paarung bzw. durch mehrmalige CO_2-Narkose wird eine Jungweisel drohnenbrütig gemacht und später mit dem Sperma der entstandenen Drohnen künstlich besamt. Es wird damit ein Inzuchtkoeffizient von 50 % erreicht. Aufgrund gleicher Sexallele werden 50 % der Brut von den Bienen beseitigt (diploide ↑ Drohnen).
Nur für wissenschaftliche Studien empfehlenswert.

Selbstwendeschleuder → Honigschleuder

Selektion Zuchtauslese. Während die Natur die jeweils am besten an die Gegebenheiten der Umwelt angepaßten Organismen selektiert (↑ Evolution), werden in der Züchtung die zur Vermehrung vorgesehenen Tiere geprüft und ausgelesen, die dem Zuchtziel am nächsten kommen (gerichtete

Selektion). Dies setzt eine exakte ↑ Leistungsprüfung voraus, um auszuschließen, daß von Blendern (↑ Heterosis) nachgezogen wird. Mit einer stabilisierenden Selektion soll erreicht werden, bestimmte Merkmale in ihrer Variabilität einzuschränken, wobei der Mittelwert anderer Merkmale aber erhalten bleiben soll. Die Selektionsdifferenz ist die Merkmalsdifferenz zwischen dem Mittelwert der selektierten gegenüber dem der nicht selektierten Tiere.

Senotainiosis Schädigung der Bienenvölker durch Larven der viviparen Fleischfliege *Senotainia* (hauptsächlich *Senotainia tricuspis*) aus der Familie der *Sarcophagidae*. Die Larven der Senotainien ernähren sich nicht nur von totem Fleisch, manche Arten leben auch parasitär. Die Fliegen attackieren die Bienen im Flug, vor den Fluglöchern bzw. auf Blüten und legen ihre Larven (200 bis 300 Larven je Fliege) zwischen Kopf und Thorax der Flugbienen. Die Larven dringen in die Flugmuskulatur ein und zerstören sie. Massiver Befall kann die Bienenvölker schwer schädigen (Juli bis September). Bekämpfungsmaßnahmen richten sich gegen die Fliege. Die Senotainiosis gehört zu den sogenannten ↑ Entomosen.

Septikämie Im allgemeinen Bezeichnung für Blutvergiftung. Zustand, bei dem die Erreger in die Blutbahn eingedrungen sind, im gesamten Organismus verbreitet werden und sich in der ↑ Blutflüssigkeit und allen Organen vermehren.
Die Septikämie der Bienen ist eine schwere, ansteckende Krankheit. Die im gesunden Zustand wasserklare Haemolymphe wird durch Bakterienbefall milchig trüb. Die kranken Bienen sind in 2 bis 3 Tagen entkräftet, wirken wie in Kältestarre gelähmt und sterben. Die Mortalität (Sterblichkeit) beträgt 60 bis 100 %. Die toten Bienen zerfallen rasch, was auf eine schnelle Zersetzung der Muskulatur durch proteolytische (eiweißzersetzende) Enzyme der Erreger zurückzuführen ist.
Als hauptsächlicher Erreger gilt das 1928 von BURNSIDE isolierte *Bacterium apisepticum* (*Pseudomonas apisepticus*), ein anspruchsloser, beweglicher, gram-negativer Keim, der sich auf Gelatineplatten und in Milch durch starke proteolytische Aktivitäten ausweist.
Septikämie kann auch durch andere Enterobakterien wie *Aerobacter cloacae, Proteus vulgaris, Serratia marcescens* und *Alcaligenes faecalis*-Stämme hervorgerufen werden. Eine herausragende Bedeutung als Septikämieerreger scheint neben *Bacterium apisepticum* aber nur noch *Pseudomonas aeruginosa* zu haben, der ebenfalls zwei gut charakterisierte gefährliche proteolytische Enzyme (alkalische Protease und Elastase) produziert, die auch im Organismus von Mensch und Tier schwere Schädigungen bewirken. Möglicherweise sind beide Erreger (*P. apisepticus* und *P. aeruginosa*) identisch.
Der Erkankung kann durch Trockenhalten der Völker und ihre Aufstellung an trockenen, warmen Standorten vorgebeugt werden. Therapiemaßnahmen sind nicht entwickelt.

Seuchen → Bienenseuchen

Seuchenfreiheitsbescheinigung, Bienengesundheitsbescheinigung. Eine Form des Veterinärzeugnisses, mit dem attestiert wird, daß die Bienenvölker untersucht und frei von Anzeichen einer anzeigepflichtigen Bienenseuche befundet worden sind, bzw. daß gebrauchte Bienenwohnungen und imkerliche Gerätschaften frei von Infektionserregern sind. Diese Bescheinigung ist Voraussetzung für die Erteilung der amtstierärztlichen Genehmigung jeglicher Verlegung von Bienenvölkern und gebrauchtem imkerlichen Gerät bei Verkauf und Schenkung, Bienenwanderung, Beschickung von Ausstellungen und Belegeinrichtungen sowie beim Verkauf von Weiseln, Paketbienen und Schwärmen. Die Gültigkeitsdauer der Seuchenfreiheitsbescheinigung ist auf maximal 6 Wochen begrenzt.

Sexallele → Allele

SHAKESPEARE, WILLIAM * 23.4.1564,
† 23.4.1616.
Englischer Dramatiker und Dichter. Zog in

vielen seiner Werke Bienen und Bienenzucht zum Vergleich zu menschlichen Eigenschaften heran. Ob er Imker war, ist nicht bekannt, er hatte aber offenbar Gelegenheit, Bienen zu beobachten. Stellte in „König HEINRICH V.", 1. Akt, 2. Szene, das Bienenvolk als braven Untertanenstaat dar.

Shepherdia NUTT. – Büffelbeere – *Elaeagnaceae*
– *argenta* (PURSH) NUTT.
Nordamerika. Sparriger, dorniger, bis 6 m hoher Strauch. Ausläufertreibend. Blüten klein, gelblich, zweihäusig, vor dem Austrieb im März bis April erscheinend. Früchte johannisbeergroß, rot, eßbar, mit hohem Vitamin-C-Gehalt. Benötigt sonnige, freie Standorte. Gedeiht auch auf sandigem und schottrigem Boden. Verträgt viel Trockenheit. Verwendbar für Schutzpflanzungen in freier Lage. Wird stark von Bienen beflogen.

Sicheltanz → Bienentänze

Siebkasten Leichter Holzkasten zum Durchsieben eines Schwarmes oder Feglings, um die Drohnen und eventuell auch die Weisel von den Arbeitsbienen zu trennen. Im Kasten gleitet ein ↑ Absperrgitter in einem Holzrahmen eng an den Wandungen vorbei und ist mit einem Rundholz, das durch die Mitte der Oberseite des Siebkastens geführt wird, fest verbunden. Dieses Rundholz ist in regelmäßigen Abständen durchlocht, so daß der Imker einen Nagel durchstecken und damit das Sieb in seiner Höhe im Kasten verstellen kann. Ein mit Gaze verschlossenes Loch von etwa 5 cm Durchmesser an der Oberseite des Kastens sorgt für genügend Luftzufuhr und Licht. An ihm sammeln sich die Arbeitsbienen nach dem Durchsieben. Ein Bodenbrett mit zwei Randleisten, damit der Kasten nicht abgleiten kann, komplettiert ihn und verhindert, daß Bienen entweichen.

Siebröhrensaft Wässrige, meist farblose, klare Flüssigkeit, die im Siebröhrensystem (Phloem) der Pflanzen fließt und die sowohl die in den Blättern bzw. Nadeln gebildeten Assimilate als auch wassergelöste Nährstoffe an die verschiedenen Organe der Pflanze transportiert. Trockensubstanz 5 bis 30 %, Aschegehalt 1 bis 3 % des Trockengewichtes, pH-Wert 7,3 bis 8,7.
Bis zu 90 % der Trockensubstanz sind verschiedene Zuckerarten (Saccharose, Fructose, Glucose u. a.), 0,03 bis 0,27 % Stickstoffverbindungen, wie Proteine, Glutaminsäure, Glutamin, Asparaginsäure, Asparagin u. a. (im Frühjahr und Herbst am höchsten), außerdem verschiedene Säuren (Zitronen-, Wein-, Oxal, Fumar-, Apfel- und Glutarsäure), Mineralstoffe (Kalium, Natrium, Magnesium), Phosphate (Adenosin-Triphosphat), Nitrate, Spurenelemente, Vitamine (Thiamin, Nikotinsäure, Pantothensäure, myo-Inosit, Ascorbinsäure, Pyridoxin, Riboflavin, Biotin, Folsäure). Bei Laubbäumen außerdem Fett- und Nukleinsäure sowie die Phytohormone Gibberellinsäure und Cytokinin, bei Nadelbäumen saure Phosphatasen.

Silberfischchen (*Lepisma saccharina* L.) Die 7 bis 10 mm langen, silbergrauen, flügellosen Insekten leben als harmlose Mitbewohner in der Beute und am Bienenstand. Durch die süßen Futtervorräte werden sie angelockt, sie ernähren sich aber auch von den auf dem Bodenbrett vorhandenen Abfällen. Sie sind ein Anzeichen für einen zu feuchten Bienenstand. Silberfischchen können zu Überträgern von Krankheitserregern werden.

Singerschwarm → Schwarm

Sinneshaare → Sinnesorgane

Sinnesleistungen → Sinnesorgane

Sinnesorgane Rezeptoren, die im Zusammenwirken mit dem Nervensystem Vorgänge innerhalb und außerhalb des Organismus als Reize aufnehmen.
Den unterschiedlichen Sinnesorganen jeweils entsprechende Reize werden in Nervenerregungen transformiert und als Impulse auf sensorischen Nervenbahnen dem Zentralnervensystem zugeleitet. Auf Reize im Körperinneren reagieren sogenannte

Sinnesorgane

Propriorezeptivorgane, die wie Meßinstrumente arbeiten. Äußere Reize werden von den Sinnesorganen aufgenommen, die die Informationen der Umwelt im direkten Kontakt mit der Reizquelle vermitteln (wie Mechano- und Chemorezeptoren als Geschmacksorgane) oder über eine mehr oder weniger große Distanz wahrnehmen (Hygro- und Thermo-, aber auch wieder Chemorezeptoren als Geruchsorgane und schließlich auch Lichtsinnesorgane).

Photorezeptoren Bienen besitzen, wie die meisten Insekten, Komplex- oder Facettenaugen und Punktaugen (Ocellen). Bei den Arbeitsbienen nehmen die aus 4000 bis über 5000 einzelnen Augenkeilen (Ommatidien) bestehenden **Komplexaugen** die beiden Seiten des Kopfes ein. Die Komplexaugen der Weisel sind etwas kleiner als die der Arbeiterinnen (etwa je 3000 bis 4000 Ommatidien). Drohnen besitzen die größten Komplexaugen mit 7000 bis 8000 Ommatidien. Die Oberfläche eines Ommatidiums bildet ein Sechseck. Der Durchmesser der Ommatidien zeigt Unterschiede zwischen verschiedenen Bereichen der Komplexaugen. Bei Arbeitsbienen liegen die größten Ommatidien im Zentrum, bei Drohnen im Dorsalteil der Komplexaugen. Der mittlere Ommatidiendurchmesser beträgt bei Arbeitsbienen 10 bis 20 µm, bei Drohnen 20 bis 30 µm und bei Weiseln 15 bis 18 µm. Wahrscheinlich spielen die großen Augenkeile im Dorsalbereich der Drohnenaugen während des Paarungsfluges bei der Verfolgung der Weisel eine besondere Rolle.

Das Bild, das die Biene von ihrer Umgebung erhält, gleicht einem großen Raster. Die Bildauflösung wird durch den Neigungswinkel der einzelnen Augenkeile (1,0 bis 3,5°) zueinander limitiert. Neben der Anzahl der Seheinheiten, die die Feinheit des Bildrasters festlegen, bestimmen Lichtintensität und Qualität des optischen Apparates die Bildkontraste.

Jedes der keilförmigen Einzelaugen setzt sich aus einer Cornealinse, dem sich nach innen anschließenden und von Hauptpigmentzellen flankierten Kristallkegel und den darauffolgenden 9 Seh- oder Retinulazellen zusammen, die ebenfalls von Pigmentzellen, den Nebenpigmentzellen, umgeben sind und die Sehzellen vor Seitenlicht schützen. 8 der 9 Retinulazellen sind gleichlang, die 9., viel kürzere, befindet sich in der Spitze des Augenkeils. Sie

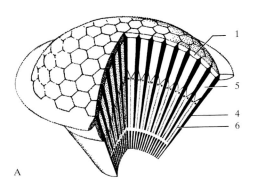

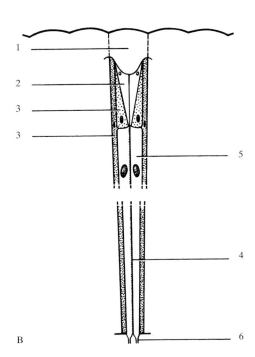

Komplexauge der Honigbiene (nach SIEWING)
A Längsschnitt zur Verdeutlichung der Lage der Einzelaugen
B einzelner Augenkeil
1 Cornea
2 Kristallkegel
3 Pigmentzelle
4 Rhabdom
5 Retinulazelle
6 Sehnerv

dient als Analysator des von der Biene wahrgenommenen polarisierten Lichtes (↑ Orientierung). Die nach innen gerichteten Wände der Retinulazellen bilden ein zylinderförmiges Rhabdom, das photorezeptorisch tätig ist, denn hier liegt in feinen, bürstensaumähnlichen Membranstrukturen, den Mikrovili, das Sehpigment.

Bienen sehen ihre Umgebung nicht nur farbig, sie können auch leicht Muster erkennen, wobei die „figurale Intensität" und nicht die „figurale Qualität" darüber entscheidet, welche Muster wahrgenommen werden und welche nicht. Einen besonderen Reizwert für das Bienenauge haben stark aufgelöste Muster, wie eingeschnittene oder strahlenförmige Figuren, die auch häufig als Blütenformen angetroffen werden können.

Wie der Mensch ist auch die Honigbiene zum trichromatischen Farbensehen befähigt. Demzufolge sind drei verschiedene Typen von Photorezeptoren vorhanden. Die Erregungsmaxima liegen für die Biene im Ultraviolett- (340 nm), im Blau- (430 bis 460 nm) und im Grünbereich (ca. 530 nm) der Lichtstrahlung. Das Verhältnis der Erregungsprozesse zueinander, die sich bei Lichteinfluß in den drei Sinneszelltypen gleichzeitig abspielen, bestimmt die Farbwahrnehmung.

Das gesamte für die Biene sichtbare Spektrum der elektromagnetischen Wellen des Lichtes reicht vom UV-Bereich (λ < 300 nm), das den Bienen unter allen Farben am hellsten erscheint, bis zum Orangerot (λ = 650 nm). Rotes Licht besitzt für die Bienen keinen Farbwert. UV- und die blauen wie

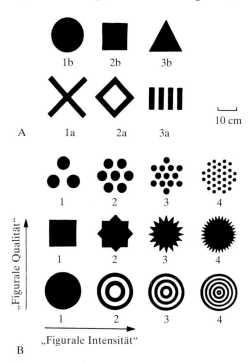

Musterunterscheidungsvermögen der Honigbiene (nach LINDAUER)
Bienen können die Muster 1b – 3b nicht unterscheiden, ebensowenig 1a - 3a, wohl aber 1b – 3b von 1a – 3a. Nicht die figurale Qualität, sondern die figurale Intensität (jeweils 1 – 4) liefert die entscheidenden Kennwerte beim Mustererkennen

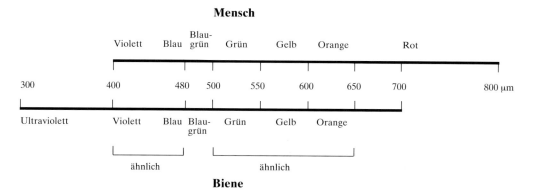

Die Spektralfarben, wie sie von Menschen und Bienen gesehen werden (nach MICHENER)

auch die gelbgrünen Anteile des Lichtes werden von verschiedenen Photorezeptoren perzipiert. Farbkontraste können besser wahrgenommen werden als Schwarz-Weiß-Muster. Für die Aufnahme von UV-Licht sind vor allem die oberen Bereiche, für Bildmuster bei verhältnismäßig langwelligem Licht die unteren Teile der Komplexaugen von Bedeutung. Durch unterschiedliche UV-Reflektion und den Kontrast zu anderen Farbqualitäten, die von den Blüten reflektiert werden, finden die Bienen relativ leicht die zentral gelegenen Saftmale, die die Blütenbesucher zur Nektarquelle führen.

Bei geringer Beleuchtungsstärke von wenigen Lux können die Honigbienen offensichtlich keine Farben, wie Blau oder Gelb, mehr unterscheiden, sind aber durchaus noch zur optischen Orientierung befähigt. Möglicherweise wird bei geringer Helligkeit die Erregung der Farbrezeptoren summiert, so daß die Bienen zwar noch sehen können, aber nur eine achromatische Bildwirkung entsteht.

Mit einem beträchtlichen Anteil der Komplexaugen ist ein binokulares Sehen möglich. Die Ausdehnung des Sehbereiches beträgt über den Antennen 29°, weiter dorsal davon sogar 42°. Weiterhin ist das Bienenauge durch eine hohe Auflösungsgeschwindigkeit rasch aufeinanderfolgender Bilder ausgezeichnet, die die Flugbiene in die Lage versetzt, auch bei schnellem Flug noch Gestaltmuster der Umgebung zu erkennen. Das System des Bewegungssehens arbeitet bei der Biene viermal schneller als beim Menschen.

In Abhängigkeit von der Beleuchtungsstärke ist eine Hell- wie auch eine Dunkeladaptation der einzelnen Ommatidien möglich. Helladaptation führt in den Retinulazellen zu einer Pigmentwanderung in Richtung Rhabdom, wodurch infolge veränderter Lichtbrechungsverhältnisse zwischen Rhabdom und umgebender Region die Pigmentwirkung verstärkt wird. Bei Dunkeladaptation wandern die Pigmente vom Rhabdom weg.

Während des Fluges sind die Bienen in der Lage, zwischen verschieden großen Objekten, je nach Entfernung, zu unterscheiden,

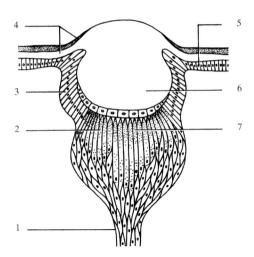

Punktauge der Honigbiene (nach WEBER*)*
1 Ocellennerv   5 Epidermis
2 Pigment   6 Linse
3 Pigmentzellen 7 Sinneszellen
4 Cuticula

was sie zu schnellen und geschickten Flugmanövern veranlaßt.

Die Ocellen, Punkt- oder Stirnaugen, sind in der Dreizahl vorhanden. Der nach außen durch eine bikonvexe Linse von 200 bis 350 µm Durchmesser abgeschlossene Ocellus besitzt einen Glaskörper und darunter ca. 800 lichtempfindliche in Zweiergruppen angeordnete Retinulazellen, die distal ein Rhabdom ausbilden. Die Retinulazellen sind von Pigment umgeben. Mit den Ocellen vermag die Biene lediglich die absolute Helligkeit zu registrieren, möglicherweise auch die Helligkeitsänderung während der Dämmerung. Außerdem wird das Gehirn der Biene über die Ocellen durch Lichtreize stimuliert (Einfluß auf die Neurosekretion). Bekannt sind auch nervöse Interaktionen zwischen Ocellen und Komplexaugen.

Chemorezeptoren Sie können als Kontakt- oder als Distanzorgane ausgebildet sein.

Kontaktorgane dienen der Geschmackswahrnehmung. Sie treten als Sinneshaare, Sinneskegel oder Sinnesplatten an Fühlern und Mundwerkzeugen auf. Diese Sinnesorgane bestehen mitunter nur aus einer Sinneszelle, die von Begleit- und Hüllzellen umgeben ist und die Sinnesreize über feine Chitinmembranen aufnimmt. Bienen neh-

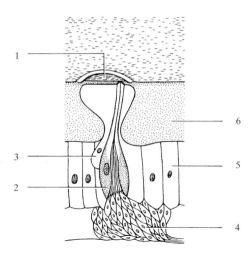

*Chemisches Sinnesorgan der Honigbiene
(nach WEBER, etwas verändert)*
1 Sinnesplatte 4 Nervenzellen
2 Sinneszellen 5 Epidermis
3 Begleitzelle 6 Cuticula

men, wie der Mensch, vier Geschmacksqualitäten wahr. Die Geschmacksschwellen für Süß und Bitter liegen bei den Honigbienen allerdings deutlich über denen des Menschen.

Distanz- oder Geruchsorgane werden durch Sinneskegel, Sinnesplatten, aber auch durch in die Cuticula versenkte Grubenkegel sowie durch Sinneshaare repräsentiert. Letztere reagieren nicht ausschließlich auf chemische, sondern auch auf mechanische, vielleicht auch auf noch weitere Stimuli (Polymodalität). Geruchsorgane befinden sich an den Fühlern. Ihre Zahl ist groß. Bei Arbeiterinnen sind es ca. 6000, bei Weiseln halb soviel, bei Drohnen hingegen 30000 Sinnesplatten, die an den distalen 8 Fühlergliedern liegen. Honigbienen können sich mit Hilfe ihrer Chemorezeptoren hervorragend orientieren, so z. B. an der breiten Palette der von den Blüten abgesonderten Duftstoffe, die in enger Verbindung mit mechanischen Reizmustern über die Tastsinnesorgane wirken, zur Wahrnehmung der Blütengestalt führen und zusammen mit den auf beiden Fühlern befindlichen Geruchsorganen ein „plastisches Riechen" ermöglichen. Durch gleichzeitiges Erfassen unterschiedlicher Duftkonzentrationen mit beiden Fühlern wird das Auffinden des Duftzentrums und damit der Nahrungsquelle auf der Blüte im Zusammenspiel mit der optischen Orientierung wesentlich erleichtert (doppelte Sicherung!).

Eine besondere Rolle im Sozialleben, wie auch bei der Paarung, spielen die ↑ Pheromone, die als chemische Signale über entsprechende Sinnesorgane wahrgenommen werden und das Verhalten wie auch die Organentwicklung bei den Bienen entscheidend zu beeinflussen vermögen.

Mechanorezeptoren reagieren auf Berührungs- oder Bewegungsreize, auf Zug und Druck, Stimuli, die von außen, aber auch im Körperinneren wirken. Selbst Substratschwingungen und die Gravitationswirkung werden von diesen Sinnesorganen wahrgenommen. Sie bestehen, ähnlich wie die Chemorezeptoren, aus Sinneshaaren, Sinneskuppeln oder aus sensiblen Nervenzellen. Mit dem **Johnstonschen Organ** als Propriorezeptivorgan – ein Rezeptor, der Lage und Bewegung registriert –, das sich im zweiten Fühlerglied befindet und gewöhnlich nur einige wenige Nervenzellen enthält, ist die Biene in der Lage, Fühlerbewegungen zu empfinden und die Eigengeschwindigkeit im Fluge über den Luftwiderstand der Fühler zu messen (↑ Strömungssinn). Auch feine Härchen zwischen den einzelnen Facetten der Komplexaugen spielen bei der Wahrnehmung des Luftstromes im Fluge eine wichtige Rolle. Tasthaare sind über den ganzen Körper verteilt und bilden als Anhäufungen in Form von Haarpolstern Tastsinnesorgane. Sie liegen z. B. als **Nackenorgan** an den gelenkigen Verbindungen zwischen Kopf und Brustabschnitt sowie als **Petiolusorgan** zwischen Brustabschnitt und Hinterleib und dienen neben pedalen Propriorezeptoren als Schweresinnesorgane. Sie können freilich die Schwerkraftwirkung nicht unmittelbar angeben, wohl aber bestimmte Reizintensitäten, die einer Transformation des Neigungswinkels zur Schwerkraftwirkung proportional sind. Der Umfang der geotaktischen Reaktion hat keine Beziehung zum Gewicht des Bienenhinterleibes.

Propriorezeptoren sind weiterhin als Borstenfelder an den Gelenken und der Basis

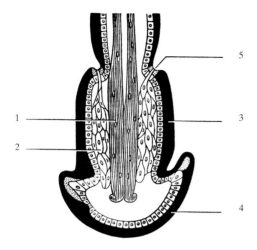

Längsschnitt durch den proximalen Teil des Fühlers mit JOHNSTONschem Organ (nach SNODGRASS)
1 Nervenstränge
2 Sinneszellen
3 Wendeglied
4 Fühlerschaftglied
5 grubenförmige Einsattlung zwischen 2. Fühlerglied und dem sich distal anschließenden 1. Glied der Fühlergeißel

der Extremitäten angeordnet. **Geräusche** können mit Hilfe der Tastsinnesorgane über Substratschwingungen aufgenommen werden, wie sie die tanzenden Bienen auf den Waben erzeugen. Schwingungen der Waben entstehen auch durch die Tütlaute und das „Quaken" der Weisel (↑ Lautäußerungen), was aus sogenannten Stillhaltereaktionen während der Wabenschwingungen hervorgeht.

Hygro- und Thermorezeptoren befinden sich auf den Fühlern in Form von borsten-, kegel- und flaschenförmigen Sinnesorganen. Die Hygrorezeptoren treten in zwei Typen auf, von denen der eine die ansteigende, der andere die abnehmende Luftfeuchte registriert. Von den Thermorezeptoren sind 6 verschiedene Formen bekannt, die z. T. unter der Chitincuticula versenkt liegen.

Honigbienen sind in der Lage, sich nach magnetischen Feldern zu orientieren. Als Reizempfänger besitzen sie dafür ein ↑ **Magnetorgan** im vorderen Bereich des Hinterleibes und möglicherweise auch noch in anderen Körperbereichen.

Beim Magnetorgan handelt es sich um einen ständig arbeitenden Magneten, der wie eine Magnetnadel auf das Magnetfeld der Erde reagiert. Auf diese Weise ist es den Bienen möglich, sich mit Hilfe der im diurnalen Rhythmus schwankenden Magnetfeldstärke auch ohne Kenntnis des Sonnenstandes zeitlich zu orientieren. Die Ausrichtung des Erdmagnetfeldes beeinflußt auch die Anlage der parallel zueinander stehenden Waben beim ↑ Wildbau.

Epidermale Sinnesorgane sind auch von **Bienenlarven** bekannt, und zwar als haar-, kuppel- und kegelförmige Tastsensillen, denen z. T., wenigstens im Bereich der Mundwerkzeuge, auch eine Geschmacksfunktion zukommen dürfte. Tastsinnesorgane liegen weiterhin vor allem auf der Dorsalseite des Rumpfes, ungefähr 200 bei Arbeiterinnen-, 390 bei Drohnenlarven. Diese dorsalen Tastsensillen sind deshalb von besonderer Bedeutung, weil die Larve nach der Bildung des ↑ Kokons, in dem die Umbildung zur Puppe vor sich geht, immer auf dem Rücken liegt. Die dazu erforderliche Orientierungsmöglichkeit vermitteln die dorsalen Rumpftastorgane. Werden sie experimentell ausgeschaltet, läuft der Häutungsprozeß nicht normal ab.

Siphone → Lachniden

Skansen → Ausstellungen

SKLENAR, GUIDO * 15.7.1871 in Carpano (Italien), † 26.5.1953 in Mistelbach (Niederösterreich).
Lernte in der Lehrerbildungsanstalt in Teschen (Schlesien) auch die Imkerei kennen und begann mit der ersten Lehrerstellung mit der Bienenhaltung. Baute die Bienenwohnungen selbst (je 11 Normalmaß-Breitwaben im Brut- und Honigraum wahlweise in Längs- oder Querstellung, doppelwandig mit Doppelboden).
Das Volk in Beute 47 wurde wegen seiner hervorragenden Eigenschaften das Ausgangsvolk für den Carnica-Stamm 47, die SKLENARbiene. Da dieses Volk nicht schwärmte, betrieb SKLENAR künstliche Weiselaufzucht und schuf die erste Reinzuchtbelegeinrichtung in Österreich. Setzte

Weiseln in Freiluftkunstschwärmen zu und unterstützte die Völkerentwicklung mit ↑ Bienentee, den er in kleineren Mengen der Tränke, dem Reiz- und Winterfutter beimischte.
Gründete 1922 die Imkerzeitschrift „Mein Bienenmütterchen" und schrieb mehrere Lehrbücher.
Hauptwerk: „Imkerpraxis". 1932 wurde SKLENAR vom österreichischen Staat ehrenhalber der Titel „Ökonomierat" verliehen.

Smog Mit Staub- und Rauchteilchen angereicherter Stadtnebel, in dem unterschiedlichste, vor allem saure chemische Substanzen (SO_2, NO_x usw.) gelöst sind, allgemein die Anreicherung von Luftschadstoffen. Besonders bei Inversionswetterlagen tritt Smog über industriellen Ballungsräumen auf, wenn die ↑ Emissionen aus Industrie und Haushalten nicht in höhere Luftschichten aufsteigen und verteilt werden können.

Sojamehl → Pollenersatzmittel

Solidago L. – *Compositae*
– *virgaurea* L. – Goldrute
Staude mit kräftigen aufrechten Stengeln von 90 bis 150 cm Höhe. Die gelben Blüten stehen in traubig-ährig angeordneten kleinen Körbchen, Blütezeit Juli bis Oktober. Sehr häufig an Wegrändern, in Gebüschen, an Bachufern, stickstoffliebend.
Neben dieser heimischen Art sind mehrere amerikanische Arten bei uns verwildert an feuchten und schattigen Standorten anzutreffen. Mäßiger Nektar- und mäßiger Pollenlieferant.

Solitärbienen → Apoidea

Sommerbienen → Saisonvariabilität

Sommertracht → Tracht

Sonnenblume → Helianthus

Sonnenbraut → Helenium

Sonnenkompaß → Bienentänze

Sonnenwachsschmelzer Ein flacher Kasten, oben mit doppelter Glasscheibe, zum Schmelzen des Bienenwachses mittels Sonnenenergie. 15 bis 20 cm unter den Scheiben befindet sich eine Schieferplatte bzw. ein schwarzes Blech, das das Wachs aufnimmt. Die Wachsrückstände (Trester) hält kurz vor dem Ende der Platte eine Gittersperre zurück. Das Wachs fließt in einen Glastrog, in dem immer etwas Wasser sein sollte, damit sich das Wachs besser herauslösen läßt. Am unteren Ende des Sonnenwachsschmelzers dient eine herausnehmbare Klappe der Entnahme des Troges.
Der Sonnenwachsschmelzer sollte von unten gegen Wärmeverluste gut isoliert sein. Er wird in schräger Lage auf einen Pfahl gestellt und so ausgerichtet, daß die Sonne möglichst im rechten Winkel auf die Platte strahlt.
Es gibt auch Sonnenwachsschmelzer, die automatisch den richtigen Sonnenstrahleneinfall einstellen.

Sophora L. – *Leguminosae*
– *japonica* L. – Schnurbaum
China, Korea. Bis 25 m hoher Baum mit großer, breiter Krone, grünen Zweigen und frischgrünen, bis 25 cm langen, gefiederten Blättern. Die gelblichweißen Blüten stehen in lockeren, bis 25 cm langen Rispen am Ende der Zweige. Die Blütezeit erstreckt sich über etwa drei Wochen von Anfang bis Ende August. Die Sophora ist ein sehr guter Nektarspender. Die mittlere Nektarabsonderung wurde mit 1,5 mg je Blüte in 24 Stunden ermittelt. Der Ertrag ist jedoch stark abhängig von den Umweltbedingungen.
Der Schnurbaum bevorzugt nährstoffreiche Böden, gegen Trockenheit ist er unempfindlich. Hat sich als außerordentlich widerstandsfähig gegenüber Rauch, insbesondere Schwefeldioxid erwiesen und sollte in Industriegebieten vorrangig verwendet werden. Auch im Klima der Großstädte, besonders auf Plätzen mit starker Wärmeeinstrahlung, ist er sehr gut verwendbar.
Er benötigt sonnigen Standort. Gegen Spätfröste ist er empfindlich, gefährdete Lagen sind zu meiden. Wegen der späten Blütezeit ist er als Trachtpflanze sehr wertvoll und sollte an geeigneter Stelle auch in

Windschutzhecken, am Dorfplatz oder zur Umgrünung von landwirtschaftlichen Produktionsgebäuden gepflanzt werden.

Sorbaria (SER.) A. BR. – Fiederspiere – *Rosaceae*
– *sorbifolia* (L.) A. BR.
Nordostasien. Bis 2 m hoher Strauch mit aufrechten, steifen Trieben. Breitet sich durch Wurzelausläufe aus. Blüten klein, weiß, in dichten, bis 25 cm langen Rispen. Staubfäden aus der Blüte weit hervorragend, Blütezeit Juni bis Juli. Anspruchslos an den Boden. Auch auf sandigen, trockenen Böden üppig wachsend. Für sonnige und schattige Standorte gleichermaßen geeignet. Sehr gut für Böschungsbegrünung verwendbar. Wird stark von Bienen beflogen.

Sorbus L. – *Rosaceae*
– *aucuparia* L. – Gemeine Eberesche, Vogelbeere
Europa bis Westasien und Sibirien. Bis zu 15 m hoher Baum mit hochrunder Krone. Im Spätsommer und Herbst besonders zierend durch den scharlachroten Fruchtbehang. Die gelblichweißen Blüten erscheinen im Mai bis Juni in bis 15 cm breiten Trugdolden. Kommt nach 12 bis 15 Jahren zur Blühreife. Sehr anspruchslos. Gedeiht auf fast allen Böden und verträgt Sonne wie Schatten. Für Schutzpflanzungen wie auch für Grünanlagen gut geeignet. Mittelguter Pollen- und Nektarspender. Eine Kultursorte mit besonders dünnschaligen, eßbaren Früchten mit hohem Vitamin-C-Gehalt ist 'Rosina'. Sie eignet sich auch für Höhenlagen unter rauhen Klimabedingungen.

– *intermedia* PERS. – Schwedische Mehlbeere
Nordeuropa. Kleiner, bis 10 m hoher Baum mit hochrunder, dichter Krone. Blüht im Mai bis Juni in 10 cm breiten, weißen Doldenrispen. Gedeiht in sonniger oder auch halbschattiger Lage auf leichten und schweren Böden. Sehr windfest. Gut geeignet für Schutzhecken oder als kleinkroniger Straßenbaum.

Sortenhonige → Honig

Spanngurt Dient zur festen Verbindung aller Teile eines ↑ Magazins bei der Wanderung. Mittels eines Spannhebels wird der Gurt zusammengezogen und festgehalten.

Spätsommerpflege → Nachtrachtpflege

Spättracht → Tracht

Specht → Vögel

Speckkäfer (*Dermestes lardarius* L.): Er ist häufig in verschmutzten und vernachlässigten Bienenwohnungen anzutreffen, und zwar im Gemüll und zwischen toten Bienen. Der Käfer hat schwarze Punkte auf grauen Querbinden. Die bis 12 mm langen, geringelten Larven haben lange, büschelförmig angeordnete Borsten. Wenn der Speckkäfer auch keine direkten Schäden an den Bienenvölkern verursacht, kann er durch Wanderung von Volk zu Volk zur Verbreitung von Krankheitserregern beitragen.

Speicheldrüsen → Labialdrüsen

Speiseröhre → Darmkanal

Sperma (Samen) Samenzellen (↑ Spermien) und Samenflüssigkeit. Die Samenzellen sind erst nach einer Reifezeit von etwa 12 Tagen nach dem Schlupf des Drohnen fertig entwickelt. Unreifer Samen ist weiß, reifer dagegen gelblich marmoriert und leicht vom weißen Schleim zu unterscheiden, der von den Schleimdrüsen der männlichen Geschlechtsorgane produziert wird.

Spermaaufbewahrung Natürlicherweise in der Samenblase (Spermatheka) der Weisel. Die ↑ Spermien bleiben in der Samenblase 3 bis 5 Jahre befruchtungsfähig. Ihre Beweglichkeit ist in dieser Zeit eingeschränkt. Erst beim Verlassen der Samenblase werden die Samenzellen wieder aktiviert. Bei der Spermaaufbewahrung für die künstliche ↑ Besamung außerhalb der Samenblase sind einige Besonderheiten zu beachten. Bei der Weisel spielt die Anzahl der befruchteten Eier durch aktives Sperma eine entscheidende Rolle für die Größe bzw. für das Überleben des Bienenvolkes. Für das

Einwandern in die Samenblase wie auch für das spätere Eindringen ins Ei benötigen die Spermien Energie, die in chemischer Form als Adenosintriphosphat (ATP) vorliegt.
Bei der Aufbewahrung von Sperma muß alles vermieden werden, was den Spermien Energie abfordert. Die Verdünnung des Spermas mit Verdünnerlösung führt zu einer Mobilisierung der Spermien. Abkühlung schränkt die Beweglichkeit ein. Beim Tieffrieren, wie bei Rindersperma üblich, werden viele Spermien geschädigt oder abgetötet. Auch Zusatz von Gefrierschutzmitteln zu einer Spermaportion konnte das Platzen der Spermien nicht verhindern. Aufgezogenes Sperma in der Besamungsspritze kann, luftdicht verschlossen, 1 bis 2 Tage aufbewahrt werden.
Sehr aufwendig ist ein Verfahren, bei dem Weiseln mit besonders wertvollem Sperma besamt und dieses später aus diesen Samenblasen entnommen und für eine künstliche Besamung verwendet wird.

Spermamischtechnik Neuerdings für die künstliche ↑ Besamung empfohlen, um größere Brutausfälle bei Paarung von Inzuchtpartnern abzufangen (diploide ↑ Drohnen bei gleichen Sexallelen).
Sperma von verschiedenen Drohnen wird abgenommen und gleichmäßig gemischt. Die Nachkommen der Weiseln, die mit einer vorher gemischten homogenen Spermaportion besamt werden, fallen gleichmäßiger aus.

Spermatheka → Geschlechtsorgane, weiblich

Spermatogenese → Spermien

Spermien (Samenzellen) Sie sind fadenförmig langgestreckt, bestehen aus einem spindelartigen Kopfabschnitt und einem Schwanzfaden, der als Geißel zur Fortbewegung des Samenfadens dient. Ein einzelnes Spermium ist durchschnittlich 0,25 mm lang. Davon entfällt 1/25 auf die Länge des Kopfes. Er enthält den Kern der Samenzelle. In den Hoden eines Drohnen (↑ Geschlechtsorgane) werden über 11 Mio Samenfäden erzeugt.

Die Entwicklung der Spermien (Spermatogenese) erfolgt in Hodenkanälchen, den Hodenfollikeln. Aus rosettenförmig angeordneten Zellen, die im Querschnitt nach innen keilförmig zugespitzt sind (Spermatogonien), gehen rundliche Zellen, die Spermatozyten, hervor, die sich zunächst zu noch unreifen Samenzellen, den Spermatiden, weiterentwickeln. Das Endprodukt der Entwicklung stellen schließlich die in Kopf- und Schwanzteil gegliederten Spermien dar.
Beim Bienensperma handelt es sich um eine cremefarbene Flüssigkeit mit einem pH-Wert von 6,0 bis 7,1. Die Zuckerarten Fructose, Glucose und Trehalose lassen sich im Sperma ebenso nachweisen wie in den Hoden und den Schleimdrüsen. Von den Aminosäuren (↑ Nährstoffe) sind Arginin (40 %), Lysin und Glutamin im Sperma besonders reichlich vorhanden.
Als Energielieferant für die Spermien in der Samenblase der Weisel spielt die Trehalose offensichtlich eine besondere Rolle. Dies läßt sich aus der Trehalase-Aktivität entnehmen, die in der Samenblase besonders hoch ist (Trehalase ist das Trehalose spaltende ↑ Enzym). Gelegentlich treten in der Samenblase der Weisel geschädigte Spermien, sogenannte ↑ Ringelsamen, auf. Sie liegen in 12 µm weiten Ringen zwischen normal gestreckten Samenfäden.

Sperrbezirk, Sperrgebiet, Sperrzone Genau definiertes Territorium, in dem wegen des Verdachts oder nach Feststellung einer anzeigepflichtigen ↑ Bienenseuche der Tierhaltung veterinärgesetzlich vorgeschriebene Beschränkungen auferlegt werden, die darauf abzielen, die Ausbreitung der Seuche zu verhindern und ihre Tilgung zu unterstützen.
Die Sperrzone umfaßt meist einen Umkreis (Halbmesser) von 3 km um den verseuchten Bienenstand. In Sperrzonen sind verboten: das Entfernen von Bienen, Waben, Beuten, Geräten u. a. vom Bienenstand, das Wandern mit Bienenvölkern, ebenso das Beschicken von Belegeinrichtungen, Ausstellungen, der Verkauf von Bienenvölkern, Waben, Bienenwohnungen und Gerätschaften, das Aufstellen von Bienen-

schwärmen unbekannter Herkunft, das Betreten fremder Bienenstände.
Bei ↑ Acariose können aneinandergrenzende Sperrzonen zu einem einheitlichen Sperrgebiet erklärt werden. In solchen Gebieten kann die Wandersperre auf den befallenen Bienenstand beschränkt und die Wanderung innerhalb des Sperrgebietes gestattet werden.

Spinndrüsen → Drüsen

Spinnen Im Spätsommer und Herbst können die Baldachinspinnen (*Lyniphiidae*) vor allem in der Heidetracht blütenbesuchende Bienen fangen und verzehren. Krabbenspinnen, die in den Blüten der Obstbäume sitzen, erbeuten auch gelegentlich sammelnde Bienen.

Spiraea L. – Spierstrauch – *Rosaceae*
– *bumalda* 'Anthony Waterer'
Kleiner, bis etwa 0,8 m hoher Strauch. Wuchs rundlich, dicht. Mit dunkelgrünen, lanzettlichen Blättern, vereinzelte Blätter weiß oder gelb panaschiert. Die karminroten Blüten erscheinen von Juli bis Anfang September in dichten, endständigen Trugdolden. Sie bieten, wie alle *Spiraea-bumalda*-Sorten, den Bienen vor allem Pollen. Bevorzugt vollsonnige Lage. Geeignet für niedrige, freiwachsende Hecken und zur Pflanzung in kleinen Gruppen, auch zusammen mit Stauden auf Rabatten. Jährlicher Rückschnitt bis dicht über den Boden fördert die Blühfreudigkeit.
Farbtafel XXIII

– *bumalda* 'Froebelii'
Eine bewährte, etwas über 1 m hoch werdende Sorte. Die hellpurpurfarbenen Blüten erscheinen an den Enden der Triebe in großen Doldentrauben. Blütezeit von Juli bis August. Ein anspruchsloses Gehölz für sonnige Lagen. Geeignet für niedrige, freiwachsende Hecken und flächige Pflanzungen. Jährlicher Rückschnitt ist empfehlenswert.

– *bumalda* 'Zigeunerblut'
Wuchs breitbuschig, bis etwa 0,8 m hoch, mit dunkelbraunrotem Laub. Blüte dunkellilarot. Für Hecken und Rabatten geeignet. Auch bei dieser Sorte empfiehlt sich ein jährlicher Rückschnitt.

– *menziesii* DOUGL.
Nordwestamerika. Bis 1,5 m hoch werdender, aufrechter Strauch. Blüten karminrosa, in dichter, behaarter, schmalpyramidaler, bis 20 cm langer Rispe von Juni bis August. Sehr anspruchslos. Gedeiht auch noch auf armem und trockenem Boden in sonniger oder halbschattiger Lage.

Spitzmäuse (*Sorex*-Arten) Insektenfresser mit mausähnlichem Aussehen. Die kleinen Tiere (30 bis 60 mm lang), vor allem Zwergspitzmäuse, dringen im Herbst durch zu hohe Fluglöcher in die Beuten ein und ernähren sich von den Bienen (Brustmuskulatur) in der Wintertraube. Die Völker werden stark beunruhigt, was zu erheblichen Schäden führen kann. Durch Verengen der Fluglöcher kann das Eindringen in die Beute verhindert werden. Spitzmäuse stehen unter Naturschutz und dürfen nicht getötet werden.

Sprache → Bienentänze

SPRENGEL, CHRISTIAN KONRAD * 22.9.1750 in Brandenburg/Havel, † 7.4.1816 in Berlin. Studierte Theologie und Philosophie und war dann als Lehrer, später als Rektor tätig. Gilt als Vater der modernen Blütenbiologie. Erkannte durch sorgfältige Beobachtungen von etwa 500 Pflanzenarten und deren Blüteneinrichtungen, daß Insekten, vornehmlich Bienen, durch Nektar, Duft und Farbe der Blüten angelockt werden und die Blütenbestäubung vollziehen. Bewies den Bestäubungsnutzen der Honigbiene bei Buchweizen, der von den Imkern gegen Kostgeld für die Bienen angewandert wurde. Die guten Erträge wurden bis dahin auf günstige Boden- und Witterungsverhältnisse zurückgeführt.
SPRENGEL hinterließ zwei bedeutende Werke: „Das entdeckte Geheimnis der Natur im Bau und in der Befruchtung der Blumen" (1793) und „Die Nützlichkeit der Bienen und die Notwendigkeit der Bienenzucht" (1811).

SPRENGEL's Erkenntnisse und seine Forderung „Der Staat muß ein stehendes Heer von Bienen haben" stießen bei seinen Zeitgenossen auf Unverständnis.
Erst DARWIN erkannte ihre große Bedeutung. Den Gedenkstein SPRENGEL's im Botanischen Garten in Berlin schmücken Details aus dem Titelkupfer seines ersten Buches.

Spurbienen → Schwarm

Staatenbildende Insekten → Apoidea

Stabilbau Wabenbau ohne Rähmchen, der von den Bienen fest an Decke und Seitenwände der Bienenwohnung angebaut ist. Ursprünglich in Körben, Klotzbeuten usw. Bei der Honigernte werden die Wabenteile, die Honig enthalten, herausgeschnitten oder herausgebrochen. Beim Stabilbau haben die Waben keine gleichmäßige Stellung zum Flugloch und können innerhalb der Bienenwohnung auch einen unregelmäßigen Verlauf nehmen. Gegensatz: ↑ Mobilbau

Stachelapparat Er liegt am Ende des ↑ Hinterleibes der weiblichen Bienen und ist unter dem 7. Segment verborgen. Er hat sich im Verlauf der ↑ Evolution aus einem Eilegeapparat entwickelt. Außerdem sind in ihm Bestandteile des 8. und 9. Hinterleibssegmentes enthalten. Er besteht aus einem zentralen, längsgestreckten Teil, der in den eigentlichen Wehrstachel ausläuft, und einem aus beweglichen Chitinplatten zusammengesetzten motorischen Apparat, der mit Hilfe mehrerer Muskelbündel die Funktion des Wehrstachels ermöglicht. Von den drei Paar Chitinplatten, die den Wehrstachel flankieren, sind die außen gelegenen, zu quadratischen Platten umgewandelte Teile des 9. Tergits, am auffälligsten.
Der dorsale, unter den Stigmenplatten (8) verborgene Abschnitt der quadratischen Platten stellt eine Einstülpung der Chitincuticula in das Körperinnere dar, das bei den einzelnen ↑ Bienenrassen unterschiedlich große Angriffsflächen für die Muskulatur bietet. Im dorsal-proximalen Bereich sind die quadratischen Platten beweglich mit ei-

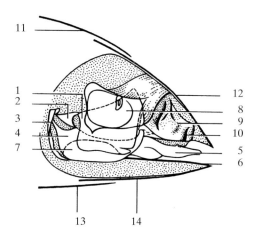

Seitenansicht des Stachelapparates einer Arbeitsbiene, in der Stachelkammer des Hinterleibes ruhend (nach SNODGRASS)
1 quadratische Platte
2 Triangularplatte
3 Bogenelement
4 oblonge Platte
5 häutiger Fortsatz der oblongen Platte
6 Wehrstachel
7 Stachelrinnenkolben
8 Stigmenplatte
9 rudimentär-häutiges 10. Segment
10 Afteröffnung
11 sechstes Tergit
12 siebentes Tergit
13 sechstes Sternit
14 siebentes Sternit

nem kleinen dreieckigen Plattenpaar, den Triangularplatten (2) verbunden. Diese dreieckigen Platten grenzen ventro-distal an die unter den quadratischen Platten gelegenen, länglichen oblongen Platten (4), gegen die sie sich ebenfalls bewegen können. Proximal sind Triangular- und oblonge Platten fest mit je einem Paar Bogenelementen (3) verbunden, die ihrerseits in den Wehrstachel (6) übergehen. Die oblongen Platten münden distal in dünnwandige, langgestreckte Fortsätze, die Stachelscheiden (5). Über dem Stachelapparat liegen als Chitinhäute die reduzierten Hinterleibssegmente 8 und 10. Das letztere trägt die Afteröffnung.
Der Wehrstachel selbst setzt sich aus drei nadelförmigen Bestandteilen zusammen. Im Querschnitt ist ventral das Stechbor-

stenpaar, dorsal die Stachelrinne zu erkennen, die basal eine bulbusförmige Erweiterung, den Stachelrinnenkolben bildet.

Am Grund dieses Kolbens liegt ein chitiniger, gabelartiger Teil, die Furcula, der durch die an ihr ansetzende Muskulatur für die Bewegung des Stachels ebenfalls eine Bedeutung zukommt. Die Dorsalkanten der Stechborsten sind furchenartig vertieft. In diese Furchen greifen schienenförmige Aufwöl- bungen der Stachelrinne ein. So kann bei der Funktion des Wehrstachels eine Gleitbewegung der Stechborsten erfolgen. Dabei bilden die drei Stachelelemente eine Kanüle, über die das Bienengift (↑ Giftdrüse) aus dem Stachelrinnenkolben in die Stichstelle gelangt. Zur Verankerung der Stachelspitze in der Einstichstelle dienen 11 Widerhaken, mit denen bei *Apis mellifera*, *A. dorsata* und *A. cerana* jede der beiden Stechborsten besetzt ist.

Bei der Zwergbiene, *A. florea*, treten an den Stechborstenspitzen nur 10 Widerhaken auf, die allerdings besonders gut entwickelt sind. Außerdem befinden sich bei der Zwergbiene auch noch an der Stachelrinne vier Paar Widerhaken.

Durch den Winkel, den die Widerhaken zum Schaft der Stechborsten bilden, kann sich der Stachel fest in der Einstichstelle verankern. Dies hat jedoch zur Folge, daß der Stachelapparat nach einem Stich in die Haut eines Warmblüters beim Abflug der Biene mitsamt dem letzten Nervenknoten der Bauchganglienkette (↑ Nervensystem), der für die Bewegung der Stechborsten sorgt, aus ihrem Körper herausgerissen wird; es tritt eine Autotomie ein.

Begünstigt wird sie durch Muskelreduktionen zwischen Stachelapparat und den ihn umgebenden Chitinteilen des Abdomens. Danach dringt der Stachel noch tiefer in die Stichwunde ein. Ein von den Stechborsten in das Lumen des Stachelrinnenkolbens ragender beweglicher Fortsatz sorgt zusätzlich dafür, daß Gift aus dem Kolben in die Stachelkanüle befördert und Raum für einen weiteren Giftzufluß aus der Giftblase in den Stachelrinnenkolben geschaffen wird.

An der Basis des Stachelapparates mündet außer der Giftblase noch die ↑ Dufoursche Drüse. Ein zartes Drüsengewebe (Koshevnikovsche Drüsen) liegt außerdem zwischen der Oberfläche der quadratischen Platten und den über dem Stachelapparat gelegenen Stigmenplatten.

Wie die Arbeitsbiene besitzt auch die Weisel einen Stachelapparat. Er unterscheidet sich von dem der Arbeiterin durch den ventral eingebogenen Wehrstachel und etwas andere Form der den Stachel umgebenden Chitinplatten. Er ist durch Muskulatur fester im Hinterleib verankert.

Stachelbeere → Ribes

Stachellose Biene → Apoidea

Stammbaum → Verwandtschaft

Stammesgeschichte → Evolution

Stamping out-Verfahren Tilgung einer Tierseuche durch Vernichtung von verseuchten bzw. der Infektion verdächtigen Tierbeständen.

Standbegattung: Begattung einer Weisel am Heimatstand (ohne Belegeinrichtung).

Ständerbeute Mehretagige ↑ Hinterbehandlungsbeute mit ↑ Hochwaben im ↑ Querbau.

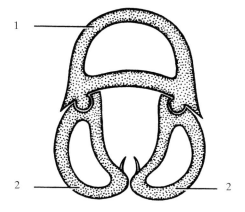

Querschnitt durch den Wehrstachel (nach MORSE/HOOPER)
1 Stachelrinne
2 Stechborstenpaar

Sie ist relativ schmal und tief, im Honigraum sind meist Halbwaben. Heute nur noch selten anzutreffen.

Standmaß Vom einzelnen Imker verwendetes ↑ Rähmchenmaß.

Standort für Bienenvölker Er muß so gewählt werden, daß sich einerseits die Bienenvölker gut entwickeln können (↑ Kleinklima), andererseits möglichst keine Belästigung von Mensch und Tier erfolgt. Der Standort soll sonnig und gegenüber der Hauptwindrichtung geschützt sein.
Das Aufstellen der Völker am Berghang ist günstiger als in einem Tal, in dem sich kalte Luft oft lange hält. Die Nähe von großen Wasserflächen oder Flußläufen ist aus dem gleichen Grund möglichst zu meiden.
Der Standort sollte sich nicht in unmittelbarer Nähe von Schulen oder Kindereinrichtungen befinden.
Zu öffentlichen Wegen ist Abstand zu wahren, auch ist es nicht angebracht, unmittelbar an der Grenze zum Nachbarn Bienen aufzustellen. Ist das nicht zu vermeiden, müssen die Bienen durch einen natürlichen oder künstlichen hohen Zaun gezwungen werden, unmittelbar nach Verlassen der Beute hoch zu fliegen.
Bei Wanderständen an landwirtschaftlichen Kulturen muß darauf geachtet werden, daß sie auch bei nassem Boden mit dem Fahrzeug zu erreichen sind und daß die Pflegearbeiten bei den Nachbarkulturen nicht durch die Bienen beeinträchtigt werden. Wege dürfen weder auf dem Acker noch im Wald durch stationäre oder durch fahrbare Bienenstände verstellt werden. Während ↑ Hinterbehandlungsbeuten zur gegenseitigen Erwärmung der Völker im Verband stehen, werden ↑ Magazine im allgemeinen einzeln aufgestellt.
Am Winterstandort (↑ Heimatstand) muß ein gutes Pollenangebot im Herbst und Frühjahr sowie mögliche Sicherheit gegen Frevel gewährleistet sein.

Stapelbeute Bezeichnung für ↑ Hinterbehandlungsbeute, da diese sich stapeln läßt und dadurch wenig Raum bei der Aufstellung benötigt.

Staphylea L. – Pimpernuß – *Staphyleaceae* – *pinnata* L.
Mittel- und Südeuropa. Bis 5 m hoher Strauch mit fünfzählig gefiederten Blättern. Die glockigen, weißen Blüten erscheinen von Mai bis Juni in etwa 10 cm langen, hängenden Trauben. Wirkt interessant durch die blasig aufgetriebenen Fruchtkapseln. Ein Gehölz für frischen Boden und schattige oder halbschattige Standorte. Wird von Bienen gut beflogen.

Starter → Anbrüter

Stechlust → Verteidigungsverhalten

Stechpalme → Ilex

Steinbeuten → Bienenwohnungen

Steinbrut Erkrankung der Bienenbrut, die gelegentlich auch erwachsene Bienen befällt. Dadurch gekennzeichnet, daß die abgestorbenen Maden austrocknen und steinhart werden. Form der ↑ Hartbrut.
↑ Mykose, die auch für den Menschen nicht ungefährlich ist.
Ätiologie, Erreger Die Steinbrut wird durch den Pilz *Aspergillus flavus* hervorgerufen. Es handelt sich dabei um einen in der Natur weitverbreiteten Schimmelpilz, der sich durch eine besondere Aggressivität und Toxizität auszeichnet und auch lebende Gewebe befällt. Er läßt sich ohne Schwierigkeiten auf allen üblichen Pilznährböden züchten.
Pathogenese, klinische Symptome, Krankheitsverlauf Die Ansteckung der Maden erfolgt durch Pilzsporen, die entweder aufgenommen werden oder auch auf der Oberfläche der Maden auskeimen. Die starken Gifte des Pilzes töten die Made, sein Myzel durchwuchert den toten Madenkörper. Mit der erneuten Fruchtkörper- und Sporenreifung bildet der Pilz ein gelbes Pigment, wodurch die Steinbrutmumien im Unterschied zur ↑ Kalkbrut gelb erscheinen. Der Tod der Made erfolgt kurz vor oder nach der Verdeckelung. Der Pilz umschließt die Made mit einem kranz- bzw. bandartigen Myzelrasen, der sie relativ fest in der Wabe verankert. Die reichliche gelbgrüne Sporenmenge

füllt die Zellen und kann lockeren Pollen vortäuschen. Die abgestorbenen Maden trocknen ein und wandeln sich allmählich zu Mumien, die sich jedoch, im Unterschied zu Kalkbrutmumien, nur schwer aus den Zellen entfernen lassen.
Diagnostik Um Irrtümer auszuschließen und wegen der unterschiedlichen weiteren Verfahrensweise bei der Behandlung, sollte die Differentialdiagnostik zur Kalkbrut auf jeden Fall geführt werden.
Der *Aspergillus,* auch Gießkannenschimmel genannt, ist aufgrund der typischen Kolbenform seiner Fruchtkörper (ähnlich dem Mundstück nebst Strahlen einer Gießkanne) mikroskopisch relativ einfach und zweifelsfrei zu erkennen. Die Differenzierung der verschiedenen *Aspergillus*-Arten ist nur in mykologischen Laboratorien nach Anzüchtung der Erreger auf Spezialnährböden möglich.
Epizootiologie Die Steinbrut ist verhältnismäßig selten, sie kann jedoch seuchenhaft auftreten. Es ist anzunehmen, daß praktisch alle Bienenvölker in Kontakt mit *Aspergillus*-Sporen kommen, aber es erkrankt in erster Linie Brut geschwächter Völker. Auch tritt die Erkrankung an trockenen Standorten und bei trockener Witterung weit weniger in Erscheinung als an feuchten.
Die Steinbrut wird demzufolge zu den ↑ Faktorenseuchen gerechnet.
Prophylaxe, Behandlung, Bekämpfung Es ist bekannt, daß *Aspergillus*-Arten in der Lage sind, bei Mensch und Tier schwere und therapeutisch nur schwer beeinflußbare Organerkrankungen, insbesondere gefährliche Pneumomykosen (durch Pilzbefall verursachte Lungenentzündung) hervorzurufen.
Wegen der möglichen Gefährdung des Menschen empfiehlt es sich, nach bestätigter Diagnose rigoros vorzugehen und steinbrutkranke Völker mit sämtlichen Waben zu vernichten.
Bei den Arbeiten sind Atemschutzmasken und Schutzbrillen zu tragen.

Steinklee → Melilotus

Steinweichsel → Prunus

Sterberate (Mortalität) Sie gibt die Anzahl der in der Zeiteinheit abgestorbenen Individuen einer Population bzw. eines Bienenvolkes, bezogen auf die Ausgangsgröße der Individuenzahl, an und kann für die einzelnen Entwicklungsstadien getrennt ermittelt werden.
Die sich im Optimalbereich der Temperatur bei 35 °C entwickelnden Brutstadien überleben 22 °C bis 10 °C nur 24 Stunden ohne größeren Schaden. Herrschen diese Temperaturen aber ≥ 2 Tage, nimmt die Mortalität schnell zu. Auch erhöhte Temperaturen wirken schädigend. Bei 36 °C gehen 8 % der Eier zugrunde, bei 38 °C sind es 48 %. Bieneneier lassen sich außerhalb des Brutnestes nicht länger als 4 Tage am Leben erhalten.
Am empfindlichsten sind frisch abgelegte Eier. 1 1/2 bis 2 Tage alte Eier werden nicht so schnell geschädigt.
Die Sterberate der Embryonen wird durch die Umgebungstemperatur und außerdem auch durch die relative Luftfeuchte beeinflußt. Geringste Mortalität besteht bei 90 bis 95 % relativer Luftfeuchte. Bei einem Anstieg auf 100 % bzw. einer Senkung auf 80 % erhöht sich die Sterberate im gleichen Umfang. Bei 50 % relativer Feuchte sterben > 95 % der Embryonen (↑ Embryonalentwicklung).
Bei Larven und Puppen wird die Sterberate durch den gesamten Komplex der Lebensbedingungen beeinflußt. Im allgemeinen nimmt sie vom Zentrum zum Rand des Brutnestes zu. Starke Völker (> 33 000 Bienen) zeigten im Versuch eine geringere Brutsterblichkeit (21 %) als mittelstarke (~ 24 500 Bienen) oder gar schwache Völker (< 16 000 Bienen), deren Brutsterblichkeit bei 36 bis 37 % liegen kann.
Im großen und ganzen ist die Mortalität bei unverdeckelter Brut größer als bei verdeckelter. Bei erwachsenen Bienen erhöht sie sich mit Verkürzung der Stockphase und der dadurch möglichen relativen Verlängerung der Sammelperiode (↑ Arbeitsteilung). Sie ist Ausdruck der ↑ Saisonvariabilität. Unterschiede in der Sterberate bestehen zwischen den einzelnen ↑ Bienenrassen. Einer durchschnittlichen ↑ Lebensdauer europäischer Arbeitsbienen in Nord-

amerika von 35 Tagen steht eine solche von nur 18 Tagen der nach Amerika eingeführten *Apis m. scutellata* aus Afrika gegenüber. In ähnlicher Weise ist auch die Brutsterblichkeit der miteinander verglichenen Bienenrassen unterschiedlich hoch.

Nicht nur der frühere Eintritt ins Sammelbienenalter, auch die leichtere Erregbarkeit durch Störungen und die damit verbundene relativ hohe Aggressivität sowie das verhältnismäßig geringe Gewicht der afrikanischen Arbeitsbienen (⌀ 62 mg) gegenüber dem der Arbeiterinnen von *A. m. mellifera* (⌀ 80 mg) wirken sich aus.

Die Sterberate der Drohnen steigt nach 20 Lebenstagen deutlich an. Beläuft sie sich bei 21 Tage alten Drohnen noch auf ungefähr 54 %, liegt sie nach 31 Lebenstagen bereits bei 65 %, nach 50 Tagen bei 96 %.

Ausschlaggebend sind Jahreszeit und Trachtangebot in Verbindung mit dem Pflege- und Toleranzverhalten der Arbeitsbienen sowie dem Volkszustand (↑ Drohnen).

Sternit → Hinterleib

Sternschleuder → Honigschleuder

Sterzeln Niederfrequentes Flügelschwirren bei einer durchschnittlichen Flügelschlagfrequenz von <200 Hz.
Sterzelnde Bienen kann man beispielsweise vor dem Flugloch beobachten. Die Arbeiterinnen von *Apis mellifera* wenden ihren Kopf der Beutenwand zu und stülpen ihre Duftdrüse (↑ Nassanoffsche Drüse) aus, indem sie bei erhobenem Hinterleib dessen Spitze ein wenig nach unten krümmen.
Auf diese Weise wird die zwischen 6. und 7. Tergit befindliche Intersegmentalmembran sichtbar, unter der die Zellen der Duftdrüse liegen. Der ausströmende Duft dieser Drüse wird auch als Sterzelduft bezeichnet.
Farbtafel XXVIII

Stift → Bestiften

Stigmen → Tracheensystem

Stippen → Heidehoniglösegerät

Stirnwand Die Frontseite der Bienenwohnung; sie ist bei ↑ Hinterbehandlungsbeuten meist doppelwandig.

Stock Alte Bezeichnung für eine Bienenwohnung mit Volk. Sie ist heute meist nur noch in Wortzusammensetzungen gebräuchlich, wie Bienenstock, Stockwaage, Stockkarte, Stockmeißel usw.

Stockbienen → Arbeitsteilung

Stockgeruch Spezifischer Duft eines Bienenvolkes, der sich aus dem Duft des im Stock vorhandenen Nektars bzw. Honigs, der Brut und weiterer Substanzen (Wachs, Propolis, Pollen), ferner verschiedenen Pheromonspuren (↑ Pheromone) zusammensetzt.

Stockheizung → Heizleistung

Stockkarte Vorgedrucktes Formular zur Aufzeichnung der wesentlichsten Geschehnisse am Bienenvolk und der Angaben zur Weisel, um jederzeit einen Überblick über das Volk und seine Entwicklung zu haben. Die Stockkarte ist meistens an der Rückseite oder Tür der ↑ Beute angebracht. Feststehende Abkürzungen und Zeichen lassen die Kurzform der Aufzeichnungen zu.

Stockklima Es entsteht durch die im Beuteninneren herrschenden Temperatur- und Feuchteverhältnisse sowie durch das Vermögen der Arbeitsbienen, die Wirkung beider Faktoren regulierend zu beeinflussen (↑ Thermoregulation).
Luftaustauschprozesse sowie Turbulenzen zwischen der Luft im Beuteninnenraum und der umgebenden Außenluft wirken sich ebenfalls auf das Stockklima aus.

Stockmeißel Handliches, etwa 20 cm langes Flacheisen, dessen eines Ende breitgezogen und angeschärft, das andere rechtwinklig abgebogen und ebenfalls angeschärft ist. Unentbehrliches Handwerkszeug des Imkers, mit dem er Verkittungen und Klemmstellen löst, Wachsbrücken und Wildbau beseitigt, die Hebelwirkung nutzt usw. Ältere Stockmeißel sind länger, aus Rundeisen geschmiedet und besitzen vielfach einen Griff.

Stockmutter → Weisel

Stocknässe → Feuchtigkeit in der Beute

Stockwaage Flache Laufgewichtswaage zum Wägen von Bienenstöcken. Sie spielt eine wichtige Rolle im imkerlichen ↑ Beobachtungswesen. Sie wird unter die mit einem Bienenvolk besetzte Beute gestellt. Der Wiegebalken ist bei neuen Stockwaagen an der Schmalseite, so daß die Beute von hinten gewogen werden kann. Die Waage ist maximal mit 100 kg belastbar, die kleinste Wiegeeinheit beträgt 20 g. Waagvolk und Stockwaage können im ↑ Bienenhaus, in einem ↑ Schutzhäuschen oder im ↑ Wanderwagen untergebracht werden. Bei der Wanderung muß die Stockwaage entlastet und festgestellt werden, damit sie funktionstüchtig bleibt. Es gibt selbstschreibende Stockwaagen, bei denen die Masseveränderungen auf ein an einem rotierenden Zylinder befestigtes Blatt als Kurve aufgezeichnet werden, und es gibt auch elektronische Stockwaagen, bei denen das Meßergebnis unter Umständen auf größere Entfernung übermittelt werden kann.

Stopfen → Zuchtstopfen

Strahlengriffel → Actinidia

Streckmade → Entwicklung

Streichholzprobe → Faulbrut, Bösartige

Strohkörbe → Bienenwohnungen

Strömungssinn Wahrnehmung der Luftströmung während des Fluges mit Hilfe des im zweiten Fühlerglied gelegenen Johnstonschen Organes (↑ Sinnesorgane), das als Mechanorezeptor durch den Luftdruck, je nach Fluggeschwindigkeit, aber auch durch unterschiedlich starke Luftbewegung mehr oder minder beansprucht wird.

Stülpen Irreversibles Ausstülpen (Eversion) des Begattungsschlauches des Drohnen bei der Paarung mit einer Weisel (↑ Geschlechtsorgane, männlich).
Für die Gewinnung des Spermas für die künstliche ↑ Besamung wird durch Druck auf Thorax und Hinterleib des Drohnen das Stülpen erreicht.

Stülper → Bienenwohnungen

Suchbiene → Sammelstrategie

Sumpfdotterblume → Caltha

Süßkirsche → Prunus

SVOBODA, JAROSLAW * 2.5.1900 in Kutná Hora (Kuttenberg), † 7.5.1971 in Prag.
Chemiker. Seit 1924 tätig im tschechischen Institut für Bienenforschung in Dol, 1943 bis 1970 dessen Direktor. Ab 1946 zugleich Dozent an der Landwirtschaftlichen Hochschule in Prag.
Präsident des XIX. Internationalen Bienenzüchterkongresses 1963 in Prag, Vizepräsident der ↑ APIMONDIA und Ehrenmitglied der ↑ IBRA.
Rege schriftstellerische Tätigkeit, viele Vorträge und Kurse zur Förderung der Imkerei. Bedeutende Forschungsergebnisse über Industrievergiftungen der Bienen, Entwicklung des Heilmittels BEF gegen ↑ Acariose, fotografische Darstellung des ↑ Sackbrutvirus.

SWAMMERDAM, JAN * 12.2.1637 in Amsterdam, † 15.2.1680 in Amsterdam.
Studierte Medizin. 1667 Doktorwürde.
Suchte den gesunden Körper zu kennen und Krankheitsursachen zu ergründen. Konstruierte erstes praktisch verwendbares Mikroskop, studierte und zeichnete Bau und Entwicklung der Insekten.
SWAMMERDAM entdeckte die Metamorphose, erkannte die Geschlechtsverhältnisse im Bienenvolk und daß aus befruchteten Eiern Weiseln entstehen können. Bildete als erster Königinnenableger.
Erst 8 Jahre nach seinem Tod gab HENNIUS die umfangreichen Forschungsergebnisse in der „Historia insectorum generalis" heraus. 1752 erlangte die deutsche Übersetzung als „Bibel der Natur" Berühmtheit.

Auf den Seiten 149 bis 219 werden Ursprung, Erzeugung, Geschlecht, Haushaltung, Verrichtung und Nutzbarkeit der Bienen abgehandelt.

Symphoricarpos DUHAM. – *Caprifoliaceae*
– *albus laevigatus* BLAKE – Schneebeere
Kanada. Bekannter, bis 2 m hoher, dichtwachsender Strauch mit dünnen Zweigen. Treibt Wurzelausläufer. Die unscheinbaren, glockigen, rötlichweißen Blüten erscheinen von Juni bis September an den Enden der Triebe und sind eine wertvolle Nektarquelle für die Bienen.
Sehr anspruchsloser Strauch, der in sonniger und schattiger Lage gedeiht und äußerst widerstandsfähig gegen Trockenheit ist. Läßt sich sehr gut als Unterholz verwenden, verträgt Wurzeldruck anderer Gehölze, sollte bevorzugt in feldschützenden Hecken gepflanzt werden.
Farbtafel XXIII

– *chenaultii* REHD. – Bastard-Korallenbeere
1 bis 1,5 m hoher Strauch mit feingliedriger, ausladender Bezweigung. Sehr ansehnlich durch das zierliche Laub. Die rosafarbenen Blütenglöckchen erscheinen von Juli bis August und werden von Bienen sehr gut beflogen. Anspruchslos an den Boden und trockenheitsresistent, benötigt jedoch etwas geschützten Standort, da in strengen Wintern nicht ganz frosthart. Für tiefen Schatten nicht geeignet. Beste Art zur Pflanzung in kleinen Gärten.
Eine Neuheit ist die Hybride 'Taiga', ein breitaufrecht wachsender, bis 0,80 m hoher Strauch. Durch die Eigenart der Verzweigung besonders zierlich wirkend. Blüten klein, zartlilarosa von Juli bis September. Die kugeligen Früchte sind attraktiv lilarosa gefärbt.
Für Gruppenpflanzungen und niedrige freiwachsende Hecken geeignet. Regelmäßiger Rückschnitt im Winter fördert die Blühfreudigkeit. Bietet über zehn Wochen lang eine „Läppertracht".
Ebenso die weißfrüchtige Hybride 'White Hedge', die besonders für freiwachsende Hecken geeignet ist.

– *orbiculatus* MOENCH. – Korallenbeere
Östliches Nordamerika. 1 bis 2 m hoher, schlank und ausladend wachsender Strauch. Die blaßroten Blüten erscheinen von Juli bis August. Zierend wirken die kleinen, roten Beeren, die bis in den tiefen Winter am Strauch haften. Anspruchslos an Boden und Lage. Verträgt Trockenheit und tiefen Schatten. Wertvolles Gehölz für Hecken, auch im kleinen Garten verwendbar. Sehr guter Nektarspender.

Syndrom Symptomkomplex, der für eine bestimmte Krankheit bzw. Krankheitsursache kennzeichnend ist.

Synergismus Kombinationswirkung, bei der die Wirkung einer Substanz durch Zugabe einer geringen Menge einer anderen wesentlich erhöht wird.

Systemisch wirkende Präparate Bezeichnung für Insektizide und Akarizide, die von dem Wirtsorganismus aufgenommen und schadlos vertragen werden, aber die Parasiten, die die Körperflüssigkeit saugen, töten.

T

Tabak Rauchmittel zur ↑ Besänftigung der Bienen. Wird Tabak in der Imkerpfeife oder im Schmoker verwendet, wird ganz billiger, eventuell auch Rippentabak genommen. Von den meisten Imkern wird aber Rauchmaterial verwendet, das sie in der Natur in der Umgebung ihres Bienenstandes finden. Als Bienenweidepflanze hat der Tabak bei uns keine große Bedeutung, da die Tabakanbauflächen klein sind und die Pflanzen mit Blühbeginn entspitzt werden, damit die Blätter gut ausreifen. Die Blüten werden, wenn vorhanden, von den Bienen nach Nektar und Pollen beflogen.

Tageslänge (Photoperiode) Wechsel zwischen Hell- und Dunkelphase im täglichen 24-Stunden-Rhythmus. Bei >12 Stunden Licht pro Tag herrscht Langtag, bei weniger als 12 Stunden Kurztag. Die sich im Verlauf des Jahresganges mit astronomischer Präzision ändernde Tageslänge wirkt als Zeitgeber für viele tierische Verhaltensweisen sowie für physiologische Prozesse bei Pflanzen und Tieren. Das Geschehen im Bienenvolk wird ebenfalls durch die Tageslänge beeinflußt. Die tägliche Wiederholung eines sich nur langsam ändernden Hell-Dunkel-Rhythmus führt beispielsweise zur Synchronisation von Nektarsekretion und Sammelflügen. Auch greift die Tageslänge in die physiologische Steuerung beim Entstehen langlebiger Winterbienen ein. So vergrößert sich mit abnehmender Tageslänge im Spätsommer der ↑ Fettkörper, sein Lipid- und Proteingehalt nimmt zu, die Flugaktivität der Arbeiterinnen läßt nach, und sie ändern ihr Verhalten in Vorbereitung auf die ↑ Überwinterung, was vor allem für die nördlichen Verbreitungsgebiete der Honigbiene zuzutreffen scheint, in denen die Unterschiede zwischen sommerlichem Langtag und Kurztag während der Wintermonate besonders deutlich ausgeprägt sind.

Der Einfluß der Tageslänge wirkt über das Verhalten der Arbeitsbienen, die durch ihre Tätigkeit außerhalb des Brutnestes dem Hell-Dunkel-Wechsel im Tagesrhythmus unmittelbar ausgesetzt sind. Sicherlich ist die Entwicklung des Saisondimorphismus der Arbeiterinnen (↑ Saisonvariabilität) nicht allein auf den jahreszeitlichen Wechsel der Tageslänge zurückzuführen.

Es spielen auch andere Faktoren eine Rolle, wie Nahrungsangebot und physiologische Steuerungsprozesse des Sozialverhaltens.

Tamariske → Tamarix

Tamarix L. – Tamariske – *Tamaricaceae*
– *odessana* 'Pink Cascade'
Eine 2 bis 3 m hoch werdende, steil aufrechtwachsende Sorte mit unter der Last der Blüten übergeneigten Zweigen. Die leuchtend rosa gefärbten Blüten erscheinen in riesigen Blütenrispen im August bis September. Durch die späte Blütezeit besonders wertvoll und am besten von allen Tamarisken von Bienen beflogen. Sehr gut für lockere Hecken verwendbar. Wächst am besten in sonniger Lage und auf durchlässigen, auch trockenen Böden. –*odessana* STEV. ist ziemlich rauchhart.

Die Frühlings-Tamariske, –*tetrandra* PALI. blüht im Mai. Für sonnige Standorte auf durchlässigen, auch trockenen Böden geeignet. Wirkt am besten als Einzelpflanze in freiem Stand. Rückschnitt unmittelbar nach der Blüte fördert Neutriebbildung und Blütenreichtum des Folgejahres.

Tangentialschleuder → Honigschleuder

Tanzsprache → Bienentänze

Tänze → Bienentänze

Taraxacum WIGGERS – Kuhblume – *Compositae*
– *officinale* WIGGERS – Löwenzahn
Staude mit tiefgehender Pfahlwurzel, 10 bis 60 cm hoch, grundständige Blätter in Rosettenform. Die gelben Blüten erscheinen von März bis Juni. Sehr häufig vorkommend an fast allen Standorten, stickstoffliebend. Guter Nektar- und guter Pollenlieferant.

Tarsaldrüsen → Drüsen

Tastsinn → Sinnesorgane

Technopathien: Umstrittene Bezeichnung für Krankheiten, die im Gefolge der Intensivierung und Industrialisierung der Tierproduktion auftreten. Im Unterschied zu den ↑ Faktorenkrankheiten, die durch ungünstige Umweltfaktoren beeinflußt werden, beruhen die Technopathien auf Negativeinflüssen, die der Mensch durch Produktionstechnik und -technologien schafft.

Temperaturkoeffizient → Pflanzenschutzmittel

Temperaturverteilung im Stock → Thermoregulation

Temperaturwahrnehmung → Sinnesorgane

Tergit → Hinterleib

Teufelszwirn → Lycium

Thermoregulation Fähigkeit der Arbeitsbienen in der Sozialgemeinschaft, die Temperatur, je nach den biologischen Erfordernissen, bei geringen Schwankungen relativ konstant zu halten (soziale Homoiothermie, vergleichbar der Homoiothermie bei Vögeln und Säugetieren). Sinkt die Umgebungstemperatur z. B. im Herbst unter 14 °C, formieren sich die Bienen zur Wintertraube (↑ Bienentraube). Das Wärmezentrum (bis zu 30 °C) liegt im Traubenkern um die Weisel. Ist noch Brut vorhanden, wird die Brutnesttemperatur auf 35 °C gehalten. Nach außen nimmt die Temperatur in der Bienentraube allmählich ab, unterschreitet aber nicht den für die Existenzfähigkeit der Honigbienen kritischen Wert von 9 bis 10 °C, bei dessen Unterschreitung die Bienen in einen Starrezustand verfallen.

Wärme wird durch die Bewegung der großen indirekten Flugmuskeln von den Arbeiterinnen im Inneren der Bienentraube erzeugt. Die Bienen des Traubenmantels (äußere Bereiche der Bienentraube) regulieren den Wärmeabfluß durch unterschiedlich engen Zusammenschluß. Sinkt die Umgebungstemperatur der Traube in der Beute unter 10 °C, steigt parallel zur weiter zurückgehenden Temperatur der Futterverbrauch der Bienen, um über zunehmende Energieerzeugung die erforderliche Innentemperatur in der Traube aufrechterhalten zu können.

Störungen der Wintertraube führen zu einem plötzlichen Temperaturanstieg, der im allgemeinen erst nach mehr als zwei Tagen wieder abklingt.

Die **Temperaturverteilung in der Bienenwohnung** außerhalb des winterlichen Bienensitzes hängt hauptsächlich von Austauschvorgängen, der Wärmeleitung über leere und gefüllte Waben (leere Waben bieten einen besonders guten Isolationsschutz) sowie den Wärmetransport durch die Bienen ab. Die Thermoregulation des Bienenvolkes im Winter kann durch den Imker vorteilhaft beeinflußt werden, indem er die nicht besetzten Beutenteile mit Blindwaben ausfüllt, um das Entstehen von Kaltlufträumen zu verhindern.

Mit Brutbeginn im Frühjahr steigt der Wärmebedarf und damit auch die Temperatur im Traubenzentrum auf 33 bis 36 °C (Brutnesttemperatur) an. Verdeckelte Brut löst eine besonders aktive Thermoregulation aus. Zur Erhöhung der Temperatur um 1 °C muß das Bienenvolk mit einer verdeckelten Brutwabe (1000 Zellen) 6 Joule/h/g aufwenden und damit 33 % mehr Energie freisetzen, als wenn keine Brut vorhanden wäre. Erfordern thermoregulatorische Gründe eine Verkleinerung des Brutnestes, wird sie in der Regel auf Kosten der jüngeren Brut vorgenommen.

Wird es im Stockinneren zu warm, versprühen die Bienen durch das sogenannte Rüsselschlagen Wasser, wobei die entstehende Verdunstungskälte beim Verdunsten des Wassers eine Temperatursenkung herbeiführt. Zusätzlich kann dann noch durch das ↑ Fächeln ein Luftaustausch vorgenommen werden.

An heißen Sommertagen verläßt abends nach Rückkehr der Sammlerinnen mitunter ein Teil der Arbeitsbienen das Stockinnere zur Erleichterung der Thermoregulation und bildet am Flugbrett oder an der Beutenvorderwand Bienenbärte, klumpenförmige Ansammlungen von Arbeiterinnen.

Die Bienen sind in der Lage, durch Ther-

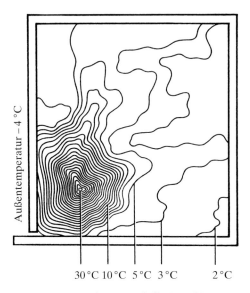

Temperaturverteilung innerhalb eines Bienenvolkes im Winter (nach BÜNDEL)

morezeptoren (↑ Sinnesorgane) an verschiedenen Körperstellen, insbesondere an den letzten 6 Fühlergliedern, selbst sehr geringfügige Temperaturveränderungen zu registrieren. Durch Amputation der letzten 6 Fühlerglieder wird das Wärmewahrnehmungsvermögen der Bienen erheblich beeinträchtigt.

Überhitzung, z. B. bei geschlossenem Flugloch während der Wanderung, kann dazu führen, daß die Bienen bei ihrem Bemühen, die notwendige Stocktemperatur aufrechtzuerhalten, überfordert werden. Die Fächeltätigkeit nimmt zu. Erhöhter Sauerstoffverbrauch und steigende Temperatur führen im Extremfall zum Verbrausen. Das Bienenvolk geht durch Überhitzung und Sauerstoffmangel schließlich zugrunde.

Die thermoregulatorischen Fähigkeiten der Schwarmtraube (↑ Bienentraube) ähneln denjenigen der Wintertraube. Der Schwarmmantel wird aus alten Bienen (Hüllbienen) gebildet. Die Dichte des Zusammenschlusses dieser Bienen trägt entscheidend zur Thermoregulation im Traubeninneren bei. Die Temperatur im Schwarmmantel sinkt selbst bei kühlem Wetter nicht unter 15 °C ab. Dadurch läßt sich die gesamte Schwarmtraube schnell auf ca. 30 °C erwärmen. Nur bei dieser Temperatur ist ein rascher Abflug des Schwarmes möglich. Trotz der im diurnalen Rhythmus schwankenden Manteltemperatur wird die Temperatur im Inneren der Schwarmtraube ziemlich konstant gehalten und beträgt bei 13 bis 24 °C Umgebungstemperatur in einem Schwarm von 600 bis 3400 g ca. 35 °C. Sinkt die Außentemperatur unter 10 °C ab, schließen sich die Hüllbienen nicht nur besonders fest zusammen, sie gehen dann auch durch Flügelzittern dazu über, eine aktive Wärmeproduktion aufzunehmen. Bei Umgebungstemperaturen von >25 °C lockert sich die Schwarmtraube auf, ihre Oberfläche wird porös und das innerhalb der Traube stets vorhandene Gangsystem, durch das optimal erwärmte Bienen im Verteidigungsfall schnell von innen nach außen gelangen können, vergrößert sich (↑ Körpertemperatur).

Thermorezeptoren → Sinnesorgane

Thorax → Brustabschnitt

Thymian → Thymus

Thymus L. – Thymian – *Labiatae*
– *vulgaris* L. – Gartenthymian
Mittelmeergebiet. Halbstrauch mit stark verästelten und leicht verholzenden Trieben, eiförmige und leicht eingerollte Blätter, 20 bis 50 cm hoch. Die lachsrosa bis lilafarbenen Blüten stehen in Scheinquirlen, Blütezeit Juni bis September, ganze Pflanze aromatisch duftend.
Angebaut als Küchengewürz und Zierpflanze. Guter Nektar- und geringer Pollenlieferant.

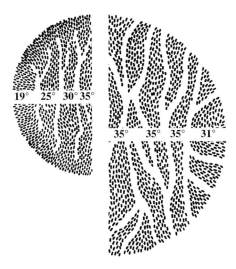

Struktur eines Bienenschwarmes bei niedriger (links) und hoher Umgebungstemperatur (rechts). Durch die verschieden weiten Gangsysteme in der Schwarmtraube kann Wärme in unterschiedlichem Umfang nach außen abfließen (nach HEINRICH).

Tierarzneimittel Zur Heilung, Linderung oder Verhütung von Krankheiten anzuwendende Stoffe (Elemente, pflanzliche Auszüge, Arzneifertigwaren). Sie können in verschiedener Form und auf verschiedenem Wege (↑ Applikation) verabreicht werden. Bei Änderung der auf der Verpackung angegebenen Dosierung kann die

Wirkung ins Gegenteil umschlagen. Tierarzneimittel unterliegen in den meisten Ländern der Zulassungspflicht. Ein Gutachterausschuß prüft das Mittel nach pharmazeutischen, toxikologischen und klinischen Gesichtspunkten.
Nach der Zulassung erfolgt die Aufnahme in das Arzneimittelregister. Der zielgerichtete Einsatz einer beliebigen Substanz, die nicht als Arzneimittel eingetragen ist (z. B. Nikotinbrühe gegen Varroatose), ist bereits eine Arzneimittelanwendung.
Der Anwender (Imker) unterliegt damit den Bestimmungen der Arzneimittelgesetzgebung und haftet für alle aus dieser Anwendung entstehenden Folgen.

Tilia L. – Linde – *Tiliaceae*
– *cordata* MILL. – Winterlinde, Steinlinde
Europa. Bis 30 m hoher Baum mit dichter Krone. Blüht Ende Juni bis Mitte Juli, etwa 10 bis 14 Tage nach der Sommerlinde. Die gelblichen, duftenden Blüten erscheinen in hängenden Trugdolden. Die Nektarabsonderung erfolgt aus Haar-Nektarien, die sich am Grund der Kelchblätter befinden. Die Blühreife setzt mit 20 bis 30 Jahren ein. Benötigt zu guter Entwicklung tiefgründigen, frischen Boden. Gedeiht auch in schattiger Lage. Leidet unter den Bedingungen des Stadtklimas häufig unter Spinnmilbenbefall und ist recht empfindlich gegen SO_2-haltige Abgase. Für Industriegebiete ungeeignet. Beste Art für die Pflanzung in feldschützenden Hecken. Beste Honiglinde in unserem Gebiet.

– *euchlora* K. KOCH – Krimlinde
20 m hoher Baum mit rundlicher oder ovaler Krone und lichtgrüner, überhängender Bezweigung. Blätter glänzend dunkelgrün, leiden wenig unter Spinnmilbenbefall. Spätblühend, im Juli, etwa 8 bis 10 Tage nach der Winterlinde. Sehr guter Nektarspender. Widerstandsfähig gegen Trockenheit und Hitze. Beste Linde für die Pflanzung in Großstädten.

– *platphyllos* SCOP. – Sommerlinde
Europa. Bis 40 m hoher Baum mit dichter, breiteiförmiger Krone. Die frühestblühende Lindenart. Blüten erscheinen ab Mitte Juni. Anspruchsvoll an Boden und Lage. Für arme und trockene Böden ungeeignet. Im Stadtklima ebenso empfindlich gegen Spinnmilben wie *Tilia cordata*. Bevorzugt freie Lage.

– *tomentosa* MOENCH. – Ungarische Silberlinde
Südosteuropa, Westasien. 20 bis 30 m hoher Baum mit breitpyramidaler Krone, auffallend hellem Stamm und unterseits silbrigfilzigem Laub. Blüt relativ spät, Mitte bis Ende Juli. Unter entsprechenden Umweltbedingungen bringt die Silberlinde höchste Nektarabsonderung. Ziemlich widerstandsfähig gegen Trockenheit und Hitze. Auch rauchhärter als andere Arten, für Industriegebiete trotzdem ungeeignet. Jedoch sehr guter Straßenbaum für Großstadtgebiete. Leidet nicht unter Spinnmilben.
Da unter blühenden *T. tomentosa* häufig eine größere Anzahl toter Bienen und Hummeln zu finden ist, wird vermutet, daß diese Linde im Nektar einen Zucker (Mannose) produziert, der von den Bienen nicht verarbeitet werden kann oder auf diese sogar toxisch wirkt. Offensichtlich ist der Anteil dieser Mannose von der Witterung abhängig, denn diese Erscheinung tritt nicht in jedem Jahr gleich stark auf. Eine zweite Theorie besagt, daß der Zeitpunkt der Silberlindenblüte mit einer Periode zusammenfällt, in der ein größerer Teil Bienen eines natürlichen Todes stirbt. Auch muß bei der Silberlindenblüte infolge der meist fehlenden Konkurrenz anderer Blütenpflanzen die außergewöhnlich starke Flugkonzentration auf einzelne Alleen oder Bäume berücksichtigt werden. Tatsache ist, daß die Silberlinde bei uns seit über 200 Jahren verbreitet ist und seit mindestens 150 Jahren als Alleebaum angepflanzt wurde, es aber dadurch nirgends zu einer Leistungsbeeinträchtigung der Bienenvölker gekommen ist, obwohl das Phänomen des „Bienensterbens" unter Silberlinden schon in früheren Jahren bekannt war und oft diskutiert wurde. Es gibt keinen Grund, die Pflanzung von *T. tomentosa* deswegen zu unterbinden. Sie sollte allerdings nur dort erfolgen, wo eine Notwendigkeit vorliegt, also in Stadt-

gebieten. In der freien Landschaft, z. B. an Landstraßen und in Windschutzpflanzungen sowie in ländlichen Siedlungsgebieten, sind andere Lindenarten zu bevorzugen.

Toleranz Fähigkeit des Organismus, den Befall mit Schaderregern bzw. Intoxikationen ohne Beeinträchtigung seiner Leistung zu dulden.

Tomentbinden → Behaarung

Töne → Lautäußerungen

Totenfall Während der ↑ Überwinterung abgestorbene Bienen, die sich auf dem Boden der Beute bzw. der eingelegten ↑ Bodeneinlage ansammeln. Aus dem Umfang des Totenfalls lassen sich Rückschlüsse auf den Überwinterungserfolg der Völker ziehen. Da die Bienen während des Sommerhalbjahres im Normalfall außerhalb der Bienenwohnung sterben, deuten tote Bienen in der Beute auf Vergiftung bzw. Krankheit des Volkes hin.

Totenkopfschwärmer (*Acherontia atropos* L.) Einer der größten und sehr seltenen europäischen Schmetterlinge mit einer totenkopfähnlichen Zeichnung auf der Oberseite des Thorax. Er dringt nachts bei zu hohem Flugloch in die Völker ein, um an die Honigvorräte zu gelangen. Die Bienen werden dadurch stark beunruhigt, es kann zum Abstechen der Königin kommen. Meist wird er von den Bienen überwältigt, der Körper zernagt und zum Flugloch herausgeschafft bzw. mit Kittharz überzogen. Der Totenkopfschwärmer kann Töne ausstoßen, die dem Tüten der Königin ähneln.

Toxine Giftige Substanzen, die von lebenden oder abgestorbenen Organismen gebildet werden und auf andere Organismen schädigend wirken.

Toxizität Man unterscheidet die akute (nach einmaliger Verabreichung eines Mittels) und die chronische, die durch Dauerbelastung mit minimalen Giftdosen über längere Zeit wirkt. Initialtoxizität ist die Sofortwirkung eines ↑ Pestizids.

Tracheen → Tracheensystem

Tracheenmilbe → Acariose

Tracheensystem (Atemorgan) Es besteht aus einem Geflecht weitverzweigter Röhren (Tracheen). Sie nehmen über Atemöffnungen an der Körperoberfläche, 10 Paar Stigmen, die Atemluft auf und leiten sie zu den einzelnen Organen im Körperinneren. Die Tracheen sind aus einer der ↑ Epidermis entsprechenden Zellschicht aufgebaut, die nach innen eine Chitincuticula (↑ Chitinpanzer) abscheidet. Bei jeder Häutung wird die Chitinauskleidung der Tracheen ebenfalls erneuert. Je ein Stigmenpaar befindet sich am zweiten bzw. dritten Thorakalsegment (↑ Brustabschnitt), die übrigen liegen am ↑ Hinterleib,

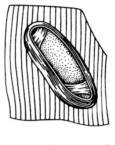

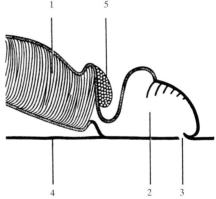

Stigmen (nach SNODGRASS)
Oben erstes Abdominalstigma,
unten Querschnitt durch ein Stigma
1 Trachee
2 Vorhof
3 Stigmenöffnung
4 Chitinpanzer
5 Schließmuskel zur Regulierung des Atemluftdurchganges

Tracheensystem

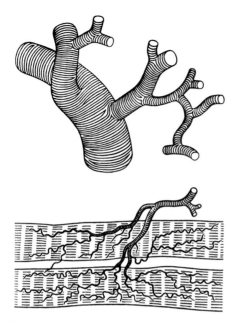

Tracheenverzweigungen und Tracheenendverzweigungen in den Muskelfasern (nach SNODGRASS)

und zwar in jedem der Segmente 1 bis 8 ein Paar. Das erste, oval geformte Stigmenpaar (Längsdurchmesser 0,14 mm) vor dem Vorderflügelansatz wird von einer Chitinklappe überdeckt, so daß es nicht frei sichtbar ist. Das zweite Stigmenpaar liegt in der Chitinmembran zwischen dem zweiten und dritten Thoraxsegment. Die abdominalen Stigmen befinden sich seitlich auf den Tergiten (↑ Hinterleib) und sind bei Lupenvergrößerung gut zu erkennen. Die Stigmenplatten (↑ Stachelapparat), die als Reste des 8. Abdominalsegmentes unter dem 7. verborgen liegen, tragen das letzte Stigmenpaar.

Während die Atemluft über die beiden vorderen Stigmenpaare sofort in die Tracheen eindringen kann, ist hinter den folgenden Stigmen zunächst ein mit Härchen besetztes Atrium (Vorhof) ausgebildet. Von hier aus gelangt die Atemluft erst über eine stärkere Verengung in die sich anschließende Trachee. Bei niedrigen Temperaturen können die Stigmen verengt bzw. sogar verschlossen werden und die Atemfrequenz sinkt.

Die miteinander verbundenen Tracheen bilden in sämtlichen Körperbereichen Luftsäcke aus, Erweiterungen der Tracheenschläuche, die paarig angelegt sind. Die Luftsäcke füllen vor allem große Teile des Hinterleibes. Auch im distalen Bereich des ↑ Brustabschnittes und im ↑ Kopf treten sie auf. Während die Tracheen mit spiralig verlaufenden Chitinauskleidungen versteift sind, fehlen den Luftsäcken diese Wandverstärkungen.

Die Tracheen verzweigen sich mehrfach und münden schließlich in feinste, z. T. sternförmige Tracheenendzellen, die Tracheolen. Auch ihnen fehlt die Chitinversteifung. Sie stellen vor allem den Ort des Gasaustausches dar. Die respiratorische Aufnahme von O_2 und die Abgabe von CO_2 verläuft in erster Linie über die Wandung der Tracheenendzellen, wenngleich bei den Insekten eine O_2-Passage auch über die Wand der Tracheen bekannt geworden ist. Besonders groß ist die Permeabilität der Tracheolen in der Flugmuskulatur, in der während des Fluges reichlich Sauerstoff benötigt wird. Die Tracheolen legen sich z. T. um die Muskelfasern und dringen in sie ein. Innerhalb der Muskelfasern verzweigen sie sich noch mehrmals, wodurch die Oberfläche der 0,1 bis 0,2 µm langen und 0,05 bis 0,08 µm breiten Tracheolen noch erheblich vergrößert wird.

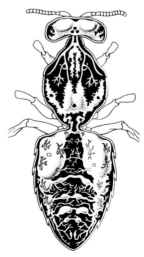

Laterale und ventrale Luftsäcke im Bienenkörper (nach SNODGRASS)

Während Wirbeltiere aktiv einatmen, atmen die Honigbienen, wie alle Insekten, aktiv aus. Durch die auf die Ausatmung folgende Dehnung der Atemorgane wird Atemluft in das Tracheensystem eingesogen. Die Aufnahme der Atemluft verläuft bei aktiv tätigen Bienen, unterstützt durch Pumpbewegungen der elastisch gegeneinander verschiebbaren Hinterleibssegmente, über das erste Thorakalstigma und die Atemöffnungen des Hinterleibes. Ausgeatmet wird dabei nur über das erste Hinterleibsstigma (Propodealstigma). Inaktive Bienen atmen über das erste Thorakalstigma aus und ein. Die im wesentlichen auf Muskelbewegungen beruhenden Atembewegungen werden durch die Elastizität des Chitinpanzers wirkungsvoll unterstützt.

Eine ruhende Biene atmet 110- bis 150mal pro Minute. Beim Fächeln erhöht sich die Atemfrequenz auf 170 bis 220 Atembewegungen. Außerdem steigt die Atemintensität an, was aus der Zunahme des CO_2-Gehaltes in der ausgeatmeten Luft hervorgeht. Bei steigender Temperatur wird die Atemfrequenz weiter erhöht.

Bienenlarven besitzen Atemorgane, die einfacher gebaut sind als diejenigen der Imagines. Den im vorderen Bereich der Segmente gelegenen Stigmen fehlen Verschlußeinrichtungen. Luftsäcke sind noch nicht vorhanden.

Wahrscheinlich diffundiert bei den Larven der Sauerstoff in den Atemorganen in dem Umfang nach, in dem er in den Tracheolen verbraucht wird.

Tracheolen → Tracheensystem

Tracht Die Bienenweide.
Der Imker unterscheidet nach der eingetragenen Nahrung (Nektar-, Honigtau-, Pollentracht), nach Jahreszeit (Früh-, Sommer- und Spättracht), nach der Verfügbarkeitsmenge (Haupt-, Voll-, Massentracht bzw. Läppertracht als Erhaltungstracht ohne nennenswerten Überschuß), nach speziellen Trachtpflanzen (Raps-, Linden-, Heide-, Rotkleetracht), nach Biotopen (Obst-, Wiese-, Feld-, Waldtracht).
Der Begriff Waldtracht wird unterschiedlich verwendet.

1. ausschließlich aus Blütenpflanzen des Waldes (Faulbaum, Himbeere etc.);
2. gemischt aus Blüten- und Honigtautracht sowohl von Laubbäumen (Blatttracht) als auch von Nadelbäumen;
3. ausschließlich Honigtautracht von Nadelbäumen (Tanne, Kiefer, Fichte), exakt ist dies die ↑ Honigtauwaldtracht.

Eine **Entwicklungstracht** läßt keine Honigerträge erwarten. Sie dient dem Volksaufbau speziell im Frühjahr und gegebenenfalls dem Aufbau starker Wintervölker.

Der **Trachtwert** einer Pflanzenart errechnet sich aus der Nektarmenge einer Blüte in mg und dem Zuckergehalt des Nektars in %. Er wird mit 1 bis 4 angegeben (4 sehr gut).

Die **Trachtbedeutung** ist abhängig vom Trachtwert und der Anzahl der Blüten pro ha.
4 bei Schneeheide ist anders zu werten, als 4 bei Himbeere.

Der **Zuckerwert** ist die Zuckermenge in mg, die eine Blüte in 24 Stunden abgibt.

Der **Honigwert** errechnet sich aus Zuckerwert und Blütenanzahl pro ha und gibt Aufschluß über eine theoretisch erzielbare Honigernte. Dabei muß beachtet werden, daß nur die Hälfte bis ein Drittel der errechneten Menge von den Bienen gesammelt wird. Auch die Entfernung von Blüte zu Blüte, also die Blütendichte, und die Entfernung zur Tracht spielen bei der Bewertung eine Rolle.

Trachtbienen → Arbeitsteilung

Trachtenfließband Während in der unberührten Natur die Bienen vom frühen Frühjahr bis zum späten Herbst an einem Standort immer etwas Nahrung finden, ist dies in der modernen Agrarwirtschaft nicht mehr der Fall (Beseitigung der Wildkräuter, Nutzung allen Ödlandes, Monokulturen in Feld und Wald). Große Äcker bieten zwar reichlich ↑ Tracht, durch Fruchtwechselwirtschaft aber selten am Standplatz der Bienen. Zwischen den Volltrachten liegen Zeiten, in denen die Bienen keine oder bestenfalls Läppertracht finden.

Der Imker ist deshalb bestrebt, durch ↑ Wanderung mit den Bienen möglichst meh-

Trachtkalender

rere Trachten zu nutzen und durch Bienenweideverbesserung zwischen den Haupttrachten mindestens Erhaltungstrachten zu schaffen. Ratsam ist es, eine Trachtkarte anzulegen, aus der hervorgeht, welche Trachten in welchem Ausmaß zur Verfügung stehen und wie die Blühzeiten aneinander anschließen (Trachtkalender). Wo Trachtlücken sichtbar werden, kann dann ganz gezielt Bienenweide angebaut werden (↑ Trachtverbesserung). Kataloge geben Auskunft über Trachtwert, Trachtbedeutung, Blühzeiten und Anbaubedingungen. Ein Sonderfall im Trachtenfließband ist der Einsatz der Bienen ausschließlich zur Bestäubung, der häufig sogar kräftezehrend für die Bienenvölker ist (Gewächshaus), und bei bestimmten Kulturen keinen oder nur geringen Honigertrag bringt. Im Interesse eines höheren Ertrages der betreffenden Kultur fordert der Anbauer Bienen an, übernimmt häufig deren Transport und zahlt dem Imker eine Bestäubungsgebühr.

Trachtkalender → Trachtenfließband

Trachtkarte → Trachtenfließband

Trachtlücke → Trachtenfließband

Trachtlückenfütterung → Fütterung

Trachtpflanzen Bienenweidepflanzen, die in größeren Mengen für die Bienen attraktiv sind und nennenswerte Honig- bzw. Pollenerträge versprechen. Viele von ihnen lassen sich für die ↑ Trachtverbesserung einsetzen. In diesem Buch werden wichtige Bienenweidepflanzen aus 100 Gattungen bzw. Arten stichpunktartig nach Herkunft, Habitus, Standortansprüchen, Empfindlichkeiten, Nektar- und Pollenwert jeweils unter ihrem botanischen Namen (nach ROBERT ZANDER, Handwörterbuch der Pflanzennamen, 13. Auflage 1984) vorgestellt.
Es handelt sich um:
Acer campestre u. a.
Actinidia arguta
Aesculus hippocastanum
Ailanthus altissima
Alnus glutinosa u. a.
Amorpha fruticosa
Aralia elata
Aronia melanocarpa
Asclepias syriaca
Berberis stenophylla
Betula pendula
Borago officinalis
Brassica napus
Buxus sempervirens
Calluna vulgaris
Caltha palustris
Caragana arborescens
Caryopteris clandonensis
Castanea sativa
Catalpa bignonioides u. a.
Celastrus orbiculatus
Chaenomeles japonica u. a.
Cichorium intybus
Cirsium oleraceum
Clematis vitalba
Clethra alnifolia
Colutea arborescens
Cornus mas u. a.
Corylus avellana u. a.
Cotoneaster dammeri u. a.
Cydonia oblonga
Daphne mezereum
Dictamnus albus
Dipsacus sylvestris
Echium vulgare
Elaeagnus angustifolia
Epilobium angustifolium
Erica carnea u. a.
Euodia hupehensis
Fagopyrum esculentum
Fraxinus excelsior u. a.
Gleditsia triacanthos
Hedera helix
Helenium Hybriden
Helianthus annuus
Heraleum sphondylium
Hieracium sylvaticum
Hydrangea paniculata
Hypericum densiflorum
Ilex aquifolium
Koelreuteria paniculata
Lavandula angustifolia
Ligustrum vulgare
Lonicera tatarica u. a.
Lycium halimifolium
Mahonia aquifolium
Malus floribunda u. a.

Trachtpflanzen

Medicago lupulina
Melilotus alba
Onobrychis viciifolia
Origanum vulgare
Parthenocissus tricuspidata
Petasites hybridus
Phacelia tanacetifolia
Phellodendron amurense
Physicarpus opulifolius
Polemonium caeruleum
Polygonum aubertii
Potentilla fruticosa
Prunus avium u. a.
Ptelea trifoliata
Pyracantha coccinea
Pyrus communis
Rhamnus cartharticus u. a.
Rhododendron
Rhus typhina
Ribes alpinum u. a.
Robinia pseudoacacia
Rosa canina u. a.
Rubus fruticosus u. a.
Salix-Arten
Salvia pratensis
Sedum-Arten
Shepherdia argenta
Solidago virgaurea
Sophora japonica
Sorbaria sorbifolia
Sorbus aucuparia u.a.
Spiraea bumalda u. a.
Staphylea pinnata
Symphoricarpos albus u. a.
Tamarix odessana
Taraxacum officinale
Thymus vulgaris
Tilia cordata u. a.
Trifolium pratense u. a.
Trollius europaeus
Tussilago farfara

Von den gebräuchlichen deutschen Pflanzennamen wurde auf die botanischen Namen verwiesen:
   Ahorn
   Akazie
   Apfelbaum
   Apfelbeere
   Apfelrose
   Aprikose
   Aralie

Bärenklau
Bartblume
Bastardindigo
Baumhasel
Baumwürger
Bergkirsche
Besenheide
Bienenbaum
Birke
Birnbaum
Blasenbaum
Blasenspiere
Blasenstrauch
Bocksdorn
Borretsch
Brombeere
Buchsbaum
Buchweizen
Büffelbeere
Büschelschön
Christdorn
Diptam
Dost
Eberesche
Edelkastanie
Efeu
Erbsenstrauch
Erle
Esche
Eschenahorn
Esparsette
Essigbaum
Faulbaum
Feldahorn
Fetthenne
Feuerdorn
Fiederspiere
Fingerstrauch
Gelbklee
Glockenheide
Götterbaum
Goldrute
Habichtskraut
Hartriegel
Haselnuß
Heckenkirsche
Himbeere
Hirschkolbensumach
Hopfenstrauch
Hortensie
Hülse
Huflattich

Trachtverbesserung

Hundsrose
Jakobsleiter
Johannisbeere
Jungfernrebe
Karde
Kastanie
Kirschpflaume
Knöterich
Korallenbeere
Korkbaum
Kornelkirsche
Kratzdistel
Kreuzdorn
Krimlinde
Lavendel
Liguster
Linde
Löwenzahn
Mahonie
Mehlbeere
Moorheide
Natternkopf
Ölweide
Pestwurz
Pfirsich
Pflaume
Phacelia
Pimpernuß
Quitte
Raps
Robinie
Roßkastanie
Roterle
Rotklee
Salbei
Sauerdorn
Sauerkirsche
Scheineller
Scheinquitte
Schlehe
Schneebeere
Schneeheide
Schnurbaum
Schwarzdorn
Seidelbast
Seidenpflanze
Silberlinde
Sommerlinde
Sonnenbraut
Sonnenblume
Spierstrauch
Spitzahorn

Stachelbeere
Stechpalme
Steinklee
Steinlinde
Steinwechsel
Stinkesche
Strahlengriffel
Strauchkirsche
Süßkirsche
Sumach
Sumpfdotterblume
Tamariske
Teufelszwirn
Thymian
Traubenkirsche
Trollblume
Trompetenbaum
Vogelkirsche
Waldrebe
Wegwarte
Weide
Weidenröschen
Weißbirke
Weißerle
Weißklee
Winterlinde
Zierapfel
Zierkirsche
Zwergmispel

Trachtverbesserung Sie zielt darauf, die Ernährungsgrundlage der Bienenvölker zu verbessern, möglichst so, daß ein lückenloses ↑ Trachtenfließband entsteht. Diese Maßnahmen können zugleich der Ökologie und Landeskultur dienen.
Beispiele für die Verwendung von Bienenweidegehölzen:
– bei Rekultivierung von Kippen und Halden;
– in Hecken zum Schutz vor Wind- und Wassererosion;
– zur Verschönerung der Landschaft, der Städte und Dörfer;
– zur Erhöhung des Rohholzaufkommens außerhalb des Waldes;
– zur Bereitstellung von Futter- und Gründüngungspflanzen;
– zur Befestigung von Bahndämmen, Uferböschungen usw.;
– zur Eingrünung landwirtschaftlicher Produktionsanlagen;

- zur Nutzung von Ödland und stillgelegten Flächen (Flächenstillegung);
- in Hecken, die Schutz und Nistgelegenheit für zahlreiche Tiere bieten, die wiederum zum biologischen Gleichgewicht in der Natur und der biologischen Schädlingsbekämpfung beitragen.

Baumschulen bieten Bienenweidegehölze in zahlreichen Arten und Sorten an. Aus den Katalogen sind die Ansprüche an den Standort, Blühzeiten und Trachtwert der Pflanzen und deren besondere Eigenschaften zu entnehmen.

Die zeitweilige **Stillegung von Ackerflächen** kann unter bestimmten Bedingungen das Trachtenfließband ergänzen. Die geforderte Begrünung brachgelegter Äcker kann in Absprache zwischen Landwirten und Imkern so erfolgen, daß die Bienen über einen längeren Zeitraum Tracht finden. Nennenswerte Honigerträge werden daraus nicht erzielt, bestehende Trachtlücken aber ausgeglichen.

Saatgutmischungen können u. a. enthalten: Ölrettich, Senf, Phazelia, Borretsch, Schwedenklee, Buchweizen, Mohn etc.

Auch extensiv genutztes Grünland kann durch den meist hohen Weißkleeanteil für Bienen vorteilhaft sein.

Trageohren → Rähmchen

Tränke Es gibt zahlreiche Arten von Tränken, in denen den Bienen Wasser oder eine dünne Zuckerlösung in oder in der Nähe der Beute angeboten wird, um ihnen besonders im Frühjahr bei ungünstiger Witterung den gefahrvollen Weg zu einer Wasserstelle zu verkürzen.

Als **Innentränke** werden vor allem Futtereinrichtungen wie Flaschen, Futterteller, Futterzungen usw. benutzt, auch werden kleine mit Schwimmer oder Korkstückchen bedeckte Schälchen mit dünner Futterlösung oder Wasser in die Fluglochnischen der Beuten gestellt.

Gebräuchlicher sind **Außentränken** in der Nähe des Bienenstandes.

Tropftränke Aus dem Wasserhahn eines großen Gefäßes oder einer Wasserleitung tropft Wasser ständig auf ein schräg gestelltes Brett, dem versetzt Leisten aufgenagelt sind, so daß der Tropfen einen Zickzackkurs nach unten nimmt.

Häufig werden **flache Gefäße mit Schwimmer** verwendet, wobei ein Schwimmer unter Umständen auch den Wasserzulauf aus einem dabeistehenden Gefäß reguliert. Das Wasser kann durch eine elektrische Heizquelle erwärmt werden und wird so lieber von den Bienen aufgenommen.

Die **Rillenbretttränke** besteht aus einem Holzbrett, in das Rillen eingefräst sind. Ein in der Mitte des Brettes befindliches Loch in einer aufgesetzten Leiste nimmt die umgestülpte Wasserflasche auf, so daß sich das Wasser auf die Rillen verteilt.

Die **Mustopftränke** ist ein mit einem dichtgewebten Lappen verschlossenes Gefäß, das umgestülpt in einem Ständer Halt findet, so daß die Bienen das Wasser am Tuch von unten aufnehmen.

Offene Tränken können zur Verbreitung von Krankheitserregern (z. B. Nosemasporen) führen. Daher ist ihre regelmäßige Reinigung und Desinfektion notwendig.

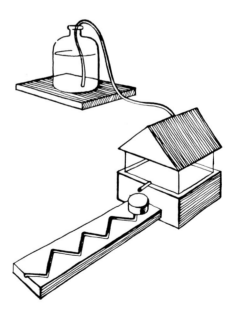

Rillenbretttränke

Traube → Bienentraube

Traubenkirsche → Prunus

Tremorphase → Vergiftungsphänologie

Trester → Sonnenwachsschmelzer, → Bienenwachs

Trifolium L. – Klee – *Leguminosae*
– *pratense* L. – Rotklee
Staude mit aufsteigenden Stengeln. Elliptische Blätter, Blüten in kugeligen Köpfchen purpurrot, Blütezeit Juni bis Oktober. Auf trockenen bis mäßig feuchten Wiesen, Halbtrockenrasen, Wegrainen. Angebaut als wichtige eiweißreiche Futterpflanze. Sehr guter Nektar- und guter Pollenlieferant.

– *repens* L. – Weißklee
Staude mit niederliegenden und kriechenden Stengeln. Verkehrt eiförmige Blätter, gestielte Blüten in eiförmigen Köpfchen, weiß, duftend, Blütezeit Mai bis September, 20 bis 50 cm hoch. Auf frischen und nährstoffreichen Wiesen und Weiden, Parkrasen, Wegrändern, stickstoffliebend. Angebaut als Futter- und Weidepflanze. Sehr guter Nektar- und guter Pollenlieferant.

Trigonen → Apoidea

Trockenmilch → Pollenersatzmittel

Trockenzucker → Fütterung

Trogbeute → Beute

Trollblume → Trollius

Trollius L. – *Ranunculaceae*
– *europaeus* L. – Trollblume
Staude mit handförmig geteilten Blättern. Die gelbe Blüte bildet mit ihren 6 bis 15 Blütenblättern eine geschlossene Kugel, Blütezeit Mai/Juni, 30 bis 60 cm hoch. Zerstreut auf frischen bis nassen Flachmoor- und Quellwiesen. Mäßiger Nektar- und guter Pollenlieferant.

Trompetenbaum → Catalpa

Trophallaxis Nahrungsaustausch zwischen Arbeitsbienen, der nicht nur eine Form der Fütterung, sondern zugleich einen Informationsaustausch darstellt (Nahrungsqualität, Wassergehalt des Nektars). Durch gegenseitige Fütterung werden gerichtete Tätigkeiten, wie Weiterreichen der Nahrung, Fütterung, Anregung zu Sammelflügen, ausgelöst. Trophallaxis ist daher Bestandteil der sozialen Lebensweise bei Honigbienen, indem diese Kommunikationsform dazu beiträgt, jeweils aktuelle Anforderungen an die für den Sozialverband erforderlichen Tätigkeiten zu steuern (↑ Futterstrom).

Trophobiose → Waldameisen

Tropilaelaps clareae → Tropilaelaps–Milbenseuche

Tropilaelaps–Milbenseuche Ektoparasitose der erwachsenen Bienen und der Bienenbrut, hervorgerufen durch die Milbe *Tropilaelaps clareae*. Sie ist, ähnlich der Varroa-Milbe (↑ Varroatose), mit bloßem Auge sichtbar, von dunkelbrauner bis rötlicher Farbe, platt und länglicher als die Varroa (weibliche Milbe 0,97 bis 1,00 mm lang und 0,52 bis 0,58 mm breit; männliche Milbe 0,88 × 0,51 mm).
Die Milbe wurde zuerst auf den Philippinen festgestellt, ist unterdessen aber mindestens bis Afghanistan vorgedrungen. Biologie und Verhaltensweisen des Parasiten ähneln sehr der Varroa; in nicht wenigen Völkern wurden auch Mischinvasionen mit beiden Parasiten vorgefunden. Die Tropilaelaps-Milben vermehren sich auf der Bienenbrut, bevorzugen ebenfalls zu 80 bis 90 % die Drohnenbrut, öffnen aber die Zelldeckel selbst (nagen sie durch), wenn ihr 8- bis 9tägiger Entwicklungszyklus abgeschlossen ist, und siedeln auf andere Wabenzellen um. Das macht ihr Zerstörungswerk noch größer und ihre biologische Bekämpfung noch problematischer. In einer Brutzelle werden zuweilen mehr als 30 Parasiten angetroffen. Die Biologie der Milbe ist noch unklar. Einerseits wird mitgeteilt, *Tropilaelaps clareae* sei nicht auf Bienenbrut angewiesen, sondern könne sich zeitweise

auch von Gemüll und auf anderen Tieren ernähren, andererseits wird vermutet, daß sich ihre Verbreitung nur auf solche Gebiete beschränken wird, in denen ganzjährig Brut in den Völkern vorhanden ist. Die Milbe könne ohne Brut und auch nicht in der Wintertraube überleben. Die Bekämpfung der Tropilaelaps-Milbe erfolgt wie die der Varroa-Milbe. Bisher wurde hauptsächlich die Langzeitbehandlung mit 85 %iger Ameisensäure durchgeführt.

Tunnelstock → Bienenwohnungen

Tussilago L. – *Compositae*
– *farfara* L. – Huflattich
Staude mit tiefgehendem Wurzelstock, 10 bis 30 cm hoch, langgestielte Blätter mit weißfilziger Unterseite, sie erscheinen nach der Blüte. Die hellgelben Blumen an beschuppten Blütenstielen erscheinen von Februar bis Mai. Verbreitet an frischen bis feuchten Ruderalstellen, Wegen, Ufern. Guter Nektar- und guter Pollenlieferant.

Tüten der Weisel → Lautäußerung

U

Überempfindlichkeit → Allergie

Übergangszellen → Wabe

Überhaar → Behaarung

Überwinterung: Die beiden Honigbienenarten *Apis mellifera* und *A. cerana* sind durch kontinuierliche Wärmeproduktion und ↑ Thermoregulation in der Lage, winterliche Umweltbedingungen in gemäßigten und nördlichen Breiten zu überstehen. Voraussetzungen stellen Nahrungsvorräte und die Fähigkeit der Bienen dar, eine Wintertraube zu bilden, die als homoiothermer Superorganismus (↑ Thermoregulation) betrachtet werden kann. Sinken die durchschnittlichen Außentemperaturen auf 12 bis 10 °C ab, schließen sich die Bienen zur Wintertraube zusammen, die sich zunächst in Fluglochnähe formiert. Die Arbeitsbienen sitzen in den Wabengassen und dringen auch in die leeren Wabenzellen ein. Die Bienen des Traubenmantels schützen die im Traubeninneren befindlichen Bienen vor Abkühlung (↑ Bienentraube). Der Stoffwechsel der Wintertraube erhöht sich bei sinkender Umgebungstemperatur. Die Nahrungsaufnahme nimmt bis zu einer Temperatur um 10 °C zunächst ab, steigt dann aber bei weiter zurückgehender Temperatur wieder an. Der CO_2-Gehalt der Beutenluft schwankt bei Kellerüberwinterung zwischen 0,3 und 3,8 %, bei Außenüberwinterung zwischen 1,1 und 4,9 %. Die Bienen tolerieren einen CO_2-Gehalt bis zu 9 % der sie umgebenden Luft, dann beginnen sie zu fächeln, um dadurch einen Luftaustausch herbeizuführen. Stehen die Waben parallel zum Flugloch (↑ Querbau), ist der CO_2-Gehalt der Stockatmosphäre in der Regel etwas höher als bei ↑ Längsbau. Die Bienentraube bewegt sich während der Überwinterung in charakteristischer Weise vom Flugloch weg. Sie wandert allmählich zwischen den Waben nach oben oder hinten.

Die Bienen halten auf diese Weise ständig den Kontakt zum Futter aufrecht. Die relative Luftfeuchtigkeit in der Wintertraube beträgt 50 bis 80 %, in den von Bienen nicht besetzten Beutenteilen kann sie auf > 90 % ansteigen. Mittelstarke Völker überwintern besser als schwache, die relativ viel Nahrung benötigen, um die erforderliche Wärme produzieren zu können. Die Überwinterung relativ starker Völker (> 18000 Bienen) bringt im Frühjahr in der Regel keine Vorteile bei der Völkerentwicklung, da bei ihnen auch die Verluste entsprechend größer sind als in mittelstarken Völkern. Auch der verhältnismäßig hohe Futterverbrauch schlägt negativ zu Buche und mindert ebenfalls die vermeintlichen Vorteile starker Wintervölker.

Bei einer guten ↑ Einwinterung wird ein Volk normalerweise auch gut überwintern. Der Imker muß im Winter vor allem Störungen von den Völkern fernhalten. Gegen Mäuse kann er Fluglochblenden oder ↑ Absperrgitter vor dem Flugloch oder der Fluglochnische anbringen. Gegen Vögel, vor allem Meisen und Spechte, hilft ein vor die Flugfront gespanntes Netz. Äste, die durch den Wind gegen oder auf ↑ Beuten und ↑ Bienenstand schlagen können, werden entfernt oder gekürzt. Schnee muß aus den Fluglochnischen und Fluglöchern entfernt werden, damit der Luftaustausch in der Beute gewährleistet wird. Besonders in der zweiten Winterhälfte sollten tote Bienen mit einem Drahthaken aus den Fluglöchern gezogen werden, damit das Flugloch frei ist. Die Völker sind, ganz besonders gegen Ausgang des Winters, wenn die Bruttätigkeit wieder beginnt, warm zu halten.

Ultraviolettsehen → Sinnesorgane

Umhängen Die durch die Erfindung des ↑ Rähmchens geschaffene Möglichkeit, Waben nach Bedarf an eine andere Stelle in der Beute zu verbringen (Mobilbau). Das Umhängen wird in erster Linie praktiziert, wenn der Honigraum geöffnet wird. Dann werden, je nach Volksstärke, zwei bis vier Waben mit verdeckelter Brut aus dem ↑ Brutraum in den ↑ Honigraum unmittelbar über das ↑ Absperrgitter gehängt und an deren Stelle Mittelwände und Leerwaben gegeben, so daß das Brutnest weiter ausgedehnt werden kann.

Das kann mehrfach wiederholt werden, so daß die Weisel immer wieder Platz zum Stiften bekommt und die Volksstärke zunimmt, bis die Beute restlos mit Waben und Bienen gefüllt ist. Bei ↑ Obenüberwinterung erfolgt das Umhängen von oben nach unten. Wenn das Volk den Honigraum füllt, wird die Weisel mit einer oder mehreren, meist offenen Brutwaben in den Brutraum unter das Absperrgitter umgehängt.

Auch bei der ↑ Doppelraumüberwinterung ist es vielfach notwendig, die Weisel mit der Wabe, auf der sie sich befindet, in den unteren Raum umzuhängen. Magazinimker hängen, wenn sie das Volk um eine Zarge erweitern wollen, oft zwei bis drei verdeckelte Brutwaben in die neue Zarge um, damit sie von den Bienen schneller besetzt wird.

Umlarven Das Überführen von jüngsten Maden aus Arbeiterinnenzellen in ↑ Weiselbecher, damit daraus Weiseln gezogen werden. Dazu werden vom Imker die unterschiedlichsten Instrumente verwendet. Die einen nehmen den im Handel erhältlichen Umlarvlöffel aus Metall. Die meisten spitzen sich einen Federkiel zurecht, bei dem die Spitze noch flach abgeschabt wird, damit sie sich am Zellgrund leicht umbiegt, ohne ihn zu durchstoßen. Andere benutzen einen feinen Haarpinsel, den sie leicht anfeuchten, wiederum andere nehmen ein Streichholz, das zugespitzt und dessen Spitze dann weich gekaut wird.

Beim Umlarven wird die Spitze des Umlarvinstruments unter den gekrümmten Körper der Rundmade geführt, so daß Kopf und Hinterleibsende seitlich über die Spitze hinausragen. Beim Abstreifen der Made in der Mitte des Weiselnapfes wird sie in derselben Stellung abgesetzt, wie sie aufgenommen wurde. Anfänger kürzen vielfach vor dem Umlarven die Arbeiterinnenzellen, um die jungen Maden leichter aufnehmen zu können. Da die Zellen aber von den Bienen kaum wieder ausgezogen werden, wird eine solche Wabe unbrauchbar. Man sollte daher versuchen, ohne Kürzen auszukommen.

Es wird trocken und feucht umgelarvt. Beim trockenen Umlarven wird die Made so in den Weiselbecher gelegt, wie sie aus der Arbeiterinnenzelle entnommen wurde. Beim feuchten Umlarven wird die Made in einen Tropfen verdünnten Weiselfuttersaft abgelegt, der vorher in den Weiselnapf gegeben wurde. Das Umlarven ist die am häufigsten angewandte Methode der künstlichen ↑ Weiselaufzucht.

Der Vollständigkeit halber sei erwähnt, daß das doppelte Umlarven (Anpflegen einer Larve beliebiger Herkunft und nach einem Tag Austausch gegen eine Larve aus dem Zuchtvolk) keine besseren Ergebnisse bringt, ebensowenig die Methode nach ÖRÖSI-PAL, bei der die angepflegte Larve durch ein mit dem Zellboden ausgestanztes schlüpfreifes Ei ersetzt wird.

Das Umlarven wird gelegentlich auch praktiziert, indem die Larve mit Hilfe einer Pipette aus der Zelle gesaugt und dann in die Weiselzelle geblasen bzw. die Larve mit warmem Wasser aus der Zelle ge-

schwemmt, auf Gaze geklopft und dann in die Weiselzelle übertragen wird.
Farbtafel XIII

Umschneiden Erforderlich, wenn Völker mit ihrem Wabenwerk in Beuten mit einem anderen ↑ Rähmchenmaß gebracht werden sollen. Eine unangenehme Arbeit, die man nach Möglichkeit umgehen sollte, indem man das Volk veranlaßt, ↑ Mittelwände in dem neuen Rähmchenmaß auszubauen. Muß in ein kleineres Rähmchenmaß umgeschnitten werden, schneidet man vor allem die Brutwaben paßgerecht aus, fügt sie in die Rähmchen ein, bindet sie mit Rähmchendraht oder klammert sie im Rähmchen fest. Beim Umschneiden in ein größeres Rähmchenmaß muß das Wabenwerk gestückelt werden. FREUDENSTEINwaben passen mit Rähmchen zu je zwei genau in ↑ Normalmaßrähmchen hinein, sie brauchen also nicht umgeschnitten zu werden.

Umsteckverfahren → Weiselaufzucht

Umweiseln Auswechseln einer Weisel (↑ Zusetzen einer Weisel). Es gibt verschiedene Umweiselungsmethoden, von denen aber keine absolut sicher ist. Am sichersten ist wohl die mit einem ↑ Ableger, da die neue Weisel von ihren Töchtern geschützt ist. Kann bis in den Herbst hinein durchgeführt werden.
Die auszuwechselnde Weisel wird dem Volk entnommen, und nach spätestens 24 Stunden wird der Reserveableger auf das Volk gesetzt (im Honigraum oder in einer Zarge). Es wird entweder ein ↑ Deckbrettchen um einen mindestens bienenbreiten Spalt zurückgezogen, oder es wird nach Entnahme eines Deckbrettchens über die Öffnung durchlöchertes Zeitungspapier gelegt. Die Vereinigung erfolgt durch gemeinsames Vergrößern der Löcher.
Nach einer Woche kann kontrolliert werden, eventuell kann man beide Völker zusammenhängen.
Häufig wird 24 Stunden nach Entnahme der alten Weisel die neue Weisel im ↑ Zusetzkäfig unter Futterteigverschluß dem Volk zugesetzt. Manche Imker wandeln diese Methode etwas ab, indem sie einen Doppelkäfig benutzen. Die alte Weisel wird in den einen, die neue in den anderen Käfig zunächst für 24 Stunden unter festem Verschluß gesperrt und beide mitten ins Volk gehängt. Dann wird die alte Weisel herausgenommen, getötet und am Gitter des Käfigs der neuen Weisel zur Geruchsübertragung zerrieben. Dieser Käfig wird nun mit einem Futterteigverschluß versehen und die Weisel zum Ausfressen freigegeben.
Eine andere Methode ist, die neue Weisel erst 8 bis 10 Tage nach Entfernen der alten unter Futterteigverschluß zuzusetzen, nachdem zuvor sämtliche angesetzten Weiselzellen ausgebrochen wurden.
In Übersee wird vor Winterbeginn dem umzuweiselnden Volk im ↑ Magazin einfach die Zarge mit dem Reserveableger mit eigenem Flugloch über eine Lage Zeitungspapier aufgesetzt. Die Vereinigung erfolgt im Laufe des Winters. Dabei soll stets die junge Königin am Leben bleiben.

Umweiseln, Stilles Eine Form der Weiselerneuerung, die nicht mit der Bildung von Schwärmen verbunden ist. Gewöhnlich werden auf der Wabenfläche über Arbeiterinnenbrut ein oder zwei, selten mehr Weiselzellen angeblasen. Eine der Weiseln kommt zum Schlupf. Die alte Weisel kann neben der jungen, selbst nach deren Begattung, noch eine Zeitlang am Leben bleiben, wird dann aber schließlich nicht mehr gefüttert und geht zugrunde. Es gibt Völker, die schwarmträge sind und die zum Stillen Umweiseln neigen.

Umweltbedingungen Alle Faktoren, die die Entwicklung des Bienenvolkes in irgendeiner Hinsicht beeinflussen. Sie können positiv und auch negativ wirken. Zu ihnen gehören alle Witterungsfaktoren sowie ↑ Tracht, ↑ Beute, ↑ Standort u. a.

Umweltschutz → Bienenschutz

Umwohnen Das Umquartieren eines Volkes von einer Beute in eine andere. Das kann notwendig werden, wenn die Beute zum Reparieren ausgeräumt werden muß oder wenn das Volk in eine neue Beute mit einem anderen Rähmchenmaß umgesetzt

werden soll. Bei letzterem kann eventuell noch das ↑ Umschneiden erforderlich sein.
Fabrikneue Beuten werden vor dem Besiedeln von manchen Imkern innen mit Zitronenmelisse, schwarzer Johannisbeere oder Rainfarn eingerieben, um ihnen einen den Bienen angenehmen Geruch zu geben.
Das Volk wird zunächst mit seinem Wabenwerk in einen ↑ Wabenschuh oder ↑ Wabenbock gebracht und von dort in der gleichen Reihenfolge der Waben in die neue Beute umgesetzt. Die restlichen Bienen werden in die neue Beute gefegt. Wenn die neue Beute auf den Standort der alten Beute kommt, werden alle Flugbienen wieder dem Volk zufliegen.

Unterboden Unterer Teil des ↑ Doppelbodens. Kann im ↑ Magazin als Hoher Unterboden ausgeführt sein, in den eine Pollenfalle, ein Futterkasten oder eine Bodeneinlage durch ein hinten abnehmbares Brett eingeschoben werden kann. Der Unterboden kann auch einen abdeckbaren Gazeeinsatz haben, der bei der Wanderung dem Bienenvolk genügend Luftzufuhr gewährleistet.

Unterhaar → Behaarung

Untersuchung der Völker Wird vom Amtstierarzt bzw. in seinem Auftrag vom Bienensachverständigen (BSV) durchgeführt. Erstreckt sich zunächst auf die ↑ Fluglochbeobachtung. Verdächtige Völker werden durchgesehen. Dabei wird auf den Zustand der Brut, veränderte Zelldeckel und Brutstadien, Schorfe in den Wabenzellen, Milben an den Brutstadien sowie an den Bienen, geachtet. Auch die Vorratswaben werden einer Kontrolle unterzogen und der Hygienezustand auf dem Bienenstand überprüft. Bei Verdacht einer ↑ anzeigepflichtigen Erkrankung muß Untersuchungsmaterial zur labordiagnostischen Abklärung von jedem krankheitsverdächtigen Volk entnommen werden.
Die Untersuchung wird in erster Linie im August durchgeführt, muß aber bei Völkern von Wanderimkern darüber hinaus vor der Wanderung erfolgen.

V

Vagina → Geschlechtsorgane, weiblich

Variationskurve → Körung

VARRO, MARKUS TERENTIUS * 116 v. Chr., † 27 v. Chr.
Römischer Schriftsteller und Gelehrter. Sein Lehrbuch der Landwirtschaft enthält im 16. Kapitel des 3. Teils „Hofwirtschaft" das erste erhalten gebliebene Prosawerk über Bienen.

Varroa jacobsoni → Varroatose

Varroatose Verlustreiche ↑ Ektoparasitose der Bienenbrut und der erwachsenen Bienen, verursacht durch die Milbe *Varroa jacobsoni* OUDEMANS. Stellt gegenwärtig das schwerste Problem der Bienenhaltung dar. Erstmals wurde die Milbe 1904 von JACOBSON in *Apis cerana*-Völkern auf Java festgestellt sowie von OUDEMANS beschrieben und klassifiziert. Innerhalb der letzten 30 Jahre hat sie sich über ganz Eurasien, Nordafrika sowie über Süd- und Nordamerika verbreitet und zu massenhaften Völkerverlusten geführt. Während sich im Verlauf der ↑ Evolution bei *Apis cerana* zwischen Bienen und Milben ein stabiles Gleichgewicht herausgebildet hat, ist das bei *Apis mellifera* nicht der Fall. Bei *Apis cerana* findet auf Arbeiterinnenbrut nahezu keine Milbenvermehrung statt. *Cerana*-Bienen haben zudem ein ausgeprägtes zweckbezogenes Putzverhalten: Sie befreien sich gegenseitig wie auch die Brut von den Parasiten. Abgestorbene Drohnenbrut aber räumen sie nicht aus und lassen die Milben in den verdeckelten Zellen sterben.
Ätiologie, Erreger Die Milbenweibchen sind hell bis rotbraun gefärbt, queroval und etwa 1,2 mm × 1,6 mm groß. Ihr Chitinpanzer bildet auf dem Rücken einen durchgängigen Schild und besteht bauchseitig aus häutig miteinander verbundenen Platten.
Die 4 Stummelbeinpaare gewährleisten sehr gutes Haftvermögen und schnelle manövrierende Bewegungen. Die Männ-

chen sind blaß bis fast weiß, rundlich und nur 0,8 mm groß.

Der Vermehrungszyklus der Varroamilben findet in der verdeckten Brutzelle statt. Nach Nahrungsaufnahme an Ammenbienen (zur Anregung der Dotterproduktion) schlüpft das begattete Milbenweibchen unter die offene Bienenbrut und ist zunächst mechanisch im Futtersaft gefangen bis dieser aufgebraucht ist. Die Atmung erfolgt über die ausgestreckten Atmungsröhren.

Nach der Verdeckelung der Brutzelle und 2 bis 3 Saugakten erfolgt die Ablage des ersten Eies. Dieses ist unbefruchtet und damit männlich determiniert. Zwischen weiteren Haemolympheaufnahmen durch Anstechen des ↑ Integuments der Bienenlarve werden 2 bis 5, gelegentlich auch mehr befruchtete Eier gelegt, aus denen Weibchen entstehen. Die Entwicklung der Milben vom Ei über Proto- und Deutonymphe bis zur Geschlechtsreife dauert durchschnittlich 6 Tage. Die Milbenweibchen werden noch in den verdeckelten Brutzellen begattet und verlassen diese mit den schlüpfenden Jungbienen, um zur Eiablage die nächsten Brutzellen aufzusuchen. Auch die Altmilben können noch ein- oder mehrmals in Eiablage gehen. Die Milbenmännchen sterben bald nach der Paarung. Sie nehmen keine Nahrung auf. Ihre Mundwerkzeuge sind zu Geschlechtshilfsorganen umgebildet.

Ein wechselnder Anteil von Milben kommt gar nicht zur Fortpflanzung. Im Durchschnitt kann in Arbeiterinnenbrutzellen mit 1,3, in Drohnenbrutzellen mit 2,6 ausgereiften weiblichen Milben gerechnet werden. In Brutnestrandbereichen sowie in schwachen Völkern oder Ablegern dauert die Entwicklung der Bienenbrut um Stunden länger, wodurch weitere Deutonymphen zu vollwertigen Varroamilben heranwachsen können. Die Milbenweibchen überleben ohne Bienen oder Bienenbrut etwa 1 Woche. Die Lebensdauer der Varroamilben beträgt im Sommer 2 bis 3, im Winter 6 bis 8 Monate. Varroaweibchen zeigen eine ausgeprägte Präferenz für Drohnenbrut, die 8,6mal häufiger als Arbeiterinnenbrut befallen wird. Sie bevorzugen die Drohnenecken und Randbezirke der Brutwaben. Das hängt offenbar auch mit der dort herrschenden niedrigeren Temperatur zusammen.

Mit Beginn der Bruttätigkeit der Bienen im Frühjahr nimmt die Milbenpopulation rasant zu, wobei sich die Varroamilben überwiegend in der Drohnenbrut befinden. Läßt die Bruttätigkeit im Laufe des Sommers nach und fehlt Drohnenbrut, konzentrieren sich die Milben auf die relativ kleinen Bereiche mit Arbeiterinnenbrut, die dadurch stärker parasitiert und geschädigt wird. Trifft das die entstehenden Winterbienen, so ist der Zusammenbruch stark befallener Bienenvölker vorprogrammiert.

Erst mit Auslaufen der letzten Brut wechseln die Milben zur Überwinterung auf die erwachsenen Bienen über und halten sich vorrangig in den bauchseitigen Taschen der Intersegmentalhäute auf.

Pathogenese, klinische Symptome, Krankheitsverlauf Die Varroamilbe schädigt die Bienenbrut mechanisch durch zahlreiche Stich- und Bißverletzungen und schwächt sie durch das Saugen von Haemolymphe. Die Stichstellen können zudem Eintrittspforten für vielerlei mikrobielle Erreger und Viren (↑ Virusparalyse) sein. Befallene Puppen sind deutlich leichter als gesunde. Die Lebensdauer geschädigter Winterbienen kann sich erheblich verkürzen, was die Lebensfähigkeit des Volkes im Frühjahr beeinträchtigt. Wenn geschädigte Brut dennoch schlüpft, weisen die Bienen häufig Mißbildungen der Flügel auf, ihre Futtersaftproduktion ist eingeschränkt, Drohnen sind kurzlebiger, weniger flugtüchtig und produzieren weniger Spermien.

Der Verlauf der Varroatose ist im allgemeinen schleichend, aber sicher tödlich für unbehandelte *Apis mellifera*-Völker. Der Zusammenbruch erfolgt in der Regel erst im 3. Jahr nach der Infektion, oft schon im Herbst nach relativ guter Tracht, spätestens im nächsten Frühjahr (geschädigte Winterbienen). Symptome der Ruhr können als Begleiterscheinungen auftreten.

Diagnostik Bei entwickelter Varroatose ist sie relativ einfach, da die Milben im ↑ Gemüll und auf Drohnenbrut mit bloßem Auge zu erkennen sind. Schwierig ist die Ermittlung des Anfangsstadiums, weil wenige Milben leicht der Feststellung entgehen. Wichtig ist bei der jetzigen Seuchenlage die ständige Kontrolle der Milbenpopulationsentwicklung und der Wirksamkeit der eingesetzten chemischen Mittel. In der Praxis kann das durch Auszählen der Milben auf der gefetteten Bodeneinlage (Windel) und Hochrechnen über Erfahrungswerte ganz gut bewerkstelligt werden.

Für eine exaktere Befallsermittlung werden etwa 200 Ammenbienen von den Brutwaben in ein Glas mit heißem Wasser gefegt, dem ein Spülmittel zugesetzt ist, und Bienen und Milben ausgezählt. Zur Ermittlung des Befallsgrades der Brut werden ebensoviele Brutzellen geöffnet, die Puppen mit der Pinzette herausgehoben und die Zellen ausgespült.

Epizootiologie Es handelt sich um eine hochgradig an Bienen adaptierte Schmarotzermilbe. Zwar hat man Varroamilben gelegentlich schon in Wespennestern gefunden, Wespen kommen aber nur unter besonderen Umständen als Überträger in Frage. Die hauptsächlichen Überträger sind die Bienen selbst (Flugbienen, Drohnen, Schwärme, Räuberei) und indirekt die Imker (Umhängen von Waben, Verstärken, Versand von Zuchtmaterial und Paketbienen sowie Wanderung). Die biologische Ausbreitung der Milbe aus einem Primärherd beträgt bis zu 50 km^2/Jahr.

Prophylaxe, Behandlung, Bekämpfung Die Varroatose unterliegt in vielen Ländern der ↑ Anzeigepflicht. In noch varroafreie Territorien dürfen dann keine Bienen aus verseuchten oder seuchenverdächtigen Gebieten importiert werden. Die Bestimmungen des ↑ O.I.E. legen unter Berücksichtigung der schleichenden Entwicklung der Erkrankung eine Inkubationszeit von 9 Monaten fest.

Ziel der Bekämpfung ist die Schadensminderung. Eine Tilgung des Erregers kann mit den heutigen Bekämpfungsmitteln und -methoden nicht erreicht werden. Die Bekämpfung stützt sich gegenwärtig auf die Kombination von imkerlichen Maßnahmen und akariziden Tierarzneimitteln. Die imkerlichen Maßnahmen zielen auf eine ständige Reduzierung der Milben. Dazu gehören das Ausschneiden verdeckelter Drohnenbrut, zeitweilige Brutbeschränkung (↑ Bannwabe), Verjüngung (Kunstschwarmbildung), Brutfreimachung im Spätherbst vor der Anwendung von Akariziden, möglichst brutfreie Überwinterung. Die Entwicklung geeigneter Akarizide ist problematisch, weil sie die Milben in den verdeckelten Zellen nicht erreichen. Dadurch muß mehrfach oder langzeitig behandelt werden, wobei die Bienen nicht geschädigt und Honig sowie Wachs nicht kontaminiert werden dürfen. Je nach der Art werden die Akarizide verdunstet, versprüht, verstäubt oder verräuchert. ↑ Systemische Mittel werden mit dem Futter gereicht oder auf die Bienen gesprüht (die sich gegenseitig ablecken).

Alle Tierarzneimittel gegen Varroatose dürfen nur nach staatlicher Zulassung und entsprechend den Anwendungsvorschriften eingesetzt werden.

Weltweit gibt es züchterische Bestrebungen, varroaresistente, besser varroatolerante Bienenvölker (↑ Resistenz) zu züchten, die wie *Apis cerana* ein Gleichgewicht mit der Milbe herzustellen vermögen. Erfolge dürften in den nächsten Jahren noch nicht zu erwarten sein. Entscheidend für den Erfolg bei der Beherrschung des Varroatoseproblems ist das einheitliche und zeitgleiche Handeln aller Imker eines Territoriums, da andernfalls durch einen Populationsausgleich die Erfolge der Anstrengung der einen durch die Nachlässigkeit der anderen zunichte gemacht, zumindest aber erheblich geschmälert werden.

Farbtafel XXIX und XXX

Varroose Offiziell vorgeschlagene Bezeichnung für die von *Varroa jacobsoni* hervorgerufene Parasitose. Wegen der besseren Aussprechbarkeit wurde von RUTTNER der Begriff Varroatose geprägt, der nun international gebräuchlich ist.

Vatervolk Gekörtes Bienenvolk mit besonderen Leistungen und Körpermerkmalen zur Erzeugung von Weiseln für ↑ Drohnenvolksippen und von Zuchtweiseln.
Im ↑ Abstammungsschema mit 4a bezeichnet.

Vektoren Überträger von Parasiten, Bakterien oder Viren. Dies sind vor allem Blattläuse. Da diese ↑ Honigtau absondern, sind bei ihrer Bekämpfung mit ↑ Pflanzenschutzmitteln die Bienen auch in Kulturen gefährdet, die keine Nektar- und Pollenspender sind (Kartoffeln, Rüben). Bei der Vektorenbekämpfung müssen deshalb alle Regeln des Bienenschutzes beachtet werden.

Ventiltrichter → Darmkanal

Verblenden Anbringen einer Blende vor der Fluglochnische oder vor der gesamten Beutenfront, um im Winter Sonnenstrahlen, Schnee und Wind vom Beuteneingang fernzuhalten. Die Blende vor der Beute besteht aus einem Brett mit versetztem Flugloch, das hinter den Vorreiber für das Anflugbrett geklemmt wird. Sie verhindert vielfach gleichzeitig das Eindringen von Mäusen in die Beute. Vor der Beutenfront können aufgehängte Rohrmatten als Blende dienen.

Verbrausen → Thermoregulation

Verdauung Chemische Spaltung der in der Nahrung enthaltenen komplexen Nährstoffe durch ↑ Enzyme in einfache Verbindungen, die dem Stoffwechsel zugeführt werden können.
Pollenverdauung: Pollen stellt für die Bienen die Hauptquelle an Proteinen, Lipiden und Vitaminen dar. Die Verwertung des Pollens hängt z. T. von der Möglichkeit ab, die festen Pollenschalen mechanisch zerkleinern zu können. Dazu benutzen die Bienen ihre Mandibeln (↑ Mundwerkzeuge). Die Pollenschalen werden aber auch im Darm durch osmotische Vorgänge zum Aufplatzen gebracht. Infolge der sich anschließenden Wasseraufnahme kommt es zum Quellen der Pollenkörner. Die Enzyme können dann in den Pollen eindringen. Pollenverdauung kann aber auch ohne Zerstörung der Pollenschale erfolgen, indem die Polleninhaltsstoffe durch die für die Keimung vorgesehenen Öffnungen herausgelöst werden.
Die chemische Spaltung der Nährstoffe geht wahrscheinlich vor allem im hinteren Mitteldarmbereich vor sich. Sie wird im Dünndarm und selbst in der Kotblase noch weiter fortgesetzt. Die Verweildauer des verzehrten Pollens im Mitteldarm beträgt ca. 3 Stunden. Der unterschiedliche Nährwert einzelner Pollenarten dürfte entscheidend durch die physikalische Beschaffenheit der Pollenschalen mitbestimmt werden.
Zu den Enzymen für die Pollenverdauung gehören Proteasen (Eiweißverdauung), Lipasen (Fettverdauung) und mehrere kohlenhydratspaltende Enzyme. Beim Abbau der Kohlenhydrate im Darm spielen auch Darmbakterien eine Rolle. Die Menge des aus der Honigblase in den Mitteldarm weitergeleiteten Pollens ist abhängig von der Umgebungstemperatur, dem Alter der Bienen und der Viskosität des Honigblaseninhaltes. Je höher die Konzentration der Zuckerlösung in der Honigblase ist, um so langsamer arbeitet dieser Darmabschnitt.
Nicht alle Pollenarten enthalten die für die Bienen lebensnotwendigen Vitamine in ihrer Gesamtheit sowie die einzelnen Vitamine in ausreichender Menge. Deshalb ist es wichtig, daß den Bienen regelmäßig Mischpollen zur Verfügung steht. Während der Jungbienenzeit benötigen Arbeitsbienen allein 7 Komponenten des B-Vitaminkomplexes. Fehlen einige dieser Komponenten, wird die Vitalität der Bienen herabgesetzt.
Nektar- und Honigverdauung Die im Nektar und auch im Honig enthaltenen einfachen Zucker Fructose und Glucose können gelöst direkt durch die Darmwand ins Blut gelangen. Zwei- und Mehrfachzucker hingegen müssen zuvor enzymatisch gespalten werden.
Die Honigbiene vermag folgende Zuckerarten zu verwerten: Saccharose (Rohrzucker), Fructose (Fruchtzucker), Glucose (Traubenzucker), Melezitose (Lärchenzucker) – letzterer wird vor allem von den Enzymen des Mitteldarmes, weniger von denen der Hypopharynxdrüsen abgebaut –, Trehalose, Raffinose und Mellibiose.
Die beiden zuletzt genannten Zucker schmecken den Bienen nicht süß; auch ist Mellibiose nur in geringem Umfang verdaulich. Hinzu kommen in Spuren weitere Zuckerarten, die als Nährstoffe für die Biene aber ohne Bedeutung sind.

Die Enzyme für die Zuckerverdauung werden im Mitteldarm und in den Hypopharynxdrüsen gebildet, hier im wesentlichen erst nach der Ammenbienenphase (↑ Arbeitsteilung).
Von besonderer Bedeutung für die Verdauung der Kohlenhydrate ist das Enzym Invertase. Von ihm wird Saccharose (Rohrzucker) in die beiden Monosaccharide Glucose und Fructose gespalten. Invertase ist bereits im Nektar enthalten, gelangt aber dann vor allem aus den Hypopharynxdrüsen in größerem Umfang in die Nahrung. Der Invertasegehalt des Honigs geht größtenteils auf den Zusatz aus den Hypopharynxdrüsen zurück. Nicht nur bei Jungbienen, auch bei den Sammlerinnen ist die Invertaseproduktion noch verhältnismäßig umfangreich.
Weitere kohlenhydratspaltende Enzyme (Carbohydrasen) sorgen dafür, daß auch höhermolekulare Zuckerarten verdaut werden können. Sommerbienen verfügen insgesamt über mehr Verdauungsenzyme als Winterbienen (↑ Saisonvariabilität).

Verdeckeln (von Wabenzellen) Wachsverschluß von Brut- und Honigzellen. Dazu dienen im allgemeinen die an den Zellrändern angebrachten Wachsverdickungen, die, zu einer dünnen Wachsschicht umgeformt, die Zellöffnungen gleichmäßig und vollständig bedecken. Da diese Randverdickungen in der Farbe den Waben ähneln, sind die Zelldeckel dunkel gefärbter Waben ebenfalls relativ dunkel, diejenigen heller Waben verhältnismäßig hell. Das Wachs der Zelldeckel kann Bruchstücke von Häutungsresten, Pollenkörner und Propolis enthalten. Die gewölbten Zelldeckel über den Brutzellen sind locker und porös und damit luftdurchlässig.
Mit Honig gefüllte Zellen werden luftundurchlässig verdeckelt, entweder so, daß die Zelldeckel dem Honig aufliegen und dadurch wie durchnäßt und relativ dunkel aussehen (Naßverdeckelung) oder, daß sich zwischen Honig und Zelldeckel Luft befindet; dann erscheinen die Zelldeckel hell (Trockenverdeckelung). Beide Formen der Zellverdeckelung sind erblich fixiert.
Farbtafel XXV

Vereinigen Zusammenführen zweier Völker bzw. eines Volkes mit einem Ableger oder Begattungsvölkchen. Notwendig z. B. bei Zweivolkbetrieb und auch, wenn ein Volk weisellos geworden ist und seine Beweiselung sich nicht mehr lohnt. Voraussetzung ist normalerweise, daß eine Einheit weisellos ist oder gemacht wird. Die zwei bis vier Stunden weisellose Einheit wird dem Volk, mit dem sie vereinigt werden soll, aufgesetzt (im ↑ Honigraum oder als oberste Zarge des ↑ Magazins). Durch Zurückziehen eines ↑ Deckbrettchens wird ein schmaler Spalt freigegeben, über den dann die Vereinigung vonstatten geht. Es kann auch eine durchlöcherte Zeitung zwischen beide Einheiten gelegt werden. Die Bienen erweitern die Löcher und gelangen durch sie zum anderen Volk. Es ist auch möglich, beide Einheiten locker auf einen ↑ Wabenbock zu hängen und dabei die Waben zu mischen. Sie werden nach einer Weile in die Beute zurückgehängt. Eine Vereinigung darf nur vollzogen werden, wenn beide Einheiten gesund sind. Durch Besprühen beider zu vereinenden Einheiten mit einer Duftlösung wird der Stockgeruch angeglichen.

Vereinswesen → Imkerorganisationen

Vererbung Übertragung der Erbanlagen (↑ Gene) von den Eltern auf ihre Nachkommen. Die Gesamtheit der Erbanlagen nennt man das Erbgut oder die genetische Information eines Organismus. Die Erbanlagen sind in spezifischen Zellbestandteilen, den Erbträgern, verankert, die die Fähigkeit zur identischen Reproduktion besitzen. Wichtige Erbträger sind die ↑ Chromosomen im Zellkern. Des weiteren kommen Erbträger auch außerhalb der Chromosomen in unterschiedlichen Zellbestandteilen vor. Sie bewirken die sogenannte plasmatische Vererbung.
Charakteristisch für die Honigbiene ist die Asymmetrie des ↑ Verwandtschaftsgrades.

Vererbungsgesetze → MENDEL'sche Regeln

Verfliegen Arbeitsbienen kehren von ihren Sammelflügen nicht immer in den eigenen Stock zurück. Bei Völkermassierung verfehlen sie mehr oder weniger leicht das richtige Flugloch, können auch auf einen nahegelegenen Nachbarstand fliegen. Auf großen Bienenständen verfliegen sich die Arbeiterinnen vor allem leicht innerhalb einer Beutenetage. Wind kann bewirken, daß die Flugbienen abdriften und gehäuft an einer Ecke des Standes ankommen. Eine reichliche, von allen Völkern des Standes genutzte Tracht, die einen Duftausgleich schafft, verstärkt zusätzlich das Verfliegen, da in einem solchen Fall die Geruchsorientierung gemindert ist. Auch der durch Schwächung oder Weisellosigkeit der Völker gelockerte Zusammenhalt der Sozialgemeinschaft fördert das Verfliegen.

Bei >100 Flugtagen im Jahr darf man annehmen, daß es zu einer erheblichen Durchmischung der Bienen des Standes bzw. nahegelegener Bienenstände kommt. Durch das Verfliegen können leicht Krankheiten verbreitet werden.

Drohnen merken sich den Bienenstand ihrer Herkunft offensichtlich recht gut, wenngleich sie ihr mütterliches Volk nicht so genau im Gedächtnis behalten. Nach vorausgegangener Orientierung verlassen sie den Stock nur, um einen Drohnensammelplatz aufzusuchen. Kommt es nicht zur Paarung, müssen sie zum Heimatstand zurückkehren, um für den nächsten Flug erneut Nahrung aufzunehmen. Da Drohnen keinen Nektar aus Blüten aufsaugen, sind sie gezwungen, sich den Bienenstand, von dem sie abgeflogen sind, genau einzuprägen, um weiterhin Nahrung zu finden.

Auch Weiseln, insbesondere Jungweiseln, verfliegen sich, wenn Beutenmarkierungen oder auffällige Geländestrukturen in Standnähe fehlen. Dadurch entstehen leicht Weiselverluste.

Vorbeugen kann man dem Verfliegen durch Freiaufstellung der Beuten, am besten im Karree oder/und durch Farbmarkierungen bzw. Figuren über den Fluglöchern, die von den Bienen leicht unterschieden werden können (↑ Sinnesorgane).

Vergiftungsphänologie Das Vergiftungsbild, unterteilt in verschiedene Vergiftungsetappen mit typischen Symptomen. Die Latenzphase ist die Zeitspanne zwischen Aufnahme des Giftes und den ersten Anzeichen einer Wirkung. In der Exzitationsphase (Erregungsphase) nimmt die Aggressivität der Bienen zu. In der Anästhesiephase kommt es zu Koordinationsstörungen, bei Bienen zu nicht mehr zielgerichtetem Umherlaufen, z. B. können sie nicht mehr am Beutenfenster emporlaufen. Sie rutschen ab. Die Tremorphase ist gekennzeichnet durch starkes Zittern, krampfartige Zuckungen, Abspreizen der Flügel und Ausstrecken des Rüssels. Die adynamische Phase ist durch Bewegungslosigkeit in verkrampften Stellungen gekennzeichnet, als Folge tritt der Tod ein.

VERGIL (PUBLIUS VERGILIUS MARO)
* 15.10.70 v. Chr. in Andes bei Mantua,
† 21.9.19 v. Chr. in Brundisium (Unteritalien).
Römischer Dichter. Verfaßte um 30 v. Chr. das landwirtschaftliche Lehrgedicht „Georgika". Im 4. Gesang ist in 566 Versen (Hexameter) die Bienenzucht beschrieben. Dies war kein Lehrbuch, sondern ein Literaturwerk, eine neue Dichtungsgattung, in der in künstlerischer Form, aufbauend auf dem damaligen Fachwissen (↑ ARISTOTELES und ↑ VARRO) und mit dichterischer Freiheit der Reiz und das Geheimnisvolle, mit dem die Menschen von jeher das Bienenvolk umgaben, in poetische Verse gefaßt wurden.

Verhängung → Paarung

Verhonigen Einengung des Brutnestes durch große Honigkränze. Tritt bei starker Tracht auf bzw. bei ↑ Hünglern. Der Imker muß sofort Raum geben, damit das Volk nicht immer kleiner wird. Alle Honigwaben aus dem ↑ Brutraum werden entnommen und durch Mittelwände oder ausgebaute Waben ersetzt. Da oftmals auch der ↑ Honigraum voll ist, muß auch hier Platz geschaffen werden.

Verhungern Ursache ist Futtermangel oder das Unvermögen des Volkes, in der Wintertraube bei anhaltender Kälte den Futterwaben nachzurücken. Schuld daran trägt fast ausschließlich der Imker (z. B. falsche Einschätzung der Futtervorräte und der

Volksstärke). Die Gefahr des Verhungerns ist besonders groß bei flachen ↑ Rähmchenmaßen, da bei ihnen über der Brut kaum Futterkränze angelegt werden.

Verkitten → Propolis

Verkühlte Brut Sie tritt dann auf, wenn ein Volk nicht in der Lage ist, die Brutnesttemperatur von 35 °C aufrechtzuerhalten. Dies kann insbesondere im Frühjahr der Fall sein. Trägt milde Witterung zur Ausdehnung des Brutnestes bei und setzen dann Nachtfröste ein, formieren sich die Bienen, zumindest zeitweise, wieder zu einer mehr oder weniger geschlossenen Traube. Dann geschieht es leicht, daß die Randbereiche des Brutnestes nicht genügend gewärmt werden können. Die Brut verkühlt, stirbt ab und wird entfernt.
Auch nach stärkeren Bienenverlusten infolge von Krankheiten oder Vergiftungen kann es zu verkühlter Brut kommen.

Verlegung des Standes Dies kann im Nahbereich bei Veränderungen auf dem Grundstück des Imkers, durch Umbauten des Bienenstandes, durch Veränderungen in der Bienenhaltung, Umzug u. a. notwendig werden.
Auch die Wanderung ist eine Standverlegung (↑ Verstellen der Beuten).
Bei einer Verlegung des Standes auf größere Entfernung, auch für die Zwischenwanderung, gelten die Bestimmungen der Wanderordnung.

Vermehrung → Fortpflanzung

Verpackung (↑ Isolation): Schutz des Bienenvolkes in der ↑ Beute vor Wärmeabstrahlung. Besteht meist aus dem ↑ Rähmchenmaß entsprechenden Kissen bzw. Matten unterschiedlichen Materials (Filz, Texotherm, gepreßtes Stroh, Pappe, Thermoplaste usw.) und Zeitungen, die gleichzeitig etwas Feuchtigkeit aufsaugen. Die Verpackung dient dem Wärmeschutz nach oben, wenn über dem Bienensitz ein leerer Raum ist und bei ↑ Hinterbehandlungsbeuten nach hinten (hinter dem Fenster).

Versandkäfig Flacher Holzkäfig zum Verschicken von Weiseln; bei uns aus postalischen Gründen fast in Größe einer Postkarte, im Ausland oft nur 3 bis 4 cm breit. Der Versandkäfig hat zwei runde Bohrungen, die durch ein Loch oder einen schmalen Gang miteinander verbunden sind. In eine Bohrung kommt Futterteig, in die andere Bienen und Weisel. Ein kleines Loch an der Schmalseite dient zum Zusetzen, gegebenenfalls auch dem Ausfressen, wenn es mit ↑ Futterteig verschlossen ist. Auf die Oberseite des Versandkäfigs ist Gaze aufgenagelt, so daß Bienen und Weisel beobachtet werden können. Eine vorgedruckte Pappe für die Angaben beim Postversand wird dann darüber genagelt. Zweckmäßig ist ein Hinweis, daß es sich um lebende Bienen handelt. Vielfach sind in den Seiten des Bienenabteils noch Luftschlitze vorhanden. Der Versandkäfig aus Plastik ist bedeutend kleiner und flacher. In einem Abteil ist ein Schwämmchen untergebracht, das während des Transportes leicht angefeuchtet sein soll. Es werden mehrere Kästchen zusammengebunden, um auf die geforderte Mindestgröße für den Versand zu kommen. Der Versand von Weiseln setzt entsprechende Veterinärpapiere für die Ein- und Ausfuhr voraus. Nach dem Empfang sollten die Weiseln so schnell wie möglich eingeweiselt, die Begleitbienen abgetötet werden.

Versandkasten Leichte, feste Kiste zum Versenden der ↑ Begattungskästchen zur Belegeinrichtung. Der Deckel ist mit der Kiste durch Scharniere und feste Kistenverschlüsse verbunden und hat einen stabilen Tragegriff. Die Kiste ist innen so breit wie die EWK lang sind, so daß mindestens 6 EWK hineinpassen. An den Längsseiten sind schmale Leisten angebracht, die den EWK festen Halt geben. Gaze an den Seiten, am Boden oder Deckel der Kiste sorgt für ausreichende Luftzufuhr, damit ein Verbrausen der Begattungsvölkchen vermieden wird.

Verschimmelte Waben → Schimmelbildung

Verschlußbrett Ursprünglich das Brett an der Rückseite der Klotzbeuten (↑ Beute), die spätere Tür bei ↑ Hinterbehandlungsbeuten. Heute wird bei ↑ Magazinen sowohl das Brett, das das Flugloch, als auch das, das den Hohen Unterboden nach hinten verschließt, als Verschlußbrett bezeichnet.

Verschulen Käfigen einer Weiselzelle 1 bis 2 Tage vor dem Schlupf der Königin (↑ Schlüpfkäfig).

Verständigung → Bienentänze

Verstärken Zugabe von Brut, Bienen oder beidem. Das Verstärken findet vor allem im Frühjahr statt, um schlagkräftige Völker für die Frühtracht zu haben. Die Schwächung starker Völker, um schwache zu verstärken, bringt nichts ein. Der Imker muß Reservevölker haben, damit er die mittelstarken und schwachen Völker an die starken heranführen kann. Das Verstärken allein mit Bienen ist wenig wirksam, da die Flugbienen zum alten Standort zurückfliegen. Zum Verstärken vorgesehene Brutwaben und ansitzende Bienen werden am besten zunächst für mindestens 10 Min. auf einen Wabenschuh gestellt, damit sich die Bienen vollsaugen und sich weisellos fühlen. Danach kann man sie ans Brutnest des zu verstärkenden Volkes hängen, ohne Gefahr zu laufen, daß die Weisel durch die neuen Bienen abgestochen wird. Die Anzahl der Brutwaben hängt von der Stärke des zu verstärkenden Volkes ab. Bei einem schwachen Volk wird der Imker mit einer Brutwabe anfangen und nach einer Woche eine oder zwei weitere hinzugeben.

Verstellen der Beuten Da die Flugbienen an den alten Platz zurückfliegen, ist eine Verlegung des Standes nur unter bestimmten Voraussetzungen möglich. Im Winter, vor dem großen ↑ Reinigungsausflug (bei Außentemperaturen bis 8 °C) geht dies problemlos, weil die Bienen sich noch nicht wieder auf ihren Standort eingeflogen haben. Größere Erschütterungen beim Transport sind aber zu vermeiden, weil dadurch erhöhter Futterverbrauch ausgelöst wird, der die Kotblase belastet und zum Koten in der Beute führen kann.

Im Sommerhalbjahr ist bei einer Verlegung im Nahbereich für etwa 3 bis 4 Wochen eine Zwischenwanderung in mindestens 4 km Entfernung erforderlich.
Sind die Beuten nur um wenige Meter zu verstellen, können sie in Wochen ganz allmählich Meter für Meter dorthin gerückt werden. Jedoch muß der alte Standort entweder abgerissen oder unkenntlich gemacht werden, damit die Bienen dort keine Orientierungsmöglichkeiten mehr haben. Wichtig ist auch, daß die Beuten wieder in derselben Reihenfolge wie vorher stehen, damit sich die Bienen nicht verfliegen.
Ein Verstellen der Beuten zum Zweck des ↑ Ausgleichens der Völker oder zur ↑ Schwarmverhinderung ist nicht ratsam, da der Erfolg dieser Maßnahme meist nicht den in sie gestellten Erwartungen entspricht.

Verteidigungsverhalten Es besteht in Aggressionen gegenüber stockfremden Bienen und anderen Insekten, die versuchen, in den Bienenstock einzudringen. Beteiligt sind vor allem die Arbeiterinnen vom Wächterbienenalter (↑ Arbeitsteilung) an. Im Alter von 17 bis 20 Tagen verfügen die Arbeitsbienen über optimale Giftmengen in der Giftblase (↑ Giftdrüse), die bei 17 Tage alten Bienen ungefähr 60 µg Giftprotein pro Biene enthält. Die Verteidiger des Bienenstocks reagieren vor allem auf solche Objekte, die sich schnell bewegen und von denen eine höhere Temperatur als von ihrer Umgebung ausgeht.
Beim Angriff auf stockfremde Eindringlinge werden von den Wächterbienen Alarmpheromone (↑ Pheromone) abgegeben, und zwar aus Zellen im Bereich der Stachelbasis (↑ Stachelapparat). Hier sind es 9 verschiedene Substanzen, zu denen u. a. Isopentylazetat, Isopentylalkohol, Benzylalkohol und Hexylazetat gehören. Hinzu kommt aus den Mandibeldrüsen das Pheromon 2-Heptanon. Die Konzentration dieser Pheromone unterliegt altersbedingten Veränderungen.
Die Wahrnehmung der Alarmpheromone wirkt auf die Stockinsassen wie eine Kettenreaktion; immer mehr Bienen geben Alarmpheromone ab, und die Verteidi-

gungsbereitschaft des Volkes nimmt dadurch rasch zu. Sammelbienen reagieren schneller und ausdauernder als jüngere Arbeiterinnen.

Besonders aggressiv verhält sich die Riesenhonigbiene, *Apis dorsata*, bei der Nestverteidigung. Bei den Völkern dieser frei brütenden Honigbienenart beteiligen sich nach Alarmierung, die binnen weniger Sekunden erfolgt, nicht selten 1000 bis 5000 einzelne Arbeiterinnen am Angriff auf Feinde. Bei der indischen Honigbiene, *Apis cerana* (↑ Bienenarten), ist eine **Gruppenverteidigung** bekannt. Beim Angriff von Hornissen, die zu den häufigen Feinden dieser Bienenart gehören, formieren sich die Wächterbienen zu kleinen Trupps. Die einzelnen Bienen stehen dann parallel in Richtung zum Angreifer. Ändert er seine Körperstellung und damit die Richtung des Angriffs, folgt der Wachbienentrupp diesem Manöver in geschlossener Front. Unterschreitet die Hornisse beim Näherkommen eine kritische Distanz, bewegen die Verteidiger ihre v-förmig gestellten Flügel schnell auf und ab, wobei ein Summton bzw. ein Zischen hörbar wird. Greift die Hornisse eine einzelne Biene an, bildet sich blitzschnell ein Bienenknäuel um die Hornisse herum und hindert den Räuber am Fortkommen. Dabei wird im Zentrum der Bienenkugel, in dem sich die Hornisse befindet, innerhalb von 20 Sek. eine Temperatur von 46 °C erzeugt, die auf die Hornisse tödlich wirkt.

Das Verteidigungsverhalten unserer heimischen Honigbienen zeigt genetische, aber auch witterungsbedingte Unterschiede zwischen den Völkern. Die Verteidigungsaktivität der Bienen steigt mit zunehmender Temperatur, Luftfeuchte und Helligkeit. Bei einer Erhöhung der Beleuchtungsstärke verstärken sich auch die Kontraste zwischen Angreifer und Umgebung und erleichtern die Verteidigung. Hohe Windgeschwindigkeiten vermindern die Pheromonkonzentrationen und schwächen die Verteidigungsaktivität. Bei starker Luftdrucksenkung, z. B. vor Stürmen, erhöht sich die Verteidigungsbereitschaft, auch nimmt sie mit der Anzahl der bei gutem Wetter ausgeflogenen Sammlerinnen zu und korreliert dann mit der pro Stockbiene verfügbaren Wabenfläche, die verteidigt werden muß.

Verwandlung → Metamorphose

Verwandtenerkennen Fähigkeit der Honigbiene, den ↑ Verwandtschaftsgrad der Stockgenossinnen abzuschätzen. Die Grundlage dafür liefern wahrscheinlich chemische Reize. Es kann vorkommen, daß Arbeitsbienen dazu neigen, ihre Halbschwestern (gemeinsame Mutter, verschiedene Väter) weniger pfleglich zu behandeln und auch weniger oft zu füttern als ihre Vollschwestern (gemeinsame Mutter, gemeinsamer Vater). Durch die Mehrfachpaarung (↑ Paarung) nimmt die Anzahl der Halbgeschwister im Bienenvolk zu. Dadurch werden die auf Pheromonwirkung beruhenden Unterschiede im Verwandtschaftsgrad verwischt, und das von den Arbeiterinnen unterschiedlicher genetischer Herkunft abgeschiedene Duftgemisch erschwert für die Einzelbienen die Unterscheidung des Verwandtschaftsgrades.

Bei der Weiselaufzucht sind die als Pflegebienen tätigen Arbeiterinnen ebenfalls potentiell in der Lage, ihren Verwandtschaftsgrad zu den heranwachsenden Weisellarven festzustellen. Dadurch kann es geschehen, daß einige Weisellarven besser gepflegt werden (engere Verwandtschaft) als andere (fernere Verwandtschaft).

Verwandtschaft Ergibt sich durch den Besitz herkunftsgleicher Erbanlagen auf dem Wege der Abstammung. Die Nähe der Verwandtschaft läßt sich durch Ermittlung des ↑ Verwandtschaftsgrades bestimmen.

Verwandtschaftsgrad Haben die Nachkommen einer Mutter auch einen gemeinsamen Vater, bezeichnet man sie als **Vollgeschwister.** Zwischen beiden Eltern und deren Nachkommen ist der Verwandtschaftsgrad (r) = 1/2, denn sie bekommen die eine Hälfte ihres Erbgutes vom Vater, die andere Hälfte von der Mutter. Dabei nimmt die Wahrscheinlichkeit, daß zwei Vollgeschwister von einem der beiden Eltern den gleichen Chromosomensatz (↑ Chromosomen)

erhalten, den Wert 0,5 an; sowohl Vater wie Mutter vererben jedem Nachkommen einen Chromosomensatz weiter, entweder den ihres Vaters oder den ihrer Mutter. Der Verwandtschaftsgrad läßt sich nun folgendermaßen berechnen:
r = 1/2 × 0,5 + 1/2 × 0,5
r = 1/2.

Bei Halbgeschwistern, die verschiedene Väter haben, ändert sich an der Wahrscheinlichkeit der Erbgutübertragung von seiten der Mutter nichts. Sind die beiden Väter zweier Nachkommen nicht miteinander verwandt, ist die Wahrscheinlichkeit, daß sie gleiches Erbgut weitergeben, = 0.
Der Verwandtschaftsgrad zweier Halbgeschwister ist daher
r = 1/2 × 0,5 + 1/2 × 0
r = 1/4.

Bei der Honigbiene müssen sich für den Verwandtschaftsgrad andere Werte ergeben, da die Weibchen diploid, die Männchen haploid sind. Die Väter können nur einen Chromosomensatz an ihre Nachkommen vererben, denn Drohnen haben keine Väter. Sie haben aber auch keine Söhne, sondern können nur Töchter zeugen. Folgende Nachkommentypen sind bei der Paarung einer Weisel mit einem Drohn möglich:

Mögliche Nachkommen bei der Paarung von Weisel und Drohn

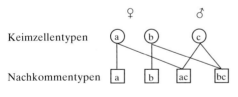

Die sich daraus ergebenden mittleren Verwandtschaftsgrade sehen nun folgendermaßen aus:

Asymmetrie der Verwandtschaft bei der Honigbiene

zwischen Drohnen

	a	b
a	1	0
b	0	1

r = 2/4 = 1/2

zwischen weibl. Tieren

	ac	bc
ac	1	1/2
bc	1/2	1

r = 3/4

zwischen Brüdern und Schwestern

	a	b
ac	1	0
bc	0	1

r = 2/4 = 1/2

zwischen Schwestern und Brüdern

	ac	bc
a	1/2	0
b	0	1/2

r = 1/4

Dabei wird deutlich, daß zwischen Brüdern und Schwestern eine **Asymmetrie der Verwandtschaft** besteht. Die Unterschiede zeigen sich dann, wenn man die Verwandtschaftsgrade einmal von den Schwestern, zum anderen von den Brüdern aus betrachtet. Ein Bruder, also ein Drohn, kann sein gesamtes Erbgut in einer seiner Schwestern, einer Arbeitsbiene oder einer Weisel, wiederfinden; aber nur die Hälfte ihres Erbgutes ist im Bruderdrohn vorhanden. Eine ähnliche Asymmetrie besteht im Verwandtschaftsgrad zwischen Tochter und Vater, wie auch zwischen Mutter und Sohn.
Für Tochter zu Vater ergibt r = 1/2,
für Vater zu Tochter ist r = 1.
Da die Weisel auch nur einen der beiden Chromosomensätze an ihre Töchter weitergeben kann, ist r zwischen Müttern und Töchtern nur 1/2, während r zwischen den Schwestern den Wert 3/4 besitzt!
Die Arbeitsbienen eines Volkes sind also untereinander näher verwandt als mit ihrer Mutter und als sie es mit ihren weiblichen Nachkommen wären, wenn sie welche erzeugen würden. Diese Tatsache kann auch erklären, warum Arbeitsbienen die Nachkommen ihrer Mutter pflegen. Sie fördern dadurch ihr eigenes Erbgut stärker, als sie es könnten, wenn sie selbst Nachkommen hervorbrächten. Durch die Mehrfachpaarung (↑ Paarung) reduziert sich allerdings der Verwandtschaftsgrad zwischen den Arbeiterinnen, da die Wahrscheinlichkeit sehr hoch ist, daß sie Halbgeschwister sind.

Vieretager → Ständerbeute

Vierlochbohrmaschine In 4 Bohrfuttern, die an einer Schiene in gleichmäßigen Abständen befestigt sind, werden 4 Bohrer meist über Keilriemenscheiben und Keilriemen durch eine Antriebsmaschine angetrieben. Dies kann ein kleiner Elektromotor oder

eine Bohrmaschine sein. Alle rotierenden Teile müssen durch eine Blende abgedeckt sein (Arbeitsschutz!). Vor diesen Bohrern sind auf einer Holzplatte Leisten befestigt, die eine exakte Führung des zu bohrenden ↑ Rähmchens ermöglichen. Die Rähmchen werden den Bohrern auf der Platte zugeschoben. Nach dem gleichzeitigen Lochen der einen Rähmchenseite wird das Rähmchen umgedreht und dann die gegenüberliegende Seite gelocht.
Die Arbeitsproduktivität ist gegenüber dem Rähmchenlocher um ein Mehrfaches höher.

Viren Kleinste Krankheitserreger, die im Unterschied zu den Bakterien nur in lebenden Geweben vermehrt werden können. Zu ihrer Darstellung benötigt man wegen ihrer Kleinheit Elektronenmikroskope. Viren sind so klein, daß sie gewöhnliche Filter passieren, von denen Bakterien zurückgehalten werden. Um Medien (Luft oder Flüssigkeiten) virusfrei zu filtrieren, werden sogenannte Ultrafilter benötigt. Nach ihrer Nukleinsäurestruktur, in der die vererbbaren Eigenschaften der Erreger, auch ihre krankmachenden, verschlüsselt sind, unterscheidet man RNS-(Ribonukleinsäure) und DNS-(Desoxyribonukleinsäure) Viren.

Virulenz Summe und quantitatives Maß der krankmachenden Eigenschaften eines Erregers gegenüber einem bestimmten Wirt.

Viruskrankheiten Infektionskrankheiten, die durch Viren verursacht werden. Man unterscheidet Virusinfektionen der Bienenbrut (↑ Sackbrut) und solche der adulten Bienen (↑ Viruspalayse). Zur Zeit sind bei Bienen 16 Virusarten bekannt, von denen einige in Gesellschaft mit anderen Krankheits- und Seuchenerregern bezüglich der klinischen Symptome und des Verlaufs der Erkrankung potenzierend wirken (↑ Amöbenseuche, ↑ Viruspalayse, ↑ Varroatose).

Viruspalayse Ansteckende ↑ Schwarzsucht. Gruppe von Virusinfektionen der adulten Bienen, der gemeinsam ist, daß die kranken Bienen klinisch Lähmungserscheinungen, Flügelzittern und Flugunfähigkeit zeigen. Differentialdiagnostisch sind ↑ Maikrankheit und ↑ Waldtrachtkrankheit abzugrenzen. Die Viruspalayse tritt in zwei Formen auf, der akuten und der chronischen.

Ätiologie, Erreger Die akute Paralyse wird durch ein etwa 30 nm (Nanometer) großes kugelförmiges RNS-Virus (↑ Viren), dem *Acute Bee Paralysis* Virus (ABPV), hervorgerufen. Das Virus der chronischen Paralyse, das *Chronic Bee Paralysis* Virus (CBPV), ist ebenfalls ein RNS-Virus, unterscheidet sich aber morphologisch (nach Größe und Gestalt) und serologisch deutlich von dem der akuten Paralyse.

Pathogenese, klinische Symptome, Krankheitsverlauf An der akuten Paralyse verenden erkrankte Bienen schon 3 bis 4 Tage nach der Infektion. Offenbar handelt es sich um eine virämische Erkrankung (↑ Septikämie). Die Bienen sterben oft, ohne deutliche Lähmungserscheinungen gezeigt und ohne sich schwarz verfärbt zu haben.
Die chronische Paralyse hat einen langsameren Verlauf (über 10 bis 12 Tage) und zeigt sich klinisch typisch; Hunderte von paralysierten Bienen krabbeln zitternd vor den Ständen umher, kranke Bienen werden aus den Fluglöchern gedrängt. Die Schwarzfärbung ist aber nicht durchgängig zu beobachten.
Das Virus vermehrt sich vorzugsweise im Nervensystem und im Drüsengewebe der Bienen (Darmdrüsen, Mandibular- und Hypopharynxdrüsen) und erreicht dabei enorme Konzentrationen (bis zu 10^{12} Viruspartikel pro Organmaterial einer Biene).
Das Virus ist sehr infektiös und leicht übertragbar; es genügt schon das Auftragen des Virus auf eine Stelle der Körperoberfläche der Biene, an der die Haare leicht lädiert wurden, um die Infektion zum Haften zu bringen. So vollzieht sich wohl auch der natürliche Übertragungsvorgang beim gegenseitigen Benagen und Belecken der Bienen, denn das Virus wird massenhaft über Darm und Kopfdrüsensekrete ausgeschieden. Eine besondere Bedeutung hat die Varroa-Milbe erlangt, die das Virus beim Stech- und Saugakt überträgt. Die Erkran-

kung tritt hauptsächlich bei Trachtmangel im Sommer auf, wenn sich die Bienen überwiegend im engen Kontakt miteinander im Stock befinden. Das bietet einen Hinweis zur Abgrenzung von der ↑ Waldtrachtkrankheit, obwohl es auch Auffassungen gibt, daß Waldtrachtkrankheit und ↑ Schwarzsucht nur weniger deutliche Formen der chronischen Virusparalyse sein könnten. Die Vermutung bedarf noch der Abklärung.

Diagnostik Das Virus läßt sich in Bienenlarven-Zellkulturen und selbst in Bruteiern (Hühnerembryonen) züchten. Es hat haemagglutinierende und gute antigene Eigenschaften. Damit sind zuverlässige Möglichkeiten gegeben, das Virus mittels Haemagglutination bzw. auch durch Antigen-Antikörperreaktionen, im direkten und indirekten Immunfluoreszenztest oder in der Agargelpräzipitationsreaktion mit Antiseren vom Kaninchen nachzuweisen. Präparate für immunhistologische und elektronenmikroskopische Untersuchungen lassen sich günstig aus dem Darm der krankheitsverdächtigen Bienen fertigen.

Epizootiologie, Behandlung, Bekämpfung Maßnahmen zur Therapie sind nicht entwickelt. Es besteht keine Einheitlichkeit in der Auffassung, wie diese Infektionskrankheit epizootiologisch zu handhaben und wie bei der Tierseuchenbekämpfung zu verfahren ist. Erblich bedingte Anfälligkeit wird vermutet, deshalb werden die Völker meistens umgeweiselt.

Vitalität Lebenskraft, Lebensfähigkeit

Vitamine Essentielle Nahrungsbestandteile bzw. akzessorische Nährstoffe, die in sehr geringen Mengen als Wirkstoffe bei der Bildung von ↑ Enzymen und der Regulation verschiedener Lebensvorgänge beteiligt sind. Die Honigbiene benötigt u. a. eine Reihe von B-Vitamin-Komponenten, wie Thiamin, Riboflavin, Nicotinamid, Pyridoxin, Pantothensäure, Folsäure und Biotin. Pyridoxin (Vit. B_6) ist für die Brutaufzucht unentbehrlich. In 500 g Nahrung der Ammenbienen müssen 4 mg Pyridoxin enthalten sein, damit eine normale Entwicklung der von ihnen gefütterten Larven erfolgen kann. Die wichtigste Vitaminquelle stellt der Pollen dar. Er ist normalerweise reich an B-Vitaminen, aber auch die Vitamine E und K kommen im Pollen vor. Im Honig sind nur Spuren von Vitaminen enthalten. Bei ihnen handelt es sich um die Vitamine A, B, C und K, B-Vitamine, wie B_1, ferner wachstumsfördernde Vitamine der B-Gruppe, B_2, B_6, Pantothensäure, Niacin, Folsäure, Biotin. Im Futtersaft befinden sich die Vitamine B_1, B_2, B_6, Nicotinsäure, Pantothensäure, Biotin, Folsäure und Inosit. Ein wesentlicher Unterschied zwischen Arbeiterinnen- und Weiselfuttersaft besteht im Gehalt an Pantothensäure, von der im Weiselfuttersaft 5 bis 10mal mehr enthalten ist als im Arbeiterinnenfuttersaft.
Auch Spuren von Vitamin A, Ergosterin (Provitamin D) und Vitamin B_{12} ließen sich im Futtersaft nachweisen.

Vitellogenine → Eizelle

VKSK → Imkerorganisationen

Vögel Meisen, Spechte und andere Vogelarten können in den Wintermonaten den Bienenvölkern gelegentlich erhebliche Schäden zufügen, wenn sie durch Klopfen und Picken an den Beuten die Bienen herauslocken und dann verzehren. Neben den Bienenverlusten führt dies vor allem zu Störungen der Winterruhe mit den damit verbundenen Schäden. Durch Bereitstellung von Vogelfutter abseits des Bienenstandes und durch Drahtnetze (etwa 2 cm Maschenweite) vor der Beutenfront kann Abhilfe geschaffen werden.

Vogelbeere → Sorbus

Völkerführung Planmäßig förderliches Einwirken auf Bienenvölker mit dem Ziel, sie unter Kenntnis der Bienenbiologie und bewußter Nutzung der Gesetzmäßigkeiten und Regelkreise des Bienenlebens gesund zu erhalten und zu maximaler Leistung zu führen. Bei krankhaften Zuständen im Bienenvolk (↑ Bienenkrankheiten) zielt die Völkerführung darauf ab, durch zweckdienliche Maßnahmen die Gesundung zu fördern und den Normalzustand baldmög-

Volksentwicklung

lichst wiederherzustellen. Eine gute Völkerführung setzt profunde Kenntnisse der biologischen Regelkreise und Naturgesetzlichkeiten des Bienenlebens voraus.

Volksentwicklung Rhythmisch in den Jahreslauf eingepaßte, kontinuierliche Veränderung der ↑ Volksstärke und der Zusammensetzung des Bienenvolkes. Außer der erblich fixierten Veranlagung mancher ↑ Bienenrassen (z. B. Carnica als Frühbrüter, Mellifera als Spätbrüter) üben vor allem Standortfaktoren eine nachhaltige Wirkung auf die Volksentwicklung aus. Auch existieren offensichtlich volksspezifische endogene Entwicklungsrhythmen, die von äußeren biotischen und abiotischen Einflüssen relativ unabhängig bleiben. Trotz einer allgemein signifikanten Korrelation zwischen Polleneintrag und Brutproduktion bleiben beide Vorgänge zumindest zeitweise ohne Einfluß aufeinander. Zwischen Spätsommer und Herbst lösen selbst größere Pollenmengen, die gesammelt werden, keine bemerkenswerte Brutproduktion aus, während umgekehrt im Hochsommer die Bruttätigkeit auch ohne merkliche Pollenzufuhr sehr rege sein kann.

Nach Untersuchungen von WILLE ergaben Auszählungen der Brutzellen in Bienenvölkern an zwei verschiedenen Orten in der Schweiz eine durchschnittliche Jahresproduktion von 223 700 bzw. 229 300 Brutzellen pro Volk, wobei die 85 %-Marke der Brutproduktion Anfang August erreicht worden war. Gegen Ende der Brutperiode fanden sich noch 33 000 bzw. 35 000 Brutzellen.

Aufgrund dieser Zahlen hätten später allerdings viel mehr Arbeitsbienen in den Völkern vorhanden sein müssen, als tatsächlich gezählt werden konnten.

Maximale Volksstärken werden im allgemeinen im Juni/Juli mit durchschnittlich 15 000 bis 50 000 Arbeiterinnen erreicht (seltener 70 000 bis 80 000). Hinzu kommen ↑ Drohnen in unterschiedlicher Anzahl.

Nach dem Überschreiten des Entwicklungsmaximums nimmt die Anzahl der Stockinsassen oft verhältnismäßig rasch ab. Ende August sind es im groben Durchschnitt noch 12 000 bis 18 000, im Oktober noch 8 000 bis 15 000 Bienen.

Nach der ↑ Überwinterung sind im März dann nur noch ungefähr 50 %, höchstens 2/3 der Bienen vorhanden, die im Oktober des Vorjahres den Stock bevölkert hatten.

Volksstärke Sie schwankt in Abhängigkeit von der ↑ Volksentwicklung. Während der Winterruhe geht die Anzahl der Bienen erheblich zurück, so daß jahresrhythmische Veränderungen der Volksstärke (Massenwechsel) entstehen.

Auch die Rassezugehörigkeit der Honigbienen beeinflußt die Volksstärke und gibt damit Hinweise auf unterschiedliche Anpassungen der Honigbienen an die verschiedenen ökologisch-geographischen Bedingungen ihrer Verbreitungsgebiete.

Volltracht → Tracht

Vorderdarm → Darmkanal

Volksstärke

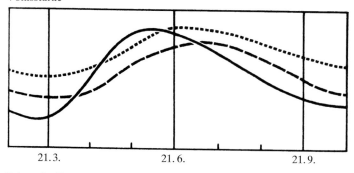

Saisonaler Kurvenverlauf der Volksstärke bei drei europäischen Bienenrassen (nach RUTTNER)
.... Ligustica, − − − − − Mellifera, ─────── Carnica

Vorderflügel → Flügel

Vorderlader Alte Klotzbeutenart, bei der das Flugloch im Verschlußbrett war. Der Imker mußte also von vorn an das Volk herangehen.

Vorliegen Bienen können an warmen Sommertagen, insbesondere abends, in dichten Klumpen oder als Bienenbärte am Flugloch hängen oder pelzartig Teile der Beutenvorderfront überziehen.
Dieses Verhalten zeigt eine hohe Temperatur im Beuteninneren an und dient indirekt der ↑ Thermoregulation. In der Schwarmzeit kann das Vorliegen auch dem Schwärmen vorausgehen und gilt dann als Zeichen der Schwarmstimmung (↑ Schwarm).

Vorpuppe → Nymphe

Vorschwarm → Schwarm

Vorspiel Beim Einfliegen der Stockbienen (↑ Arbeitsteilung) zu beobachten, indem die Bienen oft in großer Zahl, mit dem Kopf zur Beutenfront gewandt, direkt vor dem Stock auf- und abfliegen und sich dabei die nächste Umgebung der Bienenwohnung und die Lage ihres Stockes einprägen.

Vorzugstemperatur (Thermopräferenz) Vorzugsbereich einer Art bzw. eines bestimmten Entwicklungsstadiums im Temperaturgefälle.
Die Vorzugstemperatur junger Arbeitsbienen (Stockbienen) liegt im Sommer bei 35 °C bis 36 °C, Flugbienen hingegen bevorzugen im Sommer wie auch im Winter 32 °C bis 33 °C.
Die Honigbienen sind offensichtlich in der Lage, Temperaturunterschiede von <0,5 °C festzustellen.

Votivkerze → Kerze

Waagstock → Beobachtungswesen

Waagvolk → Beobachtungswesen

Wabe Aus körpereigenem Wachs bestehendes, senkrecht hängendes, meist weiß bis gelblich gefärbtes Gefüge von Zellen, die auf beiden Seiten einer Mittelwand von der Horizontalen aus unter einem durchschnittlichen Anstellwinkel von 5° stehen. Die Schrägstellung der Wabenzellen nach oben kann bei Honigwaben sogar 20° und mehr betragen. Die Zellen bilden regelmäßige sechsseitige Prismen, deren Boden durch drei kongruente Rhomben abgeschlossen wird, die eine flache Pyramide (Maraldische Pyramide) formen. Die Pyramidenböden der einander gegenüberliegenden Zellen sind jeweils um einen Rhombus verschoben. Zur Aufzucht der Brut werden von den Arbeitsbienen Drohnen- und Arbeiterinnenwaben errichtet. Die Entwicklung der Weisel erfolgt in einzelnen, häufig am Rand der Arbeiterinnenwaben angebrachten Weiselzellen, die stets senkrecht nach unten hängen.
Die mit zunehmendem Wabenalter auftretende Dunkelfärbung geht auf Pollen, Propolisauflagen und bei Brutwaben auf die in den Zellen verbleibenden Larven- und Puppenhäute zurück, wodurch sich außerdem die Festigkeit der Waben erhöht.

Zellenmaße

– ⌀ der Arbeiterinnenzellen	ca. 5,4 mm
der Drohnenzellen	6,9 mm
– Tiefe der Arbeiterinnenzellen	10 – 12 mm
der Drohnenzellen	16 mm
– Waben ⌀ Arbeiterinnenbau	21,5 – 25,5 mm
Drohnenbau	30 mm
– ⌀ von Honigwaben	27 – 37 mm

1 dm^2 Arbeiterinnenbau enthält beiderseits 800 Zellen, 1 dm^2 Drohnenbau 600 Zellen. Weiselzellen können >2 cm lang sein, sind verhältnismäßig dickwandig und besitzen eine strukturierte Oberfläche. In der Regel sind sie dunkel gefärbt, da sie zumeist aus

Wabe

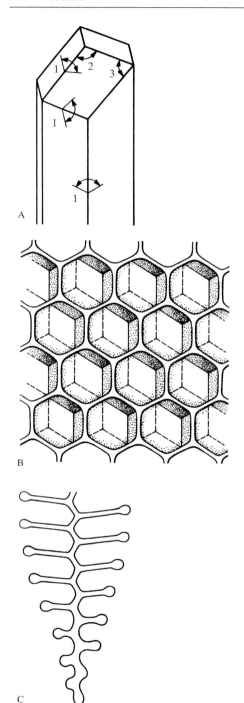

umgelagerten Wachsteilchen schon genutzter Brutwaben bestehen.

Die Zellmaße sind in Abhängigkeit von der geographischen Breite Veränderungen unterworfen. So nimmt der Zelldurchmesser nach Untersuchungen in Rußland von Nord nach Süd ab. Dem entspricht auch die geographische Größenvariabilität der Arbeitsbienen. Zwischen den Zellmaßen der einzelnen ↑ Bienenrassen treten ebenfalls Unterschiede auf.

Die Waben dienen zur Aufzucht der Brut und als Speicherraum für Honig und Pollen. Selten wird Nektar auch in Drohnenzellen abgelagert. Die Tragfähigkeit der Waben ist erstaunlich groß. Eine 40 g schwere Wabe im Normalmaß (↑ Rähmchenmaße) kann 2 kg Honig – das 50fache ihres Eigengewichtes – aufnehmen. Eine Wabenfläche von 10 dm², die beiderseits mit Honig gefüllt ist, wiegt 300 g.

Den Ansatz der Waben an den Rähmchen bzw. an der Decke der Bienenwohnung bilden mehr oder weniger unregelmäßig geformte Zellen, die sogenannten Heftzellen. Auch im Übergangsbereich zwischen Arbeiterinnen- und Drohnenzellen befinden

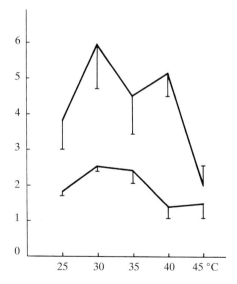

Wabenzellen
A Einzelzelle mit den Zellwinkel 120° (1), 109° (2), 70°18' (3)
B Aufsicht auf das Gefüge der Wabenzelle
C Schnitt durch einen Wabenanfang zur Demonstration der Zellwandverdickung

Widerstandsfähigkeit des Bienenwachses gegenüber formverändernden Temperaturen in 6 Stufen (nach KURSTJENS)
oben – Wabenwachs
unten – noch nicht verarbeitete Wachsschüppchen

sich solche unregelmäßigen Zellen, die zwischen beiden Zellgrößen vermitteln und als Übergangszellen bezeichnet werden (↑ Bauverhalten).
Die sechseckige Regelmäßigkeit der Zellen wird durch Verdickungen der Zellränder mehr oder weniger stark verwischt. Diesen Wachsverdickungen kommt für die Festigkeit der Bienenwabe eine große Bedeutung zu. Außerdem bilden sie Wachsreserven zum ↑ Verdeckeln von Zellen oder auch für Ausbesserungsarbeiten an den Waben. Die Stabilität der Brutwaben wird durch die zurückbleibenden Nymphen- und Puppenhäute (↑ Entwicklung) an den Zellinnenwänden ständig vergrößert. Bei Temperaturen zwischen 25 °C und 40 °C bleibt die Stabilität der Waben, von geringen Schwankungen abgesehen, ungefähr gleich groß, bricht aber bei einer Erhöhung der Temperatur >40 °C jäh zusammen.
Farbtafel XIV

Wabenabstand → Bauverhalten

Wabenanfänge → Bauverhalten

Wabenbau → Bauverhalten

Wabenbock Gestell, das Waben aufnimmt, die bei der Durchsicht der Völker abgestellt werden müssen. Die beiden Längsseiten und der Boden sind meist geschlossen, so daß von den Waben abfallende Bienen hinausgeschüttet oder -gefegt werden können. Der Wabenbock muß in seiner Breite dem Rähmchenmaß entsprechen.

Wabendraht → Rähmchen

Wabenerneuerung In einem drei- höchstens vierjährigen Rhythmus sollte der gesamte Wabenbau des Brutnestes erneuert werden, da mit zunehmendem Wabenalter die Infektionsgefahr ansteigt. Außerdem werden die Wabenzellen bei fortwährender Brutentwicklung durch die in den Zellen verbleibenden Häutungsreste (↑ Larvalentwicklung) immer weiter verengt, und die sich in diesen Zellen entwickelnden Bienen werden immer kleiner. Im Versuch zeigten 50 Bienen aus einer 68mal bebrüteten Wabe eine Gesamtmasse von 96,1 mg. Die gleiche in ↑ Jungfernbau erbrütete Bienenanzahl wog dagegen 118,3 mg. Weitere Messungen ergaben bei den Bienen aus der Altwabe um 2,5 % kürzere Rüssel und um 3,1 % kürzere Vorderflügel als bei den Bienen aus der unbebrüteten Wabe. Die geringere Größe der aus Altwaben stammenden Arbeitsbienen schmälert nicht nur deren Leistungsfähigkeit, sondern auch ihre Widerstandskraft gegenüber Krankheiten.
Altwaben erkennt man in ihrer dunklen Farbe (↑ Wabe). Hält man eine Wabe gegen das Licht, und kann kein Licht mehr durch die leeren Zellen hindurch scheinen, sollte sie eingeschmolzen werden.

Wabengasse → Bauverhalten

Wabengestell Lattengestell, zur Aufnahme von Waben, um sie zu transportieren, zu stapeln, zu schwefeln etc. Ein handliches Wabengestell faßt etwa 15 Waben bei normalem Rähmchenabstand oder 21, wenn die Rähmchen, mit Mittelwänden versehen, ineinander gehängt werden.

Wabenhonig → Honig

Wabenkammer Bienendichter Raum, in dem die Reservewaben in Wabengestellen oder ↑ Zargen aufbewahrt, gestapelt und geschwefelt werden. Die Größe des Raumes entspricht dem Anfall an Waben.

Wabenmaß → Rähmchenmaß

Wabenschrank Ein Schrank zur Aufbewahrung von Waben. Die Waben stehen in Längsbau auf Latten. An der Rückseite des Schrankes ist in jeder Etage eine Rechenleiste in etwa halber Höhe befestigt, in die die Waben mit den Seitenschenkeln hineingeschoben werden und Halt finden. Die Etagenhöhe richtet sich nach dem ↑ Rähmchenmaß. Der Schrank muß gut schließen, so daß die Waben darin geschwefelt werden können. Die Kapazität des Wabenschrankes richtet sich nach seiner Breite. Normalerweise können etwa 150 bis 200 Waben darin untergebracht werden.

Wabenschuh Dreiseitiger Kasten, dessen gegenüberliegende Wände nach vorn zu abgeschrägt sind. Dient wie der ↑ Wabenbock zur Aufnahme der Waben bei der Durchsicht eines Volkes. Die Waben werden auf zwei dreikantige Holzroste gestellt und finden an der Rückwand in einem Abstandsrechen Halt. Der Wabenschuh ist meist kleiner und handlicher als der Wabenbock. Er kann für 5, 10 oder auch mehr Waben gefertigt werden.

Wabensitz → Zuchtziel

Wabenstellung Die Waben können parallel zur Beutenfront (Querbau, auch Warmbau genannt) oder im rechten Winkel zu ihr stehen (Längsbau, auch Kaltbau genannt).

Wabenstetigkeit → Zuchtziel

Wabentasche Holz- oder Plastikrahmen, beidseitig mit Gaze bzw. Absperrgitter versehen, zur Aufnahme einer Wabe zum Zweck der Erzeugung von Brut bestimmten Alters (↑ Weiselaufzucht), der Gewinnung von Arbeitsbienen und Drohnen für die ↑ Körung, der Aufnahme einer Bannwabe bei der Bekämpfung der ↑ Varroatose. Die Wabentasche wird nur zeitweilig ins Volk gehängt. Je nachdem, ob die Arbeitsbienen des Volkes zur eingesetzten Wabe Zutritt haben dürfen oder nicht, wird die Wabentasche mit Absperrgitter oder Gazeteil versehen.

Wabentransportkiste Allseitig geschlossene Kiste mit zwei festen Griffen an den Schmalseiten und einem aufklappbaren bzw. aufschiebbaren Deckel. An den inneren Längsseiten ist jeweils oben eine Tragleiste für die Waben angebracht. Tiefe und Breite der Kiste richtet sich nach dem ↑ Rähmchenmaß, die Länge nach der Handlichkeit. Wichtig ist, daß die Wabentransportkiste völlig bienendicht ist, so daß darin Honigwaben aufbewahrt und transportiert werden können, ohne Räuberei zu provozieren.

Wabenturm Besteht aus fünf ↑ Zargen mit Deckel und Bodenbrett. Dient wie der ↑ Wabenschrank zur bienendichten Aufbewahrung der Reservewaben, die darin auch geschwefelt werden können. Jede Zarge nimmt in der Regel neun Waben auf. Die Zargen können auch zum Transport der Honigwaben genommen werden.

Wabenumtrieb → Bauerneuerung

Wabenvorrat Eine im Laufe des Jahres unterschiedliche Anzahl von Waben in ↑ Wabenschrank, ↑ Wabenturm oder ↑ Wabenkammer, auf die der Imker bei Bedarf zurückgreifen kann. Die notwendige Größe des Wabenvorrates hängt von der ↑ Betriebsweise und der Völkerzahl ab und wird im allgemeinen vor Winterbeginn festgelegt, wenn alle alten und unbrauchbaren Waben ausgeschnitten und eingeschmolzen werden. Der Wabenvorrat muß Ende des Winters so groß sein, daß der Imker in der Lage ist, allen Völkern in der Saison ausreichend Waben zu geben und auch die Reservevolkbildung zu gewährleisten. Fassen die Beuten etwa 20 Waben und überwintern die Völker im Durchschnitt auf 8 Waben, so werden in der Saison noch etwa 6 Waben und für die Reservevolkbildung zusätzlich noch 3 bis 4 Waben benötigt. Der übrige Bedarf wird mit ↑ Mittelwänden gedeckt, die in der Saison ausgebaut werden.
Bei ↑ Doppelraumüberwinterung wird kaum ein Wabenvorrat benötigt, da die Völker bereits auf 16 Waben eingewintert werden. Der Magazinimker wird je Volk eine ↑ Zarge mit Waben bevorraten. Der Wabenvorrat für die Reservevolkbildung ist abhängig von dessen Umfang. Bei einem angestrebten Bestand von 50 % Reservevölkern werden mehr Vorratswaben benötigt, als bei einem von 30 %. Der Wabenvorrat sollte nach Leerwaben, Pollenwaben, unbebrüteten Waben usw. geordnet werden, um die jeweils benötigten Waben schnell zu finden.

Wabenzange Dient der Entnahme der Waben aus ↑ Hinterbehandlungsbeuten, besonders wenn sie in ↑ Querbau stehen.
Hinter einer flachen Greiffläche, die die Wabe an der oberen Rähmchenleiste packt, ist die Zange zum Griff zu abgebogen, so daß

Wachsdrüsen

der Imker beim Hantieren mit den Waben mit Hand und Zange nicht an die ↑ Deckbrettchen bzw. an die Beutendecke stößt. Am beliebtesten ist die KUNTZSCHzange, die bei relativ kurzem Griff an den Maulenden Zähne hat, so daß sie nicht von der Rähmchenleiste abgleitet.

Die Wabenzange für Waben in ↑ Längsbau bzw. Blätterstockstellung ist beidseitig am Maul gespalten und hat vorn je einen Zahn, während der Griff gerade ist. Mit ihr wird die Wabe an der dem Imker zugewandten Seitenleiste aus dem Wabenverband und der Beute herausgezogen.

Wabenzelle → Wabe

Wachs → Bienenwachs

Wachsbearbeitung → Wachsdrüsen

Wachsboden → Bienenwachs

Wachsdrüsen Sie bestehen aus spezialisierten Epidermiszellkomplexen und befinden sich über den paarigen Wachsspiegeln der Hinterleibssternite 3 bis 6 (↑ Hinterleib). Die Wachsdrüsenzellen enthalten nach Abschluß der Entwicklung relativ große Kerne. Offensichtlich laufen in den Zellkernen ↑ Endomitosen ab, die zu einer Polyploidisierung führen. Über den Wachsdrüsen liegen größere Zellkonglomerate, die aus ↑ Oenozyten und Fettkörpergewebe (↑ Fettkörper) bestehen. Je nach Funktionszustand ändert sich die Höhe der Drüsenzellen.

Bei frisch geschlüpften Arbeiterinnen beträgt sie lediglich 10 bis 20 μm, nimmt aber vom 6. Tag an und vor allem im Baubienenalter (↑ Arbeitsteilung) deutlich zu und kann 53 μm betragen, sogar auf 100 μm und mehr anwachsen. Mit Eintritt der Flugbienenphase schrumpfen sie wieder auf Zell-

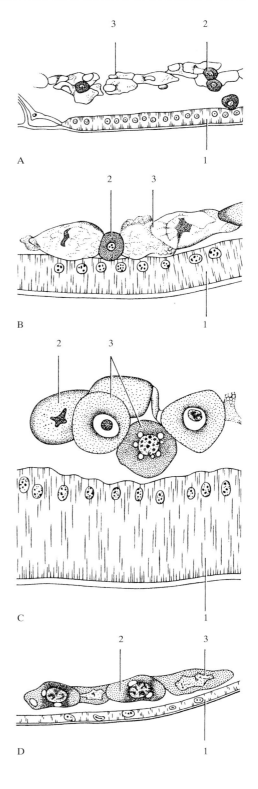

Wachsdrüsen- und Oenocytenentwicklung bei unterschiedlich alten Arbeitsbienen
(nach CHAUVIN)

A kurz vor dem Schlupf 1 Wachsdrüsen
B Ammenbienenstadium 2 Oenocyten
C Baubiene 3 Fettkörperzellen
D Flugbiene

Wachserzeugung

höhen von ungefähr 19 µm, später sogar bis auf 3 µm. Die Wachsdrüsen können aber auch bei älteren Bienen ihre Funktionsfähigkeit noch einmal wiedererlangen.

Selbst Winterbienen sind in der Lage, Wachs zu produzieren. Die Drüsenzellen erreichen dabei u. U. ihre optimale Größe. Funktionelle Beziehungen bestehen zwischen Wachsproduktion und Entwicklung der über den Wachsdrüsen befindlichen Oenozyten. Diese Zellen vergrößern sich insbesondere bei intensiver Wachsproduktion während des Baubienenalters.

Auch zwischen den Funktionen der Fettkörperzellen und den Wachs sezernierenden Drüsenzellen besteht eine Verbindung, indem Produkte der Fettkörperzellen in die Wachsdrüsenzellen gelangen.

Hochsignifikant ist die Korrelation zwischen Wachsproduktion und Zuckerverbrauch der Arbeitsbiene.

Die Wachssekretion erfolgt über feine Porenkanäle, von denen 30 bis 50 mit je einer Wachsdrüsenzelle in Verbindung stehen. Das durch die Chitincuticula der Wachsspiegel hindurchtretende Wachs erstarrt außen zu Wachsplättchen, die von den Bienen mit den Fersenbürsten der Hinterbeine (↑ Beine) zwischen den Abdominalsterniten (Bauchschuppen) hervorgezogen, von den Vorderbeinen abgenommen und schließlich mit den Mandibeln (↑ Mundwerkzeuge) bearbeitet werden (↑ Bauverhalten).

Durch Wabenverlust bzw. -entnahme (z. B. Baurahmen) kann die Wachsproduktion gesteigert werden.

Im Extremfall kann sich sogar die ↑ Arbeitsteilung im Volk verändern, indem bei Sammlerinnen die Tätigkeit der Wachsdrüsen noch einmal in Funktion tritt und bei den Baubienen eine erhöhte Wachsabsonderung erfolgt. Dabei sind die über die Wachsspiegel abgeschiedenen Wachsplättchen größer als bei fehlendem Wabenverlust.

Wachsmotten Gefährliche Wabenschädlinge. Unterschieden werden die Große (*Galleria mellonella* L.) und die Kleine Wachsmotte (*Achroea grisella* F.). Beide leben im Wabenwerk innerhalb des Volkes bzw. in Vorratswaben. Die Larven ernähren sich vom Wachs und den speziell in älteren Waben vorhandenen Puppenhäuten, Kot und Futterresten. Die Schmetterlinge fliegen von Mai bis September und können auch zu Überträgern von Krankheitserregern werden. Die weiblichen Falter legen an geschützten Stellen in Beuten und Wabenschränken Eipakete mit bis zu mehreren hundert Eiern ab. Je nach Temperatur und Luftfeuchtigkeit schlüpfen nach 5 bis 17 Tagen die Larven (Rankmaden), die sich zunächst von ↑ Gemüll ernähren, später ihre Fraßgänge in den Waben anlegen, die sie mit einem feinen, weißen Gespinst überziehen. Die Larven der Großen Wachsmotte fressen u. a. die Brutzelldeckel ab, so daß die Bienenmaden und -puppen offen in ihren Zellen liegen (als Kahlbrut bezeichnet). Die Larven der Kleinen Wachsmotte unterminieren die bereits verdeckelten Brutzellen, die Puppen werden dadurch nach oben geschoben. Die Bienen entdeckeln solche Zellen, verlängern die Zellwände und verstärken wulstartig die Zellränder. Dabei entstehen Reihen offener, röhrenförmiger Zellen, die über die normalen Zellen hinausragen (sogenannte Röhrchenbrut). Nach mehreren Häutungen nagen sich die Rankmaden eine längliche Vertiefung in eine feste Unterlage, in der sie den spindelförmigen Kokon fest anheften. Nach etwa 7 Wochen schlüpft der Falter. Innerhalb einer Saison können sich je nach Art bis zu 6 Generationen entwickeln. Temperaturen unter 9 °C führen zum Entwicklungsstillstand. Starke, gesunde, bau- und putzfreudige Völker können sich der Wachsmotten gewöhnlich erwehren. In den Vorratswaben wird durch ↑ Schwefeln die Vermehrung der Wachsmotten verhindert.

Wachserzeugung → Wachsdrüsen

Wachsfiguren → Bienenwachs

Wachskerzen → Kerze

Wachsschüppchen → Wachsdrüsen

Wachssekretion → Wachsdrüsen

Wachsspiegel → Wachsdrüsen

Wachsstock → Kerzen

Wachszieher → Kerzen

Wächterbienen → Arbeitsteilung

Waldameisen Staatenbildende Insekten in zahlreichen Arten, die sich in Morphologie, Biologie und Ökologie z. T. erheblich unterscheiden.
Häufigste Arten, zugleich auch eifrige Besucher der ↑ Honigtauerzeuger sind:
Rote Waldameise (*Formica rufa* L.), Kleine Waldameise (*F. polyctena* FÖRSTER), Wiesenameise (*F. pratensis* RETZIUS).
Regional verbreitet sind:
Starkbeborstete Waldameise (*F. lugubris* ZETTERSTEDT), Schwarzbeborstete Waldameise (*F. aquilonia* YARROW), Strunkameise (*F. truncorum* FABRICIUS), Kerbameise (*Copoformica exsecta* NYLANDER).
Für die Waldameisen ist Honigtau im Frühjahr und Sommer eine wichtige Energiequelle. Vor allem die Kleine Waldameise ist häufig bei den Fichten- und Kiefernlachnidenkolonien anzutreffen. Der jährliche Verbrauch einer mittelgroßen *F.-polyctena*-Kolonie liegt bei 155 l Honigtau mit einem Zuckergehalt von 41 kg.
Die Individuendichte der vom Ameisenbesuch abhängigen Lachniden kann im unmittelbaren Nestbereich von *F. polyctena* hundertmal höher sein als in nestfernen Beständen. Daher liegen die Erträge aus der ↑ Honigtauwaldtracht unter Berücksichtigung der Lachnidenarten in Ameisennähe 42 bis 58 % höher als im ameisenarmen Wald. Örtlich ist Konkurrenz zwischen Honigbienen und Waldameisen möglich. Die Honigbiene findet aber außerhalb und innerhalb des Ameisenbereiches meist genügend Honigtau.
Bei obligatem Ameisenbesuch der ↑ Honigtaulieferanten hat sich zwischen beiden eine Trophobiose ausgebildet: Die Rindenläuse liefern den Ameisen Honigtau als Nahrung und diese bieten den Honigtauerzeugern nicht nur einen gewissen Schutz vor Feinden, sondern verhindern auch das Verkleben der Rindenläuse im antrocknenden Honigtau. Die Beziehungen sind z. T. so eng, daß die Honigtauabgabe nur beim Bestreichen (Betrillern) des Hinterleibes der Lachniden durch die Ameisenfühler erfolgt. Andernfalls ist das Leben der einzelnen Laus und das der Kolonie in Gefahr.
Ameisen wirken zudem einer bei hoher Besiedlungsdichte entstehenden Unruhe, dem Crowding effect (↑ Lachniden), entgegen (beruhigend).
Offenbar deuten Waldameisen die Silhouette des Hinterleibes sowie Form und Bewegung der Hinterextremitäten der Lachniden visuell und taktil als futteranbietende Artgenossin. Die Rindenlaus wird durch den taktilen Reiz (das Betrillern des Hinterleibes durch die Fühler der Ameise) veranlaßt, einen Honigtautropfen abzugeben. Bei den festsitzenden und extremitätslosen ↑ Quirlschildläusen trifft dieses Verhaltensmuster nicht zu. Dennoch sind die Bestände der Kleinen Lecanie bei Anwesenheit von Ameisen meist geringer parasitiert, und die Besatzdichte ist größer (in Ameisennähe wurden 820 Quirlschildläuse gezählt, in ameisenfreiem Waldgebiet nur 5 pro m^2 Zweigfläche).
Waldameisen können an Waldbienenständen lästig werden (Honig lockt sie in die Beuten). Ein dünner Anstrich der Basis des Bienenstandes mit technischem Nelkenöl, Altöl oder Bittermandelöl hält sie fern. Auch eine mit Altöl gefüllte, abgedeckte Betonrinne um den Bienenstand herum verwehrt den Ameisen das Eindringen in die Beuten.

Waldbienenzucht → Zeidlerei

Waldhonig → Tracht

Waldtracht → Tracht

Waldtracht (Honigtau) → Honigtauwaldtracht

Waldtrachtkrankheit Eine Form der ↑ Schwarzsucht, vermutlich Eiweißmangelsyndrom (↑ Syndrom). Im Unterschied zur erblichen Schwarzsucht schlüpfen die Jungbienen mit normaler Behaarung, erst die alten Trachtbienen werden haarlos und deshalb glänzend schwarz.

Sie erscheinen dadurch kleiner, haben meist einen prall gefüllten Hinterleib, sind geschwächt, zittern und werden aus der Beute gedrängt. Die Krankheit kann starke Bienenverluste verursachen. Sie tritt in den Sommermonaten, vornehmlich in Jahren mit starker ↑ Honigtauwaldtracht auf. Darm und Kotblase waldtrachtkranker Bienen enthalten meist keinen Pollen, aber eine wasserklare Flüssigkeit. Das läßt eine Störung des Eiweißstoffwechsels vermuten. Es konnte nachgewiesen werden, daß schwarzglänzende Bienen entstehen, wenn alle Stickstoffreserven aufgebraucht sind. In leichten Fällen der Erkrankung geht nur ein Teil der Überhaare verloren, zumeist die Filzbinden in der Mitte des Hinterleibes. Die Brustbehaarung wird hell und schütter. Erst im fortgeschrittenem Stadium treten ödematöse Erscheinungen auf. Bemerkenswert ist, daß am gleichen Standort nicht alle Völker gleichermaßen erkranken; starke Trachtvölker leiden oft besonders. Völker, die sich im Frühjahr reichlich mit Pollen versorgen können, überstehen Honigtauwaldtrachten in der Regel ungeschädigt.

Wandergemeinschaft Loser Zusammenschluß von mehreren Imkern zur Nutzung einer oder mehrerer Trachten mit ihren Bienenvölkern zum Zweck der gegenseitigen Hilfe, zur besseren Interessenvertretung bei Vertragsabschlüssen, besseren Auslastung der Zugfahrzeuge, besonders bei Fernwanderungen, Erhöhung der Sicherheit am Wanderplatz und Minderung der Unkosten für die Völkerbetreuung.

Wandergenehmigung Damit das zeitweise Verstellen der Bienenvölker zur Nutzung einer Tracht geordnet verläuft und nicht zur erheblichen Einschränkung der Trachtverhältnisse für die dort bereits vorhandenen Bienenvölker oder zu ihrer gesundheitlichen Gefährdung führt, sind für die Wanderung mit Bienenvölkern Genehmigungen einzuholen. Dazu gehört auf jeden Fall eine für die gesamte Zeit des Verstellens gültige Seuchenfreiheitsbescheinigung (Bienengesundheitsbescheinigung) für die Völker, die je nach den Rechtsvorschriften durch den Amtstierarzt oder einen von ihm beauftragten Tierarzt auszustellen ist. Zum anderen muß vorher die Genehmigung des Grundstückseigentümers eingeholt werden, auf dessen Land die Bienenvölker aufgestellt werden sollen. Und drittens ist je nach den vorhandenen Vorschriften durch staatliche Stellen oder durch die Imkerorganisation eine Erlaubnis zu erteilen, um eine Ballung von Völkern und damit die Benachteiligung einzelner Imker zu vermeiden.

Wandergitter Gazegitter aus Draht oder PVC, das den Bienen bei der Wanderung eine ausreichende Luftzufuhr sichert. Es kann wie bei der ↑ Normbeute als ↑ Wandervorsatz vor der gesamten Beutenfront ausgeführt sein, so daß sich die Bienen zwischen Wandergitter und Beutenfront zu einer Wandertraube zusammenschließen können. Bei Oberbehandlungsbeuten und ↑ Magazinen dient dazu vielfach ein Gitterrahmen, der die Luftzufuhr von oben in alle Wabengassen ermöglicht. Magazine mit Hohem Unterboden haben das Wandergitter häufig als Abschluß nach unten, so daß sich die Wandertraube im Unterboden bilden kann. Nach der Wanderung wird es meist mit einer Holz- oder Isolierstoffplatte abgedeckt. Alte ↑ Hinterbehandlungsbeuten haben in der Tür ebenso wie im Fenster abdeckbare, mit Gaze bienendicht verschlossene Öffnungen, so daß nach Entnahme der Verpackung die Luftzufuhr während der Wanderung über die Beutentür erfolgen kann.

Wanderplatz Standort der Bienenvölker während einer Tracht. Er soll nahe oder innerhalb der Trachtfläche sein, damit durch kurze Flugwege eine gute Bestäubungsleistung erreicht wird. Der Platz soll möglichst windgeschützt und sonnig sein. Die Bienen dürfen Menschen nicht gefährden und den Verkehr nicht behindern. Am Wanderplatz muß eine natürliche Wasserstelle vorhanden sein oder eine ↑ Tränke aufgestellt werden. Wanderplatz und Zufahrtsweg dorthin müssen vom Imker vorher aufgesucht werden, damit die Wanderung reibungslos vonstatten gehen kann.

Wanderstand Besteht aus einem Untergestell (z. B. 2 Blöcke mit 2 Kanthölzern darüber), den losen ↑ Beuten, die vom Heimatstand an den Wanderstand gebracht worden sind, und einer Abdeckung (meist Dachpappe), die gegen Regen und Sturm gesichert sein muß. Am Wanderstand wird die Standkarte mit der Adresse des Imkers angebracht, damit er benachrichtigt werden kann, falls an seinem Stand etwas nicht in Ordnung ist oder der Schutz der Bienen vor irgendwelchen Gefahren dringend notwendig wird.
Wanderstände aus Fertigteilen lassen sich meist durch Verschlußmöglichkeiten gegen Diebstahl und Frevel schützen.
Zum Wanderstand gehört auch eine Tränke, falls nicht natürliche Wasserquellen in der Nähe sind (↑ Standort für Bienenvölker).

Wandertechnik Technische Hilfsmittel, um die ↑ Wanderung mit Bienenvölkern mit wenig manuellem Einsatz bewältigen zu können. Hierzu gehören ↑ Wanderwagen, ↑ Beutenpalette, ↑ Beutencontainer, Kran und Hublader, Zugmaschine und Lkw. Auch Trage oder Karre zum Beutentransport, Pkw und Anhänger, ↑ Wanderstand und ↑ Freistand gehören dazu.

Wanderung Genehmigungspflichtige Verlegung von Bienenvölkern in eine andere Tracht. Die Wanderung muß über eine Mindestentfernung von 2 km erfolgen, um keinen starken Rückflug der Bienen zum alten Standort zu haben. Man unterscheidet die **Nahwanderung** im 50-km-Bereich von der **Fernwanderung,** die über diese Entfernung hinausgeht. Eine **Zwischenwanderung** über mindestens 4 km ist erforderlich, wenn die anzuwandernde Tracht im bisherigen Flugbereich der Bienen liegt. Etwa 3 Wochen sind notwendig, damit die Flugbienen die Orientierung zum alten Standort verlieren. Wanderungen werden früh, abends oder auch nachts durchgeführt, um die Flugbienen, die noch oder schon auf Trachtflug sind, nicht zu verlieren.

Wanderversammlungen Erste Form des überregionalen Erfahrungsaustausches der Imker. Die erste Wanderversammlung fand 1850 in Arnstadt statt, ins Leben gerufen von der ersten Dachorganisation der Imker, dem Wanderverein. Ihr folgten 72 weitere in meist jährlichem Abstand bis 1937, seit 1866 unter dem Namen „Wanderversammlung deutscher, österreichischer und ungarischer Bienenwirte", seit 1925 „Wanderversammlung der Imker deutscher Zunge". Erklärtes Ziel war: Miteinander zu lernen, sich gegenseitig zu helfen, sich in der Gemeinschaft als Bienenfreunde kennenzulernen. Alle bedeutenden Entdeckungen und Entwicklungen dieser Zeit wurden auf den Wanderversammlungen bekanntgegeben und diskutiert.
1985 wurde an die alte Tradition wieder angeknüpft und die 73. „Wanderversammlung deutschsprachiger Imker" in Krems a. d. Donau (Österreich) veranstaltet, 1986 in St. Gallen (Schweiz), 1988 in Aachen, 1990 in Meran (Südtirol), 1992 in Luxemburg.
Diese Zusammenkünfte sollen zwischen den Jahren, in denen die ↑ APIMONDIA-Kongresse stattfinden, Gelegenheit zum Erfahrungsaustausch in deutscher Sprache bieten.

Wandervorsatz Der Wandervorsatz besteht aus einem Holzrahmen, dessen Innenraum meist mit einer Hartfaserplatte ausgefüllt ist, die in gleichmäßigen Abständen Luftschlitze aufweist und dessen Rückseite mit Gaze bespannt ist.

Wanderwagen Fahrbares ↑ Bienenhaus, meist zweiachsig, manchmal auch einachsig. Faßt je nach Größe 20 bis 60 Völker und besitzt meist einen vom Bienenraum durch eine Tür bienendicht abzutrennenden Schleuderraum, in dem der Imker unter Umständen auf einem entfernten Wanderstandort auch nächtigen kann. ↑ Hinterbehandlungsbeuten sind im Wanderwagen beidseitig in zwei bis drei Reihen gestapelt; bei zweireihiger Aufstellung ist manchmal noch eine Reihe ↑ Ablegerkästen aufgesetzt. Oberbehandlungsbeuten und ↑ Magazine sind auf beiden Seiten des Wanderwagens meist nur einreihig aufgestellt. Oberlicht- und Seitenfenster sorgen für

gute Lichtverhältnisse im Wanderwagen. Während der Fahrt angeklappte, beim Stand aber ausgeschwenkte Regen- und Windschutzblenden mindern an den Beutenfronten die Auswirkungen der Witterungsfaktoren. Neuzeitliche Wanderwagen sind mit Schnelläuferachsen und Druckluftbremse sowie meist auch mit einer Hängerkupplung ausgerüstet, um bei größeren Wanderentfernungen zwei Wanderwagen hinter einen Lkw hängen zu können. Zur Entlastung des Fahrgestells an den Wanderstandorten und am Winterstandort dienen die an den vier Ecken untergestellten Stützen.
Farbtafel VI

Wankler, Wilhelm * 13.2.1855 in Heilbronn, † 18.4.1929 in Sulzburg.
Uhrmacher. Stellte als erster künstlich aus Wachs Weiselzellen her, entwickelte Umlarvgeräte, Weiselkäfige, Zuchtlatten. Konstruierte feine Spritzen, um Weiseln damit künstlich zu besamen, baute ein Gerät zum Messen der Tauchtiefe des Bienenrüssels. Gilt als Wegbereiter der neuzeitlichen Weiselzucht.
Hauptwerk: „Die Königin".

Wanklerschleife → Schlüpfkäfige

Warmbau → Querbau

Wärmebedarf → Thermoregulation

Wärmeerzeugung → Thermoregulation

Wärmehaushalt → Thermoregulation

Warntafel → Arbeitsschutz

Wartezeit Oftmals im gleichen Sinne wie ↑ Karenzzeit gebraucht. Hier Zeit vom Einsatz eines Tierarzneimittels bis zum Einrichten der Honigräume.

Wasserbedarf → Eigenverbrauch

Wasserhaushalt (Bienengemeinschaft) Wasser wird im Bienenvolk zur Auflösung von Honig, bei der Ernährung, aber auch bei der Feuchteregulation gebraucht. Der Wasserbedarf des Bienenvolkes steigt mit zunehmender Temperatur und sinkt beim Anstieg der Luftfeuchtigkeit in der Beute. Ein Bienenvolk verbraucht durchschnittlich 200 g Wasser pro Tag. Bei Flugbienenmangel empfiehlt es sich, brütenden Völkern eine Wasserwabe zuzuhängen, um Durstnot zu verhindern.
Durch Atmungsprozesse, aber auch über offenen Brut- und Honigzellen kommt es ebenso wie durch Stocknässe und feuchte, durch das Flugloch einströmende Luft, zur Wasserdampfbildung im Beuteninneren. Eine verstärkte Abgabe von Wasserdampf über die Atemluft der Bienen erfolgt bei Anstieg des CO_2-Gehaltes der Stockatmosphäre durch erhöhte Atemtätigkeit.
Die vom Wasserdampfgehalt und von der Temperatur in der Bienenwohnung abhängige relative Luftfeuchtigkeit weist in den Wabengassen des Brutnestes verhältnismäßig konstante Werte um 40 % auf.
Schwankungen sind durch örtliche Steigerungen des Dampfdruckes oder durch Wasserverdunstung bei ansteigender Temperatur möglich. Bei einer Tagestemperatur von 18 °C und 60 % relativer Luftfeuchte, z. B. zur Herbstzeit in unmittelbarer Umgebung der Bienenstöcke, wurden in den Beuten Temperaturen von 20 bis 25 °C und eine relative Luftfeuchte zwischen 40 und 60 % gemessen. Bei nächtlichen Außentemperaturen um 13 °C und einer relativen Feuchte von 96 % herrschen dann in der Beute 17,5 °C und im Inneren der ↑ Bienentraube 20 bis 30 °C sowie eine relative Feuchte von 70 bis 90 %. Ein übermäßig hoher Anstieg der Luftfeuchtigkeit wird von den Bienen mit ↑ Fächeln beantwortet.
Unbesetzte und dann im Winterhalbjahr kalte Beutenteile sind vor allem mit Brutbeginn im Vorfrühling durch erhöhte Wasserdampfbildung schnell von Feuchtigkeit überzogen. Durch Verdunstung des Kondenswassers wird eine weitere Abkühlung bewirkt. Am wärmsten ist es in den trockensten Bereichen der Beute. Nach BÜDEL verhindern zusätzliche Öffnungen der Beute nicht die Bildung von Stocknässe. Sie fördern nur die Verdunstung des Niederschlagswassers und damit die Abkühlung. Die Höchstmenge an Wasserdampf, die die

Beutenluft aufnehmen kann, hängt von der Innentemperatur des Bienenstockes ab.

Lufttemperatur in °C	-10	0	10	20	35
Wasserdampfhöchstmenge, mg je l Luft	2	5	9	23	40

Grundregeln für den Wasserdampfhaushalt im Bienenvolk (nach BÜDEL)
1. Im Brutnest ist die relative Feuchte weitgehend konstant.
2. Je kälter ein Bezirk in der Beute, um so höher ist dort auch die relative Luftfeuchte.
3. Der Wasserdampfgehalt einer gut besetzten Beute ist überall ungefähr gleich groß.

Im Bedarfsfall können die Bienen die Wasserverdunstung durch Eintragen und Versprühen von Wasser erhöhen oder sie durch ↑ Fächeln herabsetzen. Eine solche Feuchteregulation setzt im Frühjahr mit Brutbeginn ein. Der Taupunkt liegt dann erfahrungsgemäß bei 15 °C.
Wird er unterschritten, kommt es zur Nässebildung (Stocknässe). Die Feuchtigkeit selbst stellt für das Bienenvolk kein Problem dar, wenn das Volk nur stark genug ist, auch die für die Verdunstung der überschüssigen Feuchte erforderliche Wärme zu produzieren. Der kälteste Bezirk einer Beute sollte sich in Fluglochnähe befinden, da der Feuchtenniederschlag von hier aus am ehesten über den Weg der Verdunstung als Wasserdampf aus der Beute entweichen kann.

Wasserhaushalt (Einzelbiene) Die Wasseraufnahme der Arbeiterin ist bei Temperaturen zwischen 10 °C und 30 °C gering. Bei höheren Temperaturen (35 bis 40 °C) trinken die Bienen reichlich Wasser. Im übrigen gewinnen sie Wasser vor allem durch die Nektaraufnahme.
Das Wasser gelangt über die Mitteldarmwand (↑ Darmkanal) in die ↑ Blutflüssigkeit. Das vom Mitteldarm nicht resorbierte Wasser wird in die Kotblase (↑ Darmkanal) transportiert und stellt hier eine Wasserreserve dar. Um den Wassergehalt der Blutflüssigkeit konstant zu halten, kann im Bedarfsfall Wasser über die Kotblasenwand in die Blutflüssigkeit aufgenommen werden.
Im Sommer, bei relativ hohen Temperaturen, ist die Durchlässigkeit der Kotblasenwand für Wasser geringer als während der Winterruhe bei niedrigen Umgebungstemperaturen, da Corpora allata-Hormone (↑ Hormone) die Permeabilität der Kotblasenwand im Sommer herabsetzen. Im Winter kann Wasser demnach leichter aus der Kotblase in die Blutflüssigkeit gelangen, wodurch die Kotblase als Speicherorgan für Verdauungsrückstände entlastet wird.
Bei sämtlichen Stoffwechselprozessen wird Wasser benötigt; außerdem verbrauchen die Bienen Wasser bei der Produktion von Sekreten und Exkreten. Mit der ausgeatmeten Luft gelangt es über die Tracheen nach außen.
Farbtafel XXVII

Wasserholerinnen → Arbeitsteilung

Wasserzerstäuber → Besänftigung

Wegwarte → Cichorium

Wehrstachel → Stachelapparat

Weide → Salix

Weidenröschen → Epilobium

WEIPPL, THEODOR * 1863, † 1941.
Österreichischer Wanderlehrer. Gilt als „Österreichs größter Forscher, Praktiker und Lehrmeister der Bienenzucht". 1891 bis 1901 Schriftleiter des „Bienenvater". 1925 bis 1938 Leiter der österreichischen Imkerschule in Wien. Der Österreichische Imkerbund stiftete für besondere Verdienste in der Bienenzucht die WEIPPL-Medaille. Zahlreiche Veröffentlichungen zu verschiedenen Gebieten der Imkerei.

Weisel Weibliche Morphe, die für die Nachkommenschaft im Bienenvolk sorgt, aber kein Pflegeverhalten zeigt. Daher ist die Brutaufzucht ohne Arbeitsbienen nicht möglich. In jedem Bienenvolk befindet sich in der Regel nur eine begattete Weisel. Ihre Körperlänge beträgt durchschnittlich 20 bis 25 mm. Auffällig ist der langgestreckte Hinterleib, der deutlich unter den Flügeln hervortritt. Die für Arbeiterinnen charakteristischen Filzbinden (↑ Behaarung) fehlen, die Mandibeln sind größer als bei Arbeiterinnen, der Saugrüssel hingegen ist etwas reduziert, obwohl die Weisel durchaus in der Lage ist, damit Nahrung aufzunehmen. Stachelapparat und Giftdrüse sind größer als bei Arbeiterinnen. Der Wehrstachel wird aber nur selten zum Stechen benutzt. Eine Weisel wiegt ca. 0,23 g. Sie kann 3 bis 4, in seltenen Fällen auch 5 Jahre alt werden. In modernen Imkereien wird sie allerdings im allgemeinen nur 2 bis 3 Jahre im Volk geduldet, falls nicht hervorragende Erbeigenschaften eine weitere Nutzung notwendig erscheinen lassen.

In der Hauptlegezeit zwischen Ende Mai und Mitte Juni legt eine Weisel bis zu 1200 Eier täglich. Die Zahl kann auch noch darüber liegen. Außer der Konstitution der Weisel spielen Trachtangebot, Flugleistung der Sammelbienen, der gesamte Zustand des Volkes sowie die kontinuierliche Fütterung der Weisel eine Rolle.

Bevor ein Ei abgelegt wird, steckt die Weisel ihren Kopf in die dafür ausgewählte Wabenzelle, um sie zunächst zu inspizieren. Sie kontrolliert vor allem mit den Vorderbeinen den Zelldurchmesser und informiert sich auf diese Weise über die Zellgröße. Nach dem Zelldurchmesser richtet es sich, ob ein befruchtetes oder ein unbefruchtetes Ei abgelegt wird.

Die Eiablage erfolgt, indem sich die Weisel mit den Beinen auf dem Zellrand aufstützt und das Hinterleibsende bis zum Zellgrund führt, um das abgelegte Ei auf dem Zellboden festzuheften.
Farbtafel XIII

Weiselableger → Ableger

Weiselaufzucht Sie nutzt die schon von ↑ SWAMMERDAM gefundene Erkenntnis, daß jüngste Larven in Arbeiterinnenzellen zu Königinnen umgestimmt werden können, wie das auch Bienenvölker tun, indem sie Nachschaffungszellen anblasen. Es gibt verschiedene Methoden der Weiselaufzucht. Das Prinzip ist, ein weisellos gemachtes Volk oder einen sich weisellos fühlenden Volksteil hinter Absperrgitter zu veranlassen, aus altersmäßig genau definierten Eiern oder 1- bis 1 1/2tägigen Larven Königinnen heranzuziehen. Voraussetzung für später leistungsfähige Weiseln sind optimale Pflege, beste Umweltbedingungen, gute Erbveranlagung und das Können des Imkers. Um das optimale Larvenalter zu garantieren, wird die Königin kurzzeitig auf eine Wabe abgesperrt, in die sie Eier ablegt. Die einfachste Art ist der **Bogenschnitt,** bei dem man mit einem erwärmten Messer einen nach unten ausgebauchten Schnitt durch die Wabe mit eben schlüpfenden Larven führt. Jeweils 2 Zellen zwischen den Larven werden zerstört, so daß über den verbleibenden schöne Weiselzellen gezogen werden können.

Bei der **Zellstreifenmethode** werden Streifen von 3 bis 5 Zellreihen einer Wabe in eine entsprechend vorbereitete Leiste geklemmt, auch hier wird jede 2. und 3. Zelle zerstört, damit die angepflegten Weiselzellen später gut verschult werden können. Ähnlich kann man auch mit einzelnen Zellen innerhalb eines Zellverbandes von 3 bis 5 umgebenden Zellen (Zellnest) verfahren. Die bekannteste und meist geübte Praxis ist das ↑ **Umlarven.** Hierzu werden in künstliche ↑ Weiselbecher, die an ↑ Zuchtlatten im ↑ Zuchtrahmen angebracht sind, jüngste Maden umgebettet. Eine Variante des Umlarvens ist das von JENTER propagierte **Umsteckverfahren.** Die Weisel legt ihre Eier in eine mit Wachs beschichte Kunststoffwabe, bei der jede 3. Zelle herausnehmbar ist. Diese Einsteckzelle wird mit der frisch geschlüpften Larve in einen speziellen Weiselbecher überführt, braucht also nicht berührt zu werden.

Die Pflege des Zuchtstoffes erfolgt entweder im 9 Tage weisellosen Volk, besser im Sonderabteil oder Honigraum eines weiselrichtigen Volksteiles, das sich aber weisellos fühlt. Bei größeren Zuchten erfolgt die Anpflege der Weiselzellen im ↑ Anbrüter, die Weiterpflege im ↑ Pflegevolk. Die Weiselaufzucht setzt profunde Kenntnisse über die Weiselpflege, Auswahl und Führung des Pflegevolkes, Volksstärke, Fütterung, Anzahl der anzubietenden Weiselzellen usw. voraus.

Sind die Weiselzellen verdeckelt, werden sie bis zum Schlupf in ↑ Schlüpfkäfige verschult. Es folgt dann die ↑ Einweiselung in ↑ Begattungskästchen als Vorbereitung für die Paarung.

Weiselbecher Künstlich geformte ↑ Weiselnäpfchen aus Wachs oder Plastik mit einem Durchmesser von 8 bis 9 mm. Sie werden in der ↑ Weiselaufzucht (Umlarven) in größeren Mengen benötigt. Weiselbecher aus Bienenwachs werden mit dem ↑Formholz oder auch maschinell gefertigt.

Weiselerneuerung → Weisel

Weiselfänger →Abfanggerät

Weiselfuttersaft (WFS) Auch Gelee royale genannt, stellt die nahezu ausschließliche Nahrung der Weisellarven und der erwachsenen Königin dar (↑ Futtersaft).
Zusammensetzung Der zähflüssige, milchigtrübe, aromatisch duftende und säuerlich schmeckende (*pH* 3,9 bis 4,1) Weiselfuttersaft enthält 60 bis 70 % Wasser. Von der Trockensubstanz entfallen bis zu 50 % auf Proteine, 20 bis 25 % auf Kohlenhydrate (Invertzucker), ca. 10 % auf Fette und fetthaltige Verbindungen. Dabei spielt die freie ungesättigte 10-Hydroxy-2-trans-decensäure eine wichtige Rolle, weil sie eine starke mikrobielle Wirkung hat. WFS enthält alle essentiellen Aminosäuren und viele Vitamine, in besonders hohem Maße Pantothensäure und Biotin.
Medizinische Bedeutung WFS hat noch keine so lange medizinische Tradition wie Honig und Bienengift. Erst in den letzten Jahrzehnten wurde mit der Erforschung der Inhaltsstoffe begonnen und es wurden Versuche hinsichtlich seiner Wirksamkeit auf den menschlichen Organismus angestellt. Als gesichert kann heute gelten, daß er einen positiven Einfluß auf die körperliche und geistige Leistungsfähigkeit hat. In der Folge der besseren Stimmungslage werden körperliche Störungen dann leichter überwunden. WFS wird speziell in der Geriatrie und in der Rekonvaleszenz mit Erfolg angewendet. WFS wird in darmlöslichen Tabletten angeboten, die kurmäßig in absteigenden Dosen während mehrerer Wochen eingenommen werden sollen. Man kann den WFS auch in Honig mischen (1 g WFS und 150 g Honig) und diesen auch kurmäßig zu sich nehmen.
Äußerlich bewirkt WFS eine bessere Durchblutung der Haut, damit Steigerung des Zellturgors und der Elastizität der Gesichtsmuskeln. Deshalb ist er in zahlreichen Schönheitsmitteln enthalten.
Gewinnung: Starke Völker, die wie zur ↑ Weiselaufzucht in Zucht- bzw. Pflegestimmung über längere Zeit gehalten werden müssen, erhalten Zuchträhmchen mit belarvten Weiselbechern. Nach 3 bis 4 Tagen werden die Larven entfernt und der in der Zelle befindliche WFS herausgelöffelt oder abgesaugt. Je Zelle sind das 0,2 bis 0,3 g. Der eiweiß-, vitamin- und enzymreiche Stoff muß mit allen hygienischen Vorsichtsmaßnahmen entnommen und sofort kühl und dunkel gelagert werden, bis er weiter behandelt wird.
Bewährt hat sich die Lyophillisation (bei sehr niedriger Temperatur im Hochvakuum getrocknet).

Weiselkäfig → Schlüpfkäfig

Weiselnäpfchen Von den Bienen auf der Wabe gebaute Anfänge einer Weiselzelle. Sie zeigen die beginnende Schwarmstimmung des Volkes an. Weiselnäpfchen werden von der Weisel bestiftet und danach von den Bienen zur Schwarmzelle ausgebaut. Vom Imker gefertigte Weiselnäpfchen sind die ↑ Weiselbecher.

Weiselprobe Wabe mit jüngsten Maden oder Stiften, die in ein Volk gehängt wird, um einigermaßen sicher zu sein, daß es weisellos ist (zur Vorbereitung einer sicheren Beweiselung). Die Kontrolle der Wabe findet nach einer Woche statt. Sind Weiselzellen ausgezogen und verdeckelt, ist das Volk weisellos. Nachdem die Weiselzellen ausgebrochen sind, kann eine Weisel im Käfig unter Futterteigverschluß zugesetzt werden.

Weiselrichtiges Volk Bienenvolk mit legender Weisel.

Weiselsubstanz → Pheromone

Weiselunruhe Die Bienen laufen innerhalb und außerhalb der Beute unruhig hin und her und „heulen" beim Öffnen der Beute. Ursache ist Mangel an Weiselsubstanz (↑ Pheromone) nach Verlust der Königin.

Weiselzelle → Wabe

Weiselzucht → Weiselaufzucht

Weißäugigkeit → Mutation

Weißklee → Trifolium

Wendeglied → Fühler

Wespen Wespen und Hornissen benötigen für die Aufzucht ihrer Brut tierische Nahrung und fangen zu dem Zweck auch Bienen. Sie versuchen auch an die Honigvorräte zu gelangen. Im Herbst können schwache Bienenvölker bei verstärktem Auftreten von Wespen vollständig ausgeraubt werden.
Das ist besonders bei Völkern mit starkem Varroa-Milbenbefall zu beobachten. Bekämpfung ist im Frühjahr am erfolgreichsten, wenn die Wespenköniginnen Nistplätze suchen. Im Herbst stellt man Fangflaschen mit gärendem Fruchtsaft auf. Hornissen können in subtropischen Gebieten zu einer großen Gefahr für die Bienen werden, die ihrerseits aber auch spezielle Abwehrstrategien (↑ Verteidigungsverhalten) entwickelt haben. Hierzulande sind Hornissen selten geworden.

WHO „World Health Organisation of the United Nations" = Weltgesundheitsorganisation (Sitz in Genf).

Wildbau Schwärme, die sich in Baumhöhlen oder Mauerritzen ansiedeln, erzeugen Wildbau bzw. Naturbau. Nur sehr selten kann man ihn auch frei im Geäst von Bäumen finden, wenn ein Schwarm hier den Wabenbau errichtet. Er besteht im Durchschnitt aus 5 bis 6 Waben. Die mittelste ist normalerweise die größte. Die Wabenmaße belaufen sich auf mindestens 35 cm × 28 cm.
In engen, aber langen Baumhöhlen wurden schon Waben von 1,5 m Länge gefunden. Der Abstand zwischen zwei Brutwaben beträgt 12 mm; er ist damit so breit, daß zwei Arbeitsbienen aneinander vorbeikommen. Zwischen Honigwaben ist der Abstand oft geringer (6 mm), aber immer so groß, daß sich eine Biene zwischen zwei Waben bewegen kann.
Wildbau entsteht auch in einer Beute, wenn z. B. zwischen Fenster und dem letzten Rähmchen bei Querbau zuviel freier Raum (>24 mm) vorhanden ist, so daß die Bienen Platz finden, eine Wabe bei einer beiderseitigen Zelltiefe von zweimal 12 mm zu errichten. Dies geschieht ohne Leitwachs bzw. Mittelwandstreifen. Wildbau kann auch aufgeführt werden, wenn nur Mittelwandstreifen in den Rähmchen geboten werden und die Bienen dann eventuell ihre Waben von einem zum anderen Rähmchen bauen, also schräg anlegen.

Wildbienen → Apoidea

Windel → Bodeneinlage

Windschutz Dazu dienen breite Blenden am ↑ Bienenhaus und ↑ Wanderwagen, auch können Blenden mit versetztem Flugloch besonders im Winter vor die Fluglochnischen oder ↑ Beuten gestellt werden. Bei Bienenhäusern ist es zweckmäßig, eine Hecke und Bäume vor die Flugfront und die Hauptwindrichtung zu pflanzen. Dies dient zugleich dazu, die Bienen zum Hochfliegen zu veranlassen, um Belästigung der Nachbarn durch die Bienen zu vermeiden.

Winterbienen → Saisonvariabilität

Wintereinfütterung → Fütterung

Winterfutter Das bei der Wintereinfütterung gereichte und invertierte Zuckerfutter sowie die vorhandenen Honigvorräte (↑ Futtervorrat). Das Winterfutter sollte für die Bienen leicht verdaulich sein und wenig Ballaststoffe enthalten, um eine Überlastung der Kotblase zu vermeiden (↑ Ruhr). Daher sind Rohzucker, Honigtau- und Heidehonig als Winterfutter ungeeignet. Diese

Honigarten sind vor der Wintereinfütterung den Völkern weitestgehend zu entnehmen.

Wintergemüll → Gemüll

Winterruhe → Bienentraube

Wintersitz Aufenthaltsort der Wintertraube (↑ Bienentraube) in der Beute. Er befindet sich zu Beginn des Winters in Fluglochnähe und verlagert sich bei dauernder Zehrung (↑ Eigenverbrauch) mit der Futterabnahme nach oben bzw. nach hinten. Bei einem gesunden Bienenvolk grenzt der Wintersitz während der kalten Jahreszeit ständig an das Winterfutter.

Wintertotenfall → Totenfall

Wintertraube → Bienentraube

Winterverpackung → Verpackung

Winterzehrung → Eigenverbrauch

Wirkstoffe
1. Substanzen, die in geringen Konzentrationen wichtige Funktionen im Organismus auslösen, regulieren, fördern oder auch nachteilig beeinflussen, z. B. ↑ Enzyme, ↑ Hormone, ↑ Vitamine, ↑ Pheromone.

2. Zu den Wirkstoffen gehören aber auch ↑ Gifte, wie die biologisch aktiven Komponenten der Pestizide und Schreckstoffe (Repellents). Dem Wirkstoff von ↑ Pestiziden werden Additive, Zusatzstoffe, beigefügt, die dem Präparat für den jeweiligen Zweck entsprechende Eigenschaften verleihen (z. B. Emulgatoren, um die Vermischung eines Pflanzenschutzmittels mit Wasser zu gewährleisten).

Wohnungssuche → Schwarm

WRISNIG, JAKOB * 23.7.1875, † 22.7.1952 in Kindberg/Steiermark.
Urzüchter der Troiseck-Biene. Schuf durch 20jährige Auslese eine für das obersteiermärkische Gebirgsklima geeignete ausgeglichene Carnica-Linie, von der er die Vatervölker seit 1935 für die Belegeinrichtung auf dem Berg Troiseck stellte. 1942 als Reinzüchter anerkannt.

Z

Zander, ENOCH * 19.6.1873 in Zirzow bei Neubrandenburg, † 15.6.1957 in Erlangen. Zoologe. Leiter der am 1.11.1907 gegründeten Königlichen Anstalt für Bienenzucht, der wahrscheinlich ersten bienenkundlichen Forschungsanstalt der Welt (seit 1927 Bayerische Landesanstalt für Bienenkunde Erlangen).
Entwickelte aus der GERSTUNG-Lagerbeute das ZANDER-Magazin mit 9 Waben pro Zarge im Längsbau mit etwas flacherem ↑ Rähmchenmaß. Setzte sich für die Zucht der heimischen Biene (Nigra) ein und erkannte bereits die nur bedingte Brauchbarkeit der ↑ Belegeinrichtungen. Propagierte regelmäßige Bauerneuerung. Entdeckte den Erreger der ↑ Nosematose, *Nosema apis* ZANDER. Zahlreiche Veröffentlichungen. Hauptwerke: „Handbuch der Bienenkunde in Einzeldarstellungen" (7 Bände), in dem das gesamte Wissen seiner Zeit niedergelegt war, und „Beiträge zur Herkunftsbestimmung bei Honig" (5 Bände) als Grundlage der ↑ Pollenanalyse.

ZANDERMAß Von ENOCH ↑ ZANDER propagiertes ↑ Rähmchenmaß (420mm × 220mm).

Zange → Wabenzange

Zarge Stapelbarer, oben und unten offener Kasten zur Aufnahme der Waben im ↑ Magazin. Kann sowohl als ↑ Brutraum als auch als ↑ Honigraum und zur Aufbewahrung der Waben verwendet werden. Am gebräuchlichsten sind Zargen, die 8 bis 10 Waben fassen.

Zehrung Futterverbrauch (↑ Eigenverbrauch)

Zeichenfarbe → Zeichnen

Zeichenplättchen → Zeichnen

Zeichnen Es erfolgt, um die Weisel schnell im Gewimmel des Volkes zu finden, um sofort zu wissen, wie alt sie ist und, bei individueller Zeichnung mit Zahl oder Buchstaben, um sie zu identifizieren (wichtig bei Zuchtweiseln). Man zeichnet in 5 Farben, und zwar bei den Jahresendzahlen 1 und 6 weiß, 2 und 7 gelb, 3 und 8 rot, 4 und 9 grün, 5 und 0 blau. Diese Jahresfarben werden auch zur Kennzeichnung der Waben verwendet (farbige Zwecken auf dem Rähmchen), um deren Alter zu erkennen.

Zum Zeichnen wird ein farbiges Zeichenplättchen, häufig aus Opalith, verwendet, das (auch mit Zahlen oder Buchstaben versehen) der Weisel mit Schellack oder einem anderen schnell trocknenden nicht ätzenden Klebstoff auf das Brustschild geklebt wird (↑ Brustabschnitt). Türen und Fenster sind dabei geschlossen zu halten.

Das Zeichnen erfolgt per Hand, wobei die Weisel zwischen Daumen und Zeigefinger gehalten wird, oder mit Hilfe eines Zeichennetzes, unter dem die Weisel fixiert wird (flacher Holzring mit darüber gespanntem Netz). Mit dem einen Ende der Zeichennadel wird ein kleiner Tropfen Klebstoff auf den Thorax gegeben und mit dem angefeuchteten Griffel am rechtwinklig abgebogenen anderen Ende der Zeichennadel das Zeichenplättchen aufgenommen und auf dem Klebstofftropfen leicht angedrückt. Es dürfen dabei weder Flügel noch Kopf oder Fühler verklebt werden.

Die Zahl auf dem Zeichenplättchen soll von hinten, also in Laufrichtung der Weisel zu lesen sein.

Ein höherer Holzring, mit engmaschiger Gaze bespannt, kann danach zum Antrocknen des Zeichens und zur Betrachtung der sich dann frei bewegenden Weisel (auf eventuelle Körperfehler) das Zeichennetz ablösen.

Ein anderes Zeichengerät besteht aus einem Plastik- oder Glaszylinder von etwa 2 bis 3 cm Durchmesser, der an einem Ende einen Zeichennetzverschluß hat, während in das andere ein Kolben mit einem weichen Filz- oder Wattebausch eingeführt wird. Die Weisel kann durch eine seitliche, mit einem Korken verschließbare Öffnung des Zylinders in das Zeichengerät eingelassen werden. Sie wird dann mit dem Kolben weich am Netz fixiert und gezeichnet.
Farbtafel XIII

Zeidlerei Eine zwischen dem 10. und dem 17. Jahrhundert in den großen Waldgebieten Nord- und Osteuropas geübte Form der Imkerei, die im Mittelalter in den Hauptzeidelzentren Deutschlands (Lausitz, Nürnberger Reichswald) ihre höchste Perfektion erreichte. Wurde von Adam Gottlieb ↑ SCHIRACH ausführlich beschrieben. Die Zeidler, auch Bütener oder Beutner genannt, erhielten vom Waldbesitzer einen bestimmten Walddistrikt, eine Zeidelweide (umfaßte etwa 60 Bienenbäume), zur Nutzung. Der Zeidler hieb in gesunde Bäume Höhlungen (Beuten), die einem Bienenvolk Platz bieten konnten (er lochte die Bäume), verschloß sie mit einem abnehmbaren Brett und bohrte gegenüber ein Flugloch in den Stamm. Dann ließ er die Beute austrocknen, rieb sie mit Kräutern (meist Melisse) aus (schminkte sie) und wartete, daß ein Schwarm einzog bzw. besiedelte die Beute mit einem auf dem Gebiet seiner Zeidelweide eingefangenen Schwarm. Im Frühjahr, zur Zeit der ersten Baumblüte, kletterte er mit Hilfe von Seilen in die Höhe der Beute und erntete den Honig, den die Bienen über Winter nicht verbraucht hatten. In manchen Gegenden wurde im Herbst und im Frühjahr gezeidelt. Der Zeidler schnitt mit dem Zeidelmesser die Hälfte des Wabenbaues – im einen Jahr die rechte, im anderen die linke – von unten her ab, bis „die Milch floß", d. h., bis er auf Brut stieß. So wurde für regelmäßige Bauerneuerung gesorgt. Den Honig ließ man aus den Waben fließen (Seimhonig) oder preßte ihn aus (Preßhonig). Das Wabenwerk wurde eingeschmolzen (die Honigschleuder war noch nicht bekannt).

Es war vorgeschrieben, wieviel Beuten der Zeidler jedes Jahr aushauen mußte (um den Bienenreichtum zu mehren) bzw. durfte (weil das Lochen und Entwipfeln die Bäume schädigte). Für jede Beute im gewachsenen Baum, leer oder besetzt, mußte ein meist hoher Honig- und Wachszins entrichtet werden. Stürzte ein Bienenbaum

um, wurde das Stammstück über und unter dem Bienensitz abgesägt und als Klotzbeute im Wald oder später am Haus aufgestellt. Bienen durften nicht aus dem Wald mitgenommen werden. Die Nutzung im Baum war abgabepflichtig, in Klotzbeuten am Haus dagegen nicht. ↑ SCHIERACH's Erfindung des Brutablegers war deshalb von großer Bedeutung, weil der Imker nicht auf einen zufällig einziehenden Schwarm angewiesen war, sondern beliebig viele Völker über Ableger aufbauen konnte. So entstand die Hausbienenzucht. Das Zeidelmännchen (-schütze), heute hohe Auszeichnung des Deutschen Imkerbundes, war das Wahrzeichen der Marktgemeinde Feucht bei Nürnberg und stammt aus dem 16. Jahrhundert. Die Bewaffnung mit der Armbrust geht auf den „Zeidler-Freiheitsbrief" von Kaiser KARL IV. aus dem Jahre 1350 zurück, wonach die Zeidler im Nürnberger Reichswald mit der Armbrust Forstaufsicht, Jagddienst und Heeresdienst zu leisten hatten als Gegenleistung für Zollfreiheit und eigene Gerichtsbarkeit (mit Sitz in Feucht). Daß der Zeidelschütze auf einem Bienenkorb steht, erscheint zunächst paradox, weil die Zeidler ja nicht in Körben imkerten. Hier steht der Bienenkorb als Symbol (↑ Darstellung) und um zu zeigen, daß die Bienenpflege im Wald eine Sonderstellung der Zeidler begründete. ↑ Korbimkerei wurde schon von KARL DEM GROßEN um 800 gefördert.
Farbtafel XVII

Zeitaufwand Die für die Produktion eines Bienenerzeugnisses, für die Betreuung eines Volkes, für die Durchführung bestimmter Arbeiten aufgewendete Arbeitszeit. Die Ermittlung des Zeitaufwandes ist die Grundlage der Rationalisierung. Der Vergleich des Zeitaufwandes vor und nach Veränderung technologischer Vorgänge läßt erst ein Urteil über den Erfolg der Maßnahmen zu. Je geringer der Zeitaufwand je Volk ist, um so mehr Völker kann der Imker in der ihm zur Verfügung stehenden Zeit betreuen.

Zeitgedächtnis → Gedächtnisleistung

Zeitsinn → Orientierung

Zelldeckel → Verdeckeln

Zelle → Wabe

Zelleinschlüsse In verschiedenen Bereichen des Darmepithels (↑ Darmkanal) und in den Epithelzellen der weiblichen Geschlechtsorgane finden sich Zelleinschlüsse von Glykogen, Amyloid (in manchen Reaktionen Eiweißkörpern ähnlich) und Kalk. In der Muskulatur der Scheidenklappe (Valvula vaginalis), die vom Boden des unpaaren Eileiters in dessen Lumen hineinragt (↑ Geschlechtsorgane), ließen sich mit zunehmendem Alter der Weiseln in steigendem Maße Inkrustierungen nachweisen, die als Kalkkörperchen gedeutet werden. Von einer organischen Hüllschicht umgebene Kalkkörperchen sind aus Mitteldarmzellen bekannt. Diese Zelleinschlüsse kommen bei Weiseln und Drohnen seltener, bei Arbeitsbienen häufig vor. Den Bienenlarven fehlen sie ganz. ↑ Glykogen tritt im Epithel der Valvula cardiaca wie auch der Valvula pylorica des Darmes (↑ Darmkanal) auf. Im Eingangsbereich des Mitteldarmes ist soviel Glykogen vor-

Zeidelschütze oder Zeidelmännchen

handen, daß man von einem Glykogendepot sprechen kann, das offensichtlich schon frühzeitig in der Imaginalphase aller drei Morphen (Arbeiterinnen, Drohnen, Weisel) angelegt wird.

Bei Weiseln enthalten die Pyloruszellen am Anfang des Dünndarmes ziemlich viel Glykogen, woraus geschlossen wird, daß sich dieser Darmteil, wie auch der Cardiaca-Bereich am Anfang des Mitteldarmes, am Glykogen-Stoffwechsel beteiligt.

In das Pylorusepithel sind außerdem kohlenhydrathaltige Eiweißkörper eingelagert, deren Menge mit dem Alter der Weisel zunimmt. Diese Eiweißkörper befinden sich auch im Samenblasenepithel, und zwar im ersten Lebensjahr der Weisel in Form von 3 bis 6 µm großen, rundlichen Körperchen, die zunächst in Zellkernnähe liegen. Sie werden zunehmend größer und stellen im zweiten bzw. dritten Lebensjahr der Weisel 7 bis 11 µm große polymorphe Agglomerationen dar. Möglicherweise besteht ein Zusammenhang zwischen altersbedingter Drohnenbrütigkeit der Weisel und der Zunahme dieser Eiweißkörper (Amyloide) im Samenblasenepithel.

Zellstreifen → Weiselaufzucht

Zementhonig → Melezitose

Zentralnervensystem → Nervensystem

Zichorie → Cichorium

Zierkirsche → Prunus

Zucht → Züchtung

Zuchtbuch Dokumentation des Züchters über die von ihm aufgezogenen Weiseln. Jede Weisel bekommt eine laufende Zuchtbuch-Nr., oft verbunden mit der Jahreszahl oder Zusätzen für eine bestimmte Linie oder Kombination. Eingetragen werden außerdem die Rasse/Linie, die Generationsfolge (↑ Generation), die Zuchtbuch-Nr. der Mutter, der Schlüpftag, Farbe und Nummer des Zeichens, das Datum der künstlichen Besamung bzw. des Verbringens auf die Belegeinrichtung, der Beginn der Eiablage sowie der Verbleib der Weisel (Name des Käufers oder Nummer des Volkes, in das sie eingeweiselt wurde). Auf einer zweiten Seite kann im Zuchtbuch auch der Leistungsnachweis des von dieser Weisel aufgebauten Volkes über zwei Jahre geführt werden, mit Angaben über die Eigenschaften des Volkes und die Merkmalsbeurteilung.

Zuchtfolge Anzahl der von einem bestimmten Züchter nachweislich züchterisch bearbeiteten Folgegenerationen nach der erstmalig erfolgten Körung oder dem Erwerb des gekörten Bienenvolkes. Wird in den Körunterlagen in römischen Ziffern angegeben (Ahnenfolge/Zuchtfolge).

Zuchtlatte oder **-leiste** Teil des ↑ Zuchträhmchens. Es kann ein einfaches Rähmchenholz sein, an das die ↑ Zuchtstopfen mit den Weiselbechern mit Hilfe von Wachs angeklebt werden. Es kann aber auch eine Lochleiste mit 16 mm Löchern sein, in die die Zuchtstopfen hineingehängt werden.

Die Zahl der Zuchtstopfen je Zuchtlatte hängt vom ↑ Rähmchenmaß ab. Im allgemeinen sind es etwa 10. An die Zuchtleiste können auch Zellreihen mit Wachs angelötet werden.

Zuchtmethoden → Weiselaufzucht

Zuchträhmchen Rähmchen im Standmaß, in das ↑ Zuchtlatten für die Weiselaufzucht eingefügt sind. Diese können durch Nägel in den Seitenleisten drehbar im Zuchtrahmen befestigt sein, sie können aber auch auf Klötzchen an den Seitenleisten liegen und mit Wachs festgeklemmt werden, so daß sie jederzeit herausnehmbar sind. Je nach ↑ Rähmchenmaß können 2 bis 4 Zuchtleisten im Zuchtrahmen befestigt werden.
Farbtafel XIII

Zuchtstoff Von einem Zuchtvolk stammende, befruchtete Eier bzw. jüngste Arbeiterinnenlarven (bis 36 Stunden ab Schlupf aus dem Ei), aus denen Weiseln herangezogen werden können (↑ Weiselaufzucht).

Zuchtstopfen Kegelig geformter etwa 20 bis 25 mm langer Stopfen aus Holz oder Plastik, der am verjüngten, etwa 10 mm breiten Ende eine kleine Bohrung zur Aufnahme des ↑ Weiselbechers aufweist. Mit ihm wird auch der ↑ Schlüpfkäfig verschlossen.
Es gibt auch Zuchtstopfen mit Rand, die besser die Öffnung des Schlüpfkäfigs verschließen und in die Löcher der Lochleiste (↑ Zuchtlatte) passen.
Klemmstopfen sind Stopfen, die längs geteilt sind und durch ein Gummiband zusammengehalten werden. Sie haben am dicken Ende entlang des Schlitzes eine Kerbe, damit unten der Klemmstopfen aufgedrückt werden kann, um eine ausgeschnittene Weiselzelle einzuklemmen.

Züchtung Gelenkte, planmäßige Aufzucht und Paarung von Individuen, um ein bestimmtes ↑ Zuchtziel zu erreichen. Dabei spielt die erbliche Variabilität und die ↑ Selektion besonders erwünschter Faktoren eine wesentliche Rolle.
Voraussetzung für erfolgreiche Züchtung sind Weiseln und Drohnen mit guten Erbanlagen sowie optimale Pflegebedingungen bei der Aufzucht der Geschlechtstiere. Die Zeit der Vorbereitung der Zucht- und Pflegevölker sowie die unterschiedliche Entwicklungszeit von Königinnen und Drohnen bis zur Paarungsreife müssen sorgfältig aufeinander abgestimmt werden.
Es gibt dafür eine Reihe von Hilfsmitteln (Zeittafeln, -scheiben), an denen man die Termine je nach dem Datum der Einleitung der Zucht ablesen kann.

Zuchtziel Summe der angestrebten Eigenschaften und Leistungen einer Rasse, Linie oder Population. Die Leistung soll im Leistungsvergleich (↑ Leistungsprüfung) über dem Durchschnitt der vergleichbaren Völker liegen.
Gewünschte Eigenschaften sind vor allem Sanftmut, ruhiger Wabensitz (Wabenstetigkeit), gute Überwinterungsfähigkeit, Entwicklungsfreudigkeit, Schwarmträgheit und ausgeprägter Putztrieb.
Wenn Leistung und Eigenschaften dem Zuchtziel entsprechen, erfolgt die Überprüfung der Merkmale, die mindestens innerhalb des Rassestandards liegen müssen (↑ Körung).

Zucker → Nährstoffe

Zuckerfütterung Um 1900 von HEINRICH ↑ FREUDENSTEIN propagiert und seitdem nicht mehr aus der Bienenhaltung wegzudenken. Zucker wird den Bienen anstelle des entnommenen Honigs gereicht, damit sie ihren Energiebedarf daraus decken. Als Wintervorrat ist der eingefütterte Zucker für die Bienen bekömmlicher als einige Honigsorten.
Zucker kann als Sirup in den Lösungsverhältnissen Zucker : Wasser 1 : 3, 3 : 2 oder 2 : 1, als ↑ Futterteig, als ↑ Maische oder trocken und unvermischt gefüttert werden. Zur Fütterung werden die verschiedensten ↑ Futtergefäße verwendet.

Zuckerteig → Futterteig

Zuckerwert → Tracht

Zunge → Mundwerkzeuge

Zusätze zum Futter Sie wurden im Verlauf der Entwicklung der Bienenwirtschaft in den unterschiedlichsten Arten propagiert. Man muß dabei unterscheiden zwischen Zusätzen zur Erhöhung der Attraktivität und Bekömmlichkeit des Futters und denen zur Vorbeuge und Bekämpfung von Bienenkrankheiten. Bei ersteren handelt es sich vornehmlich um Geruchskomponenten, wie sie im ↑ Bienentee und ↑ Salvolat vorhanden sind, bei letzteren um Chemikalien, wie Salzen oder Säuren bzw. neuerdings auch um Tierarzneimittel. An alle Zusätze sollte der Imker mit äußerster Vorsicht herangehen, das trifft ganz besonders auf die zuletzt aufgeführte Gruppe zu. Es kann niemand völlig ausschließen, daß diese Zusätze über Restfuttermengen in den Honig gelangen. Deshalb sollte der Imker nur das an Futterzusätzen verwenden, was amtlich geprüft wurde.

Zusetzen einer Weisel Beweiseln eines weisellosen Volkes, ↑ Ablegers oder ↑ Begattungsvölkchens bzw. Austausch der vorhandenen, überalterten, nicht leistungsfähigen oder sonst nicht befriedigenden Weisel eines Volkes gegen eine andere (↑ Umweiseln). Beim Zusetzen einer Weisel zu einem vermeintlich weisellosen Volk sollte stets vorher eine ↑ Weiselprobe gemacht werden.

Grundsätzlich gilt: Im Frühjahr und Herbst wird eine Weisel leichter angenommen als im Sommer. Ein Volk in Schwarmstimmung nimmt keine Weisel an, ein buckelbrütiges meist auch nicht. Eine begattete Königin wird beim Austausch leichter angenommen als eine unbegattete oder frisch begattete (ruhigeres Verhalten, bessere Pheromonproduktion). Von ganz jungen Bienen wird jede Königin angenommen, deshalb die neue Weisel in nächster Nähe schlüpfender Brut zusetzen! Aufgeregte (↑ Räuberei), unruhige, stechlustige Völker nehmen schwer eine neue Weisel an. Für das Zusetzen andersrassiger Weiseln sind besondere Vorkehrungen nötig.

Zusetzkäfig Käfig zum Zusetzen einer Weisel in ein Volk oder Begattungsvölkchen. Es kann dazu fast jeder ↑ Schlüpfkäfig, auch ↑ Versandkäfig genommen werden, wobei in den meisten Fällen der Zuchtstopfen des Käfigs nur durch einen Futterteigverschluß ersetzt zu werden braucht. Der Käfig wird dort plaziert, wo die meisten Bienen sind, beim Ableger möglichst nahe dem Flugloch zwischen 2 Brutwaben. Die Bienen der zu beweiselnden Einheit müssen durch die Gaze des Käfigs mit der neuen Weisel Fühlung aufnehmen können.

Ein spezieller Zusetzkäfig ist der nach WOHLGEMUTH, ein rhombenförmiger Käfig, der in ein leeres Rähmchen gehängt wird und in den an den Seiten Mittelwandstreifen in einen Schlitz eingeschoben werden, damit die Bienen eine Bautraube um den Käfig mit der Weisel bilden. Es wird ein großer Futterteigverschluß gegeben, damit es länger dauert, bis die Weisel ausgefressen ist.

Einen weiteren speziellen Zusetzkäfig gibt es beim EWK. Die Glasscheibe zur Zusetzkammer wird dabei durch eine dünne Holzplatte ersetzt, die an der Unterseite einen kleinen Drahtkäfig hat, in den die Weisel hineingesteckt wird. Ein dünner Futterteigverschluß bewirkt, daß die Weisel schnell ausgefressen wird.

Für Magazin- und Oberbehandlungsbeuten eignet sich als Zusetzkäfig ein schmaler Lockenwickler recht gut, der an einem Ende einen festen Verschluß bekommt, während am anderen Ende, nachdem die Weisel hineingesetzt worden ist, ein Futterteigverschluß angebracht wird. Der Lockenwickler wird dann von oben in die Wabengasse zweier gut besetzter Waben gegeben. Man kann auch eine Röhre aus einem mit Löchern versehenen Mittelwandstreifen oder festem Papier formen, die oben und unten zugedrückt bzw. zugeklebt wird. Die Befreiung der Weisel durch die Bienen erfolgt durch Erweiterung der Löcher.

Verschiedentlich wird auch ein Aufsteckkäfig verwendet. Die neue Weisel wird auf eine Wabe mit schlüpfender Brut (ohne Bienen, aber mit etwas Futterteig) gesetzt und darüber ein Drahtgitter gesteckt. Die schlüpfenden Jungbienen nehmen die Weisel leicht an, die äußeren Bienen nagen sich einen Zugang zu ihr.
Farbtafel XV

Zusetzmethoden Verfahren zum ↑ Einweiseln (oder Umweiseln) einer Königin in eine Bieneneinheit (↑ Bienenvolk, ↑ Ableger, ↑ Kunstschwarm, ↑ Begattungsvölkchen). Am häufigsten wird die Weisel im ↑ Zusetzkäfig unter Futterteigverschluß zugesetzt, 2 bis 24 Stunden nach der Entweiselung bzw. nach einer Woche, nachdem vorher alle angesetzten Weiselzellen ausgebrochen wurden. Der Käfig muß so plaziert werden, daß die Weisel von den Bienen wahrgenommen wird. Dorthin also, wo die meisten Bienen anzutreffen sind. Der Futterteigverschluß soll dünn sein, damit die Weisel recht bald ausgefressen wird. Besonders bei frisch gebildeten Begattungsvölkchen läßt man manchmal die Weisel direkt den noch nassen Bienen zulaufen. Einige Imker tauchen die Weisel in flüssigen Honig und lassen sie dem weisellosen Volk zulaufen oder setzen sie auf eine mit Bienen besetzte Wabe, damit sie dort abgeleckt wird.

Bei Problemvölkern (drohnenbrütige, buckelbrütige oder mit vielen Altbienen versehene Völker, die bereits eine zugesetzte Weisel abgestochen haben) empfiehlt sich Alkohol. Brennspiritus oder Ethylalkohol wird in ein flaches Schälchen oder auf eine saugfähige Unterlage gegeben und über oder unter das Wabenwerk geschoben (1 Eßlöffel für ein normales Volk, 1 knapper Teelöffel für ein EWK-Völkchen), damit er langsam verdunstet. Die Weisel läßt man nach etwa einer Minute der Dunsteinwirkung zulaufen.

Die Kontrolle der Annahme der Weisel darf bei allen Zusetzmethoden erst nach einer Woche geschehen, wenn die Weisel mit dem Volk eine harmonische Einheit bildet.

Zweietager Beute, in der Brut- und Honigraum übereinander angeordnet sind (die meisten ↑ Hinterbehandlungsbeuten).

Zweivolkbetrieb → Mehrvolkbetrieb

Zwerghonigbiene → Bienenarten

Zwergmispel → Cotoneaster

Zwergweiseln → Mißbildungen

Zwiebelstück → Geschlechtsorgane, männlich

Zwillingsbeuten Zwei Beuten nebeneinander mit einer gemeinsamen Hülle. Meist im Bienenhaus oder Wanderwagen eingebaut. Am bekanntesten wurde der KUNTZSCH-Zwilling. Die Völker in Zwillingsbeuten wärmen sich gegenseitig.

Zwischenableger → Ableger

Zwischenwanderung → Wanderung

Zwitterbienen (Gynander) Sie sind durch mosaikartiges Nebeneinander von männlichen und weiblichen Gewebeteilen gekennzeichnet und mitunter als Halbseitenzwitter ausgebildet. Bienen besitzen dann z. B. einen Kopf, der auf der einen Seite die Merkmale einer Arbeiterin (Augen, Mandibeln u. a.), auf der anderen die eines Drohnen trägt. Solche Gynander entwickeln sich vor allem dann, wenn es nach dem Eindringen mehrerer Spermien in die Eizelle neben dem befruchteten Eikern auch zur autonomen Entwicklung von Spermien kommt. Ein solch abnormer Entwicklungsvorgang kann durch kühle, aber auch ungewöhnlich hohe Temperaturen hervorgerufen werden, die unmittelbar nach der Eiablage zur Wirkung kommen. Bekannt sind Gynander bereits seit über 100 Jahren als „EUGSTERsche Zwitter".

Zyklopenbienen Bienen mit nur einem, meist halbmondförmigen Auge auf der Stirn. Die Mißbildung ist wahrscheinlich auf ungünstige Einflüsse während der Entwicklungszeit zurückzuführen.

Imker Wissen

Meine Betriebsweise
Von **Bruder Adam**. 5. Auflage. DM 23,–.

Bienenzucht als Erwerb
Ein Handbuch für den wirtschaftlich arbeitenden Imker. Von **Friedrich Karl Böttcher**. 5. Auflage. DM 49,–.

Steuervorteile nicht nur für Imker
Von **Werner Burkhart**. DM 24,–.

Selbstgemachtes aus Bienenprodukten
Vollwertkost, Sportnahrung, Naturkosmetik, Naturheilmittel.
Von **Bernd Dany**. 4. Auflage. DM 24,–.

Rund um den Blütenpollen
Von **Bernd Dany**. DM 19,–.

Pollensammeln heute
Anleitung für wirtschaftliches Pollensammeln.
Von **Bernd Dany**. 4. Auflage. DM 24,–.

Das Öko-Honigbuch
Von **Hans Finck**. DM 20,–

Die Honigmacher
Vom kurzen Leben der Bienen, über ihren Nutzen und das Vergnügen des Imkerns.
Von **Günter Grimm**. DM 39,80.

Beute und Biene
Grundlagen und Methoden der amerikanischen Magazin-Imkerei.
Von **R. A. Grout – F. Ruttner**. 2. Auflage. In Vorbereitung.

Neue Imkerschule
Theoretisches und praktisches Grundwissen. Von **Edmund Herold** und **Karl Weiß**. 8. Auflage. DM 37,–.

Heilwerte aus dem Bienenvolk
Von **Edmund Herold** und **Gerhard Leibold**. 12. Auflage. DM 26,–.

Das kleine Imker-ABC
Eine Sammlung imkerlicher Begriffe.
Von **Josef Herold** u. **Hubert Pieterek**. 2. Auflage. In Vorbereitung.

Propolis / Kittharz
Das natürliche Antibiotikum. Von **Ray Hill**. 5. Auflage. DM 15,–.

Lexikon der Bienenkunde
Von **Joh.-Otto Hüsing /**
Joachim Nitschmann (Hrsg.) DM 98,–.

Waldtracht und Waldhonig in der Imkerei
Herkunft, Gewinnung u. Eigenschaften des Waldhonigs.
Von **Werner J. Kloft / Hartwig Kunkel (Hrsg.)**. 2. Auflage. DM 79,–.

Bauanleitung für das Langstroth-Magazin
Von **Heinz Lorenz**. 3. Auflage. DM 19,–.

Das große Honigbuch
Von **C. Lüllmann** und **Helmut Horn**. DM 98,–.

Preisänderungen vorbehalten

Ehrenwirth Verlag München

Imker Wissen

Das Trachtpflanzenbuch
Nektar und Pollen – die wichtigsten Nahrungsquellen der Honigbiene.
Von **Anna Maurizio/Ina Grafl**. 4. Auflage. In Vorbereitung.

Arbeitsweise in der modernen Imkerei
Von **Friedrich Pohl**. DM 24,–.

Bienenprodukte in der Medizin
Von **Dr. Pawlina Potschinkowa**. Ca. DM 24,–.

Arbeitsbuch zur Honigvermarktung
Von **Werner Reng**. Ca. DM 22,–.
In Vorbereitung.

Der summende Wald
Waldimkerei und Waldhygiene.
Von **Heinz Ruppertshofen**. 7. Auflage. DM 30,–.

Naturgeschichte der Honigbienen
Von **Friedrich Ruttner**. DM 178,–.

Zuchttechnik und Zuchtauslese bei der Biene
Von **Friedrich Ruttner**. 6. Aufl. DM 26,–.

Die Honig & Kräuter-Küche
170 köstliche vegetarische Rezepte.
Von **Martha Rose Shulman**. 2. Aufl. DM 22,–.

Imkern im Flachzargenmagazin
Von **Georg Schuster**. 2. Aufl. DM 22,–.

Handbuch Bienenrecht
Privatrecht und Öffentliches Recht.
Von **Josef Schwendner**. DM 46,–.

Im Reich der Bienen
Von **Anne und Jacques Six**. 2. Auflage. fPr. DM 39,80.

Aufzucht, Paarung und Verwertung von Königinnen
Von **Friedrich-Karl Tiesler/Eva Englert** DM 79,–.

Leichter imkern mit Trogbeuten
Von **Vinzenz Weber**. 2. Auflage. DM 32,–

Das Wachsbuch
Erzeugung und Behandlung des Bienenwachses, Geräte, Verarbeitung, Fertigwachs, das Kittharz. Von **Vinzenz Weber** 4. Auflage. DM 30,–.

Der Wochenend-Imker
Eine Schule für das Imkern mit Magazinen. Von **Karl Weiß**. 8. Auflage. DM 36,–.

Bienen-Pathologie
Krankheiten – Schädlinge – Vergiftungen – gesetzliche Regelungen. Ein Lern- und Arbeitsbuch.
Von **Karl Weiß**. 2. Auflage. DM 37,–.

Zuchtpraxis des Imkers in Frage und Antwort
Von **Karl Weiß**. 3. Auflage. DM 38,–.

Imkerfreund
Organ des Landesverbandes Bayerischer Imker. Schriftleitung: Curt R. Engler. Erscheint jeden Monat. Einzelheft DM 8,40. Im Jahresabonnement DM 40,– + Porto. Bitte kostenloses Probeheft anfordern.

Preisänderungen vorbehalten

Ehrenwirth Verlag München

Ein neues Pro Natur-Buch
im Deutschen Landwirtschaftsverlag

Herausgeber
Rudolf L. Schreiber
mit einem Vorwort von
Horst Stern
Tiere auf Wohnungssuche
1. Auflage
352 Seiten, 550 Farbabbildungen
28,0 × 21,0 cm, Festeinband
mit Schutzumschlag
ISBN 3-331-00660-2
DM **49,80**

Der praktische Ratgeber für Haus-, Balkon- und Gartenbesitzer

„Tiere auf Wohnungssuche" bündelt praktische Ratschläge, wie wir Tieren in unserer Nähe Lebens- und Wohnraum anbieten können: durch Dach-, Fassaden- und Balkonbegrünung, Nisthilfen, Unterschlüpfe, und das Richtige ist zugleich das Schöne.
Ein Garten, belebt von Vögeln und Schmetterlingen, hebt den Wohnwert unserer Häuser, bedeutet mehr Lebensqualität für die Bewohner.
„Tiere auf Wohnungssuche" will Verständnis wecken für Tiere als liebenswerte Nachbarn und Unikate der Evolution.

Ihre Bestellung richten Sie bitte an den Buchhandel oder direkt an:

Ø Deutscher Landwirtschaftsverlag Berlin GmbH
Thulestraße 7, 13189 Berlin